零基础学汽车维修

传统燃油汽车+新能源汽车+智能网联汽车

3合1

周晓飞 主编

化学工业出版社

·北京·

内 容 简 介

这是一本专门为“汽车维修小白”打造的实用宝典，将传统燃油汽车、新能源汽车和智能网联汽车的维修知识和技能融为一体。全书分 3 篇共 10 章进行介绍，其中上篇为汽车基本构造与原理，以图解的形式，重点介绍各类汽车的核心部件和系统，如发动机、驱动电机、自动驾驶系统的结构原理，以及汽车电路图的识读方法和技巧；中篇为汽车维修操作技能，包括各类汽车维修的基础知识、维护与保养、维修操作技巧等；下篇为汽车故障诊断与排除，重点介绍各类汽车的故障诊断与排除方法、步骤和要领。

全书以行业规范为依托，内容注重知识性、系统性、实操性的结合，图文表并茂，由浅入深、循序渐进，涉及复杂操作的内容配有视频讲解，直观易懂，实用性强。

本书可作为汽车维修初学者快速入门与提高的指导书，也可作为职业技术院校、培训学校相关专业的教材，私家车主及汽车驾驶员也可参阅。

图书在版编目（CIP）数据

零基础学汽车维修 ： 传统燃油汽车+新能源汽车+智能网联汽车 ： 3合1 / 周晓飞主编. -- 北京 ： 化学工业出版社，2025. 6. -- ISBN 978-7-122-47842-9

Ⅰ. U472.4

中国国家版本馆CIP数据核字第20259X9C45号

责任编辑：黄　滢　　　　装帧设计：王晓宇
责任校对：李雨晴

出版发行：化学工业出版社（北京市东城区青年湖南街13号　邮政编码100011）
印　　装：中煤（北京）印务有限公司
787mm×1092mm　1/16　印张27　字数695千字　2025年9月北京第1版第1次印刷

购书咨询：010-64518888　　　　售后服务：010-64518899
网　　址：http://www.cip.com.cn
凡购买本书，如有缺损质量问题，本社销售中心负责调换。

定　　价：119.80元

PREFACE 前言

随着我国电子、通讯、网络、数据、人工智能等科技的飞速发展，汽车产业的传统技术也在不断地迭代升级，各项新技术更是日新月异。在传统燃油汽车和新能源汽车两大阵营中，智能化、网联化、电动化等新技术相互叠加，融合了新质生产力，全面渗透到每一辆汽车中。这一趋势使得国内汽车维修人才缺口不断扩大，汽车维修服务已然成为社会广泛关注的焦点，汽车维修行业面临着新的挑战，尤其是培养新能源汽车维修工的需求更为迫切。然而，人力资源市场虽然人员储备充足，却未能及时满足火爆的汽车维修市场需求。当下，如何让初学者在短时间内掌握各类汽车维修的知识与技能，已成为汽车维修培训所面临的关键问题。

与其他的就业岗位不同，汽车维修领域的工作不仅要求从业者具备扎实的专业理论知识，还需要熟知维修操作规范、掌握操作技能和操作要领，以及具备处理汽车维修中的常见故障、解决汽修疑难杂症的能力。那么，该怎么学？具体要学哪些内容呢？针对这些问题，我们精心编写了《零基础学汽车维修（传统燃油汽车 + 新能源汽车 + 智能网联汽车：3 合 1）》一书，目的是为读者提炼出易于吸收的汽车维修知识，以及便于理解和掌握的维修技能。

这本汽车维修技能 “3 合 1” 的图书是专为初学者量身打造的，不仅注重专业知识的传授，更注重技能的培养与提升。旨在探索汽车维修小白如何从零基础成长为集传统燃油汽车、新能源汽车、智能网联汽车维修技能于一身的多面手。书中图文表并茂、语言简洁、通俗易懂。全书从汽车基本构造与原理，到汽车维修操作技能，再到汽车故障诊断与排除，“三大板块”内容循序渐进地进行介绍，可以说是汽车维修从业者和专业院校师生自我提升的“能量充电宝”。

全书分 3 篇共 10 章，以行业规范为依托，注重知识性、系统性和实操性的结合，力求以最直观的方式将最实用的内容呈现给读者。其中，上篇为汽车基本构造与原理，讲解过程中充分发挥了图解的特色，以图解的形式向读者传授汽车维修的基础知识，真正做到用“图”说话——以“图”代“解”，以“解”说“图”，一目了然。中篇和下篇分别是汽车维修操作技能和汽车故障诊断与排除，重点介绍汽车维修的操作方法、步骤和要领，以及汽车故障排除的策略和技巧。

为了确保专业品质，本书由微共享汽车学院具有数十年汽车维修经验的技术团队编写而成，周晓飞任主编，参编人员有万建才、赵朋、王立飞、边先锋、李新亮、刘振友、彭飞、温云等。编写人员中，有一线汽车维修高手、技术总监、车间首席技师、资深汽修工匠等，使读者在学习过程中如同有一群一线行业专家在身边指导，将学习和实践中需要注意的重点、难点一一化解，大大提升学习效率，从而使本书在学习者从事汽车维修及相关技术工作中真正起到良好的指导作用。

此外，本书还配有丰富的数字资源——AI 赋能从入门到精通。例如，提供一对一的 AI 数字人实时指导、配备高清的教学视频精讲核心要领、配套的同步电子书可速查重要知识点、实时拓展的线上资源更新前沿动态等。扫描封底或书中相应二维码，即可快速进入本书“3 合 1 汽车维修数字课堂”。

快来“码”上体验吧！

编者

目录
CONTENTS

见此图标 微信扫码 走进汽车维修数字课堂

上篇
汽车基本构造与原理

中篇
汽车维修操作技能

第 6 章 传统燃油汽车维修操作 223

第 7 章 新能源汽车维修操作 266

下篇
汽车故障诊断与排除

第 8 章 传统燃油汽车故障 303

三合一汽车维修数字课堂
"码"上进入
操作视频
精讲核心要领
AI数字人
赋能实时指导
电子书
速查系统知识
拓展资源
更新前沿动态

上篇

- AI智能导学
- 视频实操演示
- 电子图解手册
- 知识进阶锦囊

扫码获取

见此图标 微信扫码

走进汽车维修数字课堂

汽车基本构造与原理

第 1 章

见此图标 微信扫码
走进汽车维修数字课堂

扫码获取

- AI 智能导学
- 视频实操演示
- 电子图解手册
- 知识进阶锦囊

1.1　汽车基本组成

汽车主要由动力系统、底盘系统、电气系统（包括控制系统）和车身系统四大部分组成，见表 1.1-1 和图 1.1-1。

表 1.1-1　汽车基本组成及说明

组成		内容 / 说明
动力系统	发动机	汽车发动机是汽车的动力装置，有汽车的“心脏”之称，它决定着汽车的动力性、经济性、稳定性和环保性
	驱动电机	纯电动汽车取消了发动机，使用高压三相交流电机驱动，纯电动汽车的动力性能取决于电动机驱动系统的性能 驱动电机主要使用异步电机（感应电动机）和永磁式同步电动机
底盘系统	传动系统	底盘的作用是支承、安装汽车发动机及其各部件、总成，形成汽车的整体造型，并接收动力系统的动力，使汽车产生运动，保证正常行驶。汽车底盘由传动系统（包括变速器）、行驶系统、转向系统和制动系统四部分组成
	行驶系统	
	转向系统	
	制动系统	
电气系统	电气设备	电气设备主要由电源系统、启动系统、仪表、灯光系统、安全气囊、电动座椅、音响装置、雨刷器等用电设备和电气控制系统组成
	电子控制系统	
车身系统	车身	车身结构主要包括车身壳体、车门、车窗、车身内外装饰件和车身附件等。车身壳体是一切车身部件的安装基础，通常是指梁和支柱等主要承力元件以及与它们相连接的钣制制件共同组成的刚性空间结构。车身壳体通常还包括在其上敷设的隔声、隔热、防振、防腐、密封等材料及涂层。这些钣制制件形成了容纳发动机、车轮、车架等部件的空间
	车架	

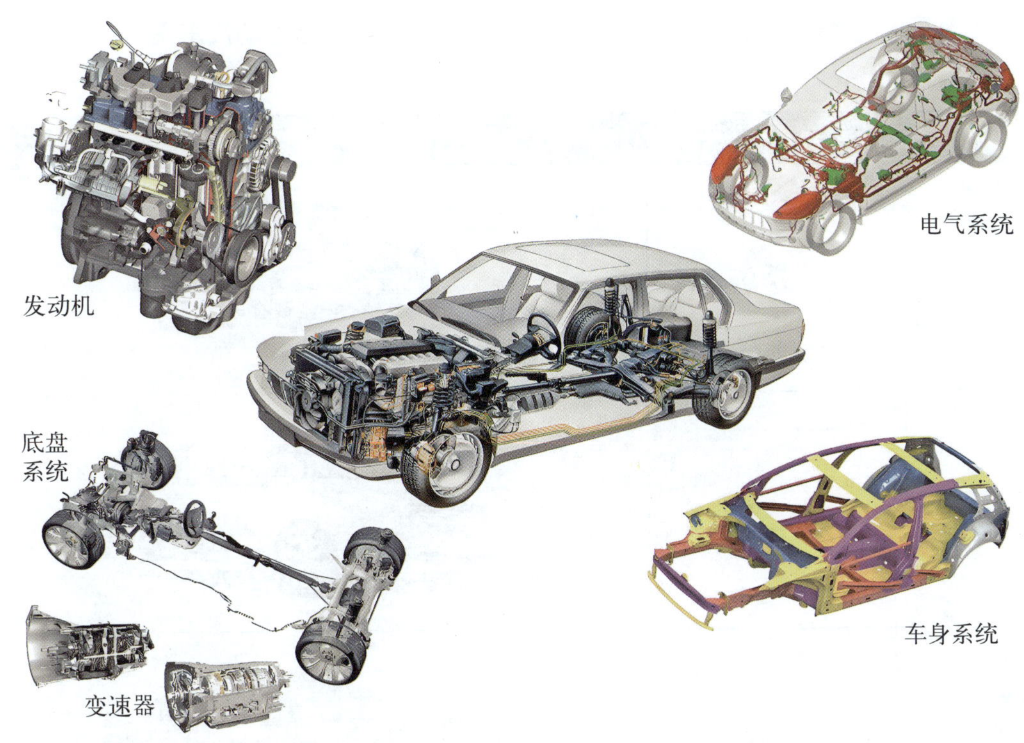

图 1.1-1　汽车基本组成

1.2　现代汽车分类

（1）按用途分类

在经济产业流通领域，按照用途，通常把汽车分为商用车和乘用车。商用车也可以按照专业特征的个性化需求，改装成很多类型的专用车，例如轻卡、救护车、校车等。随着快递业的发展，国家专门出台了快递汽车标准，即具有独立的封闭结构车厢或整体封闭结构车厢(车厢与驾驶室联成一体)，用于快件运输、收寄投递的厢式专用汽车。

（2）按车轴距分类（轿车）

在乘用车中有轿车、商务车、越野车、SUV 等。按照惯例，通常把轿车分为 A00、A0、A、B、C、D 级，其中 A00 级轿车相当于微型车、A0 级轿车相当于小型车、A 级轿车相当于紧凑型车；B 级和 C 级分别相当于中型车和中高档车；D 级相当于豪华车。轿车的轴距越长、排量（传统燃油车）和重量越大，豪华程度越高。如表 1.2-1 所示。

随着车型的增加以及价格、款式、配置选择越来越多样化，A 级、B 级、C 级车的边缘交叉也会越来越多。例如，有些车型或许轴距属于 A 级车范围，但排量和价格与 B 级车相差无几。因此，轿车分级不应过于僵化死板，需灵活处理。

（3）按能源供给分类

按照动力供给源不同，汽车可分为传统燃油汽车（包括柴油机汽车、汽油机汽车）和新能源汽车［包括纯电动汽车、混合动力汽车、燃料电池汽车（氢燃料电池汽车），还有压缩天然气汽车、液化天然气汽车、液化石油气汽车，以及其他非主流的能源汽车，如太阳能汽车、醇类汽车、生物燃油汽车等，其中主流的新能源汽车主要是电动汽车]。

表 1.2-1　轿车级别

级别	轴距	图示
A00 级	2 ～ 2.35m	
A0 级	2.35 ～ 2.5m	
A 级	2.5 ～ 2.7m	
B 级	2.7 ～ 2.9m	
C 级	2.9 ～ 3m	
D 级	3m 以上	

（4）新势力汽车

按当前新技术发展，智能化和新势力造车可归纳为智能网联汽车、自动驾驶汽车（图 1.2-1）、无人驾驶汽车（图 1.2-2）等。

图 1.2-1　自动驾驶汽车

图 1.2-2　无人驾驶汽车

第2章

汽车结构原理及核心部件

见此图标 微信扫码
走进汽车维修数字课堂

扫码获取
- AI智能导学
- 视频实操演示
- 电子图解手册
- 知识进阶锦囊

2.1 传统燃油汽车

2.1.1 发动机总体结构

汽油发动机主要由两大机构和五大系统组成，即曲柄连杆机构、配气机构和燃油供给系统、冷却系统、润滑系统、点火系统、启动系统，具体主要包括气缸体和气缸盖两个大总成部分的部件。柴油发动机因为是压燃的形式点燃，所以不存在点火系统。

发动机组成见图 2.1-1，发动机及其外围部件见图 2.1-2 ～图 2.1-4。汽油发动机见图 2.1-5，柴油发动机见图 2.1-6。

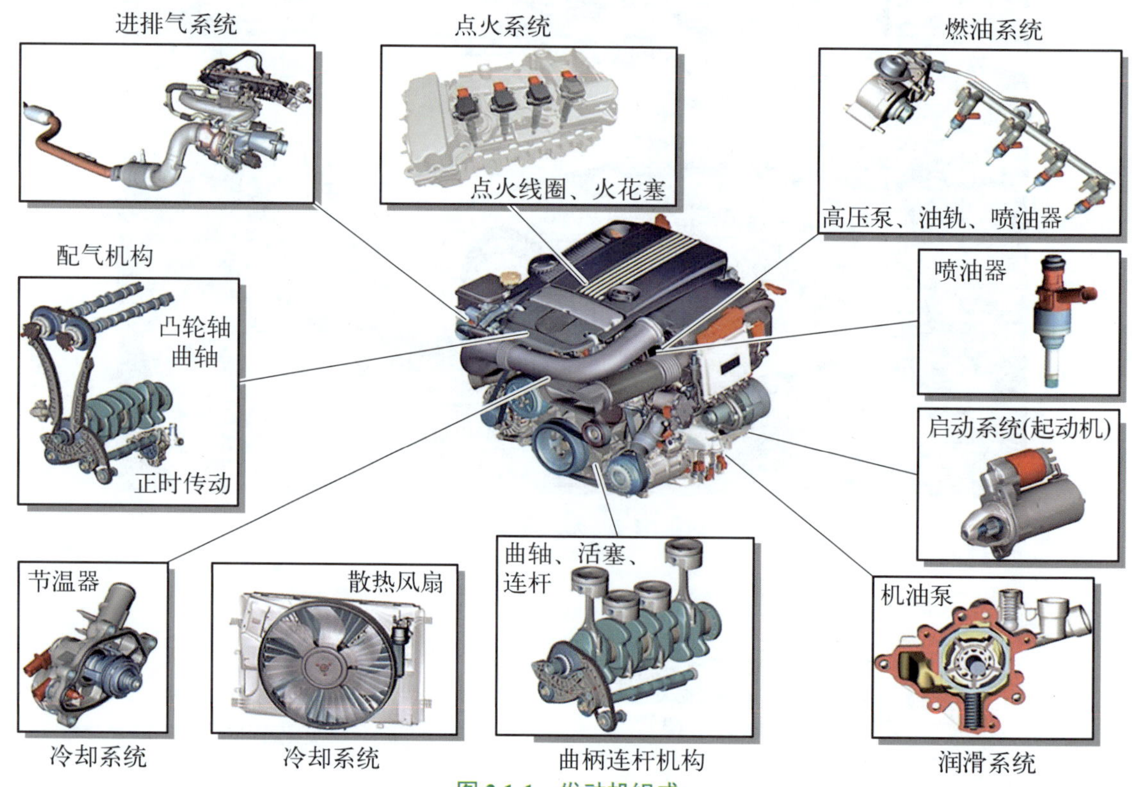

图 2.1-1　发动机组成

图 2.1-2　发动机及其外围部件

1—飞轮；2—涡轮增压器；3—发电机；4—空调压缩机；5—曲轴皮带轮；6—机油滤清器；7—机油尺

图 2.1-3　发动机及其外围部件（控制端视角）

图 2.1-4　发动机及其外围部件（动力输出端视角）

1—飞轮；2—起动机；3—机油滤清器；4—电子控制系统（电脑板）；5—节气门；
6—进气软管；7—排气系统（三元催化器）；8—机油尺

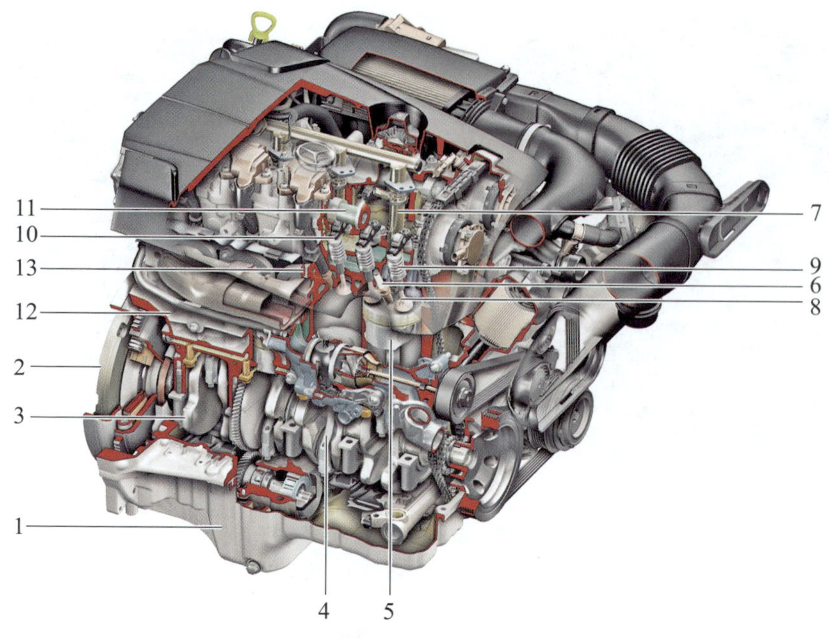

图 2.1-5　汽油发动机

1—油底壳；2—飞轮；3—曲轴；4—连杆；5—活塞；6—火花塞；7—喷油器；8—气门；9—气门弹簧；10—气门摇臂；11—凸轮轴；12—气缸体；13—气缸盖

图 2.1-6　柴油发动机

发动机有直列和 V 型等形式，V 型 6 缸、直列 4 缸、直列 3 缸都是很常见的发动机布置形式。如图 2.1-7 和图 2.1-8 所示的是一款 V6 发动机，汽车（发动机）的前方朝向的左右两排第一个气缸为 1 缸和 2 缸。气缸体和曲轴飞轮组件见图 2.1-9。

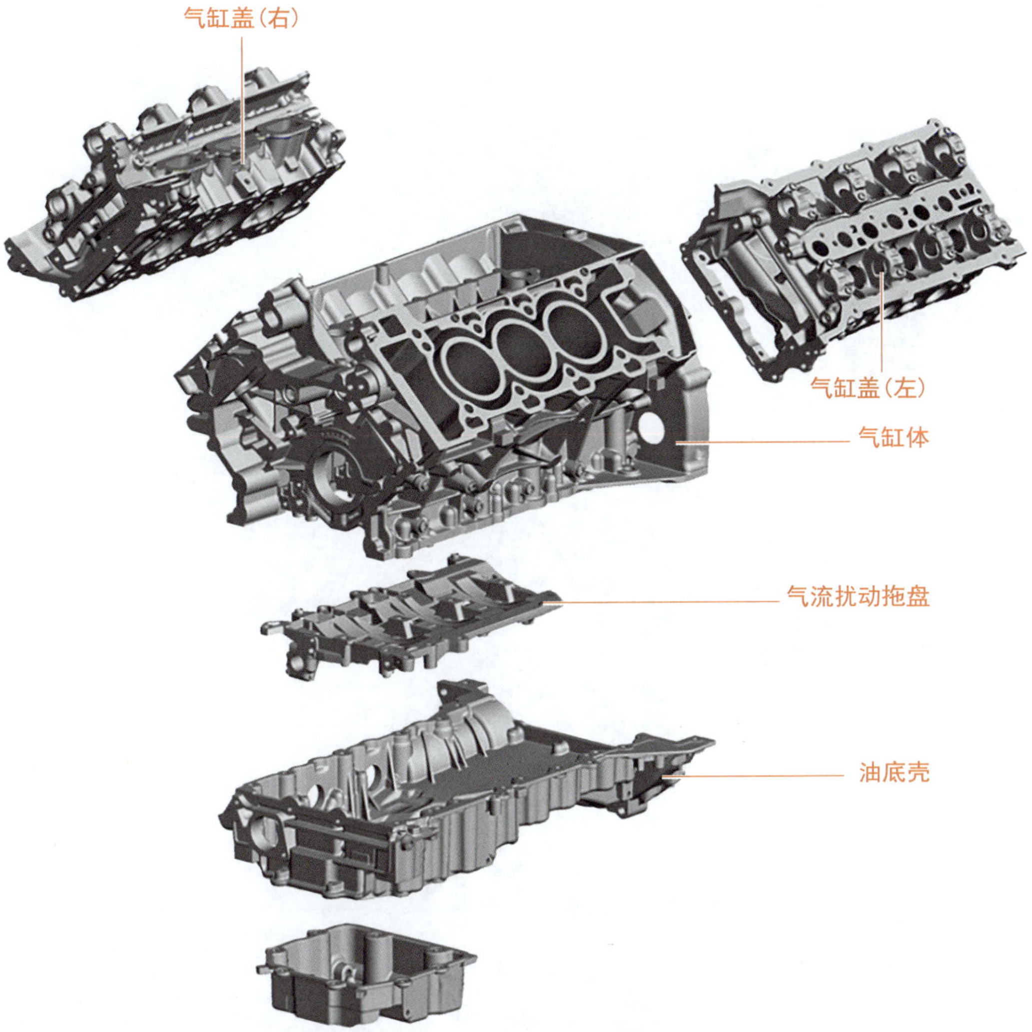

气缸盖（右）

气缸盖（左）

气缸体

气流扰动拖盘

油底壳

图 2.1-7　发动机机体（V6）

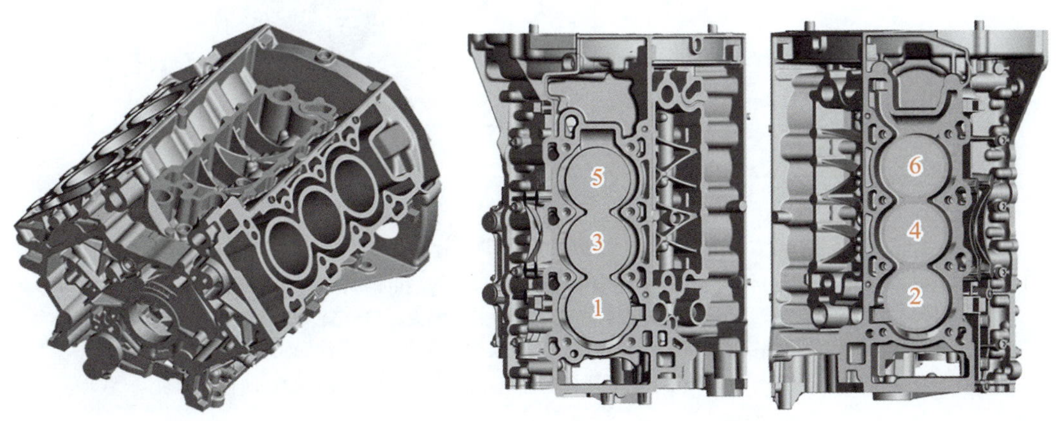

图 2.1-8　机体组——发动机气缸体（V6）

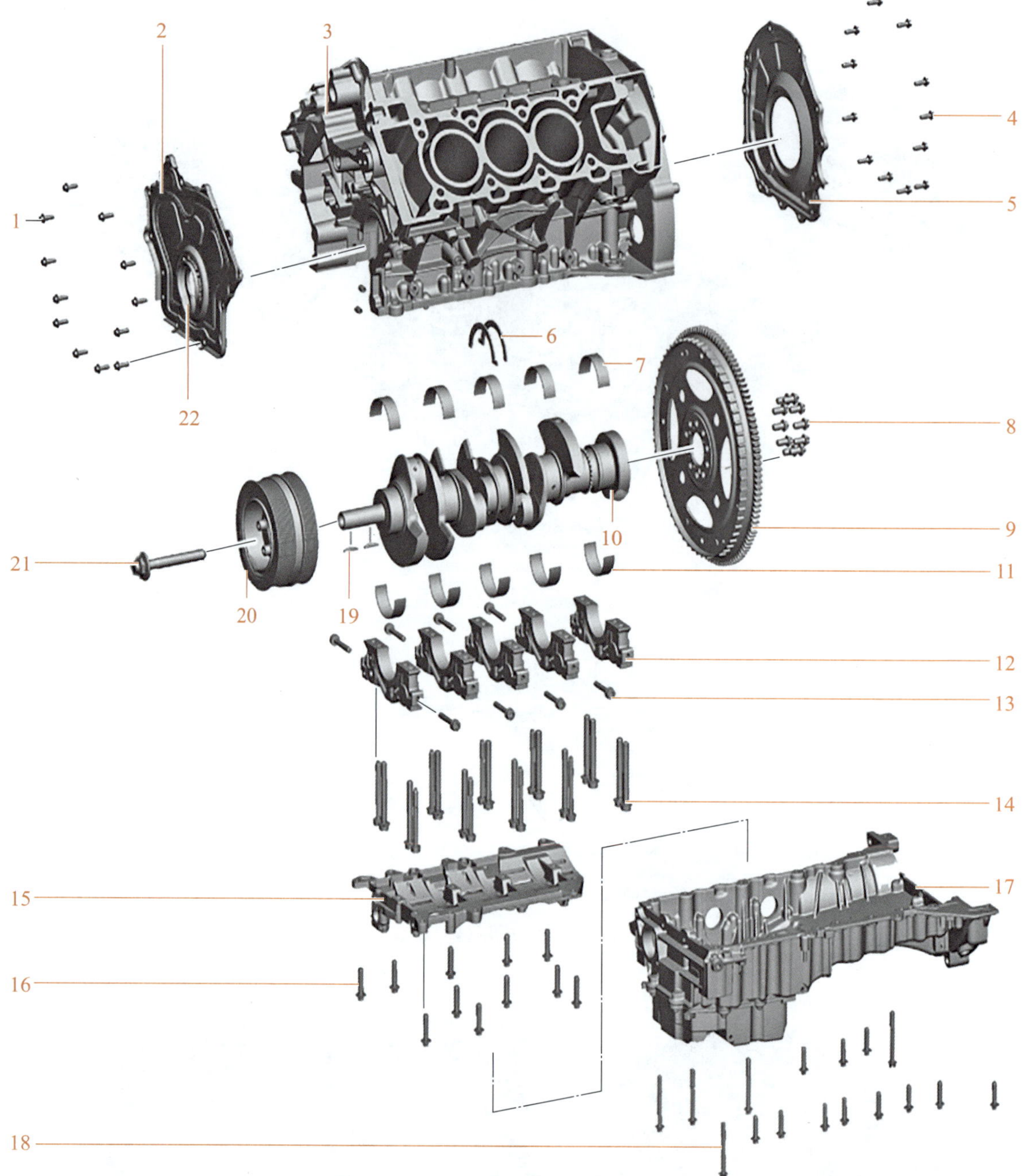

图 2.1-9　气缸体和曲轴飞轮组件

1, 4, 8, 16, 17—螺栓；2—气缸体前盖；3—气缸体；5—气缸体后盖和油封；6—止推垫圈；7—上部主轴承；9—传动板；10—曲轴；11—下部主轴承；12—曲轴主轴承盖；13—交叉螺栓 - 曲轴主轴承盖；14—内部和外部螺栓 - 曲轴主轴承盖；15—气流扰动托盘；17—油底壳；19—半圆键（定位花键）；20—曲轴带轮 / 减振器总成；21—曲轴减振器螺栓；22—曲轴前油封

曲柄连杆机构的功用是把点燃后爆发的燃油混合气作用在活塞上的力，转化为曲轴对外输出的转矩。曲柄连杆机构是发动机中的最主要的运动机件。曲柄连杆机构见图 2.1-10。

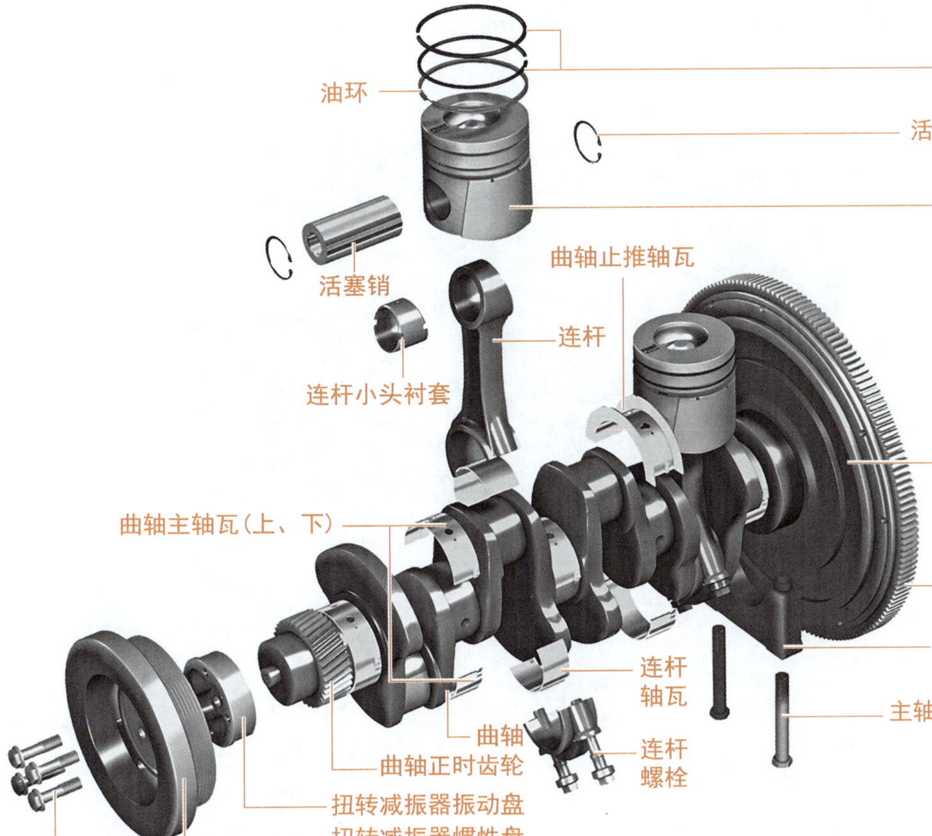

气环
油环
活塞销卡环
活塞
活塞销
曲轴止推轴瓦
连杆
连杆小头衬套
飞轮
曲轴主轴瓦（上、下）
飞轮
齿圈
主轴承盖
连杆
轴瓦
主轴承盖螺栓
曲轴
连杆
螺栓
曲轴正时齿轮
扭转减振器振动盘
扭转减振器惯性盘
扭转减振器紧固螺栓

图 2.1-10　曲柄连杆机构

主要零部件包括活塞连杆组和曲轴飞轮组的各部件，其中活塞连杆组安装在曲轴上，与气缸盖上的凸轮轴和气门组，共同组成了气门传动机构（图 2.1-11）。

3
2
1
7
6
5
8
9
10
11
4
13
13
11
12

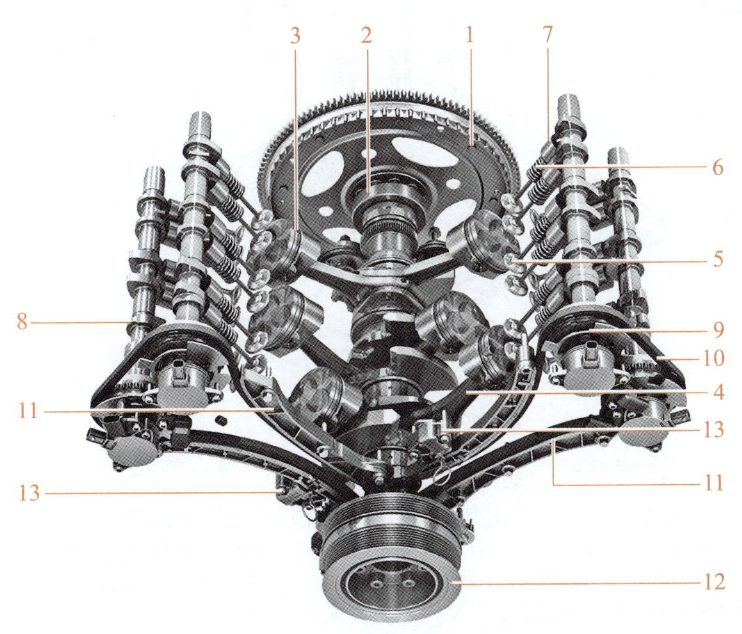

图 2.1-11　气门传动机构（链条传动配气机构）

1—飞轮；2—曲轴；3—活塞；4—连杆；5—气门；6—气门弹簧；7—液压挺杆；8—凸轮轴；9—凸轮轴链轮；10—正时链条；11—涨紧导轨；12—曲轴皮带轮；13—张紧器

气缸盖总成见图 1.2-12，气缸盖总成结构部件见图 2.1-13。

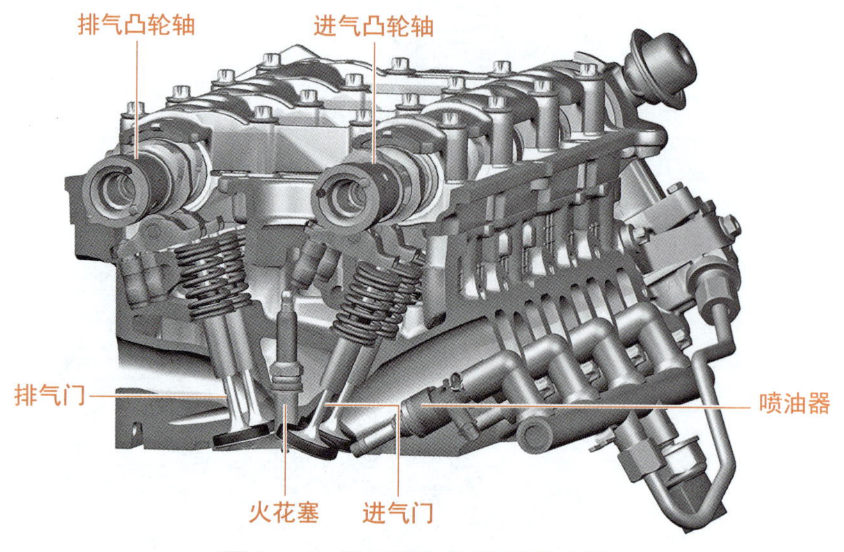

图 2.1-12 气缸盖总成（汽油发动机）

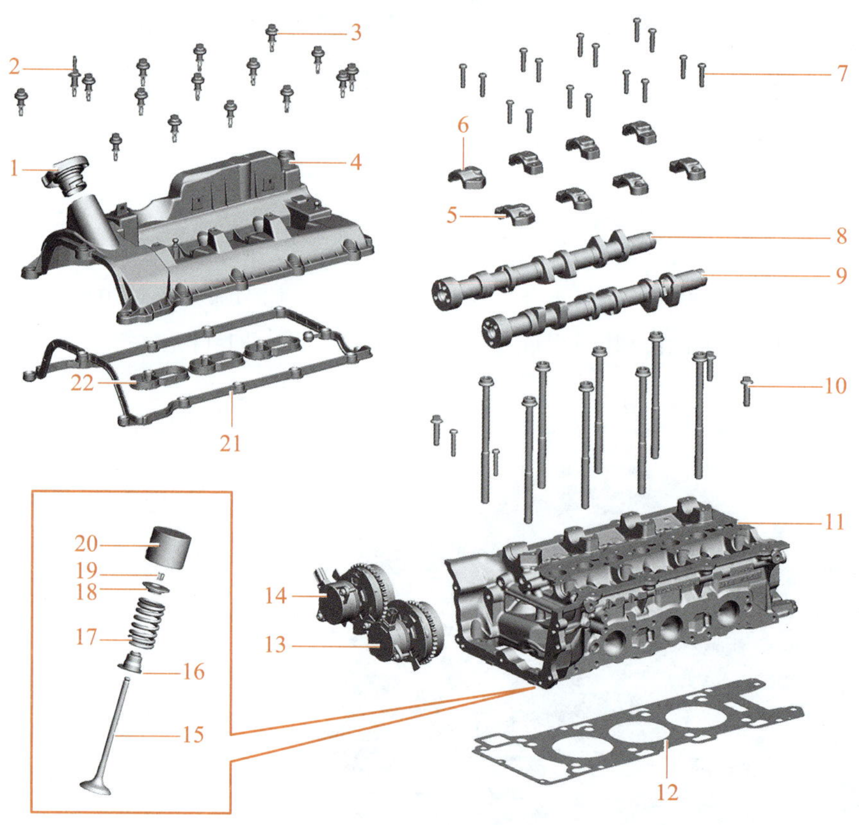

图 2.1-13 气缸盖总成结构部件

1—机油加注口盖总成；2, 3—螺栓；4—凸轮轴盖；5—排气凸轮轴盖；6—进气凸轮轴盖；7—凸轮轴盖螺栓；8—进气凸轮轴；9—排气凸轮轴；10—气缸盖螺栓；11—气缸盖；12—气缸盖密封垫；13—VCT 执行器（排气）；14—VCT 执行器总成（进气）；15—气门；16—气门弹簧座和杆油封；17—气门弹簧；18—气门弹簧挡圈；19—气门弹簧夹套（锁片）；20—气门挺杆；21, 22—气门室罩盖密封垫气缸盖与气缸体上部完全密封，与活塞顶部和气缸壁一起形成燃烧室（图 2.1-14），并承受气缸内的气体压力。气缸盖上有进、排气门座及气门导管孔和进、排气通道等。气缸盖上还设有火花塞座孔（汽油发动机），柴油发动机不需要火花塞，也就没有火花塞孔，但有安装喷油器的座孔。

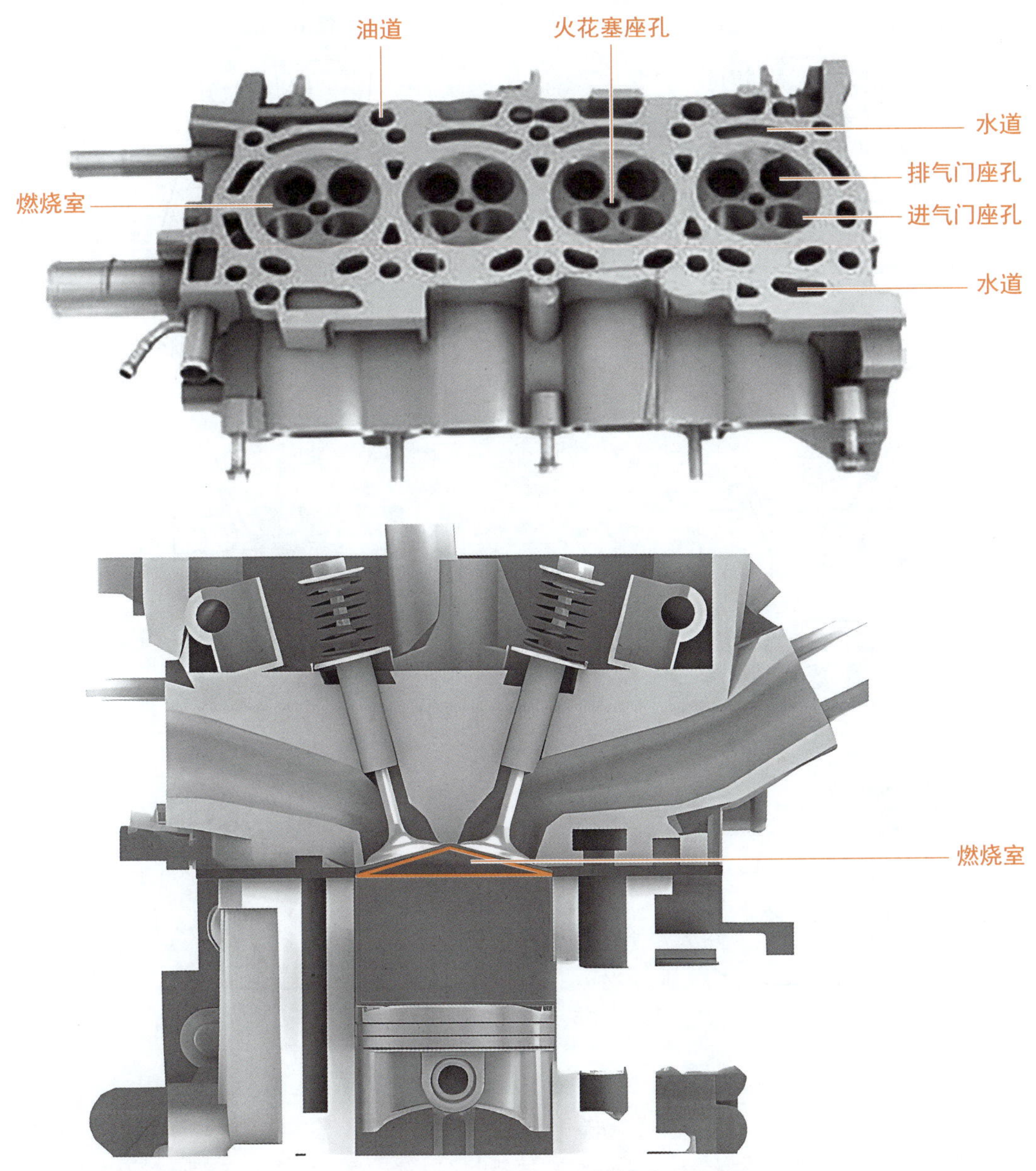

图 2.1-14　气缸盖及燃烧室

2.1.2　发动机基本运行原理

发动机之所以能源源不断地提供动力，是因为气缸内的进气、压缩、做功、排气四个行程的往复循环运作（图 2.1-15）。活塞在气缸中往复运动，完成机械能转换为动能的过程，最终驱动车轮行驶。

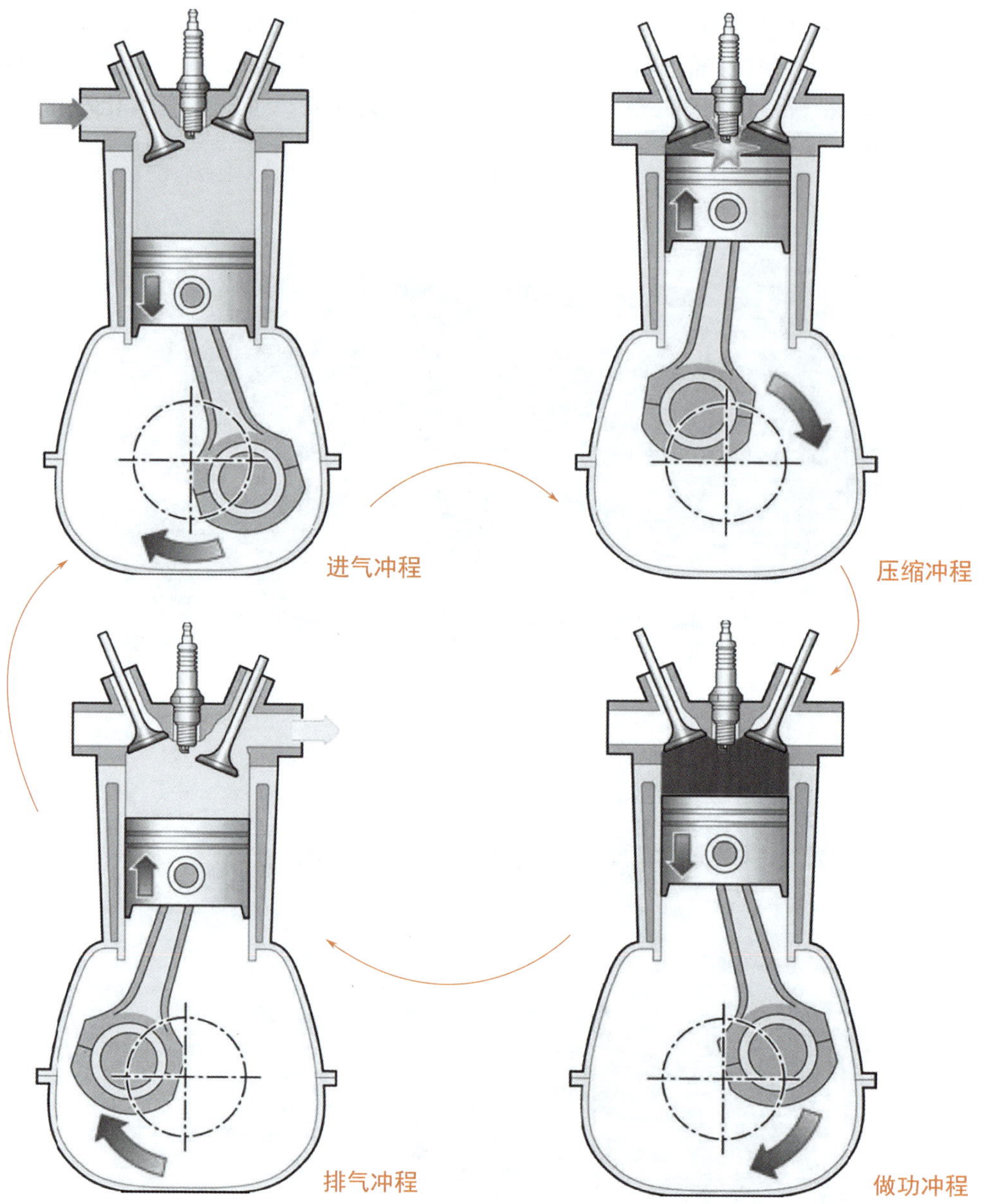

图 2.1-15　发动机工作原理

知识链接

① 四个行程完成一个工作循环（进气、压缩、做功、排气），曲轴旋转两圈。只有做功行程对外做功，其他三个行程中，活塞靠安装在曲轴上的飞轮转动的惯性来保持运动。

② 发动机运行过程中，气门实际的开闭时刻是早开迟闭，延长进、排气时间，以保证进气充足，废气排放完全。

③ 活塞在上止点（OT）前，点燃可燃混合气，即点火时间。

（1）汽油发动机点火运行

汽油发动机气缸内空气和燃油形成的可燃混合气通过火花塞点燃在燃烧室内燃烧时产

生压力，压力通过活塞和连杆转动曲轴，经一系列机械运动和动力传递，最后驱动车辆（图 2.1-16）。

（2）柴油发动机压燃运行

在柴油发动机中，气缸内的气体温度大大超过柴油的自燃温度，供给的柴油被喷射到燃烧室内，由气缸活塞压缩热空气使柴油自燃。同样，气缸内气压急剧上升，在高温、高压气体推动下，活塞向下运动，并带动曲轴旋转，通过一系列机械运动和动力传递，最后驱动车辆（图 2.1-17）。

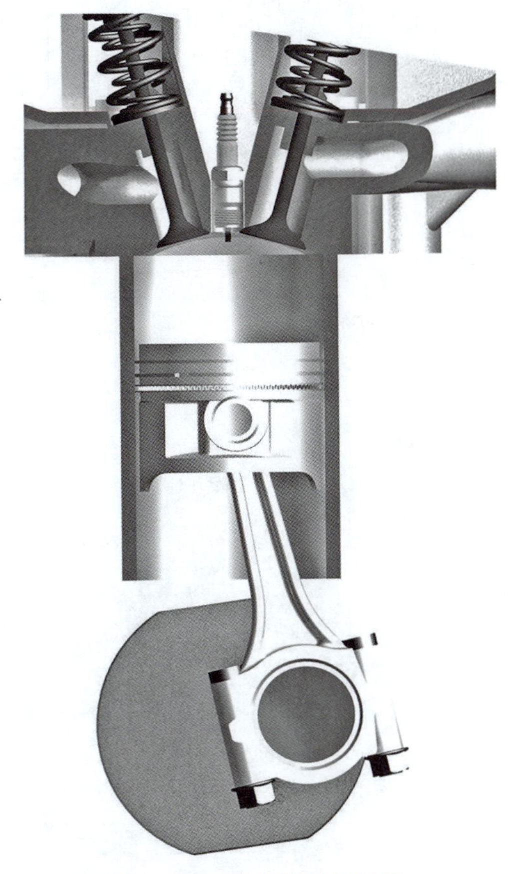

图 2.1-16　汽油发动机示意

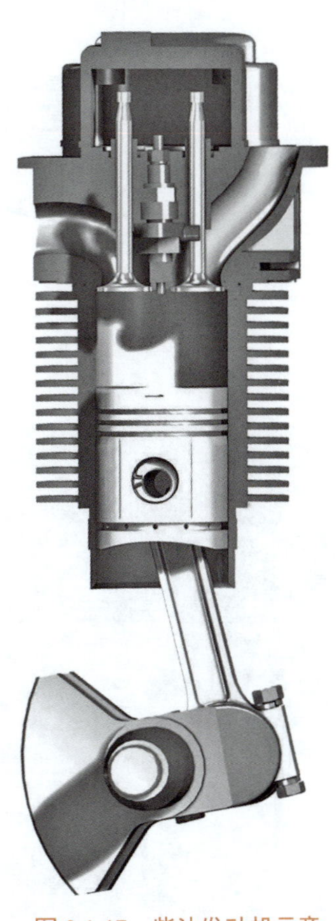

图 2.1-17　柴油发动机示意

（3）发动机点火和燃油喷射

在笔者刚进入汽车维修行业当学徒的年代，师傅们修的基本都是化油器车，单点喷射的车辆也很少。刚进修理厂当学徒的第一天就遇到师傅们清洗和调整化油器。那时，冒黑烟，调化油器；加速迟缓，调化油器；怠速不稳，调化油器；调分电器（调点火时间），换分火头，清理白金点……感觉化油器和分电器都很神奇。转眼几十年过去了，主要作用将汽油与空气混合，形成可燃混合气，供给发动机使用化油器已经成为历史，分电器同样也完成了使命。取而代之的是喷油和点火更精确、维修更便捷的发动机电子控制系统（图 2.1-18），而此过程也经历了单点喷射到多点喷射，再到现在主流的缸内直接喷射系统（图 2.1-19）。

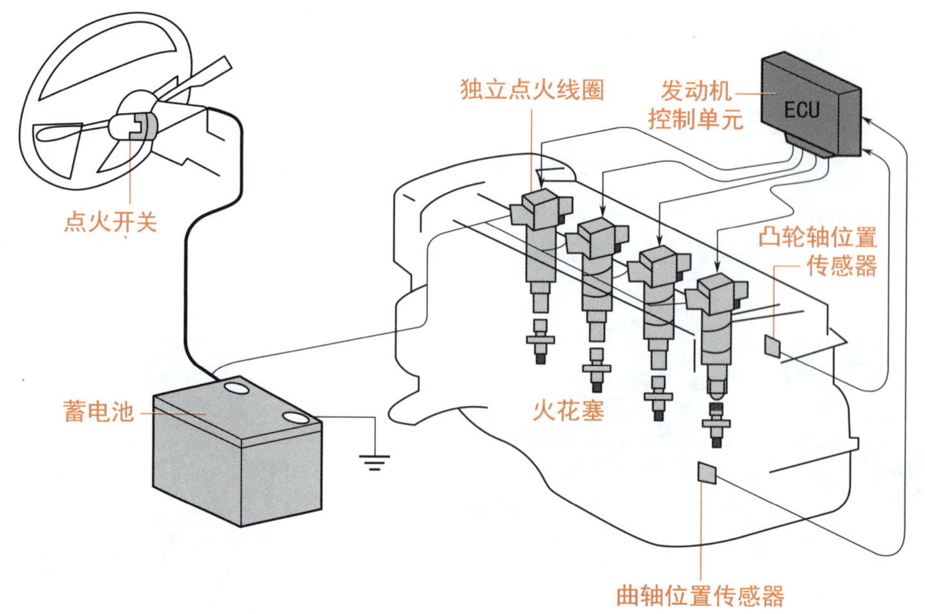

图 2.1-18　发动机电子控制系统

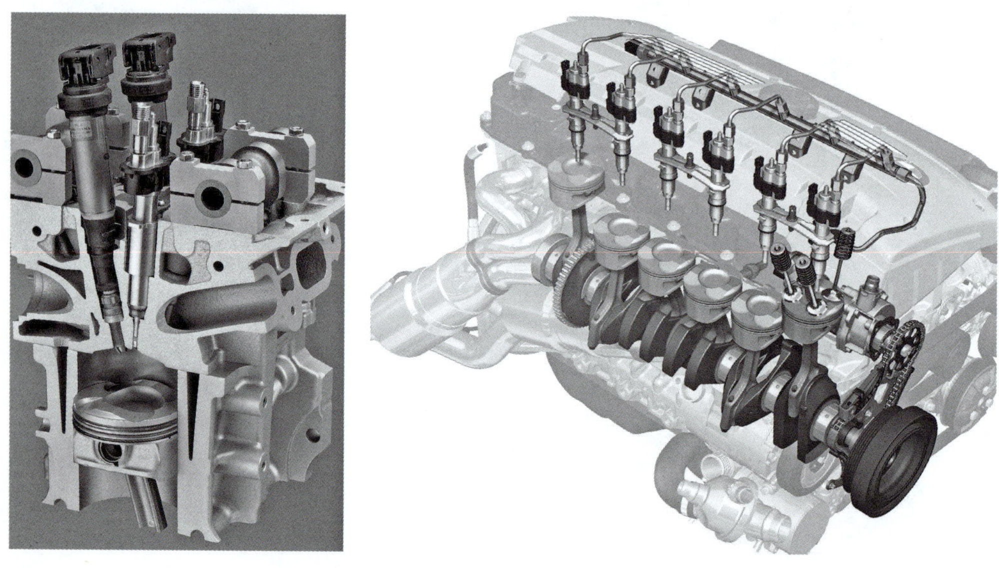

图 2.1-19　缸内直接喷射系统

2.2　混合动力汽车

2.2.1　混合动力汽车的特点和组成

混合动力汽车是指使用电机和发动机联合组成的动力驱动系统来驱动的汽车（油电混合）。混合动力汽车的主要特点是采用小排量的发动机降低了燃油消耗。将制动和下坡时的动能回收到高压蓄电池中进行再利用，也可以降燃油消耗。在市区行驶工况下可关停内燃机，由电机单独驱动，实现零排放。

混合动力汽车可分为普通混合动力汽车（HEV）和插电式混合动力汽车（PHEV），因为虽然都采用发动机和电机来驱动汽车，但并不都是采用燃油和电两种能量供给方式。只采用燃油一种供给方式的混合动力汽车，就是所谓的（普通）混合动力汽车（非插电式混合动力），它的高压蓄电池容量很小，通常只用来储存回收来的能量，并不能进行外部充电，也就是不需要外接电源；而可以采用市电（慢充）或专门充电桩（快充）进行充电的车辆，有充电口，可以外插充电枪，接电源充电，这样的混合动力汽车就称为插电式混合动力汽车。混合动力汽车组成见图 2.2-1 和图 2.2-2。插电式混合动力汽车电机见图 2.2-3。

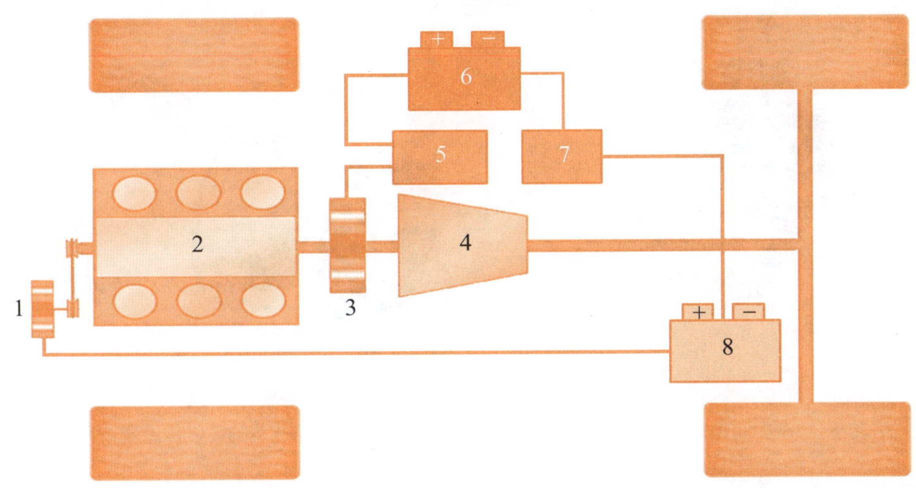

图 2.2-1　混合动力汽车组成示意

1—12V 发电机；2—发动机；3—电机；4—变速器；5—电机控制器；6—高压蓄电池；7—DC/DC 转换器；8—12V 蓄电池

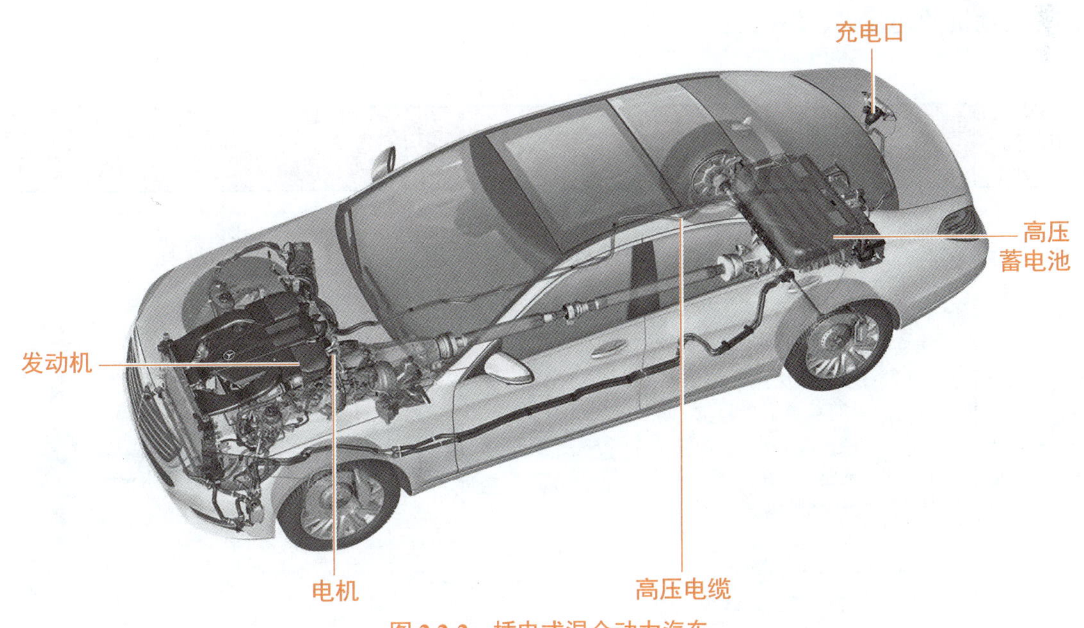

图 2.2-2　插电式混合动力汽车

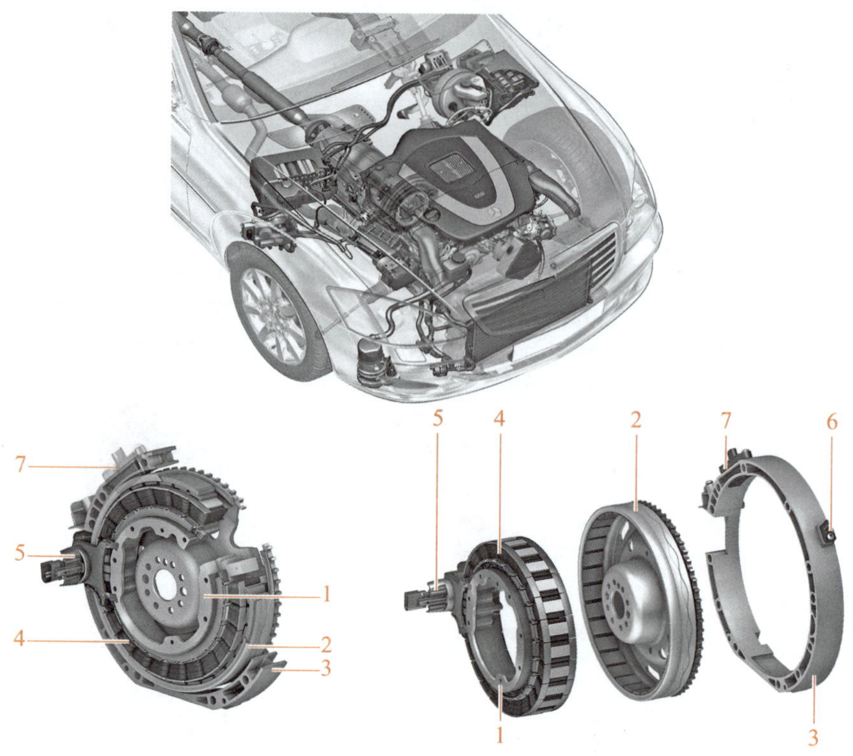

图 2.2-3 插电式混合动力汽车电机

1—定子架；2—转子；3—中间壳体；4—定子线圈；5—温度传感器连接器；6—曲轴霍尔传感器；7—转子位置传感器

2.2.2 混合动力总成布局

混合动力按动力耦合方式来分类，有串联式、并联式和混联式三种。混合动力汽车电机可作为发动机的起动机、发电机和驱动电机，见表 2.2-1。

表 2.2-1 混合动力汽车模式（总成布局）

模式	电机数量	说明 / 内容	图示
串联混动的驱动电机	1 台发动机 +1 台电动机 + 发电机	串联式混合动力是指发动机带动发电机发电，将电能输送给电动机驱动汽车。增程式电动汽车属于这一种 串联式混动相当于在普通电动汽车上装载了燃油发电机，只有一套纯电的驱动系统。在起步、低速、频繁加减速等工况下，由动力电池提供电能驱动。在高速、全速工况下，由发动机驱动发电机提供电能驱动。因为发动机不能给动力电池充电，需要外接充电口给动力电池充电，所以串联模式的混合动力汽车一定也是插电式	燃油箱 高压电池 控制器 G(发电机) M(电动机) E(发动机) 机械动力传输线路 电力传输线路

续表

模式	电机数量	说明 / 内容	图示
并联混动的驱动电机	1台发动机+1台电动机	并联混动模式车辆有两个动力源用于驱动车轮，以发动机为主，电动机辅助。发动机或者一个电动机可以驱动车轮，也可以驱动电动机给动力电池充电。发动机驱动车轮的同时，动力电池也可以带动电动机驱动车轮 并联式混合动力汽车的缺点是动力电池组电量耗尽后，电动机无法继续驱动车辆，只能作为发电机使用	高压电池 燃油箱 控制器 动力离合装置 M(电动机) G(发电机) 变速器 E(发动机) 机械动力传输线路 电力传输线路
混联混动的驱动电机	1台发动机+1台电动机+1台发电机	混合动力混联模式车辆是串并联组合，有两个电机，同样有两个动力系统驱动车轮，以电动机为主，发动机辅助。混联式的一个电动机仅用于直接驱动车轮，当需要极限性能的时候，另一个电机充当电动机直接驱动车轮，这时整车功率就是发动机、两个电机的功率之和；当电力不足的时候，也能充当发电机，给动力电池充电	燃油 高压电池 控制器 G(发电机) M(电动机) 动力离合装置 M(电动机) 变速器 E(发动机) 机械动力传输线路 电力传输线路

2.3 纯电动汽车

2.3.1 纯电动汽车基本运行原理

纯电动汽车的能量转换方式是由电能转换为机械能（动能），动力电池的能量使电动机驱动车轮前进。纯电动汽车运行示意如图 2.3-1 所示：动力电池→电机控制器→电机→动力传动系统→驱动轮。其中，动力电池提供的电流经过电机控制器输出到驱动电机，然后由驱动电机产生转矩，经传动装置驱动车轮实现车辆的行驶。

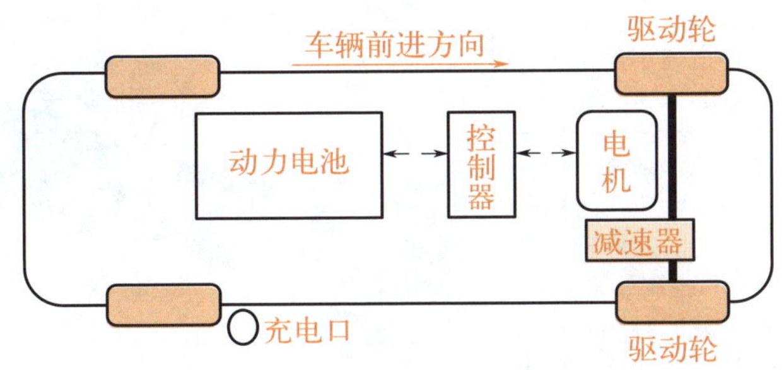

图 2.3-1　纯电动汽车运行示意

当汽车行驶时，电池输出的电能通过控制器驱动电机运转，电机输出的转矩经传动系统带动车轮前进或后退，电动机的动力输出大小由电机控制器来调节。

2.3.2 纯电动汽车结构

纯电动汽车的结构与燃油汽车相比简单很多，主要增加了电力驱动控制系统，取消了发动机及燃油控制系统。纯电动汽车核心部件见图 2.3-2。纯电动汽车组成系统与传统燃油车的主要区别见表 2.3-1。

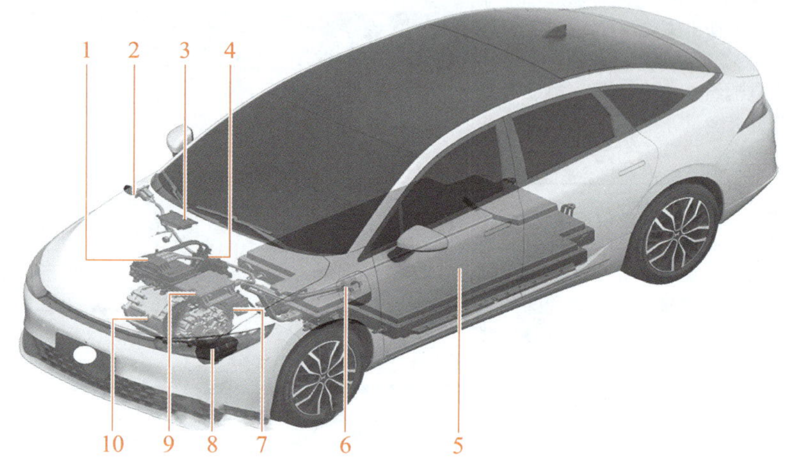

图 2.3-2 纯电动汽车核心部件

1—驱动电机控制器；2—交流充电口；3—整车控制器；4—高压配电箱；5—动力电池；6—直流充电口；7—PTC 加热器；8—空调压缩机；9—充电机 / 直流转换器；10—驱动电机

表 2.3-1 电动汽车组成系统与传统燃油车的主要区别

组成系统 / 总成		与传统燃油车的主要区别	说明	图示
供给系统		动力电池	动力电池安装在车身底板上，供给车辆高压电	
电驱系统	动力系统	电机驱动	电动机取代了发动机，相比内燃机能量损耗小，起步时扭矩较大。电动机的动力输出大小由电机控制器来调节	转子 电机控制器 定子 电机绕组 电机壳体 减速器
	齿轮传动系统	减速器	纯电动汽车通常是没有变速器的，取而代之的是减速器，电动机的转速变化通过电机控制器来调节，然后通过减速器和差速器直接传递到前轴或后轴上来驱动车轮	

续表

组成系统/总成	与传统燃油车的主要区别	说明	图示
车身电器	电动涡旋式空调压缩机（由机械和电机及其控制器组成）	传统空调系统是由发动机驱动空调压缩机，而电动汽车使用的是高压电动空调压缩机 电动压缩机内部与传统燃油汽车压缩机结构有所不同，前者内部的交流电机转子带动涡旋进行压缩；后者内部的斜盘式和摆盘式压缩机，由活塞连杆、活塞、进排气阀等组成	
	高压加热器	纯电动汽车采暖也是使用高压电加热器正温度系数热敏电阻（PTC）材料，通常是采用热敏陶瓷元件和波纹散热铝条经高温黏结而成的，热阻小、换热效率很高 PTC加热器安装在空调蒸发箱上面，主要由控制器、散热器、加热元件以及塑料框架等部件组成	
冷却系统	水冷、油冷、冷媒冷却	驱动电机、动力电池等需要冷却。不同车型有不同的冷却方式	
空调系统	热泵空调	热泵空调是一种高效节能的空调系统，它利用热泵技术实现制热或制冷功能 热泵空调的核心部件是压缩机和冷凝器，通过吸收或排出空气中的热量来控制室内温度	

续表

组成系统/总成	与传统燃油车的主要区别	说明	图示
制动系统	电动真空泵	因为传统燃油汽车可以利用发动机的真空力量作为制动助力，所以对于纯电动汽车，要想法找到发动机真空的替代方案，最常用的办法就是装备一个电动真空泵，专门向真空制动助力器补充真空	
行驶系统	相同	悬挂、车桥和车轮等与传统燃油汽车一样	
转向系统	相同	电动助力转向系统	

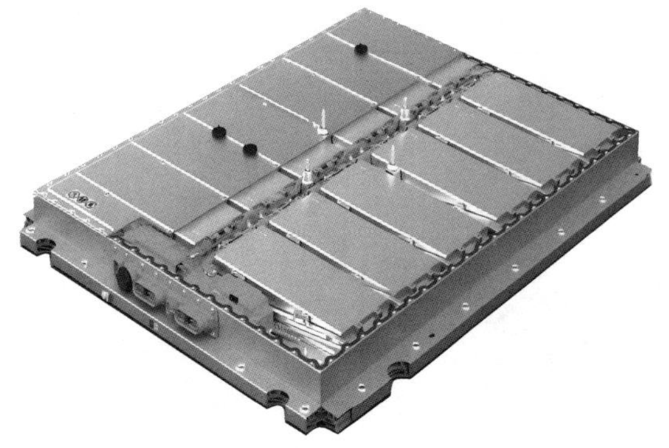

图 2.3-3　动力电池包

2.3.3　电源系统

（1）动力电池总成

电源系统主要包括动力电池、电池管理系统、车载充电机及辅助动力源等。动力电池，通常也称高压蓄电池，在电动汽车标准术语中称动力蓄电池。动力电池的功能是存储能量，通过从主电源电路充电以及通过再生制动接收能量。总成装车用的动力电池通常称为动力电池包，见图 2.3-3，动力电池包内部结构见图 2.3-4。

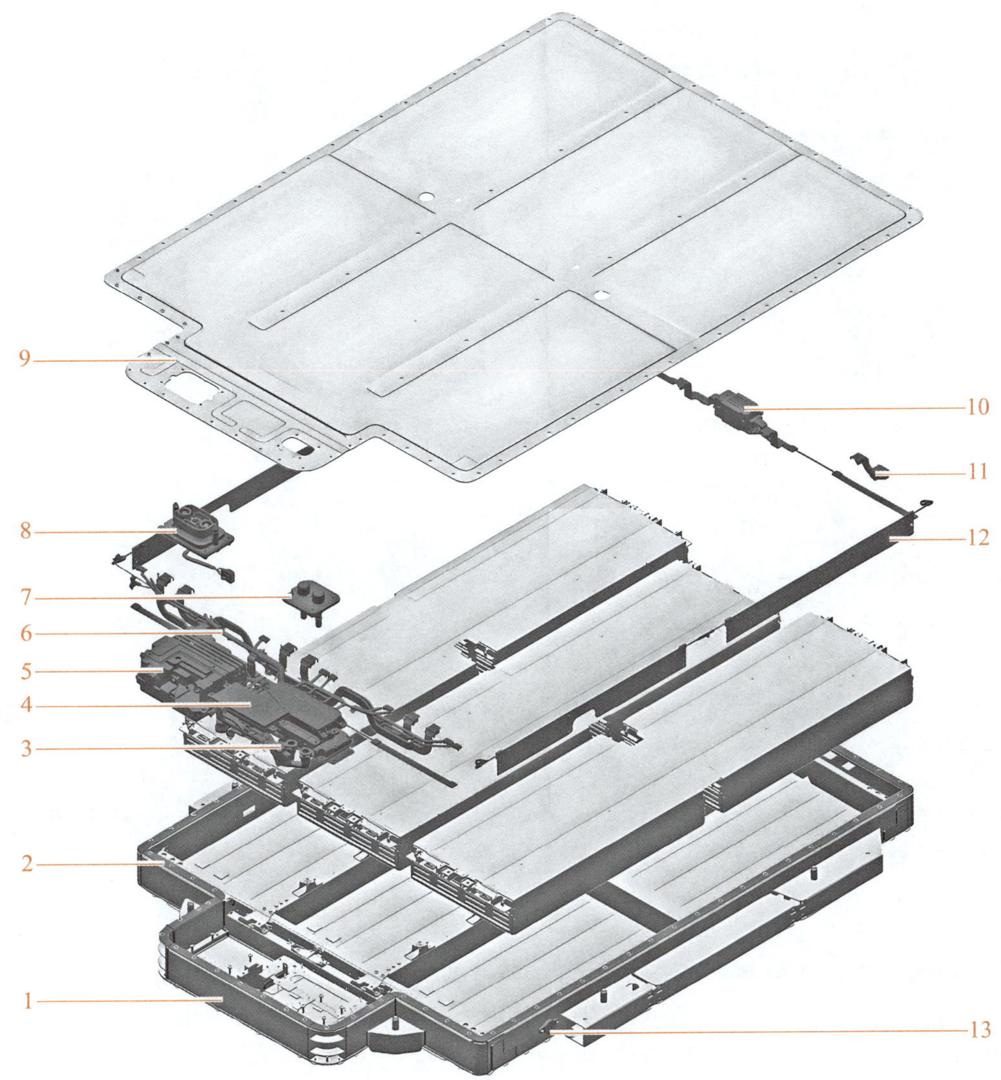

图 2.3-4　动力电池包内部结构

1—电池包下壳体总成；2—密封垫；3—水冷板进出水管；4—BMS 组件；5—SBOX；6—低压线束；
7—电池包端水快换；8—电池包端电快换；9—上盖板；10—熔断器；11—铜排；12—PI 加热膜；13—泄压阀

（2）电池最小单元

电池最小单元有方形大单体电池（图 2.3-5）、圆柱形电池（图 2.3-6）和软包电池（图 2.3-7），单体电池并联或串联在一起组成电池模组，通过串联 n 个电池模组，组成整个动力电池包。

三元锂电池单体标称电压为 3.7V。目前市场上新能源汽车动力电池使用大单体的三元锂电池较为普遍，单体电池串联在一起组成电池模组，几个电池模组组成整个动力电池。比亚迪使用的是磷酸铁锂电池，其标称电压为 3.2V。

新能源汽车初期基本都使用 18650（电芯直径 18mm，长度 65mm，0 表示圆柱形）圆柱形三元锂电池，后来又开发了 21700 型号，比如特斯拉使用的就是这两款电池，其整个动力电池包由数千个这样的单体电芯组成。

图 2.3-5　方形大单体电池

图 2.3-6　圆柱形电池

扫码获取

- AI 智能导学
- 视频实操演示
- 电子图解手册
- 知识进阶锦囊

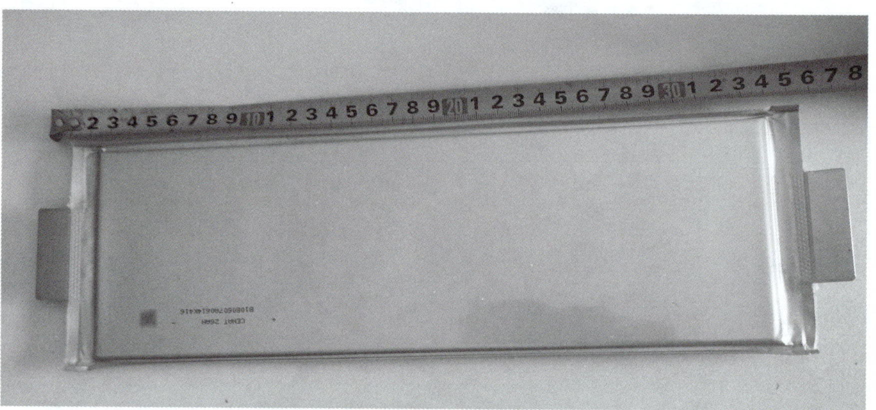

图 2.3-7　软包电池

刀片电池是在比亚迪车上广泛使用的一种磷酸铁锂电池，刀片电池取消了传统的模组环节，电池组结构简化，通过改变动力电池总结构，长方形电池竖直排列插入动力电池总成，提高了空间利用率，在同样空间中能够装下更多的电芯，提高续航里程。刀片电池见图 2.3-8。

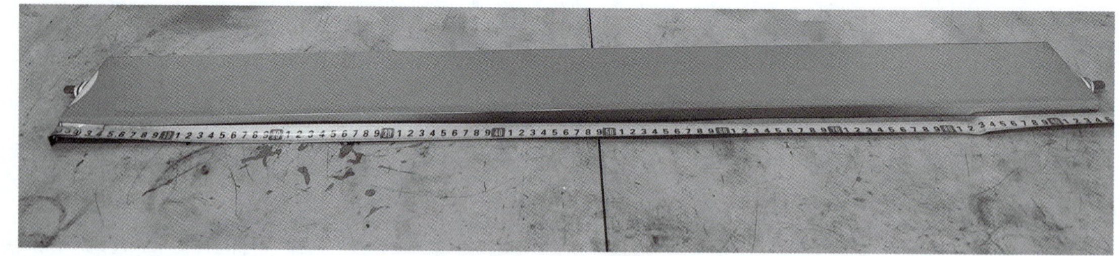

图 2.3-8　刀片电池

（3）锂电池内部结构

三元锂电池（即三元聚合物锂电池）是目前广泛应用在新能源汽车上的动力电池，一般是指采用镍钴锰酸锂或镍钴铝酸锂三元正极材料的锂电池，见图 2.3-9。锂电池内部结构见图 2.3-10。

扫码获取

- AI 智能导学
- 视频实操演示
- 电子图解手册
- 知识进阶锦囊

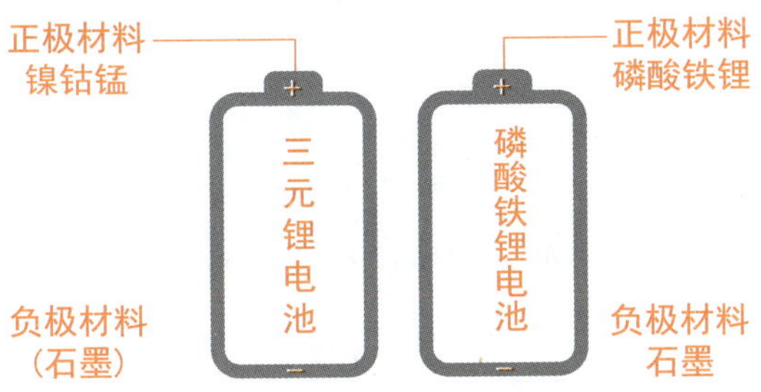

图 2.3-9　锂电池材料示意

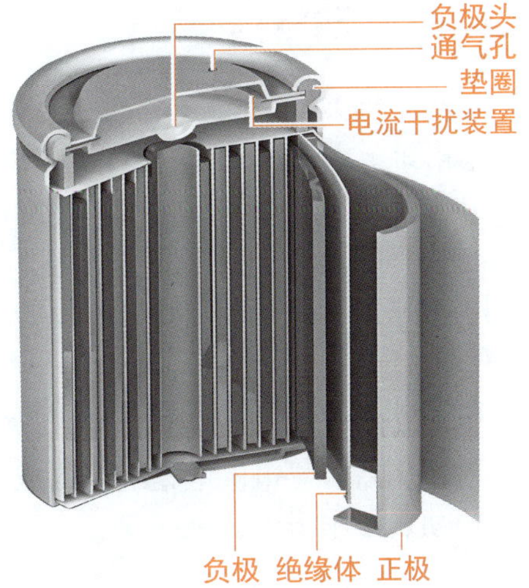

图 2.3-10　锂电池内部结构

知识链接

① 锂电池中的锂并不是以金属锂的形式存在，而是以锂离子的形式存在。

② 锂电池的正极是含金属锂的化合物，正负极之间存在电解质（可以是固态电解质，也可以是液态电解质）。

③ 在对电池进行充电时，正极上分解生成锂离子，锂离子通过电解质进入电池负极，嵌入负极碳层的微孔中，如图 2.3-11 所示。

④ 在放电过程中，嵌在负极微孔中的锂离子又运动回正极。回到正极的锂离子越多，放电容量就越高。

⑤ 锂电池在充放电过程中，锂离子不断地在正极和负极之间运动，即正极→负极→正极的移动状态。

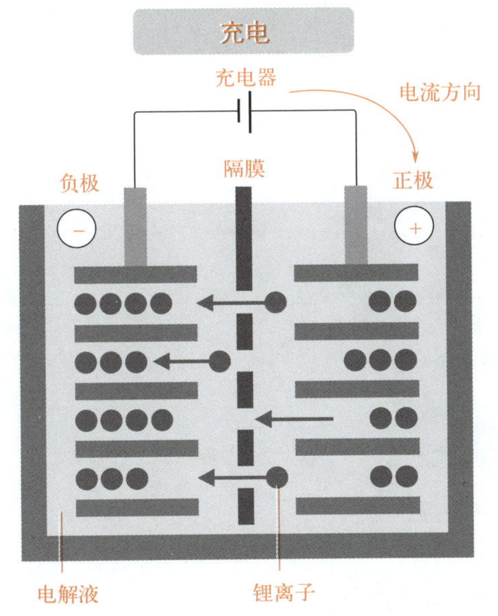

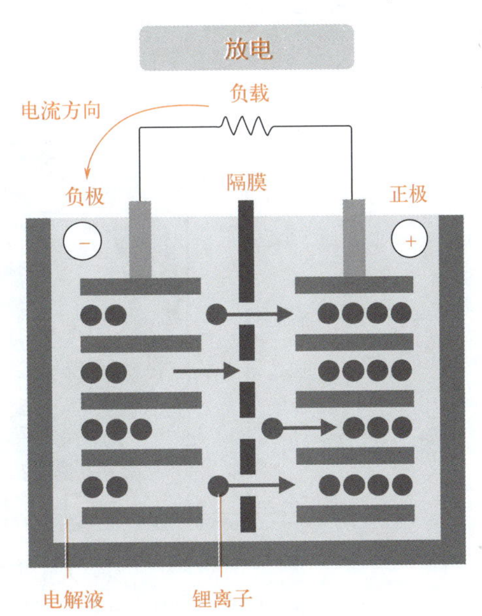

图 2.3-11　锂电池原理示意

2.3.4 驱动电机

（1）电机类型

按电机工作电源不同，电机可以分为直流电机和交流电机。交流电机按转子磁场与定子磁场的转速是否相同，又分为同步电机和异步电机两大类。同步电机又可分为永磁同步电机、磁阻同步电机和励磁同步电机。异步电机又分为三相异步电机和单相异步电机。电机都应用了磁铁的异极相吸、同极相斥的基本核心原理。

（2）电机基本原理

交流电机由定子和转子两大核心部分组成（图 2.3-12），电机的定子基本都是一样的，由导磁的电枢铁和导电的电枢绕组构成。但转子有所不同，永磁同步电机转子是永久磁铁，而异步电机转子本身没有磁。

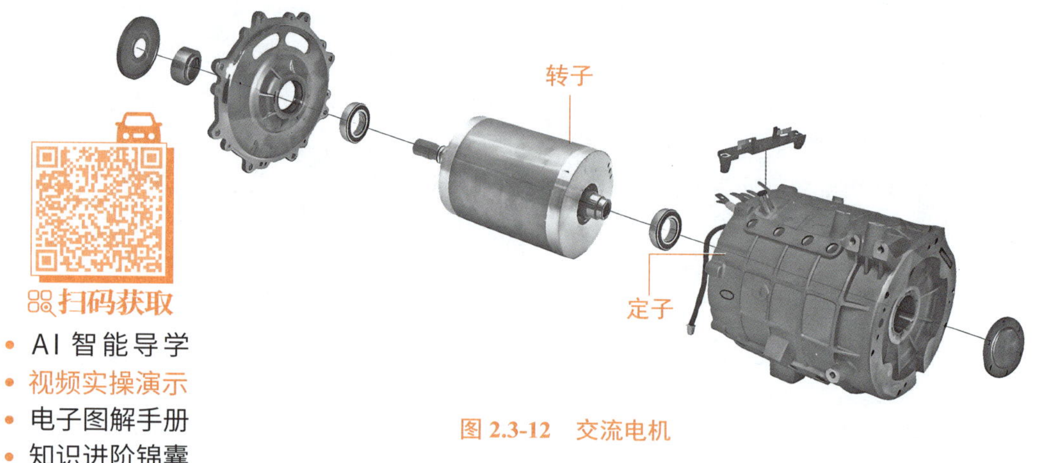

图 2.3-12　交流电机

① 永磁同步电机。永磁同步电机中，定子绕组通过三相电流，就会产生相应的旋转磁场，转子的旋转速度与定子绕组所产生的旋转磁场的速度是相同的，旋转磁场的速度和极对数取决于三相电流频率。永磁同步电机工作原理示意见图 2.3-13，永磁同步电机定子的绕组见图 2.3-14。

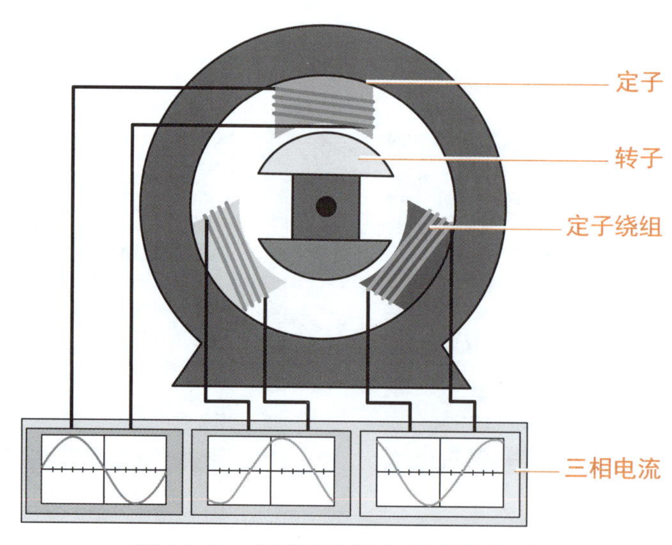

图 2.3-13　永磁同步电机工作原理示意

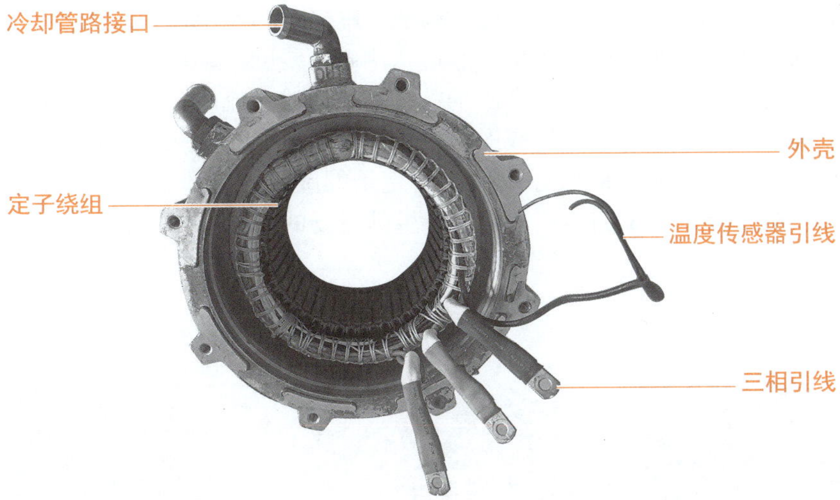

冷却管路接口

外壳

定子绕组

温度传感器引线

三相引线

图 2.3-14　永磁同步电机定子的绕组

知识链接

永磁同步电机转子采用永磁铁，通常使用镂空的导磁性非常强的硅钢片叠压而成（图 2.3-15），硅钢片支撑着永磁铁；而定子本身不转动，但能形成一个旋转磁场。

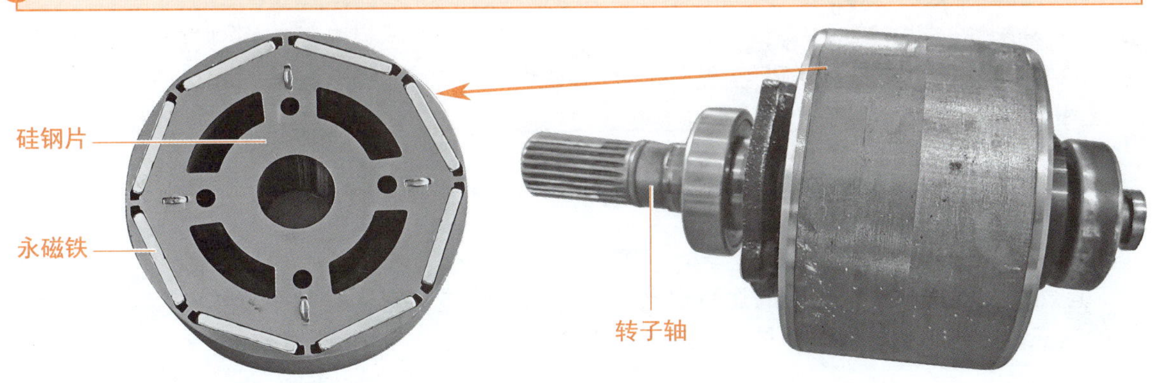

图 2.3-15　永磁同步电机转子

❷ 交流异步电机。交流异步电机又称感应电机，种类有多种，如绕线式等。新能源汽车交流异步电机通常使用鼠笼式结构，见图 2.3-16。

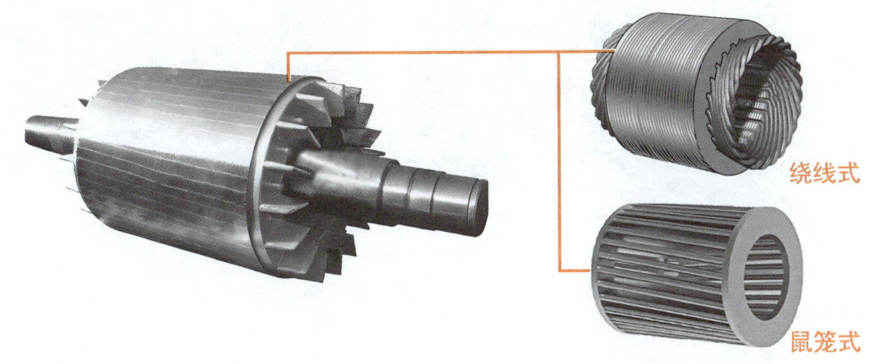

图 2.3-16　交流异步电机的结构

异步电机转子表面有很多导条，并且两端是通过短路环连接在一起的。三相交流电通过定子绕组产生旋转磁场。转子上的导条会通过切割磁力线的运动而产生感应电流，从而形成一个电磁场。于是在电机中就形成两个磁场，一个是通过交流电产生的定子旋转磁场，另一个是与定子切割磁力线产生电流而形成的磁场，就会使电流在旋转的磁场中又受到安培力的作用（导线在磁场中受到阻力），转子就会跟着定子的旋转磁场开始转动，最终使电机旋转。但这两个转动的叠加导致转子的转速和定子产生的磁场的速度不同（图 2.3-17）。

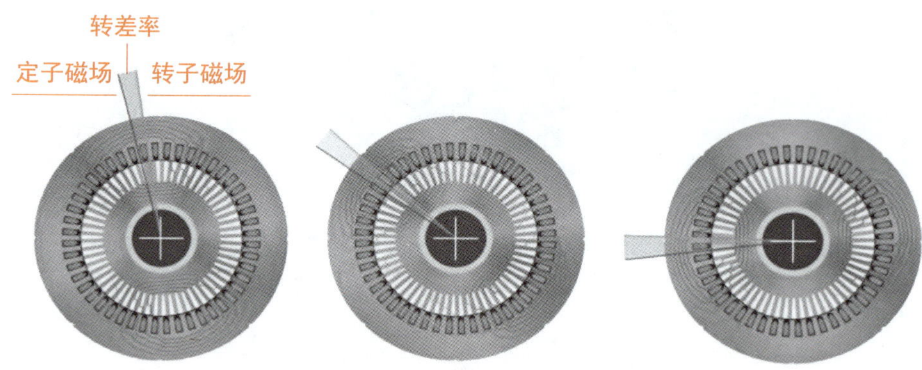

图 2.3-17 交流异步电机工作原理示意

> **知识链接**
>
> 交流异步电机没有永磁体，其转子和定子均靠电才能产生磁场。通过气隙旋转磁场和转子的绕组形成感应电流，在相互作用下产生电磁推力，实现旋转。但转子的转速永远比定子旋转磁场的转速慢那么一点，总要追着定子旋转磁场运动，也就是说转子和定子是异步运行的。故将这种产生感应电流的电机，称为交流异步电机。

（3）电机冷却方式

与燃油发动机一样，电机的运行也会产生很大的热量，它通过风冷（自然冷却）、水冷、油冷这三种方式来散热冷却，见图 2.3-18 ～图 2.3-20。

图 2.3-18 自然冷却电机

图 2.3-19 水冷电机

2.3.5 电机控制器

电机控制器（PCU）是控制动力电池与电机之间能量传输控制的装置（图 2.3-21），是电机驱动及控制系统的核心，也是整个动力系统的控制中心。

PCU 的核心其实就是逆变器，它是把动力电池的高压直流电转化为驱动电机使用的三相交流电的逆变过程，使电机完成转矩输出。

图 2.3-20　油冷系统电机

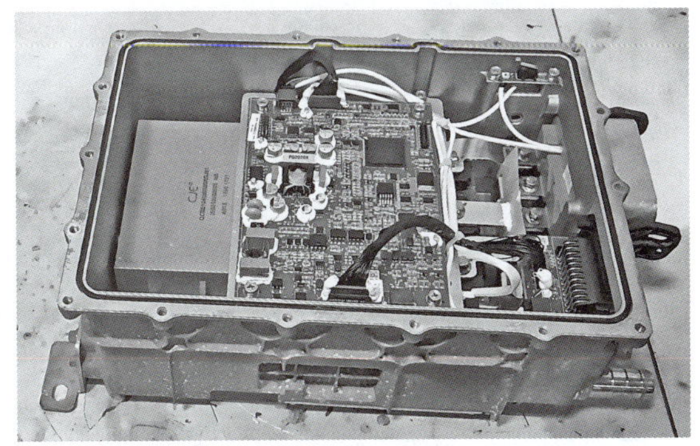

图 2.3-21　电机控制器

2.4　智能网联汽车

扫码获取

- AI 智能导学
- 视频实操演示
- 电子图解手册
- 知识进阶锦囊

2.4.1　智能网联汽车基础知识

智能网联汽车利用车载传感器、控制器、执行器、通信装置等，可实现环境感知、智能决策和 / 或自动控制、协同控制、信息交互等功能。智能网联汽车功能及定义见表 2.4-1。

表 2.4-1　智能网联汽车功能及定义

<table>
<tr><th colspan="2">智能网联汽车功能</th><th colspan="2">智能网联汽车定义</th></tr>
<tr><td>智能汽车</td><td>汽车的环境感知、智能决策、自动控制以及协同控制等功能一般称为智能功能，具备智能功能的汽车称为智能汽车。智能汽车配备了多种传感器，比如摄像头、超声波雷达、毫米波雷达、激光雷达等，实现对周围环境的自主感知，通过一系列传感器信息识别和决策操作，汽车按照控制算法预设定的速度与预设定交通路线规划的寻径轨迹行驶</td><td rowspan="2">a　c　b
a 表示智能功能，b 表示网联功能。具备 a、b、c 任意功能之一的汽车均称为智能网联汽车。仅具备智能功能的汽车，也能称为智能汽车；仅具备网联功能的汽车，也能称为网联汽车</td><td rowspan="2">《智能网联汽车　术语和定义》（GB/T 44373—2024）中这样定义智能网联汽车：具备环境感知、智能决策和自动控制，或与外界信息交互，乃至协同控制功能的汽车（intelligent and connected vehicle，ICV）</td></tr>
<tr><td>网联汽车</td><td>汽车的协同控制功能一般需要网联功能支持。车辆利用通信技术实现与外界信息交互的功能称为网联功能，具备网联功能的汽车称为网联汽车。网联汽车采用新一代移动通信技术，实现车辆位置信息、车速信息、外部信息等汽车信息之间的交互，并由控制器进行计算，通过决策模块计算后控制车辆按照预先设定的指令行驶，进一步增强汽车的智能化程度和自动驾驶能力</td></tr>
</table>

智能网联汽车的主要特征是在智能汽车的基础上加了“网联”二字，对应的网联功能便是车辆利用通信技术实现与外界的行人、道路、车辆等信息交互的功能，见图 2.4-1。

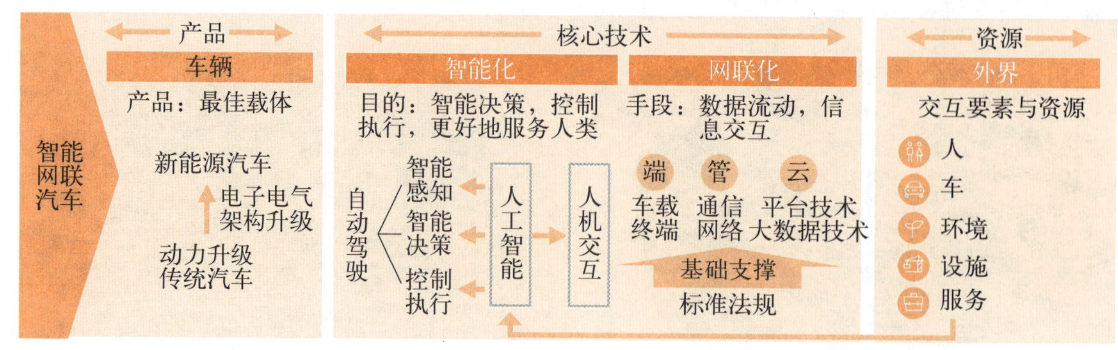

图 2.4-1 智能网联汽车特征示意

对于智能汽车而言，它通过车载传感器、控制器、执行器、通信装置等实现的环境感知、智能决策、自动控制以及协同控制等功能，一般称为智能功能，其中，协同控制功能一般需要网联功能支持。

按照智能网联汽车的交互信息、参与协同控制的程度，智能网联汽车网联化可划分为三个等级，目前基本处于 2 级发展阶段。智能网联汽车网联化等级划分见表 2.4-2。

表 2.4-2 智能网联汽车网联化等级划分

等级	名称	定义	典型信息	传输需求	场景	对汽车控制
1 级	网联辅助信息交互	基于车 - 路、车 - 云通信，实现导航、道路状态、交通信号灯等辅助信息的获取以及车辆行驶、驾驶人操作等数据的上传	地图、交通流量、交通标志、油耗、里程等静态信息	传输实时性、可靠性要求较低	交通信息提醒、车载信息娱乐服务等	人
2 级	网联协同感知	基于车 - 车、车 - 路、车 - 人、车 - 云通信，实时获取车辆周边交通环境信息，与车载传感器的感知信息融合，作为自车决策与控制系统的输入	周边车辆 / 行人 / 非机动车位置、信号灯相位、道路预警等动态数字化信息	传输实时性、可靠性要求较高	道路湿滑提醒、紧急制动预警、特殊车辆避让等	人 / 自车
3 级	网联协同决策与控制	基于车 - 车、车 - 路、车 - 人、车 - 云通信，实时并可靠获取车辆周边交通环境信息及车辆决策信息，车 - 车、车 - 路等各交通参与者之间信息进行交互融合，形成车 - 车、车 - 路等各交通参与者之间的协同决策与控制	车 - 车、车 - 路、车 - 云间的协同控制信息	传输实时性、可靠性要求最高	列队跟驰等	人 / 自车 / 他车 / 云

智能网联汽车智能驾驶的核心技术由环境感知系统、智能决策系统以及控制和执行系统组成，见图 2.4-2。

汽车在行驶过程中通过传感器自行感知周围环境及道路上的各种信息，并依据感知信息完成处理、融合过程，形成对全局的理解，进一步通过各种算法决策应对当前状况，最后将决策信息传递给各控制系统形成执行命令，完成驾驶动作。

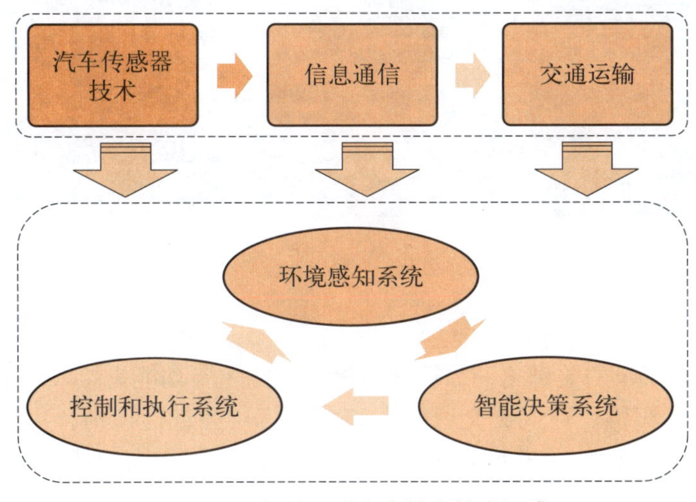

图 2.4-2　智能网联汽车核心技术组成

2.4.2　智能网联汽车核心组成系统

（1）环境感知系统

环境感知是指对于整个驾驶环境的场景认知能力，是对障碍物、交通标志和标线、车辆、交通信息等数据的语言分类。

环境感知系统的主要功能是通过车载环境感知技术、卫星定位技术、无线通信技术等，实现对车辆本身和外界（如道路、车辆和行人等）静、动态信息的提取和收集，并向智能决策系统输送信息。

智能网联汽车自动驾驶常用的环境感知传感器有摄像头、毫米波雷达、激光雷达、超声波雷达和红外传感器等，见图 2.4-3 和图 2.4-4。

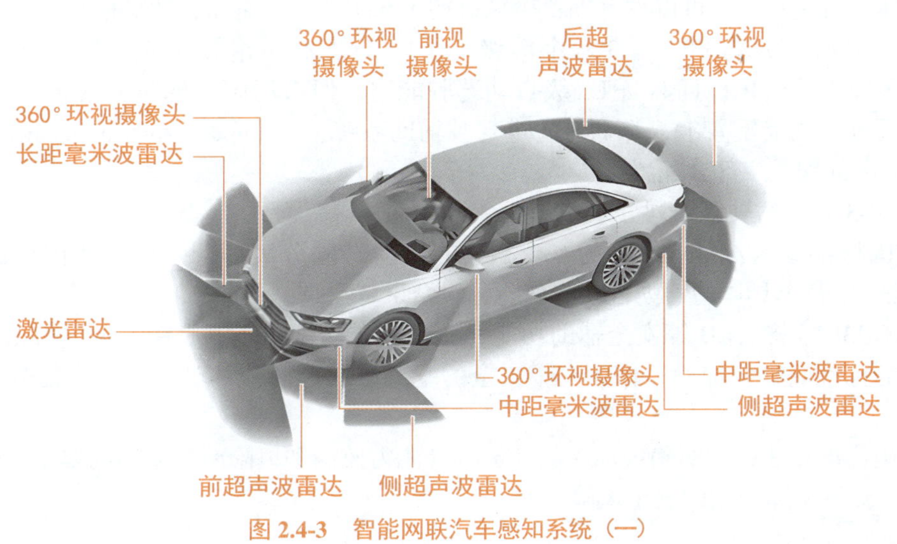

图 2.4-3　智能网联汽车感知系统（一）

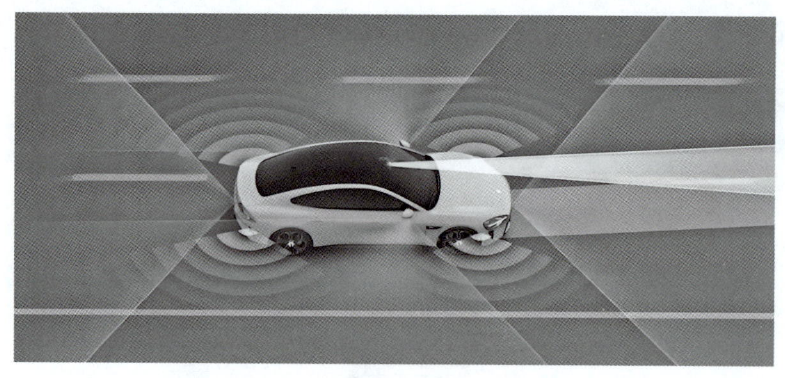
图 2.4-4 智能网联汽车感知系统（二）

（2）智能决策系统

决策规划是智能网联汽车的关键之一。智能决策系统的主要功能是接收环境感知层的信息并进行融合，对道路、车辆、行人、交通标志和交通信号等进行识别，决策分析和判断车辆驾驶模式及将要执行的操作，并向控制和执行层输送指令。比如从 A 地到 B 地，需要通过一系列规划的算法，包括地图的建立、避障等，最后选择一条最优化的路线，这就是决策规划。

（3）控制和执行系统

控制和执行系统的主要功能是根据功能决策的指令对车辆进行操作及协调，为联网车辆提供道路交通信息、安全信息、娱乐信息、救援信息、商务信息、在线消费等，以保证安全可靠、舒适驾驶。

2.4.3 自动驾驶技术

智能网联汽车的终极目标就是实现不附条件的完全自动驾驶或无人驾驶。汽车驾驶自动化、自动驾驶、无人驾驶这三个概念其实不在一个技术等级上。汽车驾驶自动化包括应急辅助、部分驾驶辅助和组合驾驶辅助，但自动驾驶的技术层次更高一些。而无人驾驶是完全以车辆为主体的自主驾驶，可以没有外置操纵机构（方向盘、加速和制动踏板）。

自动驾驶汽车分为 L0 ～ L5 六个等级，受限于技术和相关法律，目前基本正处于 L2 ～ L3 等级发展阶段，已具备 L3 级自动驾驶能力，但市场应用规模仍然比较小。目前，汽车自动驾驶从功能配置上，都拥有先进驾驶辅助系统（advanced driver assistance systems，ADAS）的全部配置或部分配置。

在表 2.4-3 自动驾驶等级划分中：

❶ 我国标准参考 SAE J3016 的 0 ～ 5 级的自动驾驶分级框架。按照我国标准和 SAE J3016 标准，对每个具体的驾驶自动化功能分级结果基本是一致的；

❷ SAE J3016 将 AEB 等安全辅助功能和非驾驶自动化功能都放在 0 级，叫无驾驶自动化，我国的标准叫应急辅助，作为一个安全的基础分支，和非驾驶自动化功能分开，逻辑上更合理；

❸ 我国标准在 3 级中明确增加对驾驶员接管能力监测和风险减缓策略的要求，明确最低安全要求，减少实际应用的安全风险。

表 2.4-3　自动驾驶等级划分

<table>
<tr><th rowspan="2">类别</th><th colspan="2">中国</th><th colspan="2">SAE</th><th rowspan="2">驾驶操控者
（横、纵向运动控制）</th><th rowspan="2">目标和事件探测与响应</th><th rowspan="2" colspan="2">驾驶状态任务接管
（应急支援）</th><th rowspan="2">设计运行条件
（应用场景）</th></tr>
<tr><th>等级</th><th>名称</th><th>等级</th><th>名称</th></tr>
<tr><td rowspan="3">人工驾驶</td><td>0 级</td><td>应急辅助</td><td>L0</td><td>无自动驾驶</td><td>人工驾驶员</td><td>人工驾驶员为主</td><td colspan="2">人工驾驶员</td><td>—</td></tr>
<tr><td>1 级</td><td>部分驾驶辅助</td><td>L1</td><td>驾驶辅助</td><td>人工驾驶员和系统</td><td>人工驾驶员为主</td><td colspan="2">人工驾驶员</td><td>有限制（部分场景）</td></tr>
<tr><td>2 级</td><td>组合驾驶辅助</td><td>L2</td><td>部分自动驾驶</td><td>自动驾驶系统</td><td>人工驾驶员为主</td><td colspan="2">人工驾驶员</td><td>有限制（部分场景）</td></tr>
<tr><td rowspan="4">自动驾驶</td><td rowspan="2">3 级</td><td rowspan="2">有条件自动驾驶</td><td rowspan="2">L3</td><td rowspan="2">有条件自动驾驶</td><td rowspan="2">自动驾驶系统</td><td rowspan="2">自动驾驶系统为主</td><td>中国</td><td>动态驾驶任务接管用户（接管后成为驾驶员）</td><td rowspan="2">有限制（部分场景）</td></tr>
<tr><td>SAE</td><td>人工驾驶员</td></tr>
<tr><td>4 级</td><td>高度自动驾驶</td><td>L4</td><td>高度自动驾驶</td><td>自动驾驶系统</td><td>自动驾驶系统</td><td colspan="2">自动驾驶系统</td><td>有限制（部分场景）</td></tr>
<tr><td>5 级</td><td>完全自动驾驶</td><td>L5</td><td>完全自动驾驶</td><td>自动驾驶系统</td><td>自动驾驶系统</td><td colspan="2">自动驾驶系统</td><td>无限制（所有场景）</td></tr>
</table>

第3章

汽车电路图

见此图标 微信扫码
走进汽车维修数字课堂

扫码获取
• AI智能导学 • 视频实操演示
• 电子图解手册 • 知识进阶锦囊

3.1 电路的基本组成

3.1.1 电工术语和基本电路

（1）欧姆定律

欧姆定律是电路中最基本的定律之一。

在同一电路中，通过某段导体的电流与这段导体两端的电压成正比，与这段导体的电阻成反比，这就是欧姆定律的基本概念。

知识链接

欧姆定律规定了电压（U）、电流（I）和电阻（R）之间的关系，即

$$I=\frac{U}{R}$$

$$U=IR$$

$$R=\frac{U}{I}$$

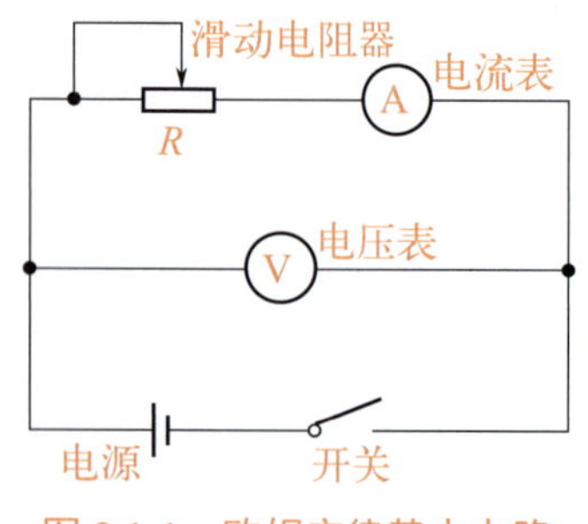

图3.1-1 欧姆定律基本电路

欧姆定律实验：如图3.1-1所示，把电阻（可变电阻器）和电流表串联在电路中，把电压表并联在其中。闭合开关，当电路中的电压不变时，滑动可变电阻器，那么电阻越大，电流就会越小；电阻越小，电流就会越大。当电阻固定不变时，改变电路中的电压进行测试的话，电压越大，电流就会越大；电压越小，电流就会越小。

可见，电阻是指物质对所通过的电流产生的阻碍作用。

（2）电流

❶ 电流的解释和定义 电流强度简称电流，在电路中，将正电荷的运动方向规定为电流的方向。电流是从正极→负极。

导体中，电流的方向总是沿着电场方向从高电势处指向低电势处，这个情况类似水流，从高处流向低处，电子也是这样，电子聚集多的地方往少的方向流动。

知识链接

图 3.1-2 表示出了水轮速度是如何随左边水箱中水容积的变化而变化的。流向水轮的水流速度随水箱中的水压而变化，当水的这一现象用电来代替时也是同样的道理，即水容积（水压）类比电压，水流类比电流。

综上，形成电流有三个特点。

电荷：电荷是自由电子的带电状态，带正负的。

正电荷移动方向：说明电流是有方向的不是杂乱无章的。

从高处往低处流：这说明是有规则的。

那么，就可以这样定义电流：导体的两端施加电压，自由电子在电场的作用下，做规则的移动，就形成了电流（图 3.1-3）。

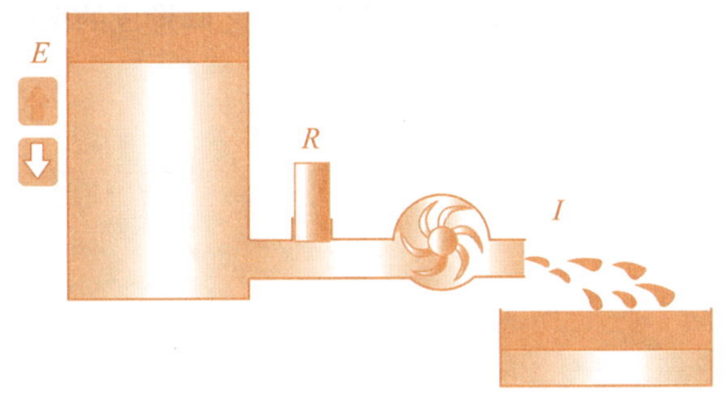

图 3.1-2　电流和电压示意

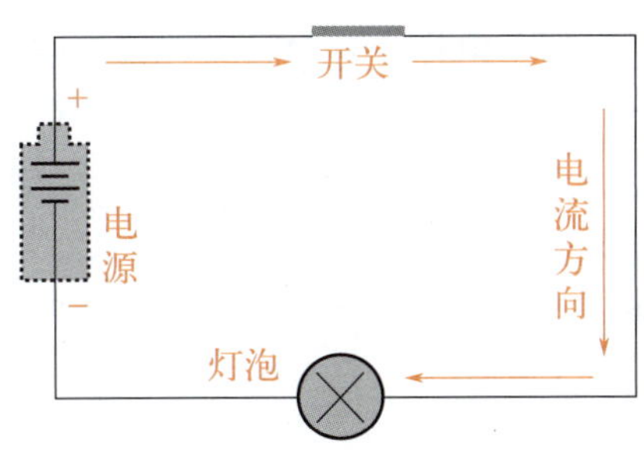

图 3.1-3　电流流向

知识链接

电流用 I 来表示，单位是安培，简称安（A）。

1A=1000mA（毫安）

1mA=1000μA（微安）

❷ 电流分类　电流分为交流电与直流电。

a. 直流电流（直流电）：流动方向不随时间变化而变化的电流（图 3.1-4），“直流”用符号“DC”来表示。汽车上使用的是直流电源。

b. 交流电流（交流电）：大小和方向随时间变化而变化的电流（图 3.1-5），“交流”用符号“AC”表示。电动汽车上的驱动电机使用的是交流电，高压直流电源通过逆变器转化为交流电供驱动电机使用。

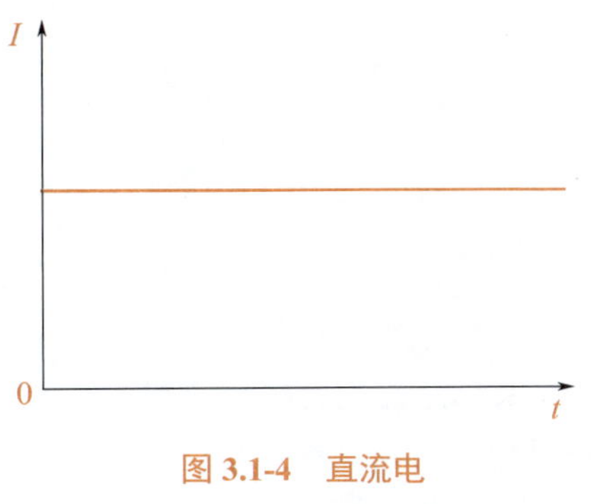

图 3.1-4　直流电

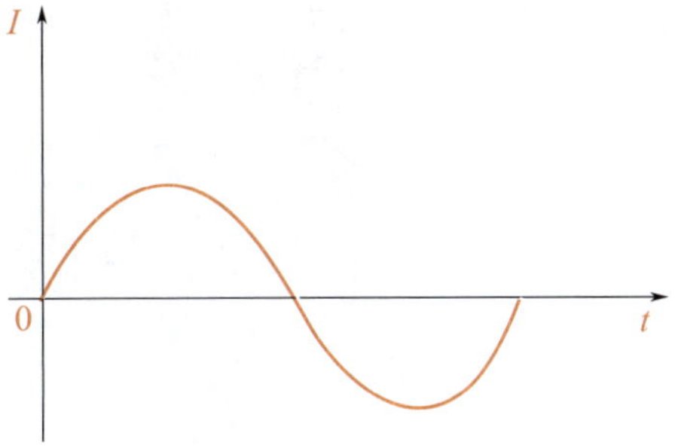

图 3.1-5　交流电

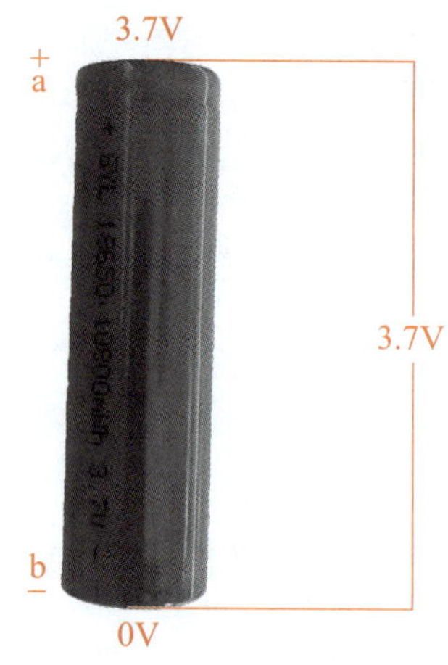

图 3.1-6　电压示意

❸ 电流的三大效应　电流有三大效应，即热效应、磁效应以及化学效应。

a. 当电流通过导体（电动座椅加热丝）时，加热丝会发热，电流做功消耗电能，产生热量，这就是电流的热效应。

b. 当电流通过导体时，会在导体周围产生磁场，如发电机。

c. 当电流通过酸、碱、盐的水溶液时，会引起化学反应，如蓄电池中的电解质。

（3）电压

在电路中，电路的工作状态如谐振、平衡、截止等，通常都以电压的形式表现出来。

如图 3.1-2 所示，电流流动的压力就是电压。

如图 3.1-6 所示，带正电体 a 与带负电体 b 之间形成的电位差，就是电压。电压也称电位差（或电势差）。

> **知识链接**
>
> 电压用 U（或 u）来表示，单位为伏特，简称伏（V）。
>
> 1kV=1000V
>
> 1V=1000mV

两点之间的电压就是两点间的电位差，即

$$U_{ab}=U_a-U_b$$

式中，U_a 表示 a 点的电位；U_b 表示 b 点的电位。

以 b 点为基准零电位，则 a 点相对于 b 点的电位为 3.7V，即电池的输出电压。

（4）电阻

导体对电流的阻碍作用就叫（该导体的）电阻。

导体的电阻越大，表示导体对电流的阻碍作用越大。不同的导体，电阻一般不同，电阻是导体本身的一种性质。

> **知识链接**
>
> 如图 3.1-7 所示，水流的压力随着位于水箱和水轮之间的闸门的打开高度不同而变化，因此水轮的转速也随之变化，该闸门便相当于电路中的电阻。

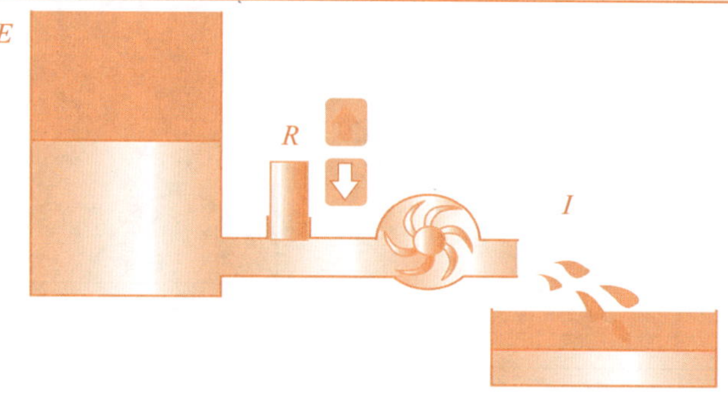

图 3.1-7　电流和电阻示意

知识链接

如图 3.1-8 所示，增加水箱中水的容量可以增加水轮的速度。另外，降低闸门的开度阻止水流，便减慢水轮的速度。因此，调节水压及闸门高度便可以将水轮控制在设定的速度运行。

同样，改变电阻及电压值，可以对电路中各设备分配不同的做功量。

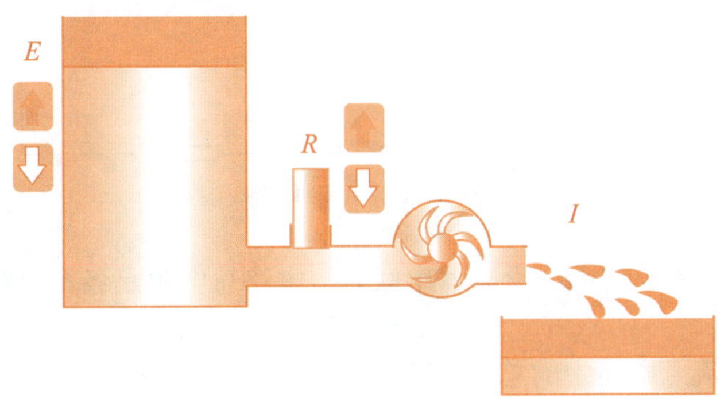

图 3.1-8　电流、电压和电阻示意

知识链接

导体的电阻通常用字母 R 表示，电阻的单位是欧姆，简称欧（Ω）。

1000mΩ（毫欧）=1Ω

1kΩ（千欧）=1000Ω

1MΩ（兆欧）=1000kΩ

（5）基本的电路组成

基本的电路是由电源、用电器（负载）及开关（控制部件）构成的闭合导电回路。

如图 3.1-9 所示，这个电路是将电池、开关、灯泡通过导线相连构成的一个简单的电路。通俗地讲，把电路用符号表达出来就是电路图。

图 3.1-9　基本的电路

串联电路和并联电路是构成各种复杂电路的基本电路单元，而单一的电阻串联和并联的电路是各种串并联的基础。

汽车上电气设备均采用并联方式。在汽车电路基本结构上，每个独立电气支路基本都由熔丝、开关、用电器串联组成，然后该支路并联在整车的总电路上。所以，每个电气支路是互不影响的。例如，左侧大灯和左前车窗分别是独立的电路。

（6）串联电路

两个或两个以上的电阻头尾相连串接在电路中，称为电阻的串联。串联电路见图 3.1-10。

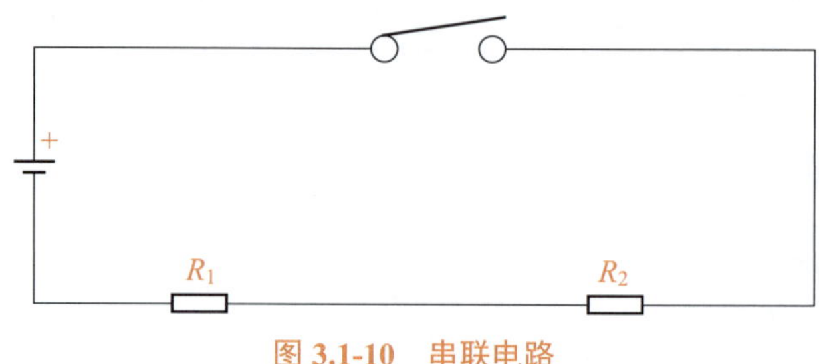

图 3.1-10　串联电路

❶ 串联电路中，当电路有多个电阻器串联时，电路总电阻是各个电阻阻值之和，即

$$R=R_1+R_2$$

❷ 串联电路中，流入电路中的总电流和各个分电阻的电流相等。也就是说，串联电路各处电流相等，即

$$I=I_1=I_2$$

❸ 串联电路中，电路的总电压等于各串联电阻器上的电压之和，即

$$U=U_1+U_2$$

（7）并联电路

在并联电路中，两个或多个电阻器头与头连接、尾与尾连接后接入电路，如图 3.1-11 所示，R_1、R_2 构成一个分流电路。

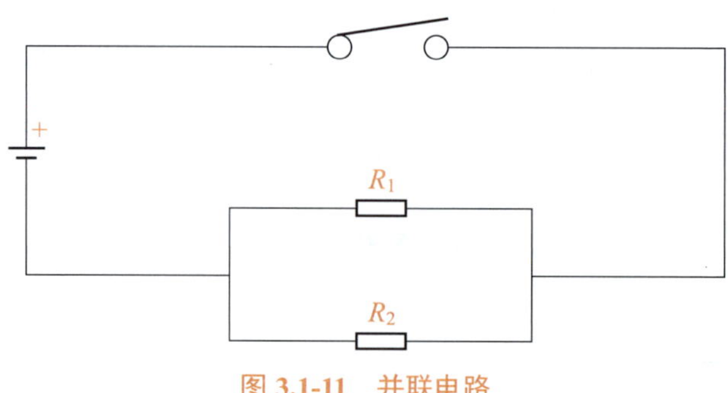

图 3.1-11　并联电路

❶ 并联电路中，电阻器并联相当于增加了电阻的横截面积。总电阻 R 的倒数等于各并联电阻的倒数之和，即

$$\frac{1}{R}=\frac{1}{R_1}+\frac{1}{R_2}$$

❷ 并联电路中，各个电阻两端电压相等，即

$$U=U_1=U_2$$

❸ 并联电路中，流入节点的电流 I 是流入各电阻的电流之和，即

$$I=I_1+I_2$$

（8）混联电路

在一个电路中，把既有电阻器串联又有电阻器并联的电路称为混联电路。

如图 3.1-12 所示的是一个简单的混联电路，电阻器 R_2 和 R_3 并联连接，再与 R_1 串联连接。

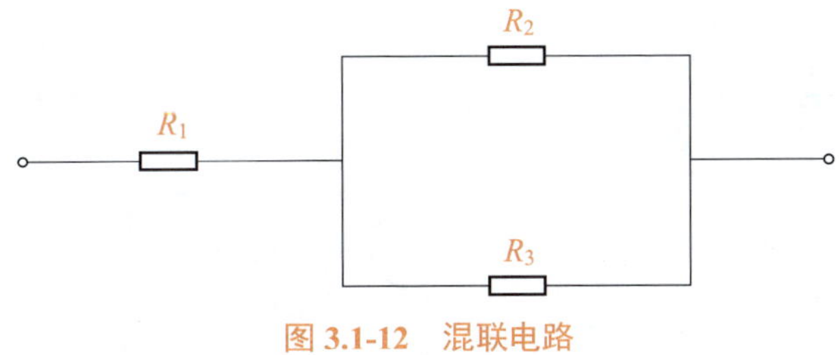

图 3.1-12　混联电路

（9）通路

通路就是有负载的工作状态。如图 3.1-13 所示，闭合开关，电流由电源正极→开关→灯泡→电源负极，照明灯与电池接通，这样形成一个完整的闭合回路，即通路。通俗地讲，接通电源，用电器是工作的状态。

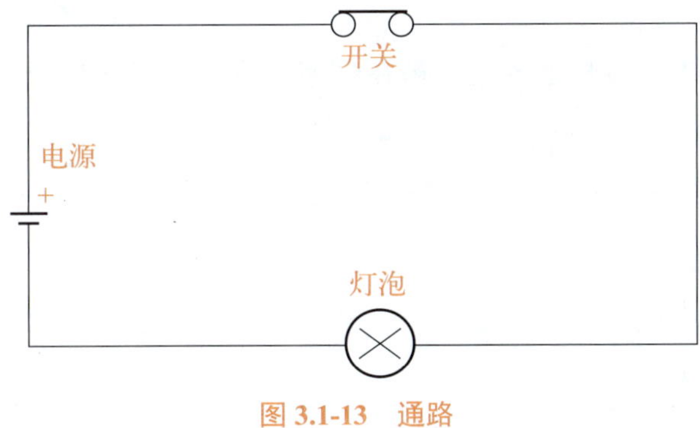

图 3.1-13　通路

（10）开路

❶ 正常的开路（断路）。如图 3.1-14 所示，整个电路中开关处于断开状态，电路中的电流为零，开关闭合后电路正常工作。

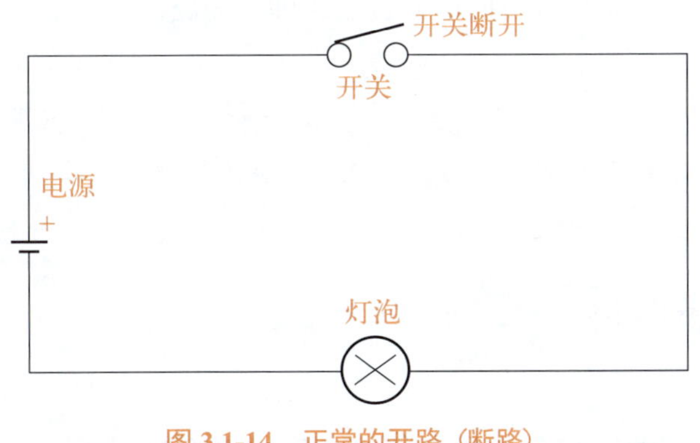

图 3.1-14　正常的开路（断路）

❷ 故障开路。如图 3.1-15 所示，在整个电路中，因为熔丝熔断或者有其他电气设备损坏导致电路不能正常工作的断开，电流为零，即为开路或者叫断路。

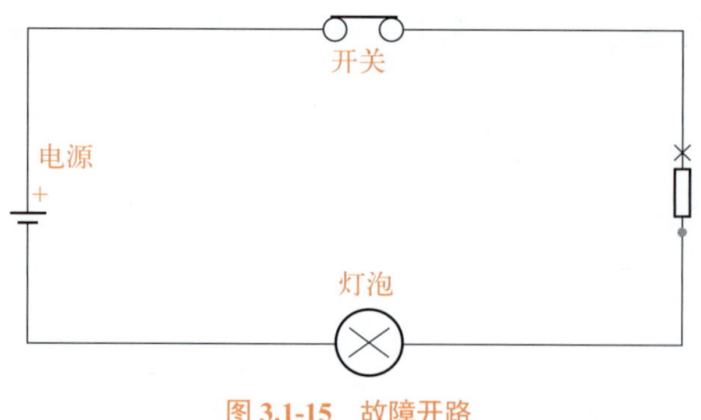

图 3.1-15　故障开路

维修提示

在汽车电路中，开路故障通常是由于电子控制单元电压不足、低电流（或者无电压、无电流）、没有响应输出及输入状态改变造成的。

（11）短路

在图 3.1-16 中，原本通过灯泡的电流被在灯泡两侧的跨接线拦截，导致电流不通过灯泡而直接流向负极。

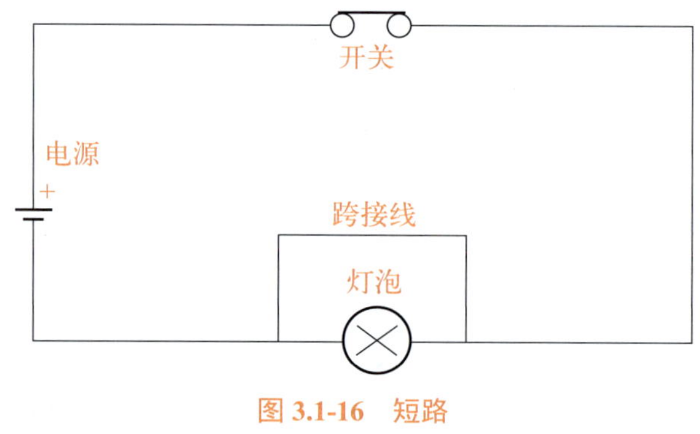

图 3.1-16　短路

这样没有经过负载，电流直接流向电源负极，即为短路。

知识链接

短路是一种电路的故障状态。短路时，电路中电阻几乎为零，根据欧姆定律 $I=U/R$，电流可以无穷大（理论上），导线甚至电源会因电流过大而损坏。

3.1.2　常用电子元器件

（1）电阻器

❶ 电阻器的作用和特性。电阻器是汽车电脑板中应用最广泛的一种元件。电阻器，即通常所说的电阻。在电路图中用符号•—▭—•或—∧∧∧—表示。电阻器见图 3.1-17。

电阻器是一个限流元件，也可说它是一个耗能元件，主要物理特征是变电能为热能，电流经过它就产生内能。电阻器在电路中通常起分压、限流、滤波的作用。对信号来说，交流与直流信号都可以通过电阻。

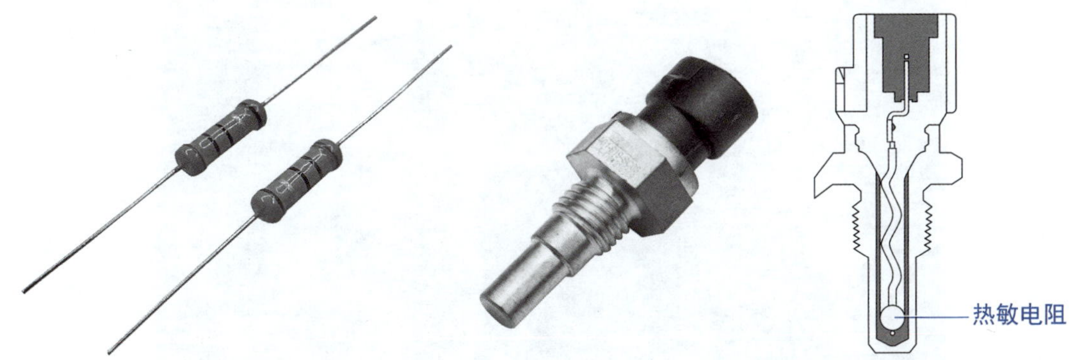

图 3.1-17　电阻器

图 3.1-18　水温传感器及其内部结构

灯泡、电热丝、电阻器等均可表示为电阻元件。电阻元件的电阻值大小一般与温度、材料、长度及横截面积有关。衡量电阻受温度影响大小的物理量是温度系数，如图 3.1-18 所示，水温传感器就是一个负温度系数电阻（热敏电阻），其阻值随着温度的升高而减小。热敏电阻见图 3.1-19。

图 3.1-19　热敏电阻

❷ 电阻器的识别。多采用直接标注和色环标注的方式来标识固定电阻器的阻值及其他参数。可变电阻器和敏感电阻器也多采用直标法。汽车电脑板中的固定电阻器（色环电阻器）见图 3.1-20 和图 3.1-21。

图 3.1-20　汽车电脑板中的固定电阻器（色环电阻器）（一）

图 3.1-21　汽车电脑板中的固定电阻器（色环电阻器）（二）

固定电阻器的阻值是固定不变的，阻值大小就是其标称阻值，也就是普通电阻器。电阻器的种类很多，电脑板中安装着大量的、不同性能的电阻器。根据其功能和应用领域的不同，主要可分为固定电阻器、敏感电阻器（如热敏、光敏电阻器）、可调电阻器三大类。

如图 3.1-22 所示，电阻器的色环标注主要是以不同颜色来表示的，通过色环对应的数字来读取，不同颜色代表不同的数字和倍乘数。

如图 3.1-23 所示是五色环电阻器，第一环是百位数为棕色（1），第二环是十位数为黑色（0），第三环个位数为黑色（0），第四环是倍数为黄色（10k），第五环是误差（±5%），即电阻值为 100×10000Ω=1000000Ω（1MΩ），误差为 ±5%。

如果不能把电阻器上的色环参数都记得那么清楚，可以利用手机或计算机的“电阻计算器”来进行识别，可谓是更便捷的一种方法。如图 3.1-24 所示为手机小程序“电阻计算器”识别的四色环电阻器。手机电阻计算器如图 3.1-25 所示。

四环电阻读法(22×1=22Ω±5%)

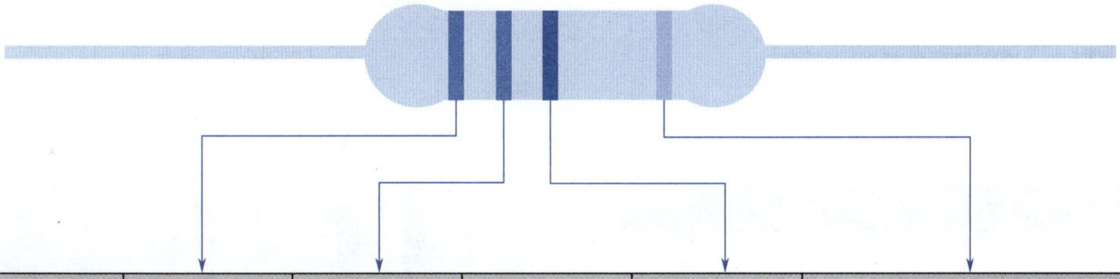

颜色	1环表示数	2环表示数		3环表示乘数	4环表示误差	
黑色	0	0	0	1		
棕色	1	1	1	10	±1%	F
红色	2	2	2	100	±2%	G
橙色	3	3	3	1k		
黄色	4	4	4	10k		
绿色	5	5	5	100k	±0.5%	D
蓝色	6	6	6	1M	±0.25%	C
紫色	7	7	7	10M	±0.10%	B
灰色	8	8	8		±0.05%	A
白色	9	9	9			
金色				0.1	±5%	J
银色				0.01	±10%	K
无色					±20%	M
颜色	1环表示数	2环表示数	3环表示数	4环表示乘数	5环表示误差	

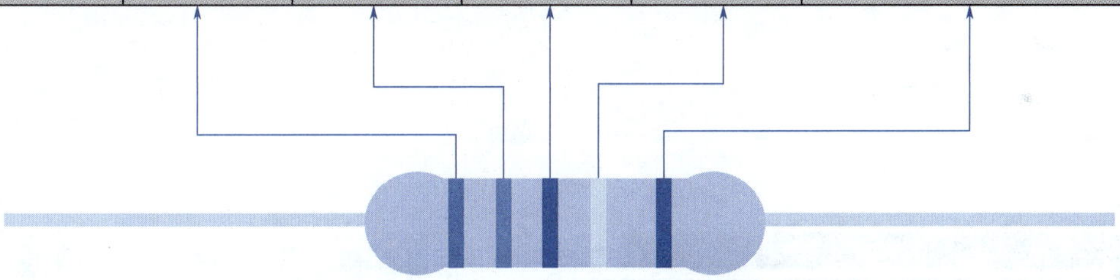

五环电阻读法(270×10k=2700kΩ=2.7MΩ±1%)

图 3.1-22　色环电阻器阻值的识别

图 3.1-23　五色环电阻器

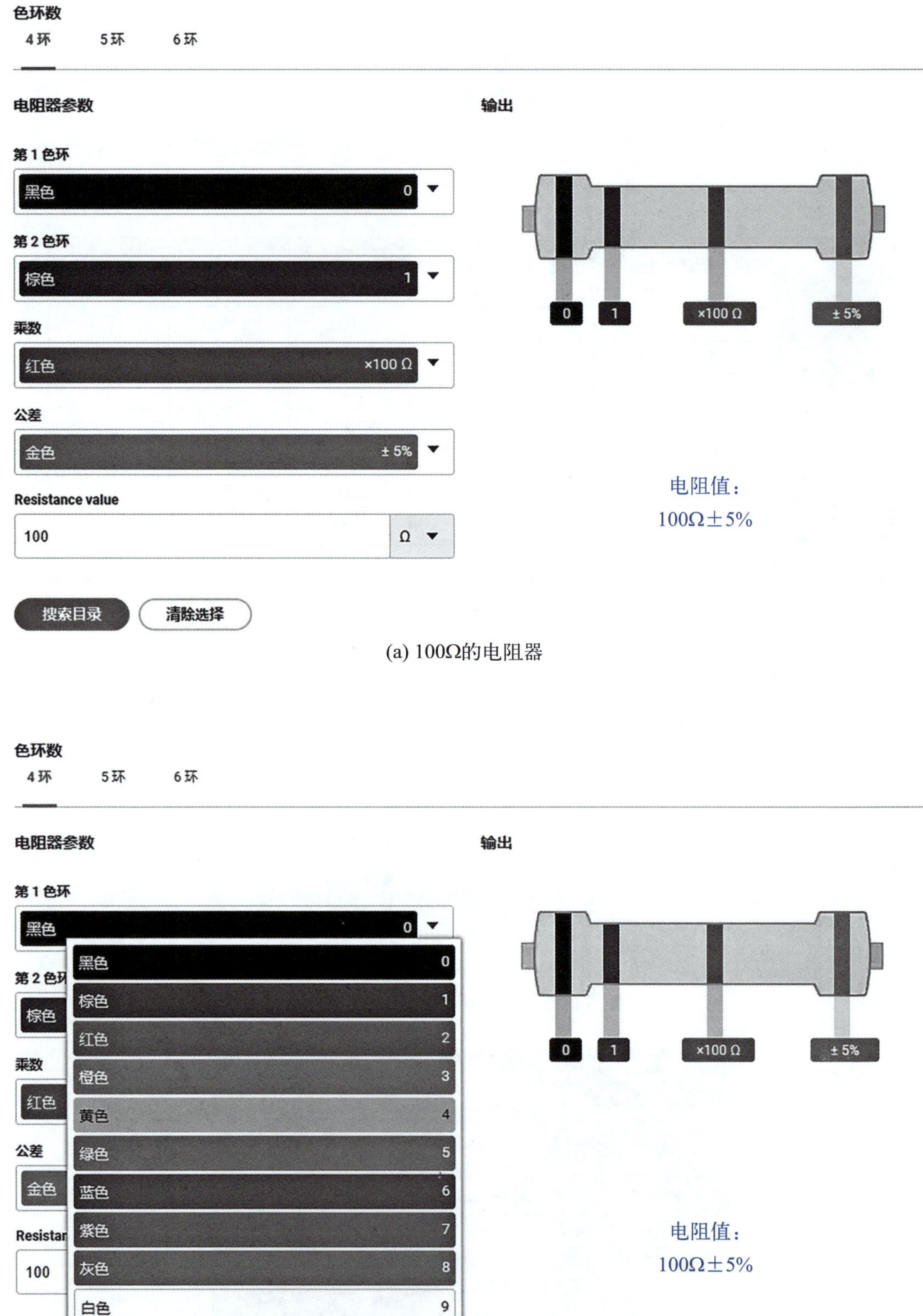

色环数
4环
5环
6环
电阻器参数
输出
第1色环
黑色
0
第2色环
棕色
1
乘数
红色
×100 Ω
公差
金色
± 5%
Resistance value
100
Ω
搜索目录
清除选择
0
1
×100 Ω
± 5%
电阻值：
100Ω±5%

(a) 100Ω的电阻器

色环数
4环
5环
6环
电阻器参数
输出
第1色环
黑色
0
黑色
0
棕色
1
红色
2
橙色
3
黄色
4
绿色
5
蓝色
6
紫色
7
灰色
8
白色
9
第2色环
棕色
乘数
红色
公差
金色
Resistan
100
搜索目录
清除选择
0
1
×100 Ω
± 5%
电阻值：
100Ω±5%

(b) 第一环黑色

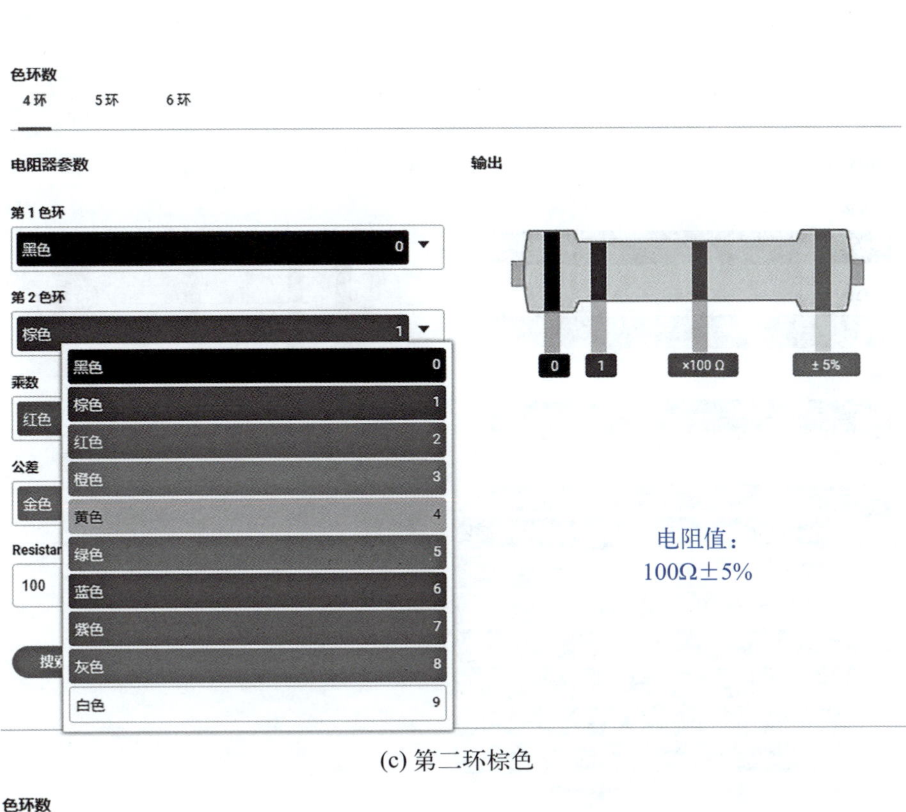
色环数
4 环
5 环
6 环
电阻器参数
输出
第 1 色环
黑色
0
第 2 色环
棕色
1
乘数
红色
公差
金色
Resistan
100
黑色 0
棕色 1
红色 2
橙色 3
黄色 4
绿色 5
蓝色 6
紫色 7
灰色 8
白色 9
0
1
×100 Ω
± 5%
电阻值：
100Ω±5%

(c) 第二环棕色

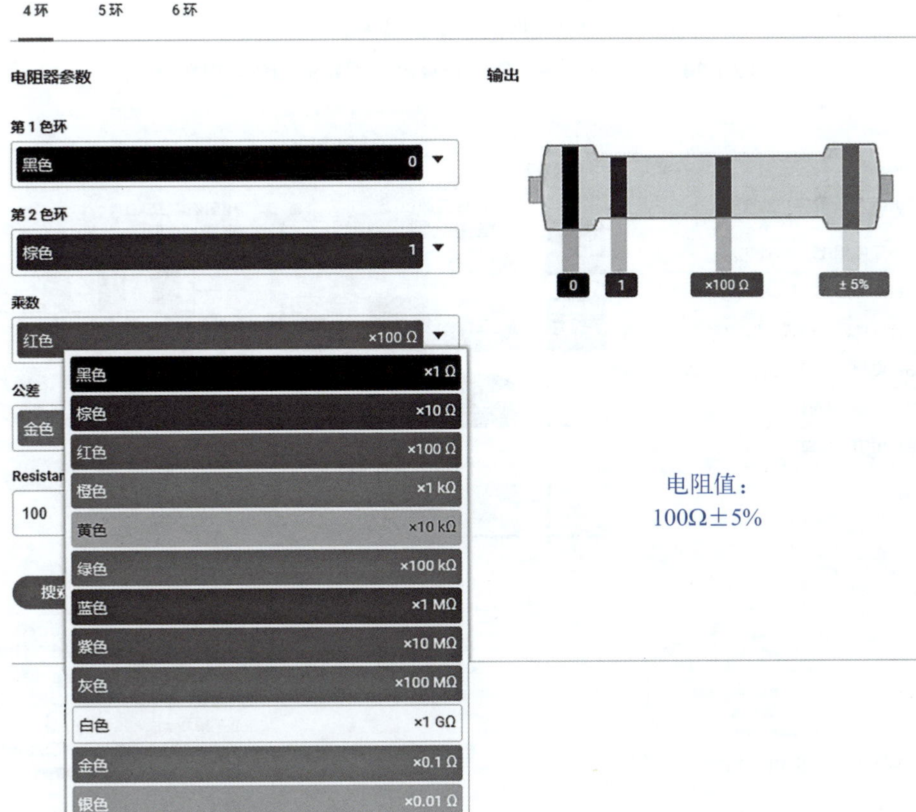
色环数
4 环
5 环
6 环
电阻器参数
输出
第 1 色环
黑色
0
第 2 色环
棕色
1
乘数
红色
×100 Ω
公差
金色
Resistan
100
黑色 ×1 Ω
棕色 ×10 Ω
红色 ×100 Ω
橙色 ×1 kΩ
黄色 ×10 kΩ
绿色 ×100 kΩ
蓝色 ×1 MΩ
紫色 ×10 MΩ
灰色 ×100 MΩ
白色 ×1 GΩ
金色 ×0.1 Ω
银色 ×0.01 Ω
0
1
×100 Ω
± 5%
电阻值：
100Ω±5%

(d) 第三环红色

图 3.1-24

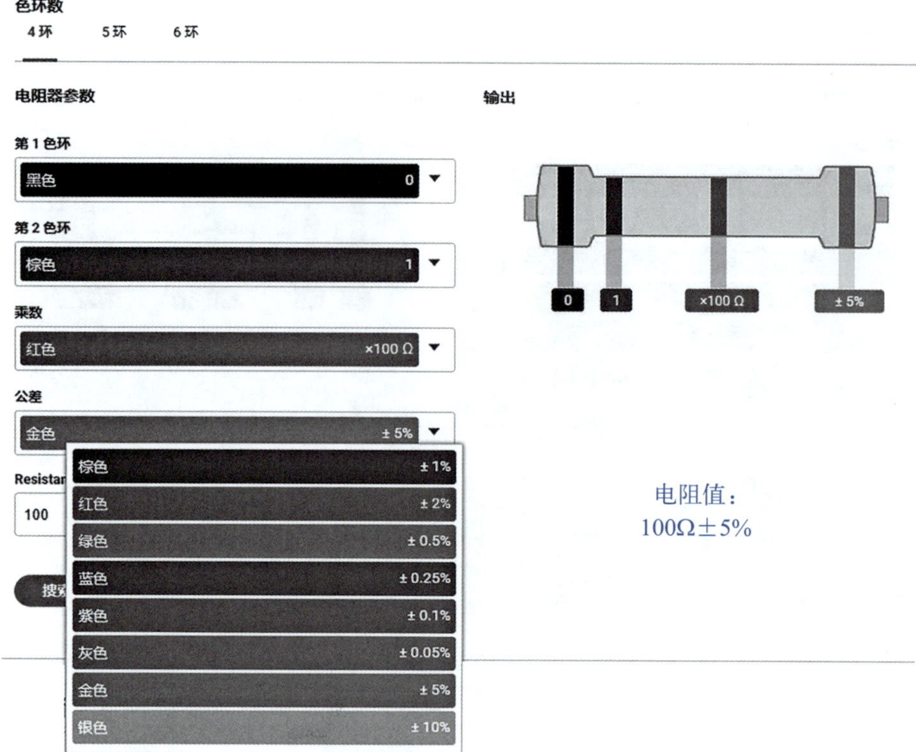

(e) 第四环金色(误差环)

图 3.1-24　手机小程序“电阻计算器”识别的四色环电阻器

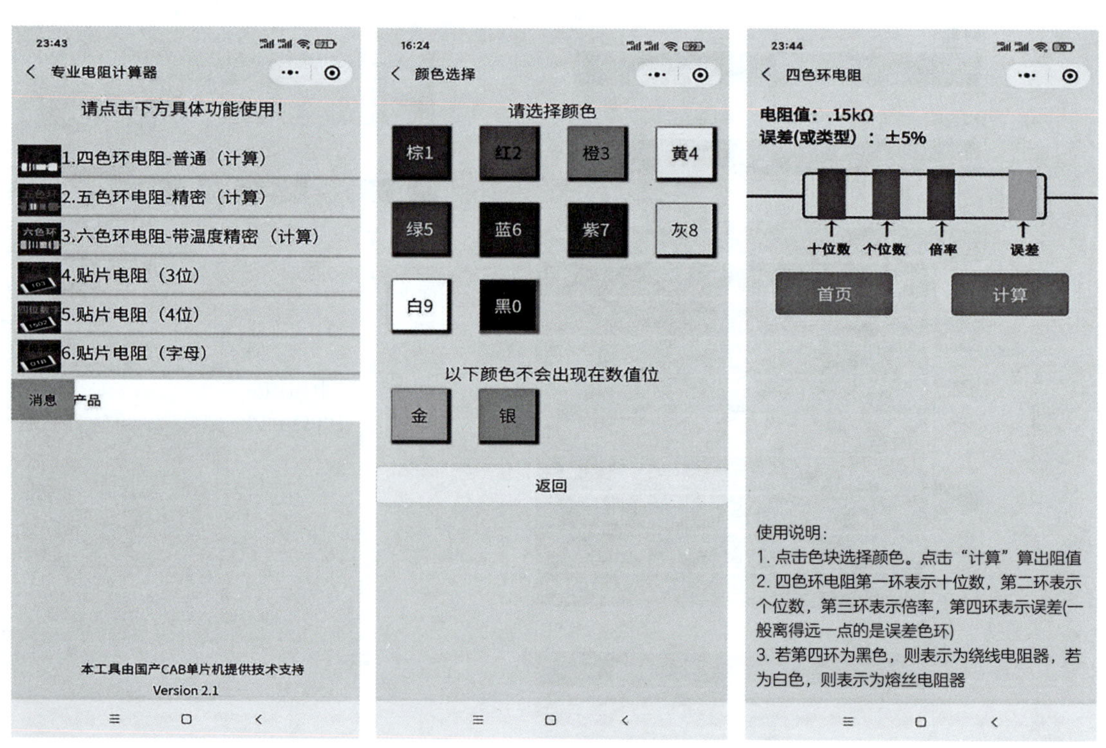

图 3.1-25　手机电阻计算器

维修提示

色环电阻颜色速记口诀：棕1红2，橙色3；黄4绿5，6是蓝；紫是7，灰是8；白是9，0是黑。

③ 贴片电阻。贴片电阻具有体积小、重量轻、安装密度高、抗干扰能力强、高频特性好等优点，广泛应用在各种汽车电脑中。贴片电阻是采用表面贴装技术安装的一种固定电阻，通常体积很小且无引脚，有蓝色、黑色、绿色、紫色等。汽车电脑板上的贴片电阻见图 3.1-26 和图 3.1-27。

图 3.1-26 汽车电脑板上的贴片电阻（一）

a. 三位贴片电阻：即电阻上标有三位数。

如图 3.1-28 所示，电脑板上的贴片电阻标有三位数 472，这就是通常说的三位贴片电阻。前两位表示实际计数的有效数字（47），后一位表示 0 的数量（2 个 0）。即 472 表示 4700Ω（4.7kΩ）。

假如贴片电阻上标注的是 470，那么该电阻器的阻值就是 47Ω。

如图 3.1-29 所示，贴片电阻也同样用手机小程序的“电阻计算器”来计算阻值。

b. 四位贴片电阻：即电阻上标有四位数。

如图 3.1-30 所示的四位贴片电阻，标有四位数 1400。其含义与三位贴片电阻相同，前三位为实际计数的有效数字（140），后一位表示 0 的数量。即 1400 表示 140Ω。

如图 3.1-31 所示的四位贴片电阻，标有四位数 2200。前三位为实际计数的有效数字（220），后一位表示 0 的数量。即 2200 表示为 220Ω。

如图 3.1-32 所示的四位贴片电阻，标有四位数 1001。前三位为实际计数的有效数字（100），后一位表示 0 的数量（1 个 0）。即 1001 表示 1000Ω（1kΩ）。

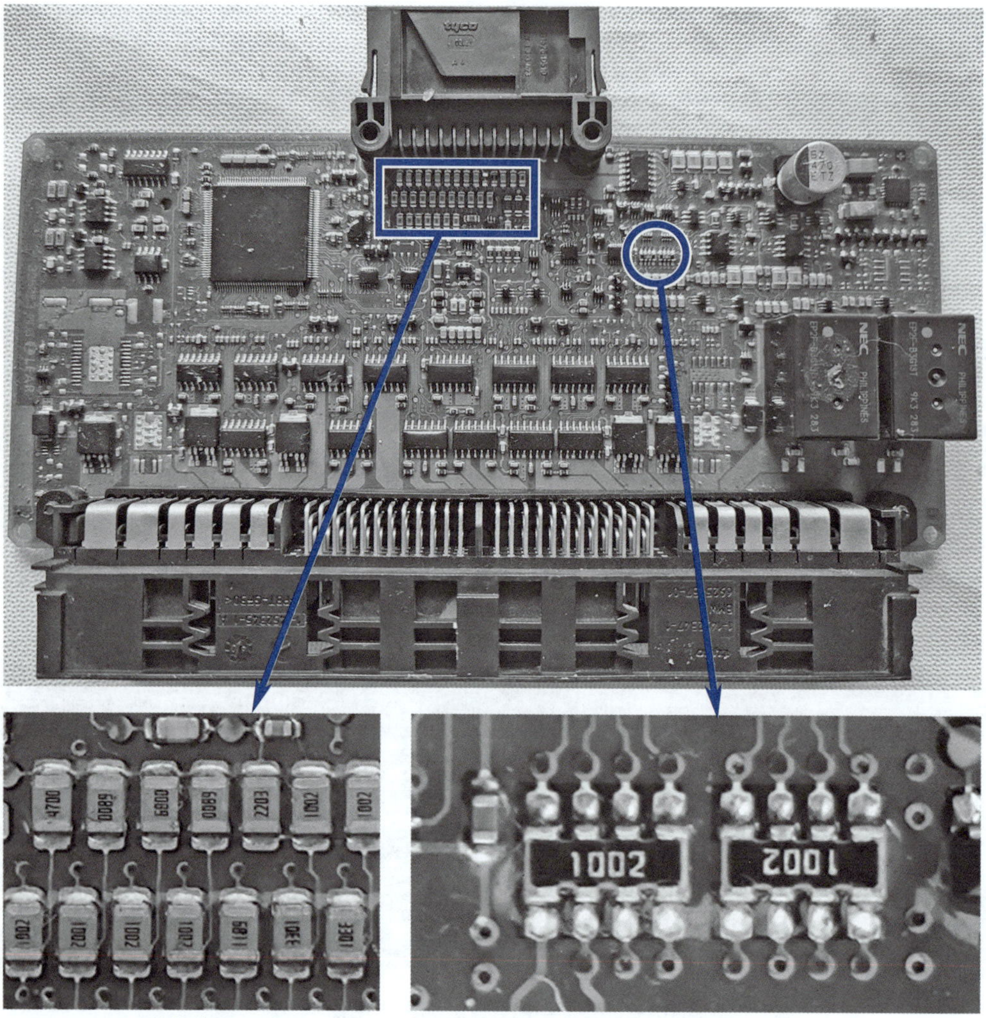

贴片电阻　　　　排式贴片电阻(排阻)

图 3.1-27　汽车电脑板上的贴片电阻（二）

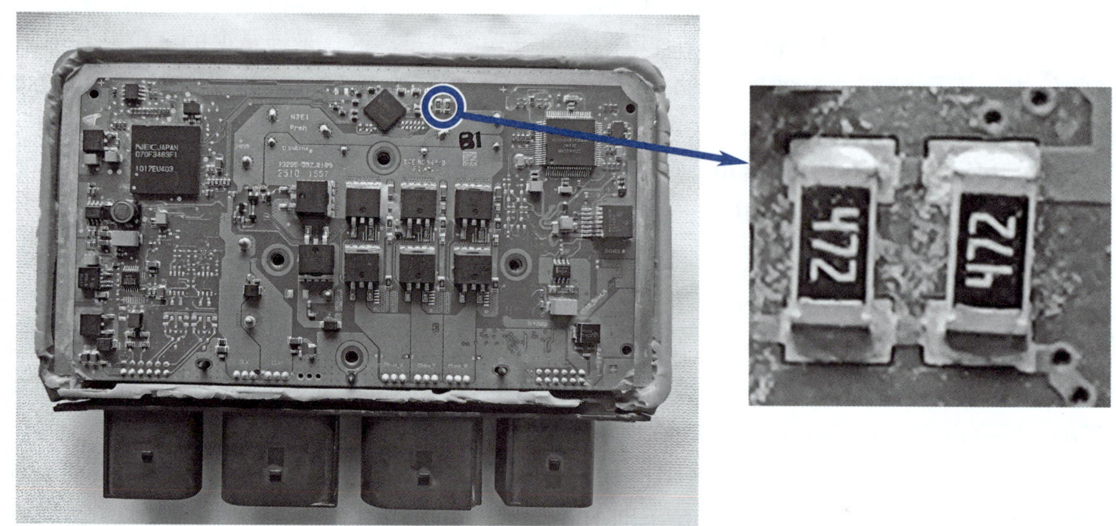

图 3.1-28　汽车电脑板中的三位贴片电阻

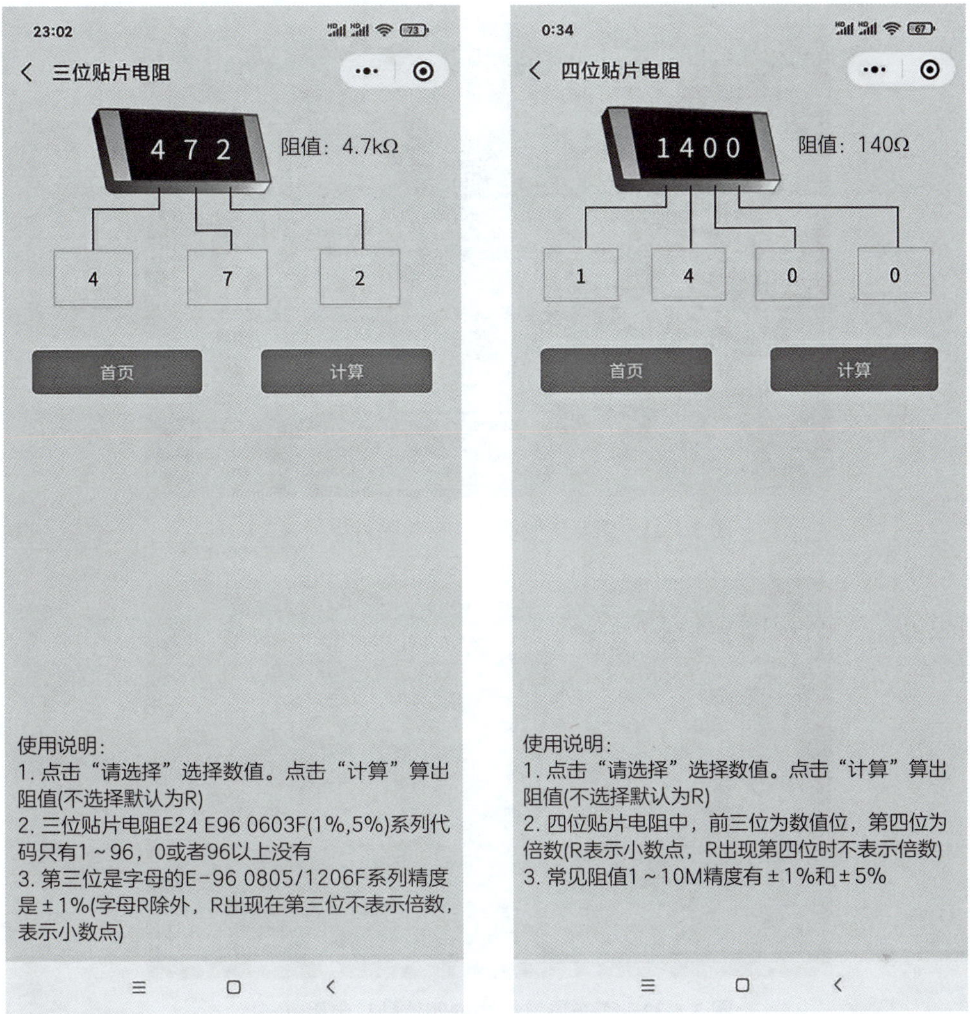

23:02

< 三位贴片电阻

4 7 2　阻值：4.7kΩ

4　7　2

首页　计算

使用说明：
1. 点击“请选择”选择数值。点击“计算”算出阻值(不选择默认为R)
2. 三位贴片电阻E24 E96 0603F(1%,5%)系列代码只有1～96，0或者96以上没有
3. 第三位是字母的E-96 0805/1206F系列精度是±1%(字母R除外，R出现在第三位不表示倍数，表示小数点)

0:34

< 四位贴片电阻

1400　阻值：140Ω

1　4　0　0

首页　计算

使用说明：
1. 点击“请选择”选择数值。点击“计算”算出阻值(不选择默认为R)
2. 四位贴片电阻中，前三位为数值位，第四位为倍数(R表示小数点，R出现第四位时不表示倍数)
3. 常见阻值1～10M精度有±1%和±5%

图 3.1-29　手机小程序的“电阻计算器”

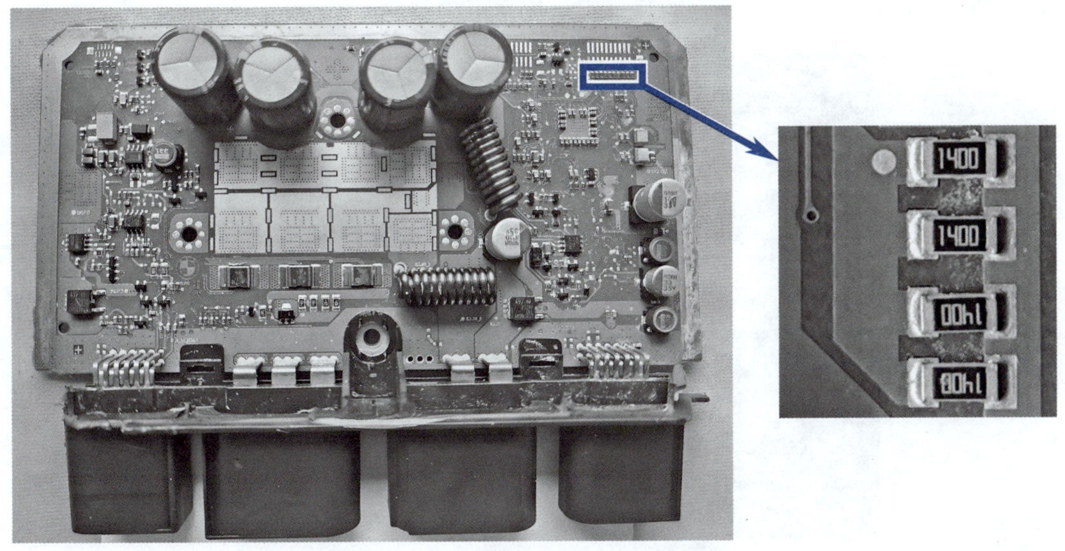

图 3.1-30　汽车电脑板中的四位贴片电阻（一）

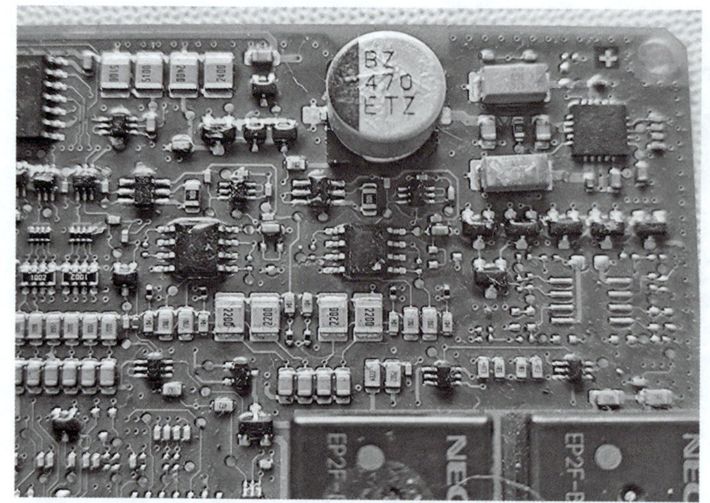

图 3.1-31　汽车电脑板中的四位贴片电阻（二）

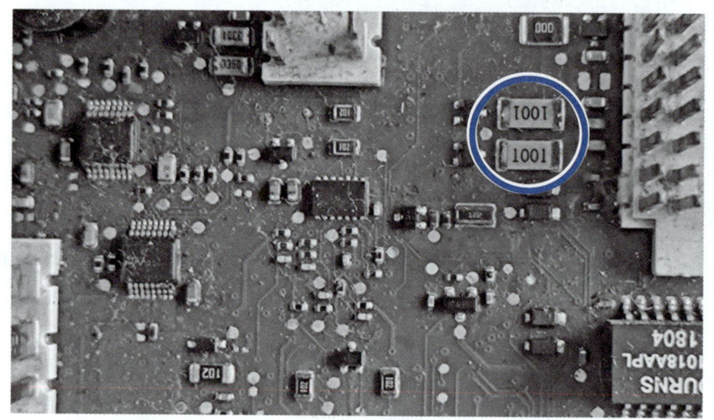

图 3.1-32　汽车电脑板中的四位贴片电阻（三）

c. R 贴片电阻：标有 R 字母的贴片电阻，R 表示小数点。

图 3.1-33　汽车电脑板中的 R 字母贴片电阻（一）

如图 3.1-33 所示，60R4 表示 60.4Ω；如图 3.1-34 所示，5R6 表示 5.6Ω；如图 3.1-35 所示，47R5 表示 47.5Ω。

图 3.1-34　汽车电脑板中的 R 字母贴片电阻（二）

图 3.1-35　汽车电脑板中的 R 字母贴片电阻（三）

d. 其他字母的贴片电阻：除了电阻标注的上述 R 以外的其他字母，这种贴片电阻上通常是三位数，前两位是数字，后一位是字母，也就是用“数字 + 数字 + 字母”这种格式来表示，前两位为有效数字，后边的字母为倍数。字母贴片电阻器阻值计算见表 3.1-1 和表 3.1-2。

表 3.1-1　字母贴片电阻器阻值计算（电阻值有效数值代码）

代码	有效数值	代码	有效数值	代码	有效数值	代码	有效数值	代码	有效数值	代码	有效数值
01	100	17	147	33	215	49	316	65	464	81	681
02	102	18	150	34	221	50	324	66	475	82	698
03	105	19	154	35	226	51	332	67	487	83	715
04	107	20	158	36	232	52	340	68	499	84	732
05	110	21	162	37	237	53	348	69	511	85	750
06	113	22	165	38	243	54	357	70	523	86	768
07	115	23	169	39	149	55	365	71	536	87	787
08	118	24	174	40	255	56	374	72	549	88	806
09	121	25	178	41	261	57	383	73	562	89	825
10	124	26	182	42	267	58	392	74	576	90	845
11	127	27	187	43	274	59	402	75	590	91	866
12	130	28	191	44	280	60	412	76	604	92	887
13	133	29	196	45	287	61	422	77	619	93	909
14	137	30	200	46	294	62	432	78	634	94	931
15	140	31	205	47	301	63	442	79	649	95	953
16	143	32	210	48	309	64	453	80	665	96	976

表 3.1-2　字母贴片电阻器阻值计算（不同字母代表的被乘数）

字母	A	B	C	D	E	F	G	H	X	Y	Z
被乘数	10^0	10^1	10^2	10^3	10^4	10^5	10^6	10^7	10^{-1}	10^{-2}	10^{-3}

如图 3.1-36 所示的字母贴片电阻，其中“83”表示电阻值有效数值代码，对应的有效数值为 715；“C”表示乘倍数，对应的为 10^2 。电阻值即 715×10^2=71500Ω（71.5kΩ）。

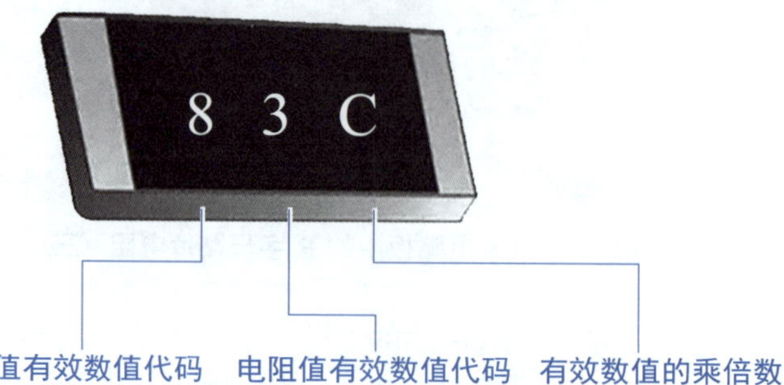

图 3.1-36　字母贴片电阻

e. O 保护电阻：即 0 欧姆电阻，也称跨接电阻器。

如图 3.1-37 和图 3.1-38 所示，在电阻上标注一个 0 或三个 0，这种电阻在电路中起保护作用，可称它为保护电阻或保险电阻。

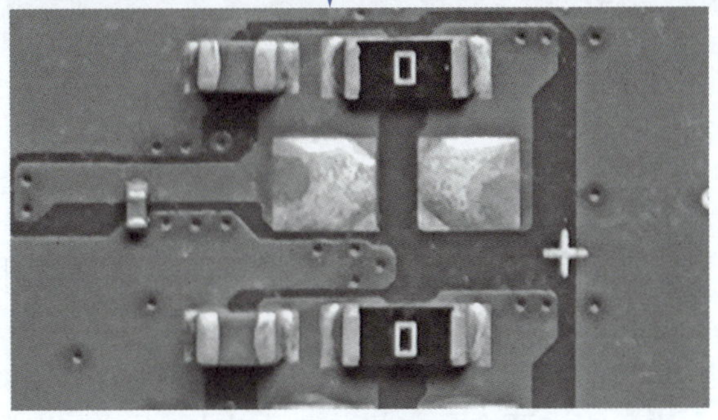

图 3.1-37　保护电阻（1 个 0）

图 3.1-38　保护电阻（3 个 0）

知识链接

保护电阻虽然标注为 0，但实际阻值并非是 0，只是非常小而已，是一个实际电阻很接近 0Ω 的理想电阻。电阻大概在 50mΩ 左右，见图 3.1-39。

图 3.1-39　测量电阻

（2）电容器

电容器，通常简称为电容，是一种容纳电荷的元器件。

用导线将由绝缘体（介质）相隔的两块相互平行金属导体分别引出，然后用绝缘材料将它封装起来，这就是一个电容器。

如图 3.1-40 所示，电容器由极板和电介质组成。极板是两个彼此绝缘又相距很近的导体，电极之间夹一层绝缘电介质。当在两金属电极间加上电压时，电极上就存储电荷，所以电容器是储能元件。电容容量的大小与极板的面积、极板之间的距离有关。极板的面积（S）越大、两极板之间的距离（d）越近，电容容量就越大。

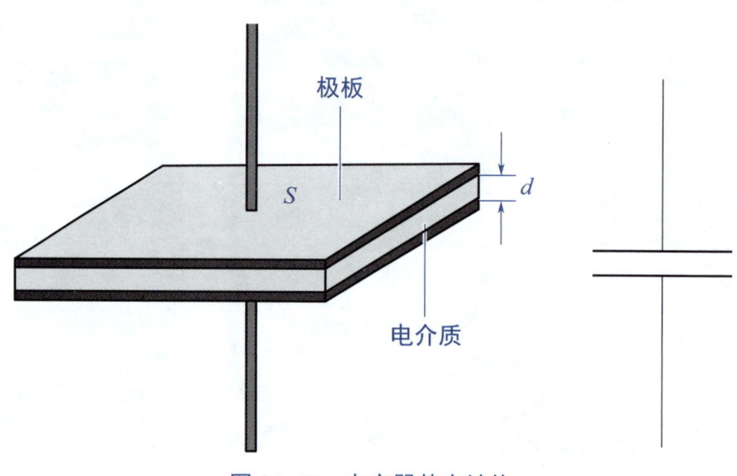

图 3.1-40　电容器基本结构

知识链接

电容符号用字母 C 表示，实际应用中也有用BC或者EC来表示的。电容的单位是法拉，简称法（F）。

1 法（F）=1000 毫法（mF）

1 毫法（mF）=1000 微法（μF）

1 微法（μF）=1000 纳法（nF）

1 纳法（nF）=1000 皮法（pF）

电容器极性：电容器在电路图中符号，有极性的用—+▯|—表示，无极性的用—||—表示。

维修提示

除电解电容器（按电极材料的不同有铝电解电容器、钽电解电容器、铌电解电容器）外，其他电容器均无极性。

电容器是汽车电脑板中应用广泛的一种可储存电能的储能元件，具有滤波和耦合功能（耦合电容两端与地不导通），以及隔直流、通交流的特点。

电容器有多种多样，常见的电容器主要有色环电容器、纸介电容器、陶瓷电容器、云母电容器、涤纶电容器、玻璃釉电容器、聚苯乙烯电容器、薄膜电容器等，见图 3.1-41 和图 3.1-42。在汽车电脑板中常用到的是电解电容器和陶瓷贴片电容器。

图 3.1-41　电容器（一）

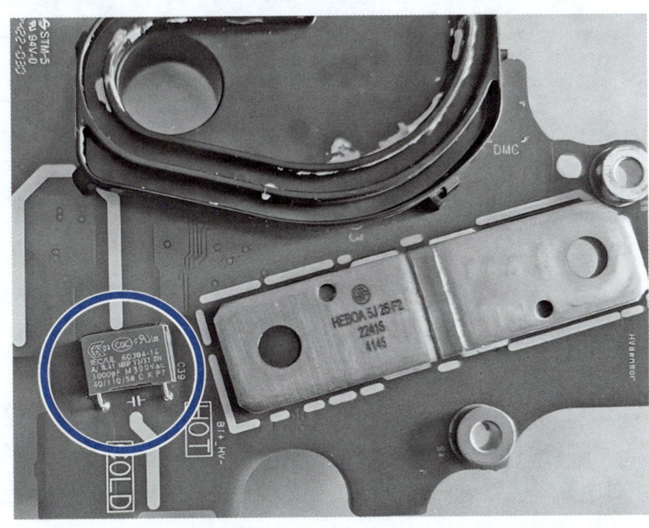

图 3.1-42　电容器（二）

❶ 铝电解电容器。铝电解电容器是目前应用最广泛的电容器。铝电解电容器的电容量与无极性电容器相比较大了很多。铝电解电容器有极性，极性两端有引脚，通常长的引脚为正极，短的引脚为负极，见图 3.1-43 和图 3.1-44。

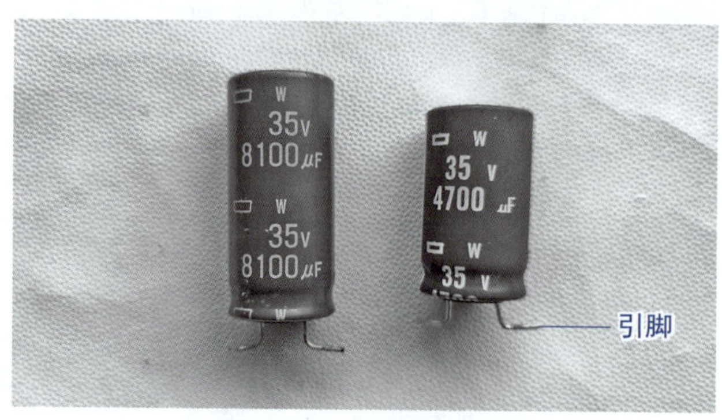

图 3.1-43　铝电解电容器

图 3.1-44　汽车电脑板中的铝电解电容器（一）

铝电解电容器作为大电容储能元件，可提供电源。如图 3.1-45 所示是安全气囊控制模块中使用的铝电解电容器，为引爆点火剂的点火电路提供电源。

图 3.1-45　汽车电脑板中的铝电解电容器（二）

如图 3.1-46 所示，铝电解电容器外壳顶部有少半圆的纯颜色覆盖，这表示负极。

❷ 钽电解电容器。电脑板使用钽电解电容器很多，其性能稳定。如图 3.1-47 所示，电脑板中黄色的长方体为钽电解电容器（钽电容），这种电容器上标有一道横杠，那么这端为正极，另一端为负极。钽电解电容器电压小于 5V（含 5V）。

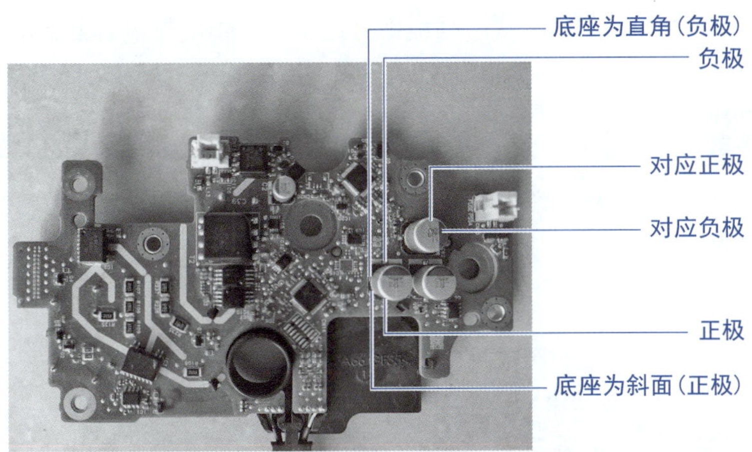

图 3.1-46　汽车电脑板中的铝电解电容器（三）

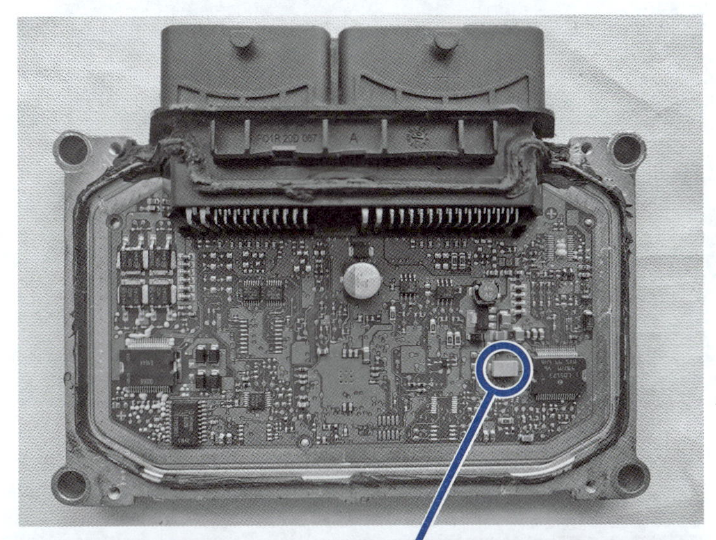

图 3.1-47　汽车电脑板中的钽电解电容器（一）

如图 3.1-48 ～图 3.1-52 所示，从电脑板中可以发现，钽电解电容器在电源芯片旁边的位置居多。

维修提示

汽车电脑板中，电源芯片的旁边必定有钽电解电容器；反过来，钽电解电容器的旁边，不一定都会有电源芯片。

图 3.1-48　汽车电脑板中的钽电解电容器（二）

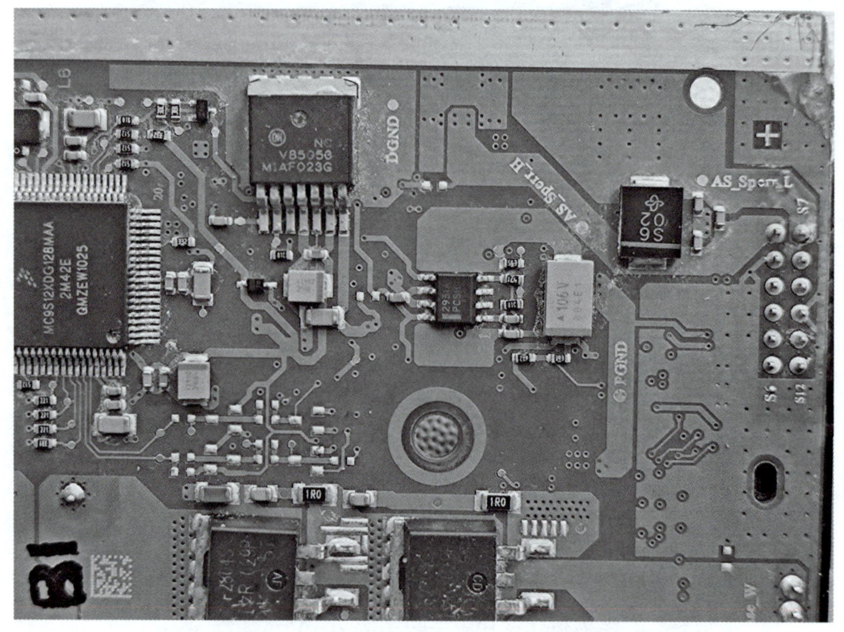

图 3.1-49　汽车电脑板中的钽电解电容器（三）

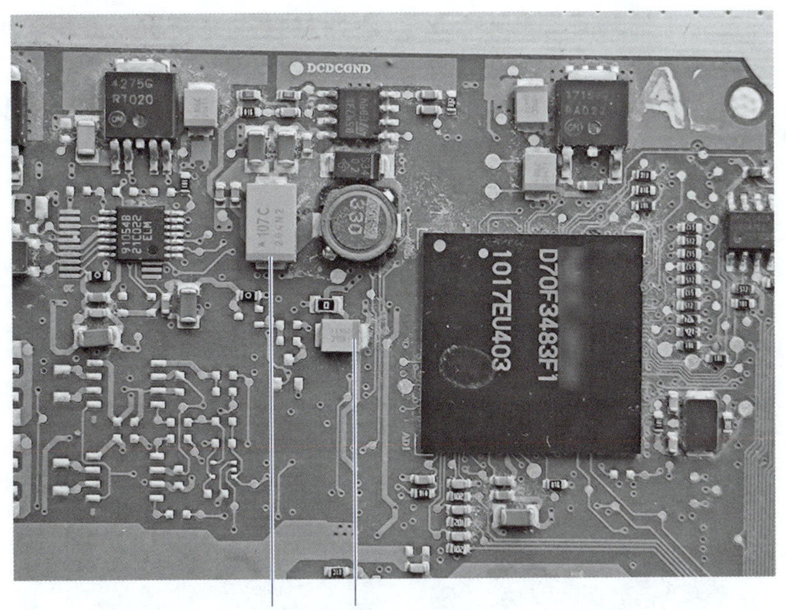

图 3.1-50　汽车电脑板中的钽电解电容器（四）

图 3.1-51　汽车电脑板中的钽电解电容器（五）

图 3.1-52　汽车电脑板中的钽电解电容器（六）

❸ 陶瓷贴片电容器。陶瓷贴片电容器以陶瓷材料作为介质，损耗较小，稳定性好，一般用于高频滤波。其外层常涂以各种颜色的保护漆，并在陶瓷上覆银制成电极。这种电容器无极性，不区分正负极，耐压值通常在 60V 以下，且容量越大，耐压越低。陶瓷贴片电容器见图 3.1-53，电脑板中，非常多的像图 3.1-53 圆圈中的电容都是陶瓷贴片电容器。

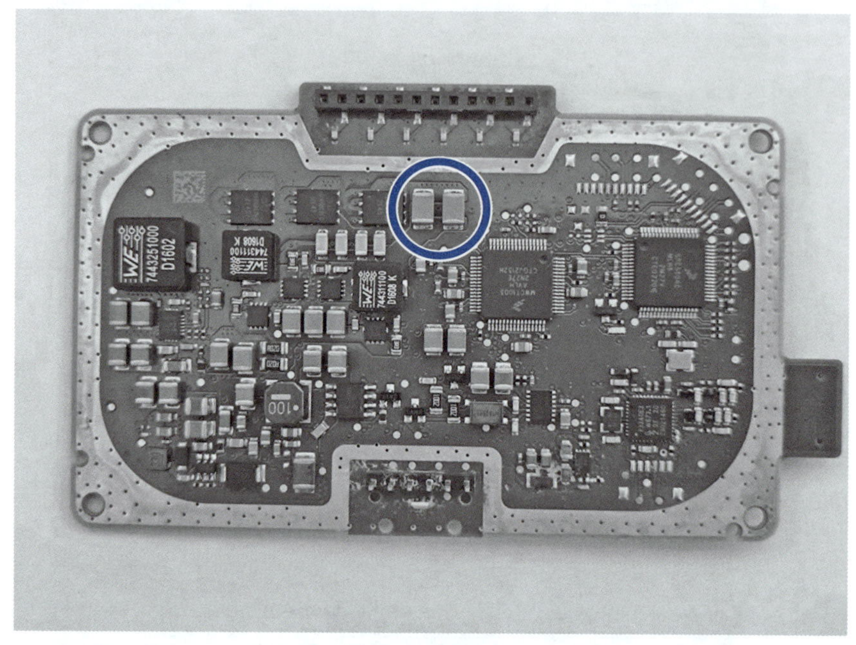

图 3.1-53　陶瓷贴片电容器

电容器的充电和放电需要一个过程，但电压不会突变。根据这个特性，电容器在电路中可以起到滤波或信号传输的作用。如图 3.1-54 ～图 3.1-58 所示，在汽车电脑板引脚的位置或者在 CPU 周围，有很多贴片电容器，起到滤波作用。

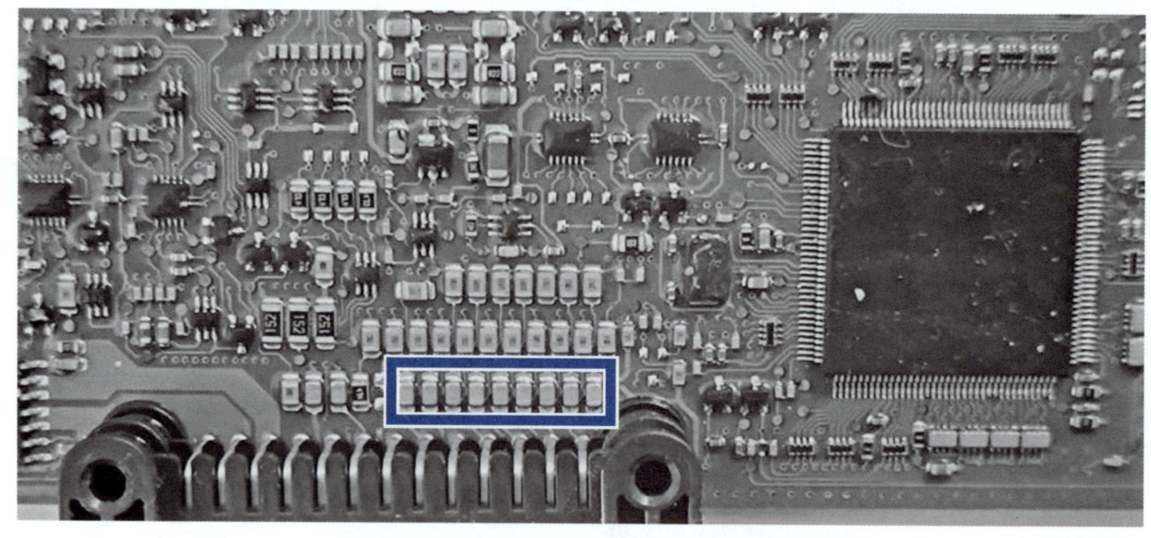

图 3.1-54　汽车电脑板中的陶瓷电容器（一）

图 3.1-55　汽车电脑板中的陶瓷电容器（二）

图 3.1-56　汽车电脑板中的陶瓷电容器（三）

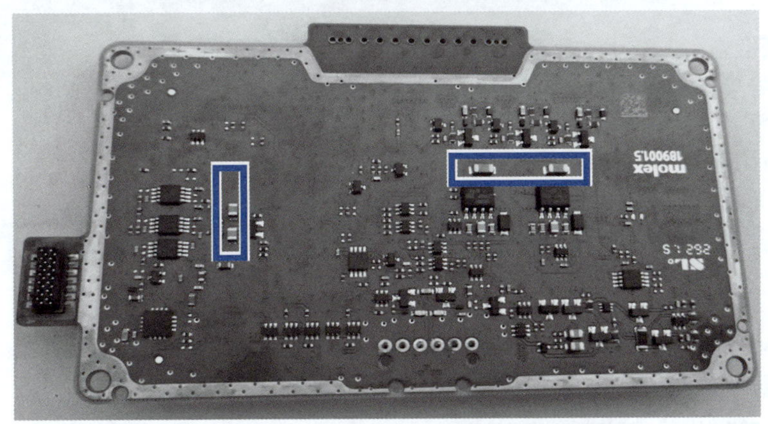

图 3.1-57　汽车电脑板中的陶瓷电容器（四）

图 3.1-58　汽车电脑板中的陶瓷电容器（五）

维修提示

用万用表蜂鸣挡（图 3.1-59）测量电容器两端，如果一直有蜂鸣声，说明电容器已击穿。

见此图标 微信扫码
走进汽车维修数字课堂

扫码获取
- AI 智能导学
- 视频实操演示
- 电子图解手册
- 知识进阶锦囊

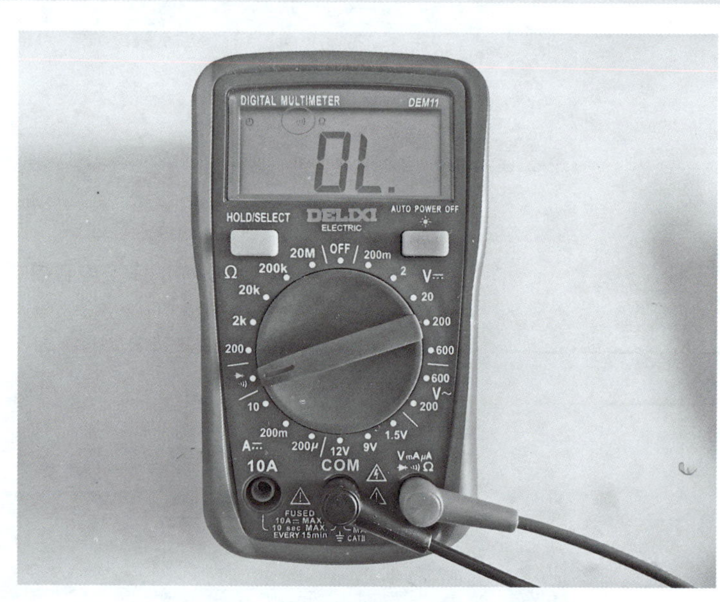

图 3.1-59　用万用表蜂鸣挡测量电容器

（3）电感器

电感器其实就是将导线绕制成线圈。

电感是一种电生磁现象，是将导线绕成线圈，当电流流过时，在线圈（电感器）两端就会形成较强的磁场（图 3.1-60）。

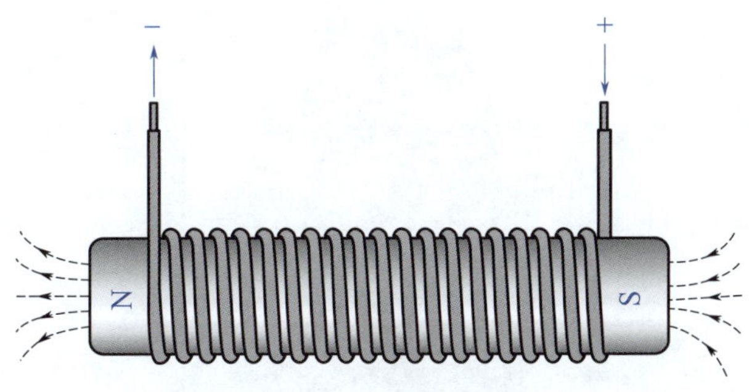

图 3.1-60　电磁感应（电感）

电感器是把电能转换成磁能并储存起来的储能元件。电感器也有很多种类，常见的主要有色环电感器、色码电感器、电感线圈、贴片电感器，见图 3.1-61。

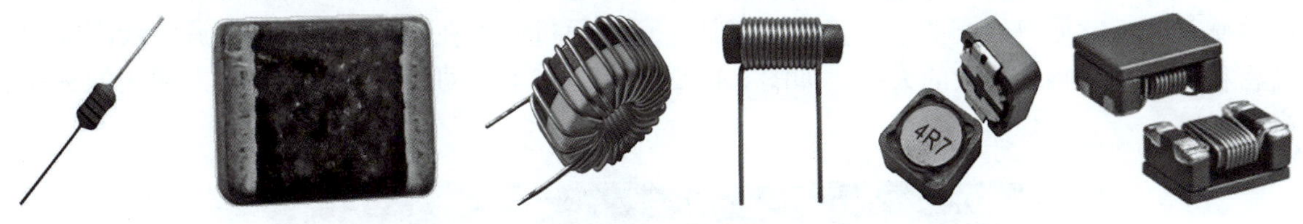

图 3.1-61　电感器

因为电磁感应原因，所以电感器对直流电的阻抗非常小，对交流的阻抗较高。也就是说，电感器具有阻止交流电，而让直流电顺利通过的特性，其阻值的大小与所通过交流信号的频率有关。同一电感元件，通过交流电流的频率越高，呈现的阻值越大。因此，电感器的主要功能是对交流信号进行隔离、滤波，或与电容器、电阻器等组成谐振电路。

电感用字母 L 表示。电感的图形符号见表 3.1-3。

电感量与线圈的圈数、大小、形状有关。电感（量）的单位为亨利，简称亨（H）。单位有亨（H）、毫亨（mH）、微亨（μH），$1H=10^3mH=10^6\mu H$。

表 3.1-3　电感的图形符号

电感	符号	图示	说明
电感器（无磁芯）			带色环或者色码的固定电感器，这种电感器没有磁芯或铁芯。主要用于分频、滤波和谐振
电感器（铁芯或磁芯）			有磁芯或铁芯的电感器。包括磁棒电感器和磁环电感器

续表

电感	符号	图示	说明
微调电感器			电感量可在一定范围内连续调整的电感器
变压器			变压器的最基本形式就是有两组线圈，以电感方式合一起

❶ 电感线圈。磁棒电感线圈也叫磁芯电感器，这个很简单，就是一种在磁棒上绕制线圈的电感元件，这使得线圈的电感量大大增加，可以通过线圈在磁芯上的移动（调整线圈间的疏密程度）来调整电感量的大小。如图 3.1-62 所示是汽车主动转向系统电脑板上使用的磁棒电感线圈。

图 3.1-62　汽车电脑板上使用的磁棒电感线圈

磁环电感线圈是由线圈绕制在铁氧体磁环上构成的电感器，可通过改变磁环上线圈的匝数和疏密程度来改变电感器的电感量。如图 3.1-63 所示是电动汽车控制器上的磁环电感线圈。

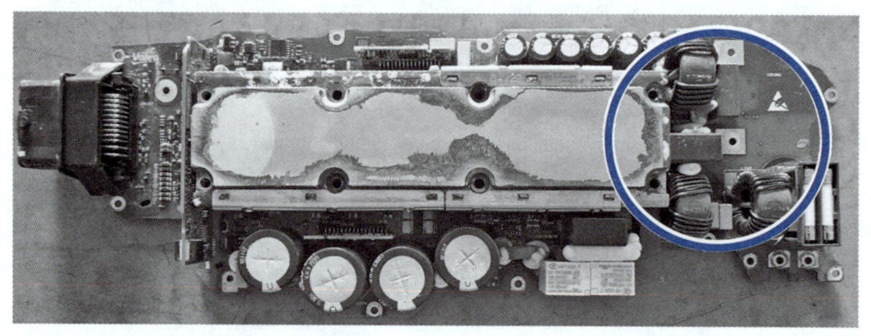

图 3.1-63　电动汽车控制器上的磁环电感线圈

❷ 磁珠贴片电感。如图 3.1-64 所示，磁珠贴片电感的形状是黑色或灰色的小长方块。汽车电脑板上的磁珠贴片电感见图 3.1-65。

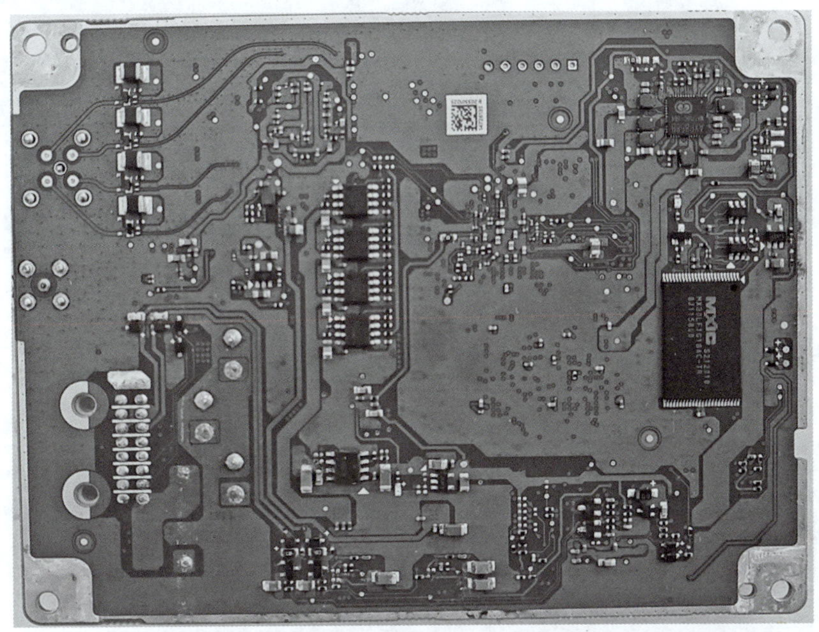

图 3.1-64　汽车电脑板中的磁珠贴片电感（一）

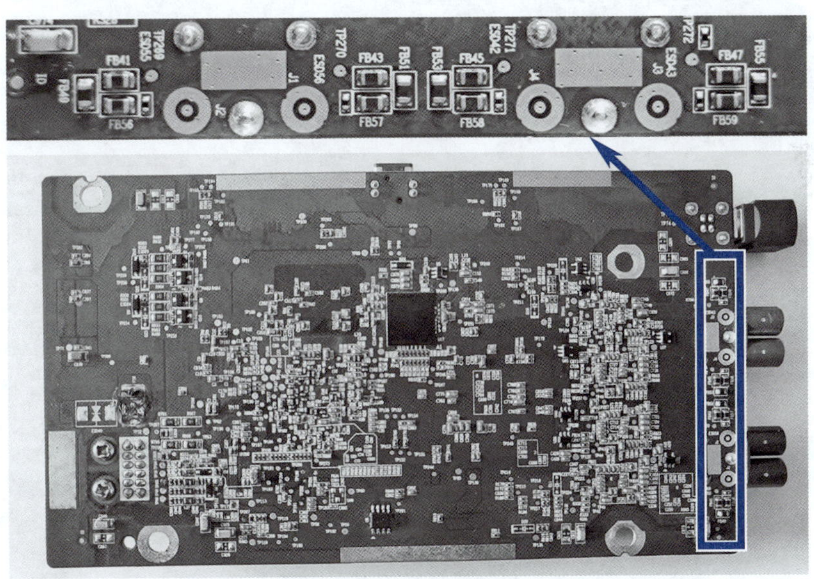

图 3.1-65　汽车电脑板中的磁珠贴片电感（二）

维修提示

在电路中，磁珠贴片电感用字母“FB”表示，如图 3.1-66 所示。

图 3.1-66　磁珠贴片电感

❸ 贴片电感。如图 3.1-67 和图 3.1-68 所示的贴片电感，多数都挨着二级电源芯片位置。

图 3.1-67　汽车发动机电脑板中的方形贴片电感（一）

如图 3.1-69 所示，白色的滤波电感连接的是 CAN 芯片，该电脑板上有一个总线电感，说明有一组 CAN 总线。其用于 CAN 线的通信，起到过滤作用。

（4）电感器与电容器的比较

电感器具有与电容器正好相反特性。电感器与电容器的比较见表 3.1-4。

表 3.1-4　电感器与电容器的比较

比较	电感器	电容器
电压与电流的关系	电流的变化率越大越会产生大电压	电压的变化率越大越会有大电流流过
直流电流	通过	不让通过
交流电流	越是高频越不易通过	越是高频越易于通过

“101”数字标识，前两位表示有效值，即为“10”，第三位“1”表示倍乘数“10”，电感量为10×10=100μH

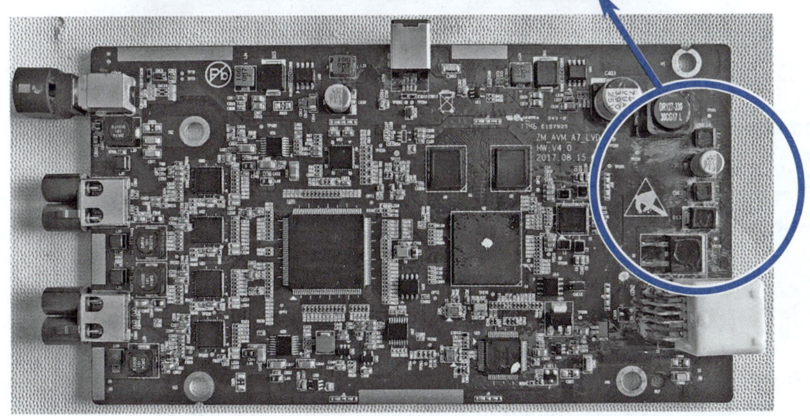

图 3.1-68　汽车发动机电脑板中的方形贴片电感（二）

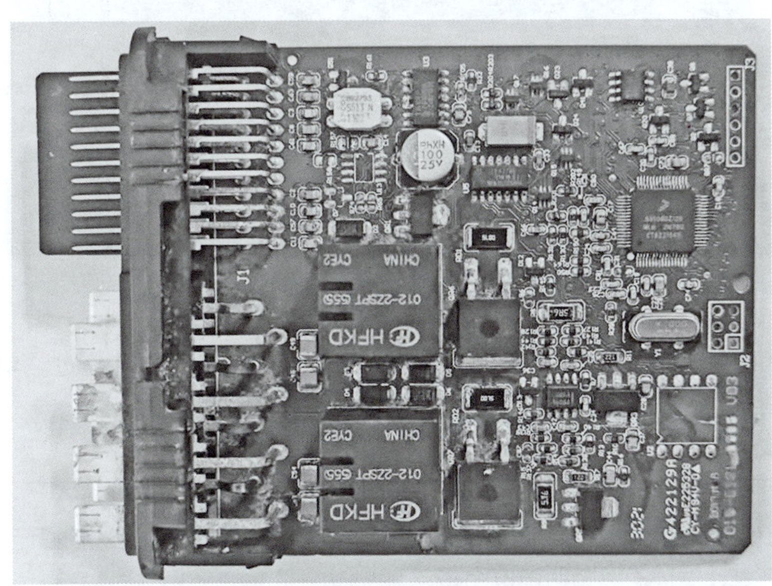

图 3.1-69　汽车电脑板中的总线电感

（5）二极管

二极管是最常用的电子元件之一。二极管是具有一个 PN 结的半导体器件，其内部由一个 P 型半导体和一个 N 型半导体组成，在 PN 结两端引出相应的电极引线，然后封装就是成品二极管。二极管结构示意见图 3.1-70。

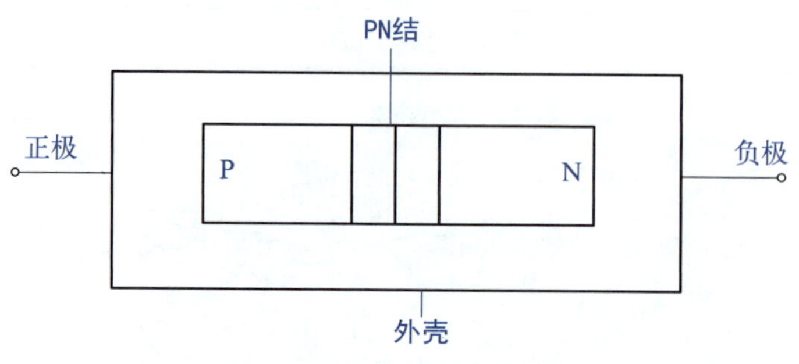

图 3.1-70　二极管结构示意

二极管上标注横杠（= 或 -）端为负极，无标注一端为正极，如图 3.1-71 所示。二极管在电路中用字母 D 表示，其电路符号见图 3.1-72。汽车电脑板中的二极管见图 3.1-73。

图 3.1-71　二极管极向

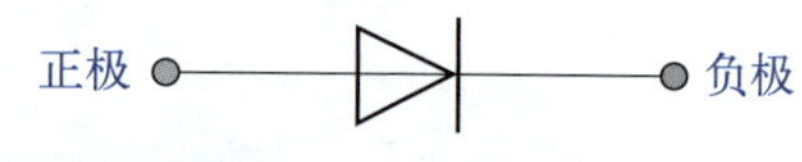

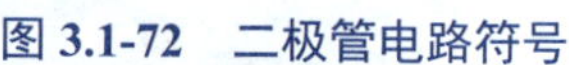

图 3.1-72　二极管电路符号

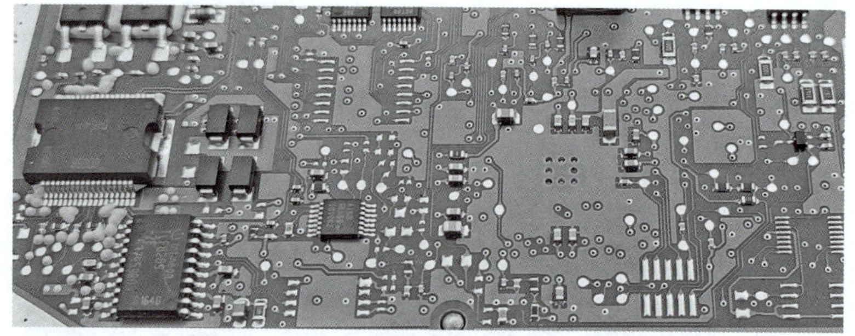

图 3.1-73　汽车电脑板中的二极管

二极管最大的特征就是单导向，电流只可以从二极管的一个方向流过。单向通过，正向导通，反向截止。

二极管有稳压、隔离、保护、整流、续流、钳位等功能。

什么是钳位？钳位是指将某点的电位限制在规定电位的一种过压保护措施。实现这种过压保护的电路叫钳位电路。

❶ 瞬变抑制二极管。瞬变抑制二极管在电路中起保护作用。瞬变抑制二极管通常安装在电路板电源的入口处周围，二极管的正负极反向接在电源上。也就是二极管的正极接电源负极，二极管的负极接电源正极，以此来保护电路。汽车电脑板中的瞬变抑制二极管见图 3.1-74。

图 3.1-74 汽车电脑板中的瞬变抑制二极管

❷ 续流二极管。如图 3.1-75 所示，续流二极管通常安装在电脑板驱动芯片周围位置，它为线圈电流提供返回的通路。

图 3.1-75 汽车电脑板中的续流二极管

如图 3.1-76 所示，续流二极管并联在线圈两端，保护电路中的电磁阀。

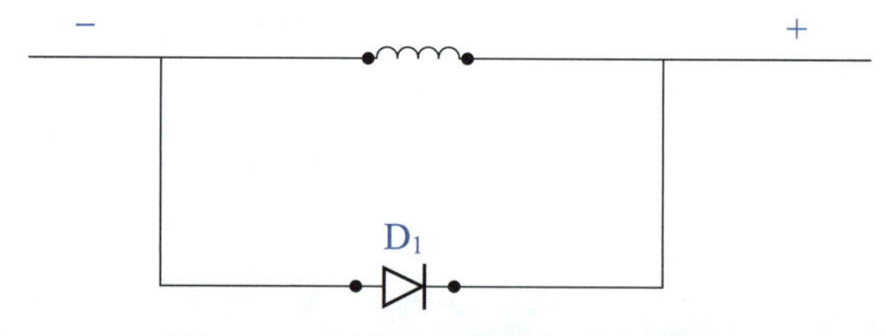

图 3.1-76　续流二极管与线圈并联

❸ 隔离二极管。隔离二极管主要是应用二极管的正向导通、反向截止的特性，通常在电源和 CPU 的信号控制上应用，保护 CPU，防止反向击穿 CPU。隔离二极管见图 3.1-77。

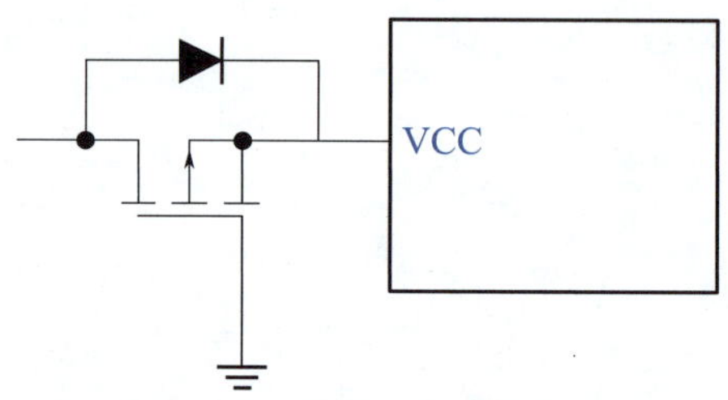

图 3.1-77　隔离二极管

❹ 钳位二极管。钳位二极管其中的一端所接的电位必须是恒压的，即假设该端的电位不会发生变化，作为参考电位端；而另一端则为被钳端，该端的电位是会发生改变的，是需要进行限制的端。信号电压无论如何变化都是被限制在两个极端之间。钳位二极管见图 3.1-78。

❺ 整流二极管。整流二极管是一种对电压具有整流作用的二极管，即可将交流电整流成直流电。最典型的就是汽车发电机，其整流器内的二极管见图 3.1-79。

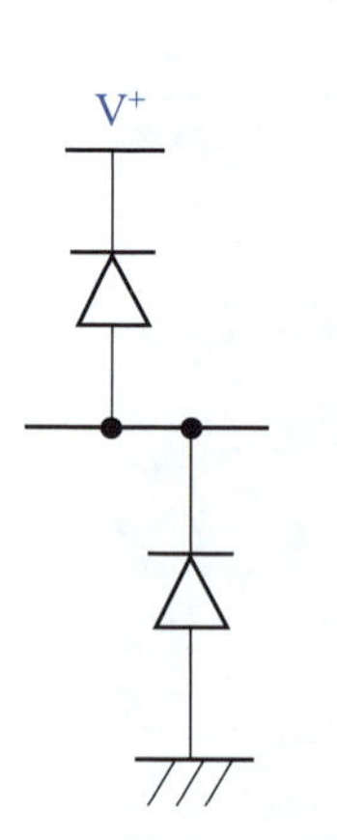

图 3.1-78　钳位二极管

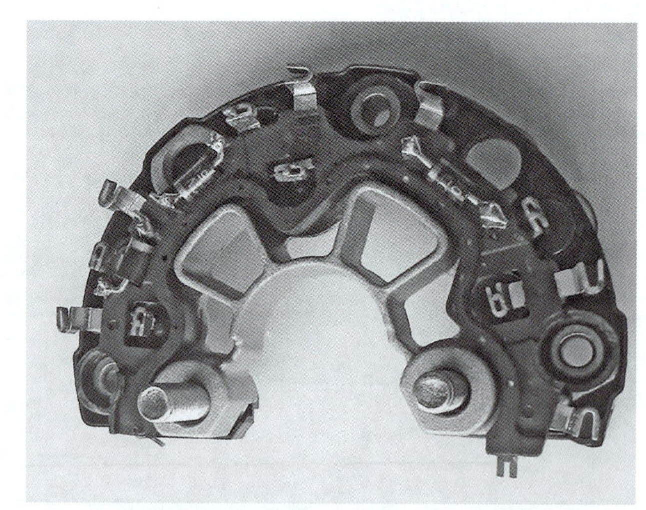
图 3.1-79　汽车发电机整流器内的二极管

❻ 稳压二极管。稳压二极管是由硅材料制成的面接触型二极管。它利用 PN 结反向击穿时，其两端电压固定在某一数值，电压值不随电流大小变化的特性，以达到稳压的目的。稳压二极管电路图符号见图 3.1-80。

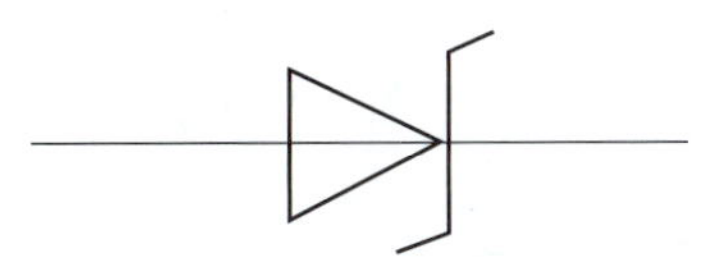

图 3.1-80　稳压二极管电路图符号

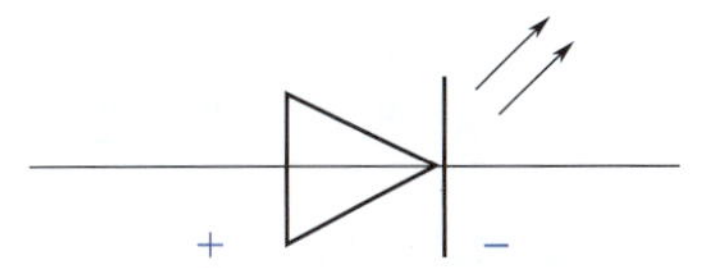

图 3.1-81　发光二极管电路图符号

❼ 发光二极管。发光二极管是指在工作时能够发出亮光的二极管，简称 LED，其电路图符号见图 3.1-81。

发光二极管常作为显示器件或光电控制电路中的光源。汽车仪表和按键开关上使用的二极管很多，白色的为发光二极管（图 3.1-82），发光二极管见图 3.1-83 和图 3.1-84。发光二极管通过串联分压的方式来降低其电流。

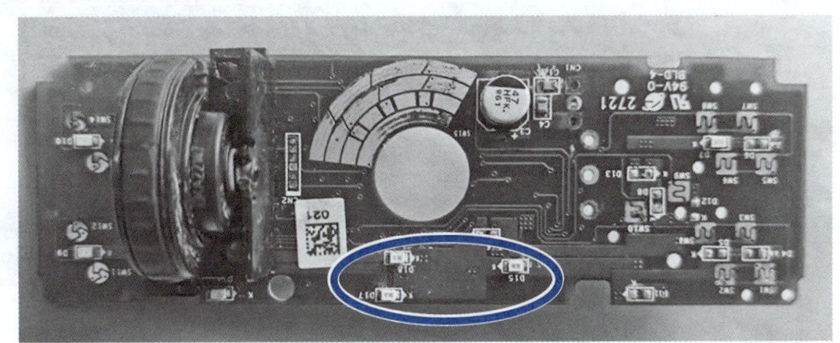

图 3.1-82　汽车电路板上的发光二极管（大灯开关）

图 3.1-83　发光二极管

图 3.1-84　发光二极管工作

使用数字式万用表检测二极管挡测量管压降，红表笔接正极，黑表笔接负极，其二极管有压降，如图 3.1-85 所示，管压降为 1.752V，反向检测则为∞，见图 3.1-86 所示。

图 3.1-85　发光二极管检测（导通）

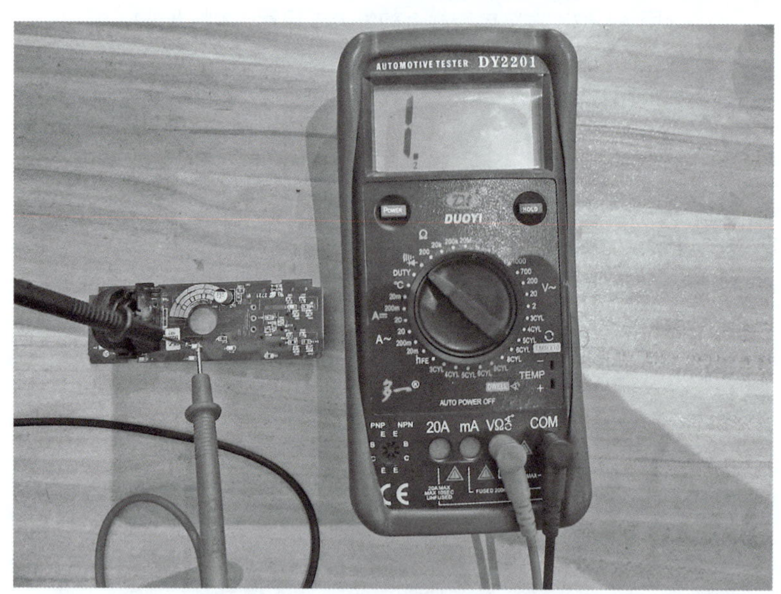

图 3.1-86　发光二极管检测（不导通）

（6）三极管

❶ 三极管的作用。三极管（晶体三极管）是一种控制电流的半导体器件。三极管作用：一是把微弱信号放大成幅度值较大的电信号；二是作为开关使用。

三极管在电路中用 Q 来表示。

❷ 三极管的极性和电流方向。NPN 型三极管的电流从集电极流向发射极，PNP 型三极管的电流从发射极流向集电极。三极管结构示意见图 3.1-87。

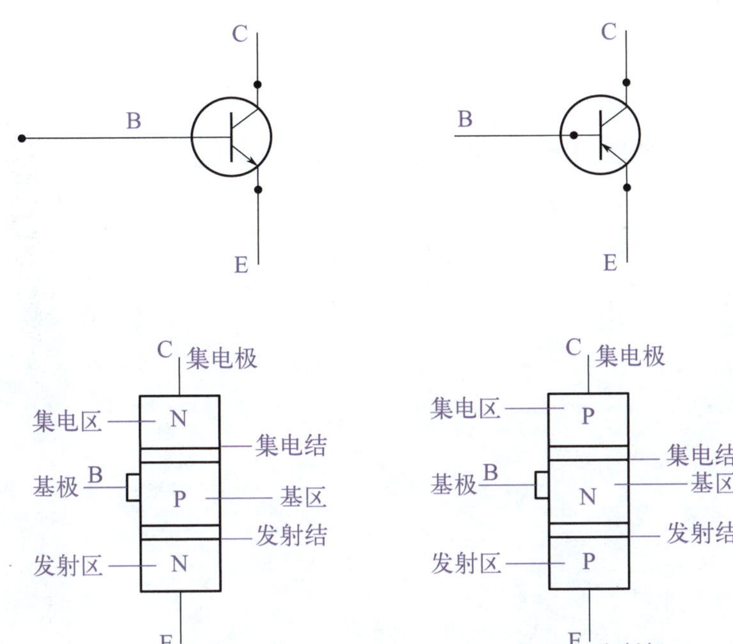

图 3.1-87　三极管结构示意

③ 在电磁线圈控制电路中的三极管。汽车 ECU 通过控制三极管的基极控制三极管截止或者饱和导通，实现对某个执行元件的控制。不过，现在 ECU 内采用高度集成的控制芯片，其实起到开关作用的单个三极管已经非常少了。汽车电脑板中的三极管见图 3.1-88。

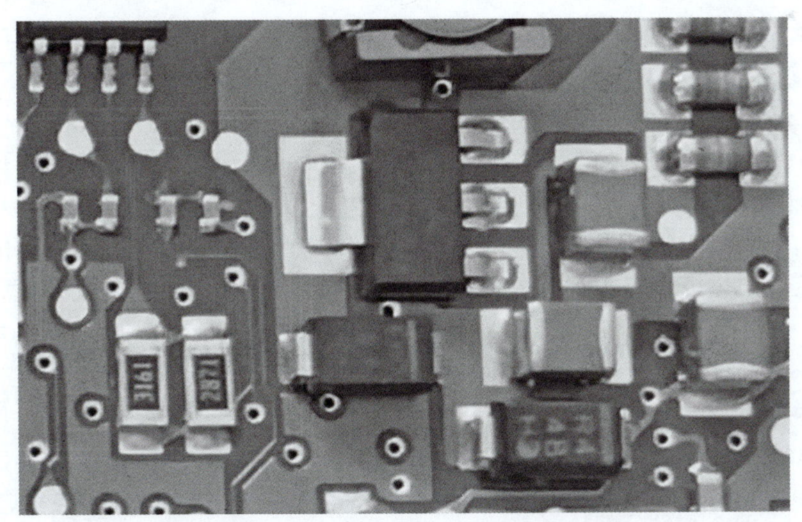

图 3.1-88　汽车电脑板中的三极管

汽车电控部件上的执行元件主要是电磁线圈，如喷油器、怠速控制阀、废气再循环阀、自动变速器电磁阀、ABS 系统电阀等，主要的控制方式是利用 NPN 三极管实现对电磁线圈的搭铁控制。在有些车上也会用 PNP 三极管实现对电磁线圈的正极控制。

3.1.3 常用电气元件

（1）继电器的类型

汽车上使用的继电器以插入式继电器常见，插在熔断器的相应位置上，或者相关线路中，见图 3.1-89。

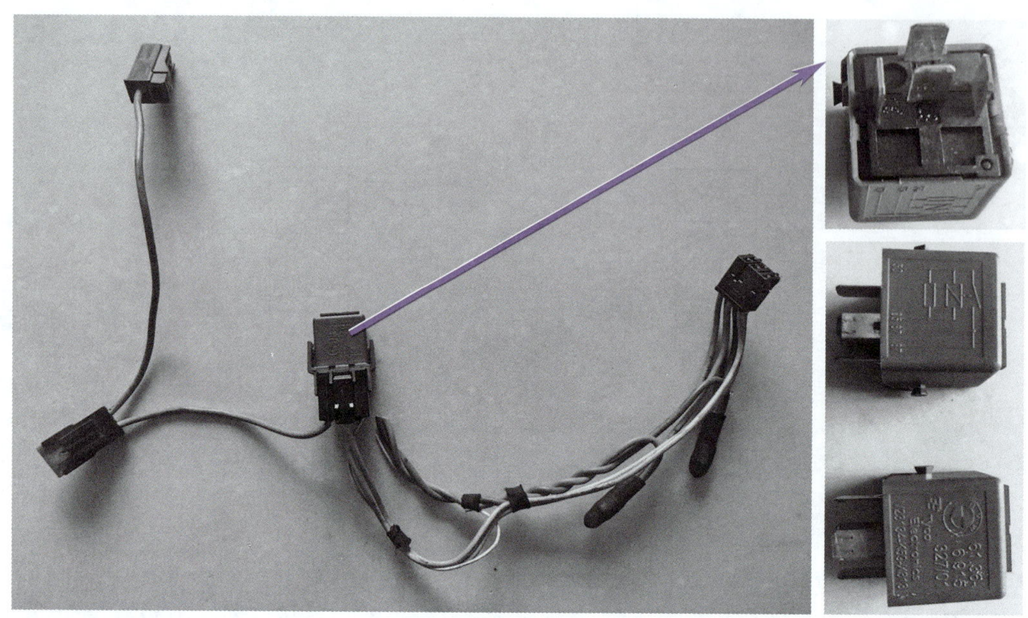

图 3.1-89 继电器（一）

除了插入式继电器外，还有 PCB 式汽车继电器，也就是焊接在 PCB 上使用的继电器，以及采用 PCB 式继电器与其他逻辑电子线路一起组合完成某种特定功能的组合式继电器。

（2）继电器的作用

继电器开关简称继电器，是一种受电流控制的开关。继电器是实现小电流控制大电流，在汽车控制电路中广泛使用的一种电子控制器件。它可以减小控制开关或者模块的电流负荷，从而保护相关电路。

汽车上用的继电器有大灯继电器、转向灯继电器、喇叭继电器、油泵继电器、鼓风机继电器、后视镜加热继电器、后除霜继电器、雨刷间歇继电器、ACC 继电器、IGN1 继电器等。

维修提示

什么是 ACC 继电器？ACC 继电器是指在汽车还没有发动之前，点火开关处于 ACC 挡时作用的继电器，如收音机、点烟器这些用电不太大的设备通电；当汽车点火启动时刻，需要一个强电流，这时 ACC 位停止供电，待点火结束，又开始供电。

（3）继电器的基本原理

继电器利用电磁感应原理，实现电磁线圈控制某一回路的接通或者断开。继电器见图 3.1-90。

图 3.1-90　继电器（二）

如图 3.1-91 所示，继电器通电后，铁芯被磁化，产生足够大的电磁力，吸动衔铁并带动弹簧片，使动触点与静触点闭合。当线圈断电后，电磁吸力消失，弹簧片带动衔铁返回原来的位置，使动触点和静触点分开。

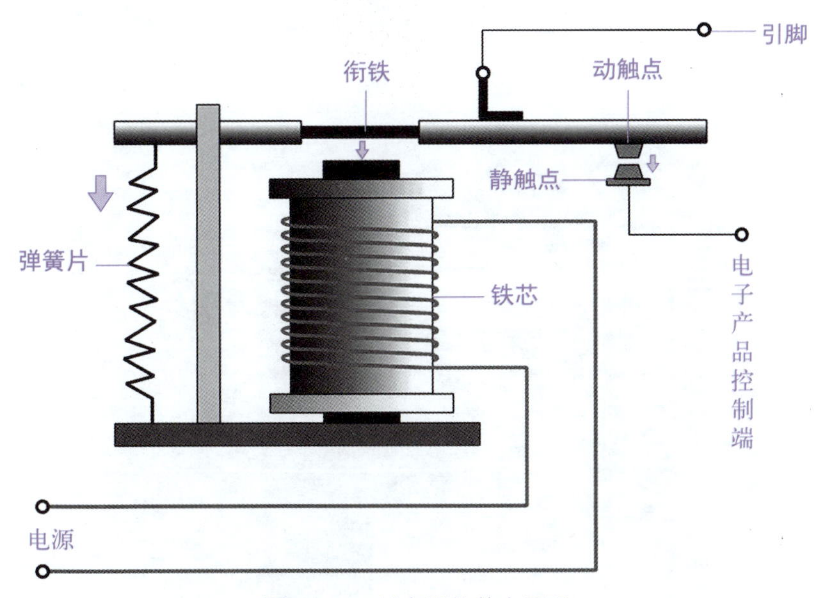

图 3.1-91　继电器的基本原理

（4）继电器的控制原理

如图 3.1-92 所示，当开关闭合时，线圈两端上电产生电压，线圈中就会流过电流，从而产生电磁效应，衔铁就会在电磁力吸引的作用下克服回位弹簧的拉力吸向铁芯，使衔铁动触点与常开静触点闭合，此时红色灯泡亮起；当线圈断电后，电磁消失，衔铁就会受到弹簧的反作用力返回原来的位置，吸合动触点与常闭静触点闭合，此时黄色灯泡亮起，这样就实现了电路的导通与切断。继电器实物见图 3.1-93。

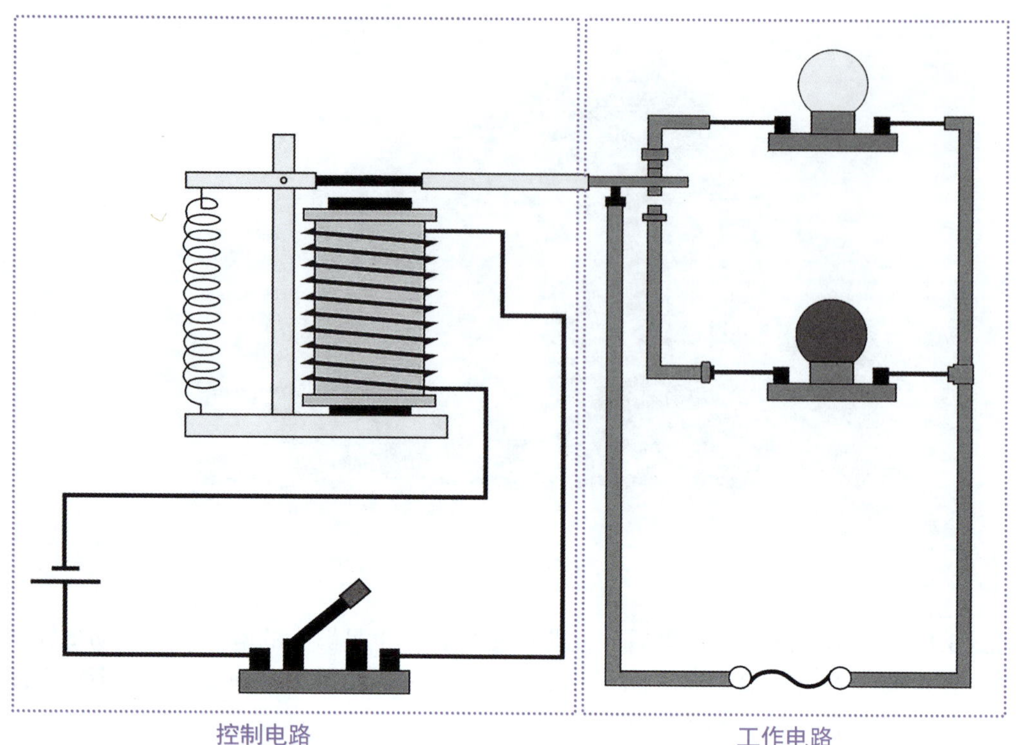

图 3.1-92　继电器工作原理

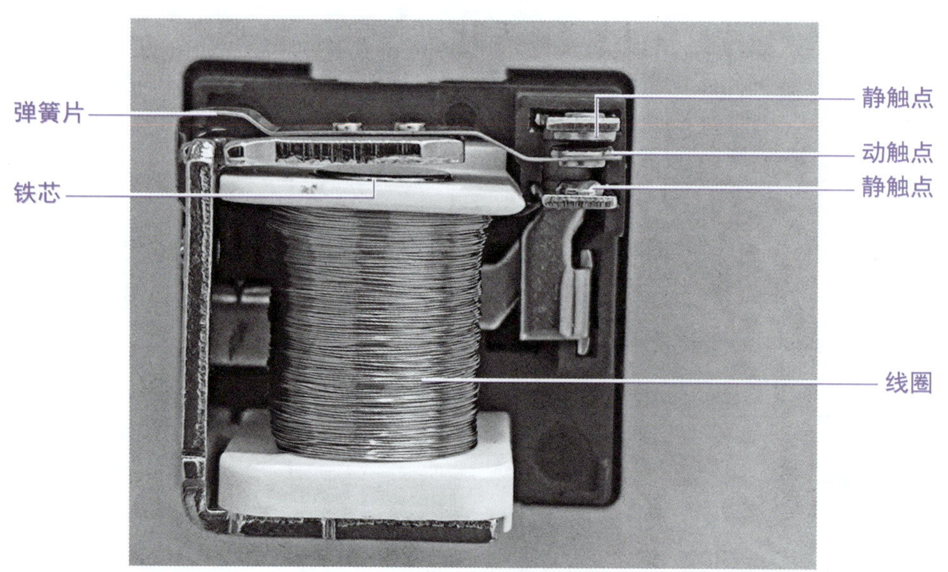

图 3.1-93　继电器实物

（5）继电器电路

如图 3.1-94 所示，继电器端子号在继电器的插头端都有标注。如图 3.1-95 所示，继电器的 85 和 86 端子控制继电器线圈通电；30 端子为继电器的输入端；87a 端子、87 端子分别为继电器的常闭触点和常开触点。

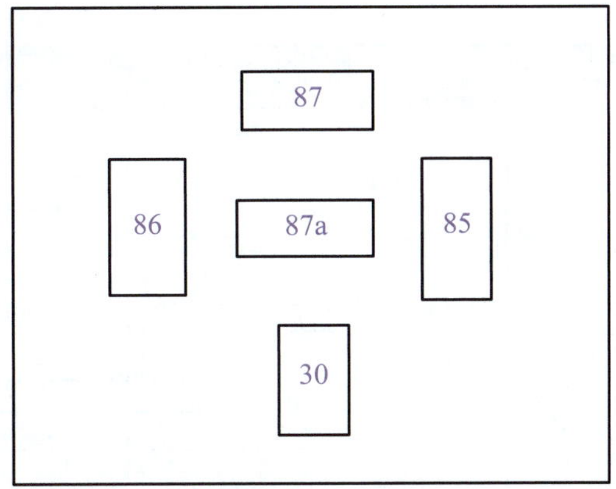

图 3.1-94　继电器端子（底视图）

维修提示

综合图 3.1-94 和图 3.1-95，就很容易搞明白继电器的控制策略或者说是控制逻辑了，即继电器 86/85 端子通电，30/87 端子导通；86/85 端子断电，30/87a 端子导通。此处列举的是一组转换型继电器。

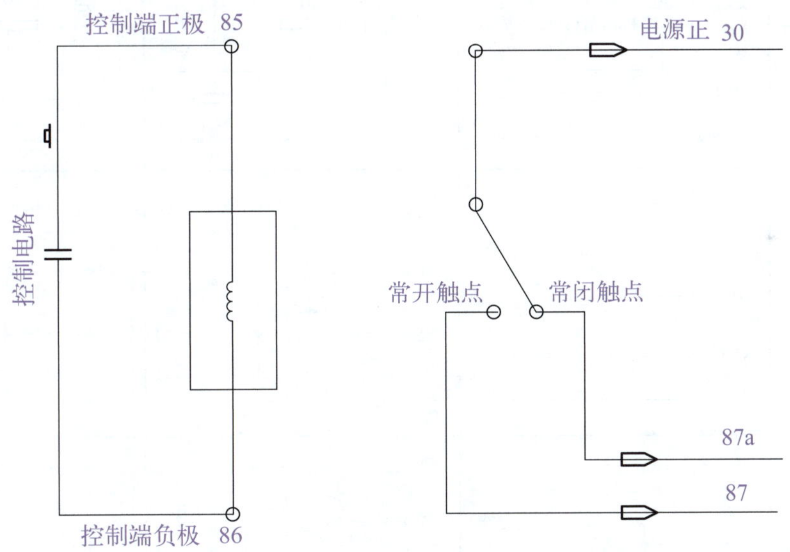

图 3.1-95　继电器控制电路

知识链接

继电器根据触点形式，分为常开型（一组）、常闭型（一组）、转换型（一组），包括双开、双闭、双转换型，以及多触点、多线圈形式的继电器。继电器的触点形式见表 3.1-5。

在表 3.1-5 列举的继电器触点形式及接线逻辑中，并联的二极管正极接 85 脚。线圈并联的电阻和二极管都起到瞬态抑制作用。表 3.1-5 中，序号 1 ～ 3 的“线圈无并联元件”的接线逻辑是汽车继电器较为常见的接法。

表 3.1-5 继电器触点形式

序号	触点	符号	线圈无并联元件	线圈并联电阻	线圈并联二极管
1	常开（动合）触点	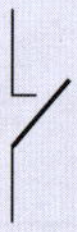	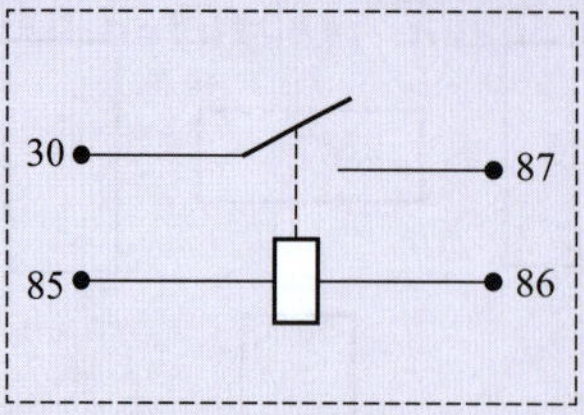 30 87 85 86	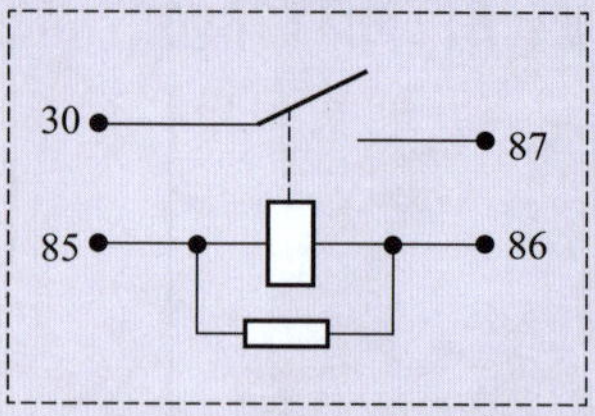 30 87 85 86	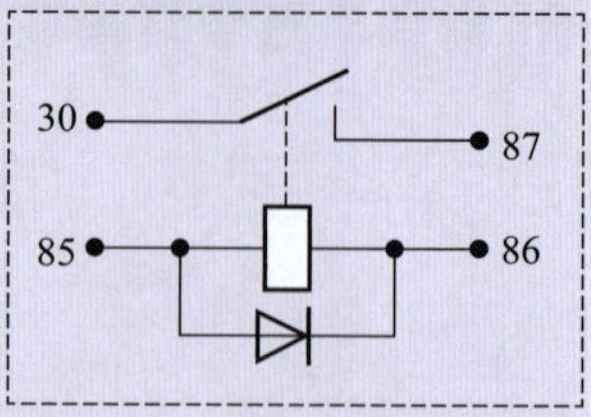 30 87 85 86
			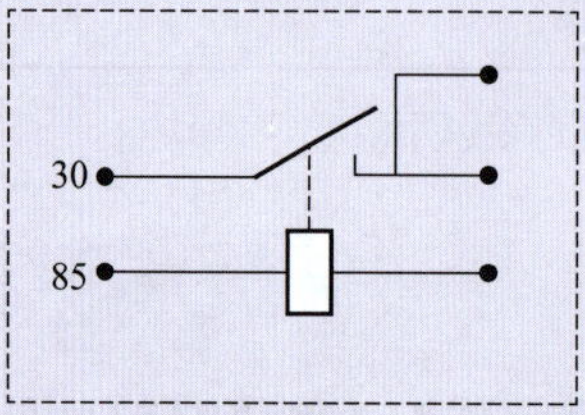 30 85	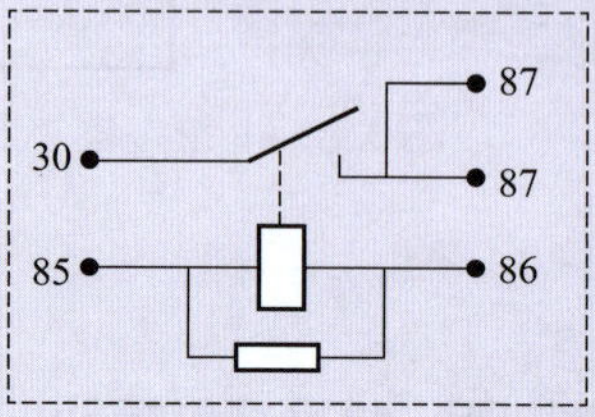 87 30 87 85 86	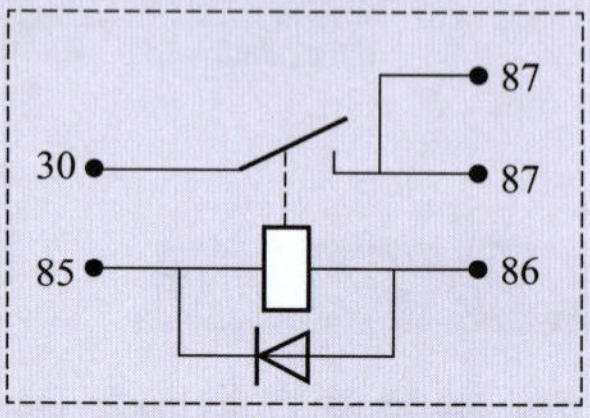 87 30 87 85 86
2	常闭（动断）触点	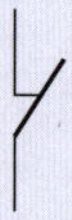	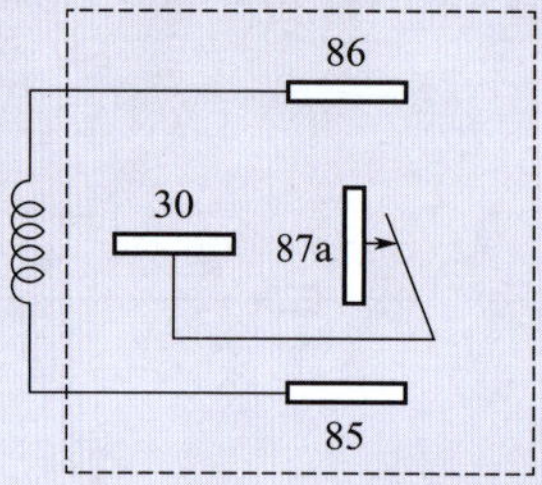 86 30 87a 85	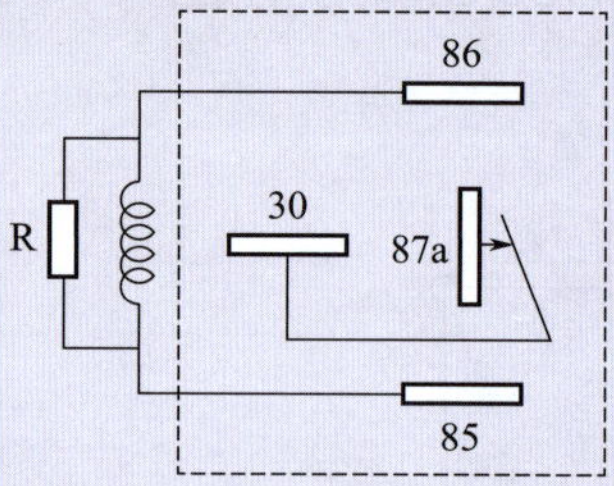 86 R 30 87a 85	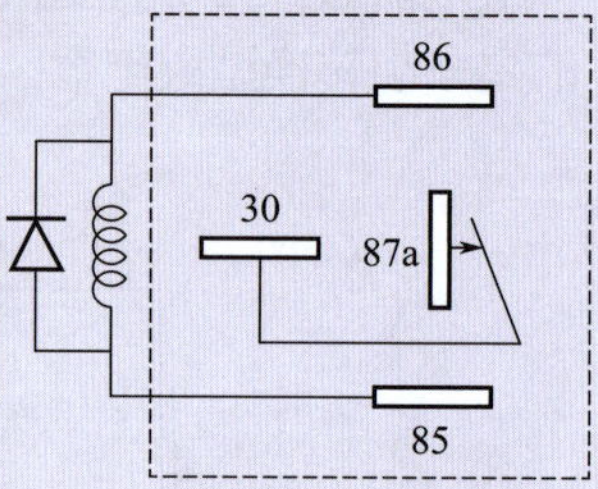 86 30 87a 85
3	转换触点	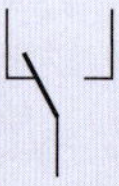	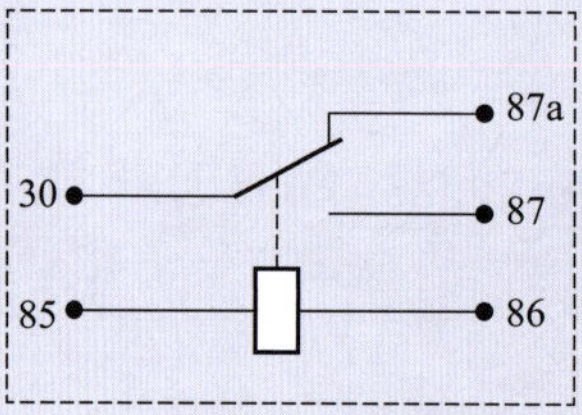 87a 30 87 85 86	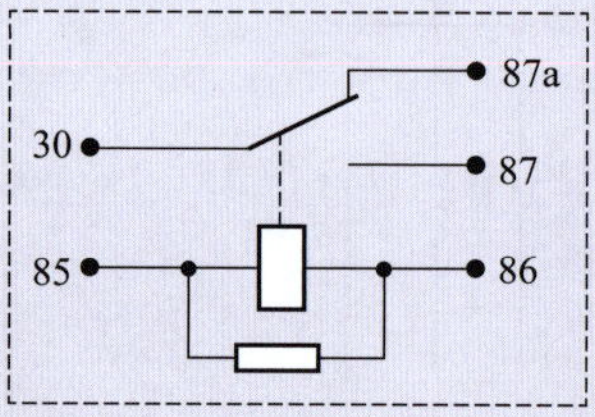 87a 30 87 85 86	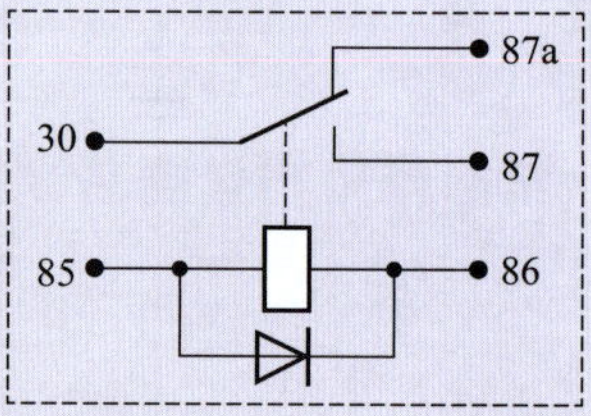 87a 30 87 85 86
4	双动合触点		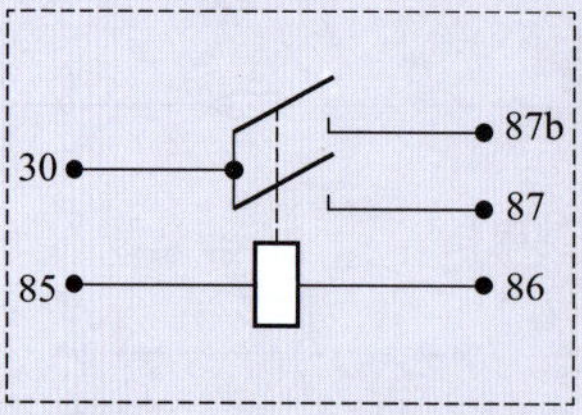 30 87b 87 85 86	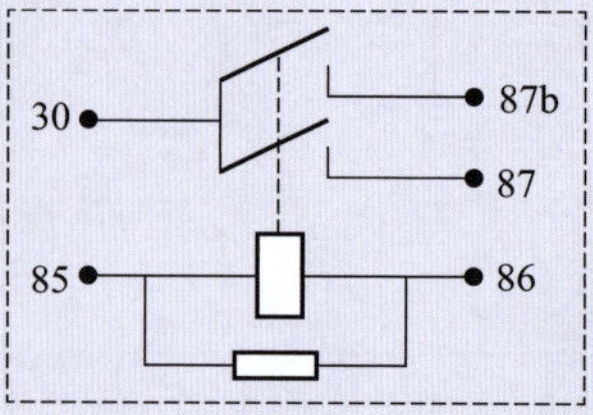 30 87b 87 85 86	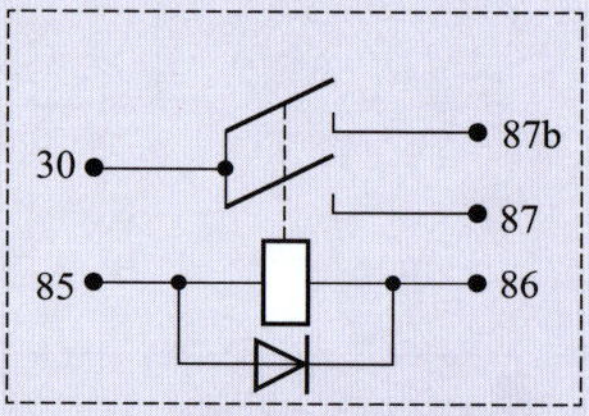 87b 30 87 85 86
5	双动断触点		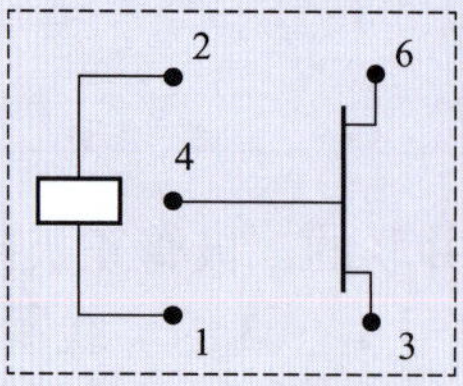 2 6 4 1 3		

（6）闪光继电器

❶ 单路输出闪光继电器。一侧转向灯发生故障，比如灯泡坏了，为什么另一侧转向灯闪烁就很快？接下来看一下闪光继电器。

如图 3.1-96 所示，列举的是普通单路输出的汽车闪光继电器，该继电器的 49（B）脚接电源 12V 正极，31（E）脚接电源负极，49a（L）接转向灯负载。假如转向灯完全正常的负载为两个或四个灯泡，继电器控制车灯以 60 ～ 110 次 /min 的频率闪光。如果当一个转向灯有故障，开转向灯时，继电器控制车灯以 140 ～ 230 次 /min 的频率闪光。

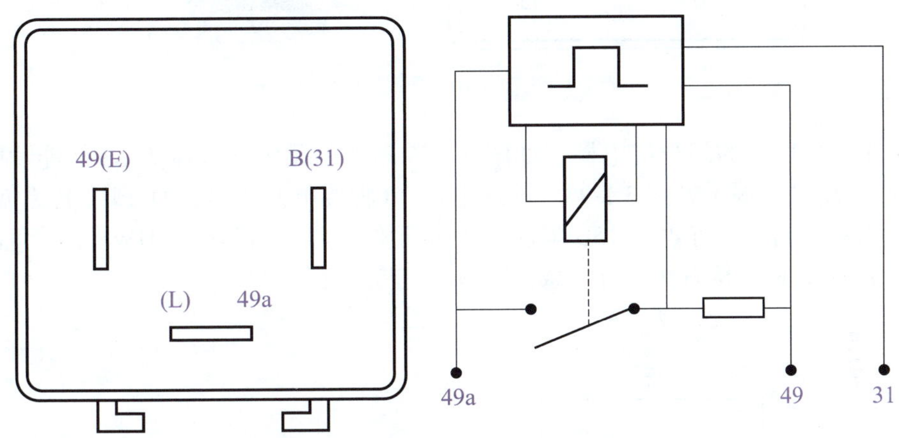

图 3.1-96　单路输出闪光继电器底视图和电路

❷ 带 IG 使能功能的闪光继电器。如图 3.1-97 所示的是闪光控制带 IG 使能功能的闪光继电器电路，其引脚端子见图 3.1-98。该继电器 30 脚接电源正极，31 脚接电源负极，IG 脚接 IG 电源，15R 脚接右转向开关（低电平有效），15L 脚接左转向开关（低电平有效），HWS 脚接危险报警开关（低电平有效），R 脚接右转向灯负载，L 脚接左转向灯负载。

当负载为转向灯完全良好时，闪光继电器以 60 ～ 110 次 /min 的频率控制车灯闪光。当负载为一个灯发生开路故障时，闪光继电器以 140 ～ 230 次 /min 的频率控制车灯闪光。

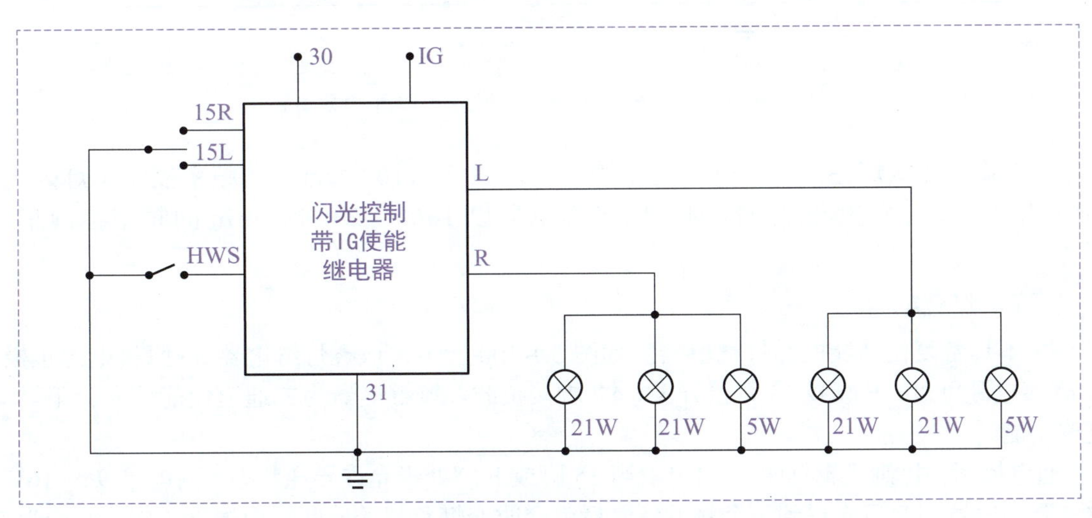

图 3.1-97　闪光控制带 IG 使能功能的闪光继电器电路

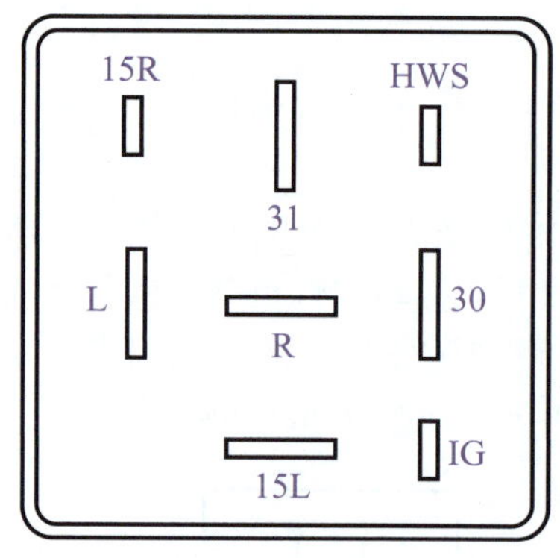

图 3.1-98　闪光继电器引脚端子

❸ 无 IG 使能功能的闪光继电器。如图 3.1-99 所示的是闪光控制无 IG 使能功能的闪光继电器电路，其引脚端子见图 3.1-98。该继电器 30 脚接电源正极，31 脚接电源负极，15R 脚接右转向开关（高电平有效），15L 脚接左转向开关（高电平有效），HWS 脚接危险报警开关（低电平有效），R 脚接右转向灯负载，L 脚接左转向灯负载。

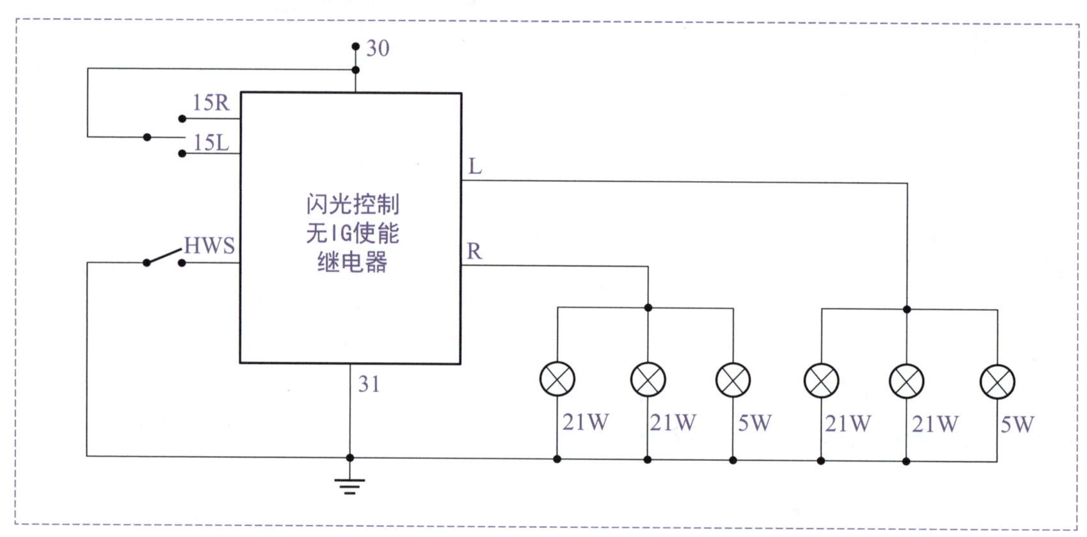

图 3.1-99　闪光控制无 IG 使能功能的闪光继电器电路

当负载为转向灯完全良好时，闪光继电器以 60 ～ 110 次 /min 的频率控制车灯闪光。当负载为一个灯发生开路故障时，闪光继电器以 140 ～ 230 次 /min 的频率控制车灯闪光。

（7）雾灯继电器

❶ 不具备复位功能的雾灯继电器。如图 3.1-100 所示，该雾灯继电器 30 脚接电源正极，31 脚接电源负极，F 脚或 15 脚接开关，87 脚接负载。该继电器为二通道使能信号，不具备复位功能。

通电控制：控制逻辑见图 3.1-101。当 15 脚或 F 脚处于允许导通状态（高电平 9 ～ 16V）时，开关信号脚 E 每次得到一个触发信号后就会改变灯负载的通断，由熄灭（OFF）变为点亮（ON），或者由点亮变为熄灭，随着信号的改变，不断循环改变。

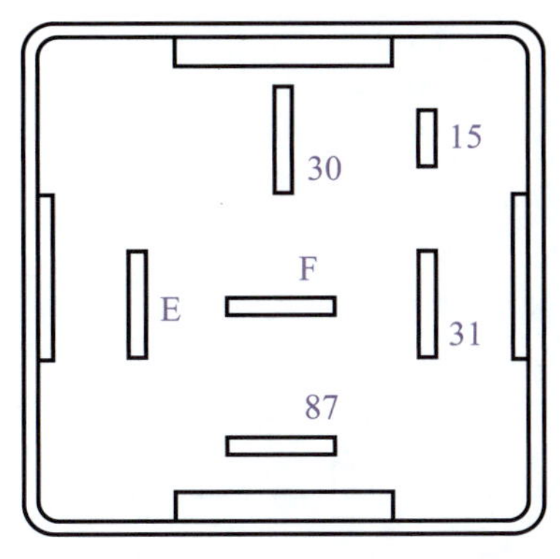

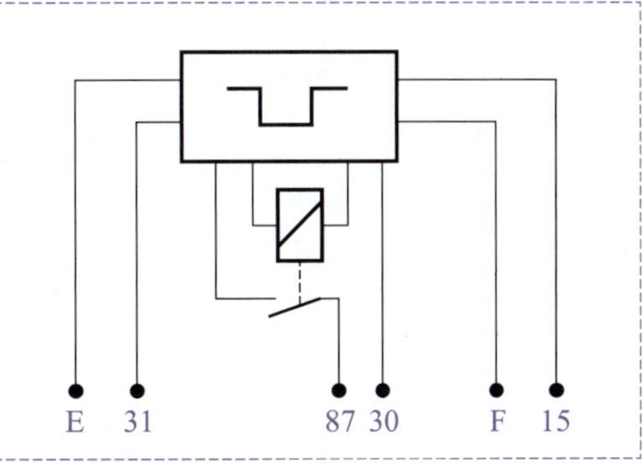

图 3.1-100 雾灯继电器底视图和电路（一）

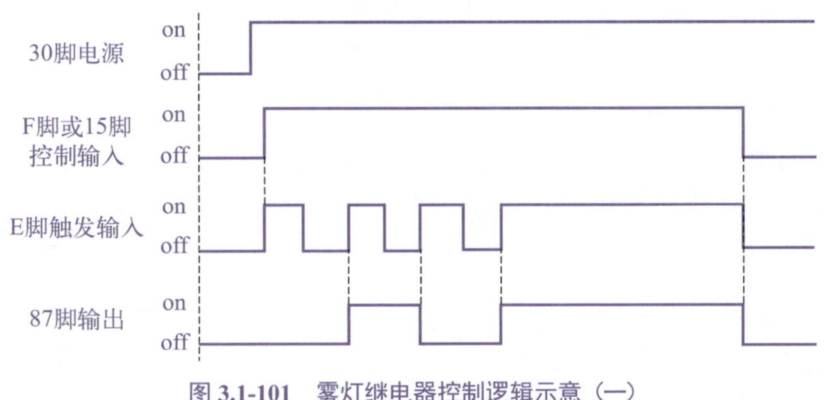

图 3.1-101 雾灯继电器控制逻辑示意（一）

❷ 具备复位功能的雾灯继电器。如图 3.1-102 所示列举的是三通道使能信号，具备复位功能的雾灯继电器，该继电器 1 脚接电源正极，8 脚接电源负极，2 ～ 4 脚为使能信号输入端，5 脚为触发或关断信号输入端，6 脚为负载接线端，7 脚为复位信号输入端。

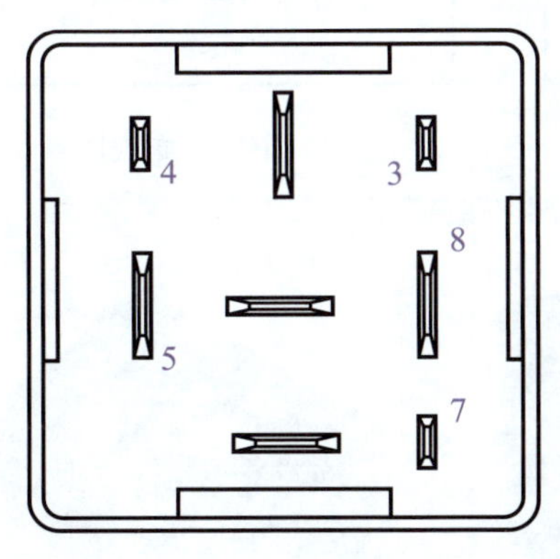

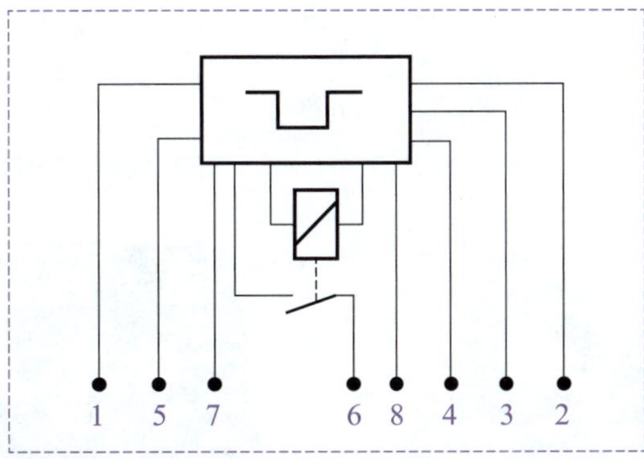

图 3.1-102 雾灯继电器底视图和电路（二）

通电控制：若 2 ～ 4 任意脚得到使能信号（高电平 9 ～ 16V）并保持，此时如果引脚 5 接收到触发信号（上升沿有效），则灯负载由熄灭变为点亮；反之，如果之前灯为点亮的状态，则引脚 5 接收到的信号为关断信号，即由点亮变为熄灭，随着引脚 5 接收信号的不断更迭，灯的状态（亮或灭）不断循环改变，控制逻辑如图 3.1-103 所示。

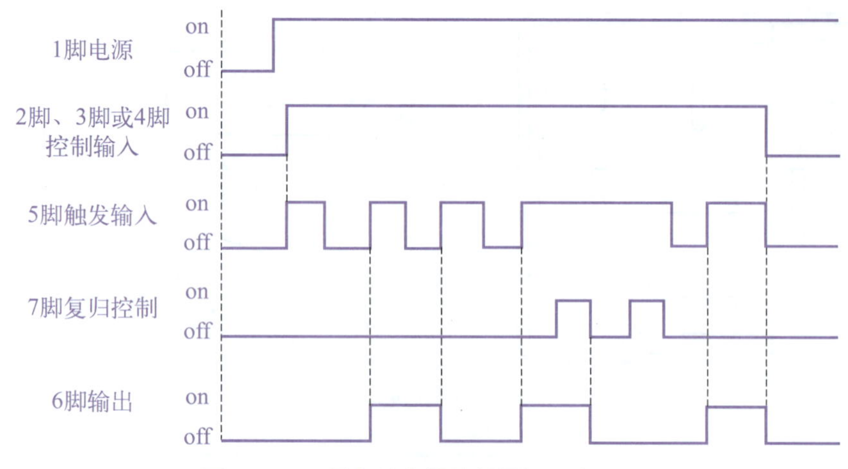

图 3.1-103　雾灯继电器控制逻辑示意（二）

（8）雨刮间歇控制继电器

如图 3.1-104 和图 3.1-105 所示，列举的是一款 MUC 控制的雨刮间歇继电器，该继电器 15 脚接电源正极，31 脚接电源负极，I 脚、53e 脚接组合开关，31b 脚接雨刮电机蜗轮开关，53c 脚接清洗泵开关。

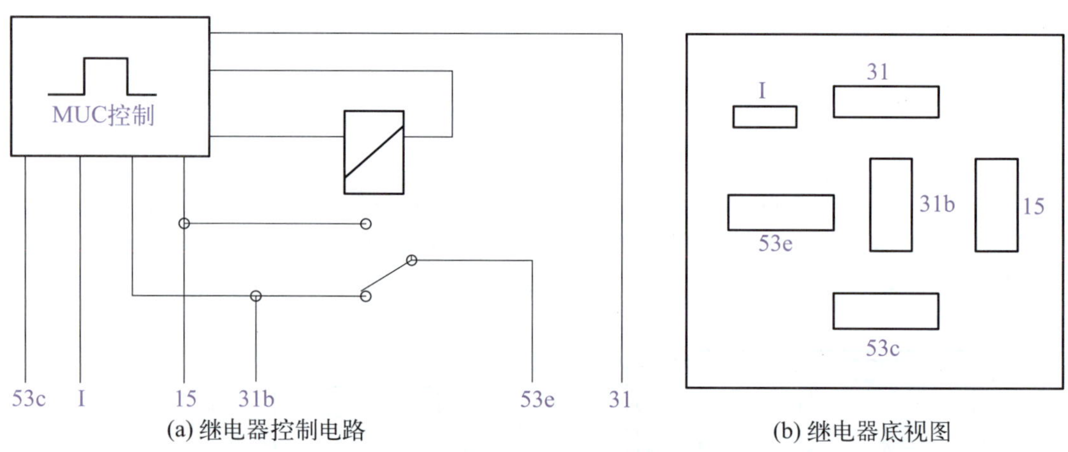

图 3.1-104　雨刮间歇继电器控制电路及底视图

图 3.1-105　雨刮间歇继电器

❶ 间歇刮水。如图 3.1-106 所示的雨刮间歇和清洗控制电路，当组合开关 K_2 处于位置 1

时，I 脚得到 12V 电压，内部继电器动作，53e 脚与 15 脚接通，雨刮电机转动；当 31b 脚得到 0V 的反馈信号后内部继电器释放，53e 脚和 15 脚断开，雨刮电机停止。等待 5.5s±1.5s 后，重复上面的过程。

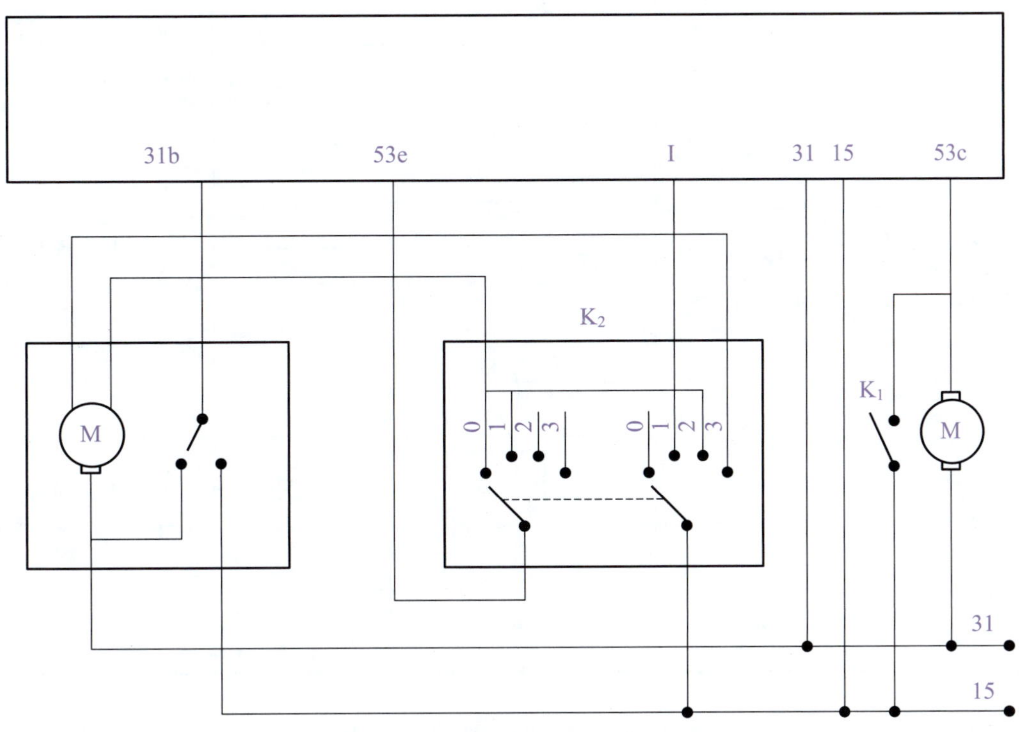

图 3.1-106　雨刮间歇和清洗控制电路

❷ 清洗刮水。如图 3.1-106 所示，当 K_1 闭合，53c 脚得到 12V 电压时，内部继电器动作，53e 脚与 15 脚接通，雨刮电机开始转动；当 K_1 断开后再延时 3.5s+2.5s 或 3s+3s 后内部继电器释放，雨刮电机运转到停止位置后停止。

（9）延时继电器

汽车延时继电器常用在加热控制、启动控制电路中。延时继电器及底视图见图 3.1-107。延时继电器控制逻辑见表 3.1-6。

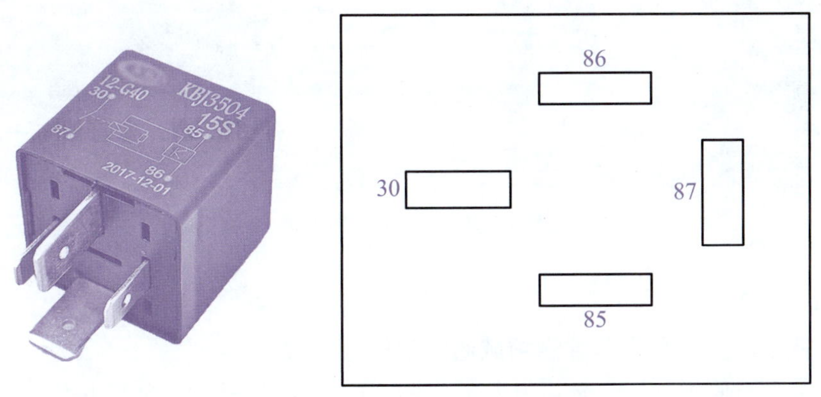

图 3.1-107　延时继电器及底视图

表 3.1-6　延时继电器控制逻辑

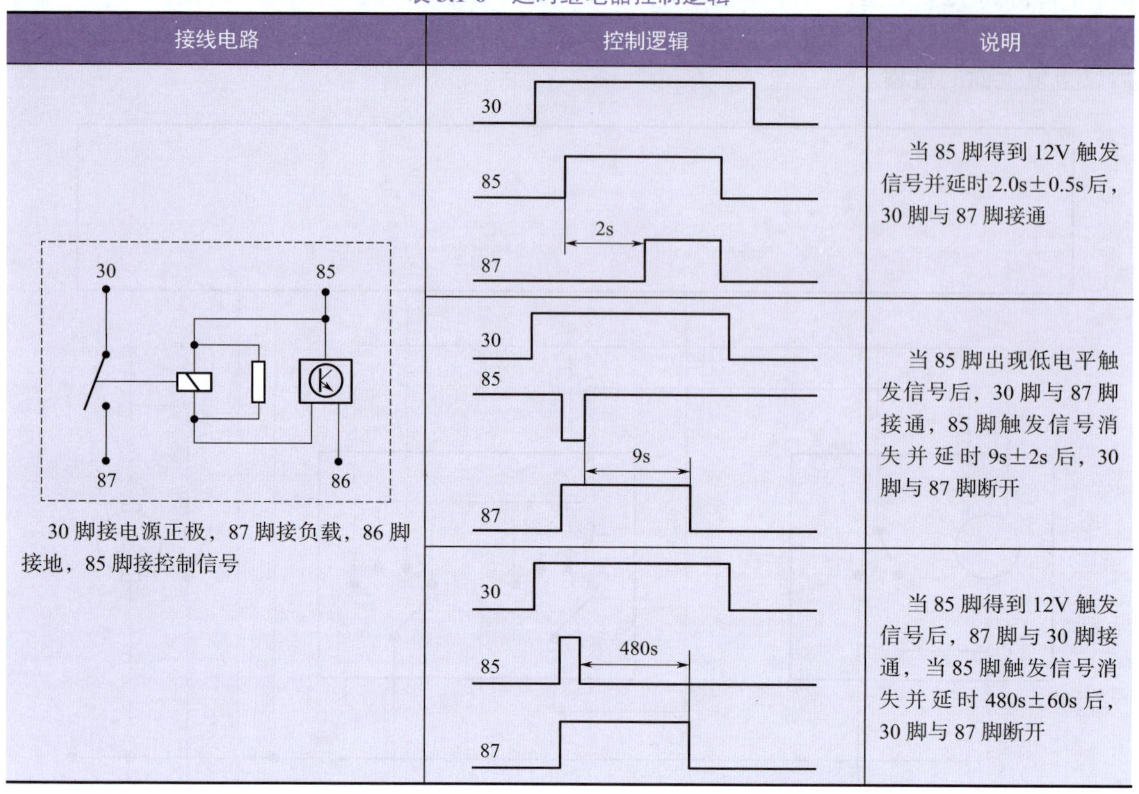

接线电路	控制逻辑	说明
30 85 87 86 30 脚接电源正极，87 脚接负载，86 脚接地，85 脚接控制信号	30 85 2s 87	当 85 脚得到 12V 触发信号并延时 2.0s±0.5s 后，30 脚与 87 脚接通
	30 85 9s 87	当 85 脚出现低电平触发信号后，30 脚与 87 脚接通，85 脚触发信号消失并延时 9s±2s 后，30 脚与 87 脚断开
	30 480s 85 87	当 85 脚得到 12V 触发信号后，87 脚与 30 脚接通，当 85 脚触发信号消失并延时 480s±60s 后，30 脚与 87 脚断开

使用万用表，旋钮转至电阻挡，测量继电器的线圈阻值。黑红表笔分别探测继电器相应端子，来判断线圈是否开路或者短路，通常继电器的线圈电阻值应该为 70 ～ 120Ω（图 3.1-108）。

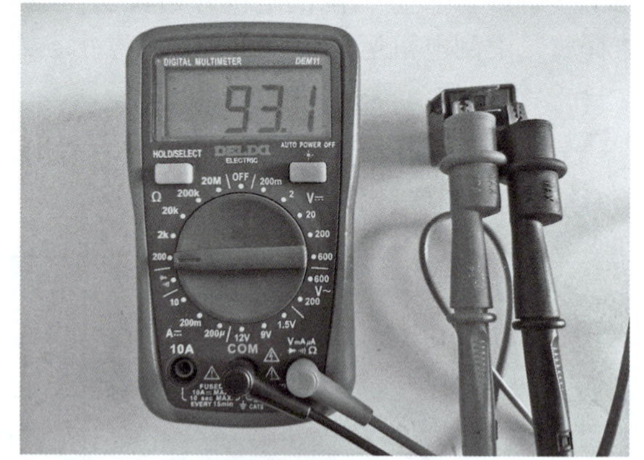

图 3.1-108　继电器电阻值

（10）保险

保险丝也就是熔丝，在汽车维修领域通常都称为保险。

保险基本类型有管形保险、标准叶片式保险等，见图 3.1-109。标准叶片式保险在汽车上最常见，有特定的额定电流和色标。

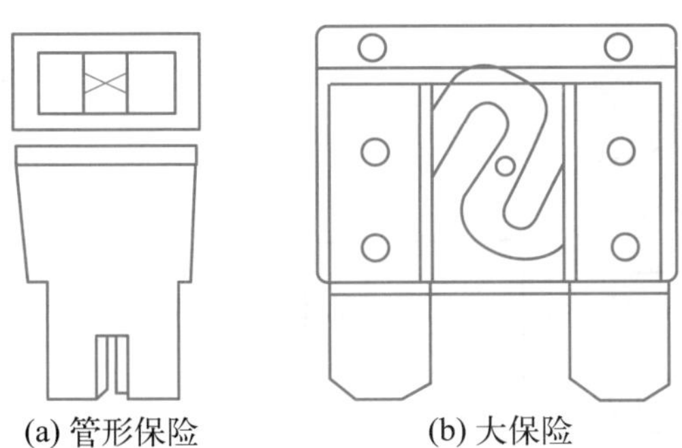
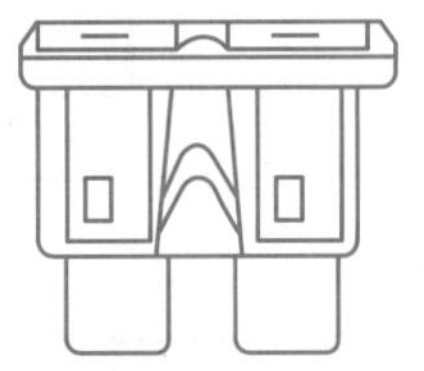
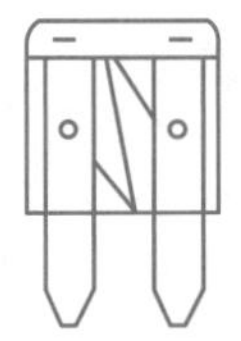

(a) 管形保险　(b) 大保险　(c) 标准叶片式保险　(d) 微型叶片式保险(小保险)

图 3.1-109　保险

保险两端间接有一个可以熔化的导体，在结构上保证了当电流到达一定值时，金属会熔化断开，从而使电路断开，并能够在修复电路故障后更换。务必要按原规格更换保险。

保险安装在中央配电盒（简称配电盒，俗称保险盒）上，见图 3.1-110。保险上通常标额定电流值的标记。保险按处理电流的能力分级，以 10A 保险为例，如果电路中的电流超过 10A，那么保险就会熔断（图 3.1-111）。

利用保险壳上的两个槽口，维修技师可以用电压或导通性来检测保险的好坏。

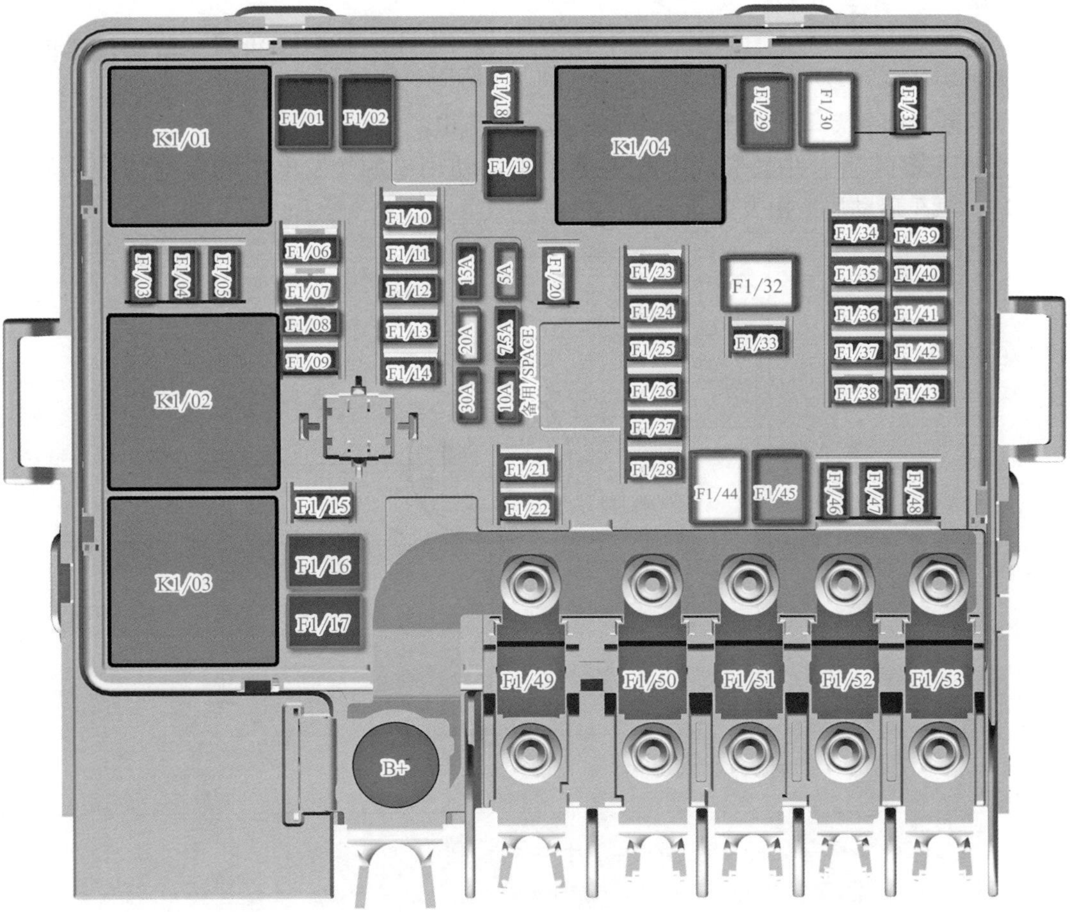

图 3.1-110　保险盒

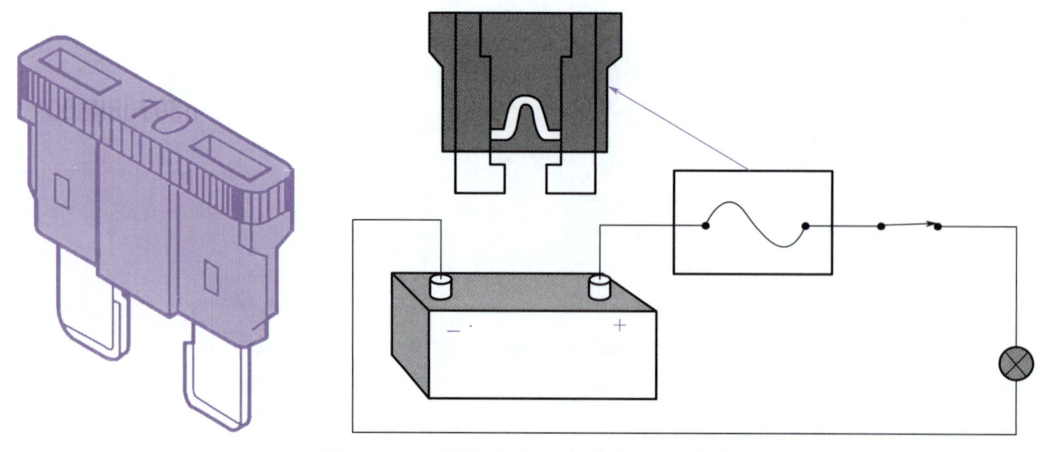

图 3.1-111　保险在电路中作为保护装置

扫码获取
- AI 智能导学
- 视频实操演示
- 电子图解手册
- 知识进阶锦囊

3.2　汽车电路图识读方法和步骤

见此图标 微信扫码　走进汽车维修数字课堂

3.2.1　汽车供电方式

（1）电源形式

汽车的蓄电池和发电机作为电源给整车提供直流电。

发电机和蓄电池为并联形式，蓄电池用于启动用电源（发电机和蓄电池并联简图见图 3.2-1）；汽车启动后，由发电机给整车供电。

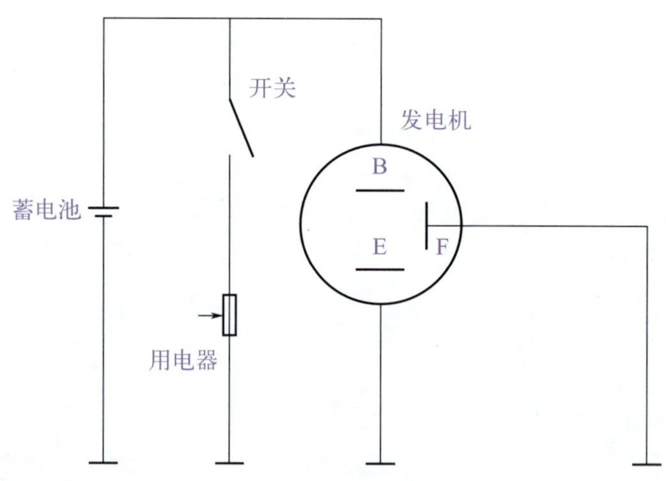

图 3.2-1　发电机和蓄电池并联简

知识链接

汽车发电机本身是交流发电机，但输出的是直流电。

发电机中三相绕阻所产生的三相交流电动势经二极管整流后，输出直流电，向负载供电，并向蓄电池充电。

(2) 负极形式

汽车（低压）电路的最大特点就是直流、低压、单线制、负极搭铁。

汽车的整个金属车身就是一条负极导线，车身与蓄电池负极连接，这就是负极搭铁，见图 3.2-2。那么另一根正极就是以蓄电池正极为源头的电源线。

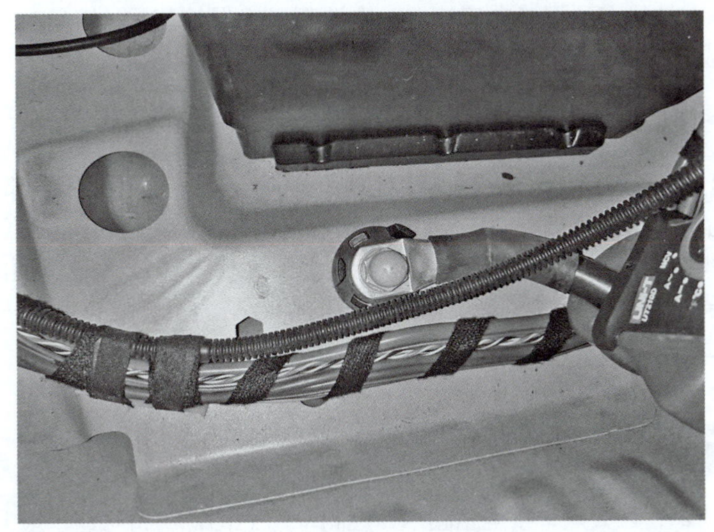

图 3.2-2 车身（负极）搭铁点

3.2.2 电路图的识读方法

(1) 掌握三个要点

❶ 掌握各种车型的电路图中图形意义、标注规则、符号含义和使用方法等，记不住不要紧，但要看着电路图能找到对应元件。

❷ 掌握一定的电气系统的工作原理，尤其是电器元件的电路输出和输入。

❸ 掌握承修车辆的电器布置情况。

(2)“一种”和“两路”的技巧

❶ 一种车型 精心分析一种车型的典型电路，掌握各个系统之间的接线特点和规则，进而了解一个车系的电路特点。

❷ 两路理顺。

a. 顺向：从用电设备找到蓄电池正极和搭铁，顺着电流流向找，从蓄电池正极出发到用电设备再到搭铁。

b. 逆向：逆着电流方向从负极搭铁到用电器再到蓄电池正极。

选择一种路径或者两种路径结合的方法去理顺，善于将一个复杂的系统回路简化，这样有利于快速理清电路结构。

3.2.3 电路图阅读步骤

(1) 找电源

简单的电路图，要从电源开始：要以“从前到后”阅读为原则，即电源→用电器→接地。

（2）找用电器

复杂的电路图，首先要找出用电器：要以“从中间向两边”阅读为原则，即电源←用电器→接地。

（3）电流路径

电流方向基本上是从上到下，电流流向：电源正极→保护装置（熔丝）→开关→用电器→搭铁（负极），形成简明的完整回路；或者是电源→熔丝→控制模块（集中控制电气设备）。

3.2.4 电路图基本特点

电路图通常可以分为三个部分进行阅读处理，即最上部、最下部和中部。

以大众车系为例，最上面部分为中央配电盒电路，其中标明了熔丝的位置及容量、继电器位置编号及接线端子号等。中间部分是车上的电器元件及连线。最下面的横线是搭铁线，上面标有电路编号和搭铁点位置。最下面搭铁线的标号是为了方便标明在一页内画不完的连线的另一端在何处而标注。

（1）电路图最上部

维修图解

如图 3.2-3 所示，在大众车系电路图中，控制单元（J519）符号置于最上部。

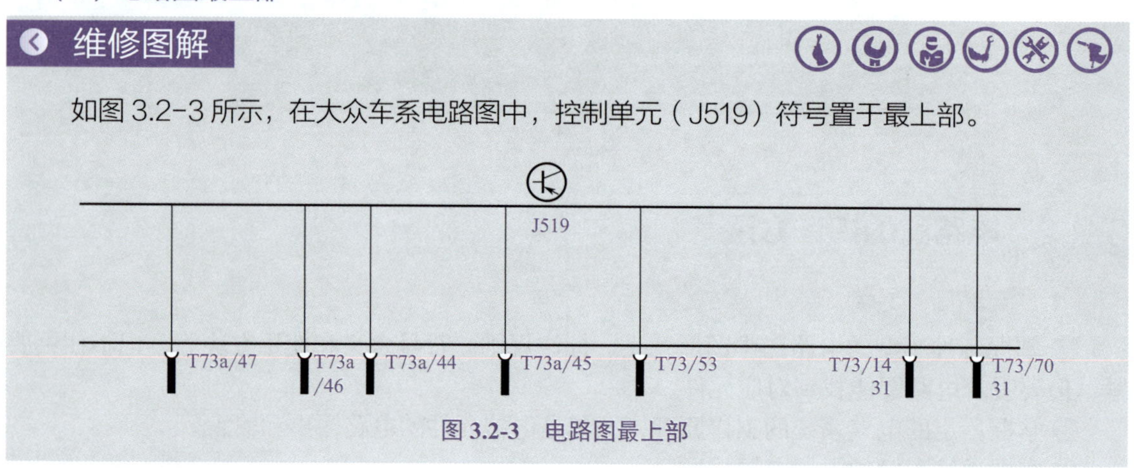

图 3.2-3　电路图最上部

（2）电路图最下部

维修图解

如图 3.2-4 所示，负极搭铁线位于最下部，用图中最下面一条线表示。

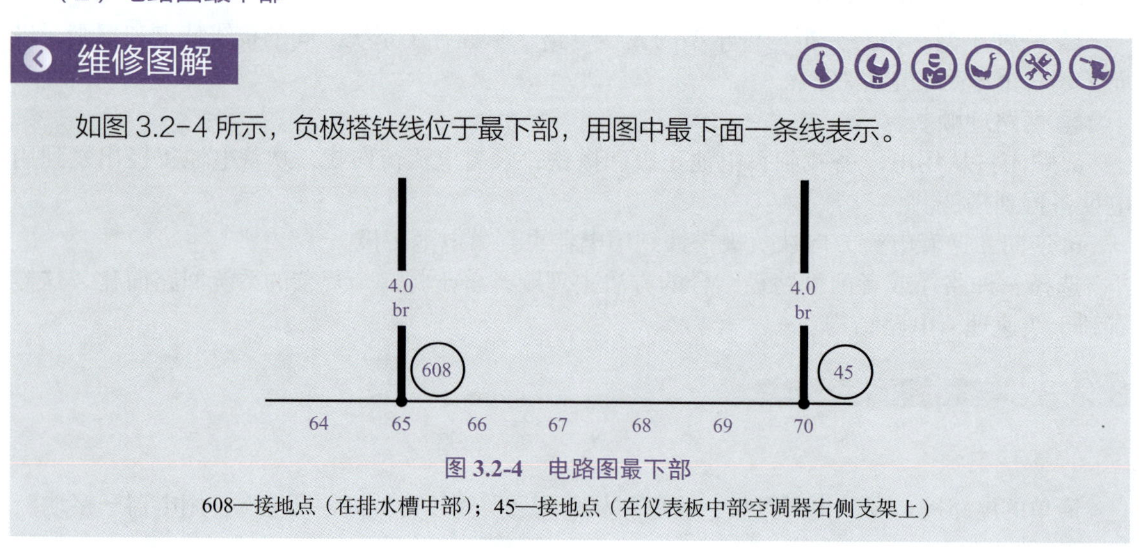

图 3.2-4　电路图最下部

608—接地点（在排水槽中部）；45—接地点（在仪表板中部空调器右侧支架上）

（3）中间部分

维修图解

如图 3.2-5 所示，大众车系电路图中，中间部分是车上的电器元件及连线。

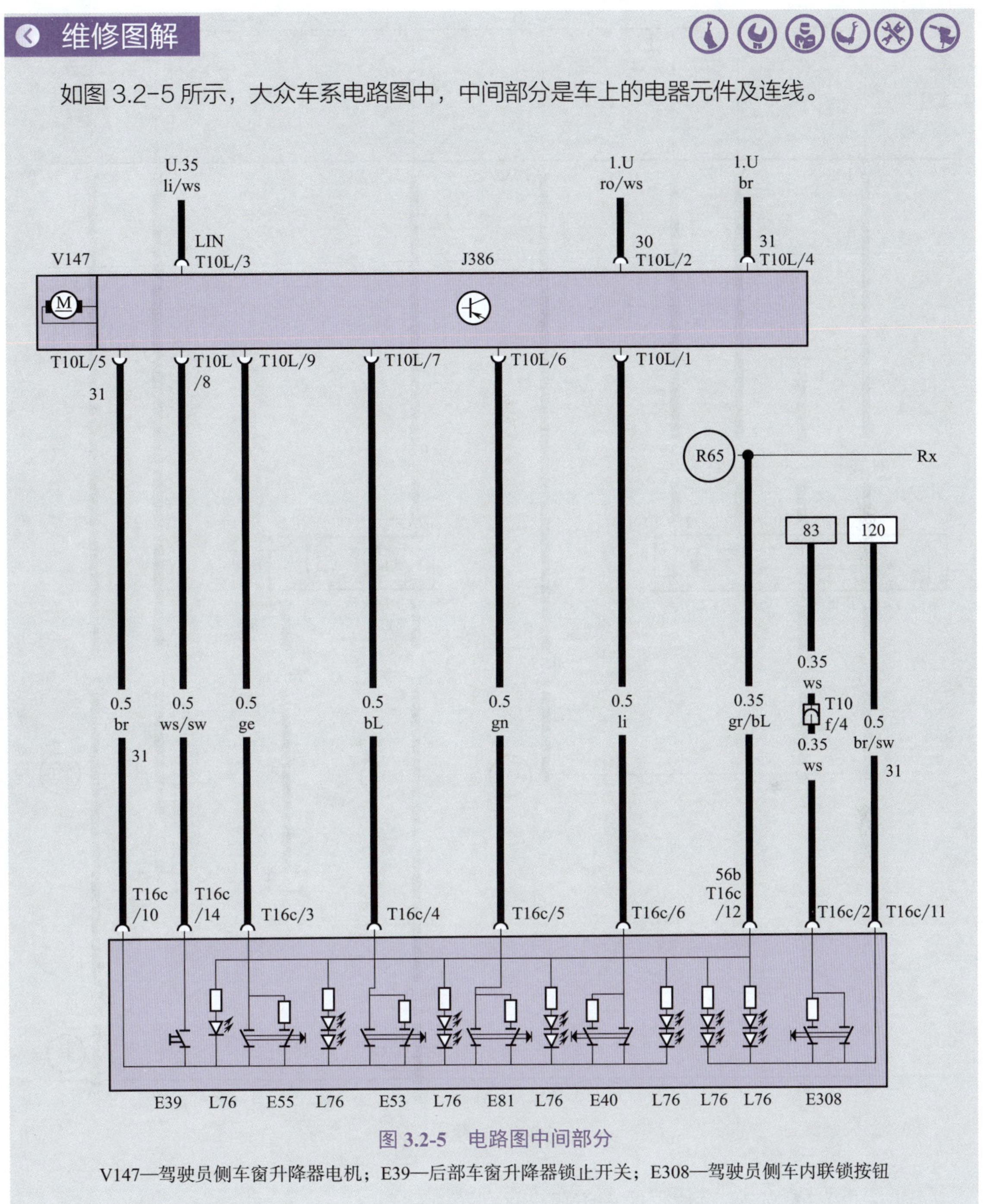

图 3.2-5　电路图中间部分

V147—驾驶员侧车窗升降器电机；E39—后部车窗升降器锁止开关；E308—驾驶员侧车内联锁按钮

（4）电流路径

电流方向基本上是从上到下，电流流向：电源正极→保护装置→开关→用电器→搭铁→电负极，形成简明的完整回路（图 3.2-6）。

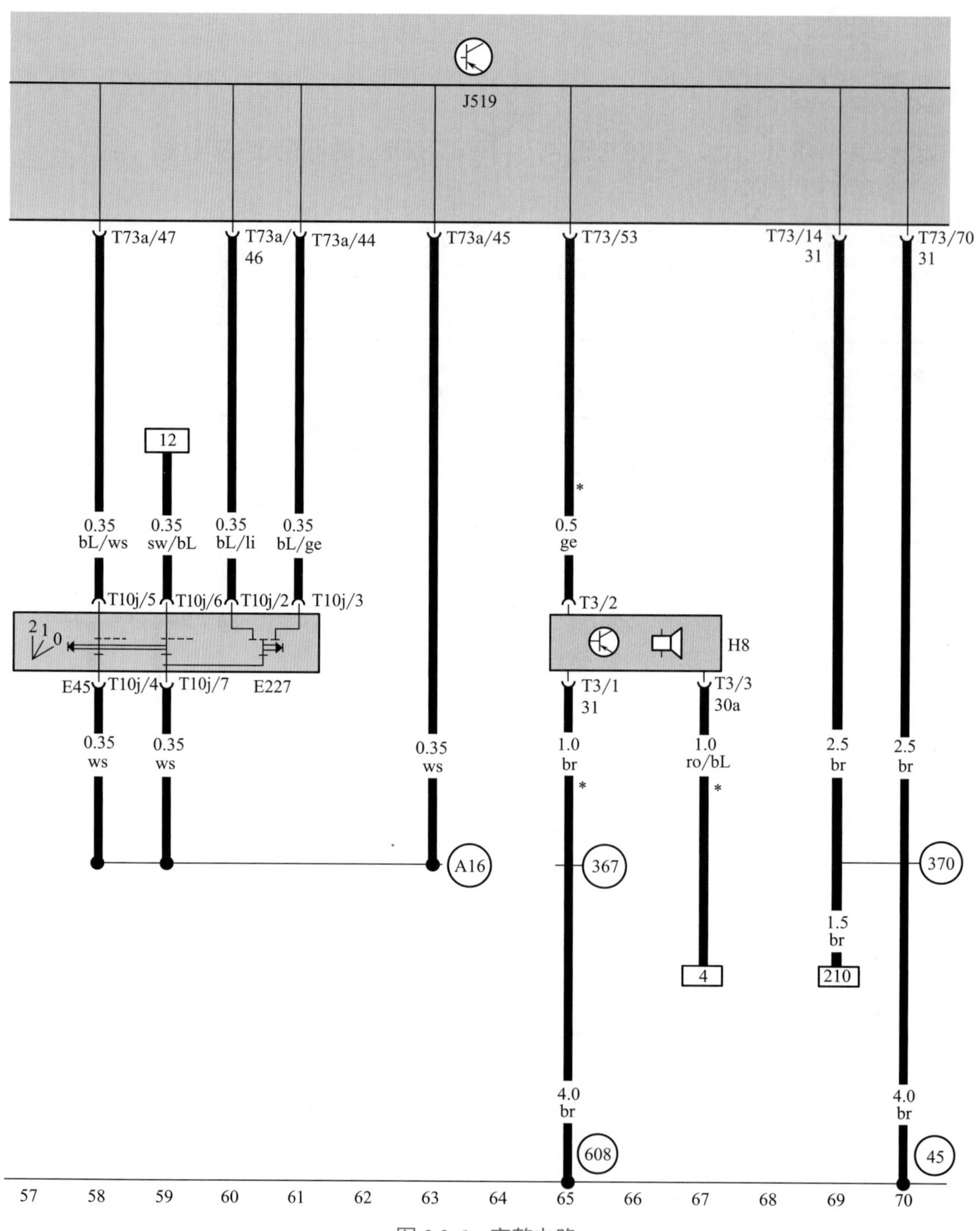

图 3.2-6 完整电路

（5）用小方块里的数字代号解决电路交叉问题

大众车系采用断路代号法来处理线路复杂交错的问题，例如（图 3.2-7），某一条线路上的半段在电路号码为 4 的位置上，下半段在电路号码为 67 的位置上，在上半段电路的中止处画一个标有 67 的小方格，即可说明下半段电路就在电路号码 67 的位置上，下半段电路开始处也有一个小方格，里面标有 4，说明上半段电路就应在电路号码为 67 的位置上，通过 4 和 67，上、下半段电路就连在一起。使用这种方法以后，读再复杂的电路图，也看不到一根横线，线路清晰简洁，方便查找。

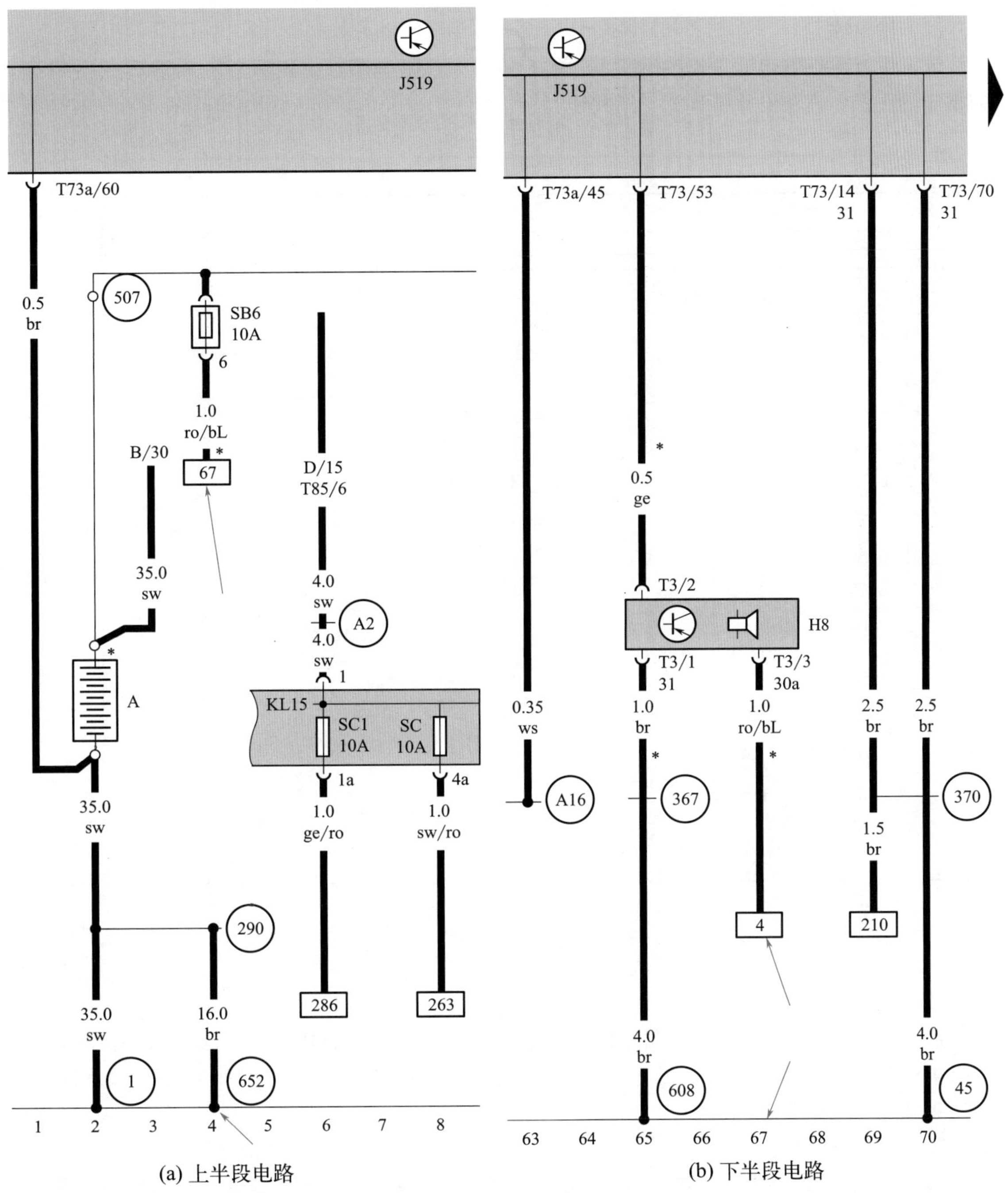

图 3.2-7　电路图中小方格为电路交叉

（6）电路图最上边的内部正负线路

最上部水平线为接电源正极的导线，有 30、15、X 等。电路中经常通电的线路使用代号 30，接地线的代号是 31，受控制的大容量用电设备的电源线代号是 X，受控制的小容量用电设备的电源线代号是 15。

（1）常火线

常火线就是在蓄电池正常的情况下，均有规定电压的电源线。如图 3.2-8 所示，30 号线接蓄电池正极，汽车维修中称为“常火线”。

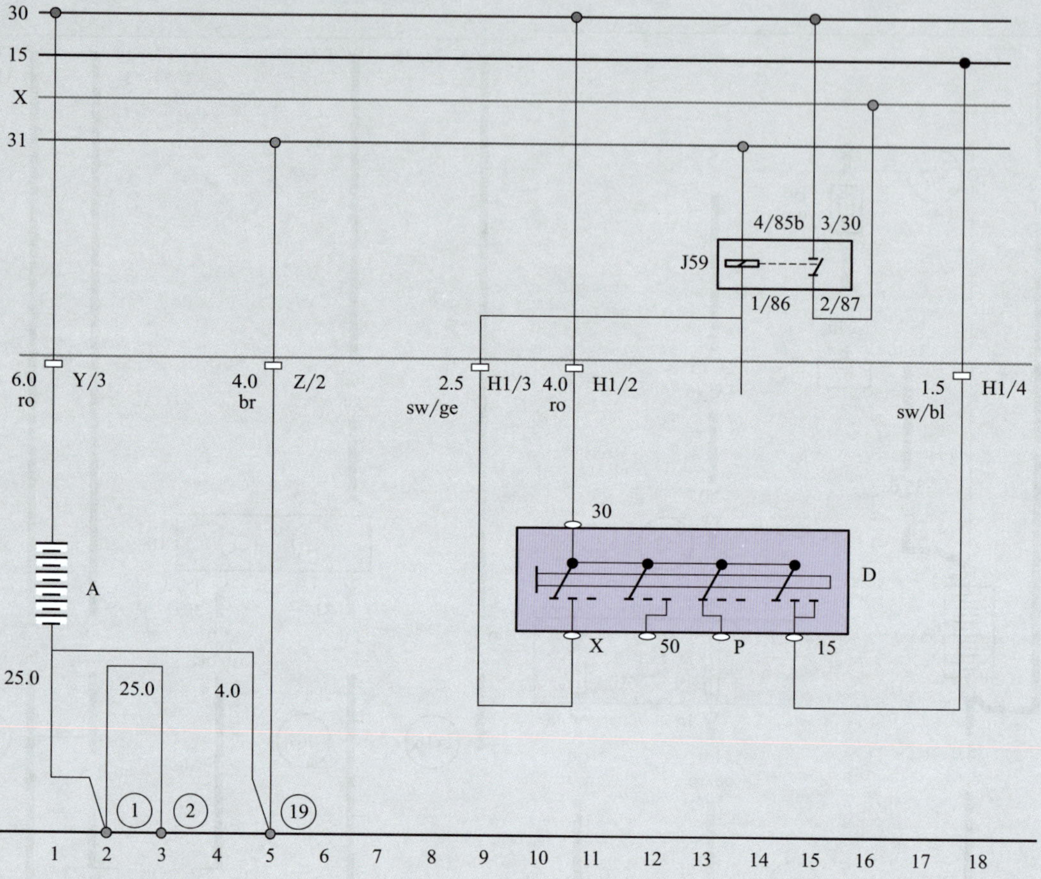

图 3.2-8　电路图

（2）条件电源线

条件电源线就是在一定的条件下才有规定电压的电源线，即 15 号线。点火开关置于 ON（接通）和 ST（启动）挡时，30 号线经点火开关连接中央继电器盒内的 15 号线，也就是说打开钥匙门时会有电。

（3）卸荷线

卸荷线（X）是大容量火线，雾灯、刮水器和风窗加热等用电取自 X 线，只有在点火开关位于 ON 挡时 X 触点继电器 J59 才工作，30 号线经 X 触点继电器触点接通 X 线，而在点火开关位于 ST（启动）挡启动发动机时 X 线自动断电，从而保证发动机能顺利启动。

（7）中央配电盒

汽车的整个电气系统以中央配电盒为中心进行控制，大部分继电器和熔丝安装在中央配电盒的正面。接插器和插座安装在中央配电盒背面。

维修图解

如图 3.2-9 所示，电路图上标有 4/85、3/30、2/87 和 1/86，分母 85、30、87 和 86 是指继电器上的 4 个插脚，分子和分母是相对应的。电路图上的“2”表示该继电器在中央控制盒的 2 号位置安装。

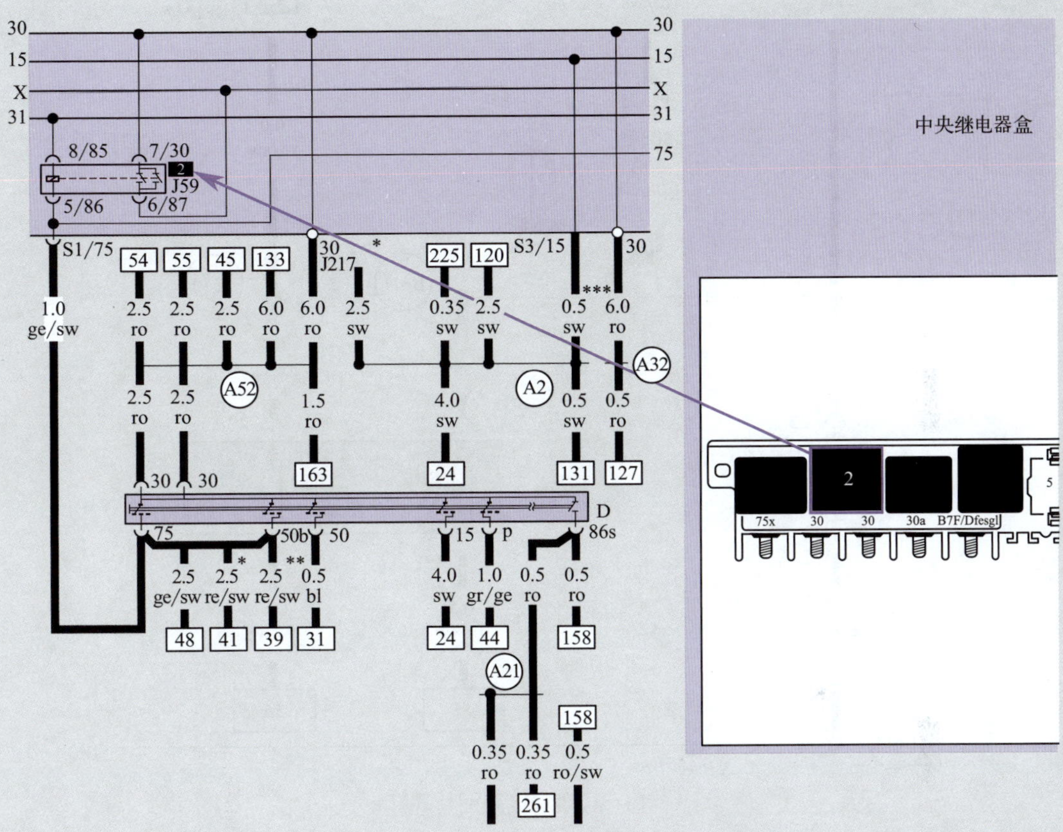

图 3.2-9 中央控制盒

（8）电源线与继电器

❶ 灰色区域内部水平线为接电源正极的导线，有 30、15、50、X 等。电路中经常通电的线路使用的代号为 30，接地线的代号是 31，受控制的大容量用电设备的电源线代号是 X，受控制的小容量用电设备的电源线代号是 15。

❷ 在继电器中，85 号接脚用于接地线，86 号接脚来自条件电源（如 15 号线或 X 线），30 号接脚经常通电，87 号接脚用于被控制件。当条件电源通电后，85、86 号线导通，产生磁性，吸引 30 号与 87 号线路之间的触点闭合，使用电器通电。

3.2.5 线路与导线插接器

（1）导线和电路图特殊标记

如图 3.2-10 所示，电路图中的导线一般用实线表示，有些导线的右边带有（*）、（**）、

(***)、(*数字)、(*字母)，表示该导线并不适用于所有车型，具体信息会在右侧列表中标出。导线一般有主色和辅色两种。

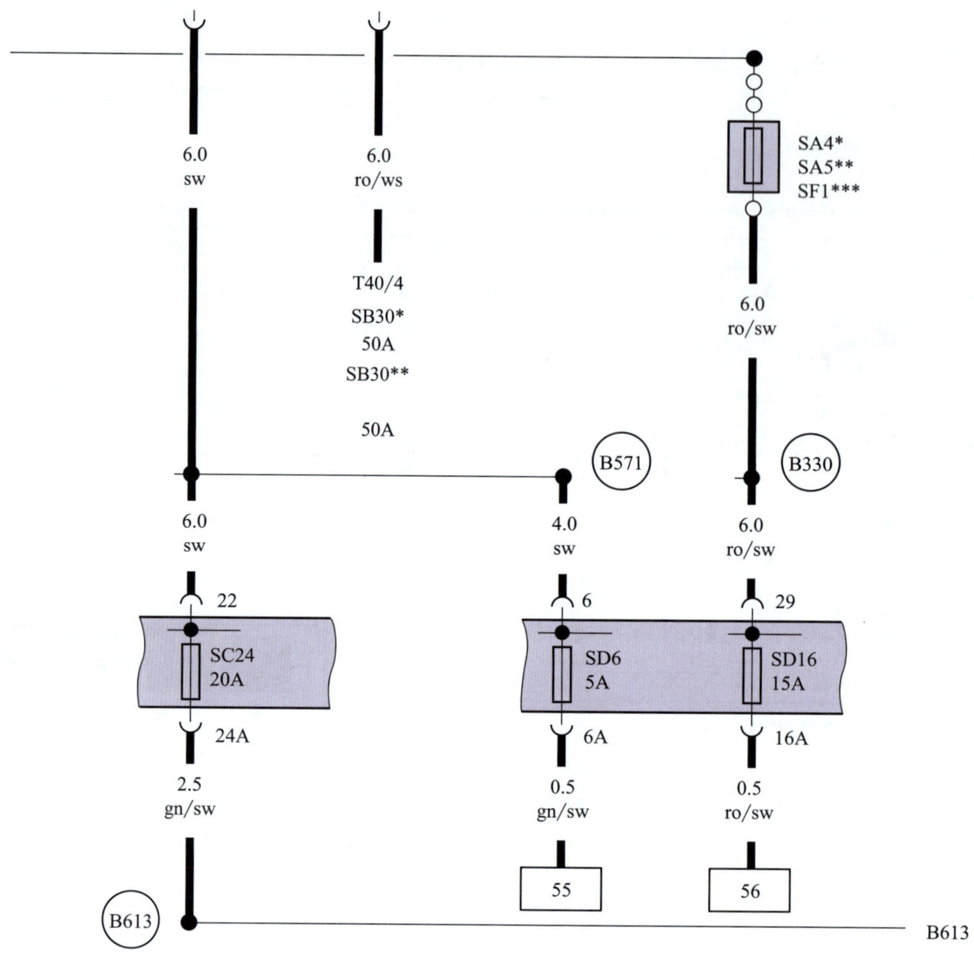

图 3.2-10　导线和电路图特殊标记

（2）导线特定含义和颜色代码

部分导线颜色特定含义见表 3.2-1。

表 3.2-1　部分导线颜色特定含义

颜色	特指用在电器设备上的导线	颜色	特指用在电器设备上的导线
红色	蓄电池电源线	棕色	搭铁线（31）
绿色	点火开关（1）	黄色	前照灯线路（58）

在电路图上，大众车系导线颜色均以德文缩写形式标注，导线颜色代码见表 3.2-2。

表 3.2-2　导线颜色代码

代码	含义	代码	含义
bl	蓝色	ro	红色

续表

代码	含义	代码	含义
br	棕色	sw	黑色
ge	黄色	li	紫色
gm	绿色	sw	白色
ro/sw	标有红色和白色两种颜色的一根导线		

（3）导线规格

维修图解

电路图中，在导线的中间部分标注了该导线的规格（单位：mm^2），这表示导线的横截面积（图 3.2-11）。在电路维修时，如果无法得到一样规格的导线，只能采用截面积大一个规格的导线来代替。

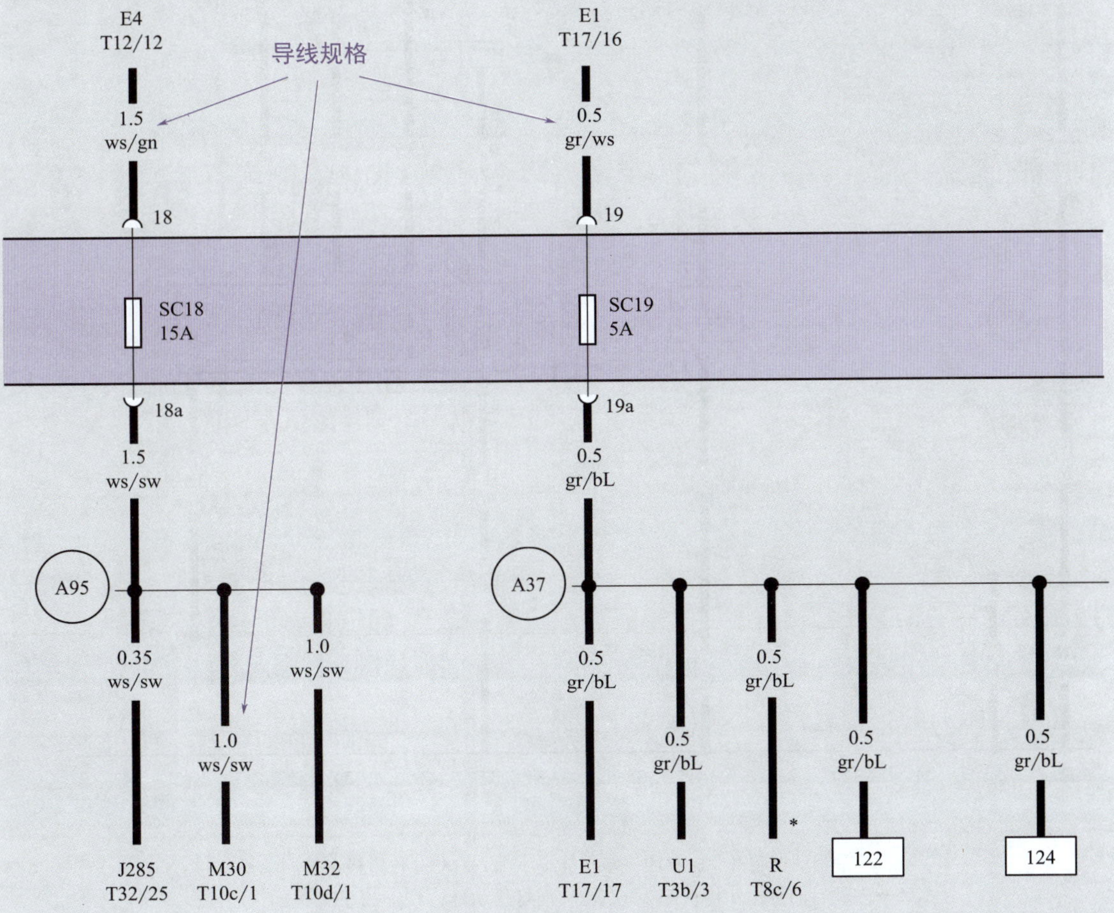

图 3.2-11　导线规格

（4）接地点（搭铁）

维修图解

一般用汽车车身作为搭铁，通贯整个车辆的搭铁导体，用电路图底部的一根细线来表示。在细线上，会标注电路序号以及搭铁线在车身上的搭铁位置序号。一般（搭铁）接地点在电路图的起始页码上就会标出，如图 3.2-12 所示。在电路图查找过程中，可以在右侧的列表中找到搭铁点在车身上的具体位置。

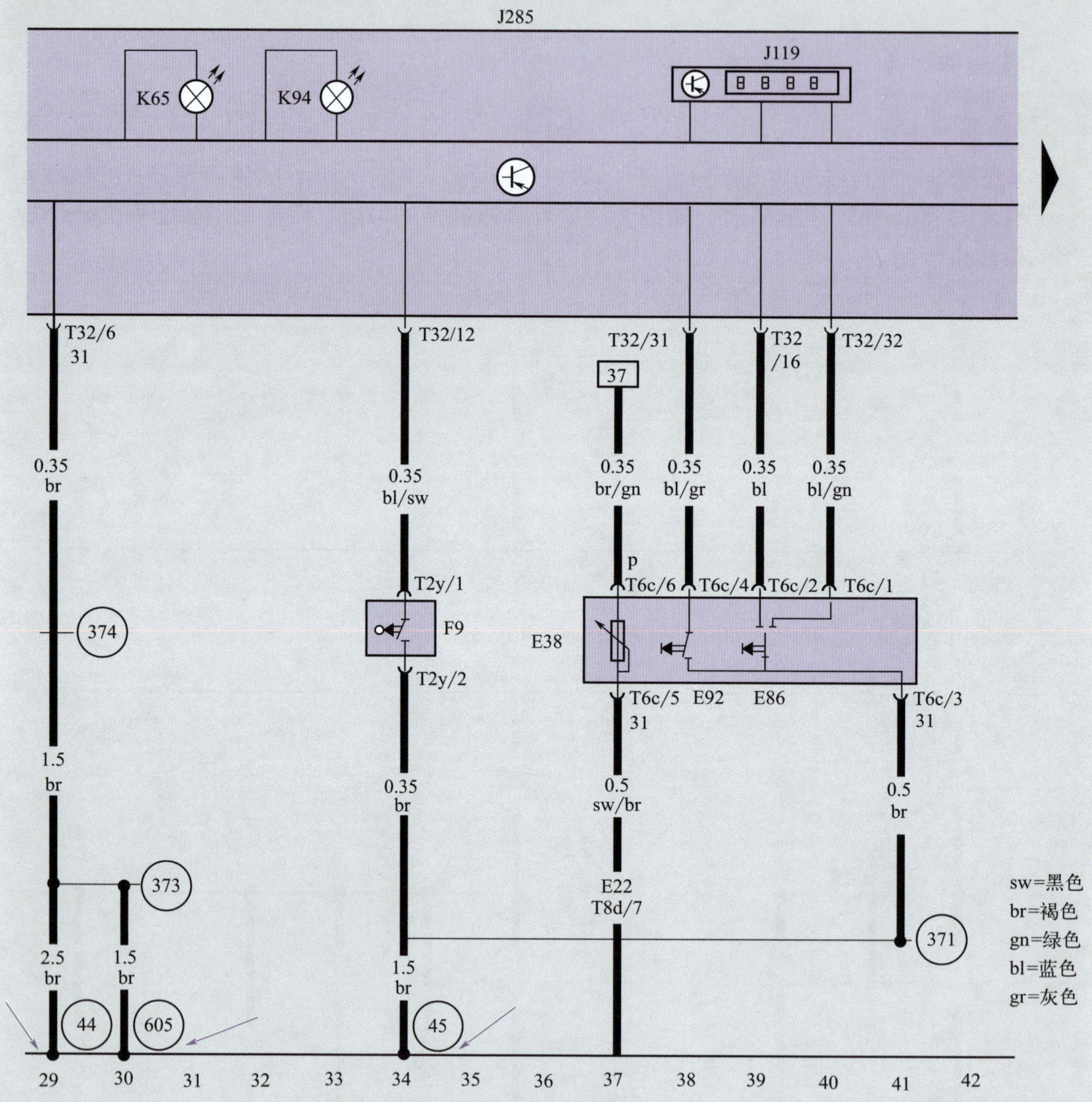

J285
J119
K65
K94
T32/6
31
T32/12
T32/31
37
T32
/16
T32/32
0.35
br
0.35
bl/sw
0.35
br/gn
0.35
bl/gr
0.35
bl
0.35
bl/gn
T2y/1
F9
T2y/2
p
T6c/6
T6c/4
T6c/2
T6c/1
E38
T6c/5
31
E92
E86
T6c/3
31
374
1.5
br
0.35
br
0.5
sw/br
0.5
br
373
E22
T8d/7
371
2.5
br
1.5
br
1.5
br
44
605
45
29 30 31 32 33 34 35 36 37 38 39 40 41 42
sw=黑色
br=褐色
gn=绿色
bl=蓝色
gr=灰色

图 3.2-12 接地点（搭铁）

F9—手制动控制开关；J119—多功能显示器；J285—仪表板中控制单元；
K65—左侧转向灯指示灯；K94—右侧转向灯指示灯；T2y—2 芯黑色插头连接；
T6c—6 芯黑色插头连接；T8d—8 芯黑色插头连接；T32—32 芯蓝色插头连接；
44—接地点，在左侧 A 柱下部；45—接地点，在仪表板中部空调器右侧支架上；371—主线束中的接地连接 6；
373—主线束中的接地连接 8；374—主线束中的接地连接 9；605—接地点，在转向柱上部

（5）插接器

维修图解

如图 3.2-13 所示，无论是控制单元上的插接器（电脑插头）还是线路连接插头，都是由接线端代号在电路图上查找。

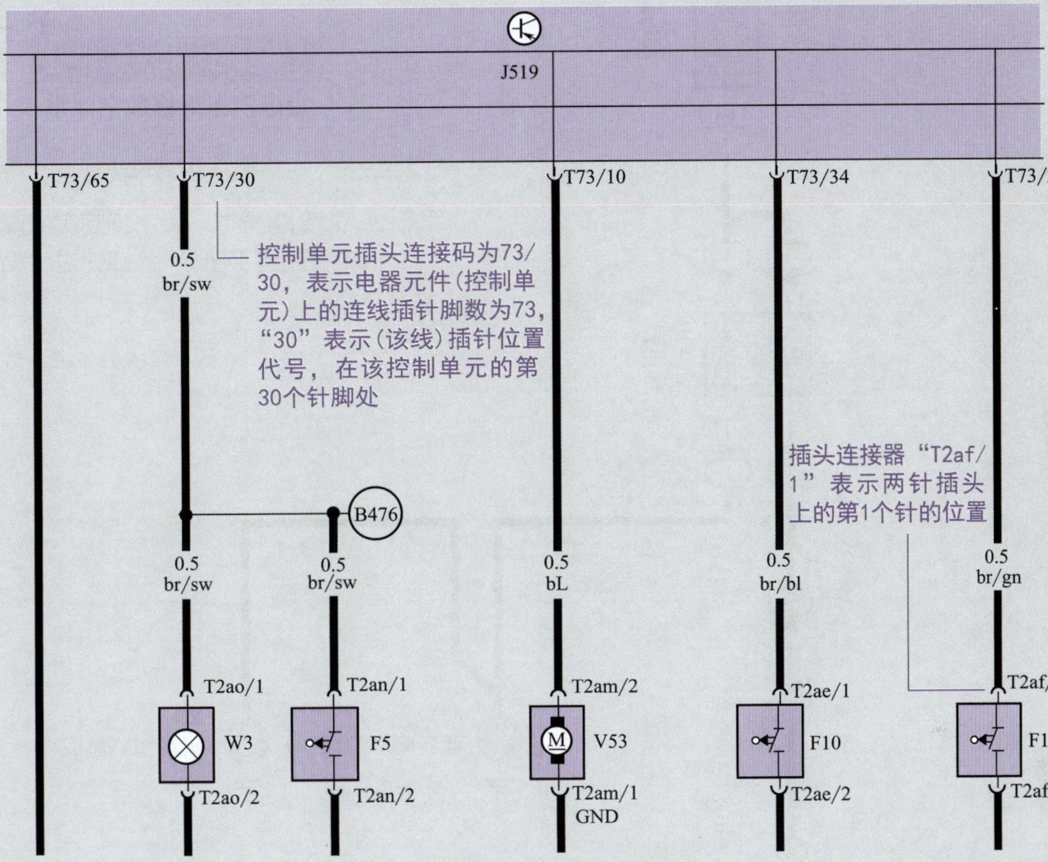

J519

T73/65 T73/30 T73/10 T73/34 T73/26

0.5 br/sw

控制单元插头连接码为73/30，表示电器元件(控制单元)上的连线插针脚数为73，“30”表示(该线)插针位置代号，在该控制单元的第30个针脚处

插头连接器“T2af/1”表示两针插头上的第1个针的位置

B476

0.5 br/sw 0.5 br/sw 0.5 bL 0.5 br/bl 0.5 br/gn

T2ao/1 T2an/1 T2am/2 T2ae/1 T2af/1

W3 F5 V53 F10 F11

T2ao/2 T2an/2 T2am/1 GND T2ae/2 T2af/2

图 3.2-13　插接器连接

3.3　典型汽车电路图分析

3.3.1　分析单一的电路图

（1）喇叭电路

喇叭电路主要由继电器保护和车身电脑来控制。还有一种是直接控制，就是不通过电脑也不需要继电器，由蓄电池过来的常火线，串接个保险，开关一摁，喇叭就响了。

❶ 继电器控制喇叭电路。丰田车系某款车型喇叭控制电路图见图 3.3-1。

a. 继电器控制电路：按下喇叭开关时，常电通过喇叭熔丝（10A），经喇叭继电器的 1 号脚和 2 号脚（线圈），通过导线到喇叭开关，然后搭铁。此时，继电器控制线路形成回路，继电器线圈通电，喇叭继电器常开开关就会闭合。

b. 喇叭电路：常电通过喇叭熔丝（10A），经喇叭继电器 3 号脚，通过喇叭继电器触点 5 号脚；此时，分两路，一路经高音喇叭 A24，然后接地，另一路经低音喇叭 A21，然后接地，高低音喇叭同时通电。

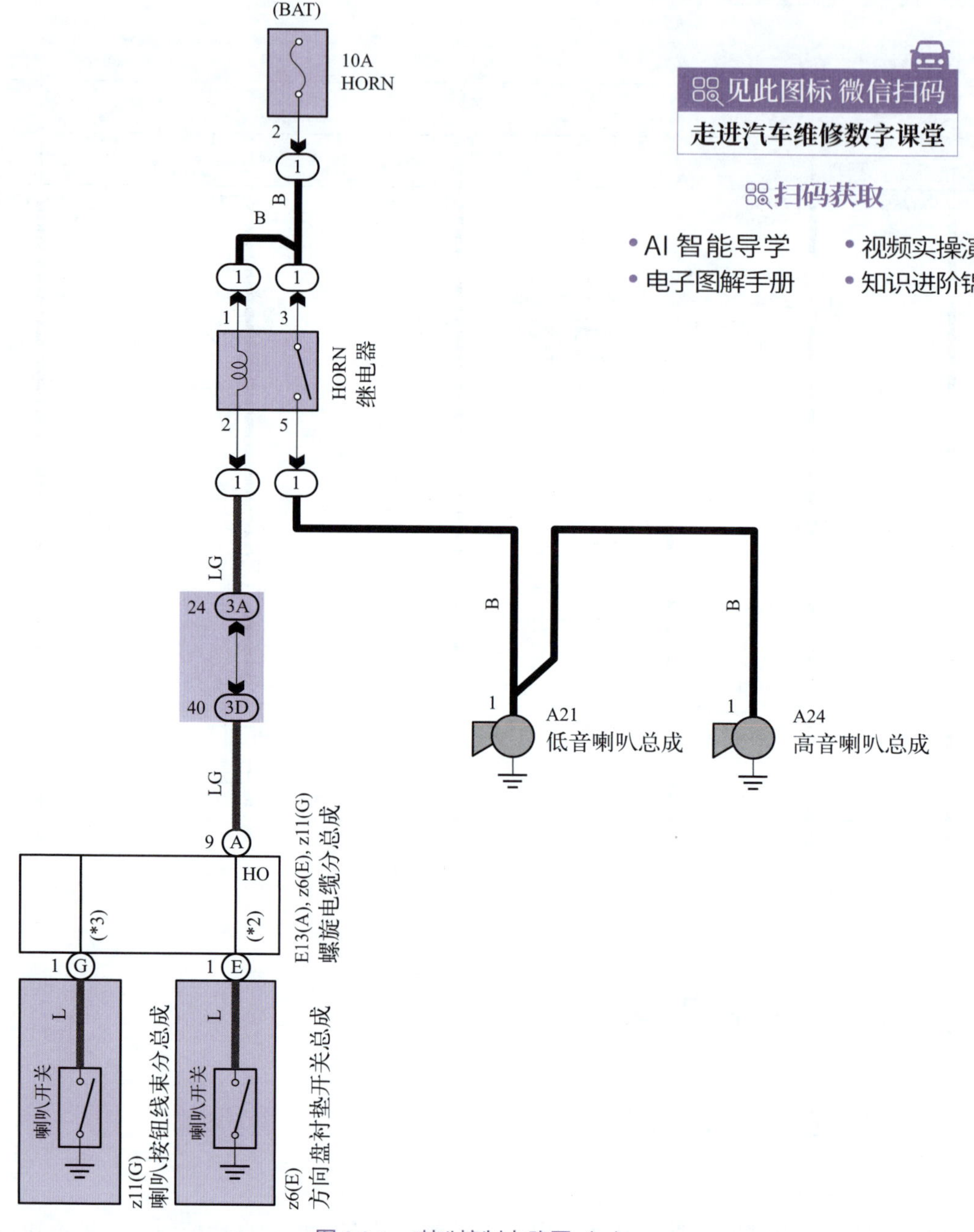

图 3.3-1 喇叭控制电路图（一）

❷ 车身电脑控制喇叭电路。大众车系某款车型喇叭控制电路图见图 3.3-2。

在图 3.3-2 中，车身电脑，即车载电网控制单元 J519。这是典型的车身电脑控制喇叭的电路。

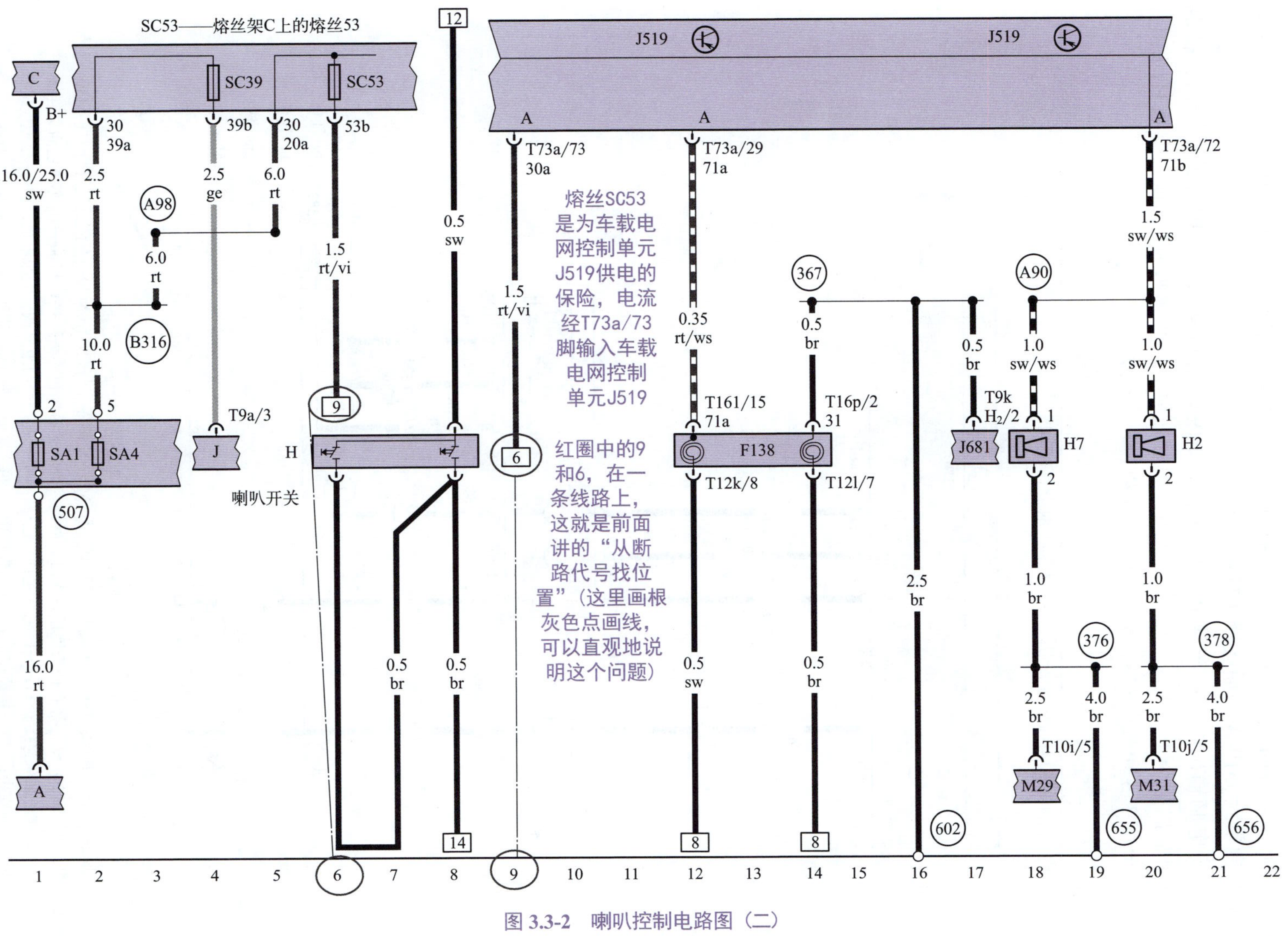

图 3.3-2 喇叭控制电路图（二）

a. 车身电脑接收喇叭开关信号：在喇叭开关 H 闭合时，其开关闭合信号会通过开关黑色线的[12]（断路代号 12）和[8]（断路代号 8），到安全气囊螺旋电缆 F138（俗称游丝，连接方向盘上方开关与方向盘下方插接件）的插接器 T12k/8 脚、游丝 F138 的 T16l/15 脚，送入车载电网控制单元 J519-A 的插接器 T73a/29 脚。

b. 车身电脑输出电流：车载电网控制单元 J519 接收到喇叭开关闭合的信号后，控制 T73a/72 脚输出一个正极电流，经节点 A90，然后分别给高音喇叭 H2 和低音喇叭 H7 供电，最后通过节点 376 和节点 378，分别接地 655 和 656，形成回路。

（2）照明电路

大众迈腾前大灯电路图分析见图 3.3-3 和图 3.3-4。

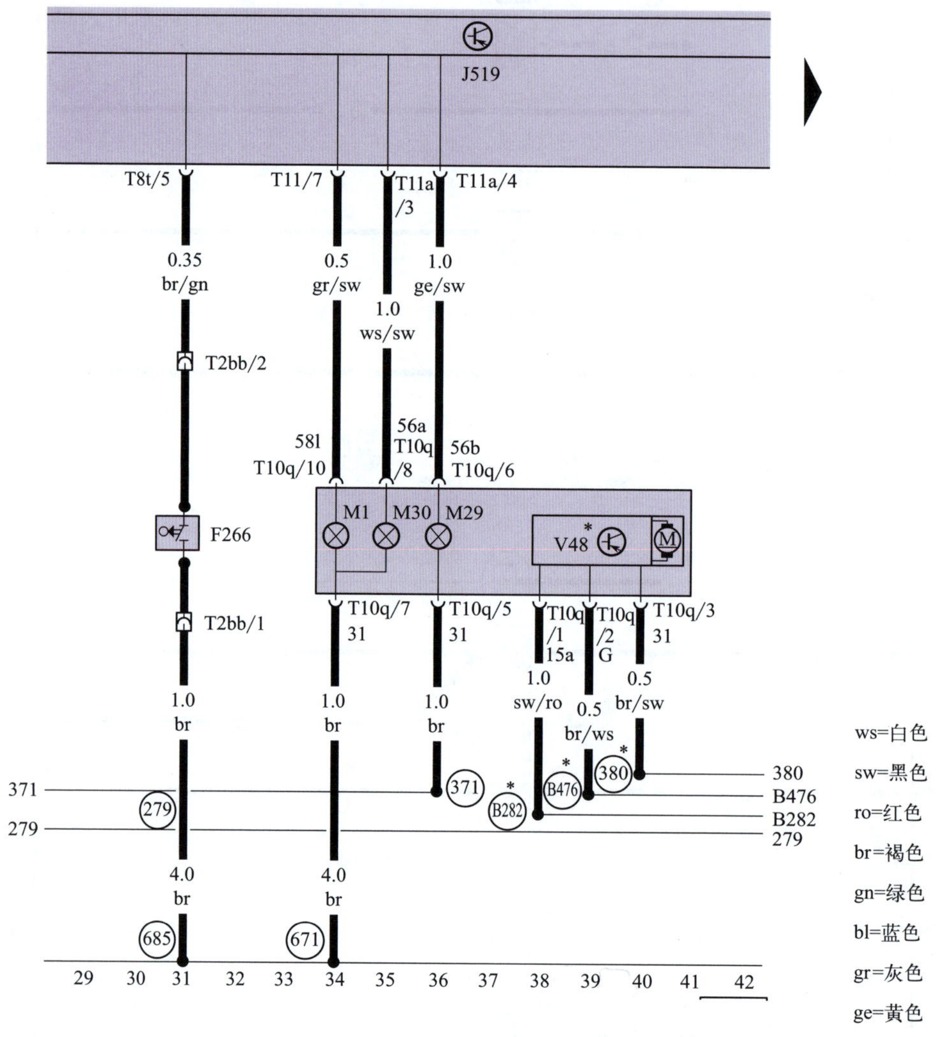

图 3.3-3　大灯电路图（一）

F266—发动机舱盖接触开关；J519—车载电网控制单元；M1—左侧停车灯灯泡；M29—左侧近光灯灯泡；M30—左侧远光灯灯泡；T2bb—2 芯黑色插头连接，大灯右后侧；T8t—8 芯黑色插头连接；T10q—10 芯黑色插头连接；T11—11 芯黑色插头连接；T11a—11 芯棕色插头连接；V48—左侧照明距离调整伺服电机；279—接地连接 5，在车内线束中；371—接地连接 6，在主线束中；380—接地连接 15，在主线束中；671—接地点 1，在左前纵梁上；685—接地点 1，在右前纵梁上；B282—正极连接 6（15a），在主线束中；B476—连接 12，在主线束中；*—仅适用于带照明距离调节装置的汽车

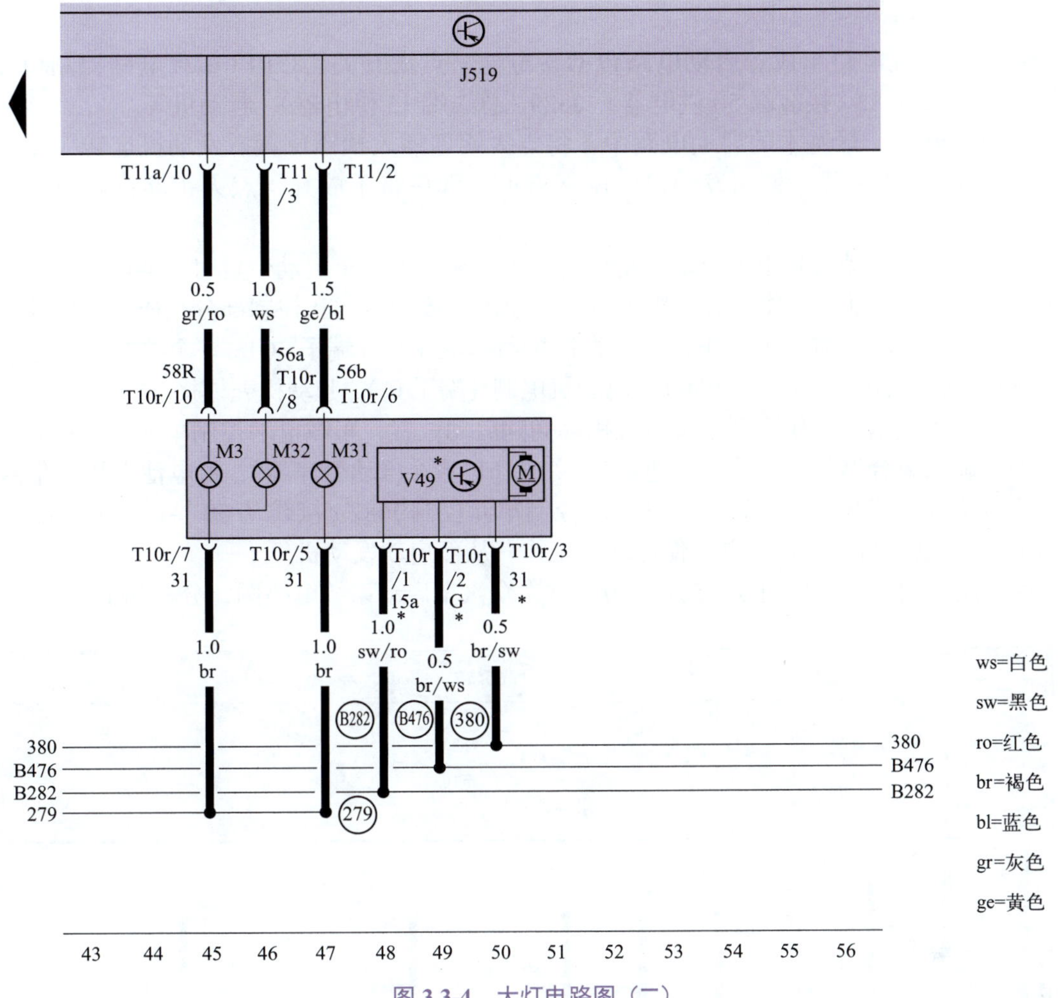

图 3.3-4 大灯电路图（二）

J519—车载电网控制单元；M3—右侧停车灯灯泡；M31—右侧近光灯灯泡；M32—右侧远光灯灯泡；T10r—10 芯黑色插头连接；T11—11 芯黑色插头连接；T11a—11 芯棕色插头连接；V49—右侧照明距离调整伺服电机；279—接地连接 5，在车内线束中；380—接地连接 15，在主线束中；B282—正极连接 6（15a），在主线束中；B476—连接 12，在主线束中；*—仅适用于带照明距离调节装置的汽车

❶ 左侧停车灯电路：J519 车载电控单元→ T11/7 → T10q/10 →左侧停车灯灯泡 M1 → T10q/7 →左前纵梁上接地点 3 搭铁。

❷ 左侧远光灯电路：J519 车载电控单元→ T11a/3 → T1Oq/8 →左侧远光灯灯泡 M30 → T10q/7 →左前纵梁上接地点 3 搭铁。

❸ 左侧近光灯电路：J519 车载电控单元→ T11a/4 → T10q/6 →左侧近光灯灯泡 M29 → T10q/5 →左前纵梁上接地点 3 搭铁。

❹ 右侧停车灯电路：J519 车载电控单元→ T11a/10 → T10r/10 →右侧停车灯灯泡 M3 → T10r/7 →右前纵梁上接地点 1 搭铁。

❺ 右侧远光灯电路：J519 车载电控单元→ T11/3 → T10r/8 →右侧远光灯灯泡 M32 → T10r/7 →右前纵梁上接地点 1 搭铁。

❻ 右侧近光灯电路：J519 车载电控单元→ T11/2 → T10r/6 →右侧近光灯灯泡 M31 → T10r/5 →右前纵梁上接地点 1 搭铁。

（3）启动系统电路

❶ 启动系统电路组成。启动电路包括蓄电池、点火开关、J519（车载电网控制单元）、熔丝（SB30）、J682（接线端50供电器）、J329（总线端15供电器）、起动机等。

❷ 点火开关。最基本的启动电路中，将点火钥匙插入预锁位置。发动机运转，点火钥匙退回到15号线位置。关闭发动机，压下点火钥匙后将手放开，点火钥匙将被弹回到取出位置。

❸ 起动机。起动机是用来启动发动机的，当点火开关处于启动位置时，继电器接通起动机主电路，此时起动机工作。起动机由直流电动机、传动结构和控制部分组成，其中控制部分也就是电磁开关上有三个端子，一个直接接蓄电池正极（端子30），一个接启动继电器的开关触点（端子50），最后一个接直流电动机电刷（端子C），起动机壳体接地。

❹ 启动系统基本工作原理。将点火钥匙插到启动位置，车载电网控制单元接收到启动信号的同时确认离合器位置（手动变速器）、变速杆位置（自动变速器）、蓄电池电压等信号是否在相应位置，若在相应位置，车载电网控制单元控制J682（接线端50供电器）、J329（总线端15供电器）给起动机供电，使起动机工作，从而启动发动机。

❺ 电路走向分析。如图3.3-5所示为某款大众汽车启动系统电路图，分析如下。

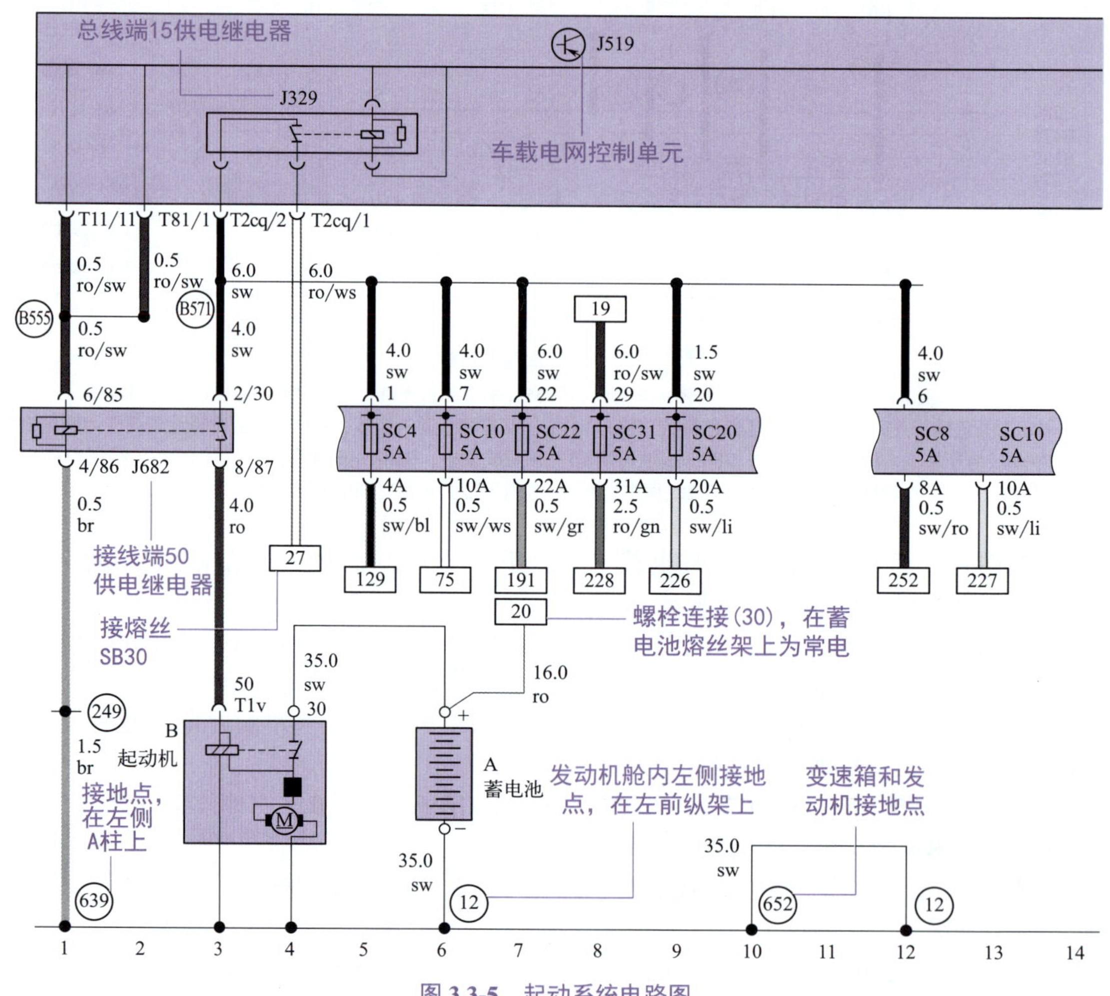

图3.3-5 起动系统电路图

蓄电池→ 20 → 7 → SB30 → 4 → 27 → J329（总线端 15 供电继电器），在 J519（车载电网控制单元）的控制下，使 T2cq/2 和 T2cq/1（T2cq 为 2 芯黑色插头连接器）接通→ J682（接线端 50 供电继电器），在 J519（车载电网控制单元）的控制下，使 2/30 和 8/87 接通→起动机 50 号线（T1v 为 1 芯黑色插头连接器）→起动机吸合线圈→蓄电池的电压通过起动机 30 号线端子给起动机电枢供电→壳体搭铁→起动机工作→发动机启动。

（4）充电系统电路

如图 3.3-6 所示为某款北京现代车系充电系统电路图，分析如下。

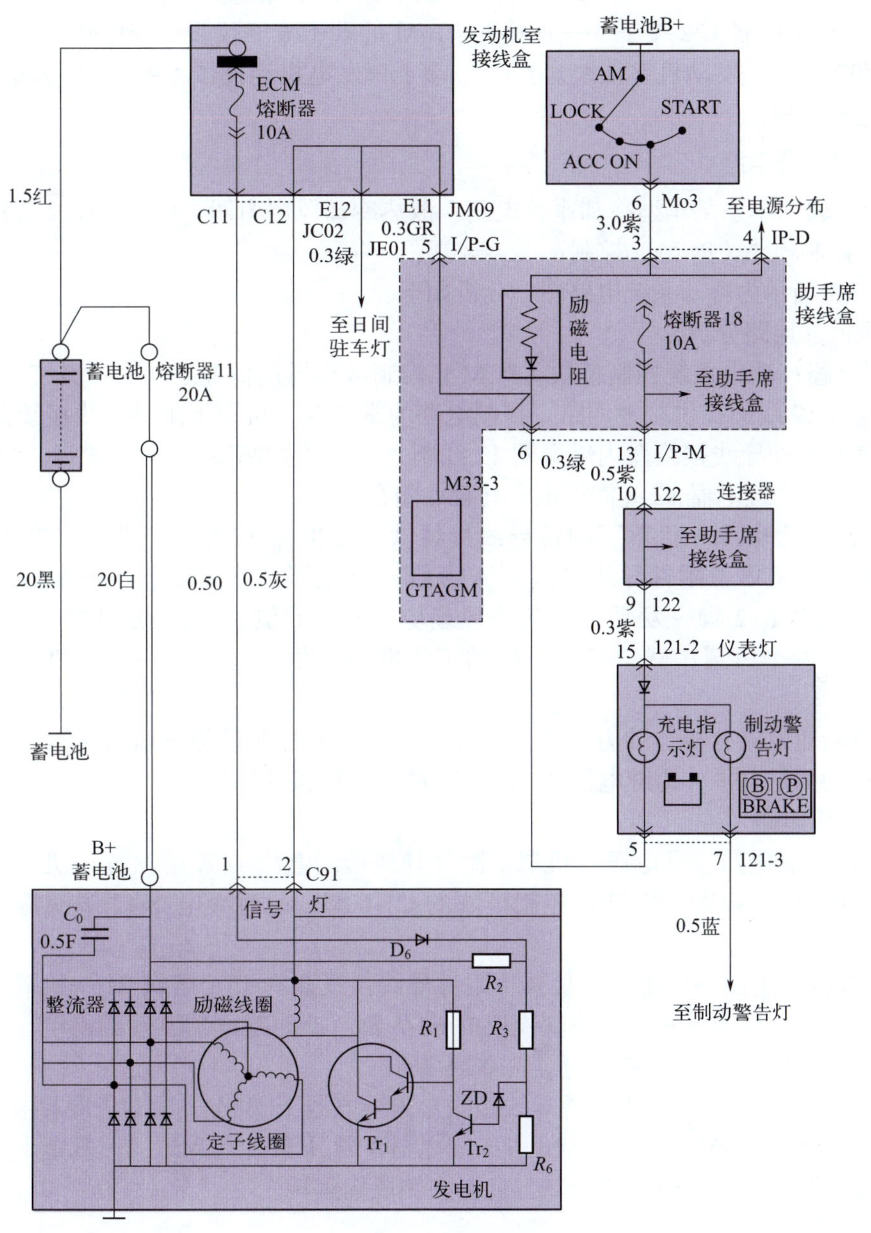

图 3.3-6　充电系统电路图

❶ 励磁线圈电路。蓄电池 B+ →点火开关→励磁电阻→发动机室接线盒 JM09 端子→发

动机室接线盒连接器 JC02 的 C12 端子→发电机连接器 C91 上 2 号端子→励磁线圈→电压调节器 Tr1 →发电机接地。

❷ 蓄电池充电电路。发电机蓄电池 B+ →熔断器 11（20A）→蓄电池→蓄电池接地→发电机接地。

❸ 发电机电压调节器电路。

a. 电压调节器电源电路：蓄电池正极→ ECM 熔断器 10A →发动机室接线盒接器 JC02 的 C11 端子→发电机连接器 C91 上的 1 号端子→电压调节器。

b. 充电指示灯电路：蓄电池 B+ →点火开关→助手席接线盒熔断器 18（10A）→连接器 122 端子 10 →连接器 122 端子 9 →连接器 I/P-M 的端子 6 →仪表灯充电指示灯→发动机室接线盒 JM09 端子→发动机室接线盒 C12 号端子→发电机连接器 C91 上 2 号端子→电压调节器→发电机接地。

（5）冷却系统电路

举例分析通用车系某车型冷却系统电路：散热冷却风扇由两个电子扇组成，风扇的运转由动力系统控制模块（PCM）控制。

如图 3.3-7 所示为冷却系统电路图，分析如下。

❶ 风扇低速电路分析。

a. 控制电路：动力系统控制模块（PCM）控制散热风扇低速运转时，其 C1-6 脚为低电平，为继电器 12 线圈提供接地回路，控制电路为常电源→机罩下附件导线接线盒内 40A 熔丝 6 →机罩下附件导线接线盒内继电器 12 线圈→发动机控制模块的 C1-6 脚。当 C1-6 脚输出低电平信号时，继电器 12 线圈得电，其触点闭合。

b. 主电路：常电源→机罩下附件导线接线盒内继电器 12 触点→发动机冷却液风扇电动机（左侧）→机罩下附件导线接线盒 A10 脚→继电器 9 常闭触点（30-87A）→机罩下附件导线接线盒 F12 脚→发动机冷却液风扇电动机（右侧）→结点 S105 → G117 搭铁。此时，左、右两个风扇串联，每个风扇的工作电压为供电电压的一半，两个风扇同时低速运转。

❷ 风扇高速电路分析。动力系统控制模块（PCM）控制散热风扇高速运转时，其 C1-6 脚、C1-5 脚均为低电平，为继电器 9、10、12 线圈提供接地回路。

a. 左侧风扇电路。

● 第一级控制电路：常电源→机罩下附件导线接线盒内 40A 熔丝 6 →机罩下附件导线接线盒内继电器 12 线圈→发动机控制模块的 C1-6 脚。此时继电器 12 线圈得电，其触点闭合。

● 第二级控制电路：常电源→机罩下附件导线接线盒内 15A 熔丝 21 →机罩下附件导线接线盒内继电器 9 线圈→发动机控制模块的 C1-5 脚。此时继电器 9 线圈得电，其常开触点闭合，常闭触点断开（即 30-87 接通，30-87A 断开）。

● 主电路：常电源→机罩下附件导线接线盒内继电器 12 触点→发动机冷却液风扇电动机（左侧）3 机罩下附件导线接线盒 A10 脚→继电器 9 常开触点（30-87）→机罩下附件导线接线盒 C11 脚→结点 S105 → G117 搭铁。此时左侧风扇运转。

b. 右侧风扇电路。

● 控制电路：常电源→机罩下附件导线接线盒内 15A 熔丝 21 →机罩下附件导线接线盒内继电器 10 线圈→发动机控制模块的 C1-5 脚。此时继电器 10 线圈得电，其触点闭合。

● 主电路：常电源→机罩下附件导线接线盒内继电器 10 触点→发动机冷却液风扇电动机（右侧）→结点 S105-G117 搭铁。此时，右侧风扇运转。因左、右并联，每个风扇都有单独的接地通路，所以风扇高速运转。

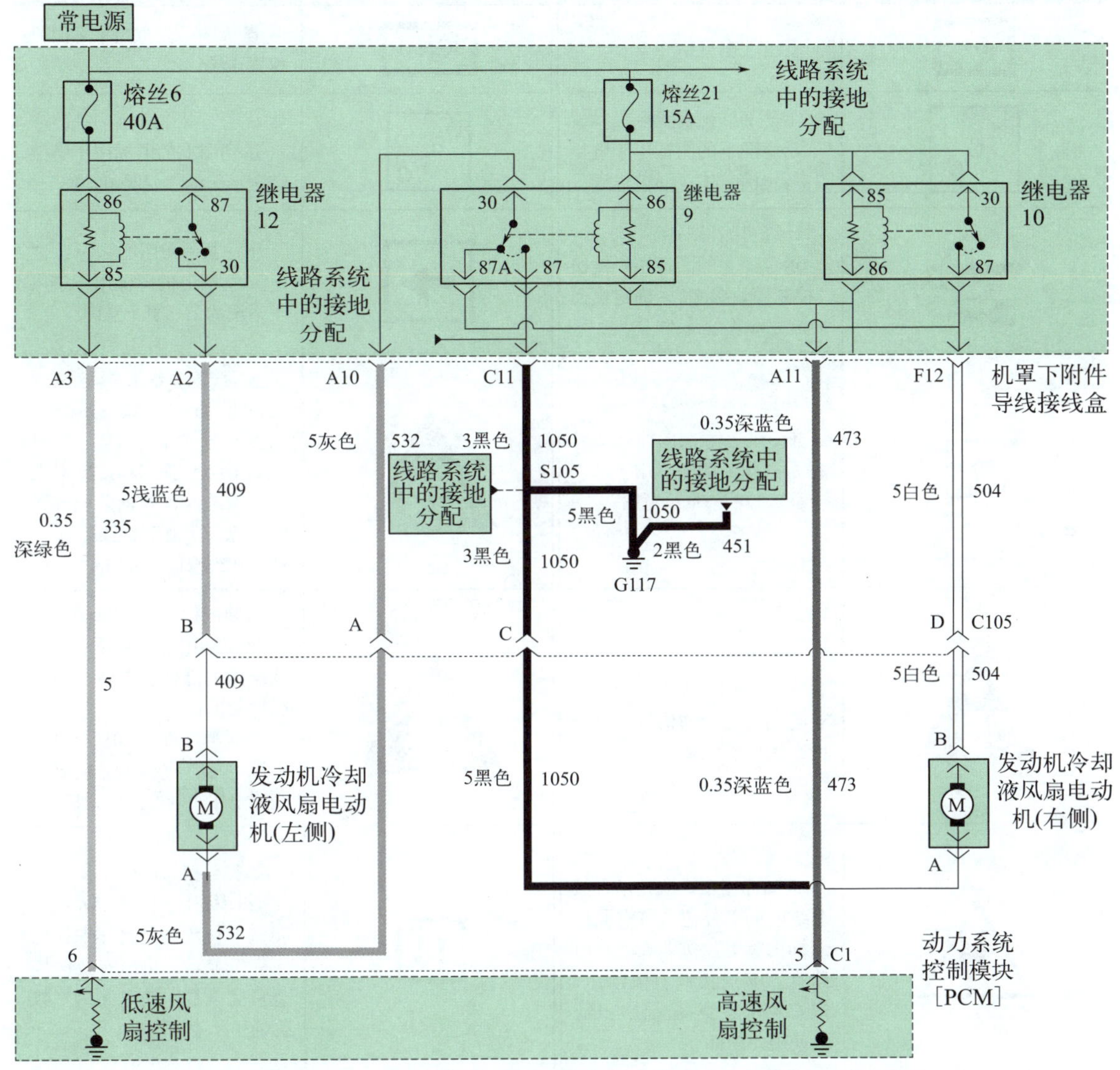

图 3.3-7　冷却系统电路图

3.3.2　不同车系电路图特点

（1）通用汽车电路图

❶ 电路图结构特点。通用汽车电路图通常分为四类：电源分配简图、中央控制盒样图、系统电路图和接地线路图。

系统电路图中电源线从图上方进入，通常从熔丝处开始，并于熔丝上方用黑线框标注此处与电源之间的通断关系；用电器在中部，接地点在最下方。如果是由电子控制的系统，电路图中除该系统的工作电路外还会包括与该系统工作有关的信号电路。

❷ 电气符号见表 3.3-1。

表 3.3-1　电路图中的电气符号

符号	说明	符号	说明
B+	蓄电池电压	IGN 0	点火开关［“Off（关闭）”位置］
LOC	主要部件列表图标 示意图上的图标用于链接“主要电气部件列表”	DESC	说明与操作图标 示意图上的图标用于链接特定系统的“说明与操作”
	计算机编程图标 示意图上的图标用于链接“控制模块参考”，确定更换时需要编程的部件		下一页示意图图标 示意图上的图标用于进入子系统的下一页示意图
	前一页示意图图标 示意图上的图标用于进入子系统的前一页示意图		辅助充气式约束系统（SIR）或辅助约束系统（SRS）图标 该图标用于提醒技术人员，系统内含有辅助充气式约束系统/辅助约束系统部件，在维修前需要特别注意
	信息图标 该图标用于提醒技术人员查阅相关的附加信息，以帮助维修某个系统		危险图标 该图标用于提醒技术人员系统内的部件包含带有同样图标的标签 如果源部件有 60V 或更高直流电压，或有 42V 或更高交流电压，则使用此图标
	高压图标 该图标用于提醒技术人员系统内的部件包含带有同样图标的标签。如果部件/电路有 60V 或更高直流电压，或有 42V 或更高交流电压，则使用此图标		串行数据通信功能 该图标用于向技术人员表明该串行数据电路详细信息未完全显示。也能有效链接至可完全显示该电路的“数据通信示意图”
↑　∧　△	常规向上箭头	↓　∨　▽	常规向下箭头
←　<　◁	常规向左箭头	→　>　▷	常规向右箭头
	常规快速向下箭头		On/Off（开/关）图标

续表

符号	说明	符号	说明
	常规锁止图标		常规解锁图标
	常规车窗开关位置（4门）		常规车窗开关位置（2门）
	输入/输出下拉电阻器（-）		输入/输出上拉电阻器（+）
	输入/输出高压侧驱动开关（+）		输入/输出低压侧驱动开关（+）
	输入/输出双向开关（+/-）		脉宽调制符号
B+	蓄电池电压	IGN	点火电压
5V	参考电压	5V AC	空调电压
	低电平参考电压		搭铁
	串行数据		天线信号（输入）
	天线信号（输出）		接合制动器
	熔丝	PWR/TRN Relay	继电器供电的熔丝
	断路器		易熔熔丝
	搭铁		壳体搭铁
X100 12 母端子 公端子	直列式线束连接器	X100 12 公端子 母端子	直列式线束连接器

续表

符号	说明	符号	说明
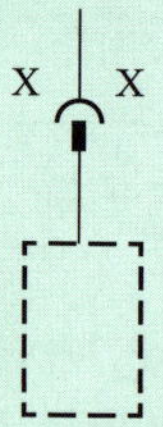 X X	引线连接	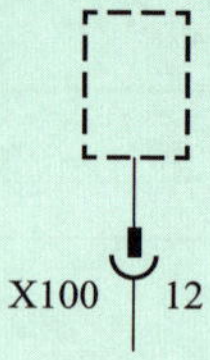 X100 12	引线连接
	临时或诊断连接器		钝切线
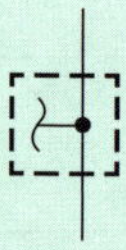	不完整物理接头	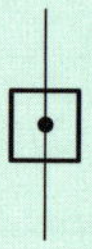	完整物理接头（两线）
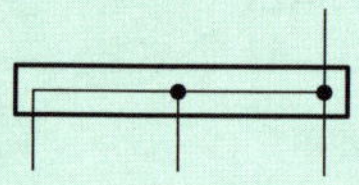	完整物理接头（三线或多线）	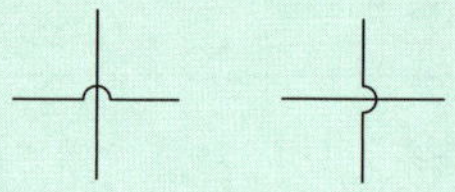	导线交叉
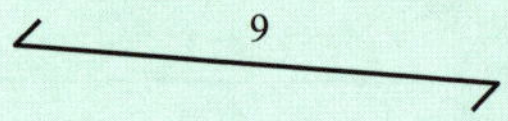 9	绞合线	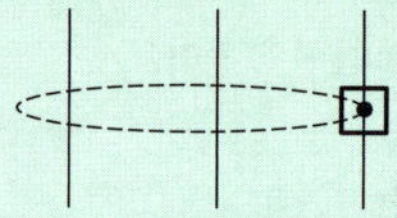	屏蔽
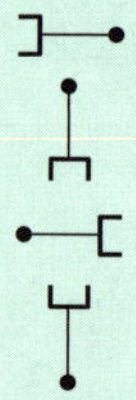	电路参考		电路延长箭头
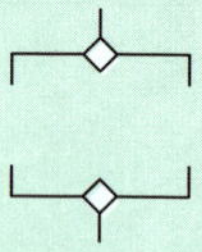	选装件断点	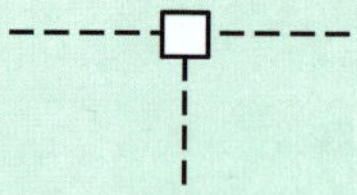	搭铁电路连接
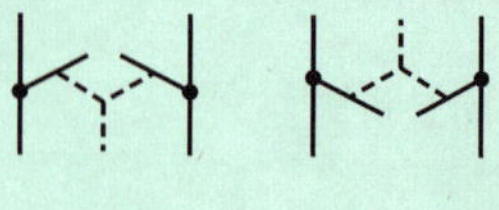	连接器短路夹		SIR 线圈
	非完整部件 当某个部件采用虚线框表示时，表明该部件或其接线并未完整显示	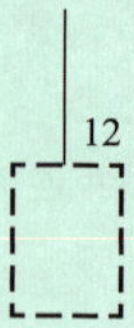 12	直接固定在部件上的连接器

续表

符号	说明	符号	说明
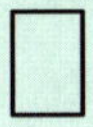	完整部件 当某个部件采用实线框表示时，表明该部件或其接线已完整显示	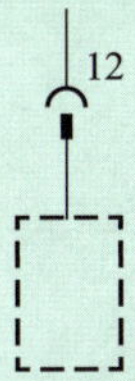 12	引线连接器
	附件电源插座	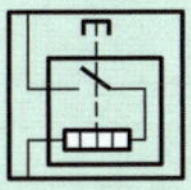	点烟器
	位置 2 常开开关		位置 2 常闭开关
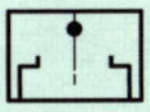	摇臂开关		接触片开关（1 线）
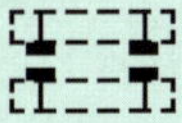	接触片开关（2 线）	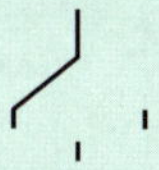	位置 3 开关
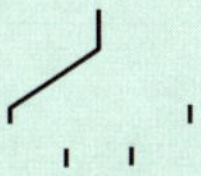	位置 4 开关	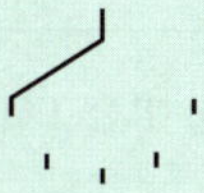	位置 5 开关
	位置 6 开关	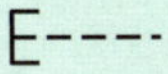	开关执行器［推入式（瞬时）］
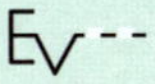	开关执行器［推入式（锁闩）］	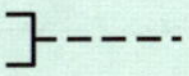	开关执行器［拉出式（瞬时）］
	开关执行器［拉出式（锁闩）］	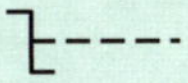	开关执行器［旋转式（瞬时）］
	开关执行器［旋转式（锁闩）］		开关执行器［滑动式（瞬时）］
	开关执行器［滑动式（锁闩）］	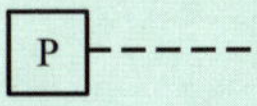 P	开关执行器［压力（瞬时）］
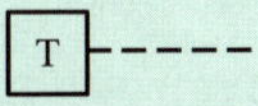 T	开关执行器［温度（瞬时）］	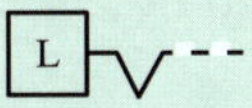 L	开关执行器［音量（锁闩）］
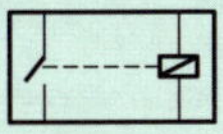	继电器（常开）	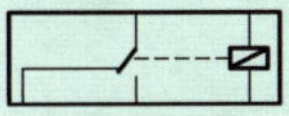	5 针继电器（常闭）
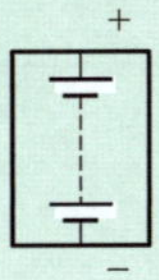 + −	蓄电池	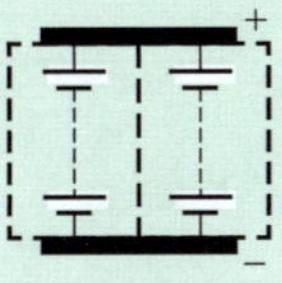 + −	混合动力蓄电池总成

续表

符号	说明	符号	说明
	单丝灯泡	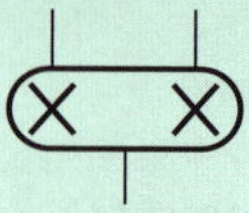	双丝灯泡
	光电传感器		发光二极管（LED）
	量表	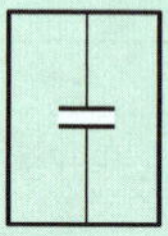	电容器
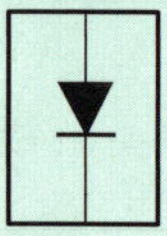	二极管	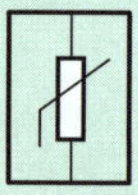	可变电阻器
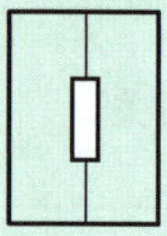	电阻器	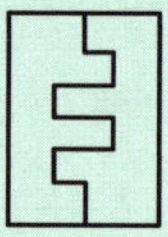	易断裂导线
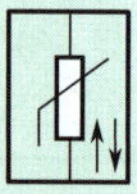	可变电阻器（负温度系数）	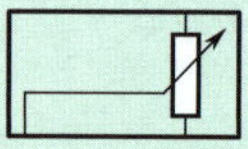	位置传感器
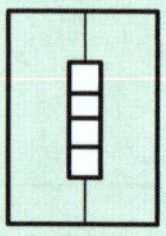	加热元件	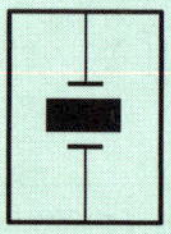	爆震传感器
 P U	压力传感器	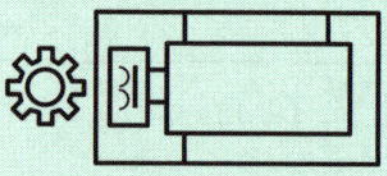	感应型传感器（3 线）
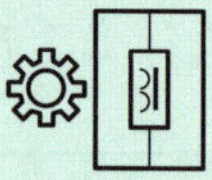	感应型传感器（2 线）		霍尔效应传感器（3 线）
	霍尔效应传感器（2 线）	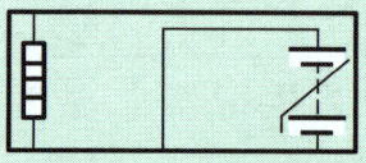	加热型氧传感器（4 线）
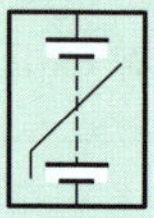	氧传感器（2 线）	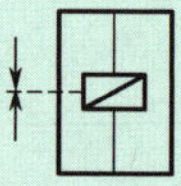	电磁阀
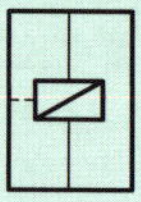	执行器电磁阀	 M	电机

续表

符号	说明	符号	说明
	离合器		天线
	正温度系数电机		喇叭
	扬声器		安全气囊
	麦克风		辅助充气式约束系统碰撞传感器

❸ 导线颜色。通用车系电路图中的导线颜色和连接器主体颜色，采用由下列二位代码表示的缩写，见表 3.3-2。

表 3.3-2　导线颜色代码

缩写	颜色	缩写	颜色
AM	琥珀色	OG	橙色
BARE	裸线	PK	粉红色
BG	浅褐色	PU	紫色
BK	黑色	RD	红色
BN	棕色	RU	铁锈色
BU	蓝色	SR	银白色
CL	透明色	TL	水鸭色
CR	奶油色	TN	黄褐色
CU	咖喱色	TQ	青绿色
GD	金黄色	VT	紫罗兰色
GN	绿色	WH	白色
GY	灰色	YE	黄色
NA	本色	D	深色
L	浅色		

❹ 导线类型代码见表 3.3-3。

表 3.3-3 导线类型代码

序号	缩写	导线类型
1	COAX	同轴电缆
2	FW	扁平导线
3	HDMI	高清多媒体接口
4	TWINAX	双股电缆
5	USB	通用串行总线

❺ 车辆线路分区。如图 3.3-8 所示，通用车系电路所有搭铁、直列式连接器和接头都有相应的识别编号，与其在车辆上的位置相对应。表 3.3-4 对编号系统进行了说明。

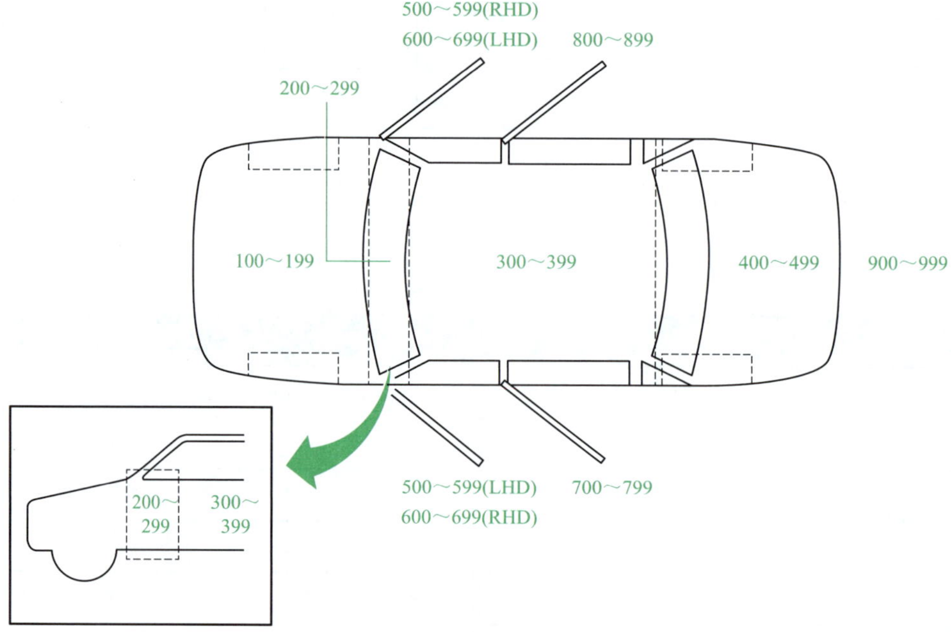

图 3.3-8 线路布局

表 3.3-4 车辆线路分区编号说明

序号	插图编号	区位说明
1	100 ～ 199	发动机舱（仪表板的所有前部区域）
2	200 ～ 299	仪表板区域内（隔板与仪表板前面板之间）
3	300 ～ 399	乘客舱（从仪表板到后排座椅后部）
4	400 ～ 499	后备厢（从后排座椅后部到车辆后部）
5	500 ～ 599	连至或内置于驾驶员车门的直列式线束连接器

续表

序号	插图编号	区位说明
6	600 ～ 699	连至或内置于前乘客车门的直列式线束连接器
7	700 ～ 799	连至或内置于左后车门的直列式线束连接器
8	800 ～ 899	连至或内置于右后车门的直列式线束连接器
9	900 ～ 999	连至或内置于后备厢盖的直列式线束连接器

❻ 电路图类型。

a. 电源分布电路图见图 3.3-9。

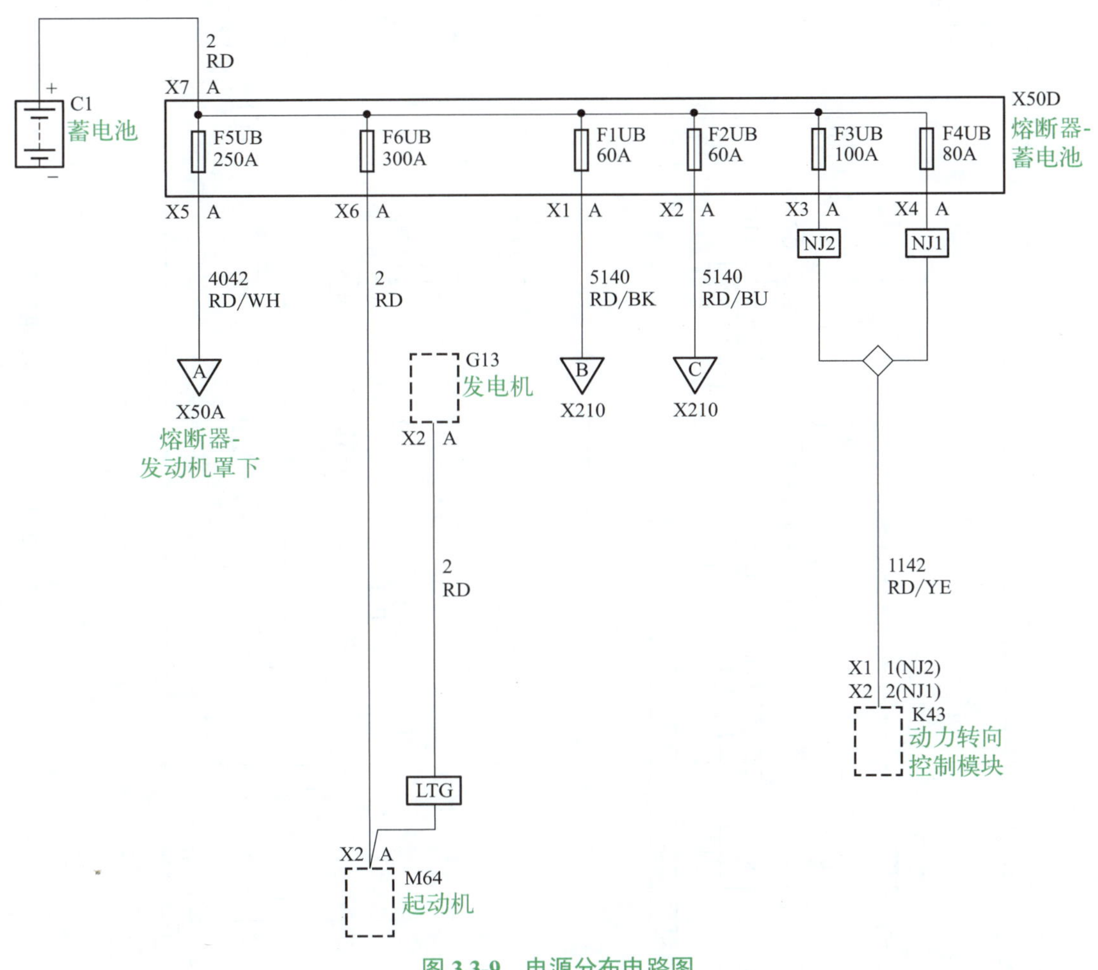

图 3.3-9　电源分布电路图

b. 启动和充电电路图见图 3.3-10。

（2）丰田车系电路图

❶ 电路图使用原则。各个系统电路的实际接线显示为从接收到蓄电池电源的点一直到各个接地点（所有电路图都在开关处于 OFF 位置的情况下进行表示）。

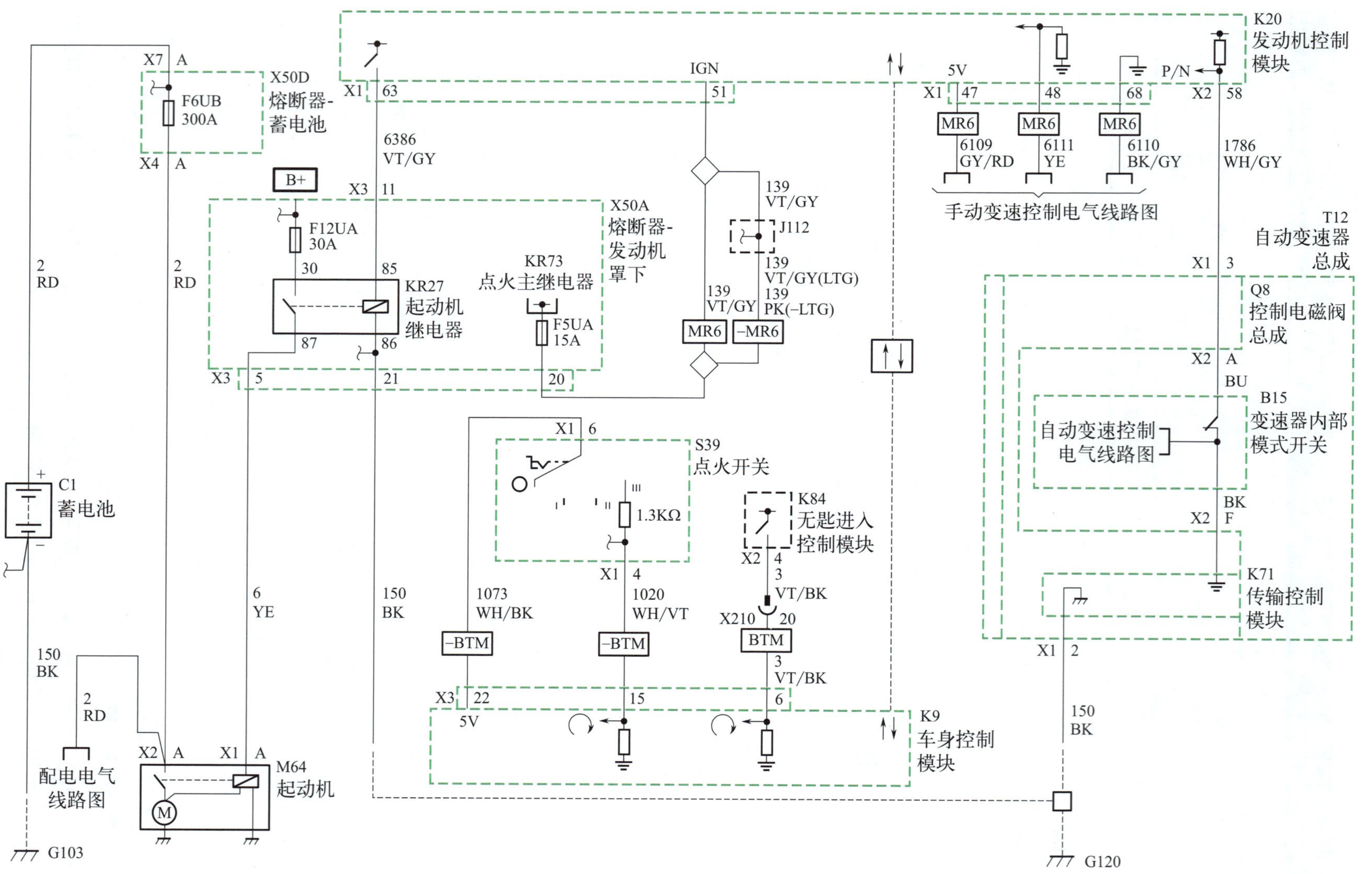

图 3.3-10 启动和充电电路图

在进行任何故障排除时，须首先理解所检测到的故障部位的电路运行、为此电路供电的电源以及接地点。

在理解了电路运行后，便可开始对故障电路进行故障排除，以便找出起因。参照继电器位置和布线图查找各个系统电路的每个零部件、接线盒和线束连接器、线束和线束连接器以及接地点。所标出的每个接线盒的内部接线也可有助于理解接线盒内部的线路连接。

❷ 电路图特点及识读见图 3.3-11 和表 3.3-5。

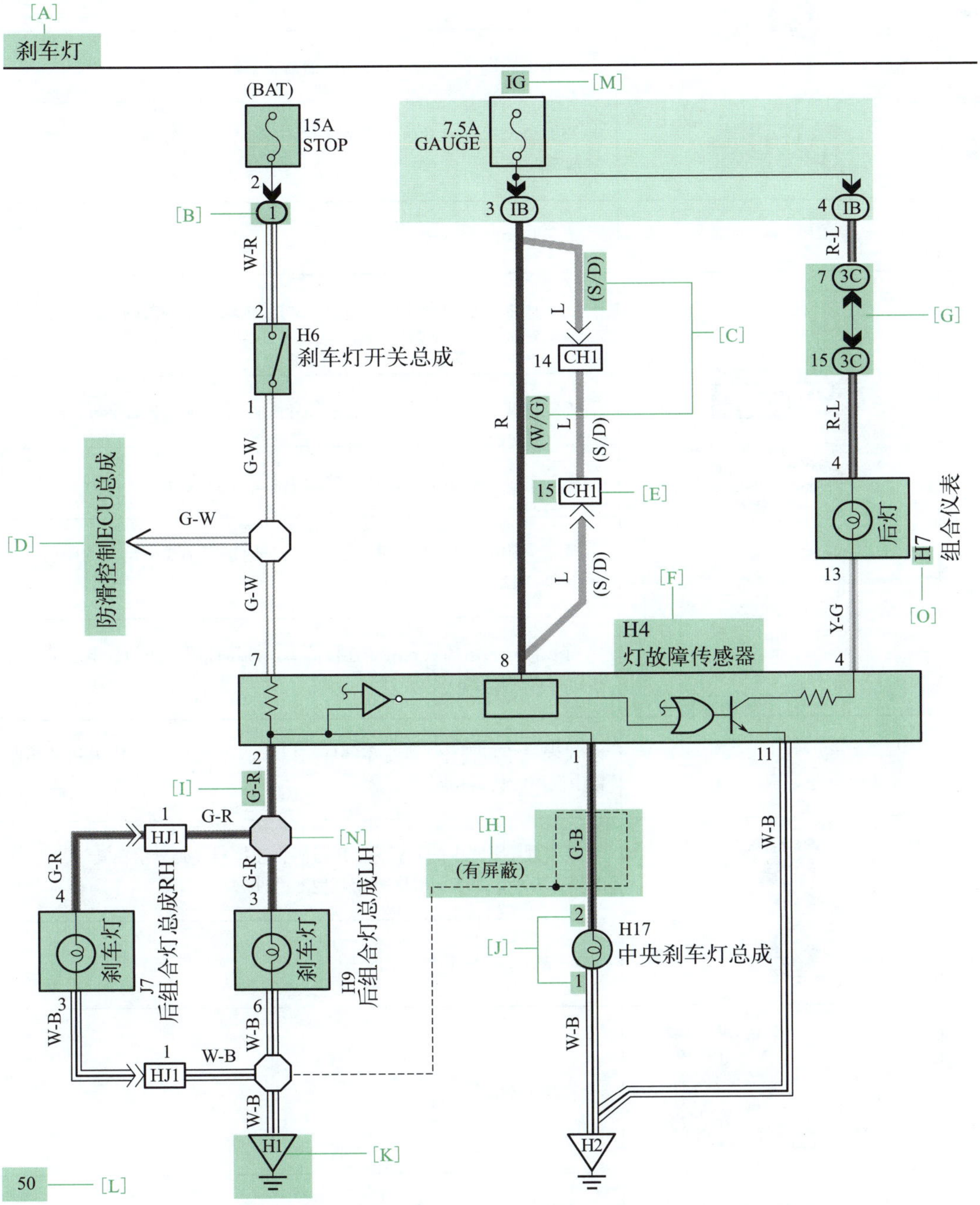

图 3.3-11　丰田车系电路图

表 3.3-5 丰田车系电路图说明

图注	符号	说明
[A]	刹车灯	系统标题
[B]		表示继电器盒。未用阴影表示，仅标示继电器盒号码以及与 J/B 加以区分
		在本电路图中，表示 1 号继电器盒
[C]	(W/G)	当车辆型号、发动机类型或规格不同时，用括号表示不同的导线和连接器等
[D]	防滑控制ECU总成	表示相关联的系统
[E]	15 CH1	表示用来连接两个线束（插头式和插座式）连接器的代码。连接器代码由两个字母和一个数字组成
		连接器代码的第一个字母表示插座式连接器线束上的字母代码
		第二个字母表示插头式连接器线束上的字母代码
		第三个数字是在存在相同线束组合时用于区别线束组合的序列号（如 CH1 和 CH2）
		符号括号表示插头式端子连接器。连接器代码外侧的数字表示插头式和插座式连接器的针脚号码
[F]	H4 灯故障传感器	代表一个零部件（所有零部件均以天蓝色表示）。该代码和零部件位置中使用的代码相同
[G]	7 3C 15 3C	接线盒（圆圈中的号码为 J/B 号码，连接器代码显示在其侧）。接线盒以阴影表示，用于明确区分于其他零部件
		3C 表示在 3 号接线盒内
[H]	[H] (有屏蔽) G-B	表示屏蔽电缆
		屏蔽电缆

续表

图注	符号	说明	
[I]	G-R	表示接线颜色。接线颜色以字母代码表示	
		铜线	B= 黑色；W= 白色；BR= 棕色；L= 蓝色；V= 紫色；SB= 天蓝色；R= 红色；G= 绿色；LG= 浅绿；P= 粉红色；Y= 黄色；GR= 灰色；O= 橙色；BE= 米黄色；DG= 深灰色
		铝线	LA= 淡紫色
	L - Y (蓝色) (黄色)	不要将电源或信号铝线区分开来	
		第一个字母表示基本接线颜色	
		第二个字母表示条纹的颜色	
[J]	2 1	表示连接器的针脚号码 插座式连接器和插头式连接器的编号系统各不相同	
	1 2 3 4 5 6	按照从左上方到右下方的顺序编号	
	3 2 1 6 5 4	按照从右上方到左下方的顺序编号	
[K]	H2	表示接地点。该代码由两个字符组成：一个字母和一个数字	
		第一位代表线束的字母代码	
		第二位是当同一线束存在多个接地点时用于区别各接地点的序列号	
[L]	50	页次	
[M]	(IG)	当向熔丝供电时，用于表示点火钥匙位置	
[N]		表示线路接合点	
[O]	H7 组合仪表	线束代码，各线束用代码表示。线束代码用于零部件代码、连接线束和线束的连接器代码及接地点代码	
		例如，H7（组合仪表）、CH1（插头式、连接线束和线束的连接器）和 H2（接地点）表示其是属于同一线束“H”的零部件	

（3）日产车系电路图

见图 3.3-12 和表 3.3-6。

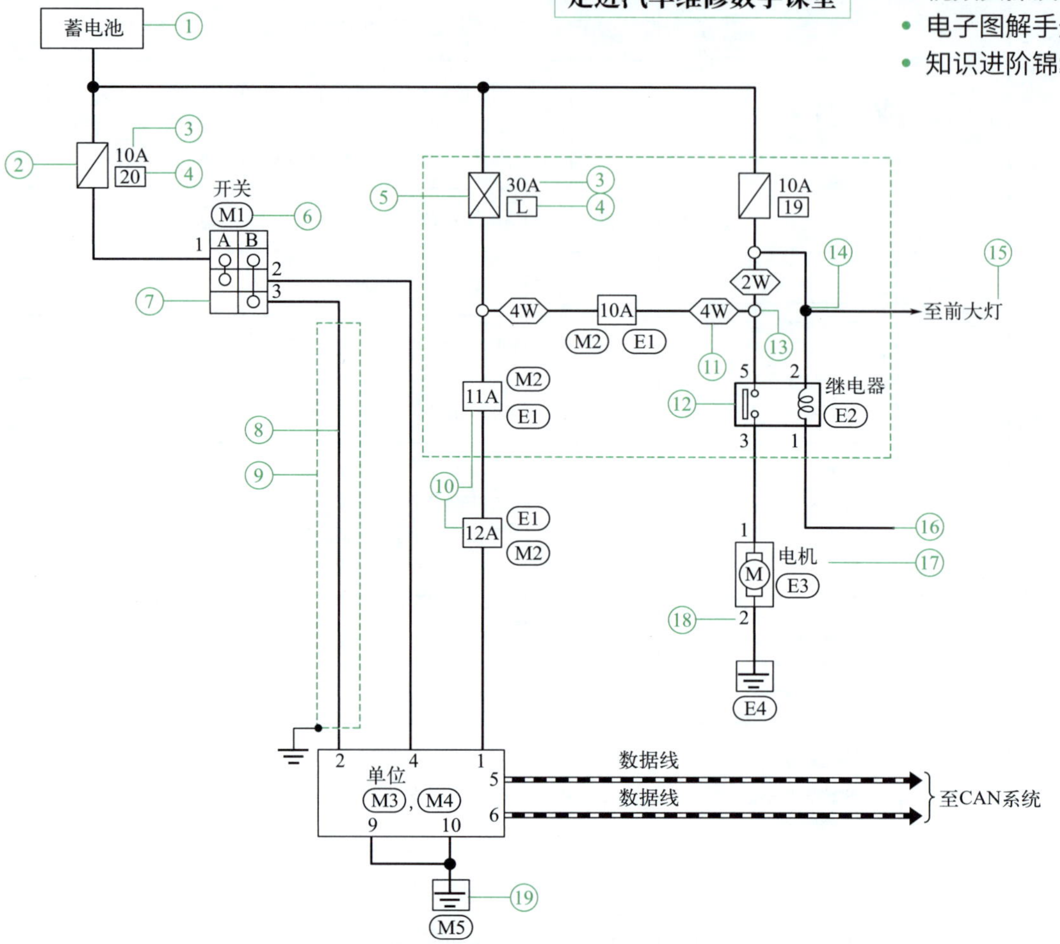

图 3.3-12 日产车系电路图

表 3.3-6 日产车系电路图说明

图注	符号		说明
①	蓄电池	电源	表示熔断线或熔丝的电源
②		熔丝	“/”表示熔丝
③	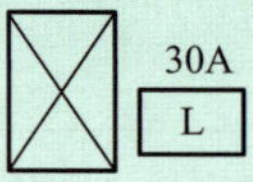 30A L	熔断线 / 熔丝的额定电流	表示熔断线或熔丝的额定电流
④		熔断线 / 熔丝的编号	表示熔断线或熔丝的位置编号
⑤		熔断线	“X”表示熔断线

图注	符号		说明
⑥	M1	接头编号	英文字母表示接头所在的线束。B= 车身线束；C= 底盘线束；D= 车门线束；E= 发动机舱线束；F= 发动机控制线束；M= 主线束；R= 车内灯线束；T= 尾部线束
			数字表示接头的识别编号
⑦	A B 1 2 3	开关	这表示在开关处于 A 置时，端子 1 和 2 之间导通。当开关在 B 位置时，端子 1 和 3 之间导通
⑧	⑧ ⑨	电路（配线）	表示配线
⑨		屏蔽线	表示配线。虚线内的线路表示屏蔽线路
⑩		接头	以虚线包围的线路表示屏蔽线
⑪	4W	选装缩写	表示将电路布局在 “○” 之间的车辆规格
⑫	5 2 3 1	继电器	表示继电器的内部表现
⑬	○	选择性分叉点	空心圈表示此分叉点为根据车型选配的
⑭	●	分接点	有底纹的实心圆 “●” 表示分叉点
⑮	➡	系统分支	表明电路分支到其他系统
⑯	∟	跨页	电路延续至下一页
⑰	E3	部件名称	表示部件的名称
⑱	M	端子号码	表示一个接头的端子数
⑲	⏚	接地（GND）	表示接地的连接

连接器见图 3.3-13 和表 3.3-7。

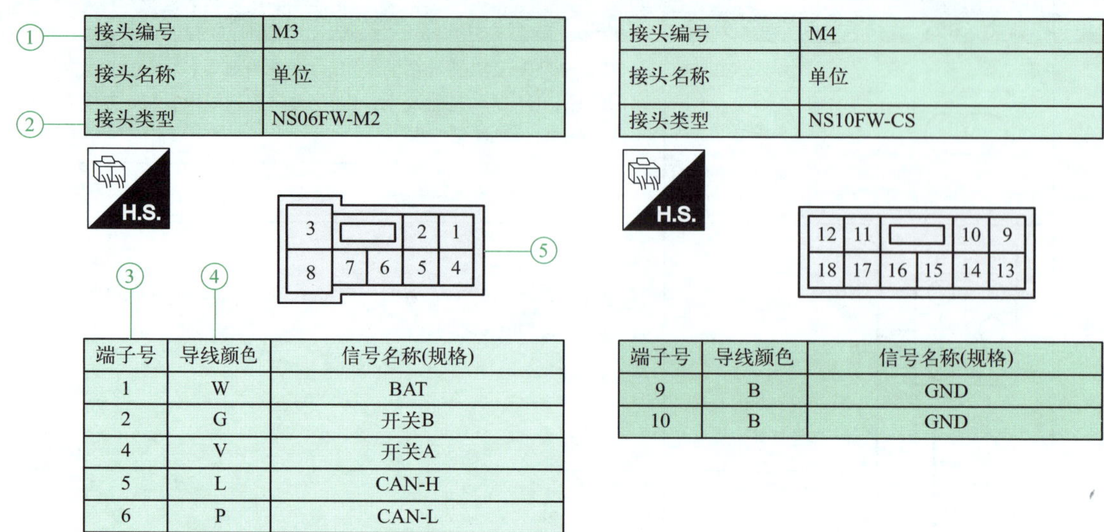

接头编号	M3
接头名称	单位
接头类型	NS06FW-M2

端子号	导线颜色	信号名称(规格)
1	W	BAT
2	G	开关B
4	V	开关A
5	L	CAN-H
6	P	CAN-L

接头编号	M4
接头名称	单位
接头类型	NS10FW-CS

端子号	导线颜色	信号名称(规格)
9	B	GND
10	B	GND

图 3.3-13　连接器

表 3.3-7　连接器说明

图注	符号		说明
①	M3	接头编号	英文字母表示接头所在的线束 数字表示接头的识别编号
②	RS（1）　04（2）　F（3）　G（4）　-　GY（5）	接头类型	1= 接头型号；2= 空腔；3= 阳（M）和阴（F）端子；4= 接头颜色；5= 特殊类型
③		端子编号	表示一个接头的端子数
④	端子号 / 导线颜色 / 信号名称(规格) 1 / W / BAT 2 / G / 开关B 4 / V / 开关A 5 / L / CAN-H 6 / P / CAN-L	电线颜色	表示电线的颜色代码。当线色为条纹状时，会先表示底色，然后才表示条纹的颜色，例如：L/W= 蓝底白条纹 B=黑色；W=白色；R=红色；G=绿色；L=蓝色；Y= 黄色；LG= 浅绿色；BG 或 BE= 米黄色；LA= 淡紫色；BR= 棕色；OR 或 O= 橙色；P= 粉色；PU 或 V（紫色）= 紫色；GY 或 GR= 灰色；SB= 天蓝色；CH= 深棕色；DG= 深绿色
⑤	3　2　1 8　7　6　5　4	接头	表示接头信息

（4）韩系车电路图

❶ 电路图结构见图 3.3-14。

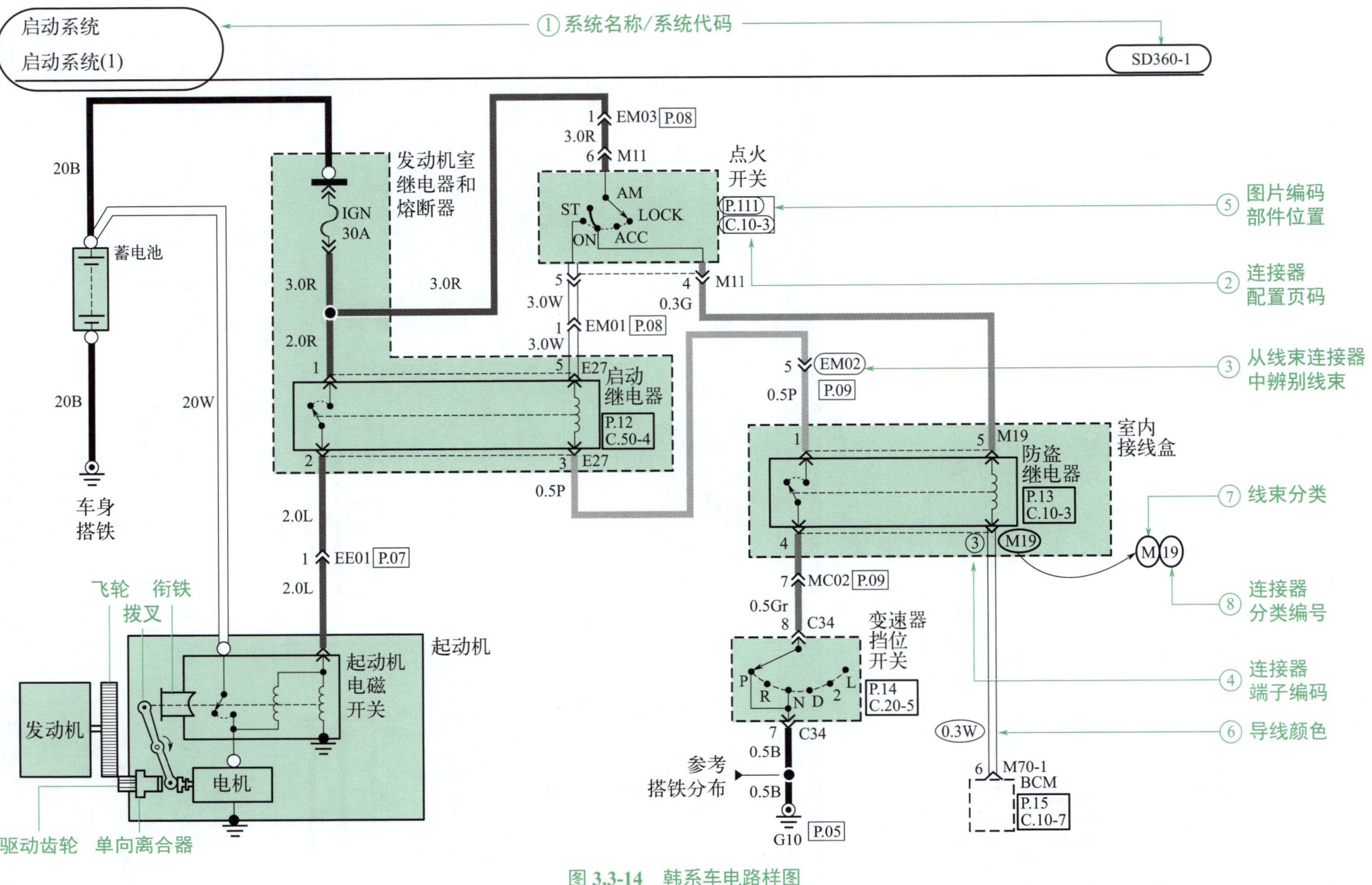

图 3.3-14 韩系车电路样图

① 系统名称 / 系统代码。

● 每一页电路图都由系统电路组成。示意图包括电流程的路径，各个开关的连接状态，以及当前其他相关电路的功能，它适用在实际的维修工作中。在故障检修前正确理解相关电路是非常重要的。

● 系统的电路依据部件编号并表示在电路图索引上。

② 连接器视图（部件）。

● 部分显示：连接器（线束侧，非部件侧）正面图；连接器颜色；端子编码；导线颜色；端子功能。

● 按照第 4 项的连接器视图和编号顺序，在每个连接器的端子上标记编号。

● 没有连接线束的端子以（—）进行标记。

③ 连接器配置（线束连接器）。

● 在线束间连接的连接器，分为插件（插座）连接器，表示在连接器视图篇上。

● 按照第 4 项的连接器视图和编号顺序，在每个连接器的端子上标记编号。

● 没有连接线束的端子以（*）进行标记。

④ 连接器视图和编码顺序见表 3.3-8。

表 3.3-8　连接器视图和编码顺序

连接器插接端（插头）	连接器插接端（插座）	说明 / 释义
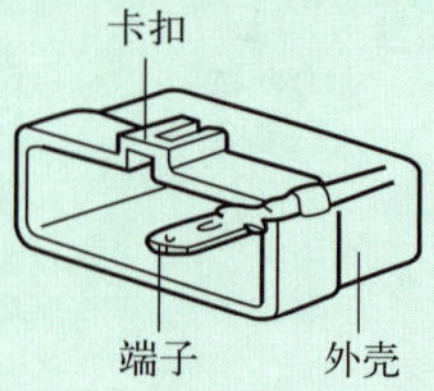 卡扣 端子　外壳	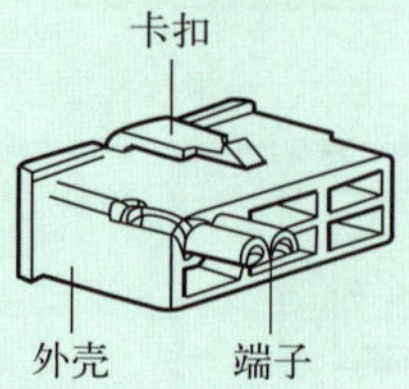 卡扣 外壳　端子	这里不是说明导线连接器的外壳形状，而是说明辨别插头导线连接器和插座导线连接器上的连接器端子 排列插座导线连接器和公导线连接器时，参考下表排列顺序 某些导线连接器端子不使用这种表示方法，具体情况请参考导线连接器配置
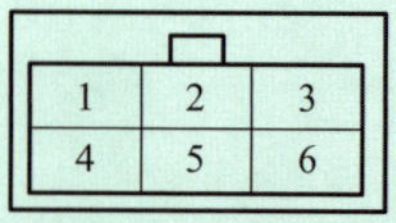 1 2 3 4 5 6	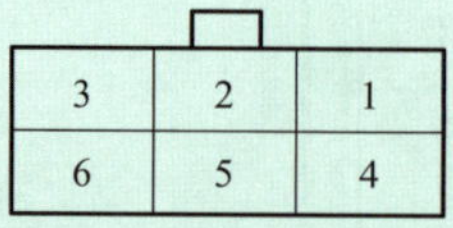 3 2 1 6 5 4	
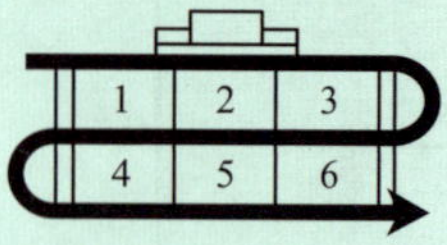 1 2 3 4 5 6	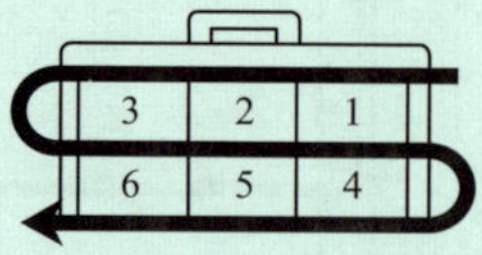 3 2 1 6 5 4	插座导线连接器从右上侧开始往左下侧的顺序读号码 插头导线连接器从左上侧开始往右下侧的顺序读号码

⑤ 部件位置。

● 为了方便寻找部件，在示意图上用“PHOTO ON”表示在部件名称的下面。

● 为了方便区别连接器，图片内的连接器为安装到车上状态进行表示。

⑥ 导线颜色缩写。

● 电路图中识别导线颜色的缩写字母。

⑦ 线束分类。

● 根据线束的不同位置，把线束分为表 3.3-9 所示的类型。

表 3.3-9　线束分类

符号	线束 / 说明	线束位置
D	车门线束	车门
E	前线束、点火线圈、蓄电池、喷油嘴延伸线束	发动机室
F	底板线束	底板
M	主线束	室内
R	后保险杠、后备厢门、后除霜器线束	后保险杠、后除霜器、后备厢门

⑧ 连接器识别。

● 连接器识别代号由线束位置识别代号和连接器位置识别代号组成，连接器位置参考线束布置图。连接器识别代号见表 3.3-10。线束布置图说明主要线束、导线连接器安装固定位置及主要线束的路线。

表 3.3-10　连接器识别代号

说明		图示
举例 1	参考：每个连接线束的连接器都由符号表示	E　10　-1 -1：连接器分序列表(系列数字) 10：连接器主序列表(系列数字) E：符号指示线束(发动机线束)
举例 2	接线盒识别符号由对应线束位置的位置分类符号和对应接线盒内连接器的编号组成	M　R　01 01：连接器序列号(系列数字) R：后线束 M：主线束
		I/P - A A：连接器名称 I/P：“室内接线盒”的缩写

❷ 智能钥匙启动系统电路。如电路图 3.3-15 所示，携带智能钥匙，在没有插入钥匙的状态可以启动发动机。如果智能钥匙的电池电量不足，则不能启动发动机。此时可以用智能钥匙直接按下发动机启动 / 停止按钮来启动发动机。

由蓄电池 B+ 端子为起动机电磁开关、启动继电器提供蓄电池电压。

将变速杆置于 P 或 N 位置，踩下制动踏板，按下启动 / 停止按钮。智能钥匙控制模块接收启动 / 停止按钮开关信号，并把信号通过室内接线盒的 START 10A 熔丝传送到 ECM。ECM 根据此信号控制启动继电器线圈负极（-）端子搭铁。

由于 ECM 控制启动继电器线圈负极（-）搭铁，启动继电器工作，通过启动继电器开关端子电流提供到起动机 ST 端子，电磁开关的线圈磁化，拉动开关和拨叉，小齿轮和飞轮啮合，电磁开关触点接合，因此 B+ 高强度电流使电机旋转，从而驱动发动机。发动机启动后分离点火开关时，小齿轮离合器超速运转，防止电枢过度旋转造成损坏。

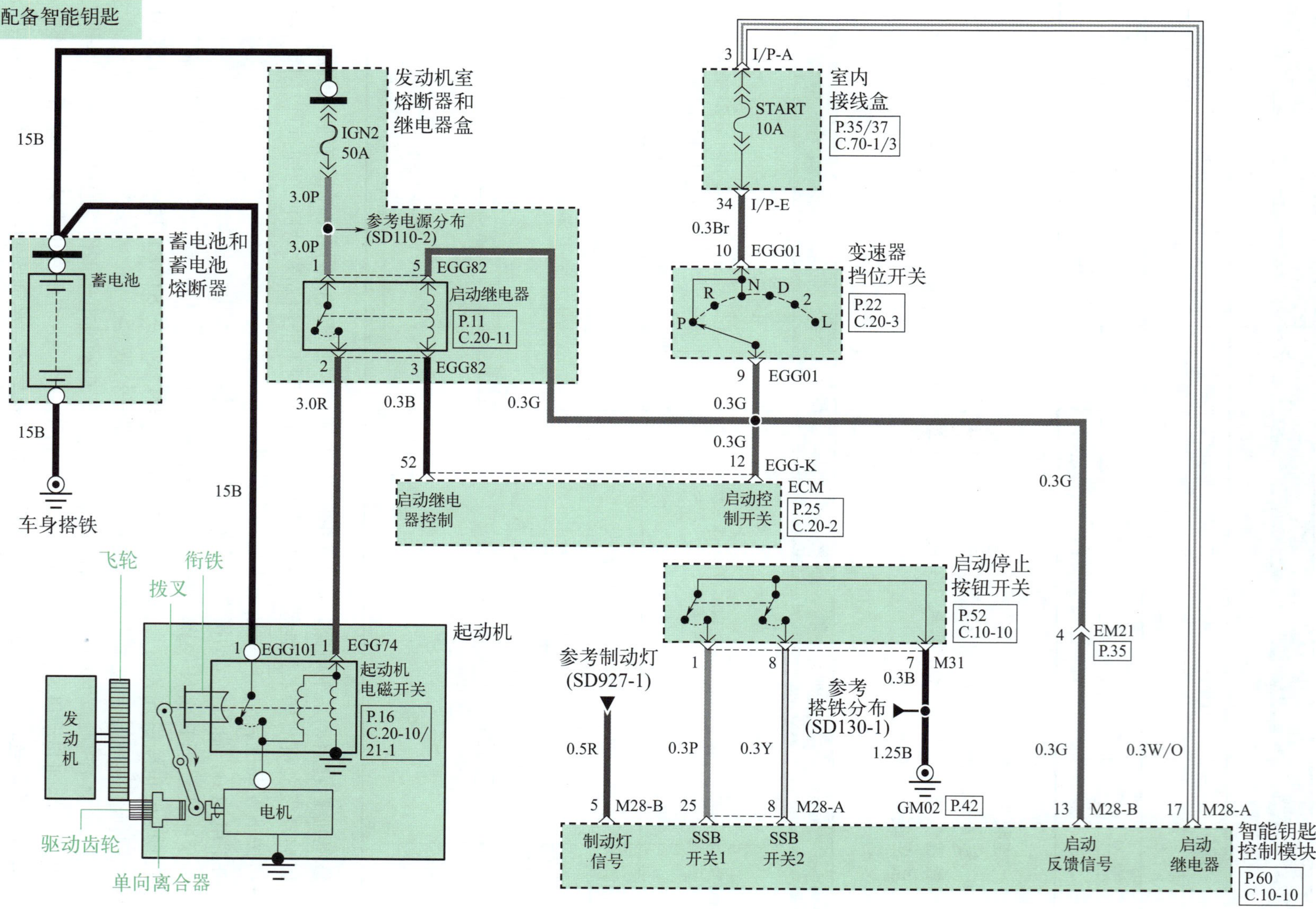

图 3.3-15　启动系统电路图（智能钥匙）

③ 电动室外后视镜电路图。如图 3.3-16 所示为电动室外后视镜电路图。点火开关在 ACC 以上位置时，可使用后视镜开关调整室外后视镜的角度。

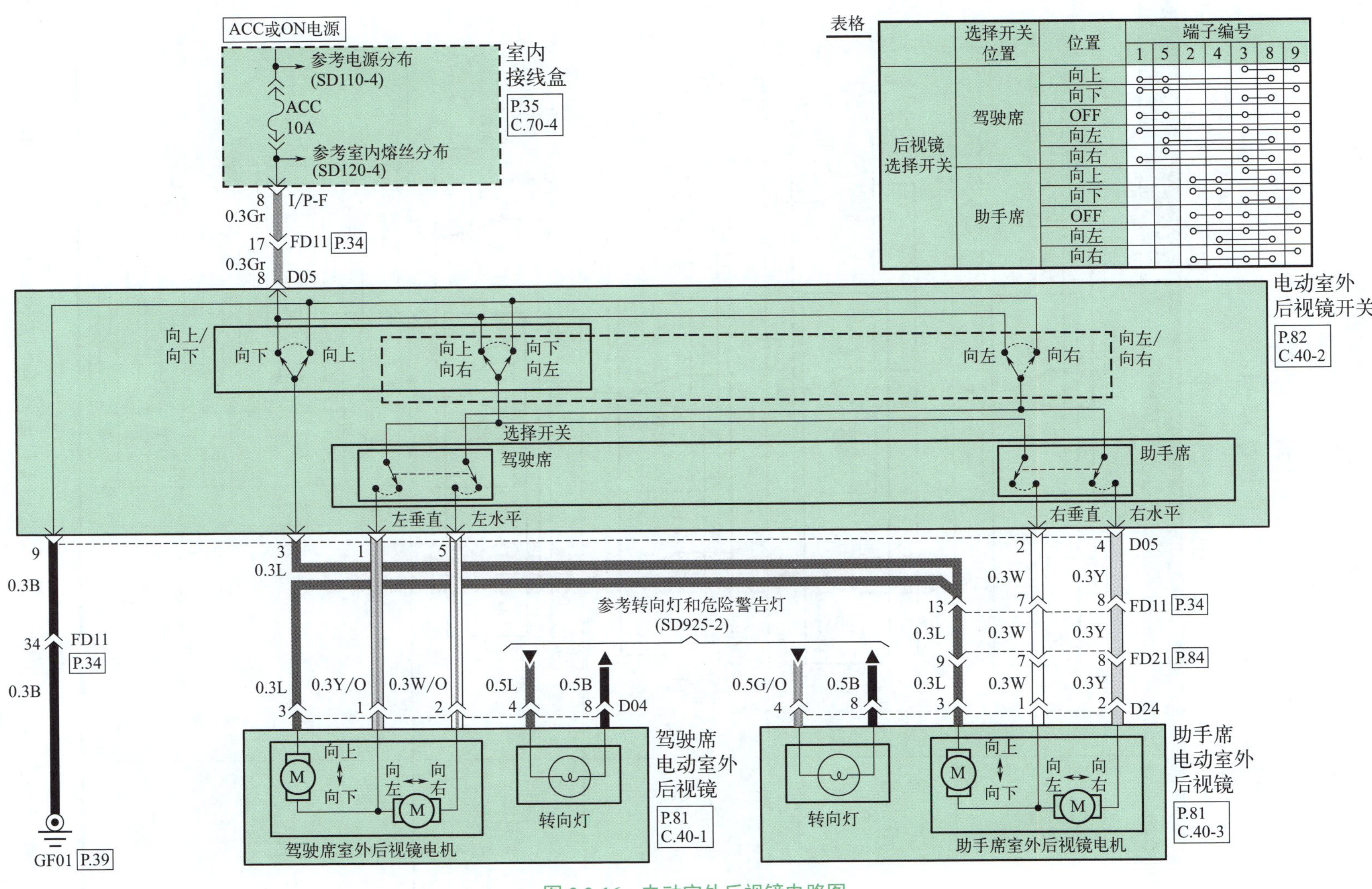

图 3.3-16　电动室外后视镜电路图

要调整后视镜，移动选择开关杆到 R（右）或 L（左）位置，并按动向左 / 向右或向上 / 向下开关进行调整。按下向上或向下开关时，分别向左或向右开关连接；按下向左或向右开关时，分别向上或向下开关连接。

后视镜调整结束后，移动选择开关杆到中间位置，防止意外调整。

电动室外后视镜内部开关连接方向见表 3.3-11。

表 3.1-11　电动室外后视镜内部开关连接方向

开关情况	内部电路情况
后视镜 向上开关	ACC 搭铁 向上/向下　向下　向上　向上 向右　向下 向左　向左　向右　向左/向右 ACC：8, 5, 1(左)/8, 4, 2(右) 搭铁：9, 3
后视镜 向下开关	ACC 搭铁 向上/向下　向下　向上　向上 向右　向下 向左　向左　向右　向左/向右 ACC：8, 3 搭铁：9, 5, 1(左)/9, 4, 2(右)
后视镜 向左开关	ACC 搭铁 向上/向下　向下　向上　向上 向右　向下 向左　向左　向右　向左/向右 ACC：8, 5(左)/8, 4(右) 搭铁：9, 3, 1(左)/9, 3, 2(右)
后视镜 向右开关	ACC 搭铁 向上/向下　向下　向上　向上 向右　向下 向左　向左　向右　向左/向右 ACC：8, 3, 1(左)/8, 3, 2(右) 搭铁：9, 5(左)/9, 4(右)
检查电动室外后视镜工作的连接情况	（见下表）

	方向	1	2	3	B+	搭铁
左	向上	○	○		○	
				○		○
	向下			○	○	
		○	○			○
	OFF	○	○		○	
	向右	○		○	○	
			○			○
	向左		○		○	
		○		○		○
右	向上	○	○		○	
				○		○
	向下			○	○	
		○	○			○
	OFF	○	○		○	
	向右	○		○	○	
			○			○
	向左		○		○	
		○		○		○

❹ 大灯电路图。如图 3.3-17 所示为大灯电路图。要控制大灯，点火开关必须在 IG2 以上位置。转动组合开关的灯光开关到 HEAD 位置，并把变光 / 超车开关置于近光 / 远光位置。

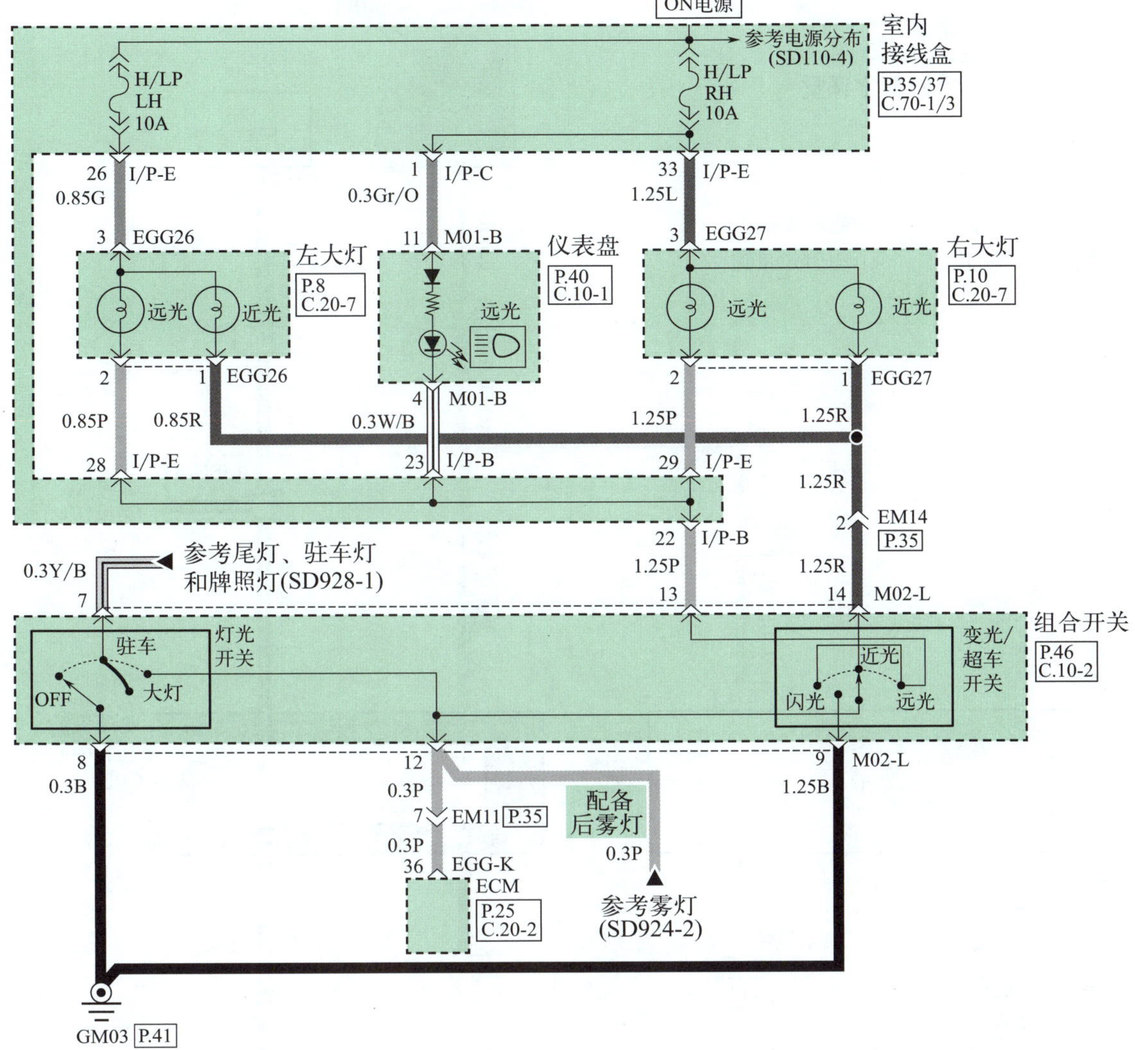

图 3.3-17　大灯电路图

通常，将变光 / 超车开关置于近光位置。

a. 变光 / 超车开关：近光。灯光开关在 HEAD 位置，将变光 / 超车开关置于近光位置时，提供 IG2 电源并接通大灯近光。

b. 变光 / 超车开关：远光。灯光开关在 HEAD 位置，将变光 / 超车开关置于远光位置时，接通仪表盘上的远光指示灯，并提供 IG2 电源至大灯。

c. 变光 / 超车开关：超车。此功能不管灯光开关是否在 HEAD 位置都能工作。朝驾驶员方向拉动变光 / 超车开关 2 ～ 3 次，警告对面车辆驾驶员，并接通仪表盘上的远光指示灯和大灯（远光）。

d. 组合开关检查。检查组合开关各位置处端子之间导通性。如果导通性不良，则更换组合开关。

（5）长安汽车电路图

❶ 电路图结构见图 3.3-18 和表 3.3-12。

见此图标 微信扫码
走进汽车维修数字课堂

扫码获取

- AI 智能导学
- 视频实操演示
- 电子图解手册
- 知识进阶锦囊

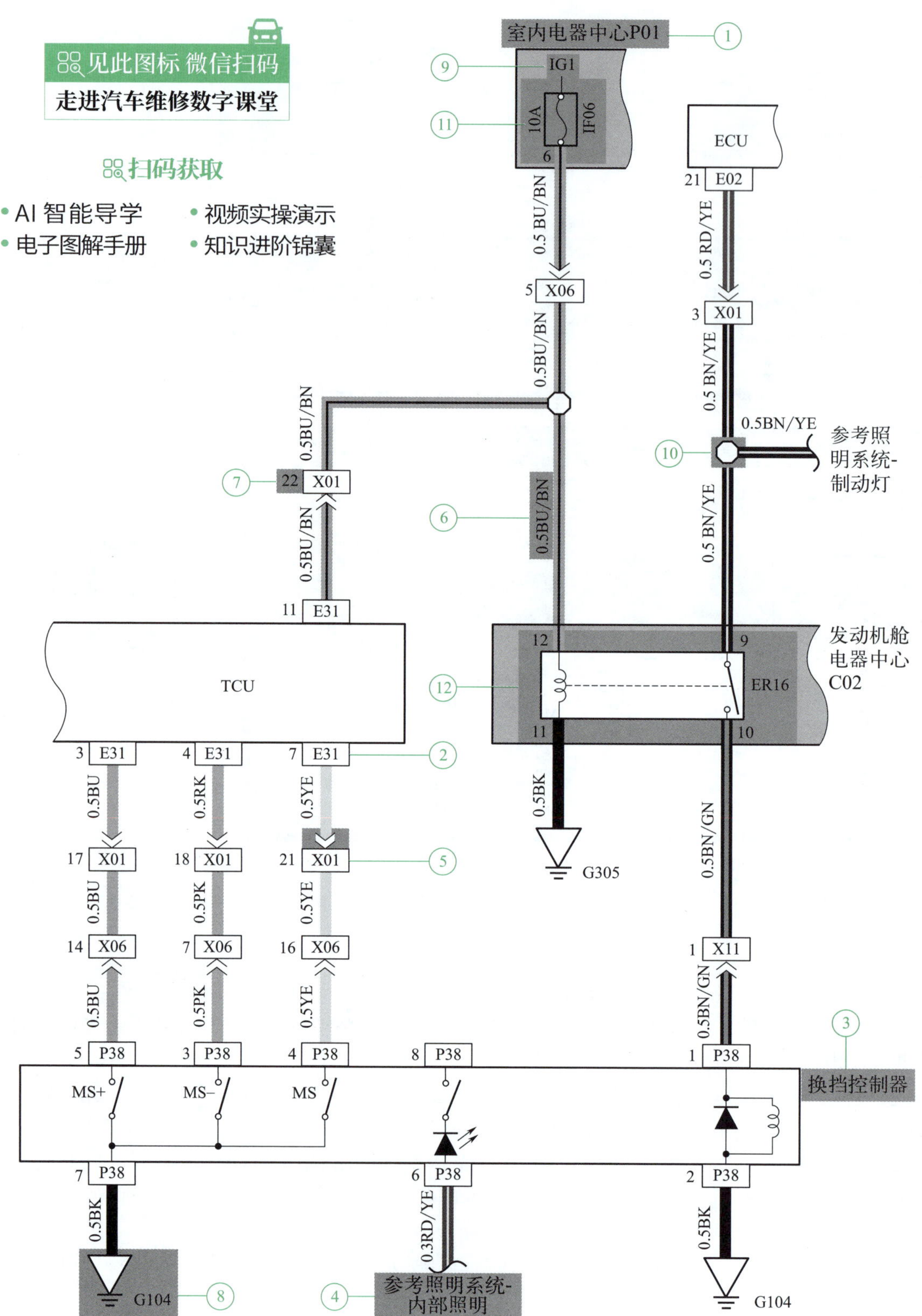

图 3.3-18　长安汽车电路图

表 3.3-12　长安汽车电路图说明

<table>
<tr><th>图注</th><th colspan="3">说明 / 释义</th></tr>
<tr><td>①</td><td colspan="3">阴影填充表示电器中心，P01 表示电器中心线束接头代码</td></tr>
<tr><td>②</td><td colspan="3">线束接头编号
本电路的线束接头编号规则以线束为基础，例如发动机线束中的 ECM 线束接头编号为 E01 ，其中 E 为线束代码，01 为接头序列号
CA 表示发动机舱线束；C 示发动机舱线束插头；EN 表示发动机线束；E 表示发动机线束插头；IP 表示仪表线束；P 表示仪表线束插头；SO 表示底盘线束；S 表示底盘线束插头；DR 表示车门线束；D 表示车门线束插头；RF 表示（室内灯）车顶线束；L 表示（室内灯）车顶线线束插头；X 表示线束与线束插头</td></tr>
<tr><td>③</td><td colspan="3">零部件名称</td></tr>
<tr><td>④</td><td colspan="3">显示此电路连接的相关系统信息</td></tr>
<tr><td>⑤</td><td colspan="3">线束与线束接头，黑色箭头表示该接头的阳极，方框部分表示该接头的阴极，方框内的内容表示该接头的代码</td></tr>
<tr><td>⑥</td><td colspan="3">显示导线颜色及线径，颜色代码如下：如果导线为双色线，则第一个字母显示导线底色，第二个字母显示条纹色，中间用“/” 分隔。例如：标注为 YE/WH 的导线即为黄色色底、白色条纹</td></tr>
<tr><td>⑦</td><td colspan="3">显示接插件的端子编号，注意相互插接的线束接头端子编号顺序互为镜像</td></tr>
<tr><td>⑧</td><td colspan="3">接地点编号以 G 开头的序列编号标识，接地点位置详细参见接地点布置图</td></tr>
<tr><td>⑨</td><td colspan="3">供给于熔丝上的电源类型，+B 表示蓄电池电源， ACC 表示点火开关处于“ACC” 时的电源输出，IG1 表示点火开关处于“ON”时的 4 号端子输出，IG2 表示点火开关处于“ON” 时的 1 号端子输出
注意：IG1 与 IG2 的区别在于点火开关处于“ST” 时 IG1 有电源输出，而 IG2 无电源输出</td></tr>
<tr><td rowspan="2">⑩</td><td rowspan="2">导线节点</td><td>未连接交叉线路</td><td></td></tr>
<tr><td>相连接交叉线路</td><td></td></tr>
<tr><td>⑪</td><td colspan="3">熔丝编号由熔丝代码和序列号组成，位于发动机舱的熔丝代码为 EF，室内熔丝代码为 IF。熔丝编号详细内容参见熔丝列表</td></tr>
<tr><td>⑫</td><td colspan="3">继电器编号用两个大写英文字母标识。位于发动机舱的继电器代码为 ER，室内继电器代码为 IR。详细参见继电器列表</td></tr>
</table>

❷ 充电系统电路图见图 3.3-19。

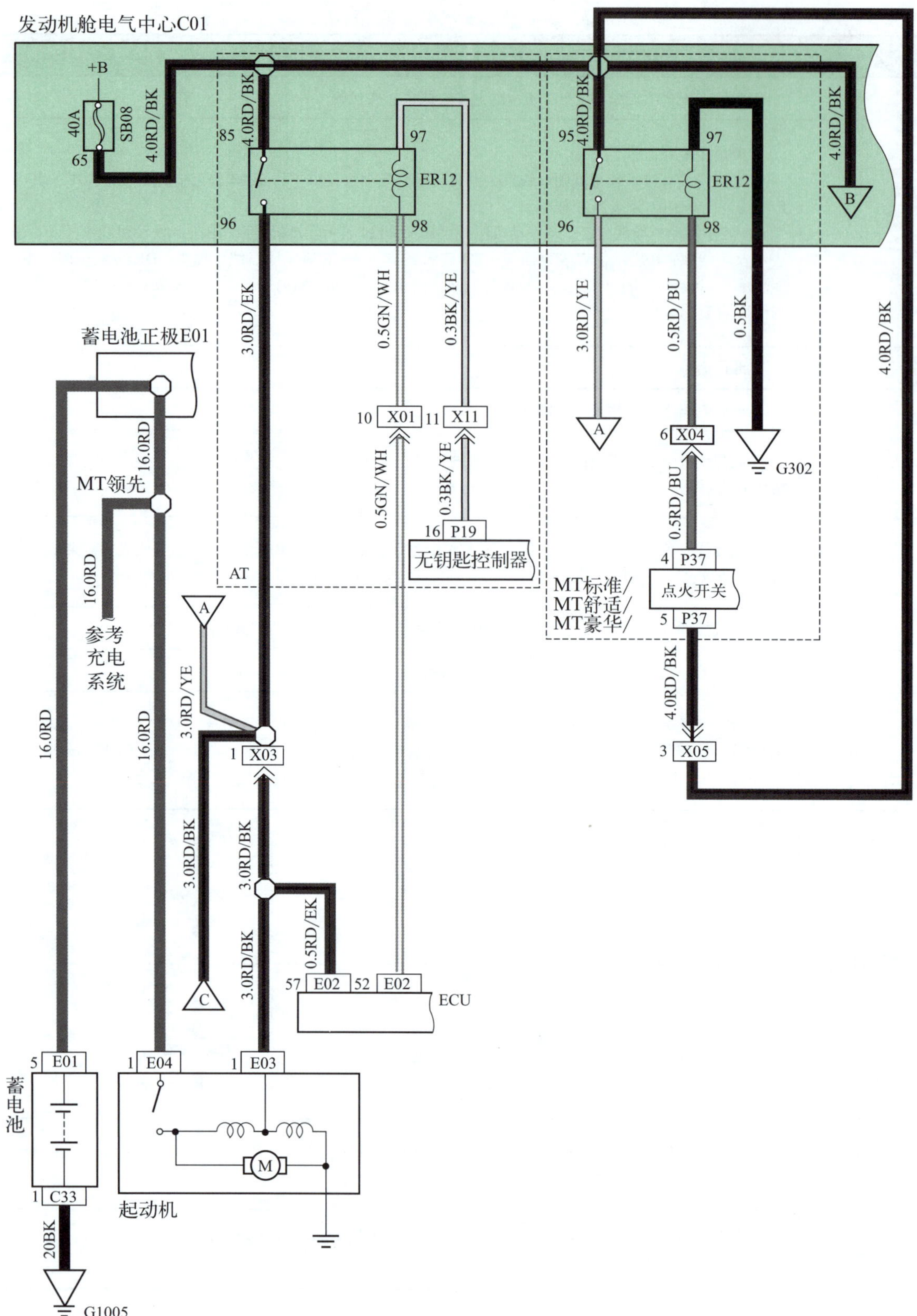

发动机舱电气中心C01
+B
40A
SB08
65
4.0RD/BK
85
4.0RD/BK
97
ER12
96
98
95
4.0RD/BK
97
ER12
96
98
4.0RD/BK
B
3.0RD/EK
0.5GN/WH
0.3BK/YE
3.0RD/YE
0.5RD/BU
0.5BK
4.0RD/BK
蓄电池正极E01
16.0RD
MT领先
16.0RD
参考
充电
系统
10 X01
11 X11
0.5GN/WH
0.3BK/YE
16 P19
无钥匙控制器
AT
A
6 X04
G302
0.5RD/BU
4 P37
点火开关
5 P37
MT标准/
MT舒适/
MT豪华/
4.0RD/BK
3 X05
A
3.0RD/YE
1 X03
16.0RD
16.0RD
3.0RD/BK
3.0RD/BK
0.5RD/EK
3.0RD/BK
C
57 E02
52 E02
ECU
5 E01
1 E04
1 E03
蓄电池
M
1 C33
起动机
20BK
G1005

图 3.3-19　某款长安 **CS75** 启动系统电路图

❸ 喇叭电路图见图 3.3-20。

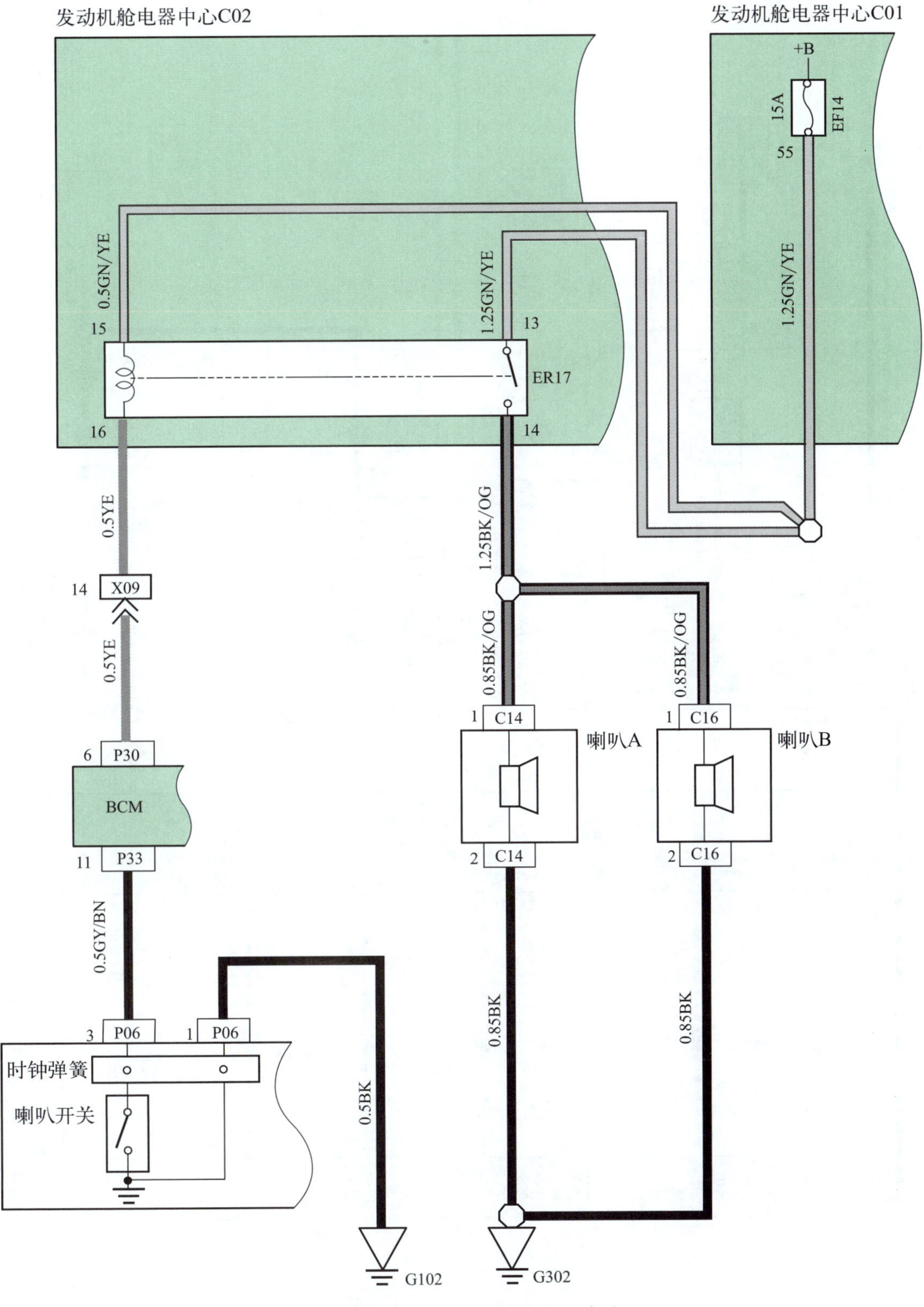

图 3.3-20　某款长安 CS75 喇叭电路

（6）哈佛汽车电路图

哈佛汽车电路图样图见图 3.3-21。

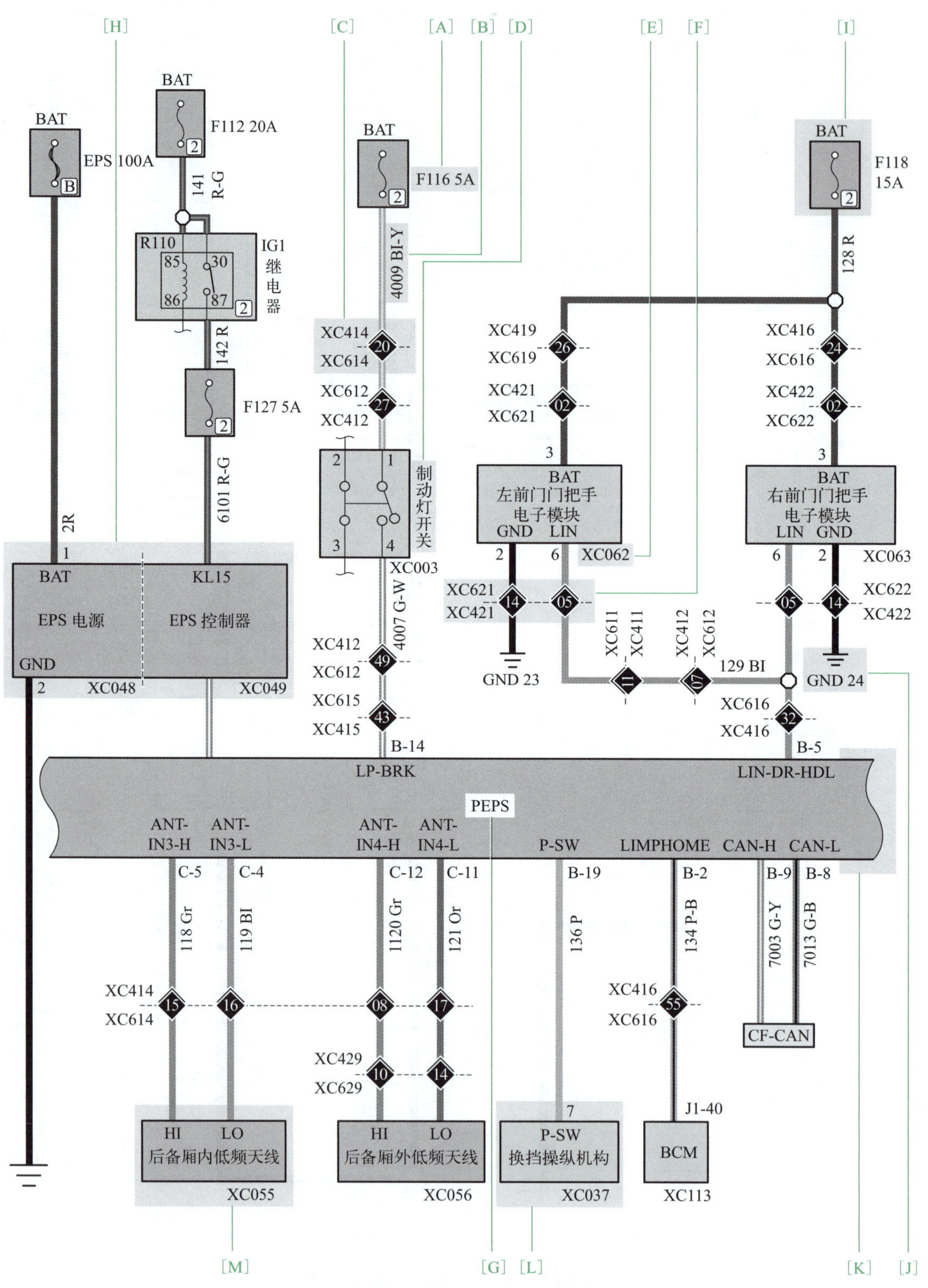

图 3.3-21 哈佛汽车电路图样图

[A]：熔丝名称及熔丝容量。

[B]：表示配线颜色及编号配线颜色用字母表示，见表 3.3-13。

表 3.3-13 导线颜色表示

字母	导线颜色	字母	导线颜色
B	黑色	W	白色
R	红色	G	绿色
Bl	蓝色	Gr	灰色
P	粉色	V	紫色
Y	黄色	Br	棕色
Or	橙色		

单色导线的颜色标注直接使用表 3.3-13 中的字母，双色导线的颜色标注第一位为主色，第二位为条纹色。例如：单色导线为红色，标注为 R；双色导线，主色为绿色，条纹颜色为黑色，标注为 G-B（图 3.3-22）。

图 3.3-22 导线颜色表示

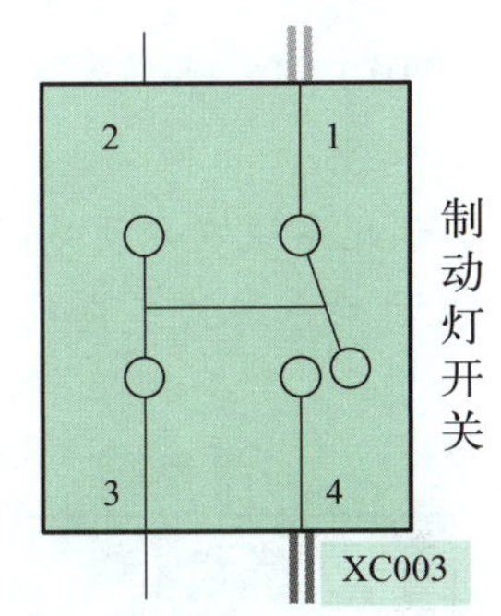

图 3.3-23 电器元件与插件

[C]：表示两根线束插件的连接。XC414 与 XC614 为两根线束的插件编号，20 为插件引脚号。

[D]：表示电器元件的名称。

[E]：表示电器元件与线束连接插件的编号，此插件为线束端插件，如图 3.3-23 所示。

[F]：表示两个引脚在同一插件中。例如，14 与 05 两个引脚同在 XC621/XC421 中。

[G]：表示系统模块名称。

[H]：表示此模块有两个或两个以上插件。例如，图 3.3-24 所示为两个插件，分别为 XC048/XC049。

维修提示

当模块有两个或两个以上插件时，除上述表现方式外，还可表示为 A-1、B-1（图 3.3-25）。

[I]：熔丝，框中数字表示熔断器序号，此图表示此熔丝在 2 号熔断器内。

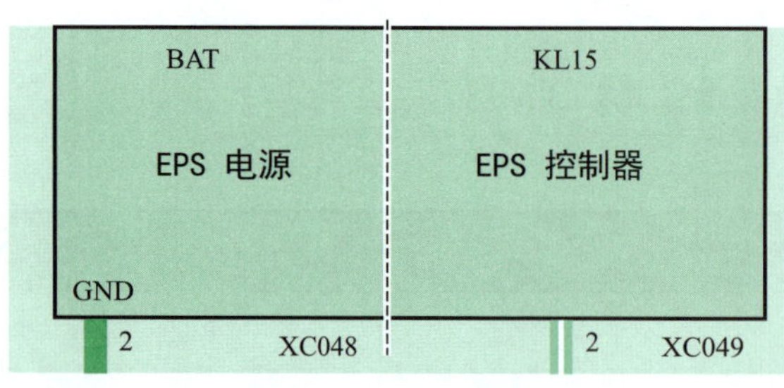

图 3.3-24　两个插件

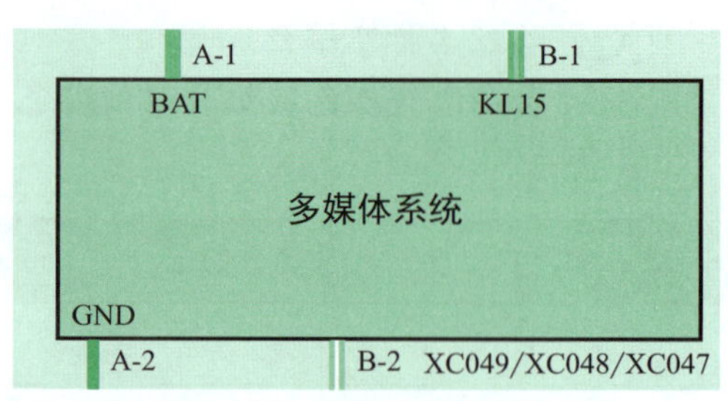

图 3.3-25　两个或两个以上插件

[J]：表示搭铁点，统一用“GND”加数字表示，图中所示为第 24 号搭铁点。
[K]：表示系统未展示完，如图 3.3-26 所示。系统展示完如图 3.3-27 所示。

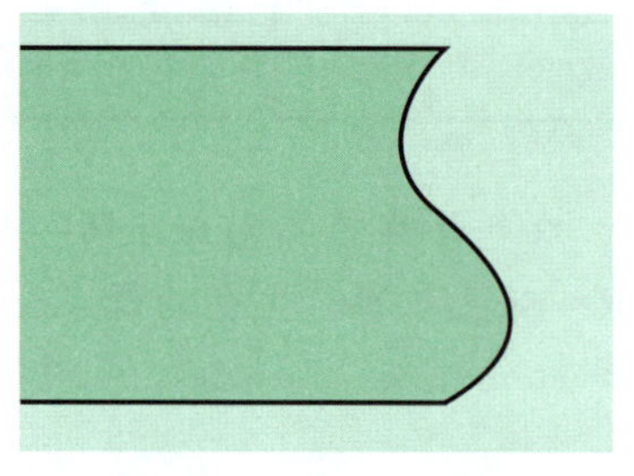

图 3.3-26　系统未展示完

图 3.3-27　系统展示完

[L]：表示此系统在本页内为非重点表达内容，填充颜色为灰色，如图 3.3-28 所示。
[M]：表示此系统为本页内重点表达内容，填充颜色为蓝色，如图 3.3-29 所示。

图 3.3-28　在本页非重点

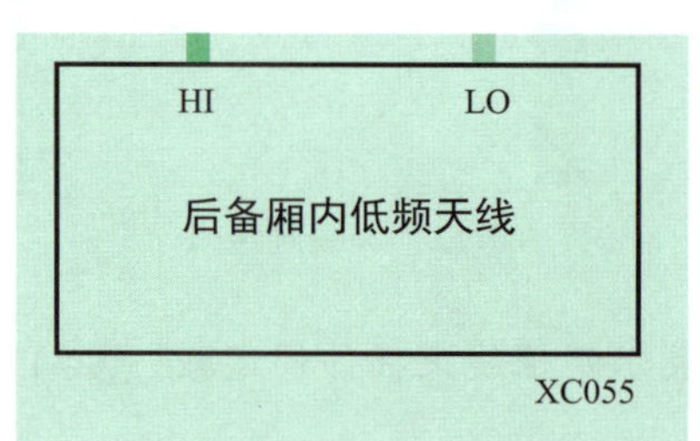

图 3.3-29　在本页重点

电路图上的电子元器件符号见表 3.3-14。

表 3.3-14　电路图上的电子元器件符号

名称	电气元件符号	说明	名称	电气元件符号	说明
蓄电池		存储化学能并将其转化为电能，为车辆各电路提供直流电	搭铁		线束连接车身的点，为电路提供回路，没有搭铁电路，电流就无法流动

续表

名称	电气元件符号	说明	名称	电气元件符号	说明
熔丝	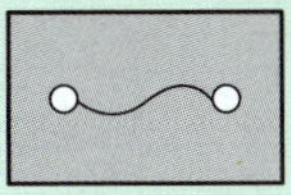	一个金属薄片，如果流经的电流过大，则会熔断，从而切断电流来保护电路免受损坏	熔断丝	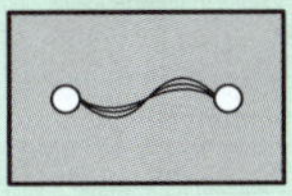	这是位于大电流电路中的粗导线，如果电流过大，其将会熔断，从而保护电路
手动开关（常闭）	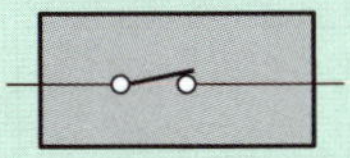	闭合电路，允许电流通过	常开继电器	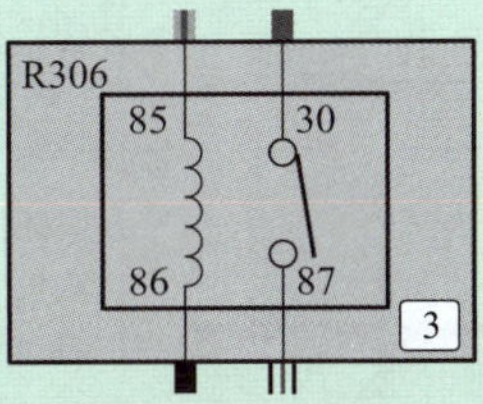	电子操作开关，一般分两种：常闭与常开。流经小线圈的电流可产生磁场，打开或关闭附属的开关
手动开关（常开）	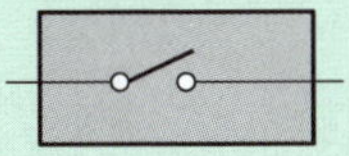	断开闭合电路，以此可阻止电流通过	常闭继电器	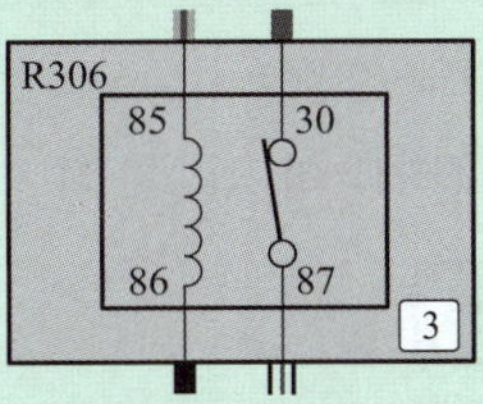	
微动开关	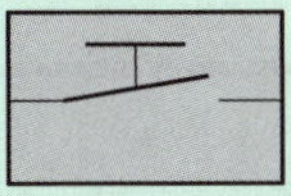	通常连接在电机动作的电路中，来控制电路通断。如座椅调节、车窗电机控制都可以用微动开关来实现	双掷继电器	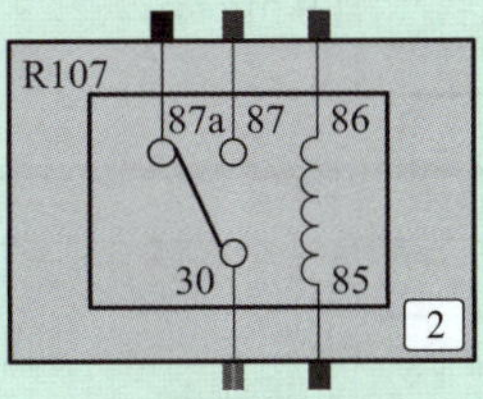	使电流流过两组触点中任意一组触点的继电器
温度传感器	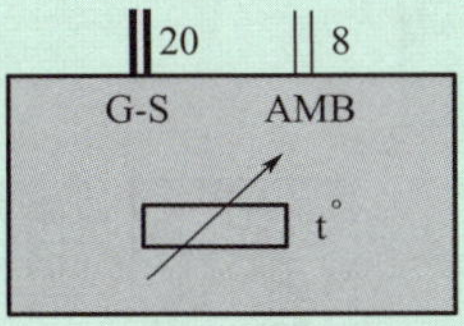	电阻值随温度变化而变化的电阻	除霜加热丝	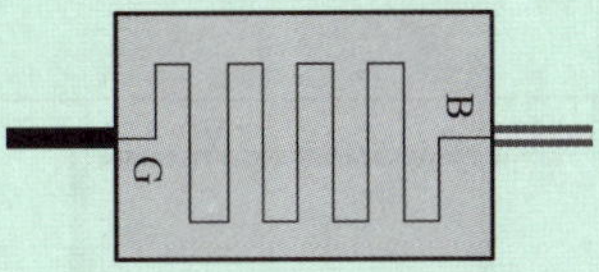	电流通过加热丝时，产生热量，用以除霜
制动灯开关	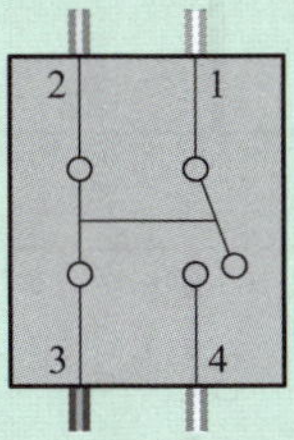	踩下制动踏板时，开关接通	防盗线圈	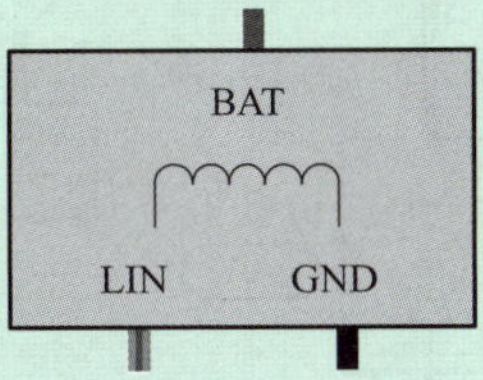	防盗线圈
报警蜂鸣器	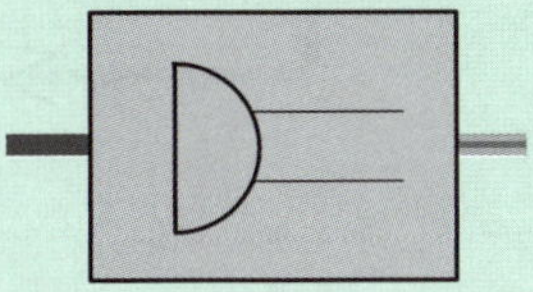	直流电压供电	扬声器	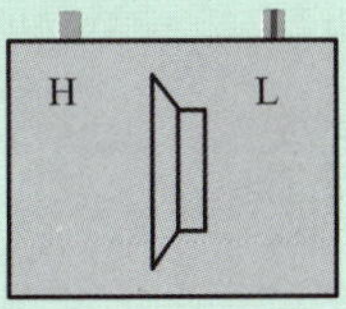	利用电流产生声波

续表

名称	电气元件符号	说明	名称	电气元件符号	说明
灯	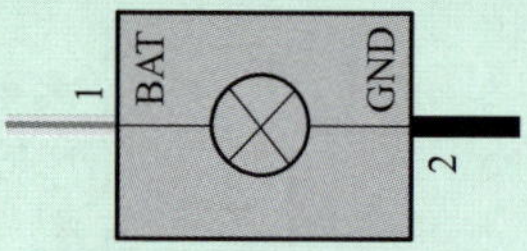 1 BAT GND 2	电流流经灯丝，使灯丝变热并发光	发光二极管	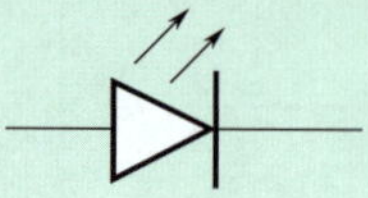	发光二极管中通过电流时发光，但是不会产生热量
屏蔽线	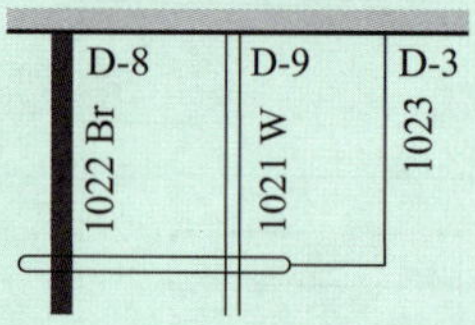 D-8 D-9 D-3 1022 Br 1021 W 1023	避免干扰信号进入而降低传输信号	线束接合	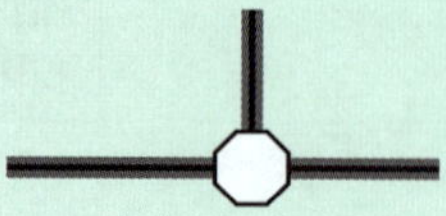	在相交处有八角形标记的代表线束接合
线束未连接	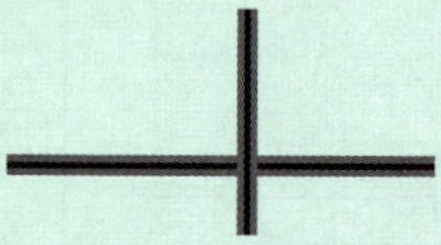	在相交处无八角形标记的代表线束未连接			

(7)奇瑞汽车电路图

奇瑞汽车电路图样图识读见图 3.3-30 和表 3.3-15。

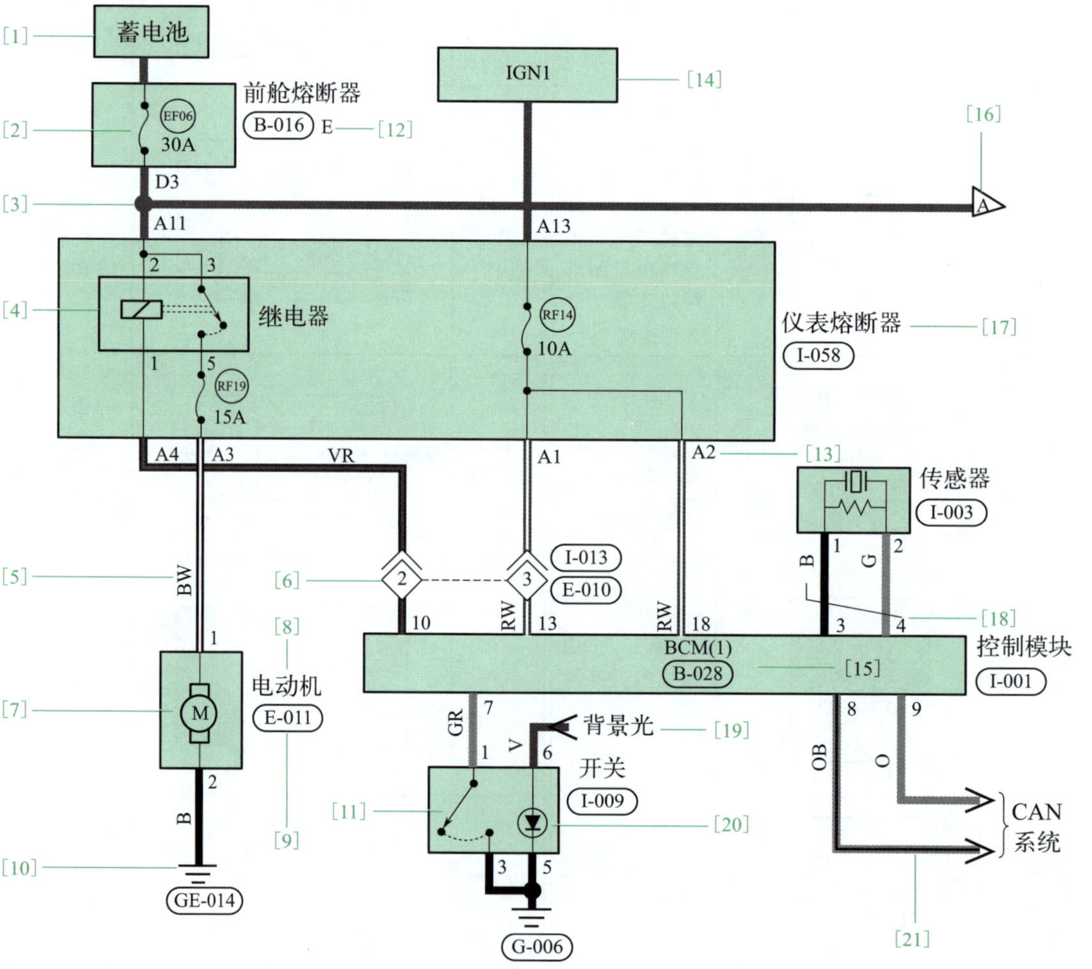

图 3.3-30　奇瑞汽车电路图

表 3.3-15　奇瑞汽车电路图说明

图注	项目 / 部件	含义 / 说明
[1]	蓄电池	表示自蓄电池正极至电气设备的电源
[2]	熔丝	该符号表示熔丝；EF05 表示熔丝编号；30A 表示该熔丝的额定电流
[3]	接合点	实心圆表示交叉连接各交叉线束
[4]	继电器	该符号表示继电器；“MAIN RELAY”表示继电器名称；1、2、3 和 5，或 85、86、87 和 30 表示继电器的端子编号
[5]	导线颜色	表示导线的颜色。颜色代码如下：B= 黑色；W= 白色；R= 红色；G= 绿色；L= 蓝色；Y= 黄色；Br= 棕色；O= 橙色；Gr= 灰色；P= 粉色；V= 紫色；Lg= 浅绿色 示例：BrR 表示导线为双色，主要颜色为棕色，次要颜色为红色
[6]	连接器	表示接线连接器。Λ 是阴连接器，I-013 是应用编号；◇是阳连接器，E-010 是应用编号 阳连接器内侧的数字 2 和 3 表示端子编号。“----”表示来自相同接线连接器的不同端子
[7]	电动机	该符号表示电动机
[8]	部件名称	表示零部件名称
[9]	连接器代码	E-011 表示该零部件的连接器代码；字母 E 表示连接器所在线束的线束代码。连接器代码如下：Q= 前保险杠线束；E= 发动机线束；I= 仪表线束；B= 室内线束；J= 后保险杠线束；F= 左前车门线束；H= 右前车门线束；L= 左后车门线束；R= 右后车门线束；T= 后背门线束；K= 空调线束；D= 变速箱线束；Y=HSD 连接线束；X= 显示屏连接线束；U=USB 连接线束
[10]	接地点	表示接地点。例：GQ-010，G 表示接地点，Q 表示接地点位于前保线束（不同字母表示对应线束），010 对应接地点编号
[11]	开关	该符号表示开关
[12]	电器盒插件	例：B-015 E，即本电路图手册命名的 B-015 插件对应实车电器盒 E 插件
[13]	端子编号	表示该零部件的连接器的端子编号
[14]	点火开关	表示自点火开关至电气设备的电源
[15]	模块名称	表示上下层叠摆放的模块插件和其对应的插件编号
[16]	连接至	表示线束连接至下一页上的电路图。字母 A 与下一页上电路图中的 A 连接
[17]	熔断器继电器名称	表示熔丝和继电器的名称
[18]	绞接线	表示两根配线绞接
[19]	背光灯电源	表示输出自背光灯调节开关的照明灯电源
[20]	LED	其用于开关或仪表组的指示灯、警告灯或照明灯
[21]	CAN	表示电路图中的 CAN 线束。连接至 CAN 系统

❶ 电路图表达了实际线路走向及其电路工作的完整性，显示了蓄电池电源至接地点的各系统电路实际线束。

❷ 电源电路在页面顶部，接地电路在页面底部。

❸ 在电路图上以简单的标注形式显示零部件，例如开关和熔丝等。

3.4 新能源汽车电路图

3.4.1 新能源汽车电路图特点

（1）高压双线制原则

电动汽车高压部件一般有动力电池、驱动电机、充电机、控制器、电动空调压缩机等。由于高压部件的功率都比较大，为保障系统安全工作，所以高压电气系统均采用双线制。也就是电流从电源的正极出发，通过一根导线到用电设备，再由另一根导线到电源负极所构成的回路。电源的负极不是连接在车架上的，而是随正极连接到用电设备上。不用车架金属结构作为电气回路的一部分，不参与构成电气回路。这样，电源到用电设备之间就必须有两根导线，即双线制电路（图 3.4-1）。

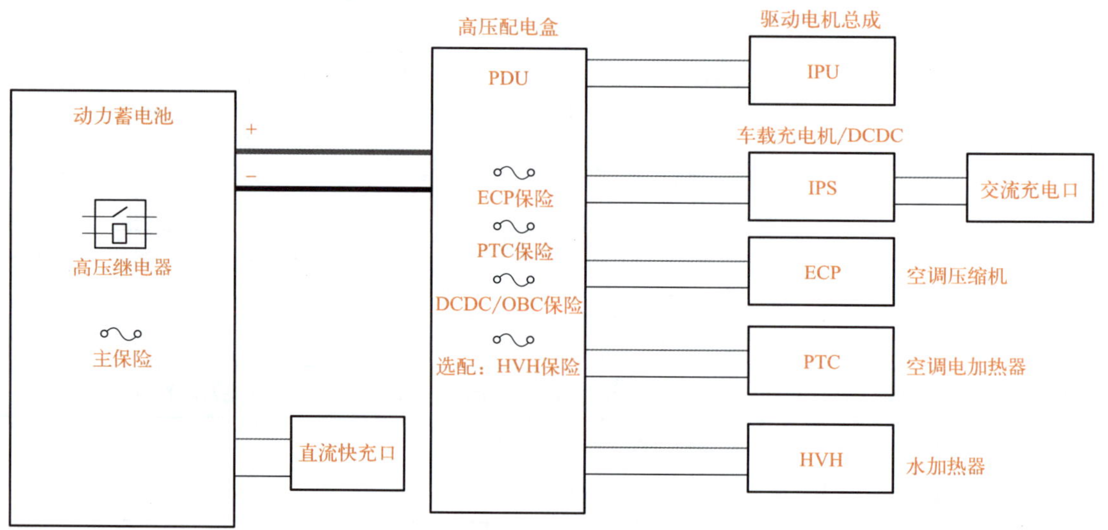

图 3.4-1 高压部件（双线）连接示意

维修提示

虽然电动汽车的动力来自高压电，但整个汽车的控制模块和控制线路仍是低压电，所以，高压动力受控于低压控制电路。

（2）高低压分离原则

新能源汽车电路是将高压和低压线束分离成两套电网系统，避免将高压系统产生的电磁干扰影响低压系统，保证低压系统通信、控制信号的正常工作。在高压系统中，分直流和交流两种类型，高压及控制示意见图 3.4-2。

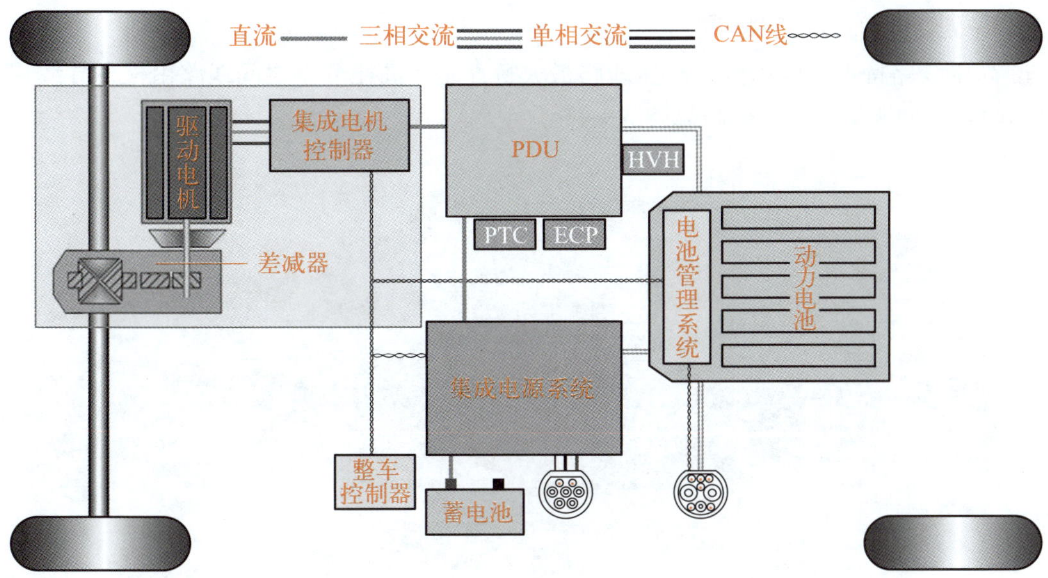

图 3.4-2　高压及控制示意

在低压系统中，线路依然是单线制原则，低压电路是从电源到用电设备只用一根导线连接，另一根导线用金属车身代替，从而构成回路。例如低压电路图如图 3.4-3 所示，蓄电池的负极必须接在车身上，喇叭与车身连接的位置（点）就是搭铁。

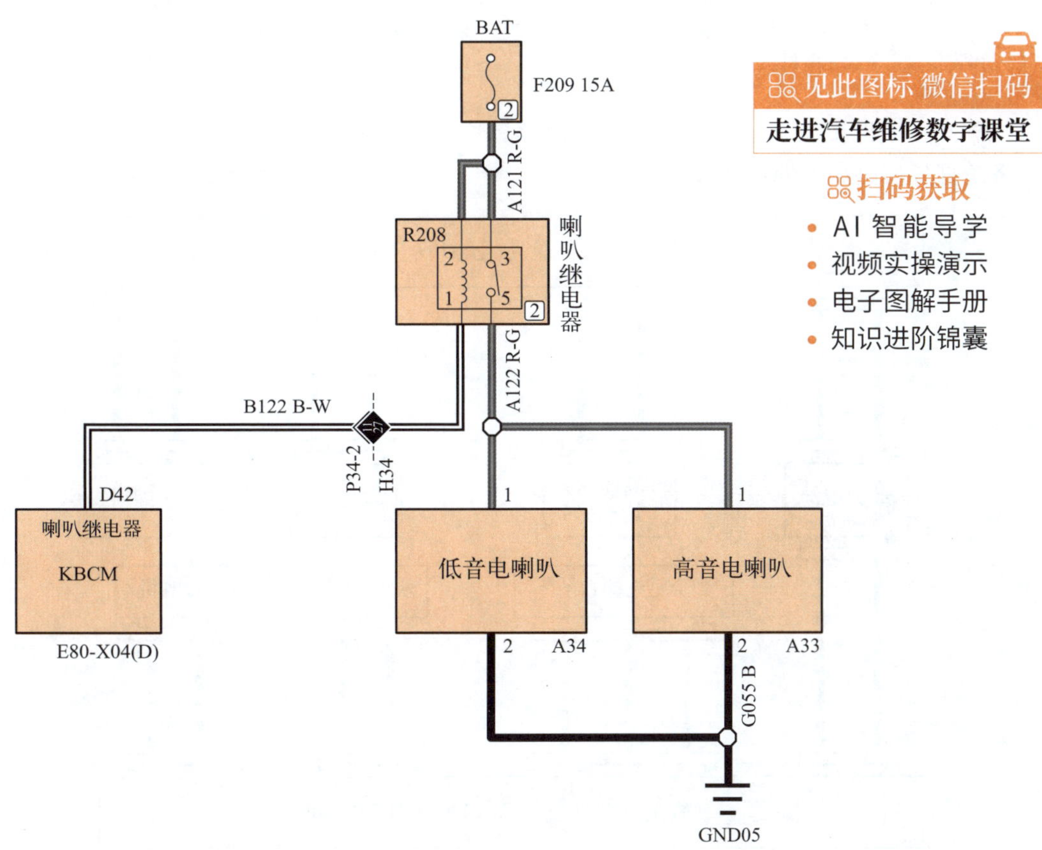

见此图标 微信扫码
走进汽车维修数字课堂
扫码获取
- AI 智能导学
- 视频实操演示
- 电子图解手册
- 知识进阶锦囊

图 3.4-3　低压电路图

（3）高压线路及高压电路图

❶ 高压线路特点。电动汽车高压线路最大特点是，高压部件之间线路由橙色导线连接，独立布线，走向明确，高压线路见图 3.4-4。

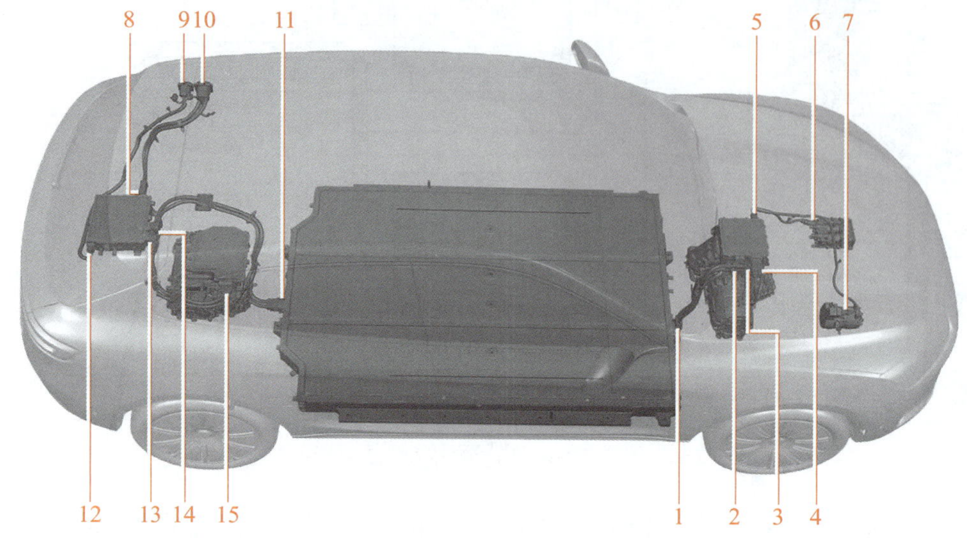

图 3.4-4　高压线路

1—动力电池（前端）；2—动力电池（前舱高压盒 PDU）；3—前电机（前电机端）；4—前电机（前舱高压盒 PDU）；5—压缩机（前舱高压盒 PDU）；6—加热 PTC 总成；7—压缩机；8—快充接口（车载充电机三合一端）；9—慢充接口；10—快充接口；11—动力电池（后端）；12—慢充接口（车载充电机三合一端）；13—后电机（三合一端）；14—动力电池（车载充电机三合一端）；15—后电机

❷ 高压电路图特点。电动汽车高压电路图中的电路简单明了，导线颜色通常呈橙色，电路路径直观。高压电路图见图 3.4-5。

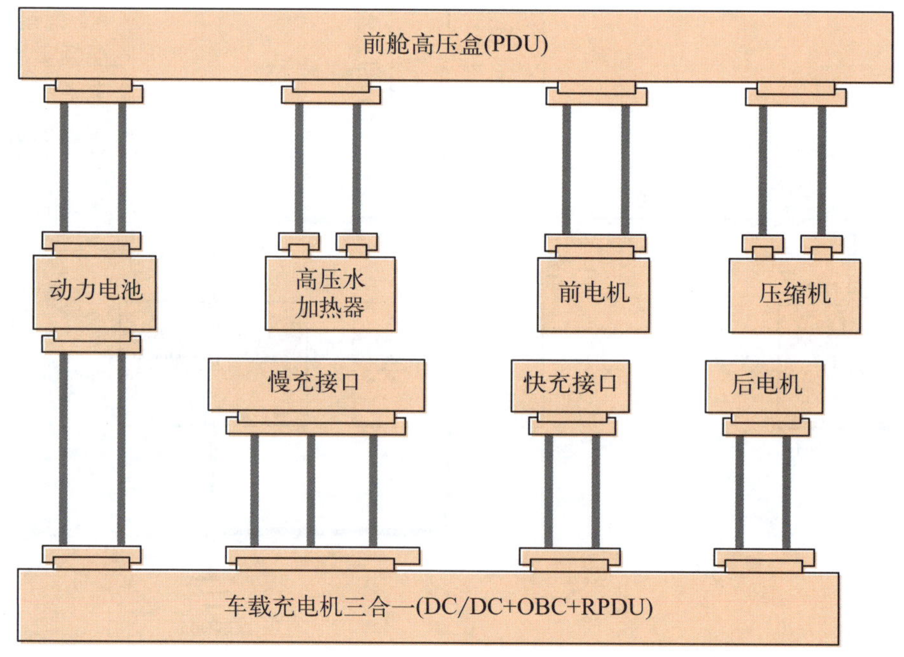

图 3.4-5　高压电路图

3.4.2 问界汽车电路图

（1）识读电路图

问界汽车电路图左上方布局的也是供电单元，从习惯上，从左上侧起，能更好地来捋顺整个电路图。控制单元和导线布置在中部，电气部件和接地点置于整个电路图下方。从电路图结构布局上，这也是典型的“上中下”三布局电路图。问界汽车电路图识读样图见图 3.4-6 ～图 3.4-8，其电路图中的电气元件及图标见表 3.4-1。

表 3.4-1 问界汽车电路图中的电气元件及图标

序号	元件符号	说明	序号	元件符号	说明
1		带有接插式连接端子的零部件	7		分布式连接点
2		带有引出线接插式连接端子的零部件	8		不连接的两条交叉线
3		零部件壳体直接接地	9		接地
4		带有螺栓连接端子的零部件	10		屏蔽线
5		部分电气零部件	11	2 1	常闭继电器
6		完整的电气零部件	12	2 1	常开继电器

❶ 回路编号。问界汽车电路图最大的特点是用统一的编号规则来制定回路编号，这样就可以顺着回路编号找到相应熔丝、线路节点等，非常便于维修工解决电路故障。回路编号分为功能号和分路号。

a. 功能号：前面一组字母和数字表示导线的功能。在这里，在功能码中的字母“CF18”表示是个熔丝的功能，说明来自熔丝“CF18”。维修工在检测回路时，回路编号中的功能部分是最有帮助的。功能号是基于一些回路之前的针脚功能名称，维修工可以从中得到回路的功能、来自的元件及其针脚。

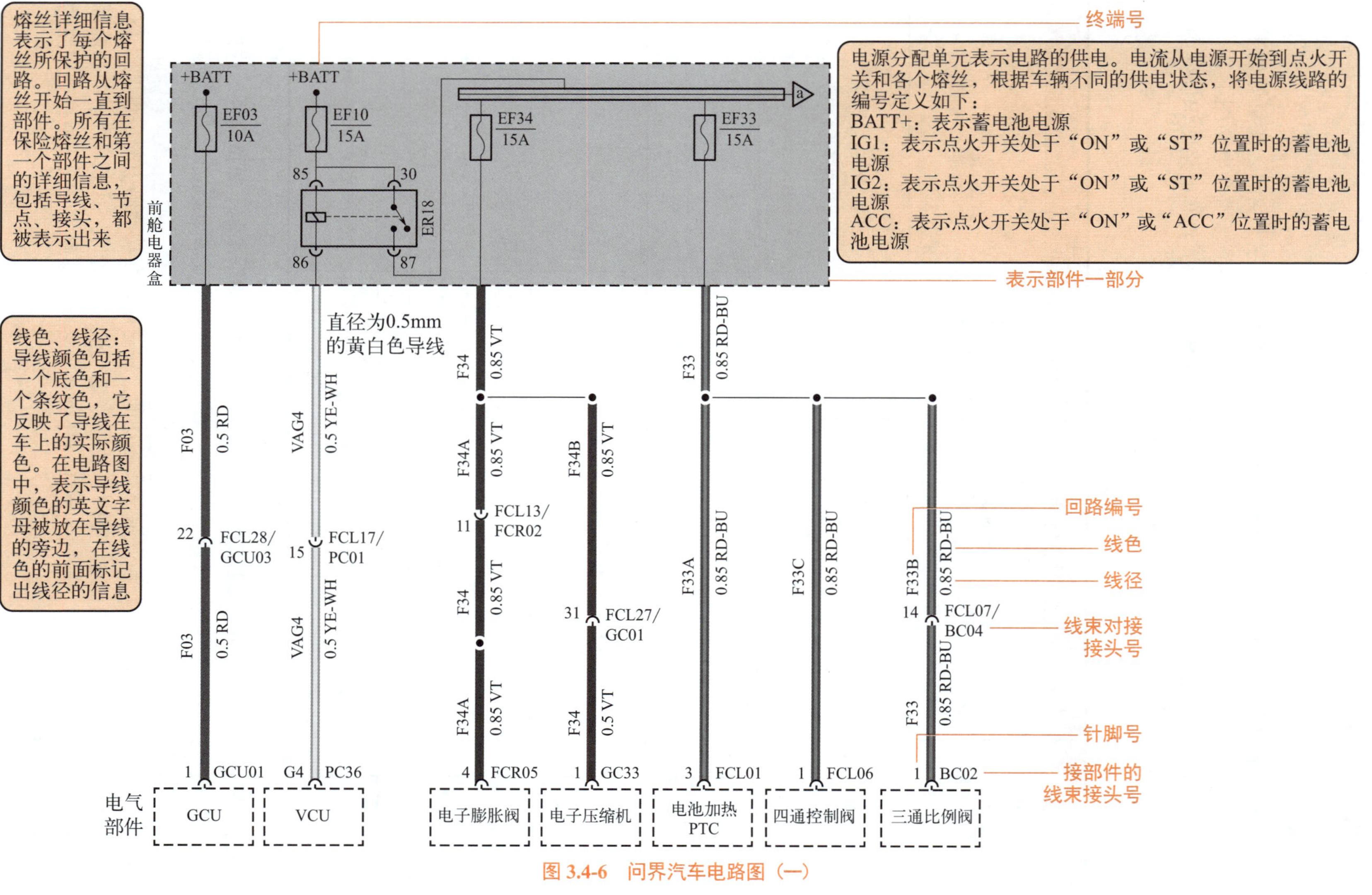

图 3.4-6 问界汽车电路图（一）

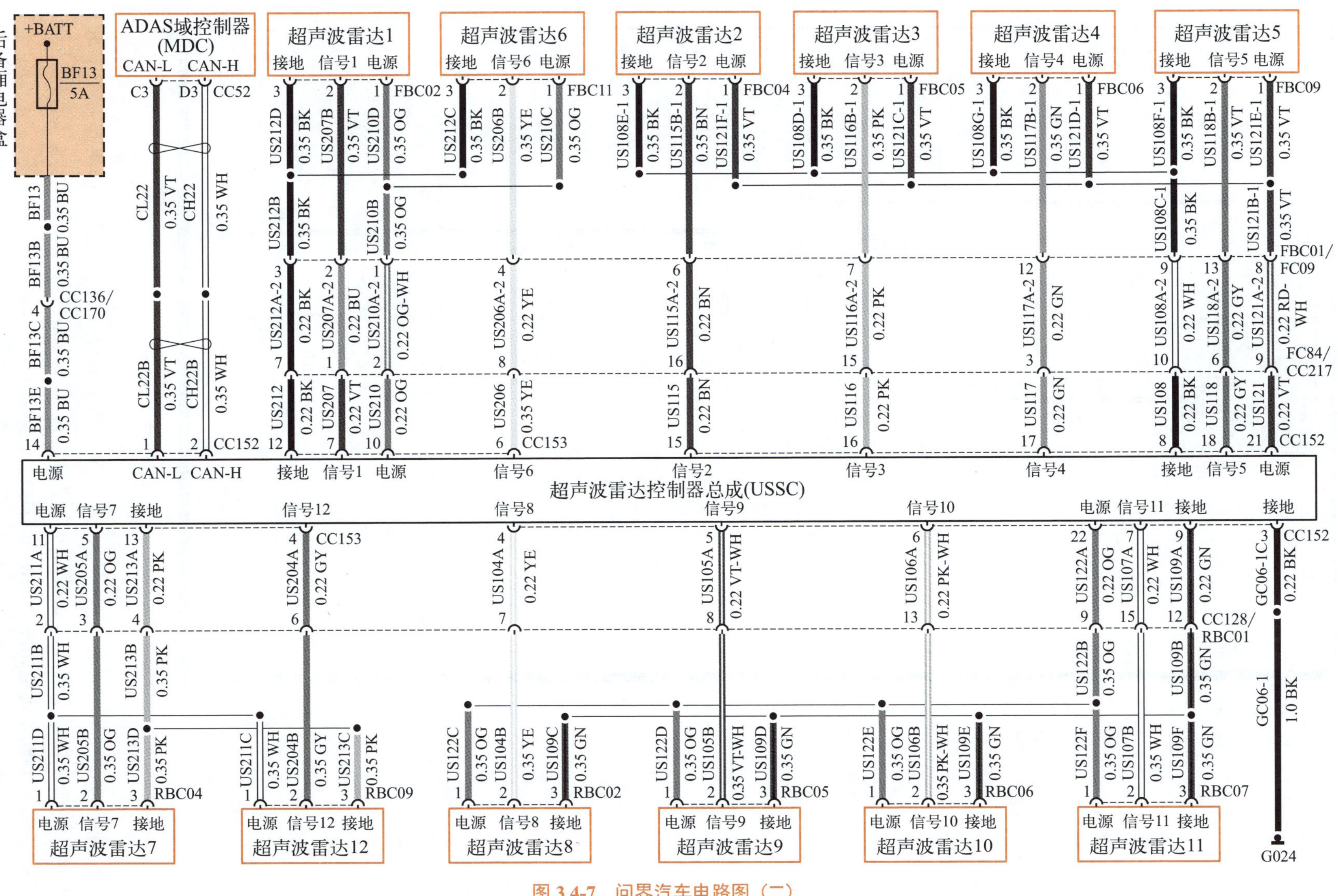

图 3.4-7 问界汽车电路图（二）

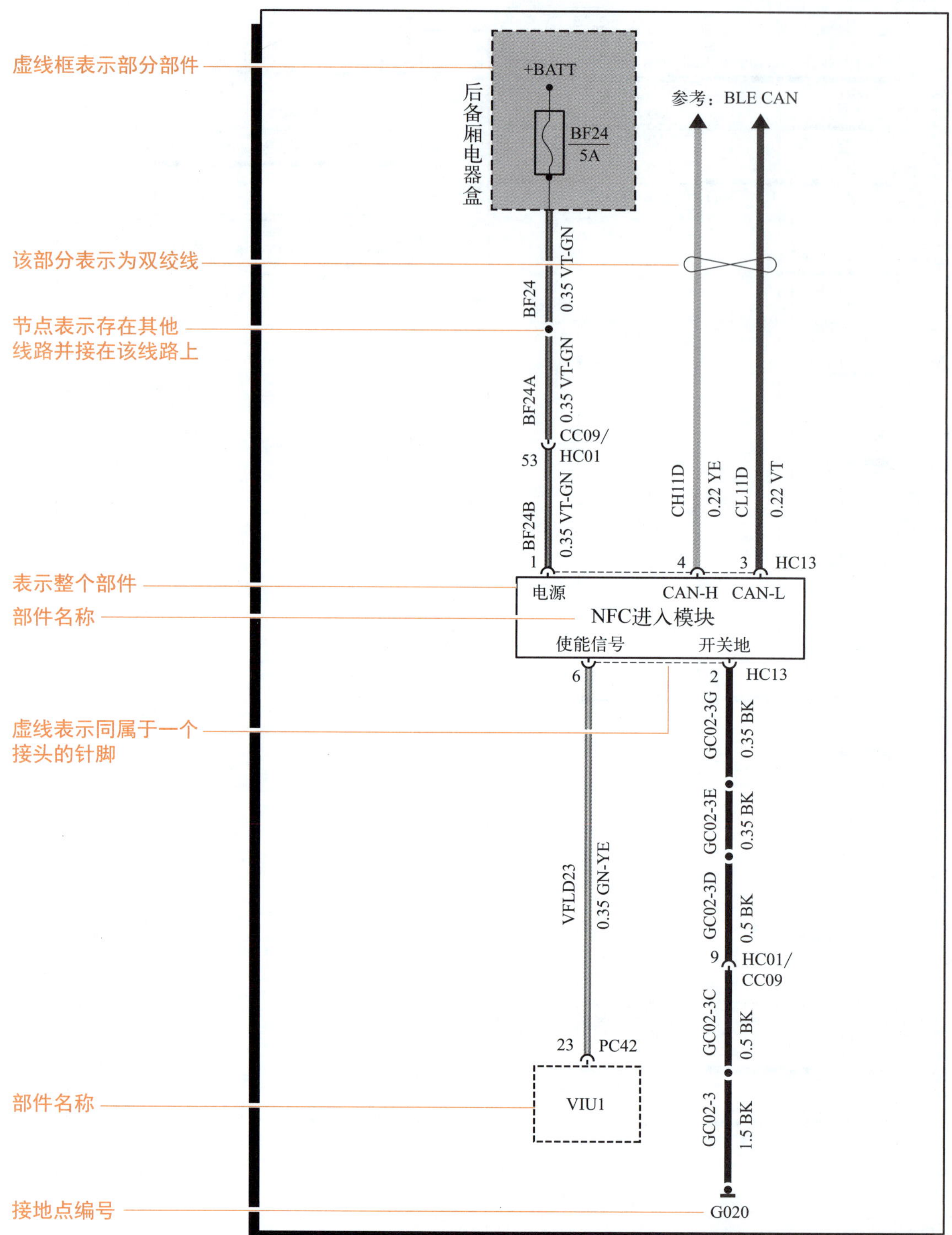

图 3.4-8 问界汽车电路图（三）

b. 分路号：后面如果有一组字母，表示同一功能的导线存在支路；如果是一个字母，说明该线路前存在一个节点；如果是多个字母，说明该线路前存在多个节点。回路编号见图 3.4-9，智能驾驶系统电路图中的回路编号见图 3.4-10。

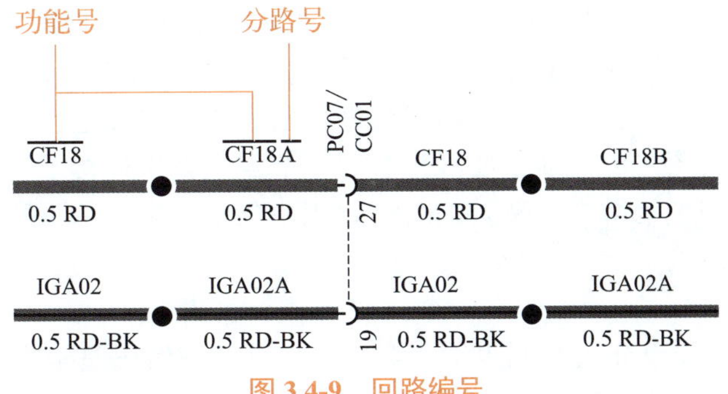

图 3.4-9　回路编号

图 3.4-10　智能驾驶系统电路图中的回路编号

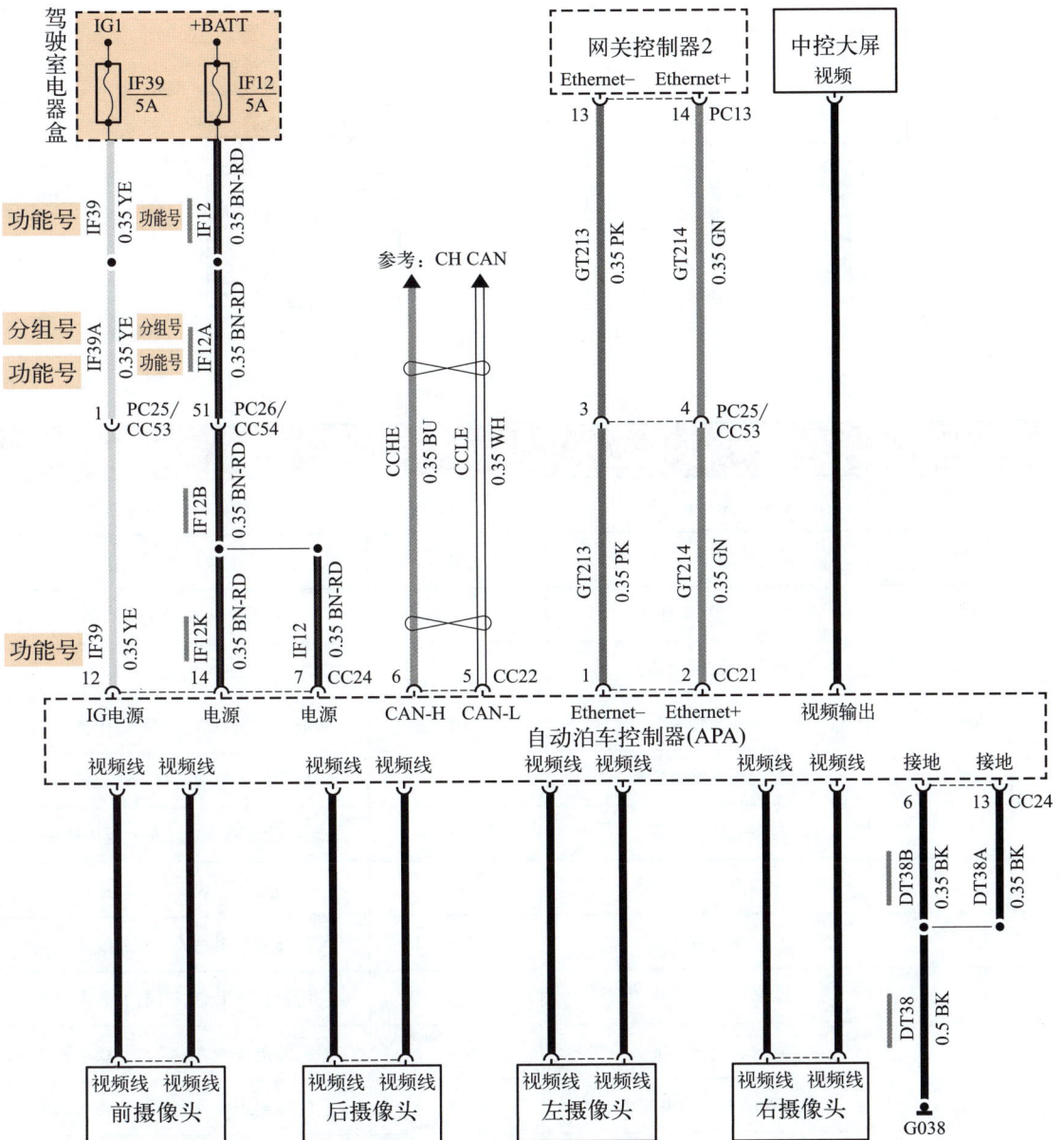

❷ 接地点。接地点在电路图中表示的是一个完整电路中每个接地接头或搭铁位置（点）。有助于维修多个部件都受影响的故障，例如接地不良或接地节点故障。所有的在接地点和部件之间详细信息（导线、节点、接头）都完全表示出来。这些接地连接的详细信息是为了使每个单独子系统的电路图尽可能地不要混乱。一个节点上如果连接了大量的导线，那么节点就分成多个，使电路图表示得更清楚。这时需要用一条细线来表示，所以节点都是连接在一起的。

❸ 导线。

a. 线束插头编码：线束插头编码见图 3.4-11；线束插头编码是根据实际车辆线路所具有的线束进行对应的，见表 3.4-2。

线束插头编码的首字母表示所属的线束或表示对接接头，后部是线束接插件的编码。

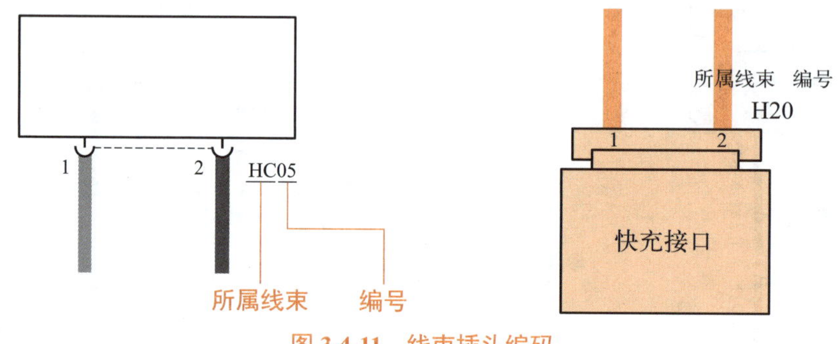

图 3.4-11 线束插头编码

表 3.4-2 线束连接器编码与车辆线束对应（问界 M9 纯电汽车）

所属线束编码	线束连接器	所属线束编码	线束连接器
FIC	前舱线束（左）插头	ER	副驾座椅相关线束插头
FRC	前舱线束（右）插头	ESL	中排左侧座椅相关线束插头
PC	驾驶室线束插头	ESR	中排右侧座椅相关线束插头
FBC	前保险杠线束插头	FS	后排座椅相关线束插头
RBC	后保险杠线束插头	HC	前门线束总成（左）线束插头
BC	前副车架线束插头	KC	前门线束总成（右）线束插头
RC	顶棚线束插头	MC	后门线束总成成（左）线束插头
RBC	顶棚饰板线束插头	NC	后门线束总成（右）线束插头
AC	空调线束插头	HJC	前门转接线束总成（左）线束插头
H	高压线束插头	KJC	前门转接线束总成（右）线束插头
S	副仪表台线束插头	MJC	后门转接线束总成（左）线束插头
TC	后背门相关线束插头	NJC	后门转接线束总成（右）线束插头
EI	主驾座椅相关线束插头		

b. 导线编码规则：BMS 电路图见图 3.4-12。

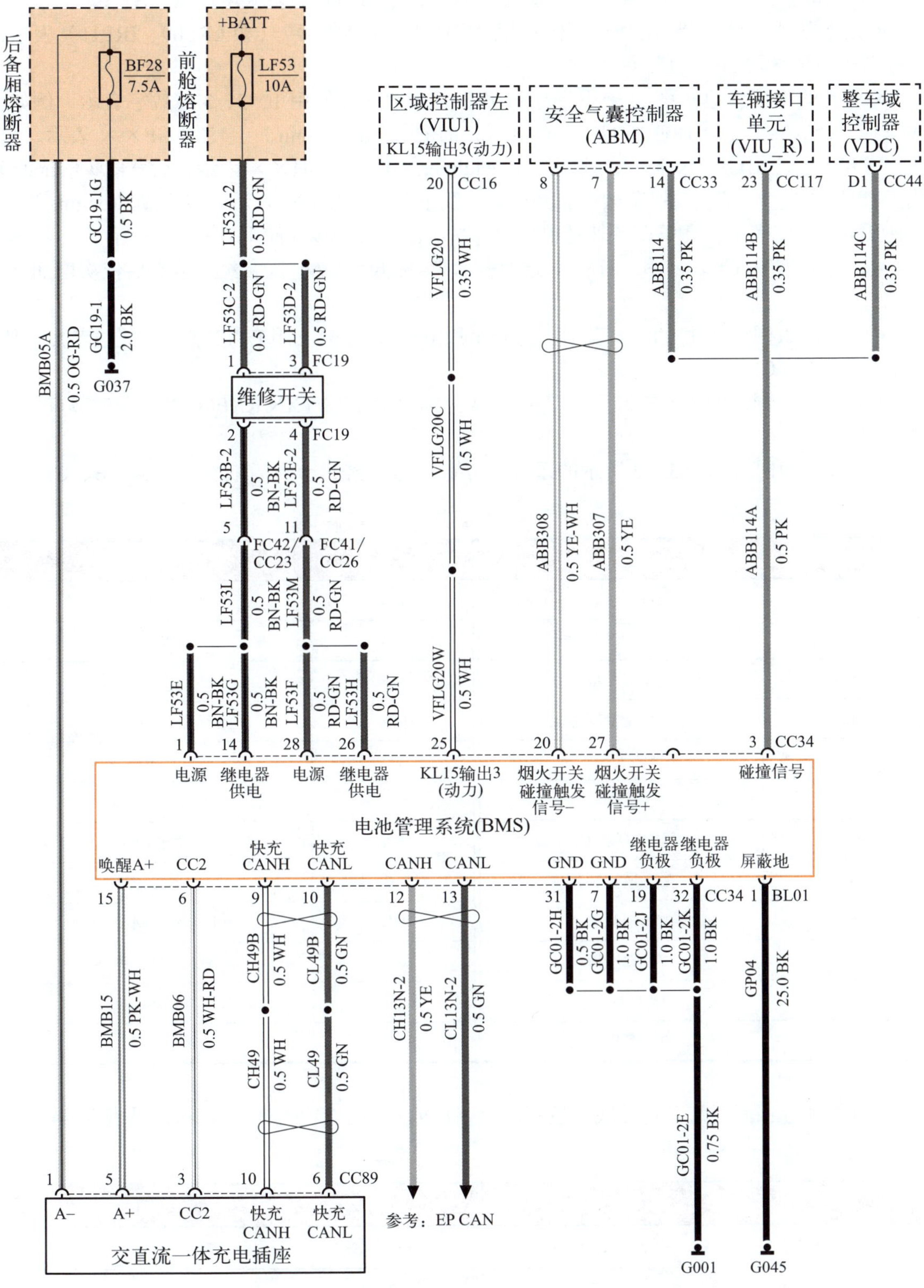

图 3.4-12 BMS 电路图

● CAN 线和搭铁在任何接插件里面均以 CH 和 DT 表示。

● 由熔断器连出的回路使用“熔丝编号”表示，经过节点后依次增加 A、B、C。

● 由熔断器的继电器输出脚连出的回路使用“继电器编号”（如 LRP09、IRP11）表示，经过节点后依次增加 A、B、C 列。

● 所有的物理接地回路：（采用字母 G 开头，接地编号使用 1、2、3 等数字表示。例如，底盘线（chassis）上接地使用 GC×× 表示，前舱线（forecabin）上使用 GF×× 表示，仪表线（IP）上使用GI××表示，顶棚线（headliner）上使用GH××表示，后背门（tailgate）线上使用 GT×× 表示，副车架（subframe）线上使用 GS×× 表示，发动机（engine）线上使用 GE×× 表示，高压设备外壳单独的保护（protect）接地使用 GP×× 表示。

● CAN 线使用 CL×× 和 CH×× 分别表示 CAN 低和 CAN 高；经过节点后依次增加 A、B、C。

● 千兆以太网线使用 ET1× 表示，差分 + 用 ET11，差分 - 用 ET12 表示；经过节点后依次增加 A、B、C。

● 百兆以太网线使用 ET2× 表示，1/2/3/4 分别表示 TXP/TXN/RXP/RXN；经过节点后依次增加 A、B、C。

● 涉及其他回路如表 3.4-3 所示的系统（功能），表示经过节点后依次增加 A、B、C。

表 3.4-3　导线编码与车辆控制系统对应

线束编码	控制系统（功能）	线束编码	控制系统（功能）
IP	集成电动制动	BA	BMS-A
RB	冗余制动单元	BB	BMS-B
ED	主动悬架控制单元总成	MF	前驱电机
ES	电子稳定控制系统	MR	后驱电机
AM	车窗防夹控制器	TD	TDU
VFL	区域控制器（左）	CD	座舱域控制器
VFR	区域控制器（右）	EA	功放 EPA
RV	后区域控制器	LC	灯具控制器
VC	整车控制单元	DL	DLP 区域控制器（左）
SD	主驾座椅	MD	ADAS 域控制器
LH	前排座椅（左）	US	USSC
PM	电源管理模块		

c. 导线颜色：问界汽车的导线颜色用两个字母或者一个字母缩写来表示，见表 3.4-4。

表 3.4-4　导线颜色代码

代码 / 缩写	线路颜色	代码 / 缩写	线路颜色
B（BK）	黑色	O（OG）	橙色
Br（BN）	棕色	P（PK）	粉色

续表

代码 / 缩写	线路颜色	代码 / 缩写	线路颜色
BI（BU）	蓝色	R（RD）	红色
G（GN）	绿色	V（VT）	紫色
GY（Gy）	灰色	W（WT）	白色
LG（LG）	浅绿色	Y（YE）	黄色

❹ 熔丝 / 继电器编号见表 3.4-5。

表 3.4-5　熔丝 / 继电器编号

熔丝、继电器位置	编号	图示（前继电器盒）
蓄电池熔丝	ANF	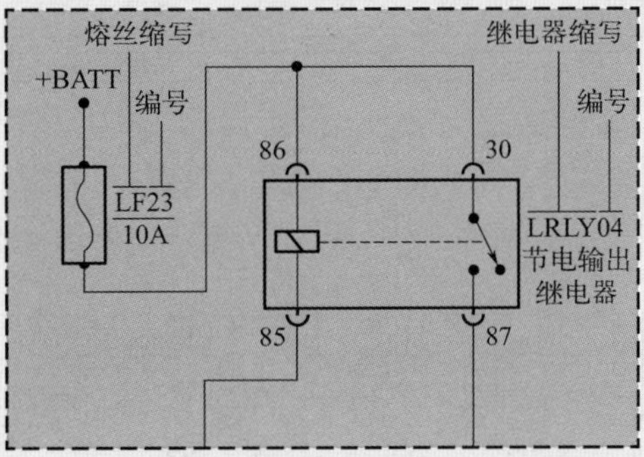 熔丝缩写 +BATT 编号 LF23 10A 86 30 85 87 继电器缩写 编号 LRLY04 节电输出继电器
分线盒熔丝	ANF	
前舱熔丝	LSB/LF	
前舱继电器	LRLY	
驾驶室熔丝	ISB/IF	
驾驶室继电器	IRLY	
后备厢熔丝	BSB/BF	
后备厢继电器	BRLY	

熔丝、继电器编号前面一组字母表示该熔丝或继电器的位置及缩写信息，后一组数字（2位数字）表示该熔丝或继电器在车上的数字编号。前继电器盒见图 3.4-13。

❺ 问界汽车电动化及智能缩语名称见表 3.4-6。

表 3.4-6　问界汽车电动化及智能缩语名称

英文缩语	部件名称	英文缩语	部件名称
CCU	空调压缩机	VDC	整车域控制器
PTC	电池加热模块	VIV	区域控制器
BMS	电池管理系统	MDC	ADAS 域控制器（先进智能驾驶辅助系统）
PDU	前舱高压盒	INS	组合惯导
DC/DC+OBC	二合一	SRR	短距离雷达
MCU	电机控制器	MRR	前毫米波雷达
IBOOSTER	智能制动助力器	T_BOX	车辆网终端
RBU	冗余制动单元	WCM	无线充电
IPB	集成电动制动	CDCI	影音娱乐域控制器

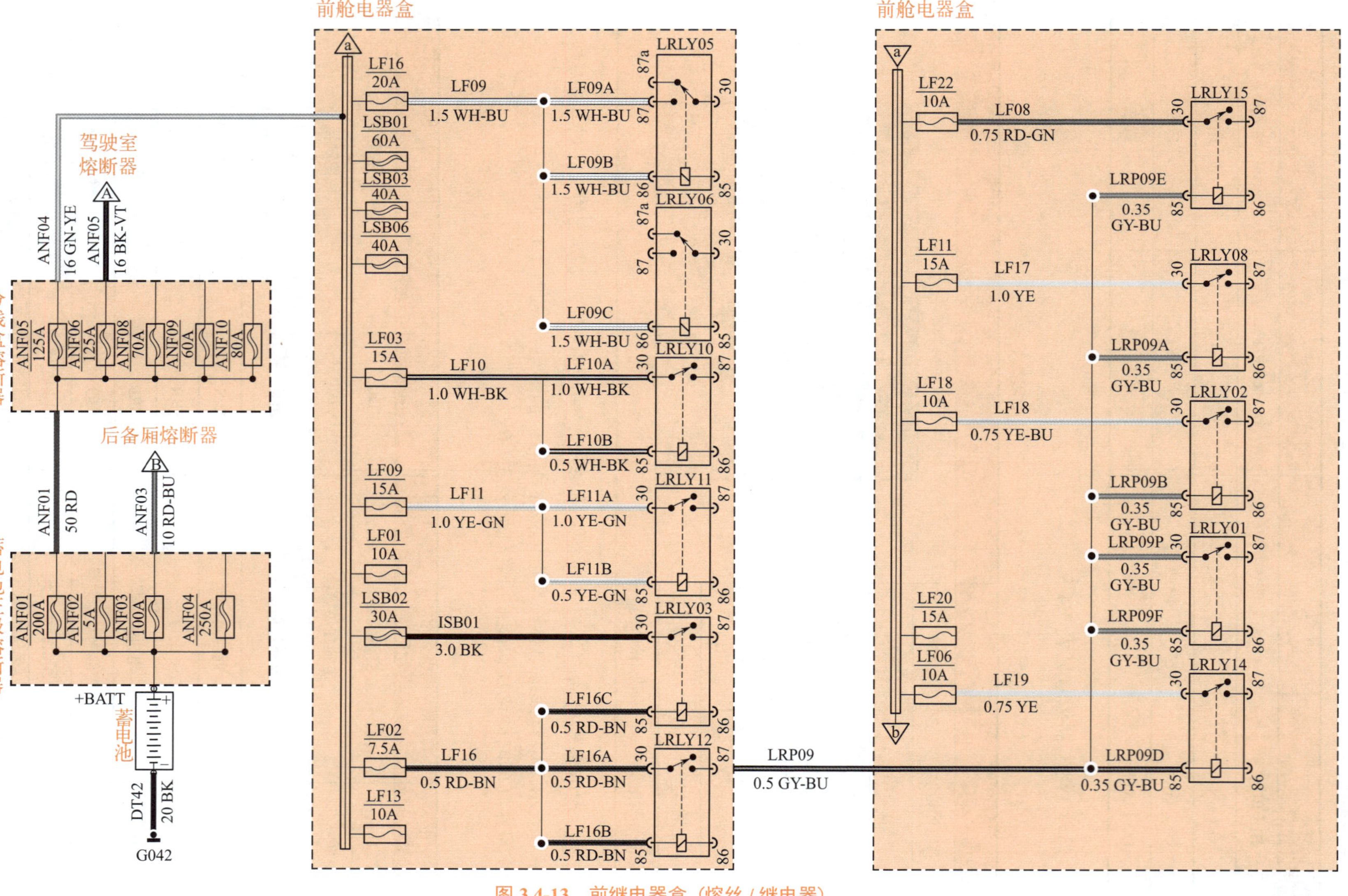

图 3.4-13 前继电器盒（熔丝 / 继电器）

（2）小米汽车电路图

❶ 电路图识读。小米汽车电路图样图见图 3.4-14。

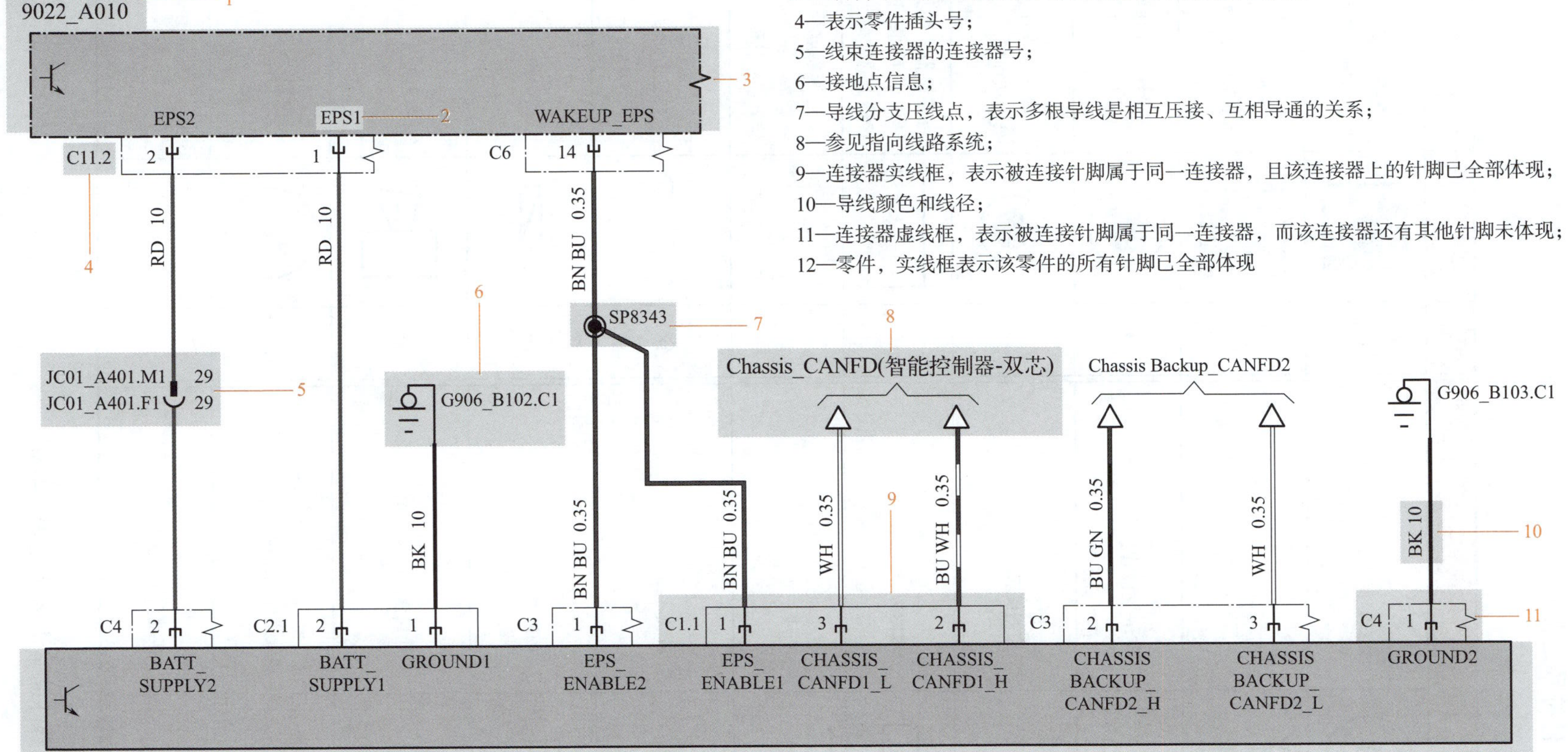

1—零件名称、零件的结构码和位置码；
2—针脚的功能定义；
3—零件，虚线框表示该零件还有其他针脚 / 接插件未体现；
4—表示零件插头号；
5—线束连接器的连接器号；
6—接地点信息；
7—导线分支压线点，表示多根导线是相互压接、互相导通的关系；
8—参见指向线路系统；
9—连接器实线框，表示被连接针脚属于同一连接器，且该连接器上的针脚已全部体现；
10—导线颜色和线径；
11—连接器虚线框，表示被连接针脚属于同一连接器，而该连接器还有其他针脚未体现；
12—零件，实线框表示该零件的所有针脚已全部体现

图 3.4-14　小米汽车电路图样图

❷ 电气元件符号见表 3.4-7。

表 3.4-7　电气元件符号

序号	元件符号	说明	序号	元件符号	说明
1	 M	电机	12		零件：实线框表示该零件的所有针脚已全部体现
2		传感器	13	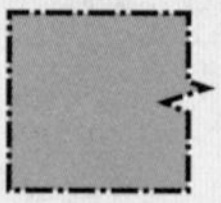	零件：虚线框表示该零件还有其他针脚 / 接插件未体现
3	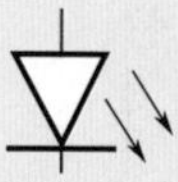	发光二极管	14		导线分支压线点，所有支线都体现
4		控制模块	15		导线分支压线点，有部分支线未体现
5	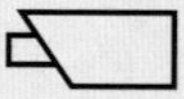	摄像头	16		连接器实线框，表示被连接针脚属于同一连接器，且该连接器上的针脚已全部体现
6	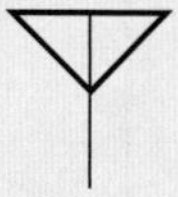	天线	17	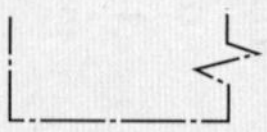	连接器虚线框，表示被连接针脚属于同一连接器，而该连接器还有其他针脚未体现
7		开关	18	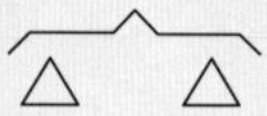	参见指向线路系统
8		扬声器	19	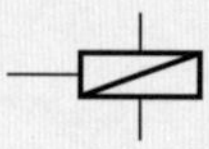	电磁阀
9		加热器	20	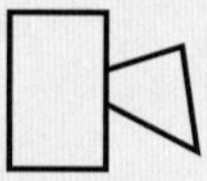	喇叭
10		线束连接器号	21		仪表
11		接地点（搭铁）			

❸ 常用电器件缩略语名称见表 3.4-8。

表 3.4-8 常用电器件缩略语名称

部件名称	缩略语	英文全称	部件名称	缩略语	英文全称
空调电压缩机	ACCM	air condition compressor module	制动主控制器	BCP	break controller primary
安全气囊控制器	ACU	airbag control unit	制动次控制器	BCS	break controller secondary
自动驾驶域控制器	ADD	autonomous driving domain	电池回路三通比例阀	BCTV	battery circuit three-way valve
前进气格栅控制器	AGS	active grill system	电池回路水泵	BCWP	battery circuit water pump
副仪表板杯托氛围灯 1	ALMCA	ambient lamp module for console A	电池回路电子膨胀阀	BEEVM	battery electric expansion valve module
副仪表板杯托氛围灯 2	ALMCB	ambient lamp module for console B	BLE 蓝牙天线 A	BLEA	bluetooth low energy A
副仪表板储物盒氛围灯	ALMCS	ambient lamp module for console storage	蓝牙主节点	BLEM	bluetooth low energy module
前左门板氛围灯	ALMDPFLA	ambient lamp module for front left door panel A	12V 主电池控制器	BMDM	battery management device main
前右门板氛围灯	ALMDPFRA	ambient lamp module for front right door panel A	动力电池控制器	BMS	battery management system
后左门板氛围灯	ALMDPRLA	ambient lamp module for rear left door panel A	后环视摄像头	BSVC	back surround view camera
后右门板氛围灯	ALMDPRRA	ambient lamp module for rear right door panel A	集成充电控制器	CCU	charge convert unit
脚部空间灯（左前）	ALMFFL	ambient lamp module footwell front left	冷凝器回路电子膨胀阀	CEXV	condenser electric expansion valve module
脚部空间灯（右前）	ALMFFR	ambient lamp module footwell front right	充电指示灯	CLM	charging lamp module
仪表板氛围灯（左）	ALMIPTL	ambient lamp module IP top left	充电口控制器	CLID	charge lid
仪表板氛围灯（右）	ALMIPTR	ambient lamp module IP top right	中控屏	CIDM	central infortaiment display module
功放控制器	AMP	amplifier	座舱域控制器	DCD	digitial cockpit domain
集成方向盘控制器	ASWM	assemble steering wheel module	驾驶员监测摄像头	DMSC	driver monitor system camera
前电机控制器	FEDS	front electric drive system	电机回路多通水阀	ECMV	e-motor circuit multi-way valve
前向远视摄像头	FLRC	front long range camera	电子膨胀阀（蒸发器）	EEXV	electrical expansion valve (evaporator)

续表

部件名称	缩略语	英文全称	部件名称	缩略语	英文全称
前激光雷达	FLRL	front long range lidar	电子助力转向系统	EPS	electrical power steering
左前毫米波雷达	FLSR	front left side radar	电子收费系统	ETC	electronic toll collection
右前毫米波雷达	FRSR	front right side radar	前视中心摄像头	FCC	front center camera
左激光雷达	LSL	left side lidar	前环视摄像头	FSVC	front surround view camera
左环视摄像头	LSVC	left surround view camera	前向宽距摄像头	FWRC	front wide range camera
左区域控制器	LZCU	left zone control unit	前区域控制器	FZCU	front zone control unit
麦克风	MIC	microphone	左前大灯控制器	HCML	headlamp control module left
NFC 进入控制器	NEM	NFC entry module	右前大灯控制器	HCMR	headlamp control module right
内顶灯控制器	OHC	over head console	采暖回路水泵	HCWP	heater circuit water pump
PM2.5 传感器	PMSI	airborne particulate matter sensor indoor	空调风门电机 A	HFAFA	hvac flap actuator front A
后电机控制器	REDS	rear electric drive system	空调风门电机 B	HFAFB	hvac flap actuator front B
尾灯控制器	RLCM	rear lamp control module	高压加热器	HVCH	high voltage coolant heater
后向远视摄像头	RLRC	rear long range camera	前向毫米波雷达	LRR	long range radar
惯导控制器	IMU	inertial measurement unit	左周视前向摄像头	LSCF	left side camera front
光雨量传感器	RLS	rain light solar sensor	电控悬架控制器	SCU	suspension control unit
左后毫米波雷达	RLSR	rear left side radar	方向盘管柱开关控制器	SWM	steering switch module
右后毫米波雷达	RRSR	rear right side radar	方向盘按键控制器	SWS	steering wheel switch
右周视前向摄像头	RSCF	right side camera front	远程信息控制器	TBOX	telematics box
右激光雷达	RSL	right side lidar	后区域控制器	TZCU	tail zone control unit
右周视后向摄像头	RSCR	right side camera rear	超声波雷达	USS	ultra sonic sensor
右环视摄像头	RSVC	right surround view camera	车身中央域控制器	VCCD	vehicle central control domain
右区域控制器	RZCU	right zone control unit	挡风玻璃抬头显示控制器	WHUD	windshield head up display
区域控制器	ZCU	zone control unit	无线充电	WPC	wireless power chager

（3）蔚来汽车电路图

❶ 电路图识读。蔚来汽车电路图的组成及识读见表 3.4-9。

表 3.4-9 蔚来汽车电路图的组成及识读

项目 / 组成	说明 / 内容		电路图
导线	电路图中的导线以彩色线条绘制并标有颜色和线径。导线的线径使用数字表示，如 0.35、0.5、0.75 等（单位为 mm^2），导线的颜色一般使用 2 位字母表示，如 YE 表示黄色线。如果是双色导线，则使用两个颜色组合表示，且中间使用“/”符号隔开，前为主色，后为副色，如 BU/GN 表示蓝色 / 绿色		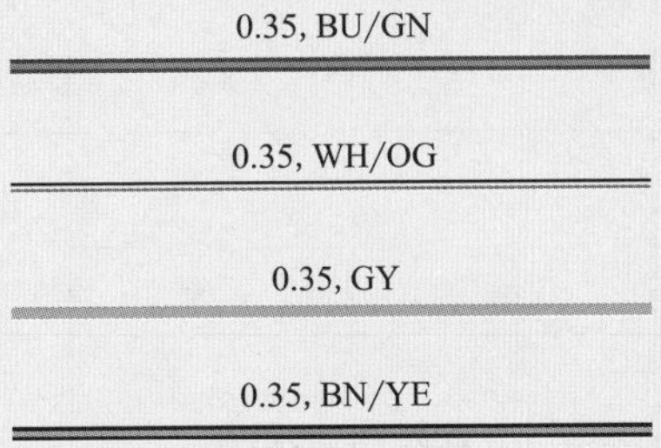 0.35, BU/GN 0.35, WH/OG 0.35, GY 0.35, BN/YE
接插件 / 连接器	各线束端接插件的名称、颜色、端视图及针脚说明 接插件针脚定义：接插件编号统一标注于针脚的上端，用虚线连接的接插件表示这些接插件属于同一个接插件，如右图所示，其中的 MAIN44 和 FL01 为接插件编号（MAIN 代表主线束，FL 代表左前门线束）		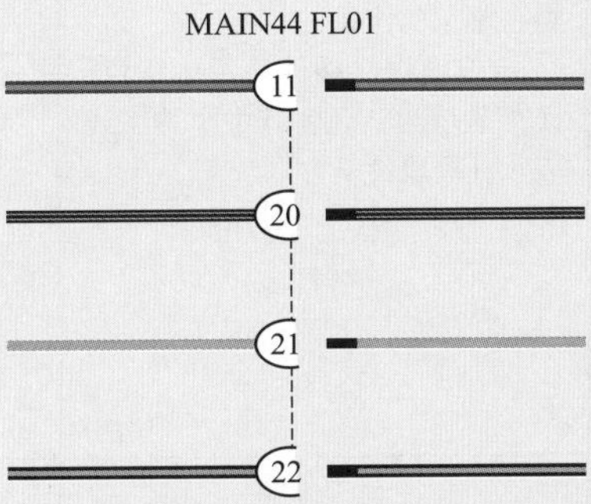 MAIN44 FL01 11 20 21 22
电气元件	电气元件以方框代表，实线框表示该电气元件在本张电路图中已经绘制完全，虚线框则代表此电气元件并非在本张电路图中绘制完全，部分将绘制于其他图中。所有电气元件名称都标注于方框上方	表示“左雾灯”已经完全绘制	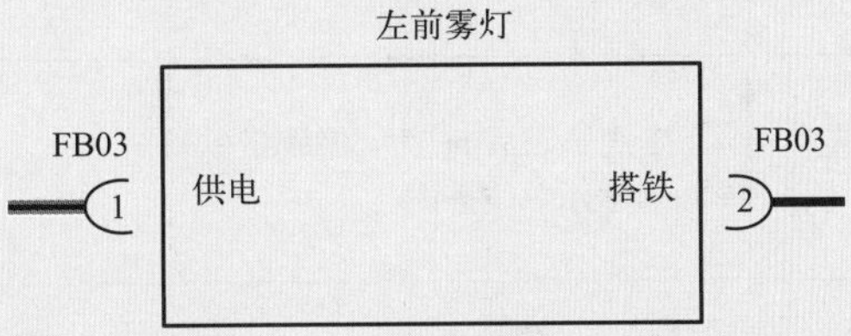 左前雾灯 FB03 1 供电 搭铁 2 FB03
		表示“转向柱模块”在本图中并没有完全绘制出，“转向柱模块”在其他图中还会出现	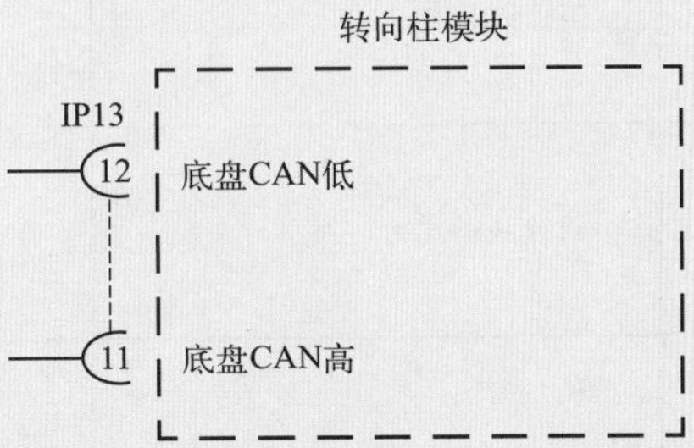 转向柱模块 IP13 12 底盘CAN低 11 底盘CAN高
熔断器	车辆所有电器盒中熔丝、继电器的位置、规格及功能		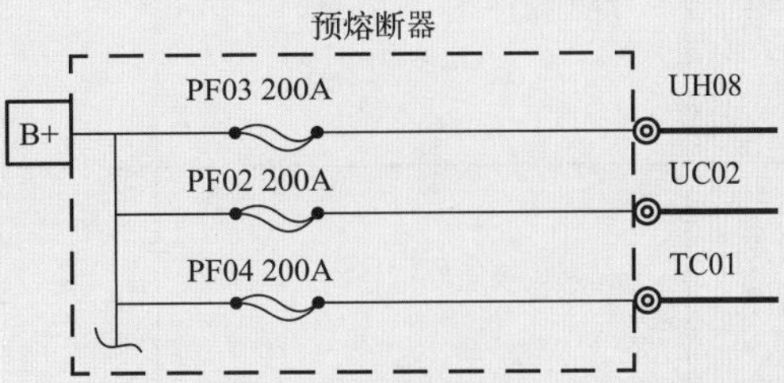 预熔断器 B+ PF03 200A UH08 PF02 200A UC02 PF04 200A TC01

续表

项目 / 组成	说明 / 内容	电路图
接地点	集中绘制了车辆上共用各接地点的回路，了解车辆的接地情况	MAIN541 SP550 0.75, BK 4.0, BK 1 G308A(m) G09.搭铁系统9
定位图	表示接插件的位置信息，通过三维透视图标示各接插件和接地点在整车的位置 定位图中接插件显示为绿色，线束显示为蓝色，其中半透明线表示在覆盖件下方	IP32 IP31 IP33 IP37 IP18 IP36 IP34 IP35 IP21 IP25 IP26
熔丝	熔丝符号	
搭铁	搭铁号码后 m 表示多线搭铁点；s 表示单线搭铁点	
屏蔽线	屏蔽线符号	
双绞线	双绞线符号	
继电器	继电器符号	
直列式接插件	直列式接插件符号	母端 公端 针脚号

续表

项目 / 组成	说明 / 内容	电路图
连续	连续符号	
环形端子	环形端子符号	
线路中的压合点	线路中的压合点符号	SP1433
CAN 线	CAN 符号	

② 列举：电池管理系统电路图。

蔚来汽车电路图包含常用总系统电路图及子系统电路图。电路图结构部件比较清晰，如图 3.4-15 所示，图中从左到右依次为电源、熔丝 / 继电器、用电设备、接地，形成完整的电器回路。

③ 蔚来汽车高压系统缩略语名称见表 3.4-10。

表 3.4-10　蔚来汽车高压系统缩略语名称

英文缩写	部件名称	英文缩写	部件名称
HVH	高压电池加热器	VCU	车辆控制器
ESS	储能系统	BMS	电池管理系统
EDS	电驱系统	BMU	电池管理单元
PEU	逆变器	PEU_F	前功率电子控制单元
DC/DC	直流交换器	PEU_R	后功率电子控制单元
OBCM	车载充电机	CCU	空调控制单元
PTC	高压加热器	SOC	充电状态
HVIC	高压集成件	IC	数字仪表显示屏
HVC	压缩机总成	ESG	驱动噪声发生器
PTC_F	前高压加热器	ECO	节能模式
PTC_R	后高压加热器	PFB	预熔断器

（4）理想汽车电路图

① 线束特点。理想汽车的线束与实际车辆中线束颜色一致。线色分为单色和双色，单色表示线束只有一种颜色，即在电路图中用一个字母表示（如白色，W）；双色表示线束有两种颜色，用两个字母表示（如白 / 黑，W/B），其中，第一个颜色表示主色，占导线全部颜色的 2/3，剩下的是副色。

② 电路图识读。理想汽车电路图排布合适，易识别，线路布置和走向清晰，电气元件标注明确。

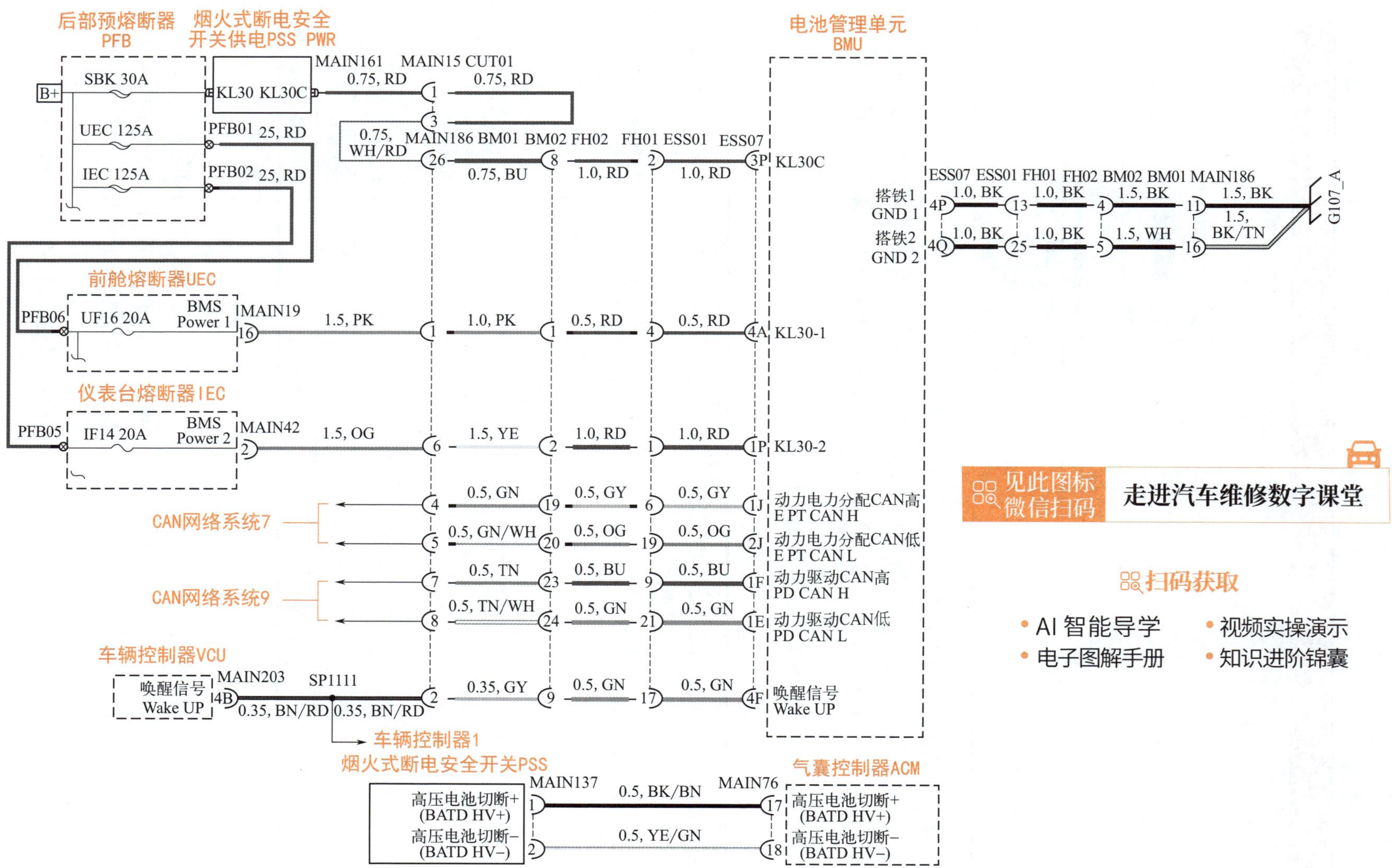

图 3.4-15 蔚来汽车电路图（电池管理系统）

电路图整体上分为上、中、下三个部分来识别，见图 3.4-16；具体电路见图 3.4-17。

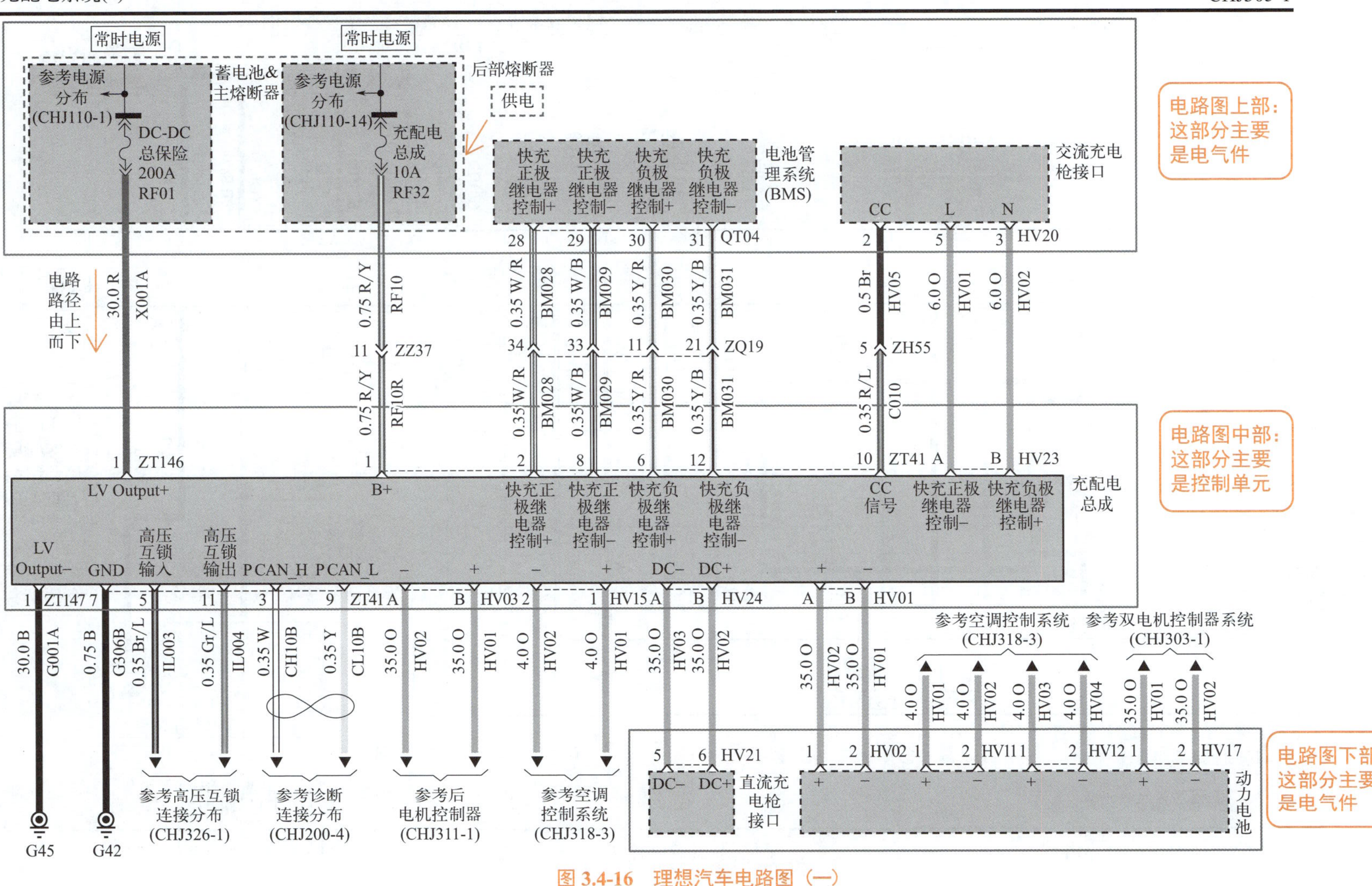

图 3.4-16　理想汽车电路图（一）

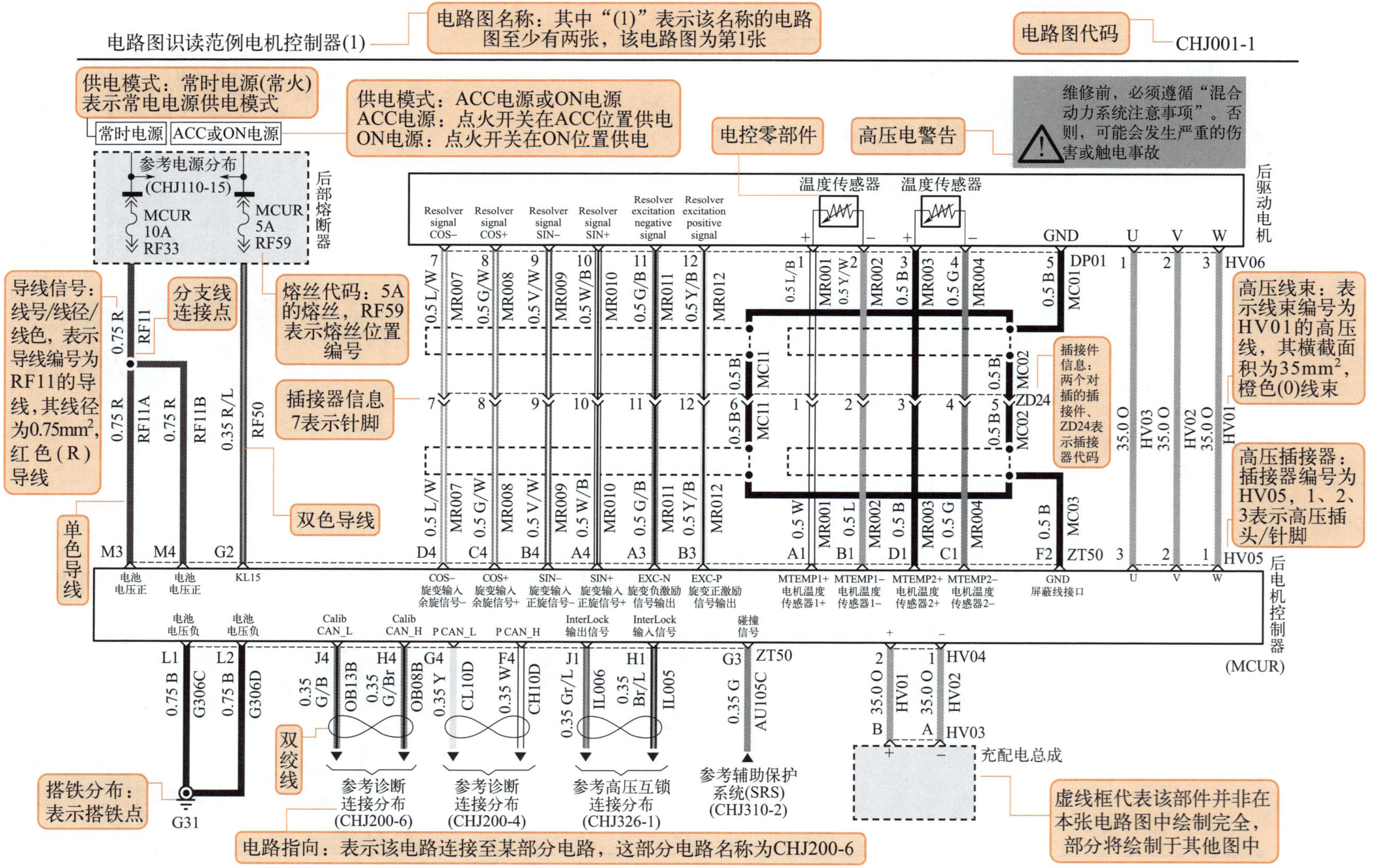

电路图识读范例电机控制器(1)

电路图名称：其中“(1)”表示该名称的电路图至少有两张，该电路图为第1张

电路图代码

CHJ001-1

供电模式：常时电源(常火)表示常电电源供电模式

常时电源 ACC或ON电源

供电模式：ACC电源或ON电源
ACC电源：点火开关在ACC位置供电
ON电源：点火开关在ON位置供电

电控零部件

高压电警告

维修前，必须遵循“混合动力系统注意事项”。否则，可能会发生严重的伤害或触电事故

参考电源分布 (CHJ110-15)

MCUR 10A RF33

MCUR 5A RF59

后部熔断器

温度传感器　温度传感器

Resolver signal COS−　Resolver signal COS+　Resolver signal SIN−　Resolver signal SIN+　Resolver excitation negative signal　Resolver excitation positive signal

GND　U　V　W

后驱动电机

DP01　HV06

导线信号：线号/线径/线色，表示导线编号为RF11的导线，其线径为0.75mm²，红色(R)导线

0.75 R　RF11

分支线连接点

0.75 R　RF11A　0.75 R　RF11B　0.35 R/L　RF50

熔丝代码：5A的熔丝，RF59表示熔丝位置编号

插接器信息 7表示针脚

双色导线

单色导线

7 0.5 L/W MR007　8 0.5 G/W MR008　9 0.5 V/W MR009　10 0.5 W/B MR010　11 0.5 G/B MR011　12 0.5 Y/B MR012

1 0.5 L/B MR001　2 0.5 Y/W MR002　3 0.5 B MR003　4 0.5 G MR004　5 0.5 B MC01

0.5 B MC11　6 0.5 B MC11　0.5 B MC02　5 0.5 B MC02　ZD24

插接件信息：两个对插的插接件，ZD24表示插接器代码

35.0 O HV03　35.0 O HV02　35.0 O HV01

高压线束：表示线束编号为HV01的高压线，其横截面积为35mm²，橙色(0)线束

高压插接器：插接器编号为HV05，1、2、3表示高压插头/针脚

0.5 L/W MR007　0.5 G/W MR008　0.5 V/W MR009　0.5 W/B MR010　0.5 G/B MR011　0.5 Y/B MR012

0.5 W MR001　0.5 L MR002　0.5 B MR003　0.5 G MR004　0.5 B MC03

M3　M4　G2　D4　C4　B4　A4　A3　B3　A1　B1　D1　C1　F2　ZT50　3　2　1　HV05

电池电压正　电池电压正　KL15　COS− 旋变输入余旋信号−　COS+ 旋变输入余旋信号+　SIN− 旋变输入正旋信号−　SIN+ 旋变输入正旋信号+　EXC-N 旋变负激励信号输出　EXC-P 旋变正激励信号输出　MTEMP1+ 电机温度传感器1+　MTEMP1− 电机温度传感器1−　MTEMP2+ 电机温度传感器2+　MTEMP2− 电机温度传感器2−　GND 屏蔽线接口　U　V　W

后电机控制器 (MCUR)

电池电压负　电池电压负　Calib CAN_L　Calib CAN_H　P CAN_L　P CAN_H　InterLock 输出信号　InterLock 输入信号　碰撞信号

L1 0.75 B G306C　L2 0.75 B G306D　J4 0.35 G/B OB13B　H4 0.35 G/Br OB08B　G4 0.35 Y CL10D　F4 0.35 W CH10D　J1 0.35 Gr/L IL006　H1 0.35 Br/L IL005　G3 0.35 G AU105C　ZT50

2 35.0 O HV01 B　1 35.0 O HV02 A　HV04　HV03

充配电总成

搭铁分布：表示搭铁点

G31

双绞线

参考诊断连接分布 (CHJ200-6)　参考诊断连接分布 (CHJ200-4)　参考高压互锁连接分布 (CHJ326-1)　参考辅助保护系统(SRS) (CHJ310-2)

电路指向：表示该电路连接至某部分电路，这部分电路名称为CHJ200-6

虚线框代表该部件并非在本张电路图中绘制完全，部分将绘制于其他图中

图 3.4-17　理想汽车电路图（二）

（5）小鹏汽车电路图

❶ 电器盒。小鹏汽车有两个电器盒中心，即前舱电器盒与仪表电器盒，电器中心盖上标有各熔丝与继电器的容量和名称；前舱电器盒熔丝用 FF×× 表示，继电器用 FR×× 表示，仪表电器盒熔丝用 IF×× 表示，继电器用 IR×× 表示（其中 ×× 表示序号），见图 3.4-18。

❷ 熔丝上的电源。

a. 30（B+）：蓄电池常电源。

b .IG1：启动开关处于“ON”挡时 IG1 继电器的电源输出。

c. IG2：启动开关处于“ON”挡时 IG2 继电器的电源输出。

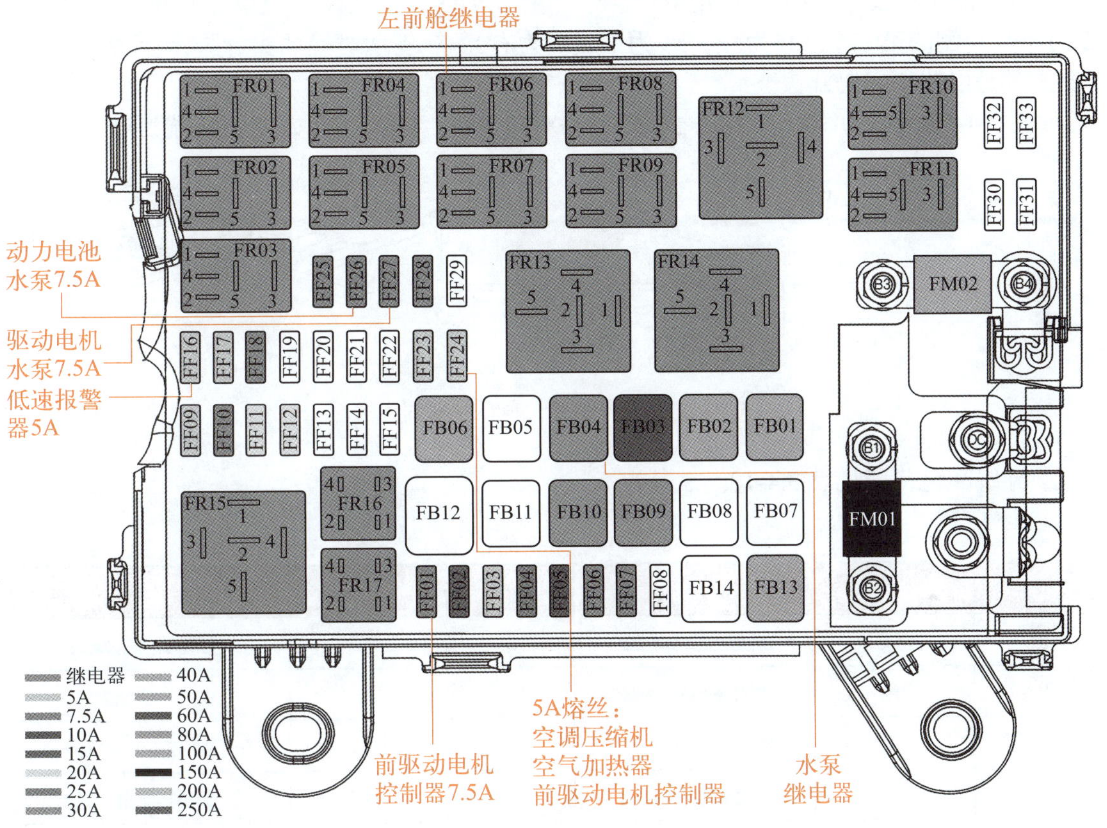

图 3.4-18　前舱电器盒

❸ 线束和插头。

a. 电器部件端线束插头：电路图中的线束插头编号规则以线束代码为基础。车身线束中的插头 BD01（插头直接到电气设备），其中 BD 为线束代码，插头序列号从 01 开始，线束代码见表 3.4-11。

表 3.4-11　线束代码

线束代码	线束名称	线束代码	线束名称
B	前保险杠线束	HV	高压线束
FB	前舱线束	FL	左前门线束

续表

线束代码	线束名称	线束代码	线束名称
IP	仪表线束	FR	右前门线束
BD	车身线束	RL	左后门线束
RB	后保险杠线束	RR	右后门线束
TG	后尾门线束		

b. 对插插头：线束对接插头 IPBDL2-2。其中 IPBD 表示从仪表线束接到车身线束插头，L2 为车身左侧的第二个（L 为左，M 为中，R 为右），-2 表示对接插头针脚，且所有线束对接插头都是以线束代码开头。

如图 3.4-19 所示为线束与线束之间的插头对接关系，圆弧凸起方向的一端为母端。

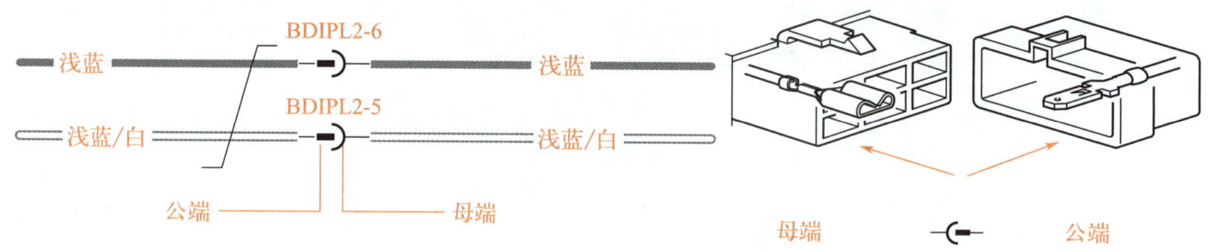

图 3.4-19　线束与线束之间的插头对接关系

④ 导线颜色代码见表 3.4-12。

表 3.4-12　导线颜色代码

代码 / 缩写	线路颜色	示图	代码 / 缩写	线路颜色	示图
R	红		G	绿	
B	黑		LG	浅绿	
S	灰		K	粉红	
U	蓝		N	棕	
LU	浅蓝		W	白	
P	紫		Y	黄	
O	橙				

⑤ 小鹏汽车高压系统缩略语名称见表 3.4-13

表 3.4-13　小鹏汽车高压系统缩略语名称

英文缩写	部件名称	英文缩写	部件名称
SCU	智能控制器	BMS	电池管理系统控制器
GW	网关控制器	IPU	电机控制单元

续表

英文缩写	部件名称	英文缩写	部件名称
ICM	组合仪表	PTC	加热器
PEPS	智能进入 / 无钥匙启动系统	ACP	空调压缩机
AVAS	低速行驶提示器	VCU	整车控制器

⑥ 电路图识读。电路图中的电气元件及图标见表 3.4-14。

表 3.4-14　电路图中的电气元件及图标

序号	元件符号	说明	序号	元件符号	说明
1		不可拆式导线连接（通常在线束内部使用）	15	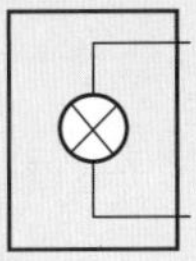	灯泡（电流流过灯丝，使灯丝变热并发光）
2		可拆式导线连接	16	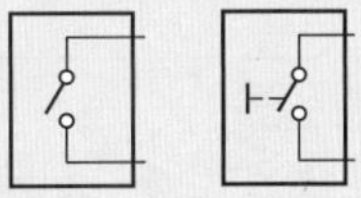	开关（打开或闭合电路，可允许或阻断电流通过）
3		部件内部导线连接（不可拆）	17		麦克风（将声音信号转换为电信号的能量转换器件，也称话筒）
4		部件的连接器连接	18	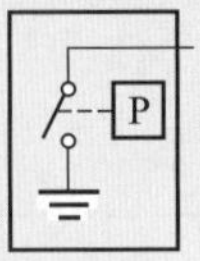	油压开关（油压控制的开关，部件直接接地）
5	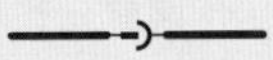	线束的连接器连接	19	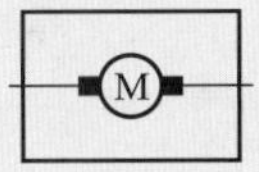 M	电机（将电能转换为机械能）
6		公连接器	20	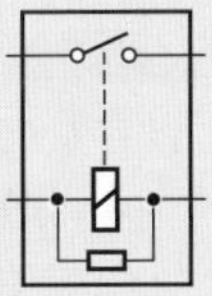	继电器（一般指由电子控制的开关，电流流经线圈，产生磁场，可打开或闭合附接的开关）
7		母连接器	21	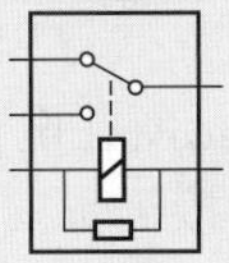	双掷继电器（一种电磁线圈，可在电流流过时产生磁场，用于移动金属柱塞等）

续表

序号	元件符号	说明	序号	元件符号	说明
8		公连接器与母连接器对接，芯脚号不同，在电路图中的表现方式	22	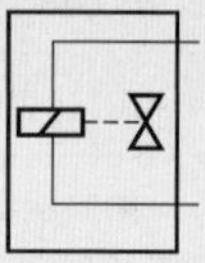	电磁阀（一种电磁线圈，可在电流流过时产生磁场，用于移动金属柱塞等）
9	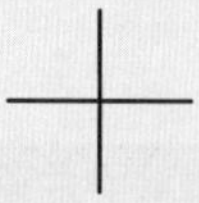	交叉导线，在交叉处无接合	23	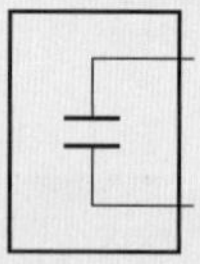	电容（临时储存电压的小型存储单元）
10		双绞线（缠绕在一起的导线）	24	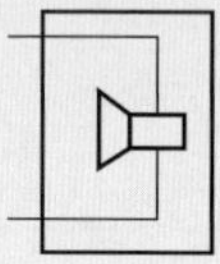	扬声器（电流通过，产生声波的电气装置）
11		屏蔽线（防止受到其他设备电磁干扰的一种措施）	25	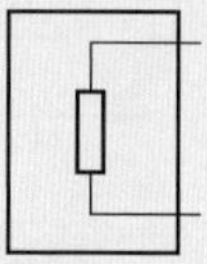	电阻（带有固定阻值的电气元件，可将电压降到规定值）
12	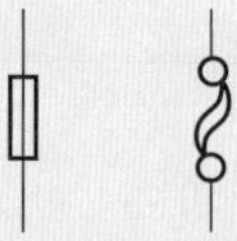	熔丝（一个金属薄片，当通过电流过大时会熔断，可以阻止电流通过，防止电路受损）	26	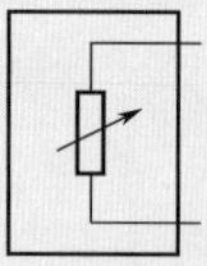	可变电阻（一种带有可变电阻额定值的可控电阻器，也被称为分压器或变阻器）
13	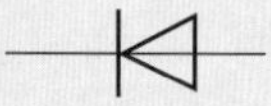	二极管（只允许电流单向流通的半导体）	27	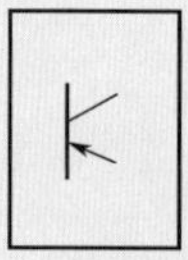	电子控制器
14		发光二极管（又称作 LED；使用电流发光，但发光时不产生热量）	28		蓄电池（存储化学能，并将其转换成电能，为车辆的各种电器部件提供直流电）

小鹏汽车电路图内容包括所在电器盒的熔丝和继电器所在的电器盒信息、控制单元安装位置、接地点安装位置、对接插头安装位置、线束插头针脚定义等，电路图识读见图 3.4-20 和图 3.4-21。

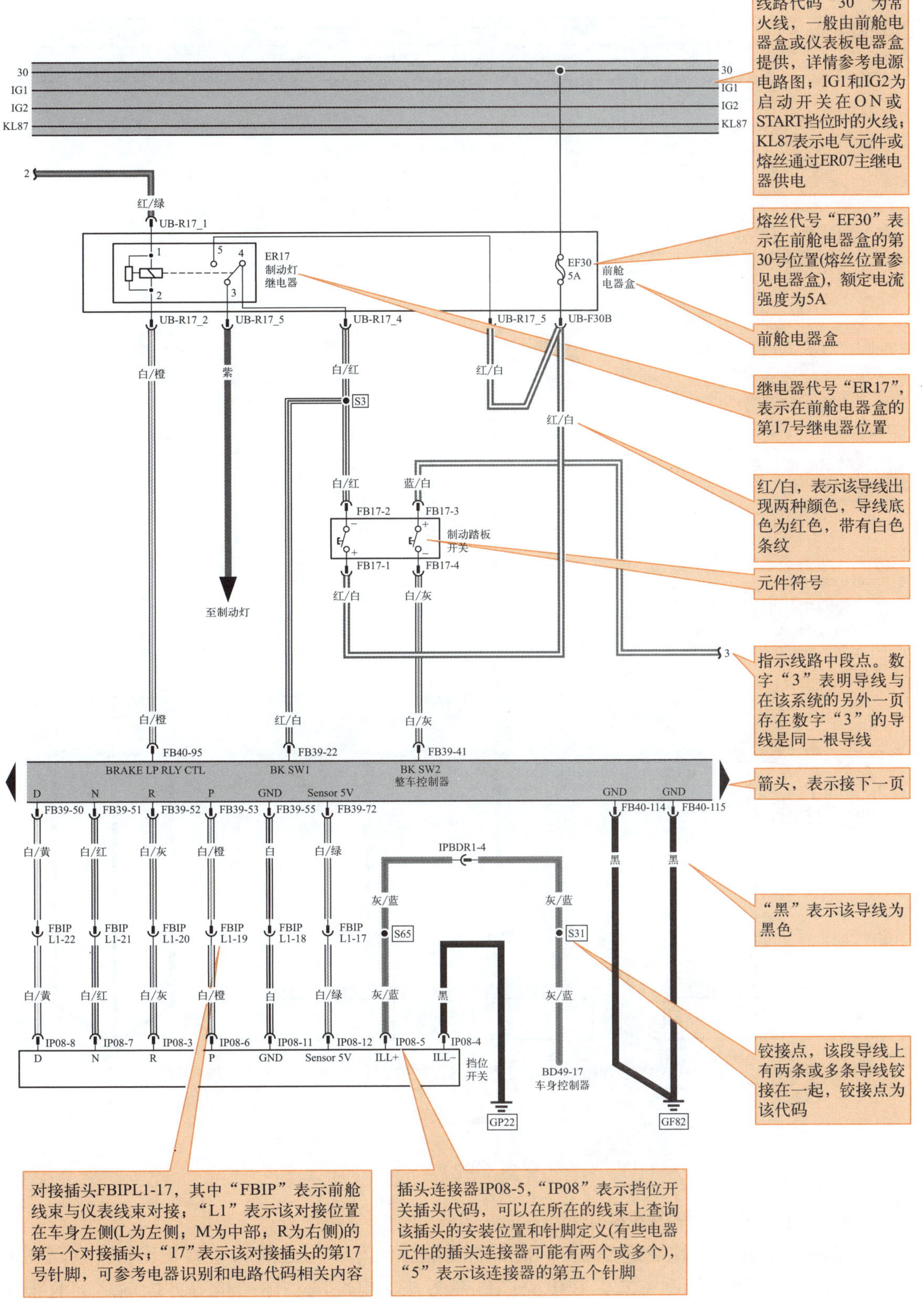

图 3.4-20　小鹏汽车电路图（一）

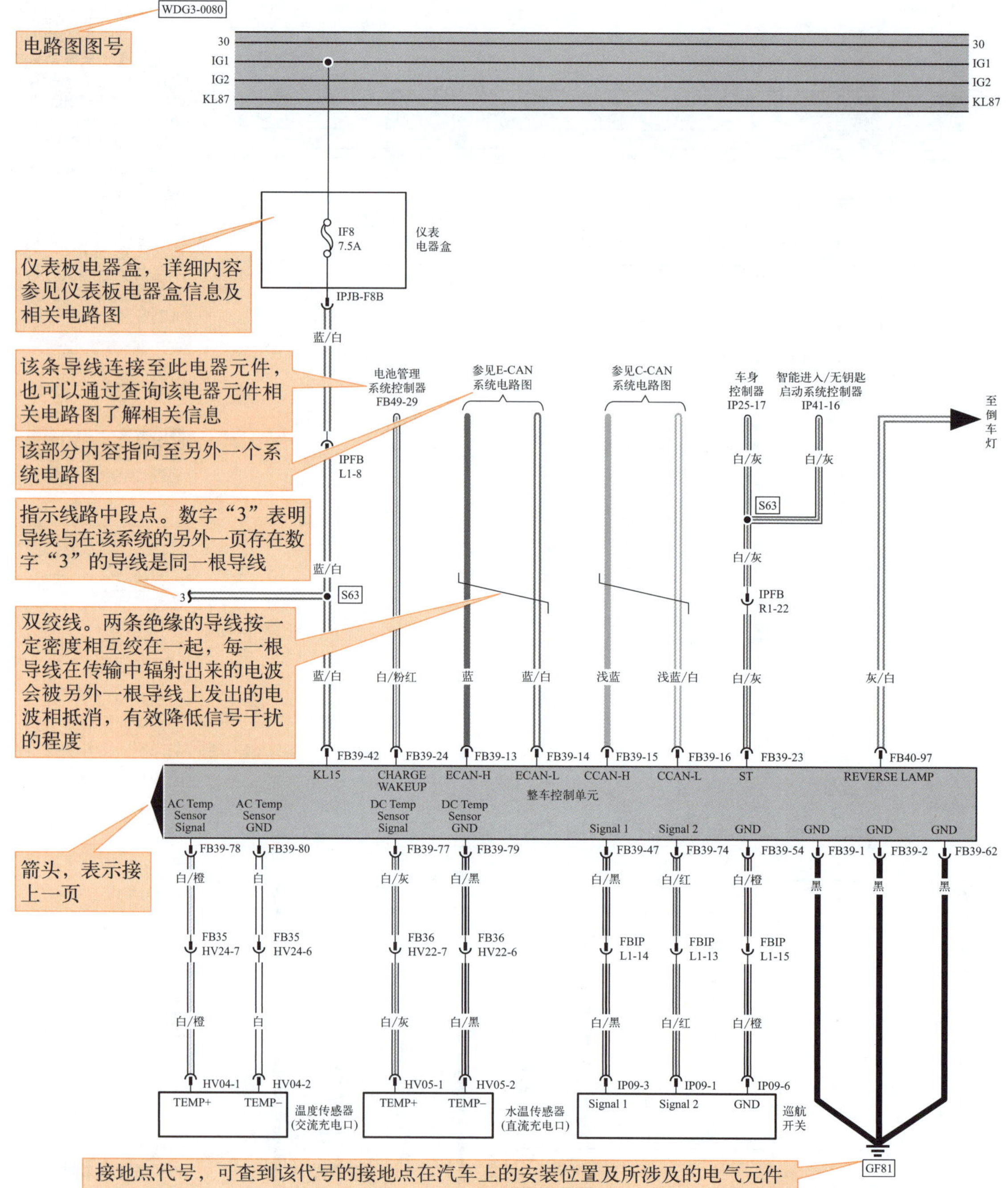

图 3.4-21　小鹏汽车电路图（二）

（6）比亚迪汽车电路图

❶ 电路图形式一。见图 3.4-22。

❷ 电路图形式二。比亚迪 2024 年款后的新能源汽车，与之前的车型相比较（电路图形式一），采用了不同的绘制方式，在电路图编制方法、电路图整体结构等方面与之前有很大区别，如图 3.4-23 和表 3.4-15 所示。

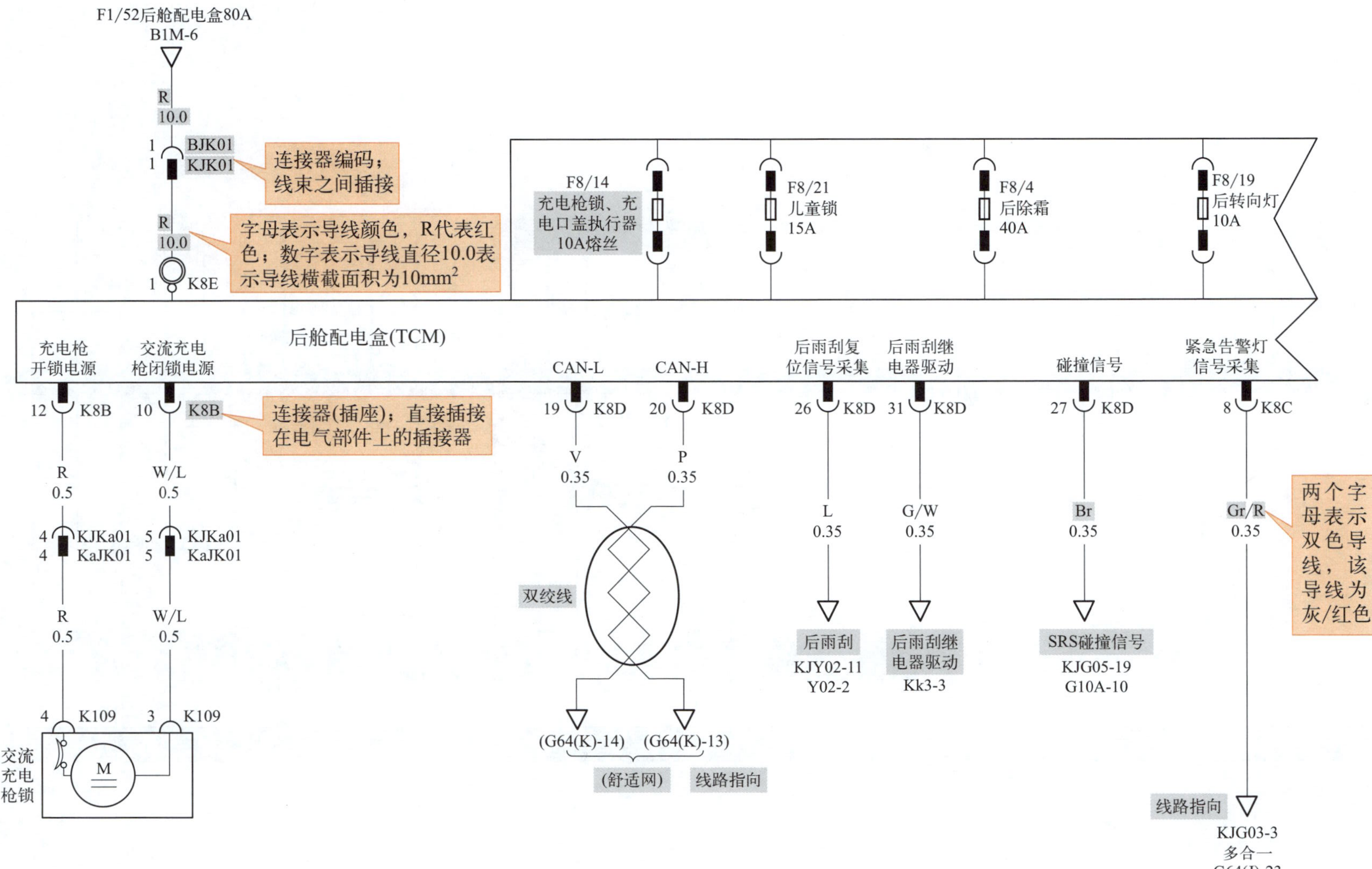

F1/52后舱配电盒80A
B1M-6
R
10.0
BJK01
KJK01
连接器编码；线束之间插接
R
10.0
K8E
字母表示导线颜色，R代表红色；数字表示导线直径10.0表示导线横截面积为10mm²
F8/14
充电枪锁、充电口盖执行器10A熔丝
F8/21
儿童锁
15A
F8/4
后除霜
40A
F8/19
后转向灯
10A
后舱配电盒(TCM)
充电枪开锁电源
交流充电枪闭锁电源
CAN-L
CAN-H
后雨刮复位信号采集
后雨刮继电器驱动
碰撞信号
紧急告警灯信号采集
K8B
K8B
连接器(插座)；直接插接在电气部件上的插接器
K8D
K8C
R
0.5
W/L
0.5
KJKa01
KaJK01
K109
交流充电枪锁
V
0.35
P
0.35
双绞线
(G64(K)-14)
(G64(K)-13)
(舒适网)
线路指向
L
0.35
后雨刮
KJY02-11
Y02-2
G/W
0.35
后雨刮继电器驱动
Kk3-3
Br
0.35
SRS碰撞信号
KJG05-19
G10A-10
Gr/R
0.35
两个字母表示双色导线，该导线为灰/红色
线路指向
KJG03-3
多合一
G64(J)-23

图 3.4-22　比亚迪汽车电路图识读

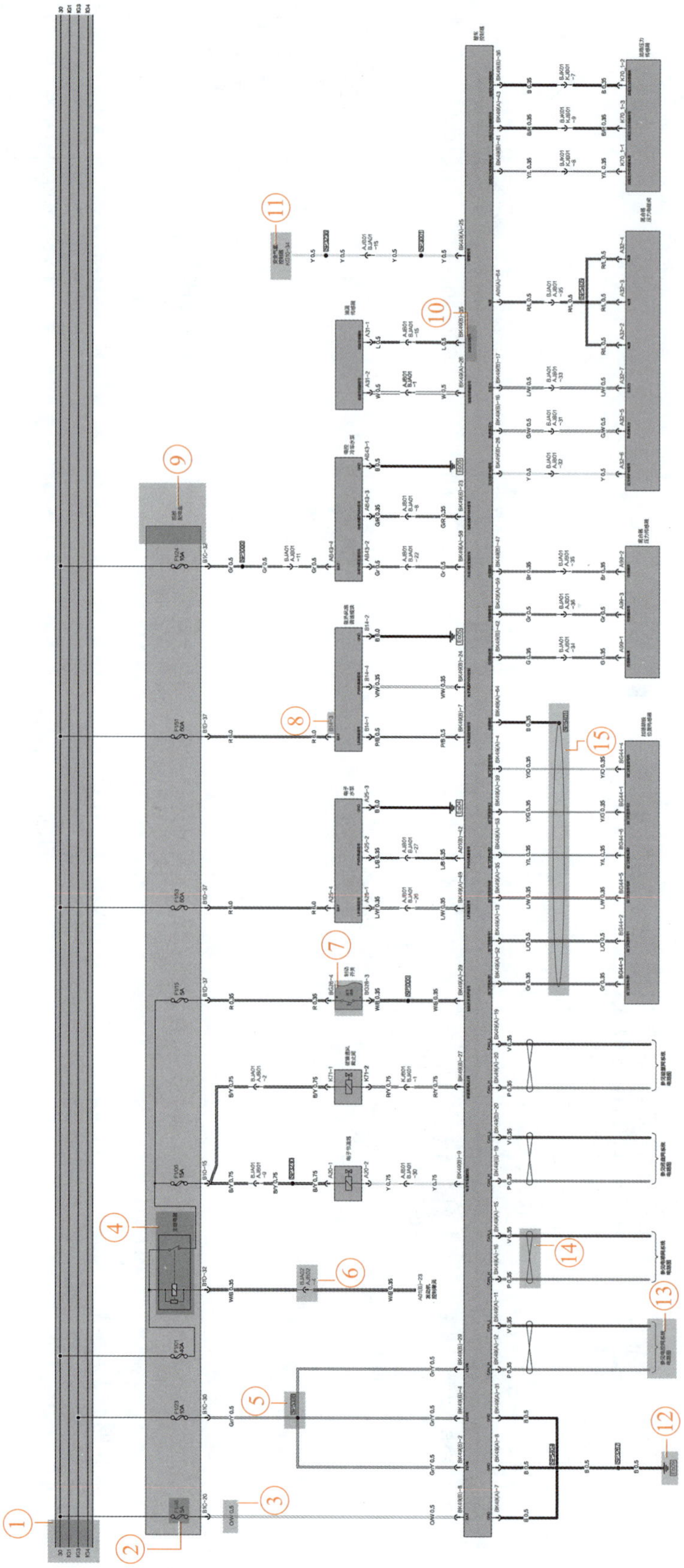

图 3.4-23　比亚迪汽车电路图识读详解

表 3.4-15　比亚迪汽车电路图中的电气元件及图标详解

图注	名称	图示	说明
①	电源系统识别	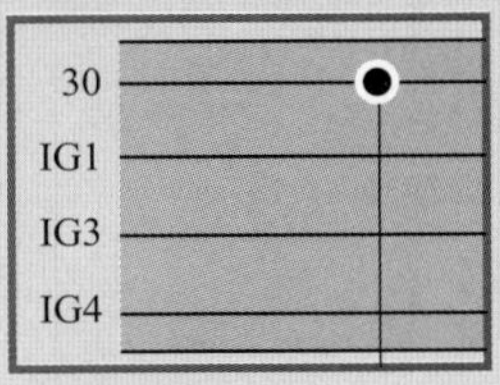 30 IG1 IG3 IG4	电源系统识别：向熔丝供电时，用于表示点火钥匙位置 ①线路代码“30”为常电源（常火线），一般由前舱电器盒或仪表板电器盒提供 ② IG1、IG3 和 IG4 为启动开关在 ON 或 START 挡位时的火线
②	熔丝	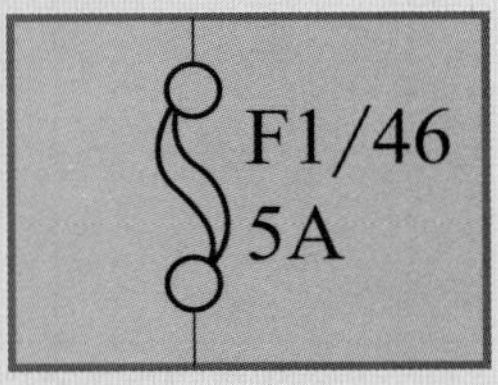 F1/46 5A	表示熔丝的名称和电流大小 ①前舱配电盒 UEC 的熔丝按照相应位置编号为 F1/× ②仪表板配电盒 IEC 的熔丝按照相应位置编号为 F2/×
③	导线颜色和线径	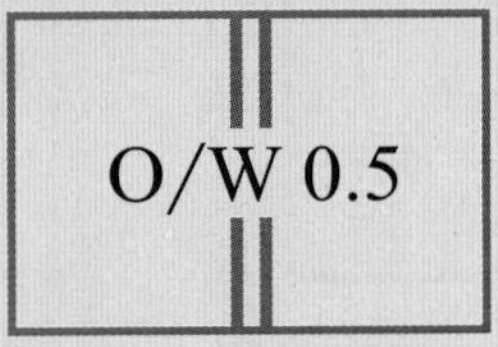 O/W 0.5	①线色：表示导线的颜色，颜色以字母代码表示；导线又分为单颜色和多颜色 ②线径：0.5 表示该导线的截面积为 $0.5mm^2$
		 Sb (浅蓝)	单颜色导线：字母表示基本接线颜色。示例：Sb
		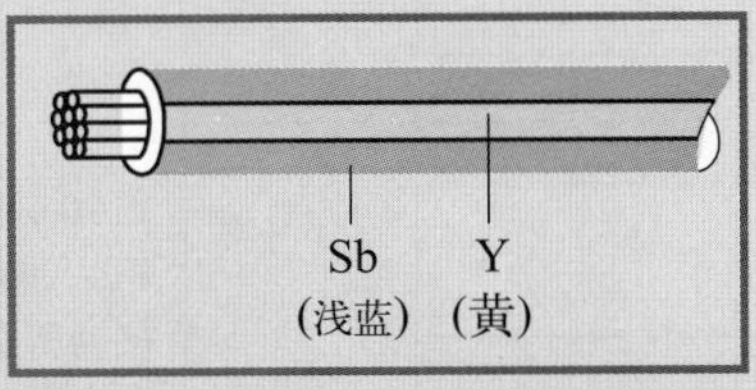 Sb　Y (浅蓝)　(黄)	双颜色导线：第一个字母表示基本接线颜色，第二个字母表示条纹的颜色。示例：Sb-Y
④	继电器	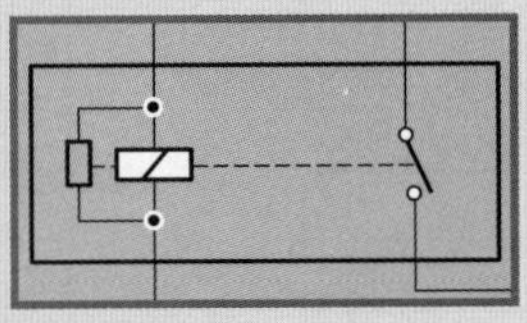	①前舱配电盒 UEC 的继电器按照相应位置编号为 K1-× ②仪表板配电盒 IEC 的继电器按照相应位置编号为 K2-× 注意：如继电器无代码，表示该继电器在配电盒内部

续表

图注	名称	图示	说明
⑤	铰接点	 SP5398	表示该导线上有两条或多条导线铰接在一起，铰接点为该代码
⑥	对接插头	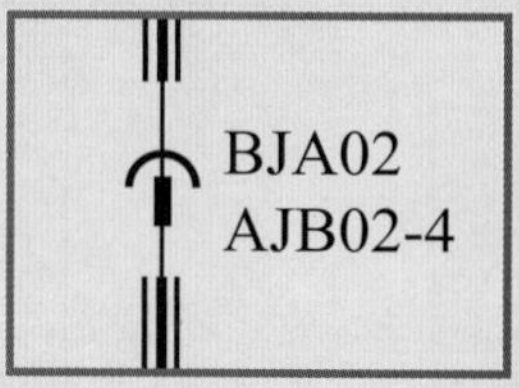 BJA02 AJB02-4	表示线束与线束之间连接的接插件；如 BJA02　AJB02-4，表示前舱线束发动机线束相连接，其中前舱线束 BJA02 为母端，发动机线束 AJB02 为公端；-4 表示该对接插头的 4 号针脚
		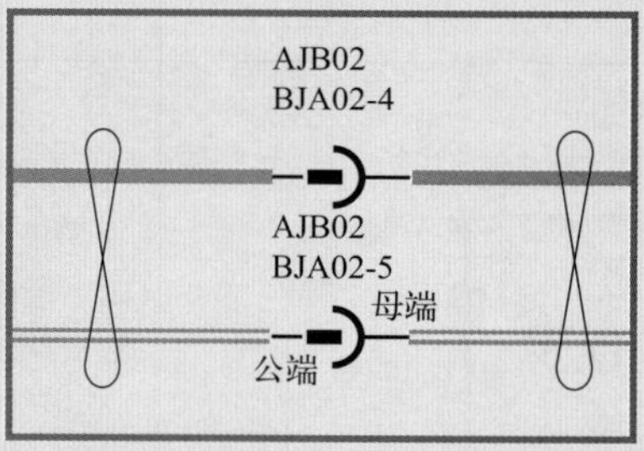 AJB02 BJA02-4 AJB02 BJA02-5 母端 公端	线束与线束之间的插头对接关系，圆弧凸起方向的一端为母端
⑦	元件符号	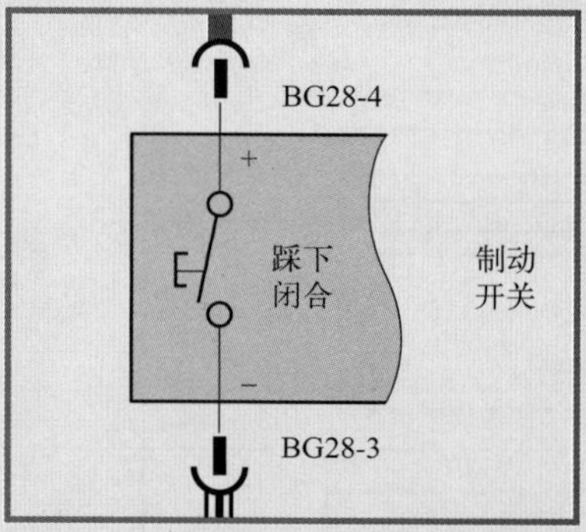 BG28-4 + 踩下闭合 制动开关 − BG28-3	电路图中，电气元件内部简图
⑧	端子编码和针脚	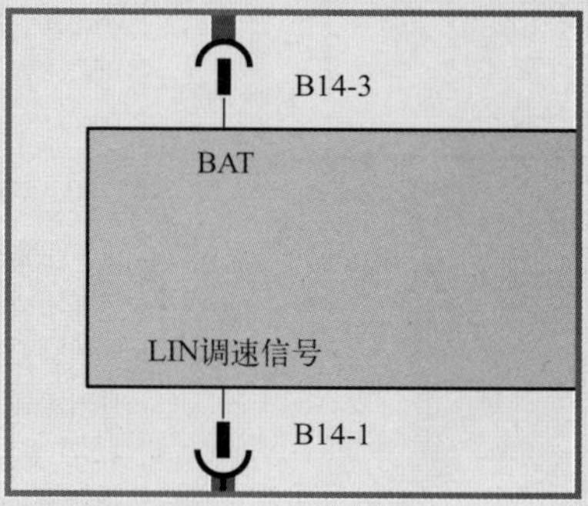 B14-3 BAT LIN调速信号 B14-1	端子编码：相连接部件的端子编码，如 B14-3，B14 中 B 为部件连接器所在的线束，14 表示线束连接器的顺序号；有多个编码的接插件连接到部件时或有不同的规格或配置的多种型号接插件时，可使用编码进行区分，如左车身控制器上的端子编码有 BG64（B）、BG64（C）、KG64（E）等。针脚：B14-3，其中 3 为针脚

续表

图注	名称	图示	说明
⑨	配电盒	F1/24 10A 前舱 配电盒	该车配有两个配电盒，分别为前舱配电盒和仪表板配电盒
⑩	端子定义	BK49(B)-35 油温传感器地	端子定义 用于说明该端子的功能或描述。这里表述的是油位传感器接地
⑪	跳转到下一端	安全气囊 控制器 KG10-34 Y 0.5	表示该导线连接到此部件。这里表示可以通过跳转指向的安全气囊控制器，查询该部件相关电路图了解相关信息
⑫	接地点	B 0.5 Eb09	Eb09：E 表示接地点代码，b 表示和接地点连接的线束，代码为所在线束的小写字母编码，09 表示该线束接地点的顺序号
⑬	跳转到另外一个系统电路图	参见电控网系统 电路图	跳转到另外一个系统电路图指向 该部分内容跳转至另外一个系统电路图，在跳转后的系统电路图中能够查看更加详细的内容

续表

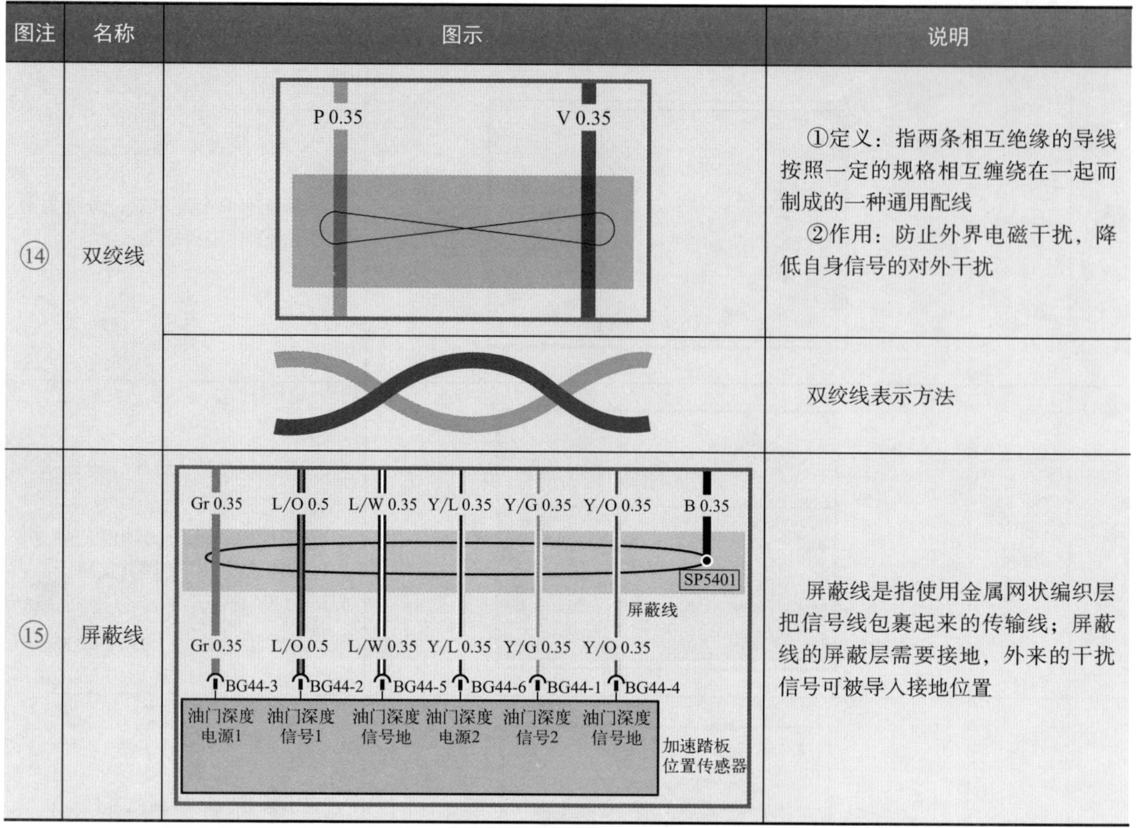

图注	名称	图示	说明
⑭	双绞线	P 0.35　V 0.35	①定义：指两条相互绝缘的导线按照一定的规格相互缠绕在一起而制成的一种通用配线 ②作用：防止外界电磁干扰，降低自身信号的对外干扰
			双绞线表示方法
⑮	屏蔽线	Gr 0.35　L/O 0.5　L/W 0.35　Y/L 0.35　Y/G 0.35　Y/O 0.35　B 0.35 SP5401 屏蔽线 Gr 0.35　L/O 0.5　L/W 0.35　Y/L 0.35　Y/G 0.35　Y/O 0.35 BG44-3　BG44-2　BG44-5　BG44-6　BG44-1　BG44-4 油门深度电源1　油门深度信号1　油门深度信号地　油门深度电源2　油门深度信号2　油门深度信号地 加速踏板位置传感器	屏蔽线是指使用金属网状编织层把信号线包裹起来的传输线；屏蔽线的屏蔽层需要接地，外来的干扰信号可被导入接地位置

常用线束的插接器也俗称连接器（件）、插头等，比亚迪汽车通常有锁扣式、滑锁式和杆锁式等插接器。线束插接器及相关说明见表 3.4-16。线束编码及相关说明见表 3.4-17。

表 3.4-16　线束插接器及相关说明

类型	断开操作图示	说明
锁扣式连接器	拔起	锁扣式接头可以防止接头意外松开或断开，通过按下或者抬起锁片可断开锁扣接头 注意，断开插头时，不要拉扯线束或配线，以防零件损坏
	按下	

续表

类型	断开操作图示	说明
滑锁器连接器	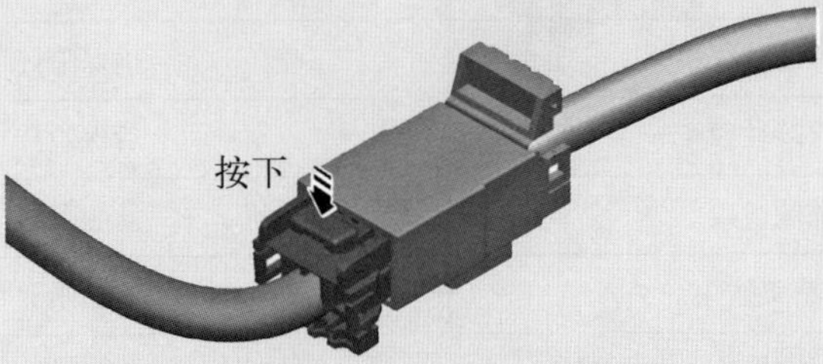 按下 拉起	滑锁器接头可以防止锁止不完全、意外松动或者断开 一些系统和部件（特别是与OBD相关）都采用了滑锁式接头。通过按下或拉出滑块可断开滑锁式接头
杆锁式连接器	 拉起 拔出	一些控制单元和控制模块上、超级多路连接器接头等，使用了杆锁式线束接头 连接时必须通过移动杆至止动位来确认杆完全锁定到位以确保连接完全 注意，断开或连接这些接头前，务必确认杆已经完全释放（松开），以免损坏接头外壳或端子

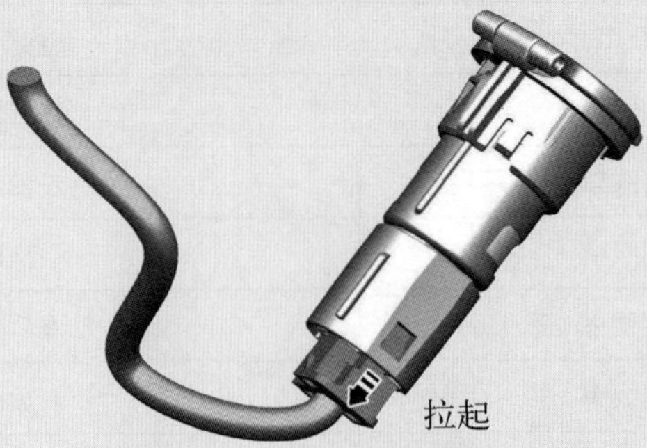

表 3.4-17 线束编码及相关说明

序号	编码	线束名称	装配位置
1	HV	高压线束	各高压部件
2	D	前保险杆线束	前保险杆
3	R	后保险杠线束	后保险杠
4	B	前舱线束	前舱车架
5	C	前横梁线束	前横梁上
6	G	仪表线束 1	仪表板
7	Gb	仪表线束 2	仪表板
8	K	车身线束	车内车架
9	P	顶棚线束	顶棚
10	T	左前门线束	左前门
11	U	右前门线束	右前门
12	V	左后门线束	左后门
13	W	右后门线束	右后门
14	Y	后备厢线束	后备厢
15	A	发动机线束 1	发动机舱
16	Ab	发动机线束 2	发动机舱

中篇

- AI智能导学
- 视频实操演示
- 电子图解手册
- 知识进阶锦囊

扫码获取

汽车维修操作技能

见此图标 微信扫码

走进汽车维修数字课堂

第 4 章

汽车维修技术入门

见此图标 微信扫码

走进汽车维修数字课堂

扫码获取

- AI 智能导学
- 视频实操演示
- 电子图解手册
- 知识进阶锦囊

4.1 走进汽修厂

4.1.1 维修车间布局及功能

汽车修理厂通常会根据规模规划车间工位，见表 4.1-1。

表 4.1-1 维修车间功能

维修车间及配套功能	主要功能维修车间	具体工位 / 操作间	备注 / 说明	图示
维修作业车间	机电维修车间	预检工位	根据维修厂规模可设置预见工位	
		维修工位	进行各种维修、保养、检查等作业的常用工位	
		总成维修间	比如，发动机的拆解大修可以在总成维修间完成	
	钣喷维修车间	钣金车间 / 工位	根据维修厂规模，可设置专门的车间或工位	
		喷漆车间 / 工位	设置专门的车间	
		漆料间	为喷漆车间服务，一般设在喷漆车间内	
	专修车间	四轮定位工位	做四轮定位的专门的工位	
		轮胎维修工位	更换轮胎和轮胎动平衡专门的工位	

续表

维修车间及配套功能	主要功能维修车间	具体工位 / 操作间	备注 / 说明	图示
新能源汽车维修车间	专门车间 / 工位（地面需要特殊绝缘处理）	预检工位	根据维修厂规模可设置预见工位	
		维修工位	进行各种维修、保养、检查等作业的常用工位	
		三电维修间	专门维修间，新能源维修基本设备齐全	
		动力电池维修工位 / 维修间	设置专门的车间 / 工位	
维修车间内配套功能设置	领料室（配件库）	服务维修作业，便于拿取配件	为了便于维修，通常在车间设置领料口（室），或配套配件（库）间	
	专用工具间	—	根据维修厂规模，可专设专用工具间、休息室、培训室	
	接待 / 休息室	—		
	培训室	—		
安全和处置功能设置	旧件间	存放更换下来的放废旧配件	—	
	废机油处理间	存放更换下来的废旧机油	必须设置专门的处理间	

4.1.2 安全作业及着装要求

（1）着装要求

维修工着装规范要求如图 4.1-1 所示。

❶ 工作服。为防止事故发生，工作服必须结实、合身，以便于工作。为防止工作时损坏汽车，不要暴露工作服的带子、扣、纽扣、钥匙链等。

❷ 工作鞋。工作时要穿安全鞋。因为穿着凉鞋或运动鞋易摔倒，并且会降低工作效率，还可能导致穿着者因为偶然掉落的物体而受到伤害。

❸ 工作手套。提升重的物体或拆卸热的排气管或类似的物体时，建议戴上手套。对于普

通的维护工作戴手套并非必需，可根据实际的工作类型来决定，必要时候要戴工作手套。

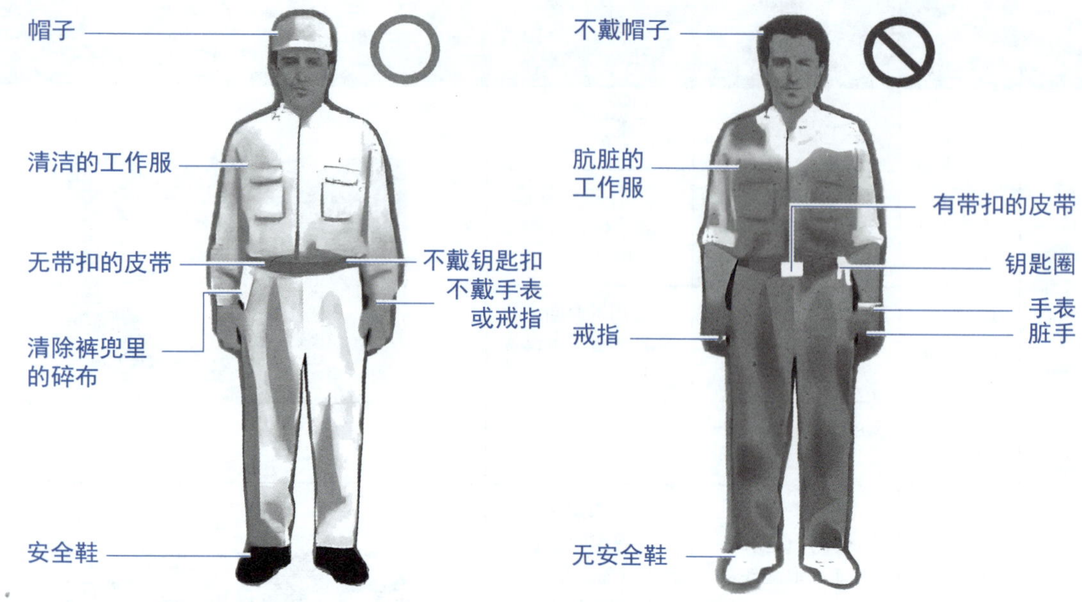

图 4.1-1 维修工着装规范要求

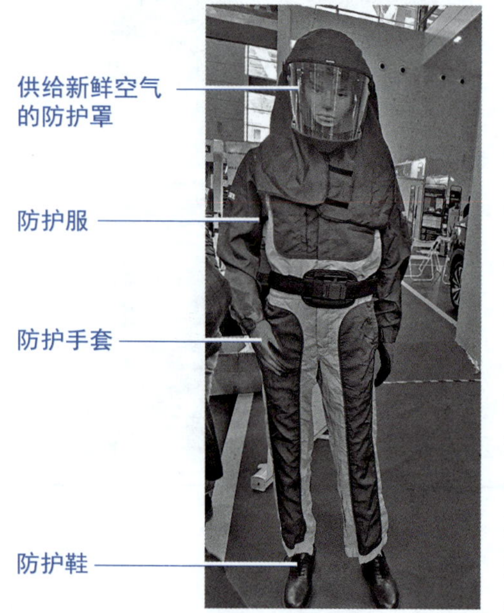

图 4.1-2 喷漆作业着装

（2）喷漆维修工着装和防护

尤其是在喷漆作业中，要特别注意身体防护安全。喷漆作业着装如图 4.1-2 所示。喷漆技师应该穿上防护工作服（防火及防静电服装）。护目镜必须不与溅出的溶剂起任何反应，并且完全将两侧眼角的区域包裹起来。在喷漆过程中最好的保护便是戴上全面罩式呼吸防护器或带有内置面罩的头盔式呼吸防护器。

（3）维修新能源汽车安全防护装备

新能源汽车维修因为要涉及高压电作业，所以在操作安全上有很高的规范要求。依据《电动汽车安全要求》（GB 18384—2020），当直流电压高于 60V 或者交流电压高于 30V 时，是对人体有危险的。按要求，维修新能源汽车高压电时必须穿戴防护装备，包括绝缘胶鞋、防护眼镜、绝缘手套、护目镜、头盔、绝缘防护服。在实际维修情况来看，绝缘手套是利用率最高的。安全无小事，安全绝缘护具，该穿戴还是要穿戴的，保护措施要做好，以防止意外触电事故。

如图 4.1-3 所示，黄色标签为高压警告标识，有高压警告文字说明的，一定要遵循警告说明，高压断电后方可进行维修操作。

选择的绝缘手套应符合国家标准《带电作业用绝缘手套》（GB 17622—2008）中的要求；绝缘防护鞋应符合国家标准《足部防护　安全鞋》（GB 21148—2020）中的要求；防

护眼镜用于防护有刺激或腐蚀性的溶液对眼睛造成的损伤，尤其维修动力电池时需要戴好防护眼镜。

图 4.1-3　高压标签

如图 4.1-4 所示，检查和操作高电压部件时，应戴绝缘手套，其绝缘性能应在 1000V/300A 以上。

必须完全清除绝缘手套内的湿气，并检查其密封良好才可以戴。

图 4.1-4　绝缘手套

（4）新能源汽车高压操作监护制度

在有可能碰触到高压带电部分的情况下，需实行监护制度。一名维修工操作，需要另一名维修工监护，来确保作业现场安全。禁止两人或两人以上同时操作，其他人员禁止触碰操作人员。

高压电维修属于特种作业，新能源汽车维修工应考取应急管理局颁发的特种作业操作证——“电工证”。

4.2　汽车主要零部件识别

4.2.1　汽车外观部件

从汽车外观和车内，以及汽车底部的外观直接能看到的部件见表 4.2-1。

表 4.2-1 外观汽车部件识别

外观部件	图示	说明
车身外观	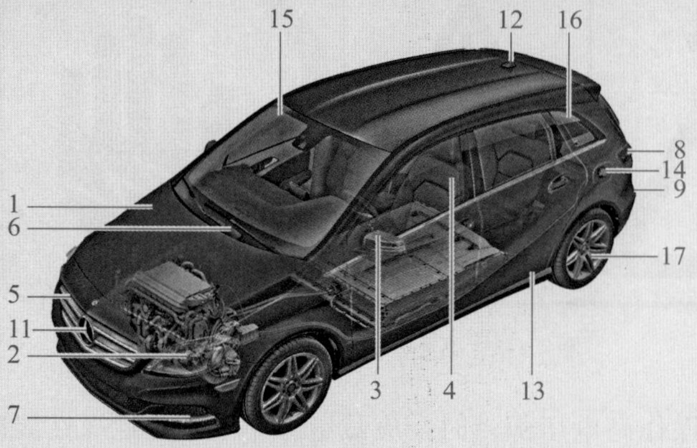 15 12 16 8 14 9 1 6 17 5 11 2 3 4 13 7	1—机舱盖；2—组合大灯；3—电动外后视镜；4—车窗；5—中网格栅；6—雨刷；7—雾灯；8—尾灯；9—后保险杠；10—门把手；11—车标；12—天线；13—车门；14—充电口盖；15—前挡风玻璃；16—三角窗玻璃；17—车轮
车厢内部	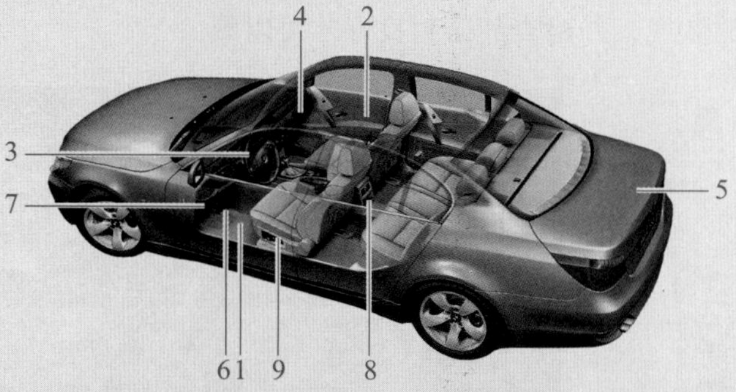 4 2 3 5 7 6 1 9 8	1—驾驶室；2—副驾驶室；3—转向盘；4—仪表台；5—行李厢（后备厢）盖；6—加速踏板；7—制动踏板；8—后出风口；9—座椅调节按钮
机舱	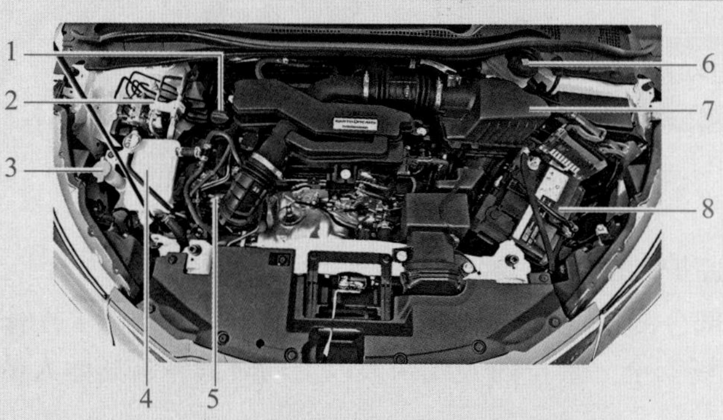 1 6 2 7 3 8 4 5	1—发动机机油加注口盖；2—ABS泵；3—玻璃清洗液（蓝色盖子）；4—发动机冷却液储液罐；5—发动机机油油尺（橙色）；6—制动液（黑色盖子）；7—空气滤清器；8—蓄电池
车底外观件	 11 1 3 4 12 1 5 2 6 7 8 10 9	举起车辆后，可以直观地看到底盘各部件及布局，以及发动机及排气管等部件 1—消声器；2—排气管；3—前悬架；4—发动机；5—后悬架；6—燃油箱；7—三元催化器；8—氧传感器；9—变速器；10—下支臂；11—转向拉杆；12—散热器风扇

4.2.2 发动机及其外围零部件

❶ 凸轮轴盖和部件见图 4.2-1。

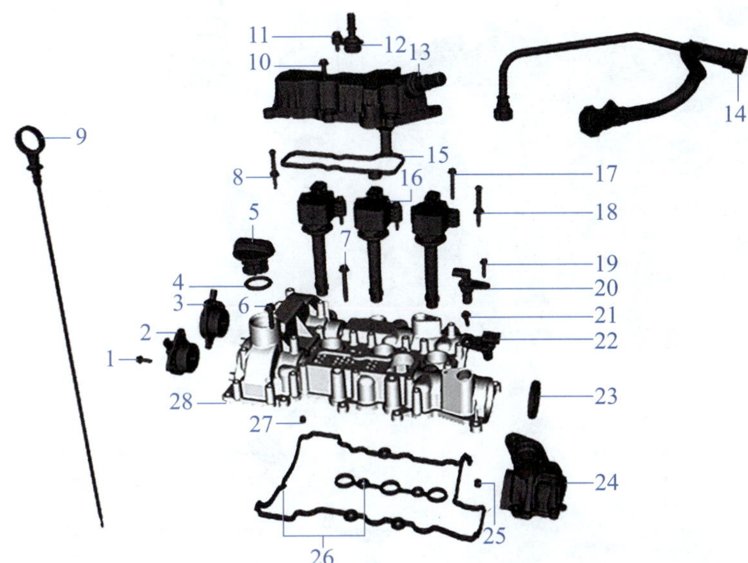

1—凸轮轴位置执行器磁铁螺栓；2, 3—凸轮轴位置执行器磁铁；4—机油加注口盖密封件；5—机油加注口盖；6, 7—凸轮轴盖螺栓；8, 18—进气歧管盖双头螺栓；9—机油尺；10—曲轴箱强制通风油气分离器螺栓；11—曲轴箱强制通风阀螺栓；12—曲轴箱强制通风阀；13—曲轴箱强制通风油气分离器；14—曲轴箱强制通风管；15—曲轴箱强制通风油气分离器衬垫；16—点火线圈；17—点火线圈螺栓；19—进气凸轮轴位置传感器螺栓；20—进气凸轮轴位置传感器；21—排气凸轮轴位置传感器螺栓；22—排气凸轮轴位置传感器；23—真空泵密封件；24—备用燃油泵和真空泵盖；25, 27—凸轮轴盖定位销；26—凸轮轴盖密封件；28—凸轮轴盖

图 4.2-1　凸轮轴盖和部件

❷ 气缸盖和部件见图 4.2-2。

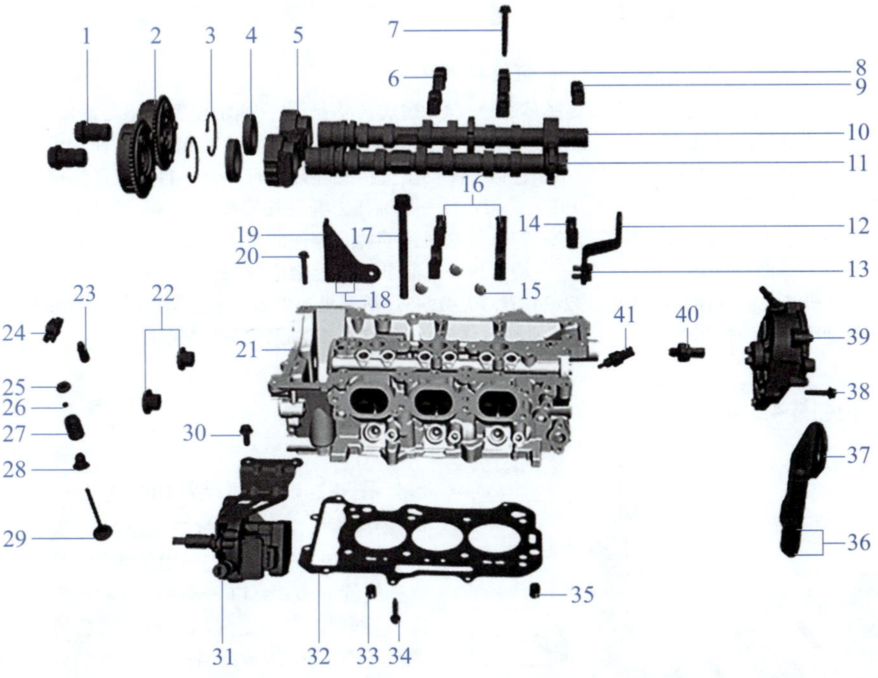

1—凸轮轴位置执行器螺栓；2—凸轮轴位置执行器；3—凸轮轴轴承环；4—凸轮轴轴承；5—凸轮轴轴承前盖；6—凸轮轴轴承上盖；7—凸轮轴轴承盖螺栓；8, 9—凸轮轴轴承上盖；10—排气凸轮轴；11—进气凸轮轴；12—发动机提升托架；13, 18, 36—发动机提升托架螺栓；14, 16—凸轮轴轴承下盖；15—缸盖芯孔塞；17, 20, 34—缸盖螺栓；19, 37—发动机提升托架；21—缸盖；22—缸盖螺塞；23—液压气门间隙调节器；24—液压气门间隙调节器臂；25—气门弹簧固定件；26—气门杆锁片；27—气门弹簧；28—气门杆油封；29—阀；30—蒸发排放炭罐吹洗泵螺栓；31—蒸发排放炭罐吹洗泵；32—缸盖衬垫；33, 35—缸盖定位销；38—真空泵螺栓；39—真空泵；40—发动机机油压力传感器；41—发动机冷却液温度传感器

图 4.2-2　气缸盖和部件

❸ 发动机缸体和部件见图 4.2-3。

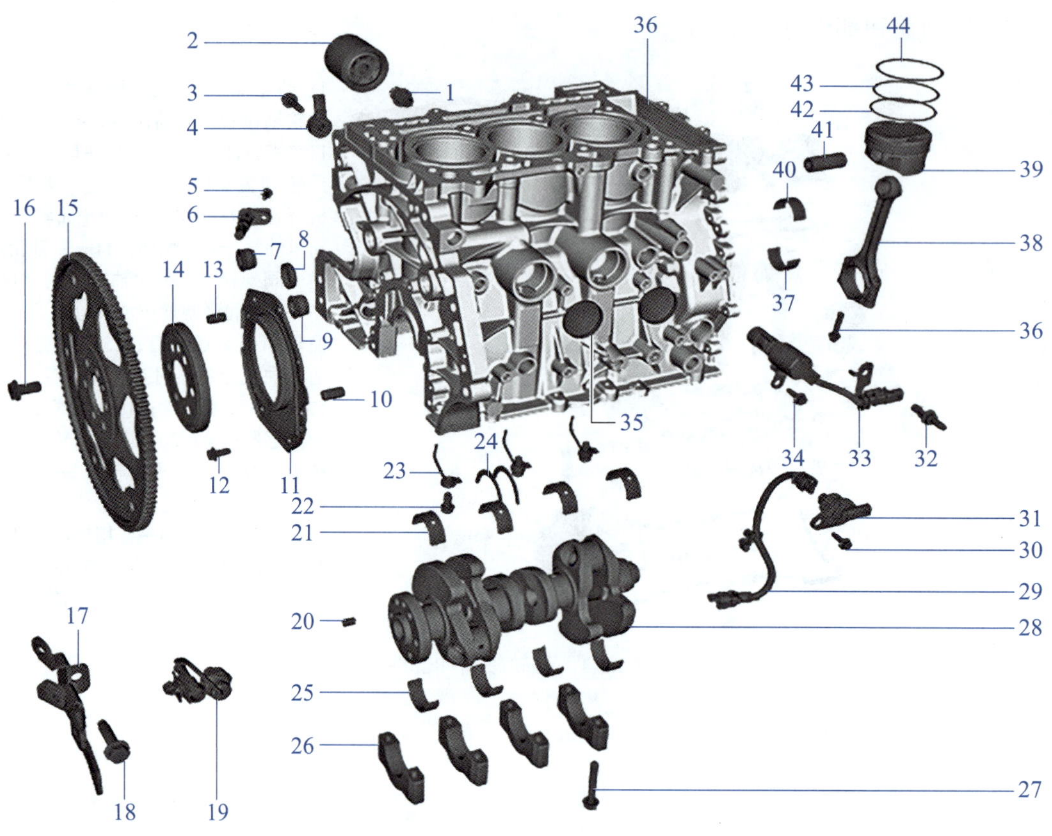

图 4.2-3 发动机缸体和部件

1—机油滤清器双头螺栓；2—机油滤清器；3—爆震传感器螺栓；4—爆震传感器；5—曲轴位置传感器螺栓；6—曲轴位置传感器；7, 9—发动机缸体孔塞；8, 40, 44—发动机缸体铸孔塞；10—变速器定位销；11—曲轴后油封壳体；12—曲轴后油封壳体螺栓；13—变速器定位销；14—曲轴位置传感器磁阻环；15—自动变速器挠性盘；16, 20—自动变速器挠性盘螺栓；17—机油压力开关托架；18—机油压力开关托架螺栓；19—发动机机油压力开关；21—曲轴上轴承；22—活塞机油喷嘴螺栓；23—活塞机油喷嘴；24—曲轴止推轴承；25—曲轴下轴承；26—曲轴轴承盖；27—曲轴轴承盖螺栓；28—曲轴；29—机油泵流量控制电磁阀线束；30—机油泵流量控制电磁阀螺栓；31—机油泵流量控制电磁阀；32, 34, 37, 39, 41, 43—活塞机油喷嘴机油控制电磁阀螺栓；33, 38, 42—活塞机油喷嘴机油控制电磁阀；35—发动机缸体铸孔塞；36—机油泵流量控制电磁阀

❹ 进气歧管和部件见图 4.2-4。

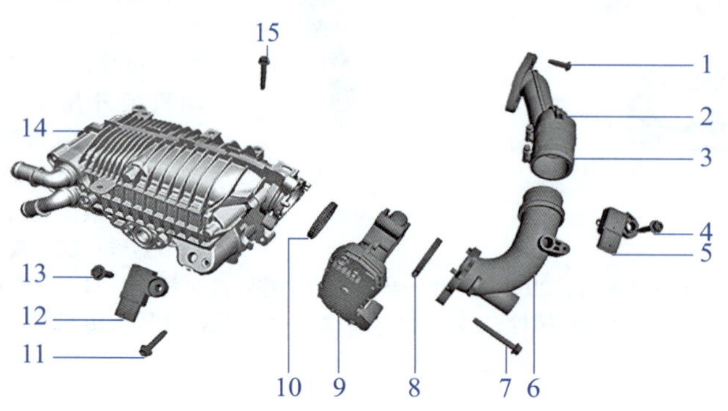

图 4.2-4 进气歧管和部件

1—增压空气冷却器进气管螺栓；2—增压空气冷却器进气管；3—增压空气冷却器进气管卡箍；4, 13—进气压力和温度传感器螺栓；5—进气压力和温度传感器；6—节气门体适配器；7—节气门体总成螺栓；8—节气门体衬垫；9—节气门体总成；10—节气门体衬垫；11, 15—进气歧管螺栓；12—进气压力和温度传感器；14—进气歧管

❺ 燃油导轨和部件见图 4.2-5。

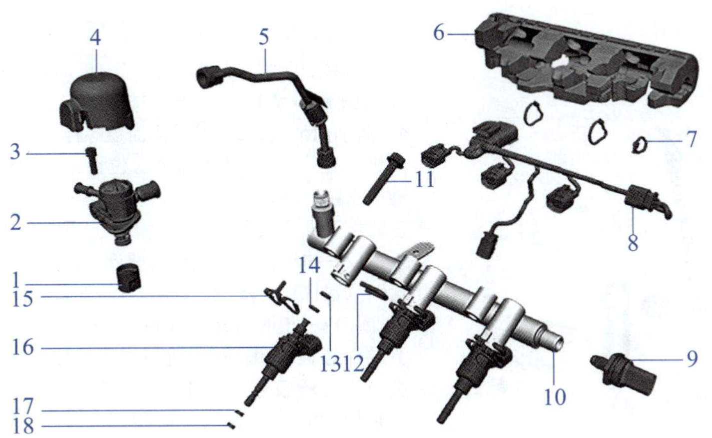

图 4.2-5　燃油导轨和部件

1—气门挺柱随动件；2—燃油泵；3—燃油泵螺栓；4—燃油泵隔垫；5—燃油供油中间管；6—燃油喷射导轨隔音板；7—电缆扎带；8—燃油喷射线束；9—燃油喷射导轨压力传感器；10—燃油喷射导轨；11—燃油喷射导轨螺栓；12—喷油器固定件；13—备用环；14—O 形圈；15—燃油喷射导轨卡扣；16—喷油器；17, 18—燃油密封件

❻ 传动皮带和部件见图 4.2-6。

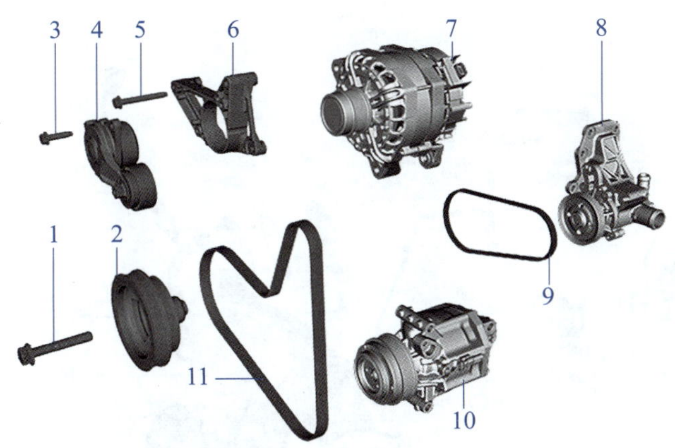

图 4.2-6　传动皮带和部件

1—曲轴扭转减振器螺栓；2—曲轴扭转减振器；3—传动皮带张紧器螺栓；4—传动皮带张紧器；5—传动皮带惰轮托架螺栓；6—传动皮带惰轮托架；7—发电机；8—水泵；9—传动辅助皮带附件；10—空调压缩机；11—传动主皮带附件

❼ 水泵和部件见图 4.2-7。

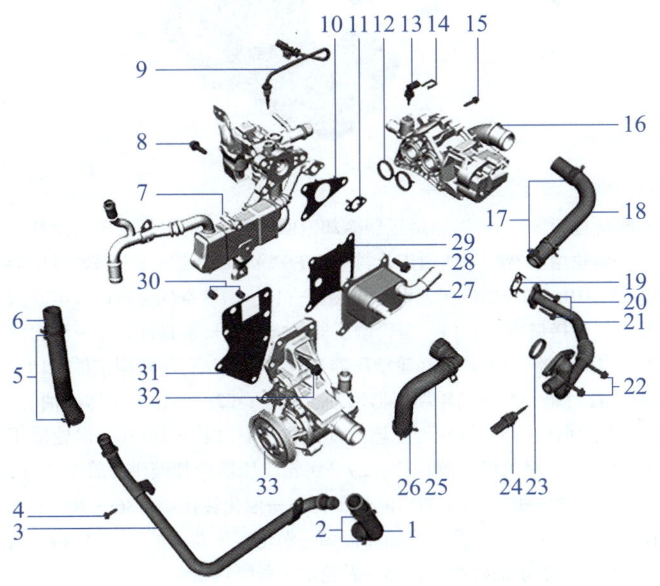

图 4.2-7　水泵和部件

1, 6—水泵进口软管；2, 5—水泵进口软管卡箍；3—水泵进口管；4—水泵进口管螺栓；7—废气再循环冷却器；8—废气再循环冷却器螺栓；9—废气再循环冷却器温度传感器；10—废气再循环冷却器出风管衬垫；11—废气再循环阀衬垫；12—发动机冷却液流量控制阀衬垫；13—发动机冷却液流量控制阀传感器；14—发动机冷却液流量控制阀传感器固定件；15—发动机冷却液流量控制阀螺栓；16—发动机冷却液流量控制阀；17—软管卡箍；18—发动机机油冷却器冷却液进口软管；19—废气再循环管衬垫；20, 22—废气再循环管螺栓；21—废气再循环管；23—废气再循环管密封件；24—废气再循环冷却器温度传感器；25—发动机机油冷却器冷却液出口软管；26—软管卡箍；27—发动机机油冷却器；28—发动机机油冷却器螺栓；29—发动机机油冷却器衬垫；30—水泵定位销；31—水泵衬垫；32—水泵皮带；33—水泵

❽ 正时链条和部件见图 4.2-8。

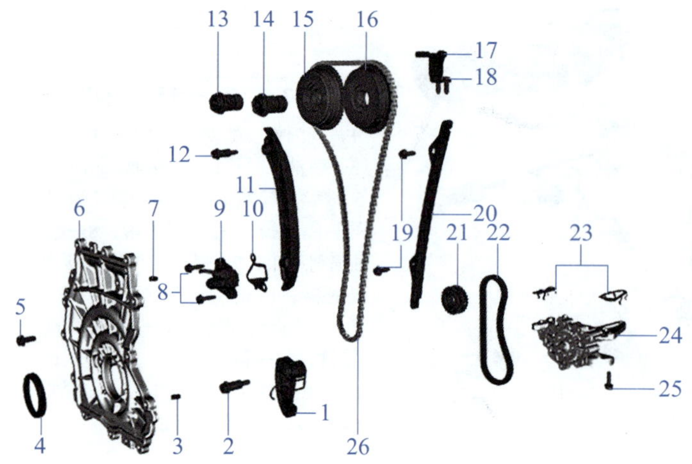

图 4.2-8　正时链条和部件

1—机油泵传动链条紧固件；2—机油泵传动链条张紧器螺栓；3—发动机前盖定位销；4—曲轴前油封；5—发动机前盖螺栓；6—发动机前盖；7—发动机前盖定位销；8—正时链条张紧器螺栓；9—正时链条张紧器；10—正时链条张紧器衬垫；11—初级正时链条导板；12—初级正时链条导板螺栓；13, 14—凸轮轴位置执行器螺栓；15, 16—凸轮轴位置执行器；17—正时链条上导板；18—正时链条上导板螺栓；19—正时链条导板螺栓；20—次级正时链条导板；21—曲轴链轮；22—机油泵传动链条；23—机油泵衬垫；24—机油泵；25—机油泵螺栓；26—正时链条

❾ 涡轮增压器和部件见图 4.2-9。

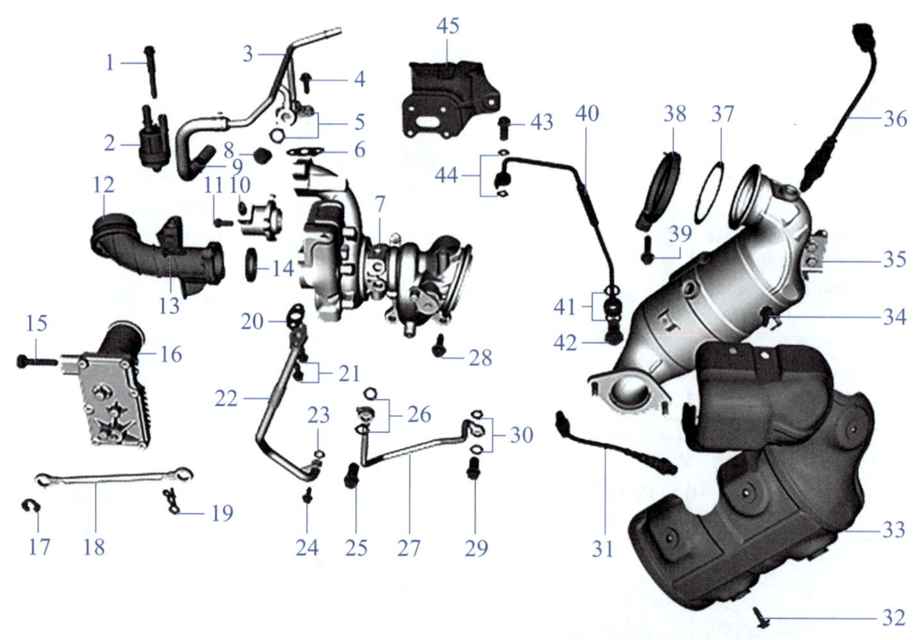

图 4.2-9　涡轮增压器和部件

1—蒸发排放炭罐吹洗电磁阀螺栓；2—蒸发排放炭罐吹洗电磁阀；3—涡轮增压器冷却液回流管；4—涡轮增压器冷却液回流管螺栓；5—涡轮增压器冷却液回流管密封件；6—涡轮增压器冷却液回流管衬垫；7—涡轮增压器；8—涡轮增压器冷却液回流管紧固件；9—涡轮增压器冷却液回流管卡箍；10—增压空气旁通调节电磁阀；11—增压空气旁通调节电磁阀螺栓；12—涡轮增压器进气转接口；13—涡轮增压器进气转接口螺栓；14—涡轮增压器进气转接口密封件；15—涡轮增压器排气泄压阀执行器螺栓；16—涡轮增压器排气泄压阀执行器；17, 19—涡轮增压器排气泄压阀执行器臂固定件；18—涡轮增压器排气泄压阀执行器臂；20—涡轮增压器回油管衬垫；21—涡轮增压器回油管螺栓；22—涡轮增压器回油管；23—涡轮增压器回油管密封件；24—涡轮增压器回油管紧固件；25—涡轮增压器冷却液供液管螺栓；26, 30—涡轮增压器冷却液供液管密封件；27—涡轮增压器冷却液供液管；28—涡轮增压器螺栓；29—涡轮增压器冷却液供液管紧固件；31—加热型氧传感器 2；32, 34—催化转化器后隔热罩螺栓；33—催化转化器后隔热罩；35—催化转化器；36—加热型氧传感器 1；37—催化转化器衬垫；38—催化转化器卡箍；39—催化转化器卡箍螺栓；40—涡轮增压器供油管；41, 44—涡轮增压器供油管密封环；42, 43—涡轮增压器供油管螺栓；45—涡轮增压器隔热罩

⑩ 油底壳和部件见图 4.2-10。

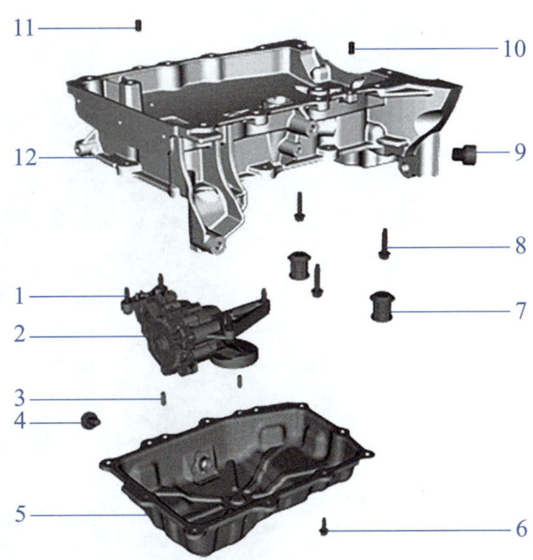

图 4.2-10　油底壳和部件

1—机油泵螺栓；2—机油泵；3—下油底壳销；4—油底壳放油塞；5—下油底壳；6—下油底壳螺栓；7—上油底壳防尘盖；8—上油底壳螺栓；9—上油底壳塞；10—上油底壳销；11—上油底壳销；12—上油底壳

4.2.3　手动变速器零部件

（1）离合器

离合器位于发动机和手动变速器之间的飞轮壳内，主要包括飞轮、离合器摩擦片、离合器压盘、分离轴承以及外部的液压或机械操纵机构。离合器见图 4.2-11。

在汽车行驶过程中，驾驶员可根据需要踩下或松开离合器踏板，使发动机与变速器暂时分离或逐渐接合，以切断或传递发动机向变速器输入的动力。

（2）手动变速器主要零部件

手动变速器主要零部件有输入轴、输出轴、齿轮、同步器等，见图 4.2-12。

换挡同步器（图 4.2-13）：在进行换挡操作时，为了避免变速器内部轮齿和花键齿间冲击，输入轴上的齿轮通过同步器和滑套啮合到输出轴的齿轮之前，必须首先与该齿轮同步，所以必须在换挡装置中设计同步器。

图 4.2-11　离合器

4.2.4　自动变速器零部件

（1）变速器总体核心部件

变速器主要由液力变矩器、行星轮变速机构、电子液压控制系统等组成。其换挡执行器元件主要包括行星轮机构、离合器、液力变矩器等，见图 4.2-14。

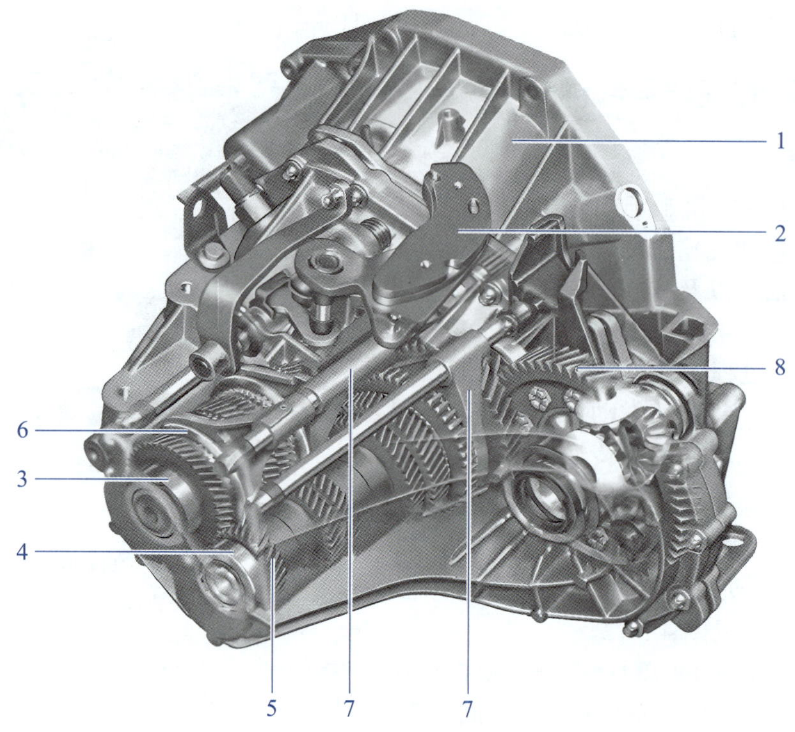

图 4.2-12　手动变速器

1—离合器壳；2—换挡操纵机构；3—输入轴（一轴）轴承；4—输出轴（二轴）轴承；5—齿轮；6—同步器；7—换挡拨叉；8—主减速器从动锥齿轮

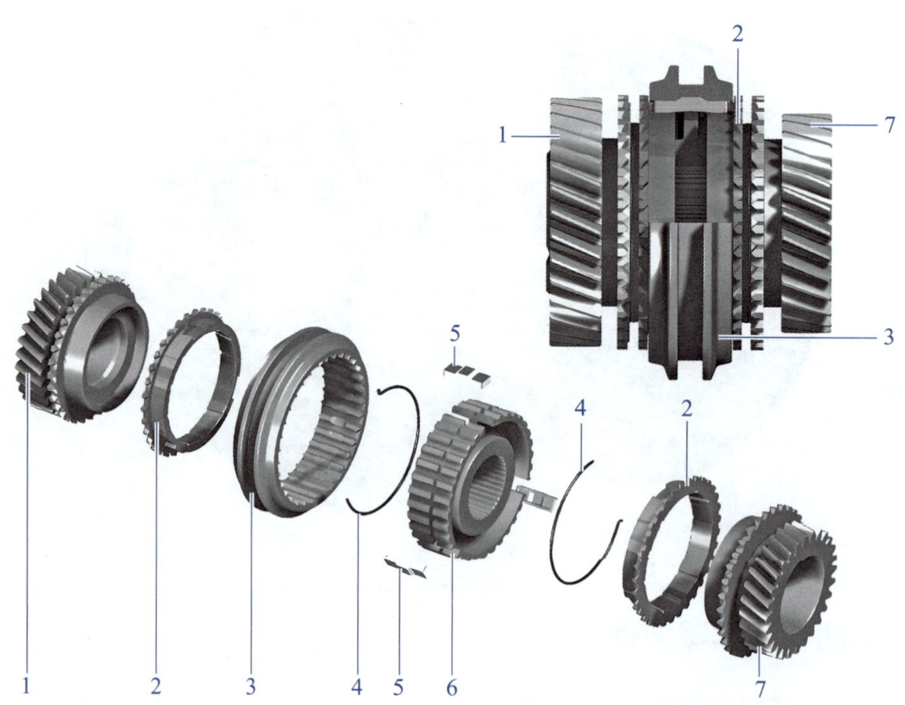

图 4.2-13　同步器

1—输入（一轴）轴齿轮；2 同步器锁环；3—同步器锥形接合套；4—弹簧；5—滑块；6—同步器毂；7—输出轴（二轴）齿轮

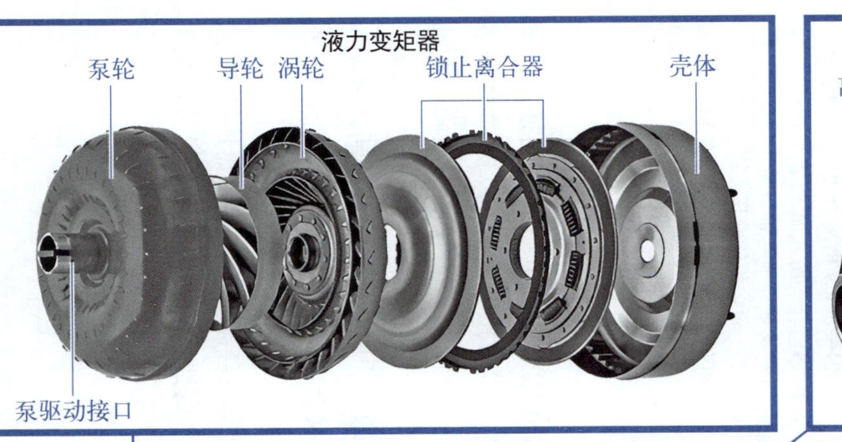

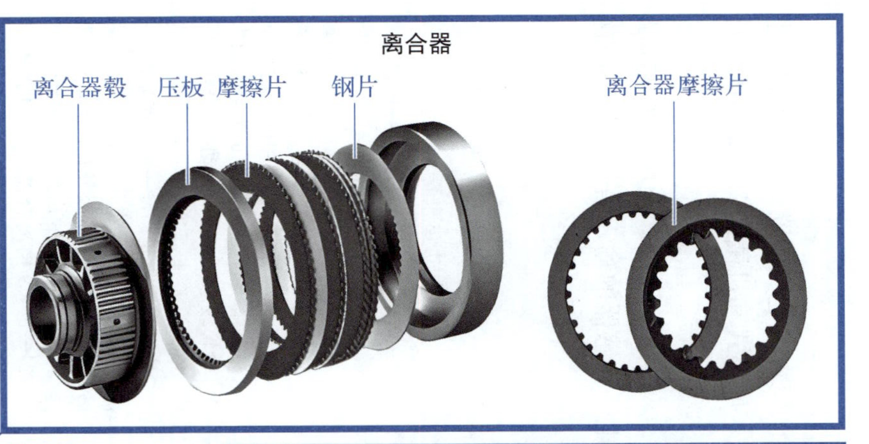

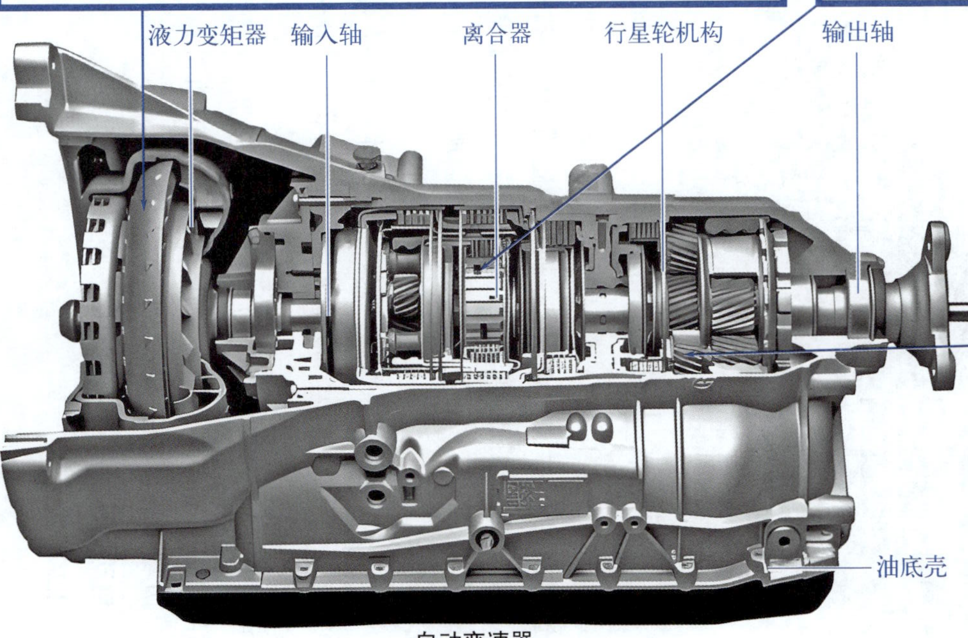

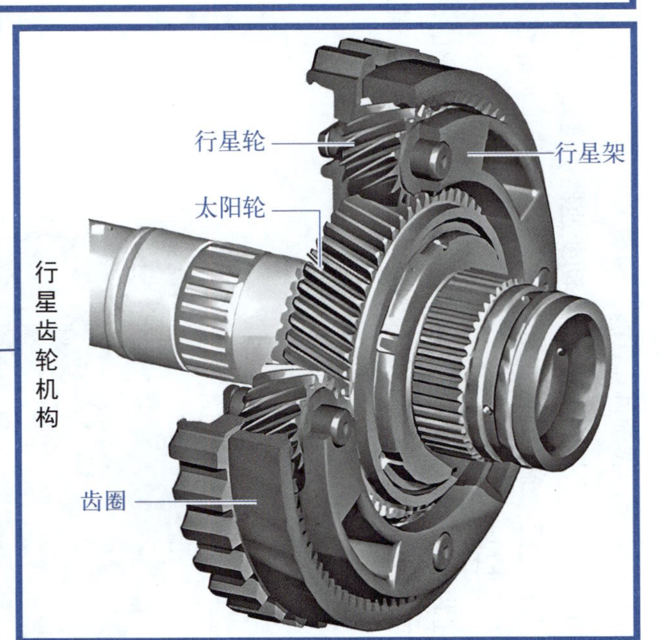

图 4.2-14　变速器及其主要部件

（2）自动变速器零部件（9挡、横置）

如图 4.2-15 所示是液压 9T50 自动变速器。这是一种全自动、9 速、横置式电子控制变速器，它主要包括一个 4 元件变矩器、一个复合行星齿轮组、摩擦式和机械式离合器总成以及一个液压和控制系统。

行星齿轮组提供 9 个前进挡传动比和倒挡。传动比的改变是全自动的，利用变速器控制模块（TCM）来实现。变速器控制模块接收并监测不同电子传感器的输入信号，并使用这些信息使变速器在最佳时刻换挡。

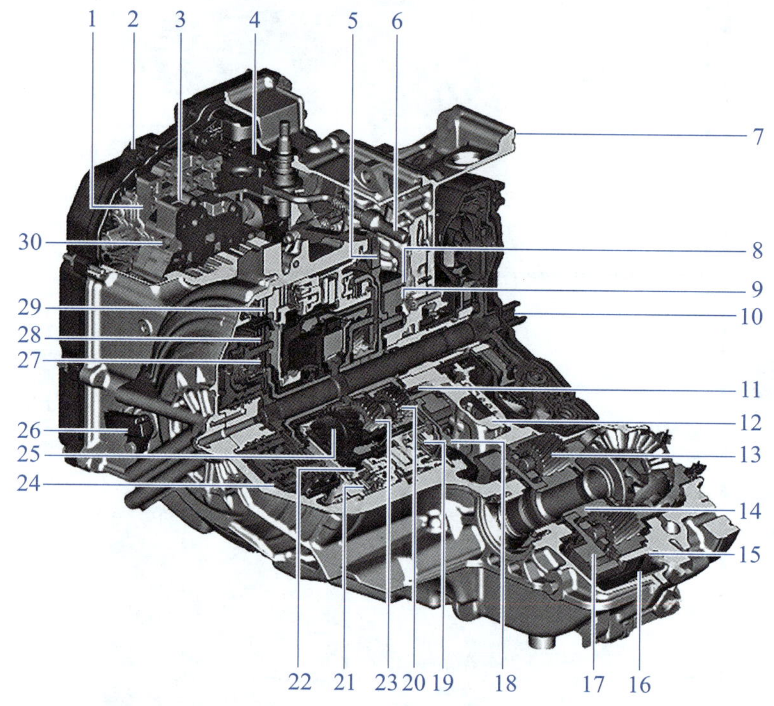

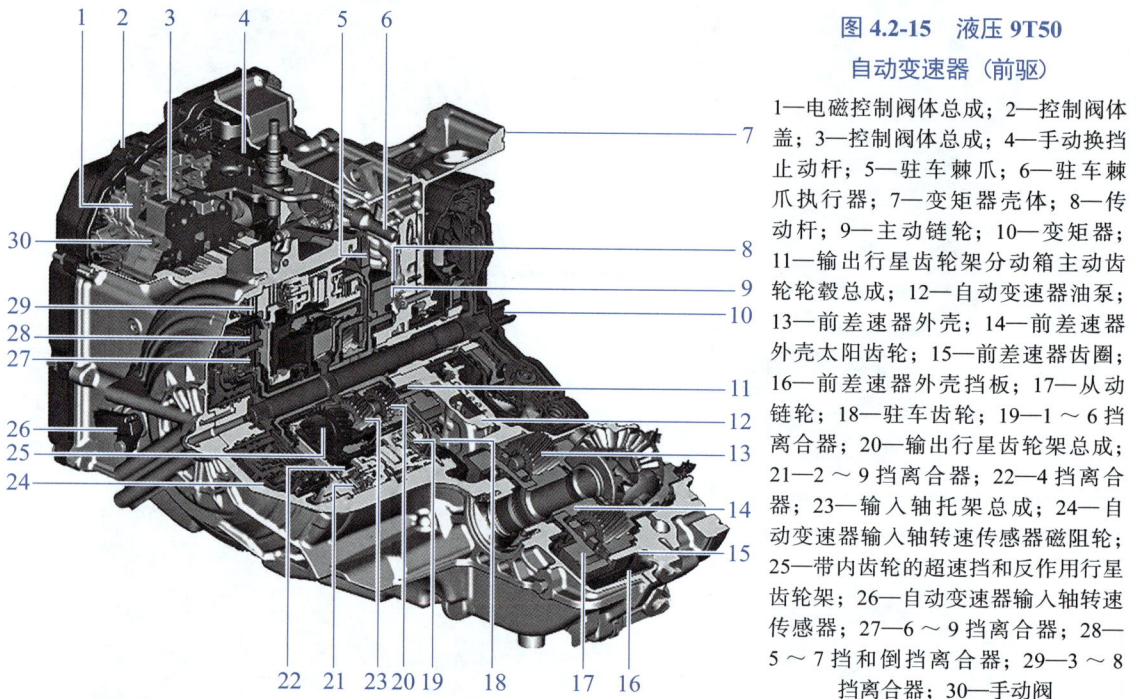

图 4.2-15 液压 9T50 自动变速器（前驱）

1—电磁控制阀体总成；2—控制阀体盖；3—控制阀体总成；4—手动换挡止动杆；5—驻车棘爪；6—驻车棘爪执行器；7—变矩器壳体；8—传动杆；9—主动链轮；10—变矩器；11—输出行星齿轮架分动箱主动齿轮轮毂总成；12—自动变速器油泵；13—前差速器外壳；14—前差速器外壳太阳齿轮；15—前差速器齿圈；16—前差速器外壳挡板；17—从动链轮；18—驻车齿轮；19—1～6 挡离合器；20—输出行星齿轮架总成；21—2～9 挡离合器；22—4 挡离合器；23—输入轴托架总成；24—自动变速器输入轴转速传感器磁阻轮；25—带内齿轮的超速挡和反作用行星齿轮架；26—自动变速器输入轴转速传感器；27—6～9 挡离合器；28—5～7 挡和倒挡离合器；29—3～8 挡离合器；30—手动阀

变速器控制模块（TCM）指令换挡电磁阀和可变排气压力控制电磁阀控制换挡正时及换挡感觉。变速器控制模块（TCM）还控制变矩器离合器的接合和分离，从而使发动机实现最大燃油效率，而不降低车辆性能。所有电磁阀都封装在一个独立的电磁控制阀体总成内。

液压系统主要包括链条驱动式泵、控制阀体总成和壳体。液压泵保持离合器活塞做功所需的工作压力，以接合或分离摩擦部件。这些摩擦部件在接合或分离时保证了变速器的自动换挡质量。

变速器使用的摩擦部件包括 7 个多片式离合器。多片式离合器和单向离合器协同工作，通过齿轮组提供 10 种不同的传动比，即 9 个前进挡和 1 个倒挡。然后齿轮组通过分动箱主动齿轮、分动箱从动齿轮和差速器总成传递扭矩。

（3）自动变速器零部件（10挡、竖置）

见图 4.2-16。

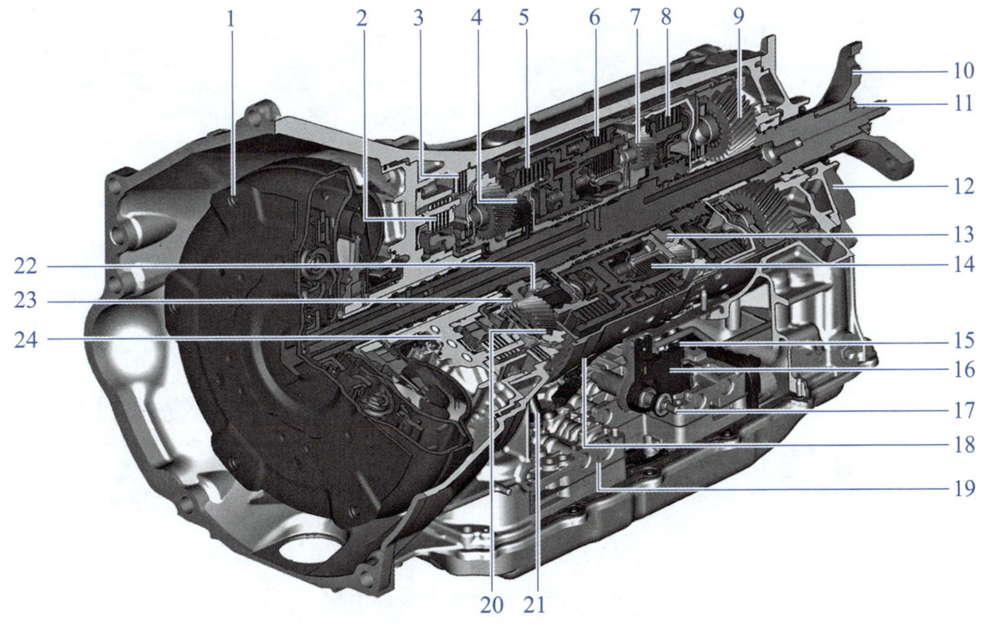

图 4.2-16　自动变速器零部件

1—变矩器；2, 3, 5, 6, 8, 14—换挡离合器；4—输入支架总成；7—直接超速挡支架；9—输出支架总成；10—变速器传动轴法兰；11—变速器传动轴法兰螺母；12—自动变速器壳体加长件；13—直接超速太阳齿轮；15—自动变速器中轴转速传感器；16—自动变速器手动换挡轴位置开关；17—手动换挡轴；18—输出支架内部齿轮分动箱壳；19—控制阀体总成；20—反作用行星齿轮架；21—自动变速器涡轮转速传感器；22—输入轴太阳齿轮；23—反作用太阳齿轮；24—定子轴支架

4.3　汽车维修诊断基本流程

汽车维修的基本流程见图 4.3-1。汽车维修任务协调示意图如图 4.3-2 所示，图中技术员为车间一线维修工，技师领队为班组长或技术总监。

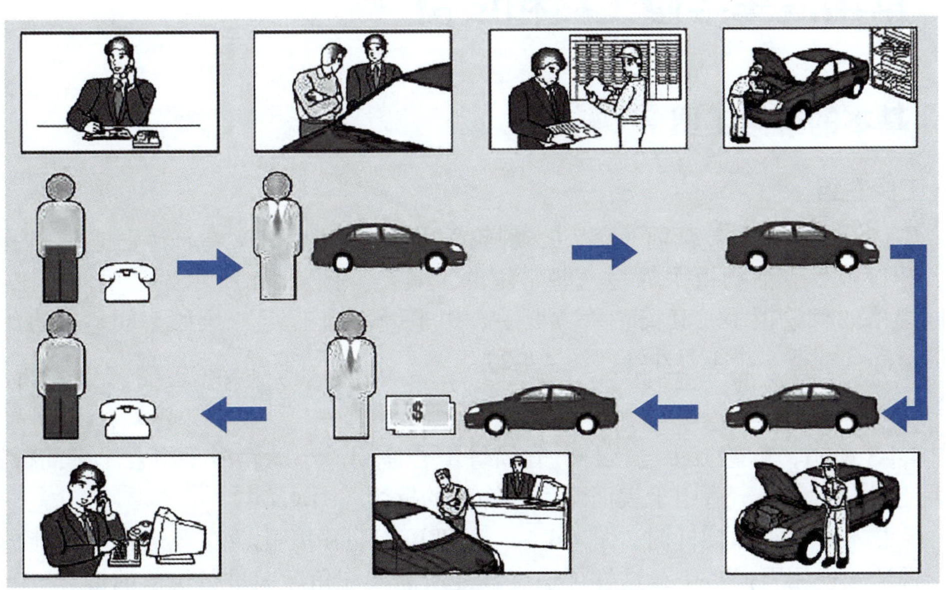

图 4.3-1　汽车维修的基本流程

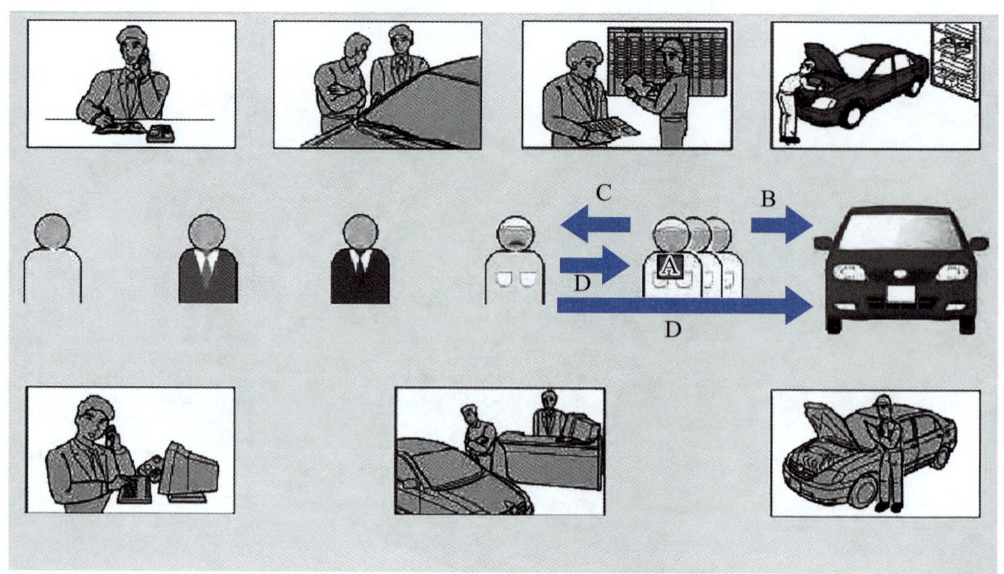

图 4.3-2 汽车维修任务协调示意

A—接收 / 检查修理单，接收用于修理的订购零件；B—在允许的时间内进行工作；
C—向班组长、技术总监确认工作完成；D—对技术难度高的工作请求班组长和技术总监提供指导及帮助

汽车诊断通常需要借助诊断工具，最常用的就是故障诊断仪和万用表等基本的诊断设备及工具。

直观的故障通常只需要确定具体故障部件或故障位置。例如，发动机漏油、漏液，这类故障通常比较直观，一般不需要借助诊断工具就能确定。其诊断基本流程：向客户（车主）问诊→试车→分析故障现象→确定故障点→解决故障。“试车”这一步流程，根据故障现象而定，例如底盘异响，如果要确定故障现象，则根据现象来分析判断，通常需要进行路试。

4.4 常用汽车维修工具和设备

4.4.1 基本的维修工具

(1) 工具套组

螺丝刀（改锥）、钳子、套筒（套头）、棘轮扳手（快速扳手）、弯杆（歪把儿）、接杆、梅花扳手、开口扳手、活动扳手等是一些常用的工具。如图 4.4-1 所示为常用便携工具套组，包含不同规格的棘轮扳手、套筒、六方扳手、钳子等常用工具。维修车间每个班组或每个维修人员，都会配备一个工具小车（图 4.4-2）。

(2) 棘轮扳手组合

如图 4.4-3 所示，棘轮扳手与接杆、套筒等组合使用。小棘轮扳手组合小套筒拆卸螺栓。棘轮扳手使用率相当高，适用于表面配件和饰件的拆装（图 4.4-4）。

万向接头配合套头和接杆时（图 4.4-5），角度可以自由变化，在普通扳手不能放入的维修位置，视情况使用万向接头，这样可适度改变所需操作角度，进行快捷的拆装。

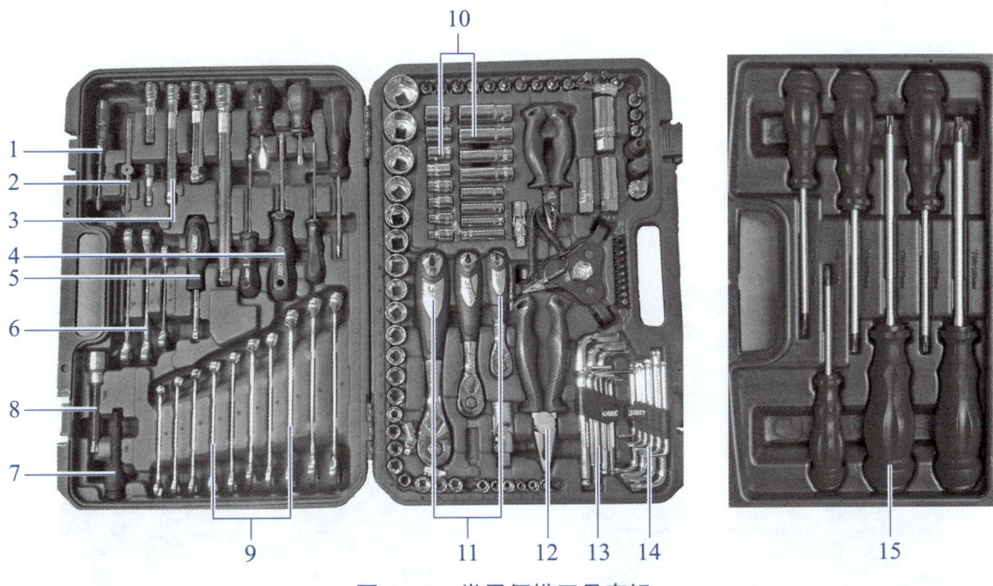

图 4.4-1　常用便携工具套组

1—测试电笔；2—小滑杆；3—接杆；4—改锥；5—旋具；6—快速梅花扳手；7—内六方；8—内六角梅花套筒；9—开口梅花两用扳手；10—套头；11—棘轮扳手（快速扳手）；12—钳子；13—成套内六角；14—米子旋具套头；15—米子改锥（梅花旋具）

图 4.4-2　工具小车

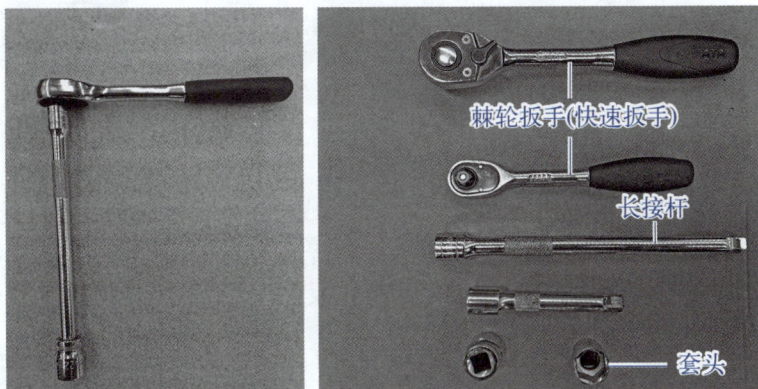

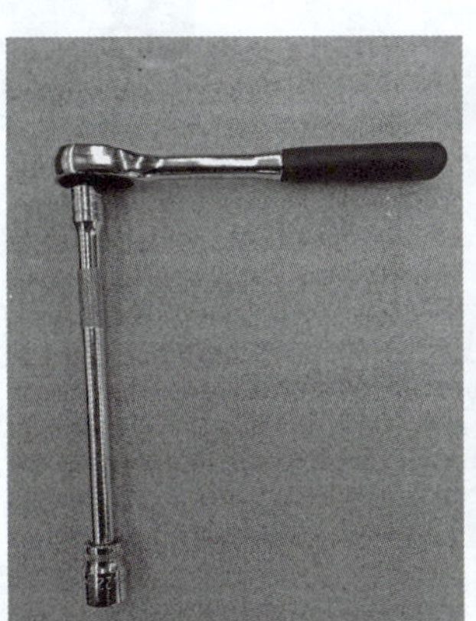

图 4.4-3　棘轮扳手组合

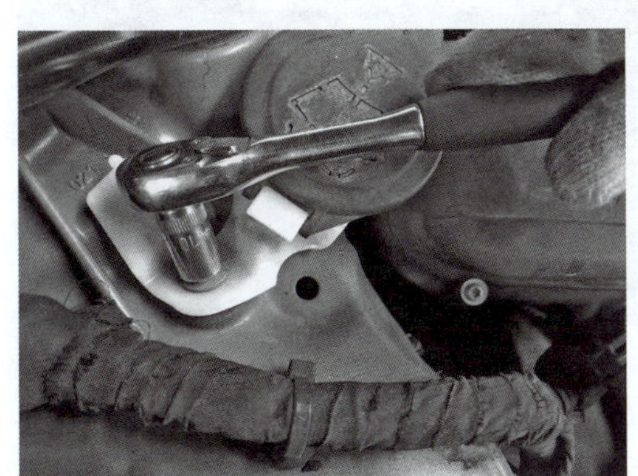

图 4.4-4　棘轮扳手的使用

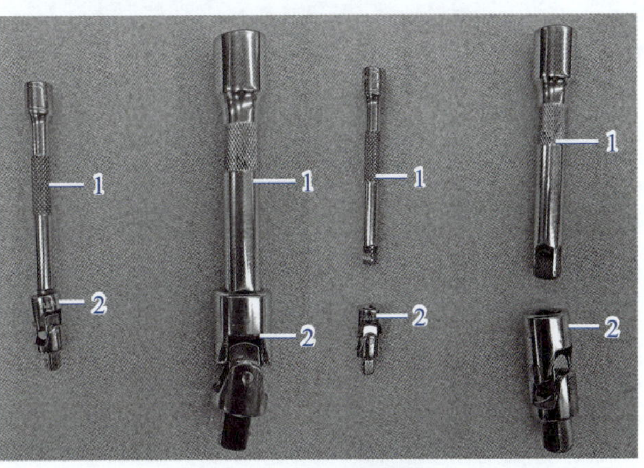

图 4.4-5　棘轮扳手组合

1—接杆；2—万向接头

（3）两用扳手

两用扳手（图 4.4-6）即一头是梅花、一头是开口的扳手，梅花侧圆环内有 12 个棱角，能将螺母或螺栓的六角部分全部围住，工作时不易滑脱，适合于初松螺母或最后锁紧螺母。梅花扳手操作可靠，使用率高。

如图 4.4-7 所示为用两用扳手（梅花侧）拆卸发电机螺栓。维修中 13# 的梅花扳手使用率相当高。

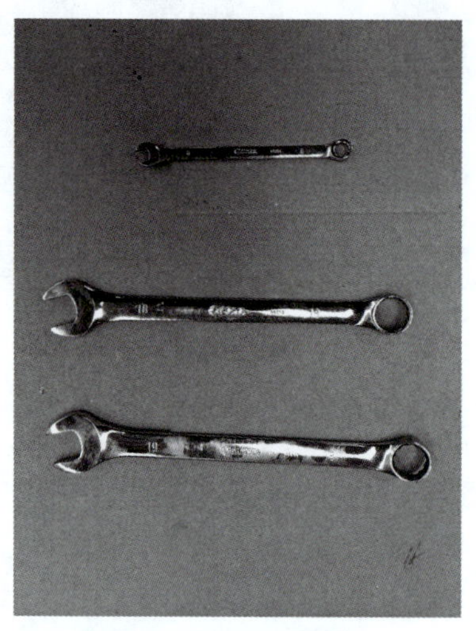

图 4.4-6　两用扳手

图 4.4-7　两用扳手的使用

（4）棘轮梅花扳手

如图 4.4-8 所示，棘轮梅花扳手（或两用扳手棘轮梅花侧）的最大特点就是被拆装的螺栓或螺母能小幅度快速地持续旋拧。适合普通的小力矩螺栓，比较紧凑的维修位置空间尤其适用。

如图 4.4-9 所示为使用棘轮梅花扳手旋出空调压缩机螺栓。

图 4.4-8　棘轮梅花扳手

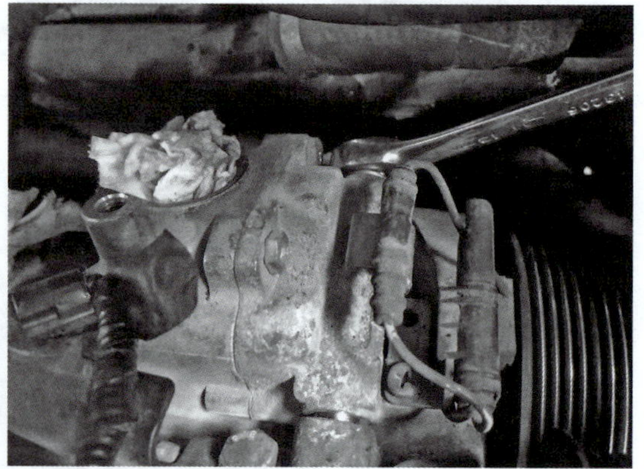

图 4.4-9　使用棘轮梅花扳手旋出空调压缩机螺栓

（5）米字扳手

米字扳手（图 4.4-10）是用于拆装米字螺栓的扳手。如图 4.4-11 所示为用米字扳手拆卸螺栓。

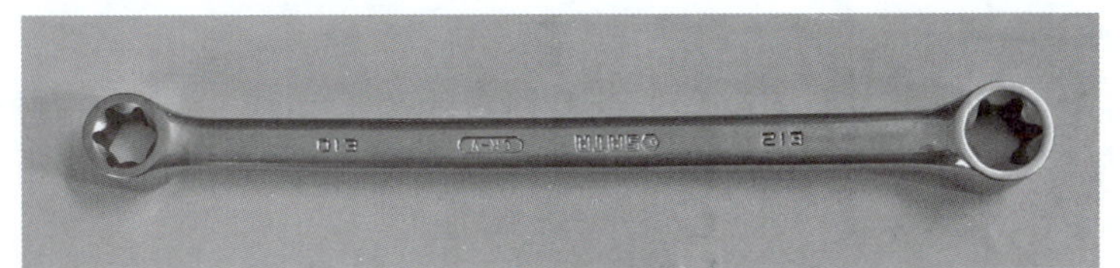

图 4.4-10　米字扳手

（6）旋柄工具

如图 4.4-12 所示，旋柄可以与套筒配合，也可接棘轮扳手或其他手柄，用以增加拆卸或紧固时的力矩。

如图 4.4-13 所示为旋柄与米字套筒（25# 比较常用）组合拆卸螺钉。旋柄可以快速旋动螺栓、螺钉，主要用于将螺栓、螺钉旋到底。常用于拆卸和安装小的螺栓和螺钉，例如拆装仪表台、内饰及分解和装配起动机等。

图 4.4-11　用米字扳手拆卸螺栓

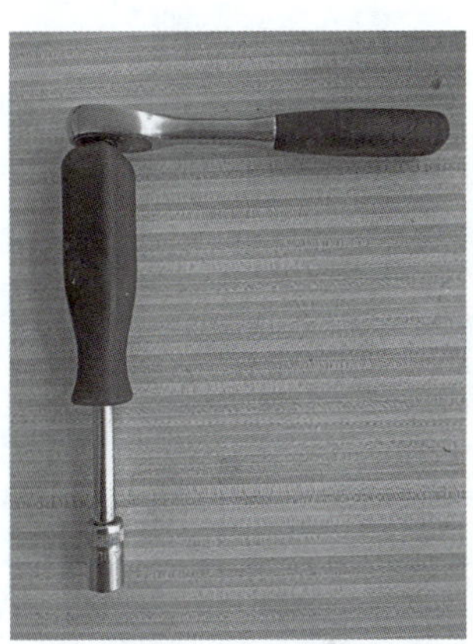

图 4.4-12　旋柄组合

（7）斜口钳

斜口钳（图 4.4-14）也称偏口钳，主要用于剪断导线或剖切软导线绝缘层。

图 4.4-13　旋柄与米字套筒组合拆卸螺钉

图 4.4-14　斜口钳

（8）卡簧钳

卡簧钳（图 4.4-15）分为内卡簧钳和外卡簧钳，用于拆卸和安装带有弹性挡圈的零部件。维修变速器时常使用卡簧钳，带有弹性挡圈的轴承等的拆装也会用到卡簧钳。

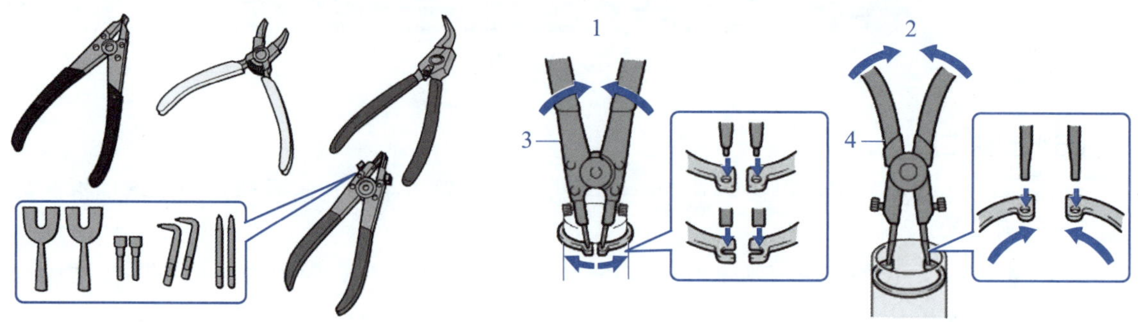

图 4.4-15　卡簧钳

1—胀开拆卸；2—收缩拆卸；3—外卡环钳；4—内卡坏钳

如图 4.4-16 所示，在压出半轴球笼的球毂时，要用卡簧钳使球毂与内卡簧脱开，进而使半轴球笼与球毂分离。

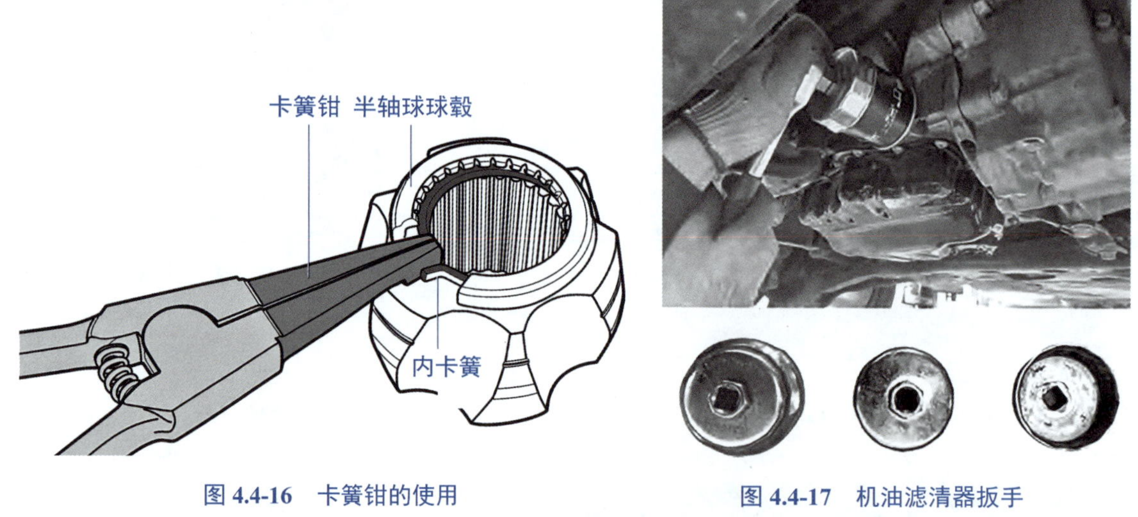

图 4.4-16　卡簧钳的使用

图 4.4-17　机油滤清器扳手

（9）机油滤清器扳手

机油滤清器扳手（图 4.4-17）有多种，有链条式扳手、齿形扳手、圆三爪式扳手、套筒扳手等。根据作业空间可选择不同的机油滤清器扳手来操作。

套筒扳手在日常保养中使用率极高。拆卸不同车型的滤清器需要不同尺寸的扳手。其套筒也可与接杆和快速扳手或其他手柄组合使用。

（10）电动扳手

锂电池电动扳手（图 4.4-18）俗称电动风炮，其上带有可切换正反转开关，正转紧固螺纹连接，反转松开螺纹连接，能高效率拆装螺栓或螺母，是常用的一种汽车维修工具。

如图 4.4-19 所示为用锂电池电动扳手拆卸下支臂螺栓。

图 4.4-18 锂电池电动扳手

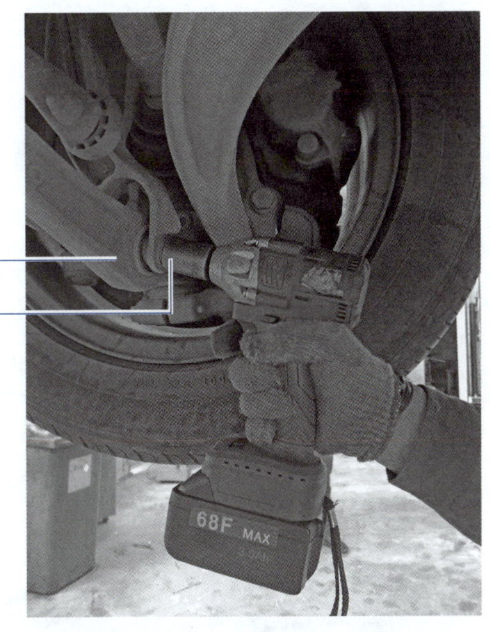

图 4.4-19 用锂电池电动扳手拆卸下支臂螺栓

4.4.2 专用工具

（1）铆钉拆卸钳

铆钉拆卸钳俗称钉子起拔器，多用于内饰（如车门内饰板）、表面塑料件的卡扣、铆钉等的拆卸和拔取（图 4.4-20）。

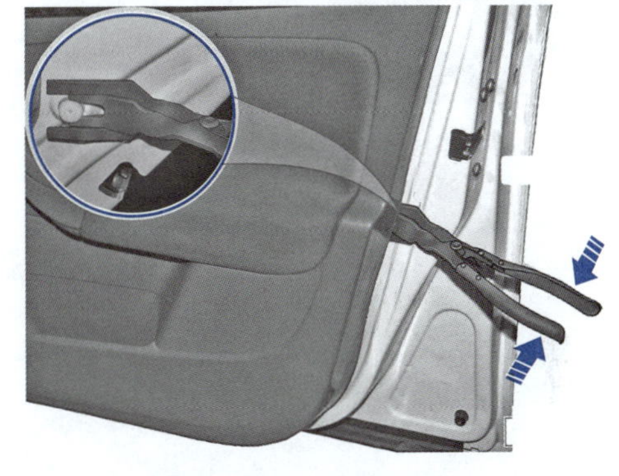
图 4.4-20 铆钉拆卸钳

（2）力矩扳手

常用力矩扳手有电子力矩扳手和机械的预置力式力矩扳手（图 4.4-21），使用力矩扳手锁紧螺栓更精准（图 4.4-22）。

- AI 智能导学
- 视频实操演示
- 电子图解手册
- 知识进阶锦囊

图 4.4-21 力矩力扳

图 4.4-22 力矩扳手使用

维修提示

锁紧发动机机体部件，比如气缸盖螺栓、曲轴轴瓦螺栓、连杆瓦螺栓、凸轮轴螺栓等，必须按厂家规定的力矩及锁紧方法锁紧螺栓。

（3）拉具

拉具和拔轮器根据不同需要有多种，如图 4.4-23 和图 4.4-24 所示。轴承内圈拉具的上拉具与下拉具和推盘配合使用，用于拉出轴承内圈（图 4.4-25）。轴承拉具用于拆卸和安装车轮轴承或轮毂等。内拉具和固定支撑配合使用，主要用于从变速器壳体上拉出圆锥滚子轴承外圈。冲压座与拔起工具配合使用（拔轮器），拔出需要拆卸的轮或轴套（图 4.4-26）。

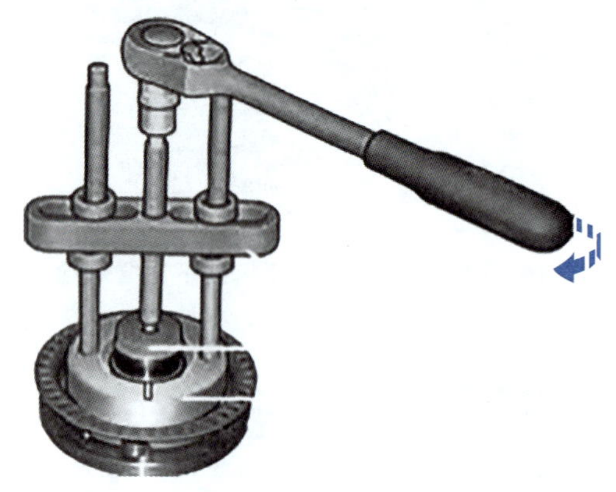

图 **4.4-23**　轴承内圈拉具的使用

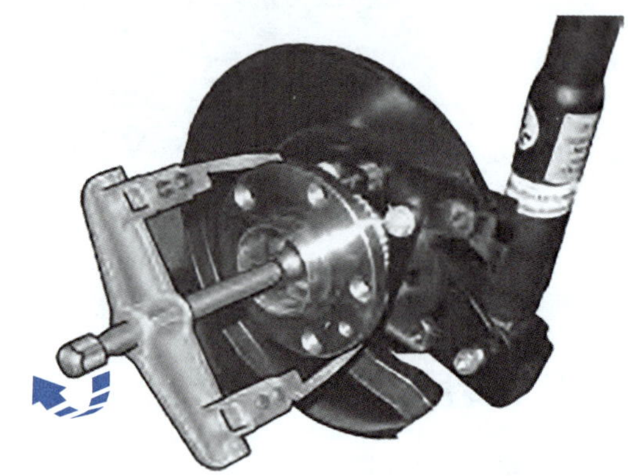

图 **4.4-24**　轴承拉具的使用

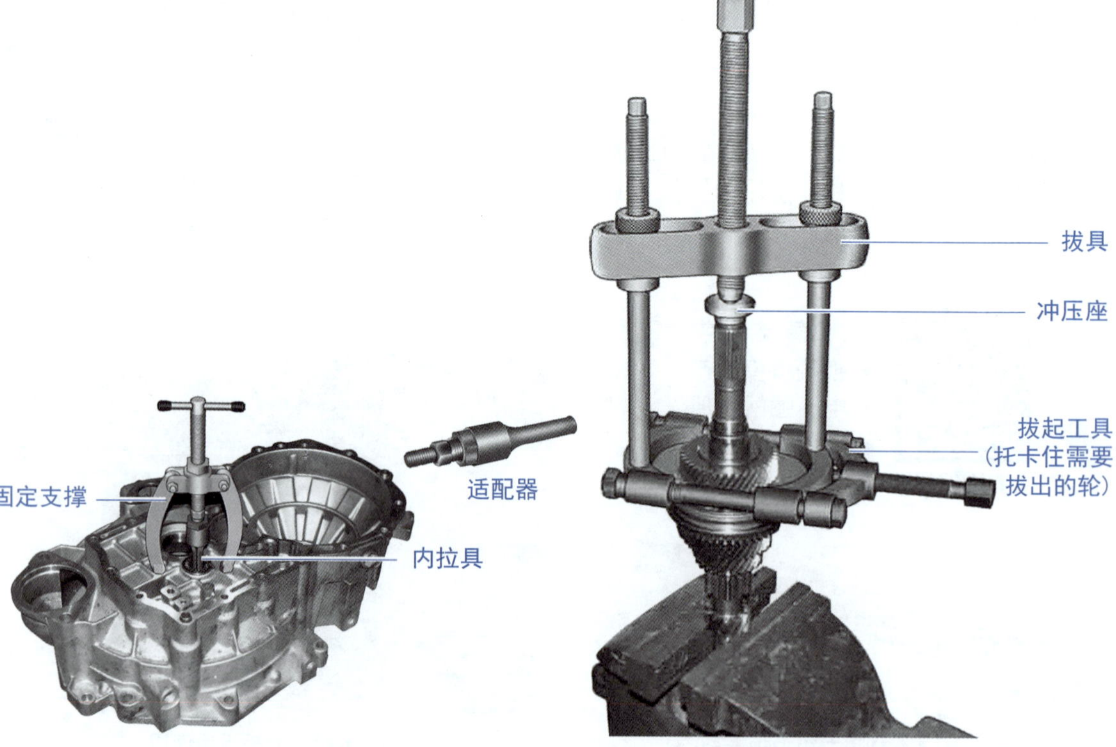

图 **4.4-25**　内拉具的使用

图 **4.4-26**　拔轮器的使用

（4）减振器工具

❶ 柱式减振器专用工具。如图 4.4-27 所示，六角扳手、棘轮扳手和压紧装置配合使用，压缩减振器螺旋弹簧后，进行拆卸和安装。

❷ 丝杠减振器弹簧压缩专用工具。利用上下抓钩固定弹簧上下两端，旋转螺纹挤压固定弹簧，加强拆卸时的安全性（图 4.4-28）。

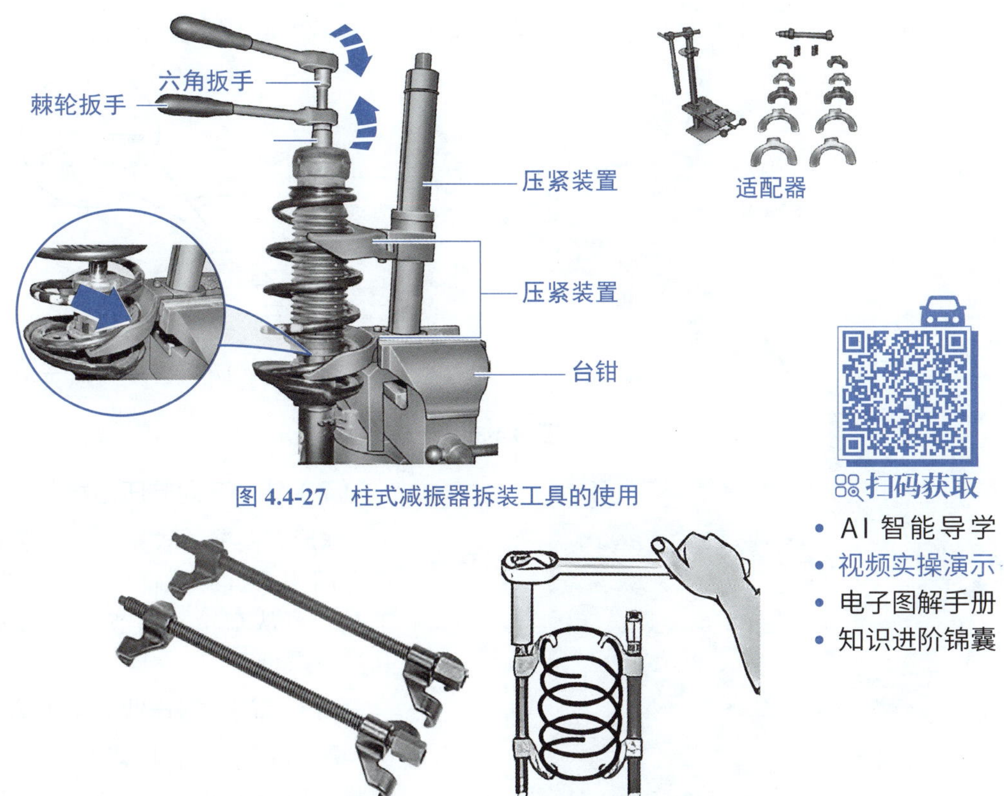

图 4.4-27　柱式减振器拆装工具的使用

图 4.4-28　丝杠减振器弹簧使用示意

（5）弹簧钳

弹簧钳用于卡紧半轴球笼防尘套卡箍（图 4.4-29）。弹簧钳的钳口应贴紧卡箍的棱角，用棘轮扳手转动螺杆来夹紧卡箍。

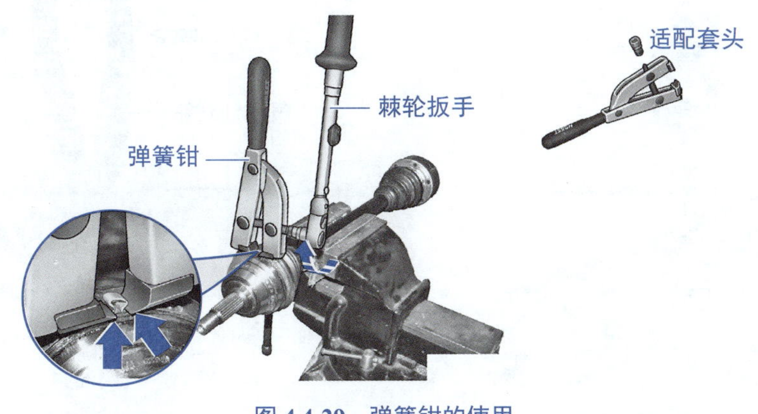

图 4.4-29　弹簧钳的使用

维修提示

转动螺杆夹紧卡箍时，弹簧钳一定要稳，绝对不能歪斜。

（6）卡箍钳

卡箍钳多用于转向机转向拉杆防护套的安装（图 4.4-30）。用卡箍钳从上部夹紧新卡箍。

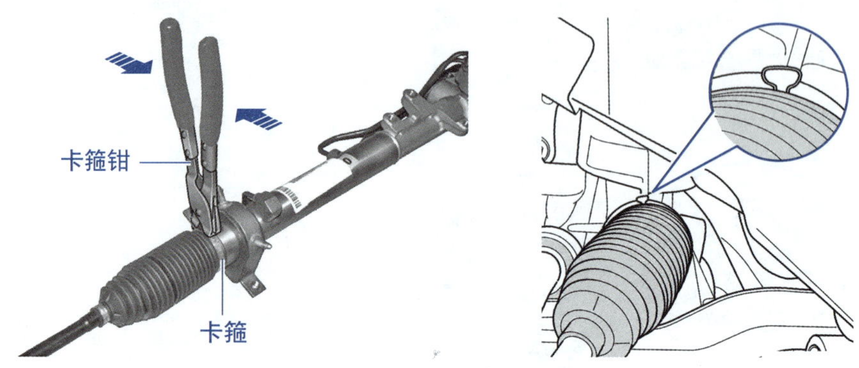

图 4.4-30　卡箍钳使用

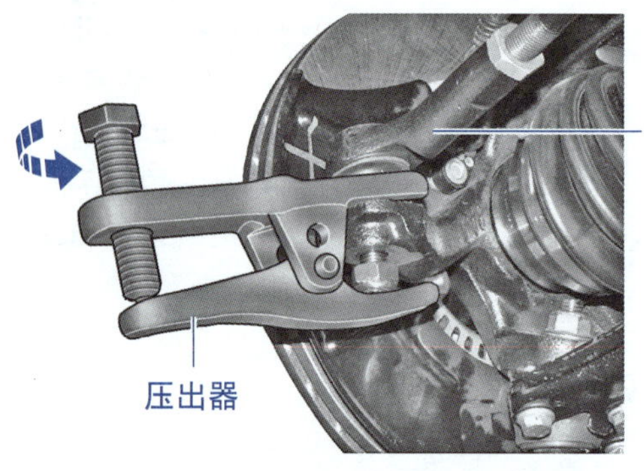

图 4.4-31　球形万向节（球头）压出器

（7）球形万向节压出器

球形万向节（球头）压出器（图 4.4-31）是专门用于拆卸拉杆球头等球形万向节的工具，可从车轮转向节上压出横拉杆球头并拧下螺母。

（8）气门密封作业专用工具

❶ 气门油封起拔器专门用于拔出气门油封，使用时沿向下箭头方向张开起拔器，沿向上箭头方向拔出气门油封（图 4.4-32）。

❷ 气门油封钳子也是专门用于拔出气门油封的工具，该工具使用简单方便，作业效率更高（图 4.4-33）。

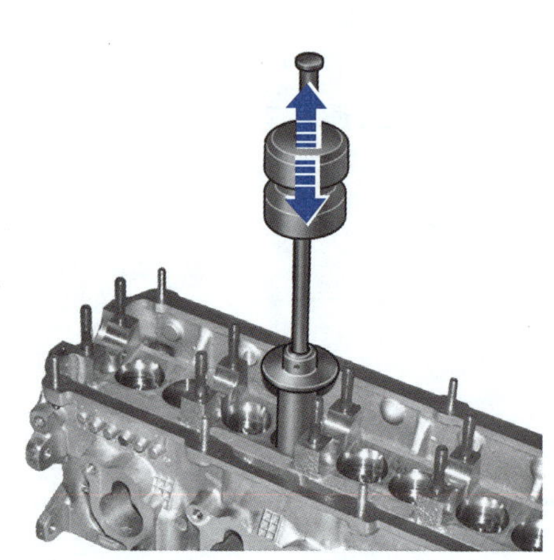

图 4.4-32　气门油封起拔器

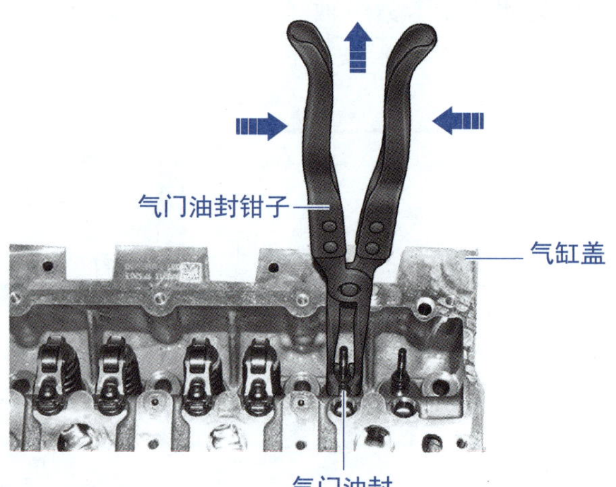

图 4.4-33　气门油封钳子

❸ 气门密封安装工具如图 4.4-34 所示，将气门油封装入气门油封推杆，并小心地推到气门导管上。

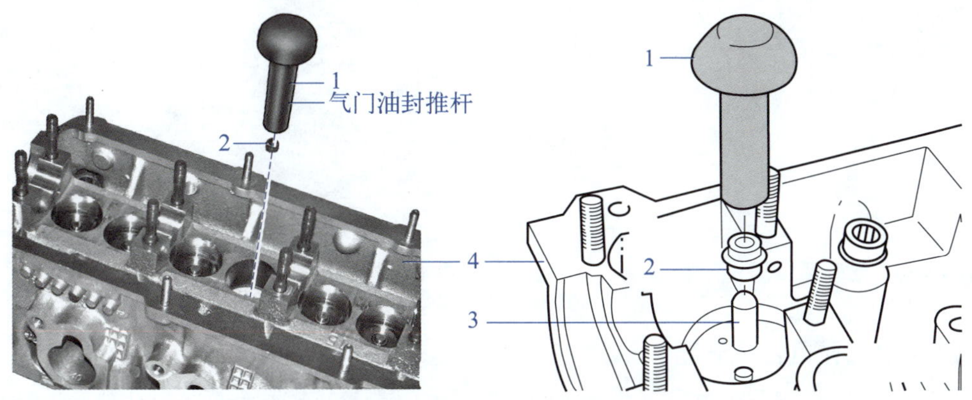

图 4.4-34　气门油封推杆（气门油封安装工具）

1—气门油封推杆；2—气门油封；3—气门导管；4—气缸盖

维修提示

安装气门油封时，必须给气门油封密封唇涂上油。

（9）气门弹簧压缩器

气门弹簧压缩器是发动机大修时必须要用的专门工具，其形式不一，但基本结构差不多，使用功能一样，用于压下气门弹簧，方便放入和取出气门弹簧锁片，顺利安装和拆卸气门等（图 4.4-35）。

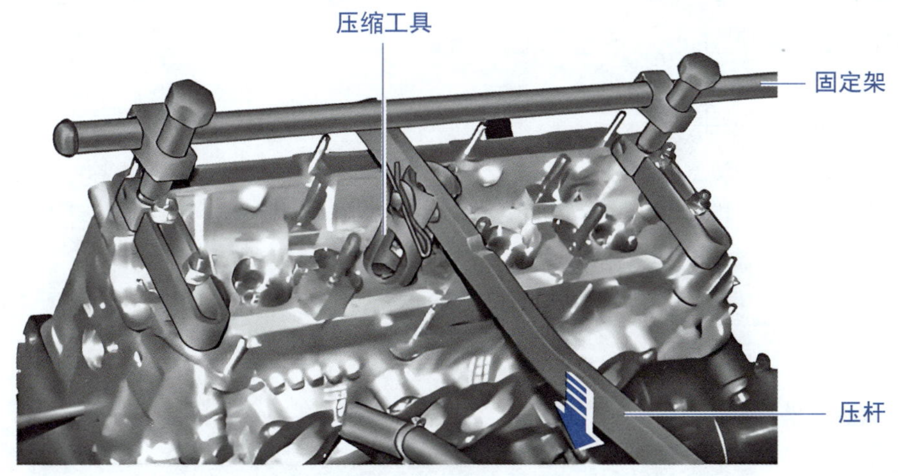

图 4.4-35　气门弹簧压缩器

（10）活塞环安装工具

活塞环钳子（图 4.4-36）和桶柱式活塞环压缩器（图 4.4-37）都是安装活塞的专用工具，后者应用更为方便，安装效率极高。

图 4.4-36　活塞环钳子

图 4.4-37　桶柱式环压缩器

（11）制动分泵回位调节器

制动分泵回位调节器也称制动钳释放工具，用于制动钳上的分泵（制动分泵）回位调节（图 4.4-38）。

图 4.4-38　制动分泵回位调节器

维修提示

只有在制动分泵回位的情况下才可以安装新的制动摩擦片。

（12）燃油泵环形扳手

燃油泵环形扳手（或三爪扳手）是拆装燃油泵的专用工具，与接杆和棘轮扳手等组合使用（图 4.4-39）。扳手上的凹槽对正燃油泵单元锁母，进行旋拧操作。

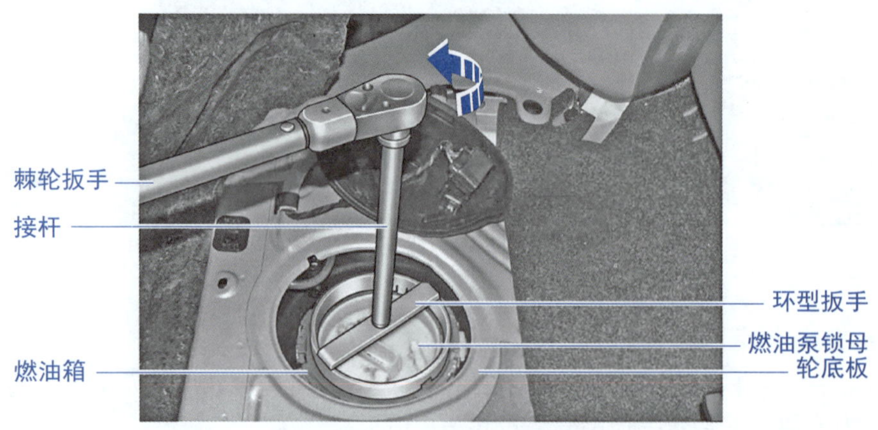

图 4.4-39　燃油泵环形扳手

(13) 喷油器拔出器

将喷油器拔出器插入喷油器上的槽中，装上拔出器适配器，通过旋拧螺栓用棘轮扳手拔出喷油器（图 4.4-40）。

图 4.4-40　喷油器拔出器

(14) 氧传感器梅花扳手

氧传感器梅花扳手用于拆装三元催化器上的氧传感器（图 4.4-41）。由于氧传感器安装在排气系统三元催化器上，操作空间狭窄，所以一般使用桶状开口式梅花扳手或其他形状的开口式梅花扳手。根据车型不同，氧传感器的维修作业空间不一，应酌情使用不同形式的氧传感器拆装扳手。

(15) 发电机皮带轮拆装工具

发电机皮带轮拆装工具专门用于拆装发动机皮带轮，操作时（车下），最好在台钳上固定发电机，然后按照图 4.4-42 中的工具组合（米字套筒和齿形套筒，一个固定发电机轴，一个拆卸皮带轮螺栓）拆卸和安装发电机皮带轮。

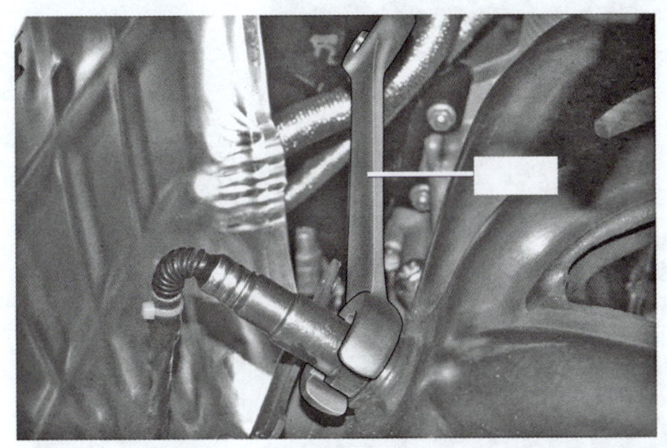

图 4.4-41　使用氧传感器梅花扳手

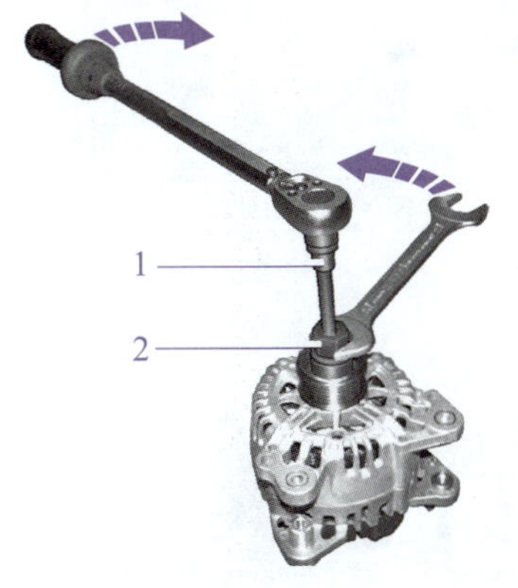

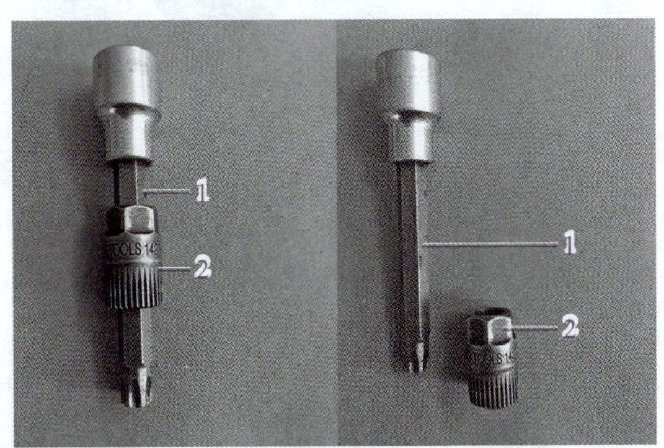

图 4.4-42　发电机皮带轮拆装工具的使用

1—米字套筒；2—发电机皮带轮拆装工具（齿形套筒）

4.4.3 汽修常用压力和温度仪表

（1）燃油压力表

燃油压力表串联在燃油系统中，用于检查燃油系统压力、燃油调节器压力和保持压力（图 4.4-43 和图 4.4-44）。燃油压力表附件有适用于各种车辆的转换接头（图 4.4-45），可以满足不同车型需要。

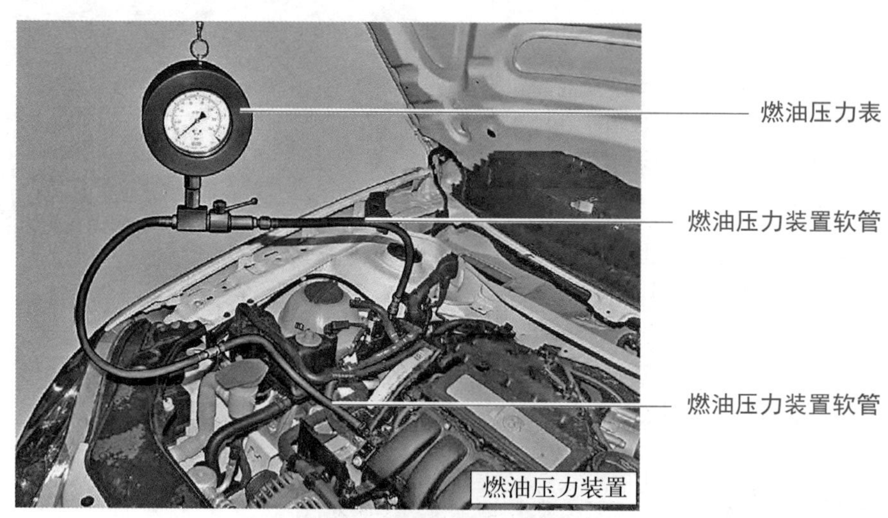

图 4.4-43 燃油压力表的使用（一）

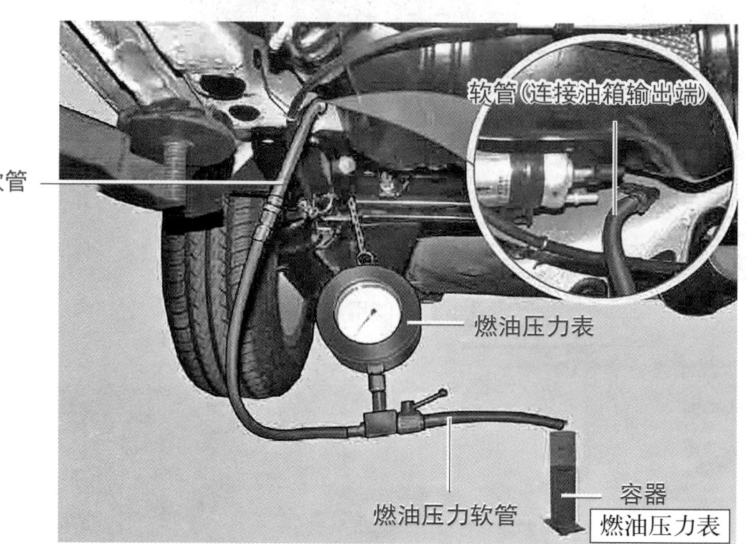

图 4.4-44 燃油压力表的使用（二）

图 4.4-45 燃油压力表的转换接头

（2）气缸压力表

❶ 将转换接头旋入火花塞的螺纹孔中，并与气缸压力检测装置配合使用检测气缸压力。气缸压力测试仪显示屏显示气缸压力数值（图 4.4-46）。

❷ 将气缸压力锥形接头［图 4.4-47（a）］连接到气缸压力表［图 4.4-47（b）］的接头上，测量时根据不同车型的需要可选择弯形锥形接头和直形锥形接头。

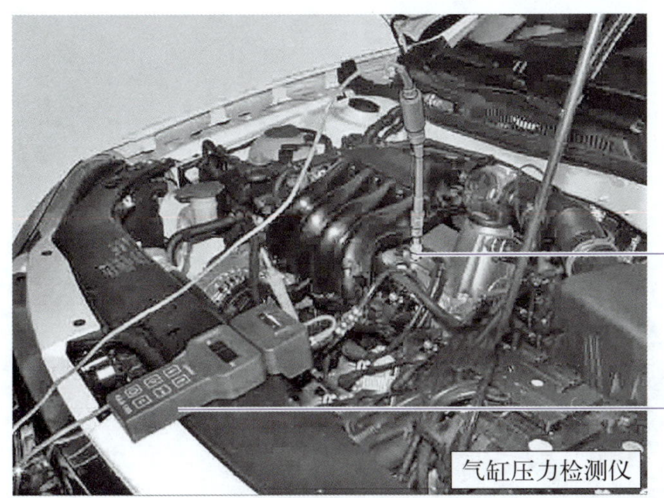

图 4.4-46　气缸压力测试仪（数字压力表）

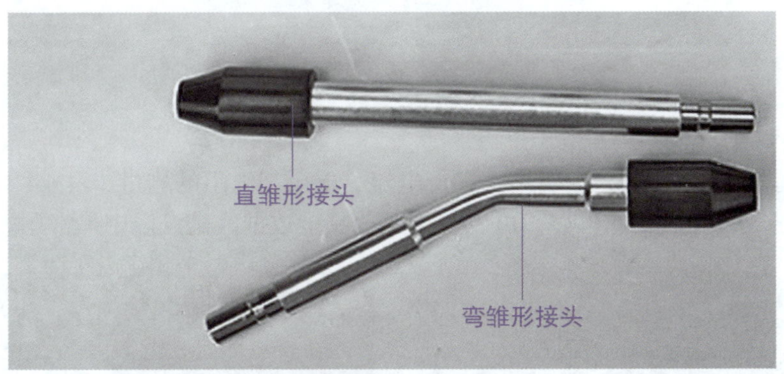

(a) 锥形接头(适配器)

(b) 气缸压力表(机械指针压力表)

图 4.4-47　气缸压力表（机械指针压力表）

（3）冰点测试仪

冰点测试仪见图 4.4-48，使用方法如下。

❶ 首先，滴入少许清水，校正折射计，使其归零。

❷ 然后擦干清水，滴入少许冷却液，通过后部观察其状态，会显示标度，以此来判断冷却液的冰点情况（判断冬天在零下多少摄氏度天气下冷却液性能正常）。

扫码获取

- AI 智能导学
- 视频实操演示
- 电子图解手册
- 知识进阶锦囊

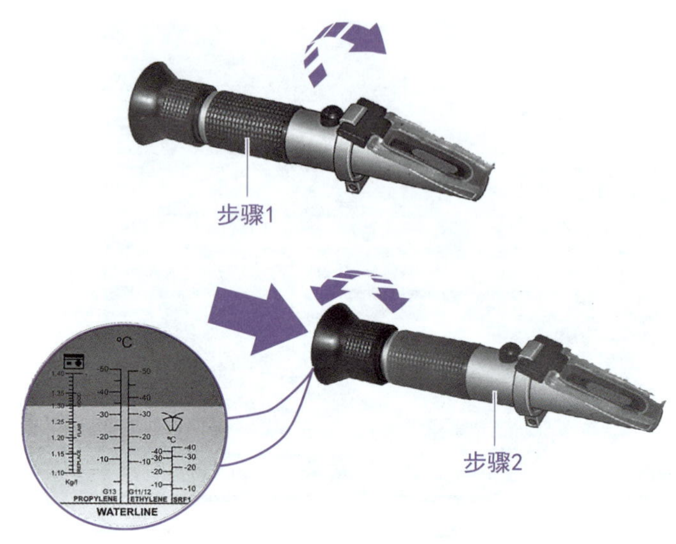

图 4.4-48　冰点测试仪的使用

4.4.4　万用表

（1）数字式万用表

数字式万用表（图 4.4-49）主要用于进行电流、电压、电阻的测量（表 4.4-1），导线的通断性测量等。数字式万用表工作可靠，可以直接显示测量数据，是汽修中最常用的工具之一。

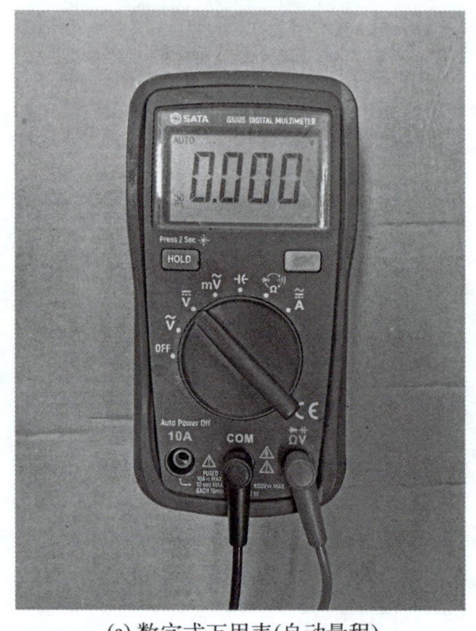

(a) 数字式万用表(自动量程)

(b) 数字式万用表(可调量程)

图 4.4-49　数字式万用表

表 4.4-1　万用表的使用

项目	操作说明		图示
测量电路中的电阻	测量前需先了解所检修的电路导线或部件的电阻值规范值是多少，才能正确判断电路导线或部件的好坏	①将万用表的转动开关拨至欧姆挡（Ω） ②分别将万用表的两支探针连接到要进行测试的电路导线或元件的两端	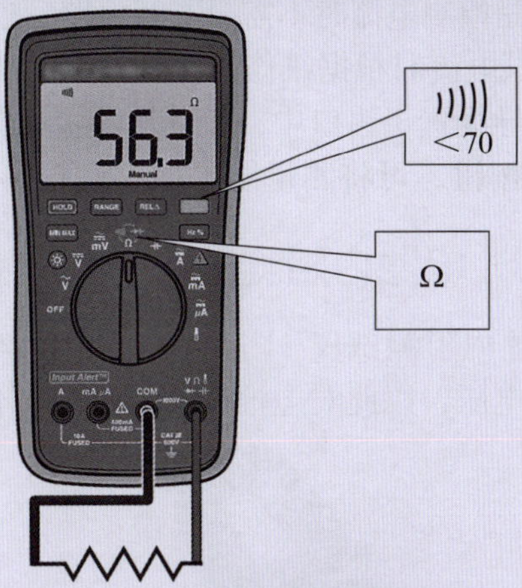
测量电路中的直流电压	使用万用表测量电路导线的电压值，测量前需先寻找到一个已知且接地良好的接地点	①将万用表的转动开关拨至电压挡（V） ②将万用表负极探针连接在一个已知且接地良好的接地点 ③将万用表正极探针连接到选定的测试点上	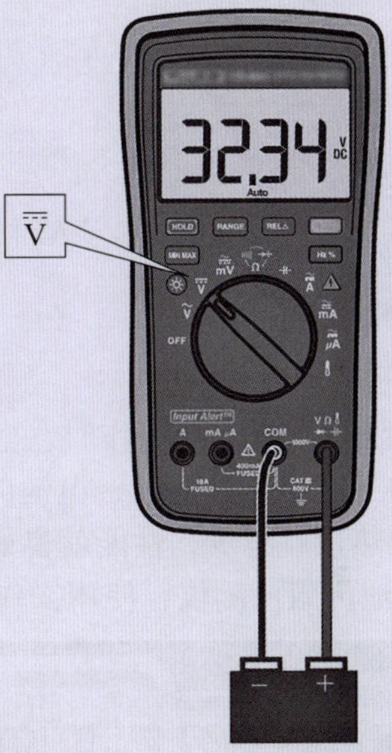
测量电路中的直流电流	检查电流时不可拆下负载，否则会造成熔丝的烧毁、检测仪器的损坏、线路的损坏或是人员的受伤	①将万用表的转动开关拨至电流挡（A） ②如果使用前不知道被测量电流范围，将量程置于最大值并逐渐下降 ③将万用表的两支探针分别连接到同一电路导线上，或拆开的元件或接头的两端中	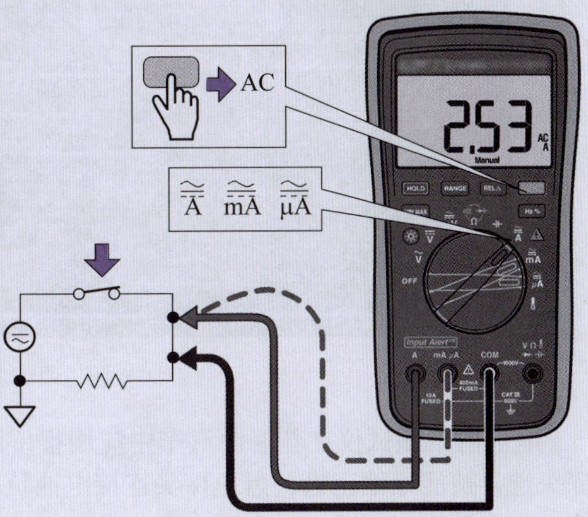

（2）钳形表

钳形表（图4.4-50）也称直流钳形万用表，主要用于检测电气设备或线缆工作时的电压与电流。其特点是检测电流时不需要断开电路，通过对导线的电磁感应进行电流的测量，比较方便。

测试电流时根据维修测试所需设置测量数据的挡位量程，然后按压钳头扳机使钳口张开，将待测导线置于钳口中，松开钳头扳机使钳口紧闭，显示屏会显示测量数据。按下“HOLD”键保持按钮，可将测量结果保存到钳形表内部，以方便测量操作完毕后读取测量值。

4.4.5 电池内阻测试仪

电池内阻测试仪（图4.4-51和图4.4-52）可以检测电池（高压蓄电池和低压蓄电池）的内阻和电压，以此对电池的性能进行评估。

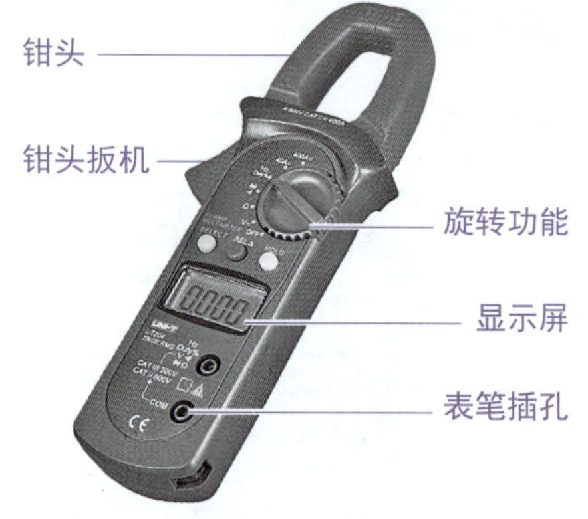

图4.4-50 钳形表

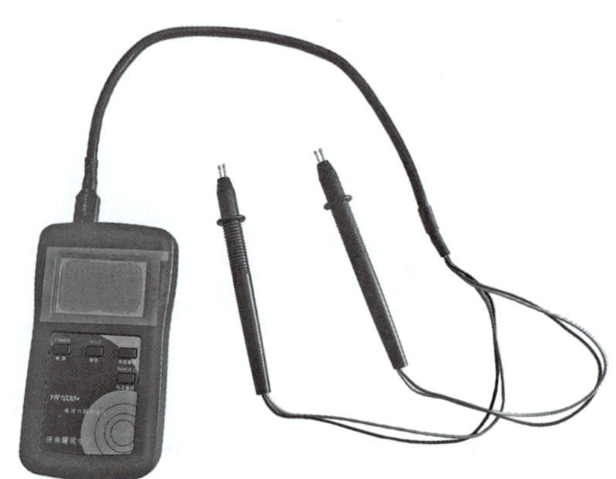

图4.4-51 电池内阻测试仪（一）

电池内阻是指电池在工作时，电流流过电池内部所受到的阻力。电池的性能与电池内阻存在密切的关系，一般而言，电池的容量越大，内阻就越小，内阻越小的电池，在大电流放电时产生的热量就越少，性能就良好。

手持电池内阻检测仪，使用操作简单，可连接计算机输出打印检测报告。

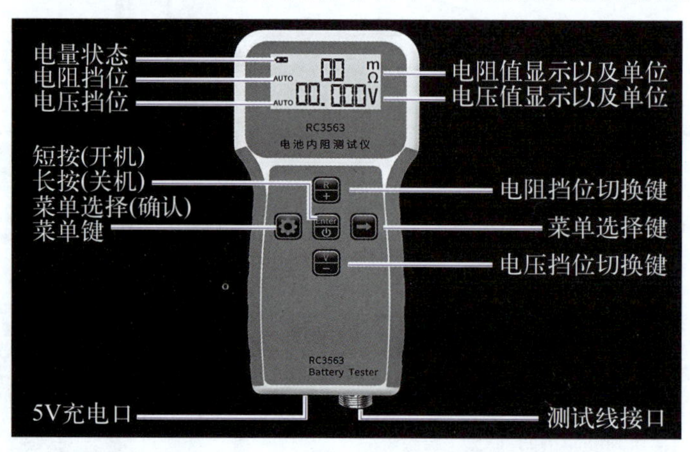

图4.4-52 电池内阻测试仪（二）

电池内阻测试仪在新能源汽车中应用很广泛，使用时，将旋钮开关拨到mΩ位置，红色探头连接被测电池正极，黑色探头连接电池负极，测试电池的内部电阻，同时也测得了电压值。新能源汽车用锂离子电池内阻非常小，一般在几毫欧级。

4.4.6 兆欧表

兆欧表也叫绝缘电阻测试仪，是维修新能源汽车时常用的重要工具。新能源汽车高压电与车身是完全绝缘的，兆欧表用于检测高压部件与车身之间的绝缘性能，也就是说是否漏电。如图 4.4-53 和图 4.4-54 所示的是新能源汽车维修中，使用比较广泛的福禄克 1508 兆欧表，其主要功能就是测绝缘电阻。

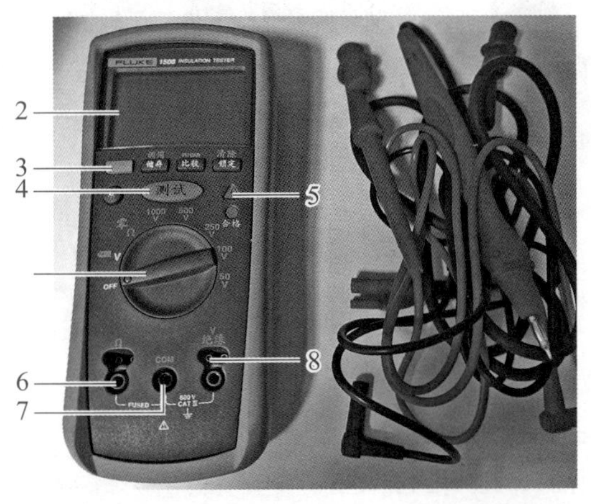

• AI 智能导学
• 视频实操演示
• 电子图解手册
• 知识进阶锦囊

扫码获取

图 4.4-53　兆欧表（一）

1—旋转开关；2—显示屏；3—按蓝色按键来选择其他测量功能挡；4—绝缘测试按键；5—危险电压警告；6—电阻测量的输入端子；7—公共端子；8—用于电压或绝缘测试的输入端子

按下时将使显示值保持不变。再次按下将释放显示值。当读数改变时，显示屏会自动更新，仪表发出蜂鸣声

在绝缘测试模式下，当下一次按下仪表或远程探头上的TEST时，该按钮将预设一个测试锁。测试锁可以将按钮保持在按下状态，直到再次按下HOLD或TEST进行解锁在MIN MAX AVG或Hz模式中，此按钮属于“显示保持”按钮

按下该按钮将保留最大值、最小值和平均值。连续按下可显示最大值、最小值、平均值和当前值。按住该按钮将取消MIN MAX AV功能

将量程模式从自动(默认)改为手动。在某一功能的可用量程之间切换。按住该按钮将返回自动量程模式

在“绝缘测试”模式中用于切换可用电源电压

激活频率测量功能

切换摄氏度和华氏度

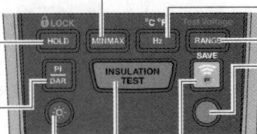

蓝色按钮可作为Shift键使用。按下该按钮将访问旋转开关上的蓝色功能

① 打开无线电并将本产品设置到模块模式。打开无线电时，显示屏将显示

② 与智能设备上的Fluke Connect应用程序一起使用时，请将测量值保存至Fluke Connect应用程序

③ 按住该按钮2s以上可关闭无线电并退出模块模式

配置测试仪以便用于极化指数(PI)或介质吸收比测试(DAR)按下该按钮可配置PI模式，再次按下可配置DAR模式按下TEST时开始测试

当旋转开关位于“绝缘”挡位时将对绝缘测试进行初始化。将使仪表获取(输出)高压，并测量绝缘电阻

打开或关闭背光灯。背光灯会在2min后熄灭

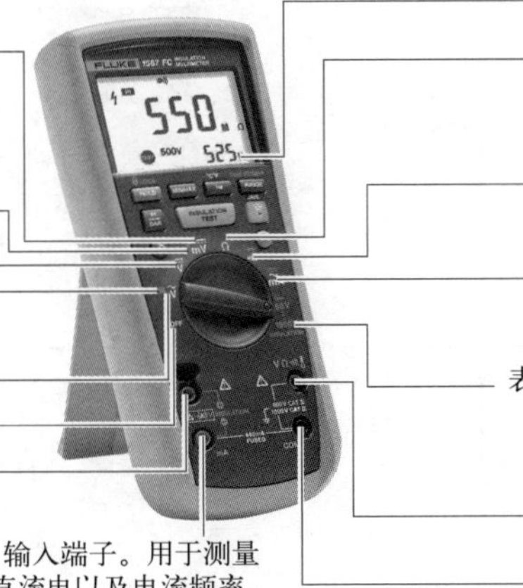

温度范围：-40～537℃。关闭仪表后，所选择的温度测量参数值会保留在内存中

直流电压(DC mV)：0.1～600mV

直流电压：1mV～1000V

交流电压，带有800Hz VFD低通滤波器

交流电压：30.0mV～1000V

OFF：开关，已断电

用于绝缘测试的“+”输入端子

用于绝缘测试的“-”输入端子。用于测量400mA以内的交流和直流电以及电流频率

用于绝缘测试的电压源

欧姆挡：0.1Ω～50MΩ

电容：1nF～9999μF

通断性测试：蜂鸣器在<25Ω时打开，在>100Ω时关闭

二级管测试：此功能无量程。超过6.600V将显示OL

AC mA(交流电流)：3.00～400mA；

DC mA(直流电流)：0.01～400mA

(600mA过载最长达2min)

欧姆：0.01MΩ～2GΩ。关闭仪表时，最后选择的输出电压设置会保留在内存中

使用以下电源执行绝缘测试：50V、100V、250V、500V(默认)和1000V电源

电压、通断性、电阻、二极管、电容、电压频率和温度测量的输入端子

用于绝缘测试以外的所有测量的公共(返回)端子

图 4.4-54　兆欧表（二）

4.4.7 线路维修用探针工具

探针工具（图 4.4-55）是用于维修新能源智能网联汽车低压线束插接器的，下边对使用探针工具维修插接器中的几个重点问题进行梳理，使用探针工具维修插接器见表 4.4-2。

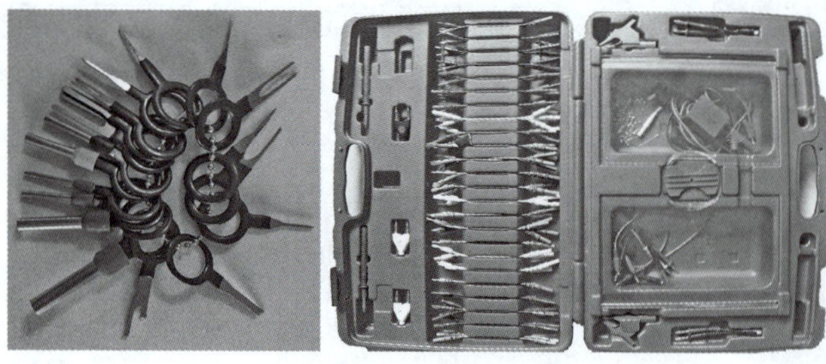

图 4.4-55 探针工具

低压线束接插件，可按照防水不同划分为防水型和非防水型，同时有些个别接插件需要特定工具和方法才能进行诊断测量。

❶ 防水型接插件。从接插件尾端观察入线端，可以明显看见线路在接插件孔位里有防水塞或防水胶套（一般用于与外界接触的地方，如前舱、彻底、保险杠等）。

❷ 非防水型。从接插件尾端观察入线端，可以明显看见线路针脚的金属或无防水塞或防水胶套（一般用于密闭空间中，如乘客舱、后备、顶棚等）

❸ 特定型包括 CGW、ADC、CDC 的接插件端口，LVDS 视频线端口，网线端口，同轴线缆端口等。对于大多数接插件，可利用通用探针工具进行测量。

表 4.4-2 使用探针工具维修插接器

说明		图示
测量插接器端子时，倾斜、旋转、晃动都会造成针脚镀层的磨损，甚至造成公端针脚或测量工具的弯折损坏		禁止倾斜 禁止旋转 禁止晃动
对于一般非防水型接插件	进行导通检测时，将接插件断开，选择合适的探针，图示为母端接口，选用公端探针	
	进行带电检测时，选择合适的探针，从接插件尾端插入至接触到针脚金属（如果操作不便，可先断开接插件进行探针插入，再将接插件连接）	

说明		图示
对于防水型接插件	进行导通检测时，将接插件断开，选择合适的探针，图示为公端接口，选用母端探针	
	进行带电检测时，选择工具中针型检测针，从防水圈处贴着线壁沿着线路走向扎入，至底部	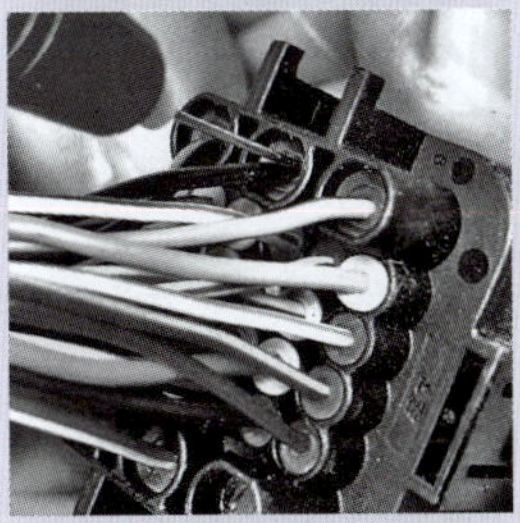
对于特定类型接插件	线束中与ADC、CDC和CGW连接的接插件，针口非常小，通用工具并不能满足检测需要，必须使用0.4mm金属针进行转接检测	 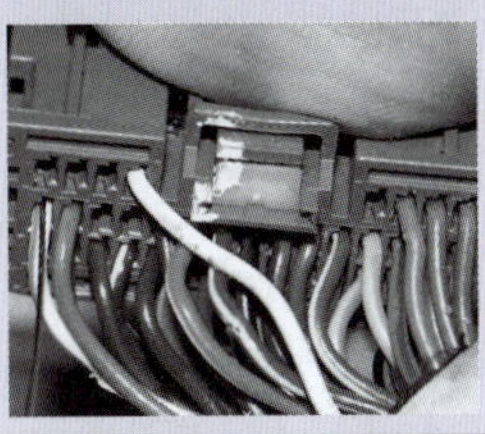
	将转接针插入接插件，利用通用工具中鳄鱼夹夹住金属针后，再进行测量读取。使用夹具时，因为金属针太细，为了避免虚接，尽量将针夹在夹具头部	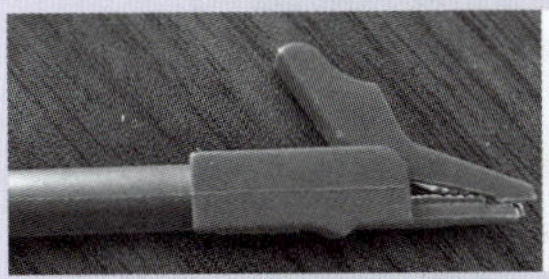 
	对于LVDS和同轴线缆，只可测试线路导通性，右图为LVDS和同轴线缆的母端，必须使用0.5mm金属针进行转接探测	 
	对于LVDS公端，可自制一个小工具进行探测，如右图所示，从报废线路上剪下一个母端并预留些许线缆	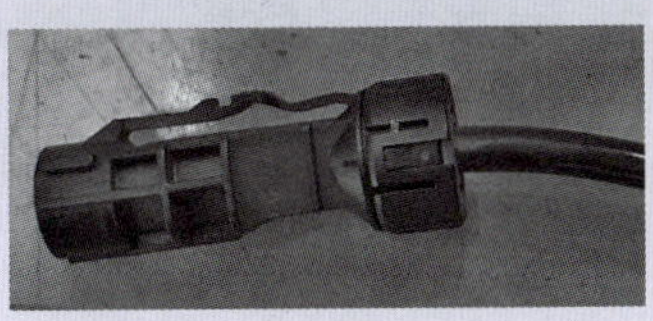

续表

说明		图示
对于特定类型接插件	将母端上覆盖物清除，并将线缆漏出，并分散开	
	然后将制作好的母端插入要测量的公端上，即可用测试设备测量	
	对于连接 CGW 的天线接口，必须用 0.4mm 转接针转接后进行测量，同样此接口只能测量线路导通性	
	对于网线接口，目前禁止进行测量	

4.4.8　故障诊断仪

汽车维修后市场中的故障诊断仪（故障检测仪）有很多品牌，可以视个人情况去选择，这些诊断仪都能满足车辆故障码分析、数据流检测等一般诊断功能。如果专修某一款车型，可以使用专用诊断仪（如宝马专用诊断设备）（图 4.4-56）；如果修“万国车”，可以选择类似如图 4.4-57 所示的故障诊断仪。

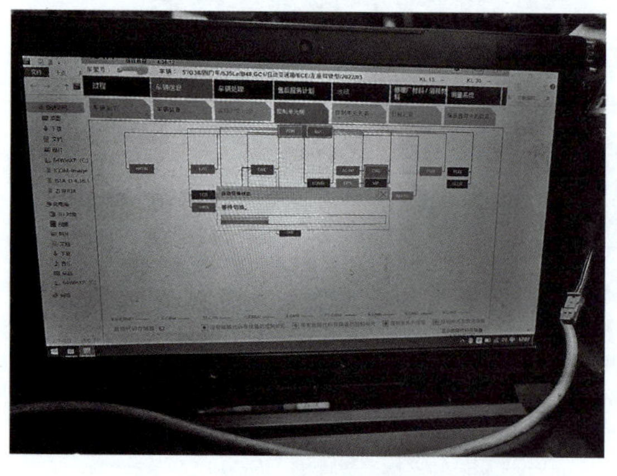

图 4.4-56　故障诊断仪（专检）

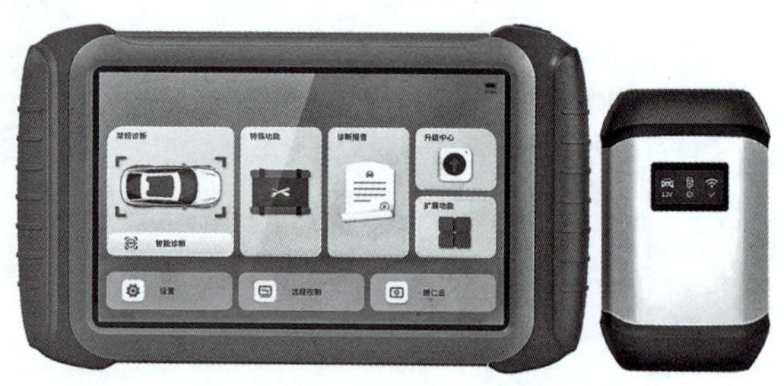

图 4.4-57　某品牌故障诊断仪

第5章

汽车维护与保养

88见此图标 微信扫码

走进汽车维修数字课堂

88扫码获取

- AI智能导学
- 视频实操演示
- 电子图解手册
- 知识进阶锦囊

5.1 汽车维修操作规范

(1) 螺栓或螺母拆装顺序

类似气缸体这些矩形部件，拆卸时，从外侧向内侧松动螺栓；安装时，从内侧向外侧紧固螺栓。类似离合器壳这些圆柱形部件，以对角线方向每次少许松动和紧固螺栓（图 5.1-1）。

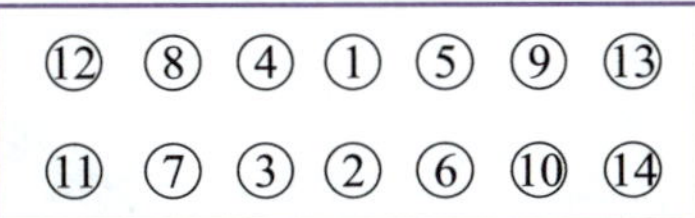

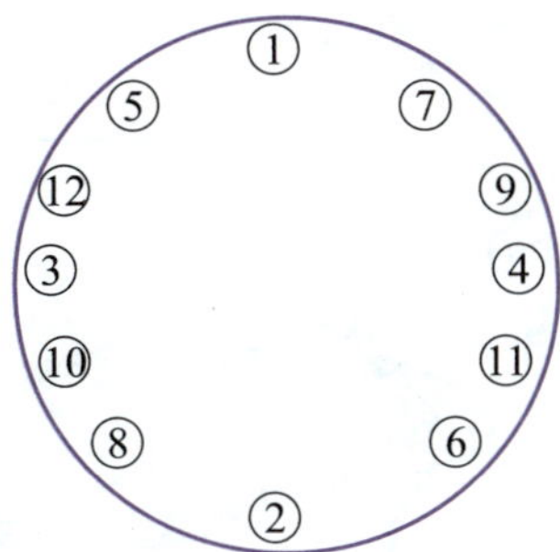

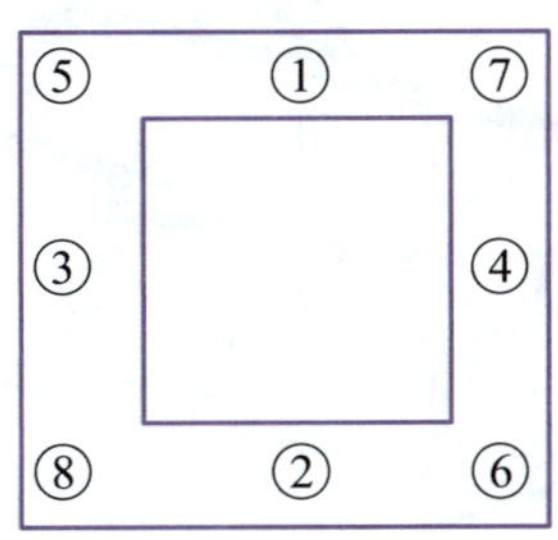

图 5.1-1 螺栓紧固顺序示意

(2) 零部件安装位置和方向

某些零件安装时有规定的位置和方向。安装时如未正确地遵守这些要求，这些零件可能受到损坏，或即使安装上了以后也会出问题。这些零件具有特殊的标记、形状、识别号等，例如轴瓦的安装方向（图 5.1-2）。在拆卸这些零件时，应认真记录它们的特征，确保照原样更换。

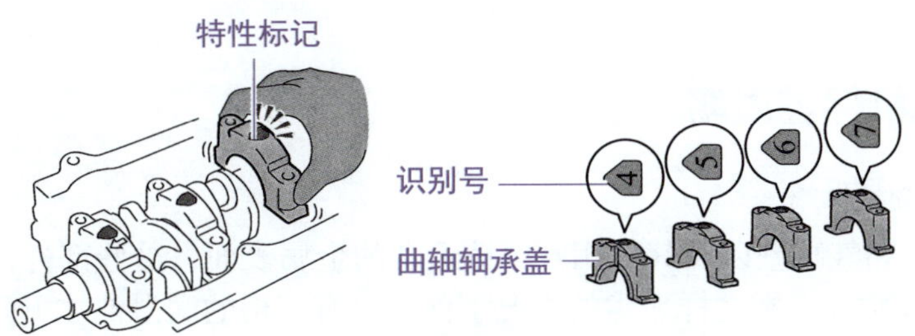

图 5.1-2 轴瓦的安装方向

（3）零部件的摆放规范

以大修发动机为例，拆下的活塞、凸轮轴等零部件要摆放有序，并做好标记（图 5.1-3）。

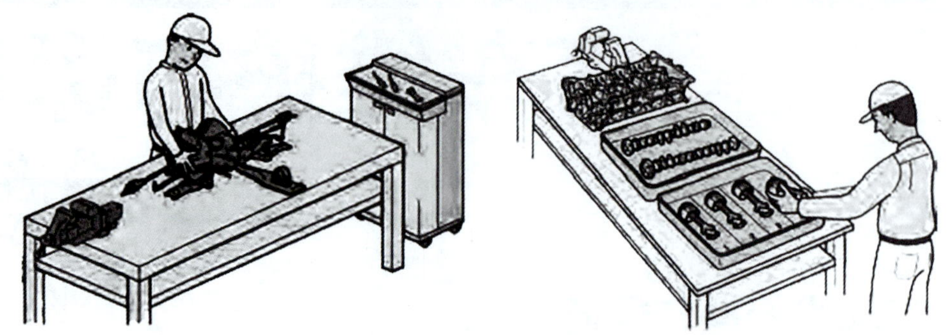

图 5.1-3　零部件摆放有序

（4）密封胶的使用

汽修中经常会用到密封胶，密封胶的使用位置和数量（厚度）有规定值，如图 5.1-4 所示为油底壳涂抹密封胶。在全部表面均匀地涂抹一层密封胶，不要有任何间隙。

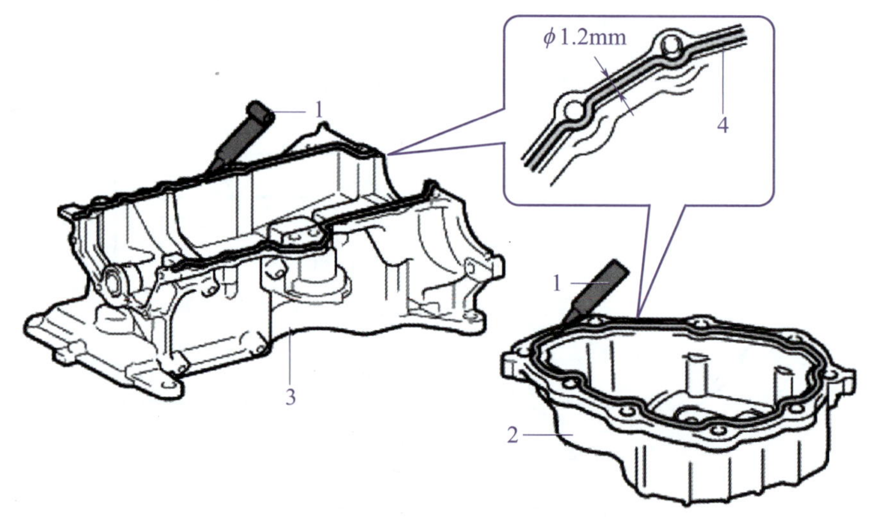

图 5.1-4　油底壳涂抹密封胶

1—密封填料；2—变速器壳盖；3—油底壳；4—涂抹密封填料

5.2　汽车维修养护周期

5.2.1　发动机保养周期

（1）机油更换周期

发动机内活塞和气缸壁以及其他相互摩擦运动的金属表面，这些部件运动速度快、环境特殊、工作温度非常高。在这样恶劣的工况下面，只有合格的润滑油才可降低发动机零件的磨损，延长使用寿命。例如，劣质机油会导致活塞环卡死，进而导致发动机发生严重故障。

机油即发动机润滑油。无论使用什么级别的机油，对于新车或者刚刚大修完的车辆，第一次更换机油建议在行驶里程小于 5000km 时更换。

普通机油的更换期限一般在 5000km 或者 6 个月，以哪个先到为准。

对于全合成机油，根据车辆行驶环境等因素，视情况最长可行驶 7500 ～ 10000km 或 1 年更换一次机油。里程数和时间，以哪个先到为准。

为满足国家关于汽车排放法规的要求，在车辆的尾气减排系统中安装了颗粒滤清器（GPF），以捕集尾气中的细小碳颗粒，从而减少对大气的污染。为保证颗粒捕集效果，安装 GPF 的发动机需要使用低灰分机油以确保 GPF 能正常工作。目前执行国六 B 排放标准的汽车应使用低灰分机油。

❶ 有些机油厂家在机油桶上就直接标注"GPF"英文，自然就是低灰分机油了。

❷ 机油桶上标有 ACEA C 的认证（欧洲汽车制造协会标准），例如 C2、C5 等，均为低灰分机油，C5 级别更高。

❸ 还有一种是厂家的企业认证，例如宝马的 BWM LL-04；奥迪的 VW50800/508900 标准的等。

（2）机油滤清器更换周期

机油滤清器即机油滤芯，在更换机油时候必须一同更换。

（3）空气滤清器和空调滤芯更换周期

每隔 10000km 更换一次空气滤清器和空调滤芯，根据车辆行驶环境可适当调整更换周期。

（4）燃油滤清器和火花塞更换周期

在每更换两次机油的周期更换一次外置燃油滤清器即可。正常使用 30000km 更换一次火花塞即可，可根据时间和行车情况调整。

（5）正时皮带和水泵更换周期

正时皮带在发动机中非常重要，一般 60000 ～ 80000km 更换一次。更换正时皮带时，如果是水泵与正时皮带相驱动的，那么水泵也一同更换。同时更换张紧器或张紧轮。

（6）冷却液更换周期

现在很多厂家规定的冷却液更换周期是 5 年。笔者建议根据行车情况调整更换周期，可适当缩短更换周期。

在冷却液中含有添加剂和抗泡沫添加剂，这些添加剂会在使用过程中逐渐地丧失应有的功能，以至于无法对冷却系统内部进行很好的保护。也就是说，在冷却系统不发生泄漏的前提下，冷却液对于温度的控制基本不会变，但由于添加剂失效，特别是抗泡沫添加剂，在水泵叶轮的搅动下，会使冷却液产生气泡，这些气泡会大大削弱冷却液的效果。所以，冷却液最好能按期更换。

5.2.2 变速器维修和养护周期

（1）ATF 更换周期

自动变速器油（automatic transmission fluid，ATF），是指专用于自动变速器的油液。ATF 对自动变速器的工作、使用性能以及使用寿命都有非常重要的影响。汽车自动变速器保养的主要内容就是对 ATF 的检查和更换。

建议每 80000km 左右更换一次 AFT，同时更换自动变速器油滤芯。可根据实际行车情况调整更换周期。

（2）手动变速器齿轮油

建议手动变速器齿轮油应该在 60000 ～ 80000km 更换一次。

5.2.3 制动系统养护周期

制动液必须每 2 年更换一次，如果不到 2 年，建议行驶里程超过 6 万千米更换制动液。制动液必须使用该车型手册指定的型号，不得与其他品牌、型号的制动液混加。

随着时间和里程的增加，制动液会慢慢吸收空气中的水分，制动液中过高的含水量可能会引起制动系统的腐蚀损伤。此外，制动液的沸点也会明显下降，在高负荷制动的情况下，制动系统中会产生气泡，从而使制动效能降低。

5.2.4 车轮和转向系统养护周期

（1）转向助力油更换周期

转向助力油每隔 2 年更换一次。转向助力泵皮带建议 80000km 左右更换一次。

（2）轮胎更换周期

轮胎磨损到一定程度是必须要更换的，一般是在胎面上的磨损极限标记 1.6mm（图 5.2-1）露出时就不再使用该轮胎。使用 6 年以上的轮胎，即使没有明显损坏，也建议更换。

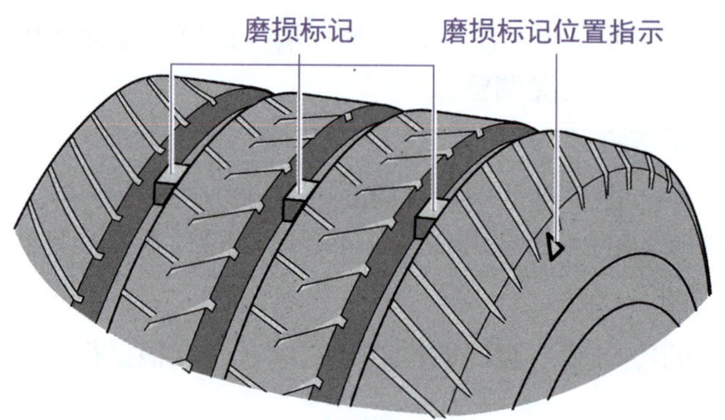

图 5.2-1 检查轮胎磨损极限

5.3 汽车的例行检查

5.3.1 检查外表

外观检查是日常性工作，能够直观地排查问题。

❶ 检查前照灯、尾灯、示宽灯、转向信号灯、制动灯和雾灯是否正常工作。

❷ 检查所有仪表、电子驻车制动按钮和警告灯是否正常工作，检查喇叭是否正常。

❸ 确保后视镜的反光面清洁，能正常调节。

④ 检查所有车门、后备厢盖、机舱盖是否开闭自如、上锁牢固。

⑤ 检查车身外表是否有掉漆或划痕，如有应立即修复，以防止损伤部位的金属腐蚀。

⑥ 打开点火开关，打开前挡风玻璃清洗液喷射开关，检查玻璃清洗液喷射范围和高度是否正常，以及雨刮的动作状态是否正常。

⑦ 打开机舱盖，检查机舱内是否清洁，油管、水管有无龟裂渗漏现象，如图 5.3-1 所示。

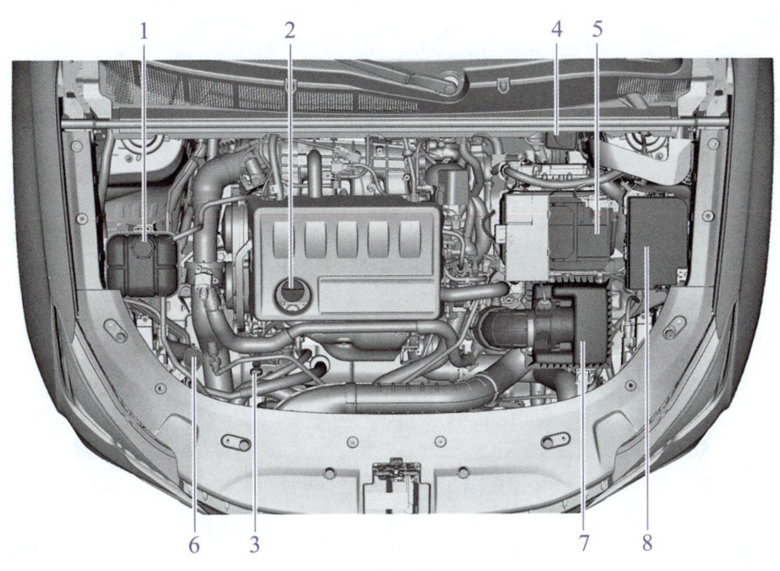

图 5.3-1　机舱内检查

1—冷却液储液罐；2—机油加注口；3—机油尺；4—制动液储液罐；5—蓄电池；6—车窗玻璃清洗液储液罐；7—空气滤清器；8—熔断器

5.3.2　检查“三液”

（1）检查冷却液

如图 5.3-2 所示，如果冷却液储液罐中的冷却液液位在“MAX”（最高液位）和“MIN”（最低液位）刻线之间，则符合要求。如果低于“MIN”刻线，则应添加冷却液，使液位上升到“MAX”刻线。检查冷却系统有无泄漏现象。

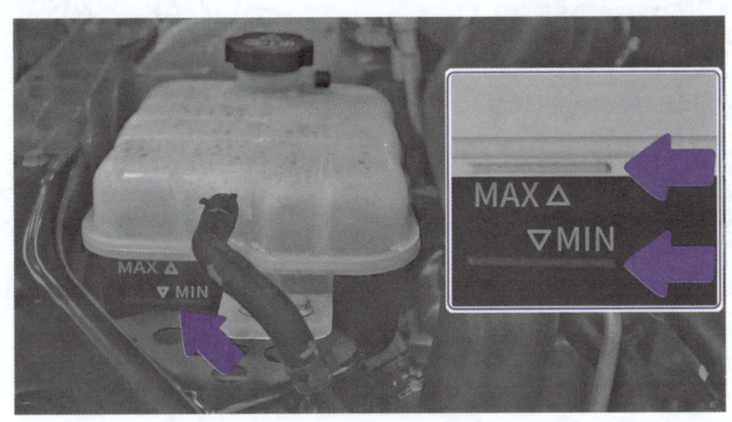

图 5.3-2　检查冷却液

应使用与原厂相同颜色的冷却液。无须添加任何混合剂。不同颜色的冷却液不能混合使用，尤其是混合动力汽车。

（2）检查制动液

如图 5.3-3 所示，液位在储液罐“MAX”（最高液位）和“MIN”（最低液位）刻线之间，则符合要求。如果液位处于或者低于“MIN”刻线，则需检查制动系统是否有渗漏以及制动摩擦片是否磨损。

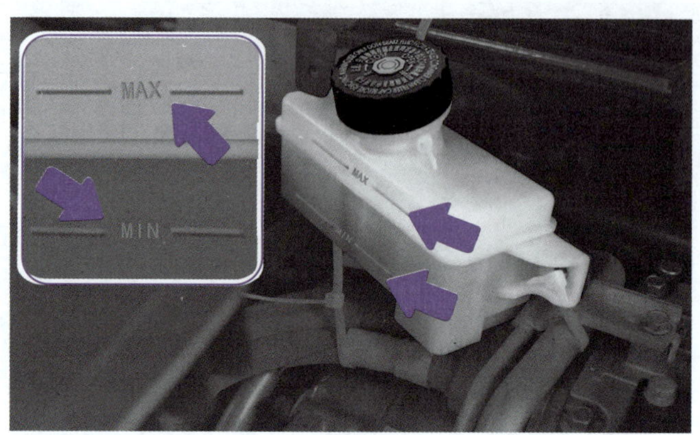

图 5.3-3　检查制动液

维修提示

如图 5.3-4 所示，一般在制动液储液罐盖子上会标记制动液的规格（DOT 4）。务必使用相同规格的制动液，而且不同型号的制动液不能混合使用。

（3）检查转向助力液

❶ 液压转向助力系统的转向助力液的检查也是通过观察其储液罐中上、下限液位来确定的（图 5.3-5）。

图 5.3-4　制动液储液罐盖上标记（DOT 4）

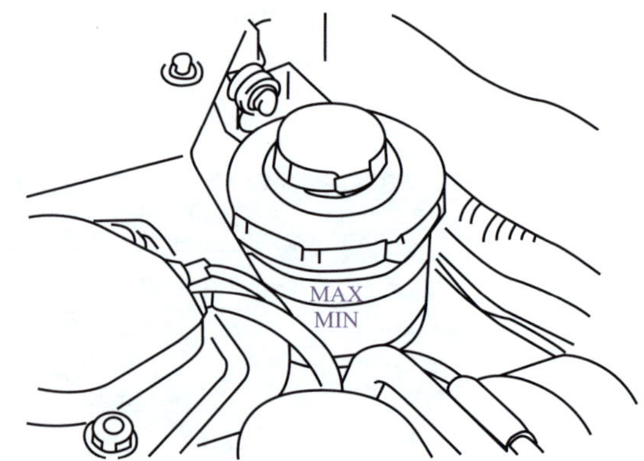

图 5.3-5　检查转向助力液

❷ 储液罐液位必须在冷车时测量，在车辆进行动力转向操作后，会导致测量结果不正确。如果车辆在重载下行驶过，更是如此。

❸ 使用储液罐液位表来测量液位，如果液位低，将其补充到规定液位。

❹ 要使用车辆及其装备规定使用的油液，使用不符合规定的油液会导致故障。

❺ 如果测量的液位低，仔细检查是否泄漏。

❻ 检查油液质量和状况，如果变脏或烧蚀，则进行更换。

5.3.3 检查皮带

皮带上不能有油脂痕迹，在进行维修作业时，尽量避免皮带上沾染油污。

检查并发现有以下情况之一，必须更换皮带：皮带基层有裂纹、中心断裂、截面断裂；皮带层离和加强筋散开；皮带齿面破损、齿面磨蚀、齿面散开、齿面硬化、齿面呈玻璃状、齿面有裂纹等。

5.3.4 检查制动盘和制动片

对于很多车型，前制动摩擦片可以就车检查，对于有些车型，由于轮辋几何形状的限制，很难看清制动摩擦片厚度，这时需要拆下车轮进行检查（图 5.3-6）。制动摩擦片的厚度 *a* 小于 2mm 时应更换（图 5.3-7）。如图 5.3-8 所示，也可通过制动钳总成的检查孔检查制动摩擦片的厚度。

检查制动摩擦片的同时，检查制动盘是否有较深的刮痕。

图 5.3-6　拆下车轮检查前制动摩擦片

图 5.3-7　制动摩擦片厚度

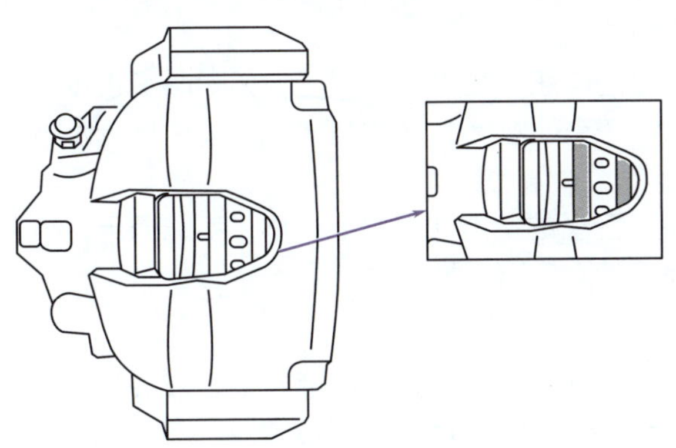

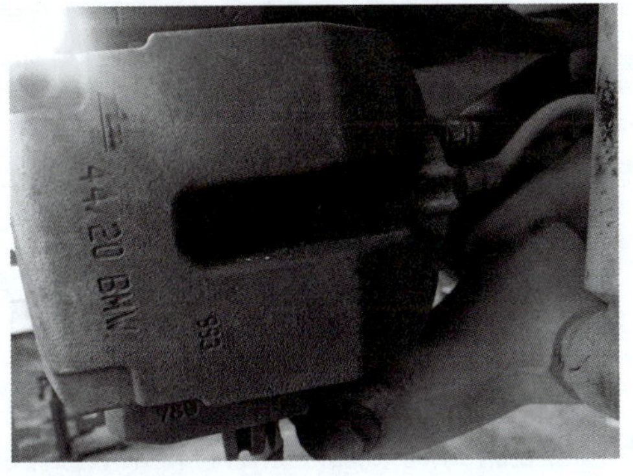

图 5.3-8　通过制动钳总成的检查孔检查制动摩擦片的厚度

5.3.5 检查蓄电池

❶ 使用数字式万用表在没有启动发动机的情况下检查蓄电池静态电压。

❷ 如图 5.3-9 所示，使用数字式万用表检测着车时蓄电池电压，测得电压为 14.42V，说明蓄电池状态正常，发电机发电正常。

❸ 如图 5.3-10 所示，使用万用表检测蓄电池启动电压，将万用表功能旋钮旋至直流电压挡，分别把万用表的红、黑表笔搭到蓄电池正、负极上，启动车辆，观察启动瞬间电压，启动电压为 11.26V。

蓄电池检测设备有多种，除了数字式万用表外还有内阻测试仪、蓄电池检测仪（图 5.3-11），均可检测蓄电池的工作情况。

图 5.3-9　用数字式万用表检测着车时蓄电池电压

图 5.3-10　用数字式万用表检测蓄电池启动电压

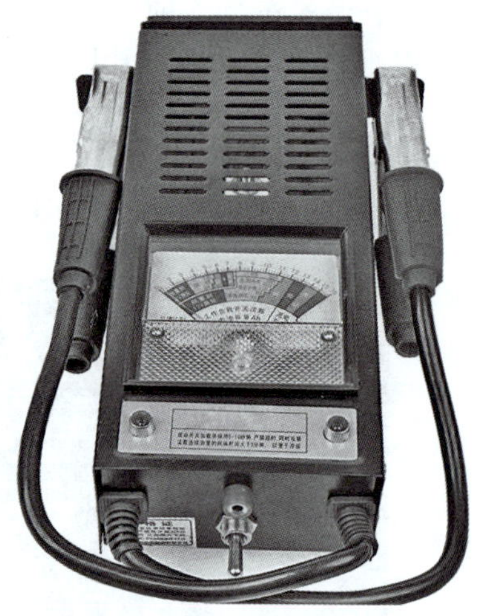

图 5.3-11　蓄电池检测仪（启动检测仪）

维修提示

① 对于新的蓄电池，在没有启动发动机的情况下检测其电压，通常应不低于 12.6V。

② 蓄电池启动电压低于 9.6V，必须更换蓄电池。

③ 正常情况下，发动机启动后检测的蓄电池电压应在 13.5V 以上，但不高于 15V。如果电压过低，可能发电机不发电（包括带轮和皮带问题）；如果电压过高，需要检测发电机调节器。

④ 带启停功能的与不带启停功能的车辆，配备的蓄电池规格不一样，不能通用。前者（启停蓄电池上标有 AGM 或 EFB）比后者蓄电池 CCA 值要大很多。

检查免维护蓄电池的电解液液位。如图 5.3-12 所示，免维护蓄电池有电解液液位观察孔，蓄电池上侧的观察口根据电解液液位变换颜色显示。如果电眼呈黑色，表明蓄电池正常。如果电眼呈白色，表明电解液液位偏低，基本到了寿命极限，需更换。

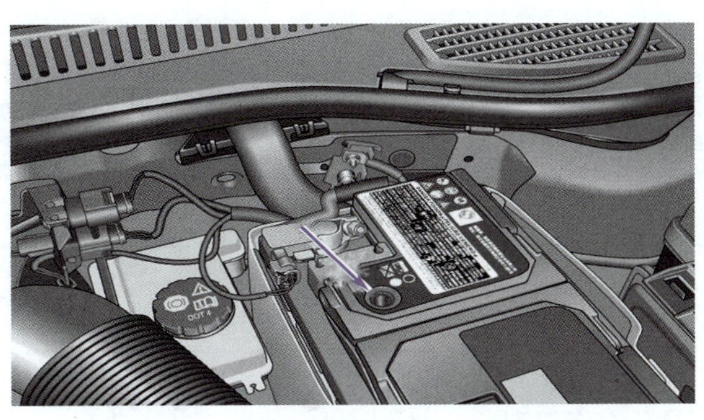

图 5.3-12 免维护蓄电池电解液液位观察口

扫码获取
- AI 智能导学
- 视频实操演示
- 电子图解手册
- 知识进阶锦囊

5.4 汽车的常规保养

汽车常规保养包括定期检查项目（表 5.4-1）和更换项目，需要更换机油以及机油滤清器、燃油滤清器、空气滤清器、空调滤清器。

表 5.4-1 检查项目

序号	检查项目 / 内容	检查里程（每间隔里程数）				
		每 7500km	每 15000km	每 15000km	每 30000km	每 60000km
1	车身内外照明电器，用电设备检查功能	●	●	●	●	●
2	用故障诊断仪读取各系统信息	●	●	●	●	●
3	安全气囊和安全带：目测外表是否受损，并检查安全带功能	●	●	●	●	●
4	手制动器：检查，必要时调整	●	●	●	●	●
5	前风窗玻璃落水槽排水孔：清洁	●	●	●	●	●
6	雨刮器 / 清洗装置：检查雨刮片，必要时更换；检查清洗装置功能，必要时调整并加注清洗液	●	●	●	●	●
7	发动机舱：检查燃油管路、真空管路、电气线路、制动管路、ATF 油冷却器管路是否存在干涉或损坏，必要时调整	●	●	●	●	●
8	冷却系统：检查冷却液冰点	●	●	●	●	●
9	蓄电池：检测蓄电池状况，检查正负极连接状态	●	●	●	●	●
10	前大灯：检查灯光，必要时调整	●	●	●	●	●
11	转向横拉杆 / 稳定杆 / 连接杆：检查是否有间隙，连按是否牢固	●	●	●	●	●
12	车身底部：检查燃油管、制动液管是否干涉以及底部保护层是否损坏，排气管是否泄漏，固定是否牢靠	●	●	●	●	●

续表

序号	检查项目 / 内容	检查里程（每间隔里程数）				
		每 7500km	每 15000km	每 15000km	每 30000km	每 60000km
13	底盘螺栓：检查并按规定扭矩紧固	●	●	●	●	●
14	制动系统：检查制动液管路是否泄漏，检查制动液液面，必要时补充	●	●	●	●	●
15	轮胎 / 轮毂（包括备胎）：检查轮胎磨损情况，必要时进行轮胎换位，同时校正轮胎气压	●	●	●	●	●
16	车轮固定螺栓：检查并按规定扭矩紧固	●	●	●	●	●
17	试车：性能检查	●	●	●	●	●
18	保养周期显示器：复位		●	●	●	●
19	空调系统冷凝排水：检查，必要时清洁		●	●	●	●
20	活动天窗：检查功能，清洁导轨，涂敷专用油脂		●	●	●	●
21	车门限位器、固定销、门锁、发动机盖 / 后备厢铰链和锁扣：检查功能并润滑		●	●	●	●
22	变速箱 / 传动轴护套：检查有无渗漏和损坏，连接是否牢固		●	●	●	●
23	发动机燃烧室和进气道：用内窥镜检查积碳情况，必要时请使用汽油清净剂				●	●
24	楔形皮带：检查，必要时更换				●	●
25	活动天窗排水功能：检查，必要时清洁				●	●
26	制动盘、制动鼓及制动摩擦片：检查厚度及磨损情况，必要时更换				●	●
27	手动变速箱：检查变速箱齿轮油液位，必要时补充或更换					●
28	自动变速箱：检查，必要时更换变速箱 ATF 油					●

机油滤清器非常重要，一定要更换高品质的正品。发动机采用压力和飞溅两种润滑相结合的润滑方式，机油泵输送的机油在到达润滑部位前都要通过该滤清器，因此润滑部位可获得经过清洁的机油。

在更换新的机油滤清器（图 5.4-1）时，应在其胶圈上涂抹机油。更换完毕，保持车辆停水平，启动发动机至正常工作温度后停机几分钟，然后拔出机油标尺，观察油面高度和机油状况，机油液面高度在 1 和 2（图 5.4-2）之间为正常，检查完毕要确保油尺插装到位。

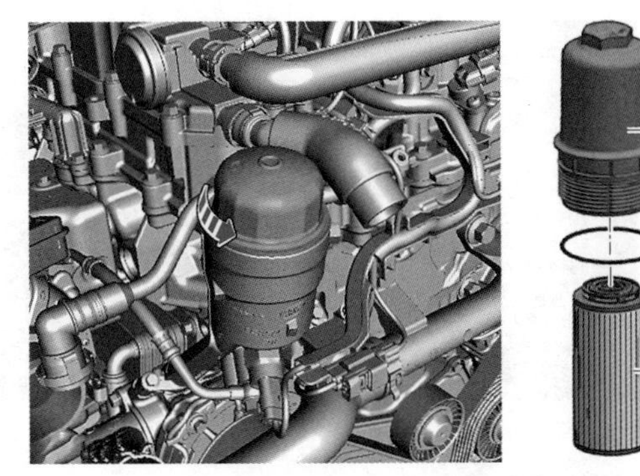

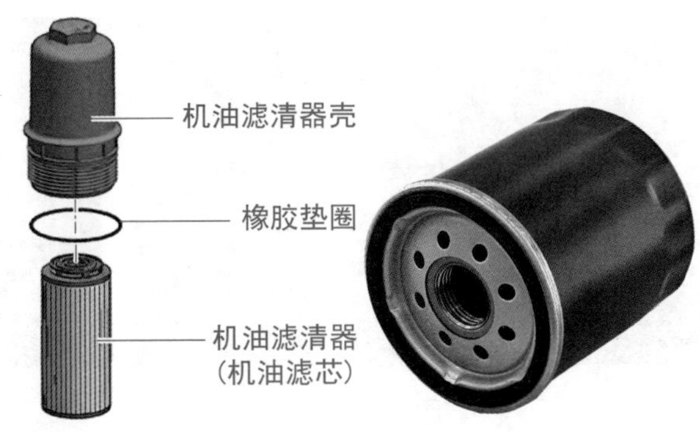

图 5.4-1 机油滤清器

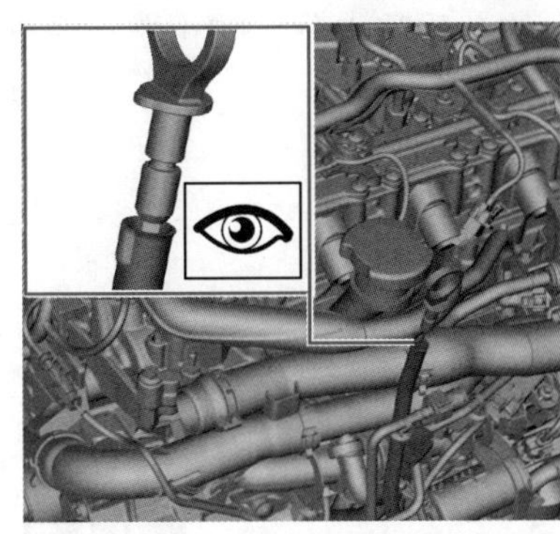

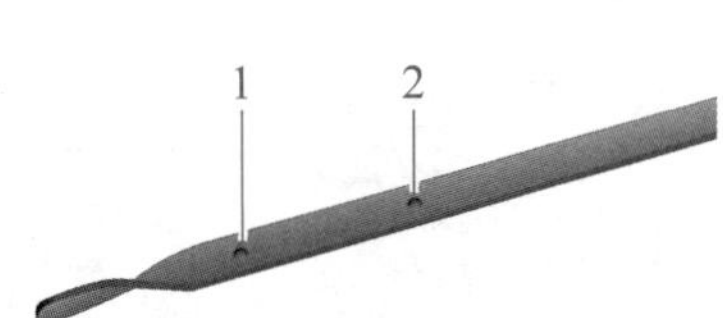

图 5.4-2 机油标尺（检查机油量）

空气滤清器是主要负责清除空气中的微粒杂质的装置。活塞式机械（内燃机、往复压缩机等）工作时，如果吸入空气中含有灰尘等杂质就将加剧零件的磨损，所以必须装有空气滤清器。空气滤清器由滤芯和壳体两部分组成。空气滤清器的主要要求是滤清效率高、流动阻力低。空气滤清器总成如图 5.4-3 所示。

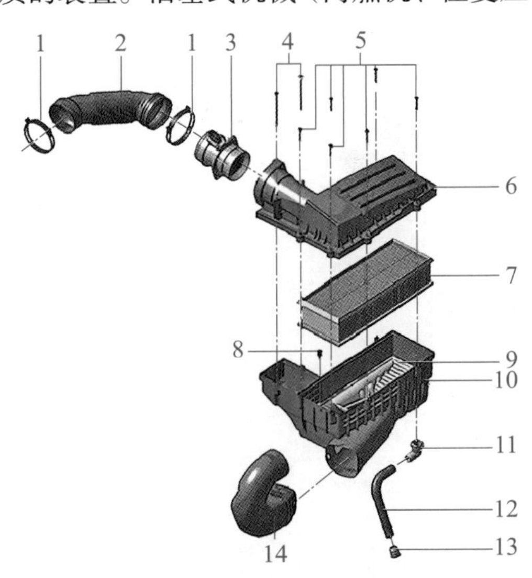

图 5.4-3 空气滤清器总成

1—弹簧卡箍；2—空气导向管；3—空气质量流量计；4, 5, 8—螺栓；6—空气滤清器壳上部件；7—空气滤芯（需要例行保养更换）；9—防雪网；10—空气滤清器壳下部件；11—排水软管接头；13—摆动阀；14—进气导管

空气滤清器位于发动机舱内，而且更换相当方便。打开发动机舱，蓄电池的正极左侧就是空气滤清器的位置。空气滤清器被一个密封壳体覆盖，进气管连接在此壳体上方。要更换空气滤清器就要拆开这个壳体盖。有些空气滤清器上壳是用螺钉锁紧的，有些是卡扣的，但拆装一般都比较简单。

空气滤清器上壳体盖四周有卡扣（图 5.4-4），用于把塑料壳体压紧在空气滤清器上方，保持进气管路的密封。卡扣的结构也较为简单，通过往外掰卡扣就能把其拆除，掰开卡扣后打开塑料壳体，取出空气滤清器（滤芯）。

空调滤清器安装有两个位置：一是在副驾驶座位的手套箱后面（图 5.4-5）；二是在挡风玻璃右下侧。

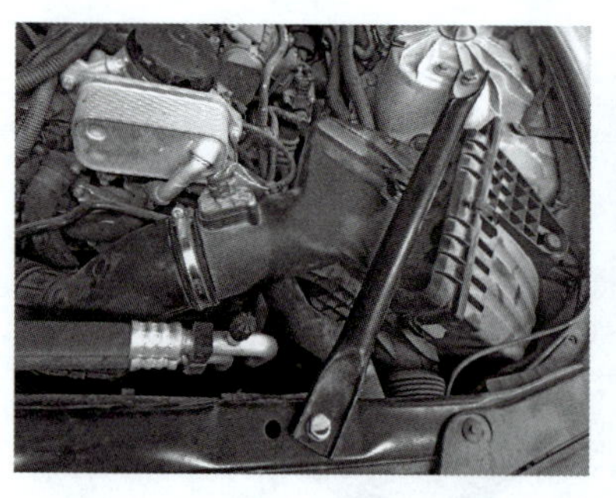

图 5.4-4 空气滤清器

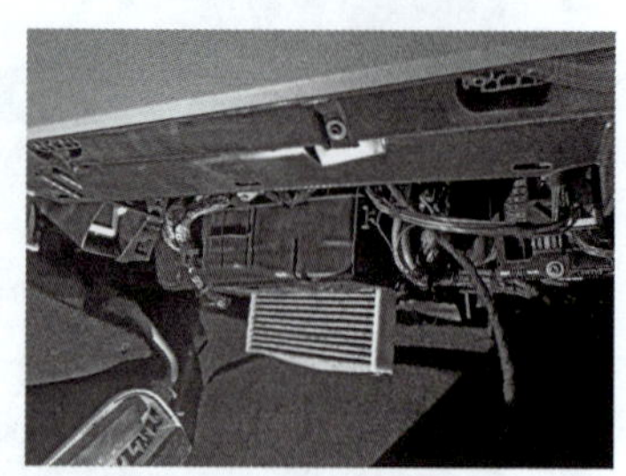

图 5.4-5 空调滤清器（空调滤芯）

燃油滤清器（图 5.4-6）的作用是滤清燃油中的杂质和水分，防止燃油系统堵塞，减小机件磨损，保证发动机正常工作。

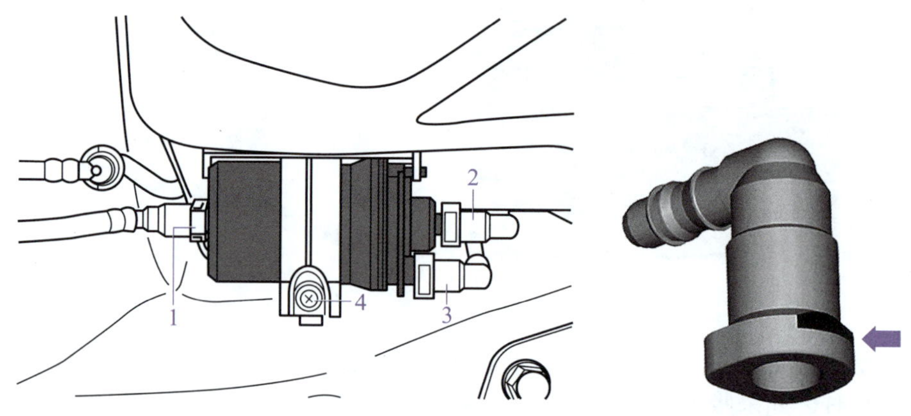

图 5.4-6 燃油滤清器

1, 3—进油管（快速插头）；2—回油管（快速插头）；4—螺栓

第6章 传统燃油汽车维修操作

见此图标 微信扫码
走进汽车维修数字课堂

扫码获取
- AI智能导学
- 视频实操演示
- 电子图解手册
- 知识进阶锦囊

6.1 常用零部件的拆装与更换

6.1.1 拆装电动燃油泵

（1）电动燃油泵及燃油供给

燃油泵总成（图 6.1-1）安装在燃油箱中，发动机正常工作时，电动燃油泵（俗称泵芯，位于电动燃油泵总成内部的涡轮泵）从燃油箱吸入燃油并通过燃油滤清器总成进行过滤，然后将燃油输送至高压油泵总成。经过高压油泵的升压向喷油器供给燃油（图 6.1-2）。

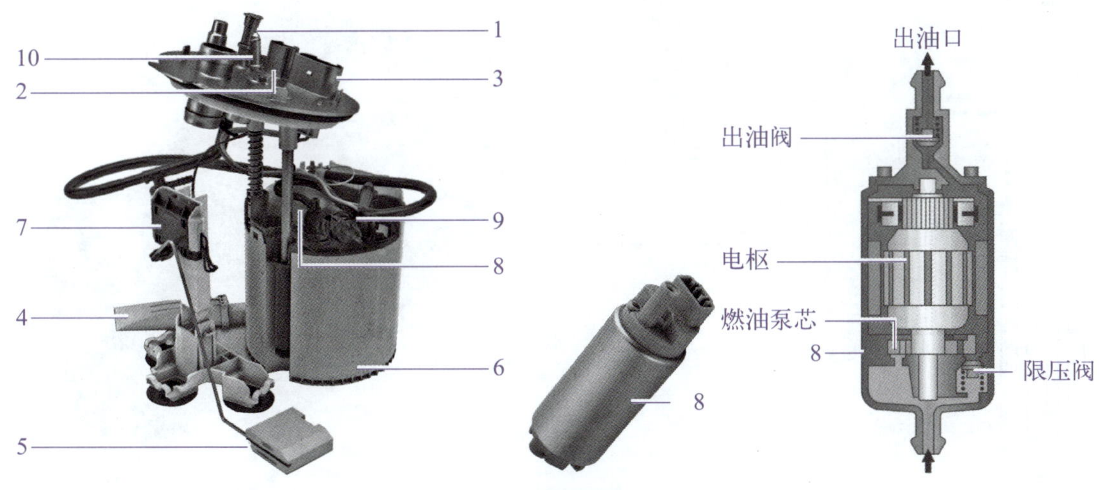

图 6.1-1 燃油泵总成

1—燃油供应连接；2—燃油液位传感器电气接头；3—燃油泵电气接头；4—燃油进口过滤器；5—燃油液位传感器浮子；6—涡流罐；7—主动燃油液位传感器；8—燃油泵；9—燃油泵连接；10—燃油辅助加热器供油连接（如已配备）

（2）燃油压力调节器

内置式燃油压力调节器集成在燃油泵总成上，并与汽油滤清器相连（图 6.1-3）。燃油压力调节器的主要功能是调节流入燃油供油管路的燃油流量，以控制燃油喷射器处的压力。

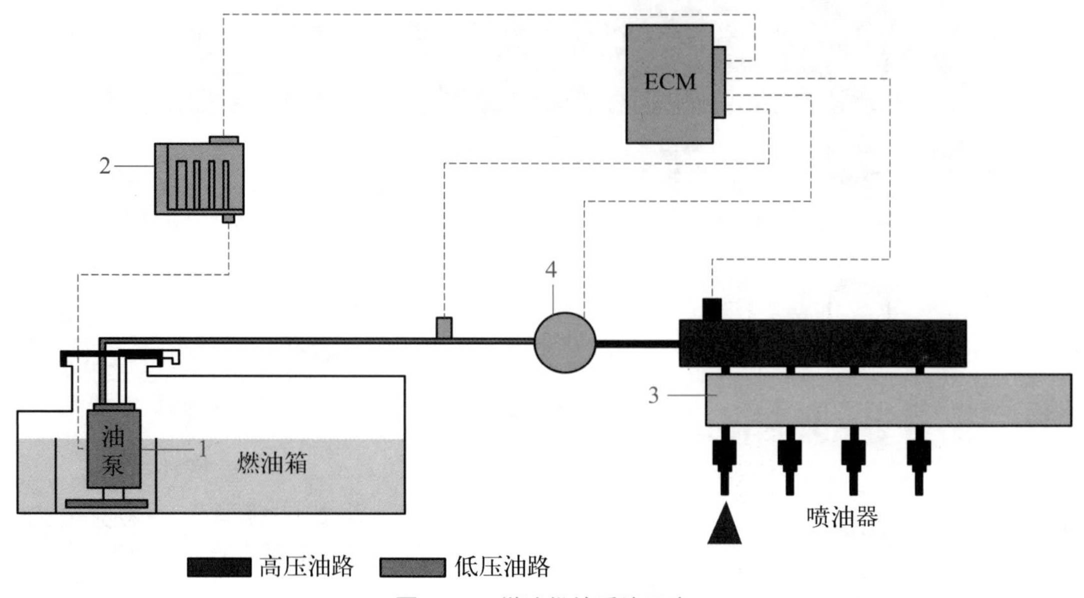

图 6.1-2　燃油供给系统示意

1—电动燃油泵总成；2—燃油泵控制模块；3—油轨喷油器总成；4—高压油泵

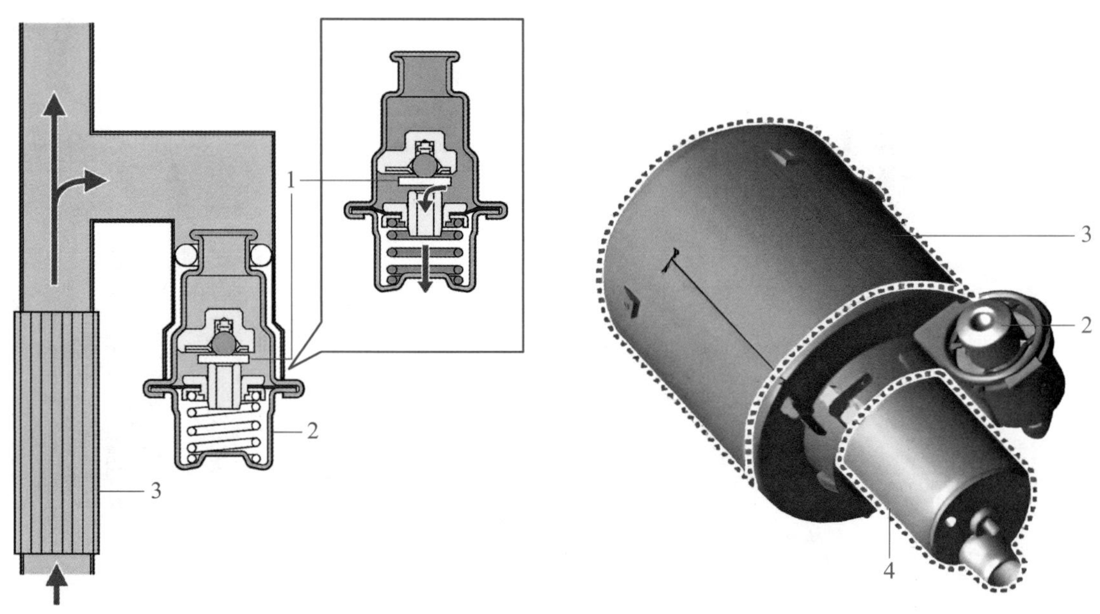

图 6.1-3　燃油压力调节器示意

1—压力调节阀；2—燃油压力调节器；3—汽油滤清器；4—燃油泵（泵芯 / 电机）

（3）拆装电动燃油泵总成

拆卸燃油泵盖板，然后断开燃油泵线束连接器，断开燃油泵燃油供油软管，断开蒸发排放炭罐通风软管，见图 6.1-4。

如图 6.1-5 所示，使用专用工具，逆时针拧松并拆卸燃油泵锁环，取下燃油泵总成（图 6.1-6）。

安装燃油泵时，按照与拆卸相反的顺序安装，注意密封圈位置。

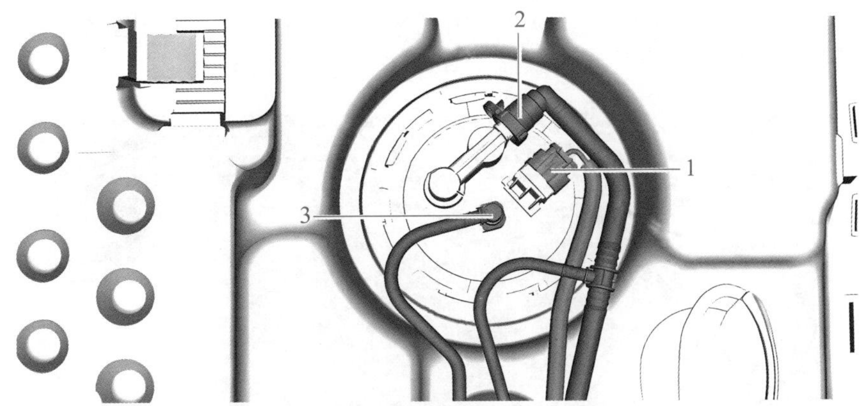

图 **6.1-4**　燃油泵管路和电气连接线

1—电气连接器；2—蒸发排放炭罐通风软管；3—燃油泵燃油供油软管

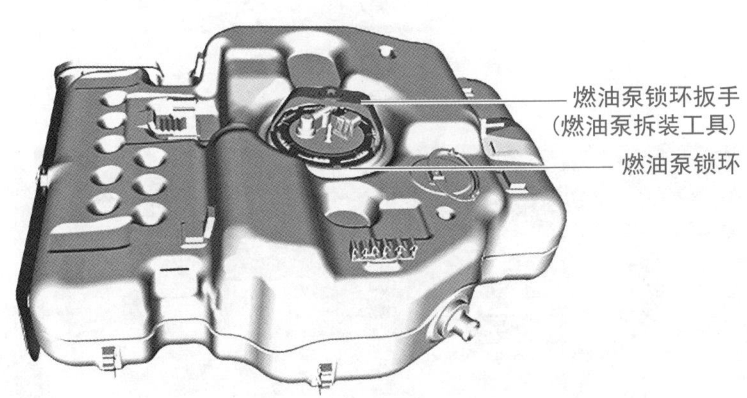

图 **6.1-5**　拆卸燃油泵锁环

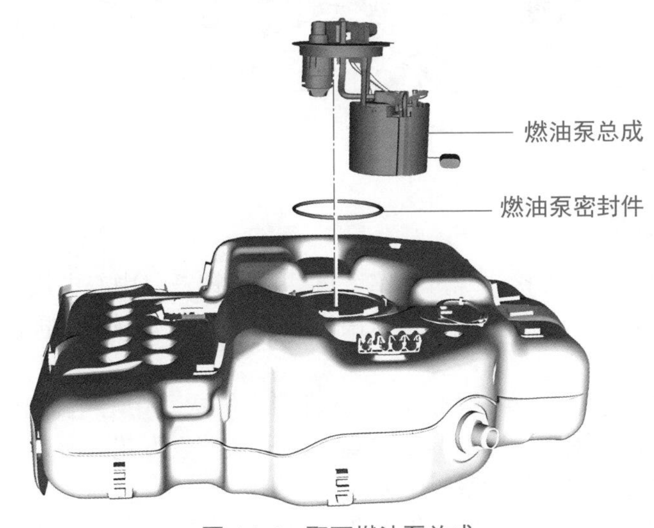

图 **6.1-6**　取下燃油泵总成

6.1.2 拆卸电子节气门

拆下空气滤清器总成，断开空气软管（图 6.1-7）。然后拆下节气门电气插头，拔下水管。用合适的扳手拧松节气门体上的紧固螺栓（图 6.1-8），拆下节气门体。

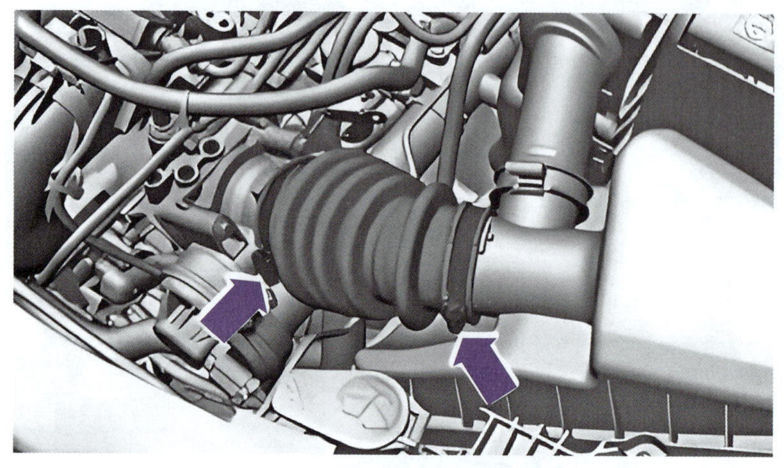

图 6.1-7 拆下空气软管

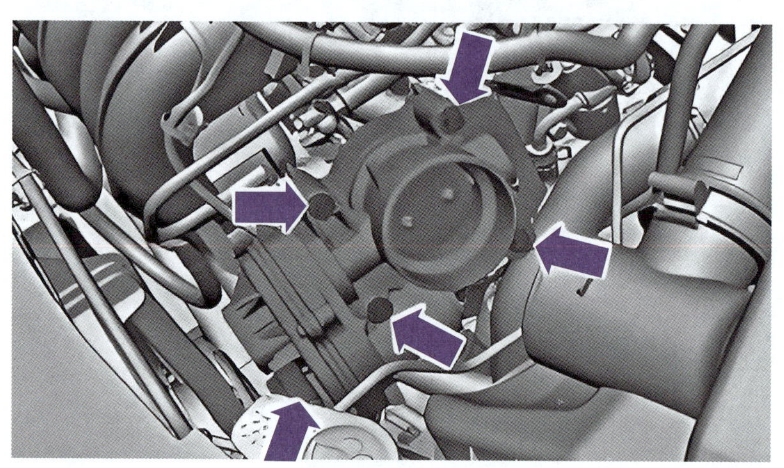

图 6.1-8 拆下节气门固定螺栓

6.1.3 拆卸火花塞

火花塞（图 6.1-9）主要由接线螺母、绝缘体、接线螺杆、中心电极、侧电极以及外壳组成，侧电极焊接在外壳上。火花塞电极形状决定其放电性能。圆形电极使放电困难，方形或尖形的电极使放电较容易。

当火花塞耗损后，电极间隙变大，发动机可能会缺火。中心电极和接地电极间隙增大后，使得火花跳过电极更困难，因此需要更高的电压来产生火花。所以每隔一定的里程必须更换火花塞，火花塞更换周期及参数见表 6.1-1。

火花塞的电极越细越尖，越容易产生火花。但是，那样的火花塞耗损较快，使用寿命较短。因此，就有了白金或铱金火花塞（图 6.1-10），这些火花塞特点是在中心电极或侧电极用极小白金或铱金材料，提高引燃火花性能。

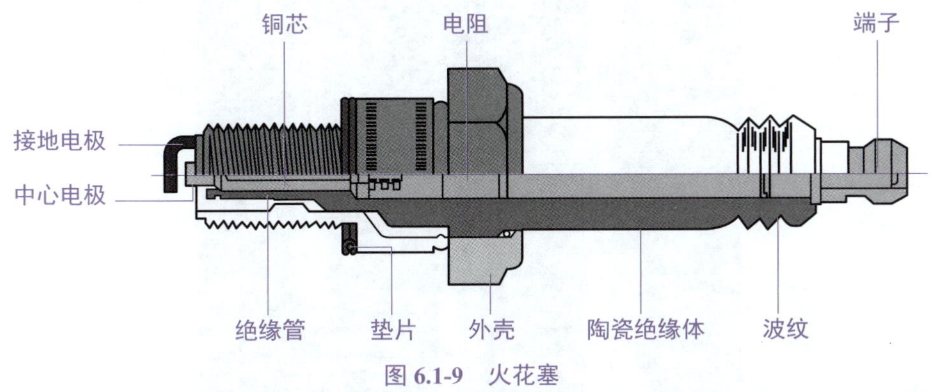

图 6.1-9　火花塞

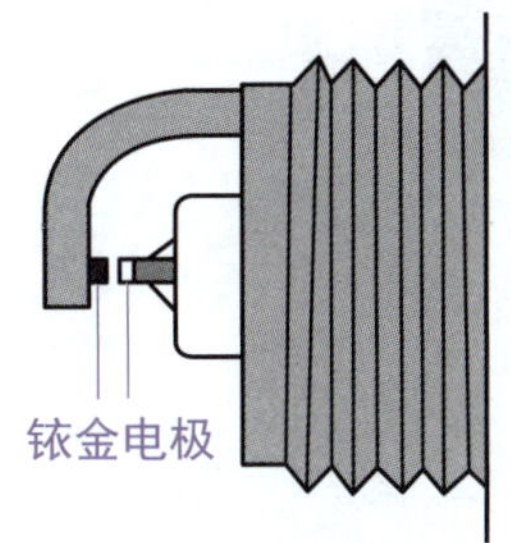

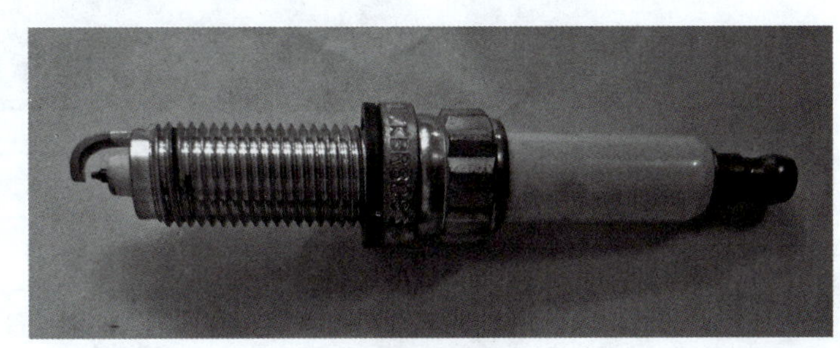
图 6.1-10　铱金火花塞

表 6.1-1　火花塞更换周期及参数

火花塞	使用里程（寿命）	主电极	侧电极	熔点比较
双铱金火花塞	8 万千米	铱金 0.6mm	铱金 0.6mm	铱金熔点 2454℃
铱铂金火花塞	6 万千米	依金 0.6mm	铂金	铱金熔点 2454℃
双铂金火花塞	5 万千米	铂金 1.0mm	铂金	铂金熔点 1772℃
单铱金火花塞	4 万千米	铱金 0.6mm	镍铜合金	铱金熔点 2454℃
单铂金火花塞	3 万千米	铂金 1.0mm	镍铜合金	铂金熔点 1772℃
镍铜普通火花塞	1.5 万千米	镍铜合金 2.5mm	镍铜合金	镍铜熔点 1445℃

更换火花塞需要专用套筒工具（图 6.1-11）。根据火花塞的直径选择不同的火花塞套筒，常用的火花塞套筒工具的规格为 14mm 和 16mm。

拆卸火花塞时，如图 6.1-12 所示，首先断开点火线圈插头，拆下点火线圈在气门室盖上的固定螺栓，然后就可以直接拔出点火线圈。用火花塞扳手拧出火花塞，并取出（图 6.1-13）。

图 6.1-11　拆卸火花塞用的套筒工具

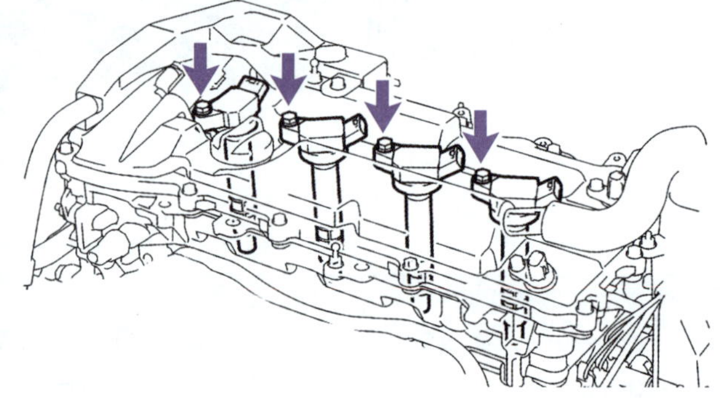

图 6.1-12　拆下点火线圈固定螺栓

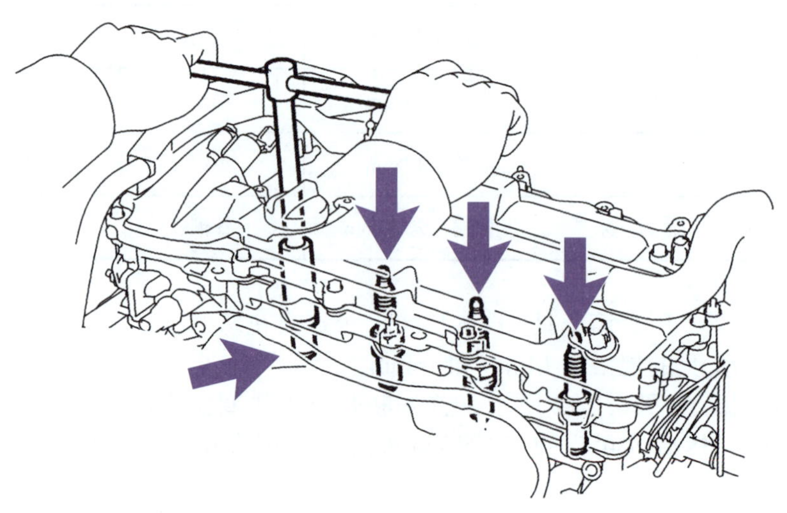

图 6.1-13　拧出火花塞

6.1.4 拆卸进气歧管

❶ 从进气歧管上断开蒸发排放炭罐清污电磁阀并松开托架螺栓。

❷ 断开进气歧管空气温度传感器连接器。

❸ 从节气门体上断开进气软管。

❹ 从节气门体上断开冷却液软管。

❺ 断开歧管绝对压力传感器连接器。

❻ 断开所有必要的真空软管，包括燃油压力调节器上的真空软管和进气歧管上的制动助力器真空软管。

❼ 拆卸发电机至进气歧管管箍带托架螺栓和箍带。

❽ 拆卸动力转向机软管卡箍螺栓并将软管从修理部位移开。

❾ 从发动机体和进气歧管上拆卸进气歧管支架螺栓。

❿ 拆卸进气歧管支架。按顺序拆卸进气歧管固定螺栓（图 6.1-14）。

⓫ 拆卸进气歧管。拆卸进气歧管衬垫。

图 6.1-14　拆下进气歧管螺栓

6.1.5 更换盘式制动片

制动盘、制动钳都可以单独更换，且操作比较简单。制动片是消耗件，需周期性更换。前制动片拆卸与后制动片拆卸操作一样，但拆卸后制动片，必要时需要使用专用工具，使制动分泵（制动钳）回位。

拆卸时，用扳手抵住导向销，从制动钳上拧下两个紧固螺栓（图 6.1-15）。然后取下制动钳，可以用钢丝固定在一旁，以免制动钳的重量使制动软管过度承重或损坏。最后将制动摩擦片从制动器支架上取下（图 6.1-16）。前轮制动器分解见图 6.1-17。

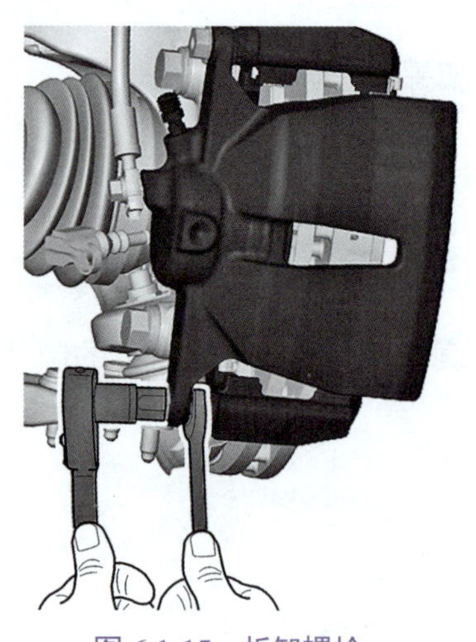

图 6.1-15　拆卸螺栓

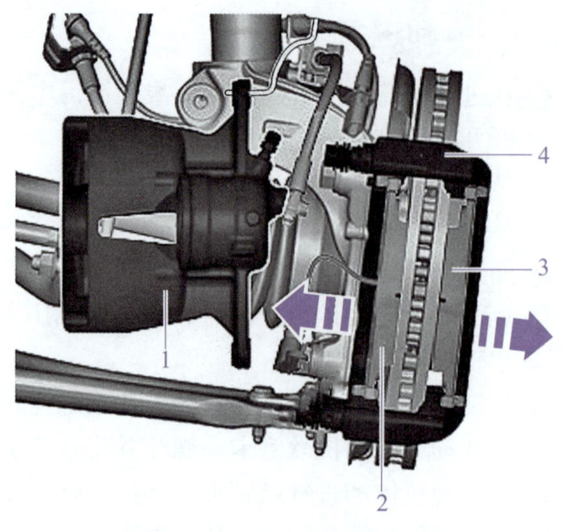

图 6.1-16　拆下制动摩擦片

1—制动钳；2，3—制动片；4—制动器支架

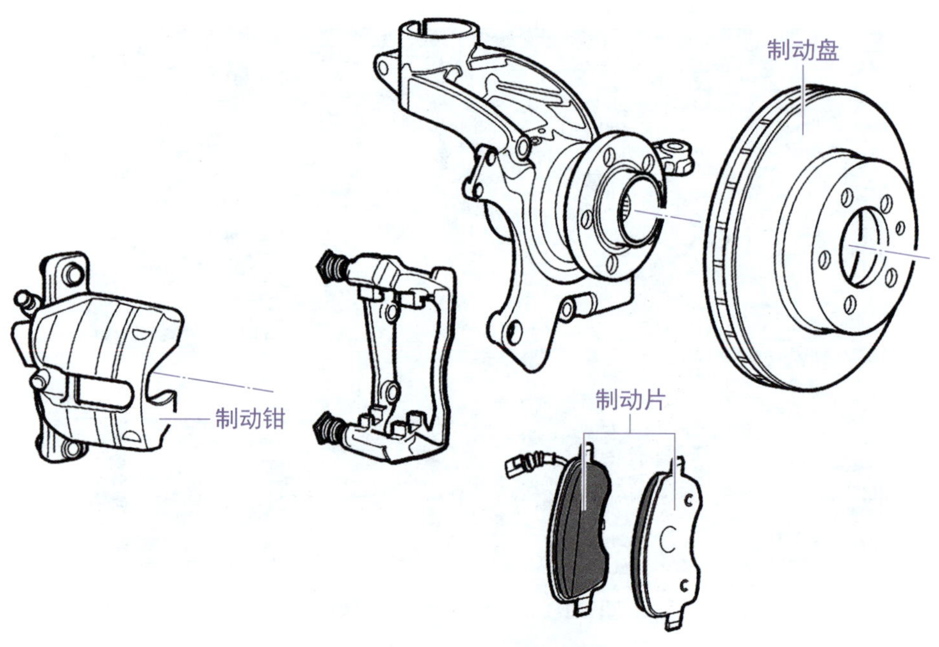

图 6.1-17　前轮制动器分解

6.2　关键总成件的拆装与分解

6.2.1　从车上拆下发动机

确保举升机有足够的负重能力。保证举升机在提举和支撑工作时处于水平位置。不要在只靠一个千斤顶支撑的车顶或底部工作，必须把车支撑在举升机上。车辆举升支撑位置见图 6.2-1。

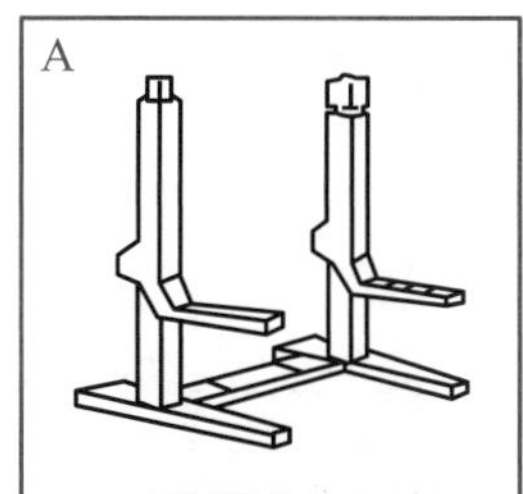

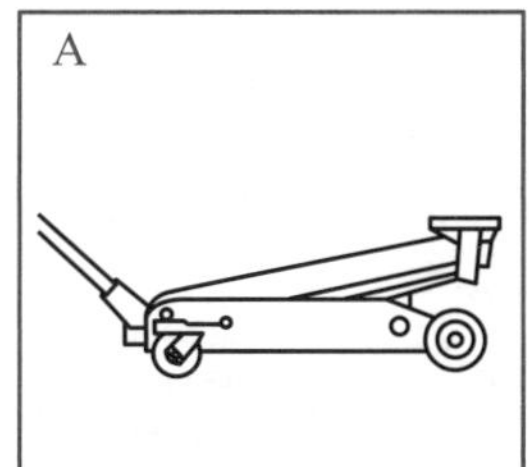

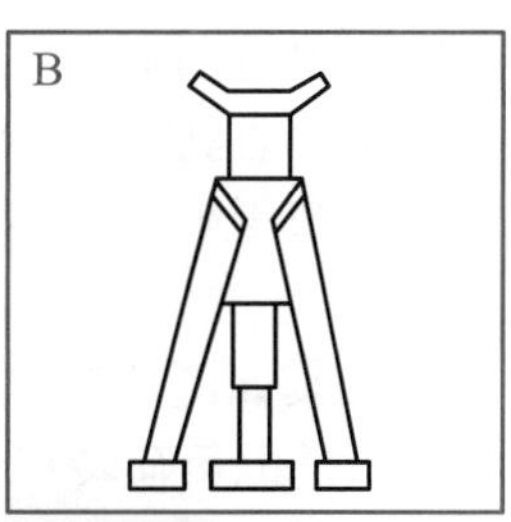

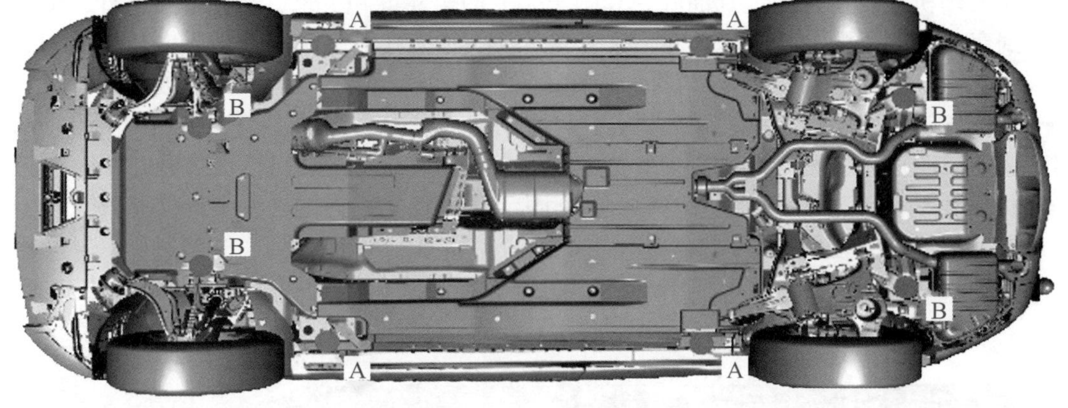

图 6.2-1 车辆举升支撑位置

A—双柱举升机和落地式千斤（卧式千斤顶）顶点；B—立式支架（千斤顶）支撑点

从车上拆下发动机是相对比较复杂的作业工程，涉及很多附属零部件被拆卸。首先要拆卸相关油液管路、电气连接件、机械连接件等，然后移出发动机。操作要点如下。

❶ 断开蓄电池的接地端，断开相关电气插接件；燃油系统泄压。排空冷却系统，将冷却液软管从加热装置热交换器上拆下（图 6.2-2），松开夹子并从散热器上断开顶部软管的连接。从散热器的保持支架上松开软管。把顶部软管保持支架固定到散热器上的螺栓拿开后再拿开支架。

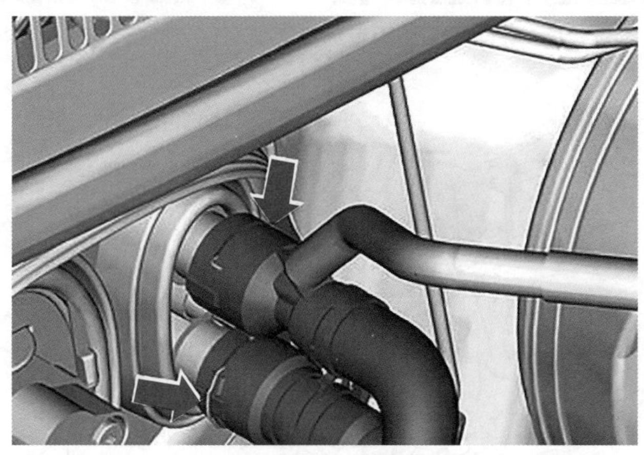

图 6.2-2 断开连接管路

❷ 拧下螺母并从起动机电机上断开蓄电池导线的连接。从起动机上断开接头，拆下固定发动机搭铁导线螺栓，并把导线移到旁边。

❸ 如果熔断器在发动机罩下，拿开螺栓并从发动机罩下面的熔断器上断开蓄电池导线的连接，从发动机罩下熔断器上断开连接器的连接，拆下起动机。

❹ 拆卸影响发动机整体卸出的周围附件，如有的车辆的发电机或者皮带等会影响拆卸作业。

❺ 安装如图 6.2-3 所示的任何一种发动机吊架。注意，此时举升机提起的是发动机的重量，而不是把负荷转移到安装点上。

❻ 把发动机下后系杆固定到油底壳和副车架上的螺栓拆卸下来，拿开下后系杆。把换挡杆固定到变速器上换挡轴的螺母拆卸下来，并从换挡轴上松开变速杆。把转向拉杆从球头侧拆下。

❼ 如图 6.2-4 所示，使用专用工具从变速器上松开左内驱动轴接头。往外拉前毂并从变速器上拿开驱动轴和中间轴，把轴放平直，以防止对变速器内的油封造成损害。

❽ 拆下发动机支架螺栓（图 6.2-5）。拆下固定发动机托架的螺母或螺栓并拿开支座。拆卸变速器上的固定支座螺栓（图 6.2-6）。再次检查附件都已断开连接。从车上移出发动机总成，并固定到维修支架上（图 6.2-7），或维修用铁桌子等专门放置和维修发动机的地方。

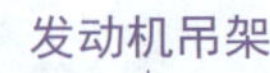

图 6.2-3　使用发动机吊架吊住发动机

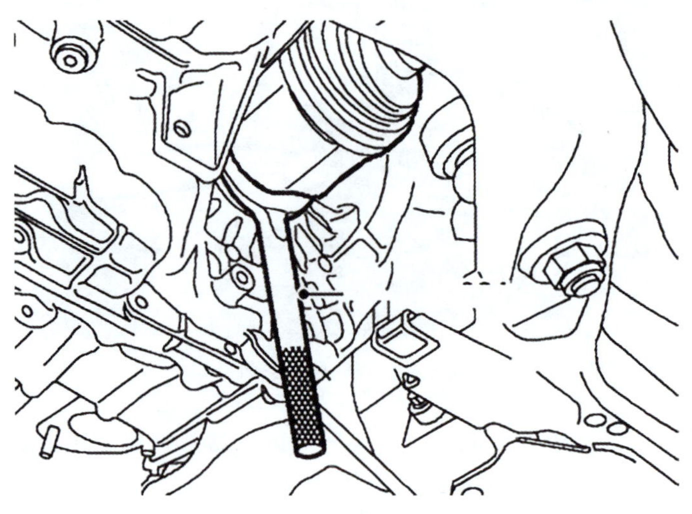

图 6.2-4　拆卸驱动轴（半轴）

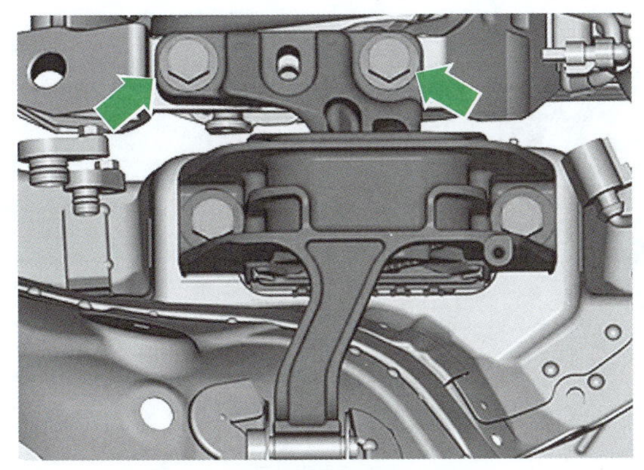

图 6.2-5　拆下发动机支座螺栓

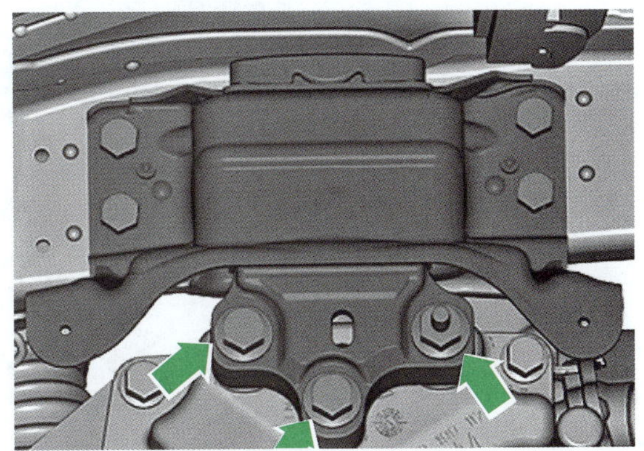

图 6.2-6　拆卸变速器上的固定支座螺栓

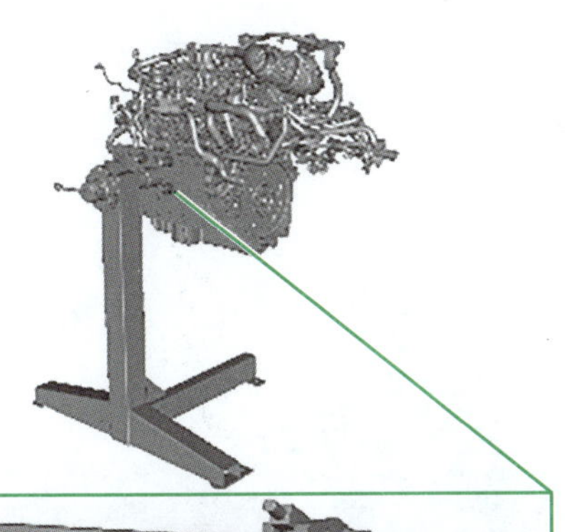

图 6.2-7　发动机专用维修支架

6.2.2　分解发动机

（1）拆卸气门室罩盖

拆下发动机线束（图 6.2-8），拆下安装在发动机上的零部件，例如飞轮（图 6.2-9）、曲轴皮带轮（必要时使用专用工具，见图 6.2-10）、发电机、涡轮增压器等（图 6.2-11 和图 6.2-12）。拆下火花塞；拆下油轨和喷油器，如果要拆下喷油器，则需要专用工具（图 6.2-13 和图 6.2-14）。拆下其他与发动机连接的附件。

将气缸盖罩螺栓按对角顺序拧下，取下气缸盖罩（图 6.2-15），可将气缸盖罩放置在一个干净的软垫层上。然后取下气门室罩盖垫，注意气门室罩盖垫的完好。

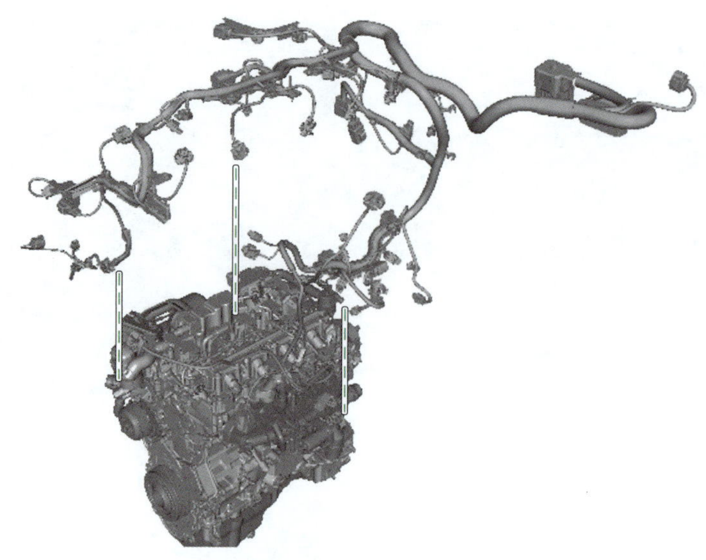

图 6.2-8　发动机线束

图 6.2-9　飞轮

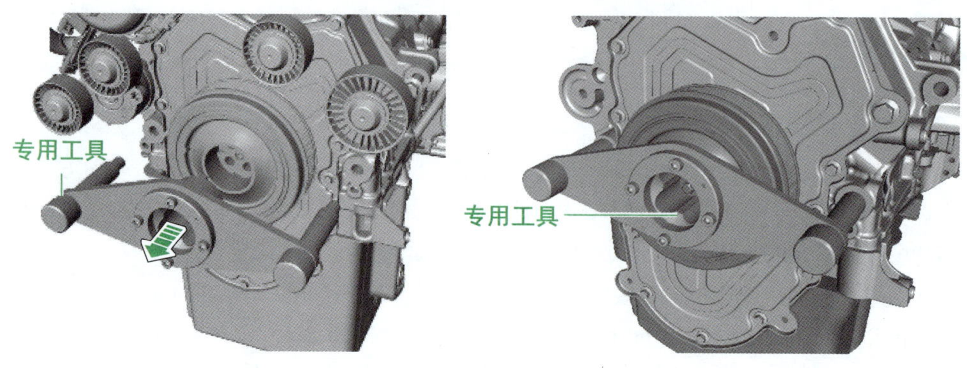

图 6.2-10　拆卸曲轴皮带轮

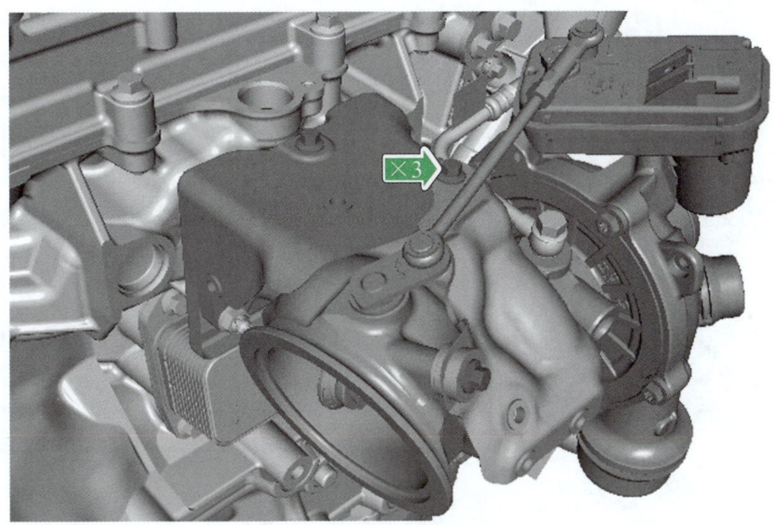

图 6.2-11　拆卸涡轮增压器隔热板

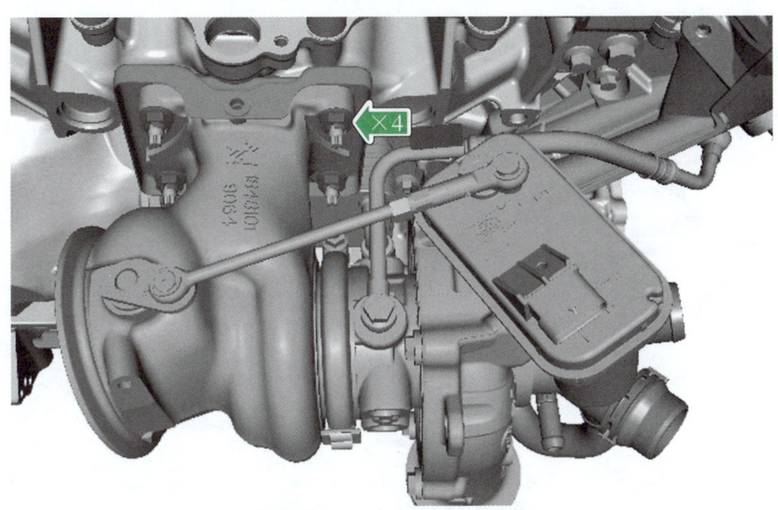

图 6.2-12　拆卸涡轮增压器

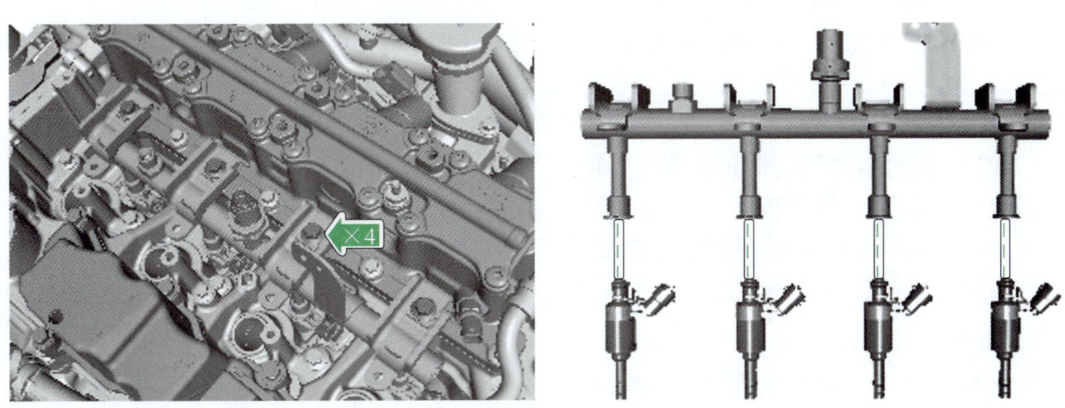

图 6.2-13　拆卸油轨和喷油器

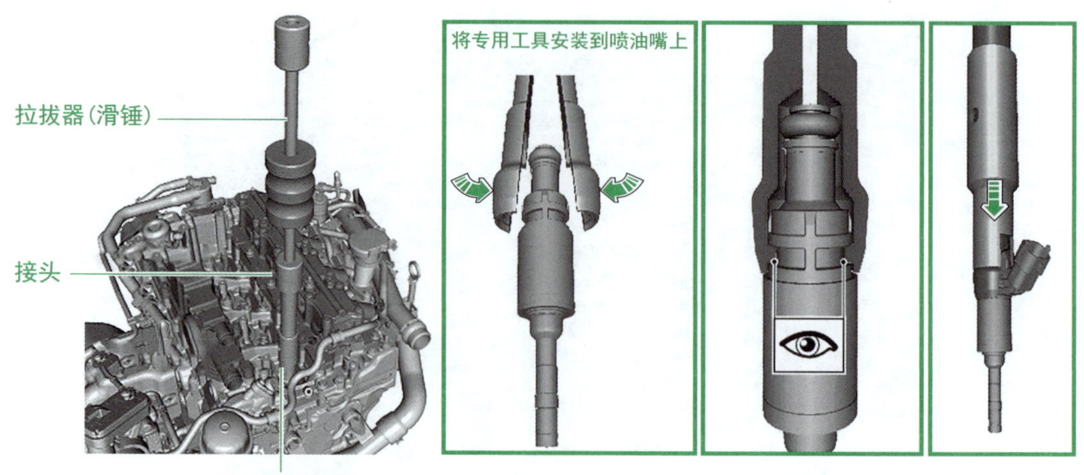

图 6.2-14　使用专用工具拆下喷油器

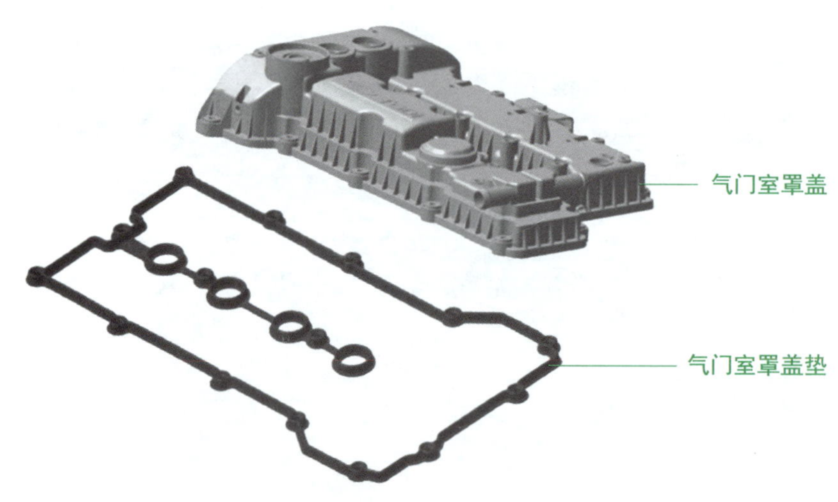

图 6.2-15　拆下气门室罩盖

（2）拆卸凸轮轴及正时机构

拆卸凸轮轴及其正时机构需要专用工具。拆卸正时链（或正时皮带）之前要校对正时标记。

拆下正时上罩盖，安装正时专用工具（图 6.2-16），定位凸轮轴，锁定凸轮轴正时链轮（图 6.2-17），同时需要锁定曲轴皮带轮（图 6.2-18）。拧松可变凸轮轴正时（VCT）螺栓，但不要将其完全拆下，然后拆下上部正时链张紧器（图 6.2-19）。拆下 VCT（可变进气正时系统）单元（图 6.2-20），在拆卸之前，先记录 VCT 单元的位置，每个 VCT 单元都与特定的凸轮轴相匹配。拆卸正时链条轨道（图 6.2-21）。松开正时链并拆下（图 6.2-22）。

（3）分解气缸盖

用力矩扳手将气缸盖螺栓按照对角 1 ～ 5 顺序（图 6.2-23）拧松后旋出，然后取下气缸盖。

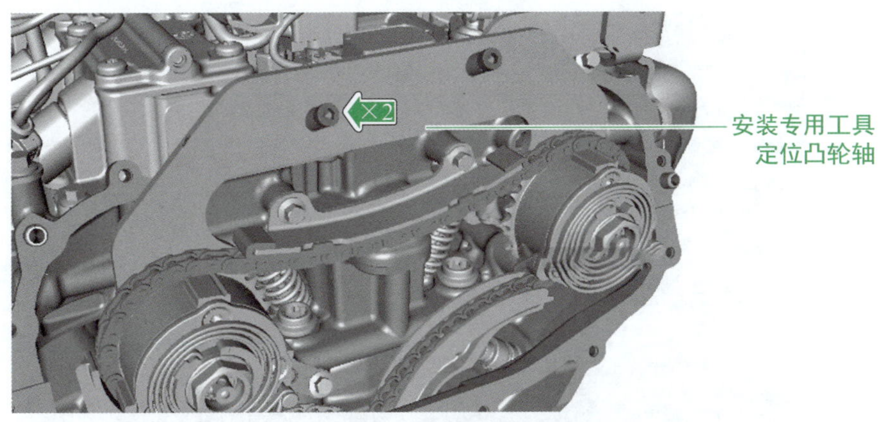

图 6.2-16　安装正时专用工具

图 6.2-17　专用工具锁定凸轮轴正时链轮

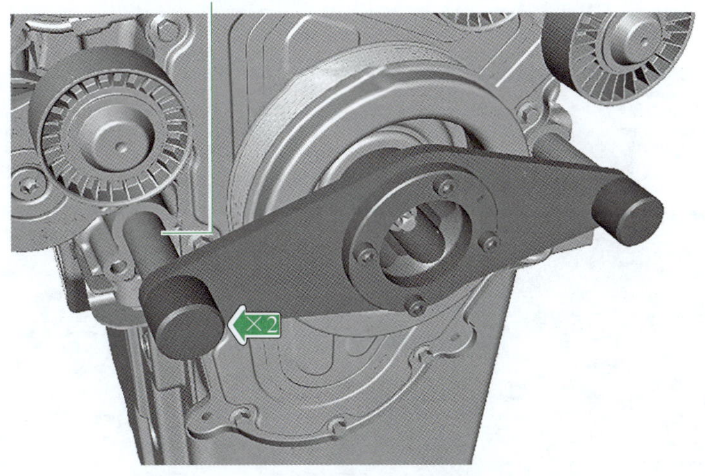

图 6.2-18　锁定曲轴皮带轮

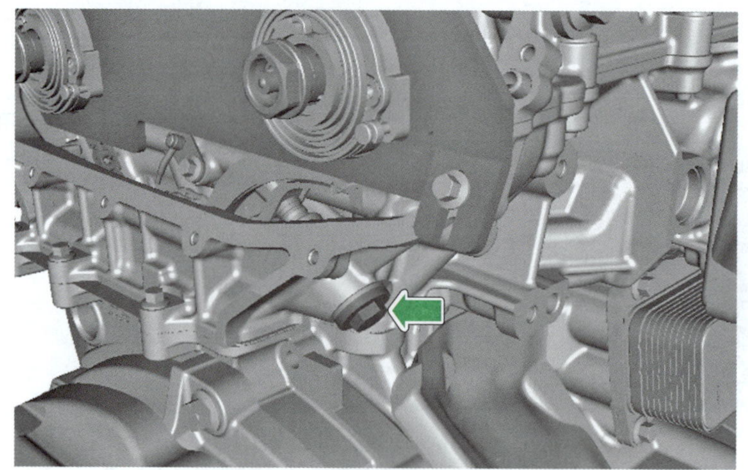

图 6.2-19 正时链张紧器

图 6.2-20 拆下 VCT 单元

图 6.2-21 拆下正时链条轨道

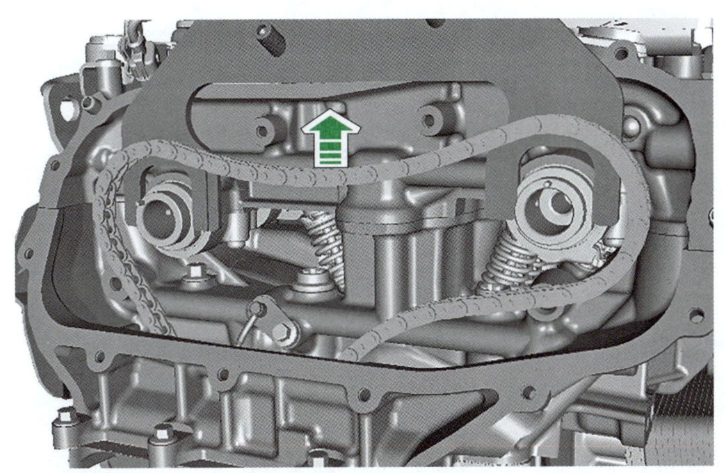

图 6.2-22　拆下正时链

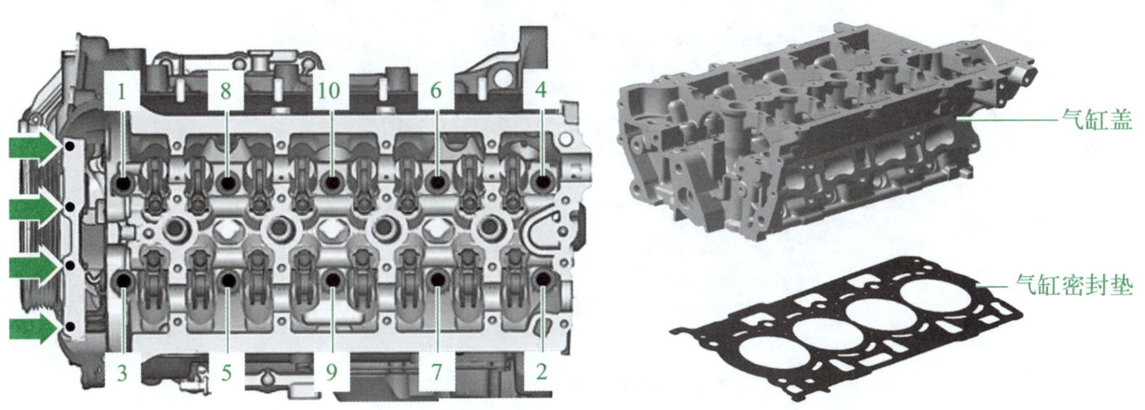

图 6.2-23　拆下气缸盖螺栓

维修提示

拆卸的气缸密封垫不能重复使用。必须更换新的气缸密封垫，在拆卸过程中注意不要丢失气缸盖安装定位销。

位于每个气缸侧面的双凸轮轴，由凸轮轴架支撑，并与缸盖直线排列，一般凸轮轴由一个安装法兰定位，该安装法兰同时控制凸轮轴的浮动端。拆卸法兰的 4 个螺栓（图 6.2-24），取下法兰。

按图 6.2-25 所示的顺序，渐次松开把凸轮轴支架固定到缸盖上的螺栓，直到气门弹簧压力不再作用到凸轮轴上，同时拿开螺栓。取下凸轮轴，并废弃凸轮轴油封。油封必须不能再次使用，一旦拆卸，安装时应更换新油封。

维修提示

按安装顺序把液压挺柱倒置放好，处理液压挺柱的时候要保持绝对的清洁，否则将会导致发动机故障。

图 6.2-24　拆卸法兰的 4 个螺栓

- AI 智能导学
- 视频实操演示
- 电子图解手册
- 知识进阶锦囊

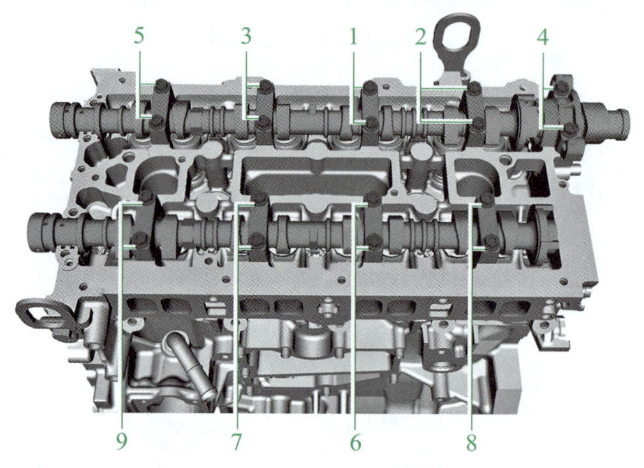

图 6.2-25　按顺序拆卸凸轮轴固定螺栓

拆下凸轮轴就可以取出液压气门挺柱（图 6.2-26），可以用一根磁力棒，吸着取出。液压气门挺柱安装在每个气门的顶部并直接与凸轮轴接触。液压气门挺柱是安装在每个气门顶部的，由凸轮轴直接驱动。气门挺柱油封是铸在金属上的，它同时也作为气缸盖上的气门弹簧顶座。

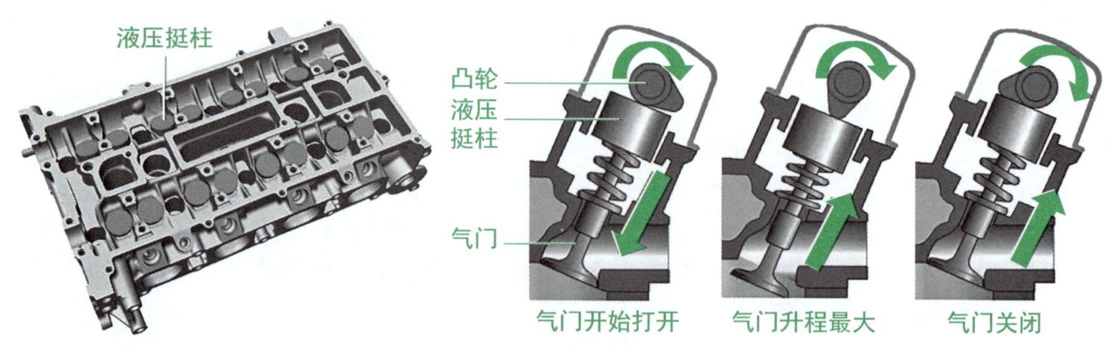

图 6.2-26　液压挺柱（凸轮轴直接驱动式气门机构）

气门弹簧在气门组的结构位置见图 6.2-27。拆卸气门弹簧需要专门的工具（图 6.2-28），使用专用压簧工具压下气门弹簧；拿开气门弹簧锁夹，松起压簧工具，松开气门弹簧；然后就可以取下气门弹簧，取下气门弹簧垫片。无论哪种形式的气门机构，拆卸气门弹簧取下气门的方法都是一致的，必须使用专用工具来操作，摇臂式气门机构见图 6.2-29 和图 6.2-30。

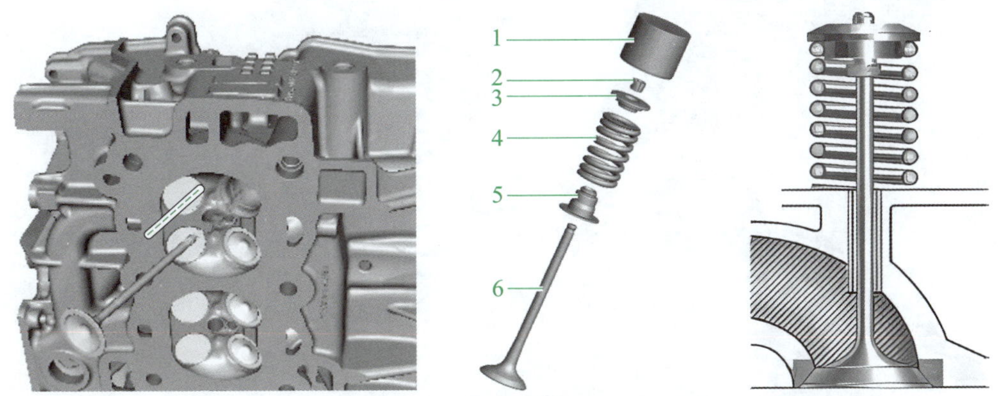

图 6.2-27　气门弹簧在气门组的结构位置

1—液压挺柱；2—气门锁片；3—气门弹簧上座；4—气门弹簧；5—气门油封；6—气门

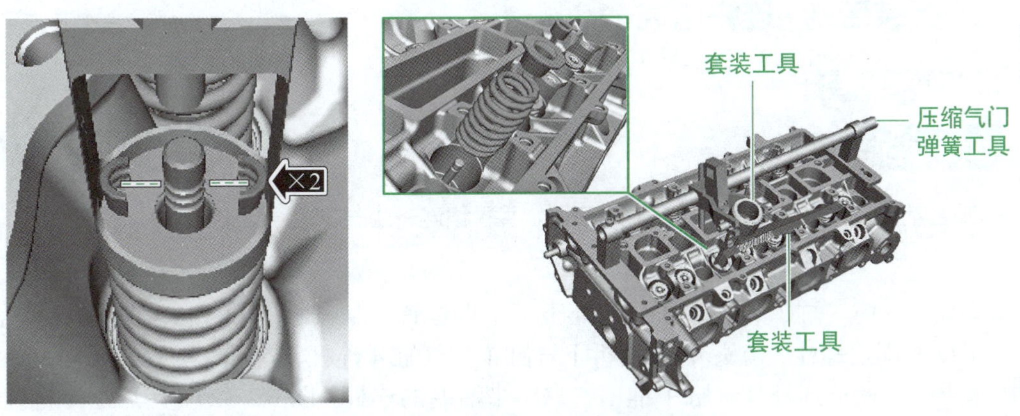

图 6.2-28　拆卸气门弹簧工具

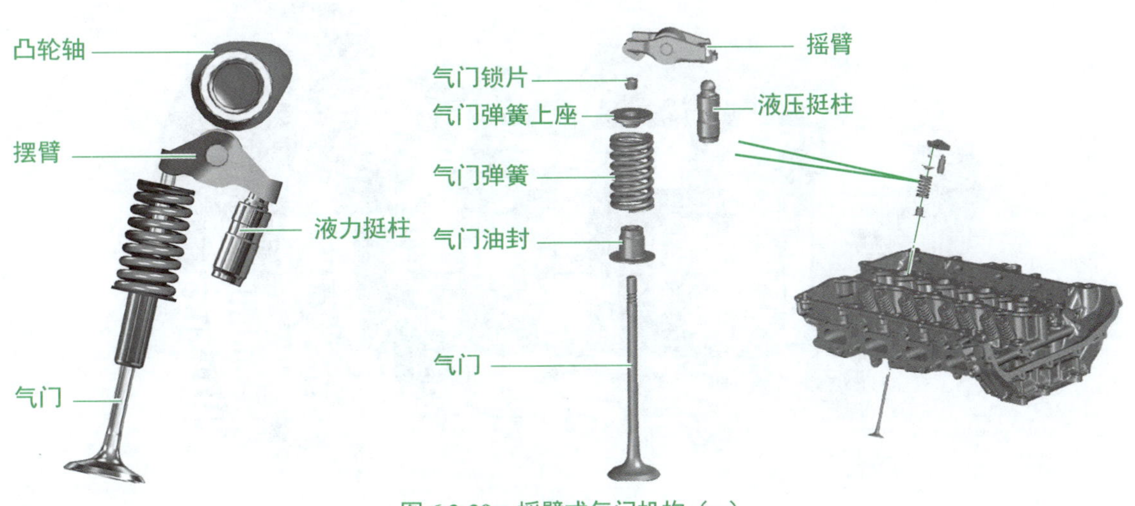

图 6.2-29　摇臂式气门机构（一）

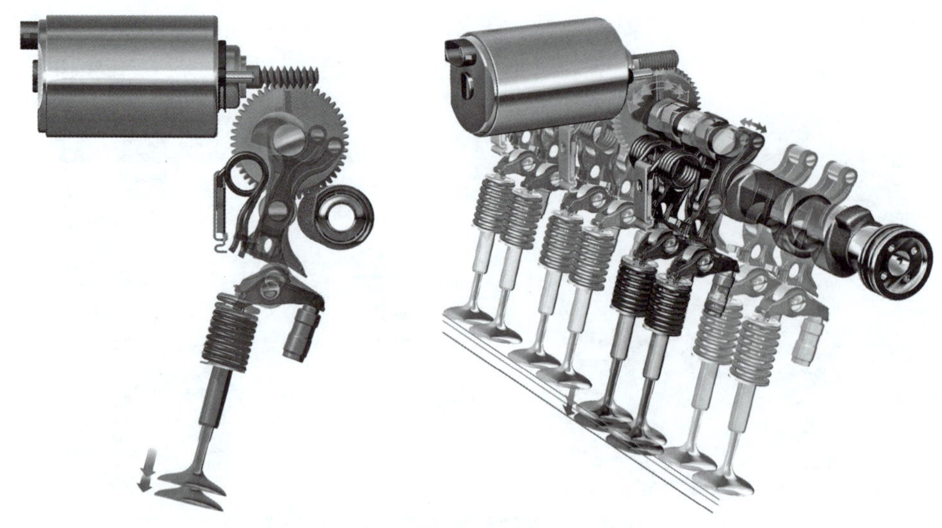

图 6.2-30　摇臂式气门机构（二）

6.2.3　拆装活塞 / 连杆总成

（1）拆卸活塞连杆组

维修提示

拆卸之前，注意每个组件的位置。在每个活塞和连杆上做对应气缸的标记。

转动曲轴，使气缸 1 和气缸 4 活塞处于下止点位置，从气缸 1 和气缸 4 连杆轴承盖（小瓦盖）上拆下固定螺栓（箭头），然后拆下气缸 1 和气缸 4 连杆轴承盖（图 6.2-31）。

用木质锤子柄把连杆从气缸中捅出，拿出带活塞的连杆（图 6.2-32）。然后逐个把连杆瓦按入带有活塞的连杆，按顺序放置（图 6.2-33）。

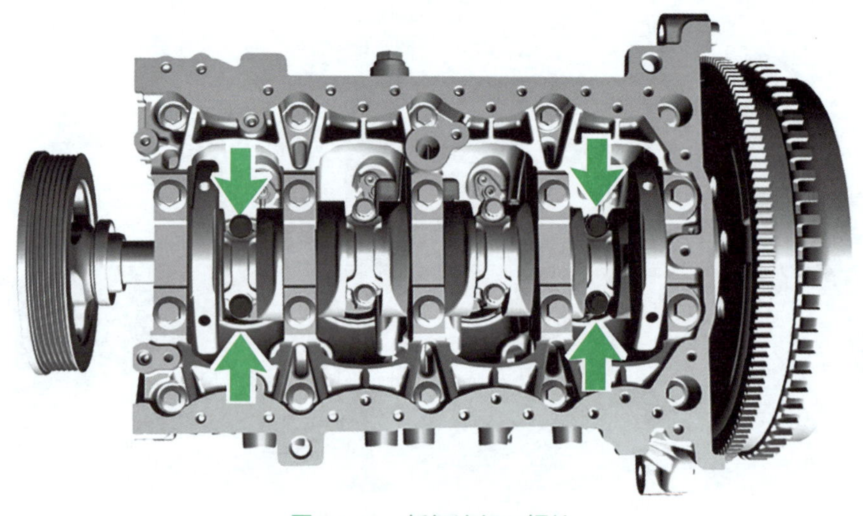

图 6.2-31　拆卸连杆瓦螺栓

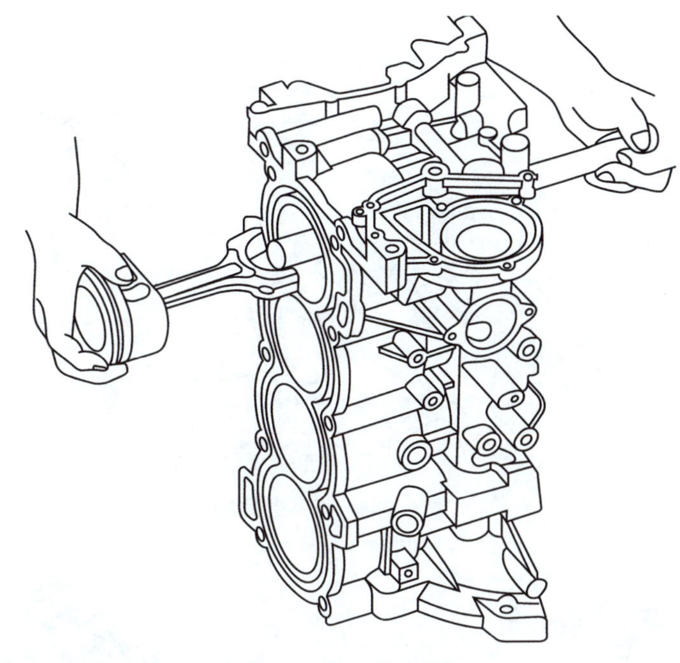

图 6.2-32　取下活塞

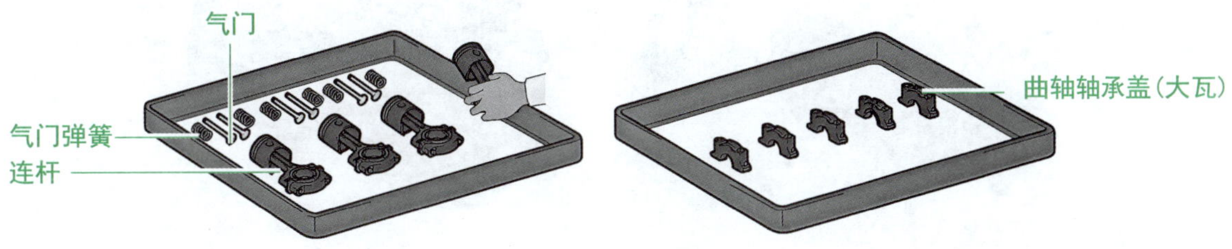

图 6.2-33　有序摆放

（2）拆下曲轴

拆下曲轴位置传感器信号盘，小心不要损坏信号齿轮。按顺序每次旋松轴承盖螺栓，重复操作直到所有的螺栓都松动为止。将螺栓插入其中一个轴承盖，并向其前侧和后侧施力从而拆下轴承盖（图 6.2-34），按顺序摆放好所有的轴承盖。然后将曲轴抬出发动机气缸体（图 6.2-35）。取出轴瓦，且做好标记，不要混淆运转过的轴瓦，轴承盖上的轴瓦无润滑槽，气缸体上的轴瓦有润滑槽。

（3）拆装活塞

如果还继续使用旧连杆，那么从旧连杆上拆下旧活塞（图 6.2-36），以备在旧连杆上安装新的活塞。

将卡环从各活塞两侧拆下。从活塞销孔的切口处开始，小心地拆下卡环，如果不小心很容易弹飞卡环。

安装新活塞到连杆上，则先在一侧安装活塞销卡环（图 6.2-37）；再安装活塞和连杆，使压印标记在同一侧（图 6.2-38），然后安装活塞销（图 6.2-39），安装时应在活塞销上涂抹新的发动机机油。最后安装另一侧卡环，并检查活塞和连杆总成之间应能自由转动（图 6.2-40）。用同样的方法重新装配其他活塞。

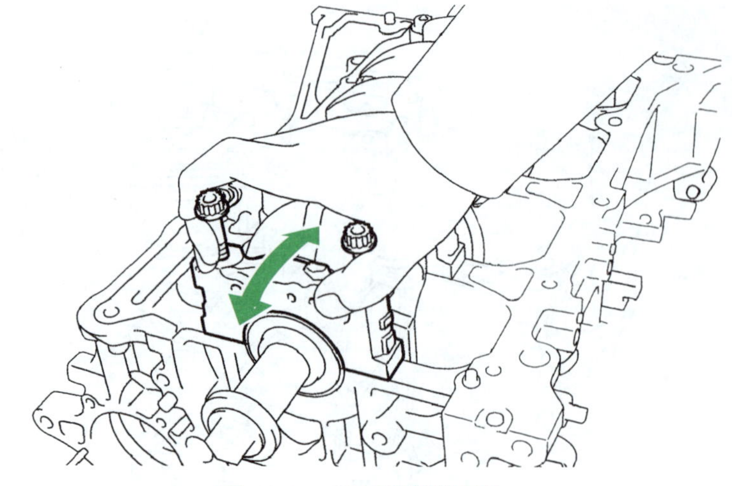

图 6.2-34　拆下曲轴轴承盖

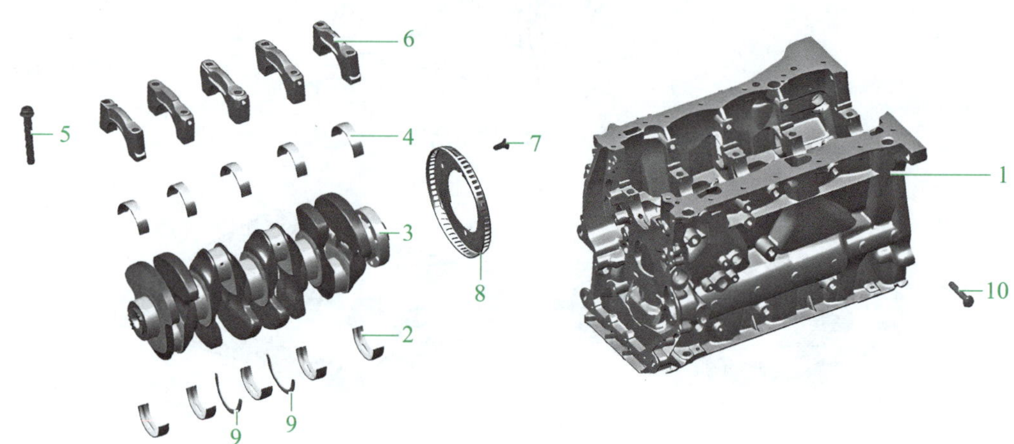

图 6.2-35　拆卸曲轴

1—气缸体；2—气缸体的轴瓦（大瓦）；3—曲轴；4—轴承的轴瓦（大瓦）；
5，7，10—螺栓；6—轴承盖（大瓦盖）；8—信号盘；9—止推垫片

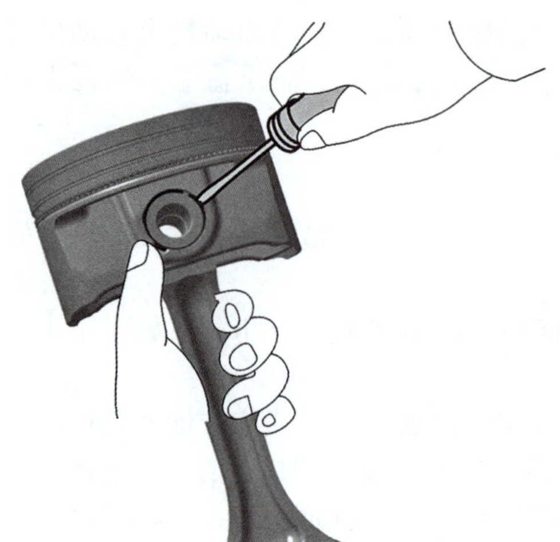

图 6.2-36　拆卸活塞

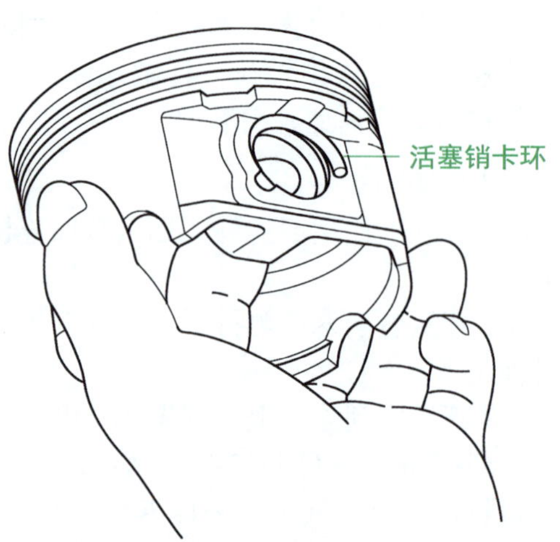

图 6.2-37　安装活塞（卡环）

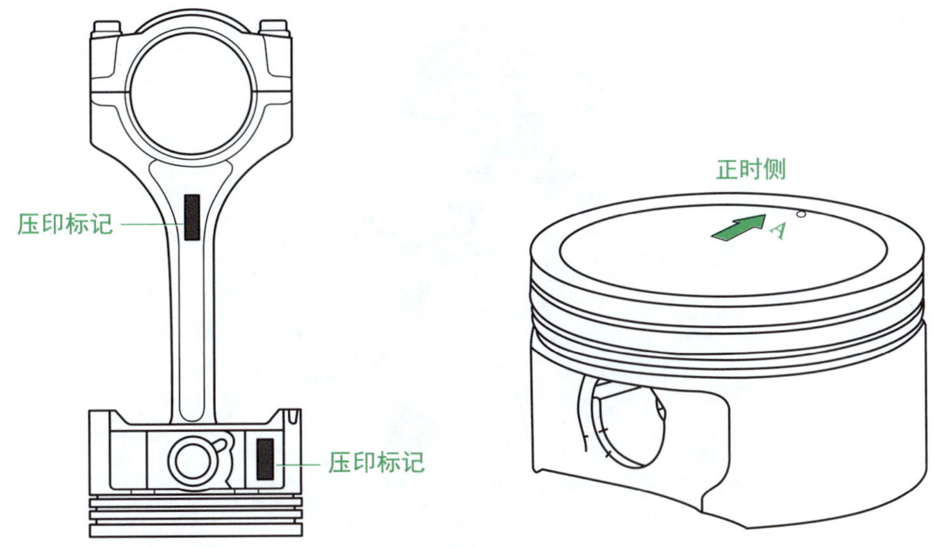

图 6.2-38　安装活塞（注意标记）

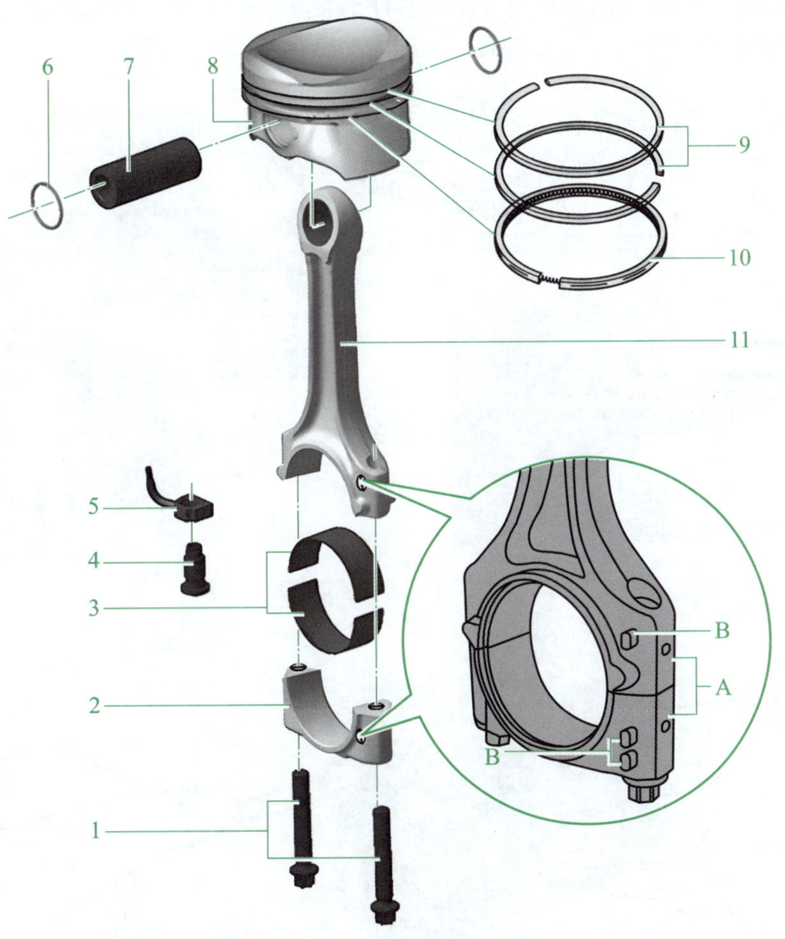

图 6.2-39　活塞连杆组部件

1—连杆螺栓；2—连杆轴承盖；3—轴瓦；4—安全阀；5—机油喷嘴；
6—卡环；7—活塞销；8—活塞；9—气环；10—刮油环；11—连杆

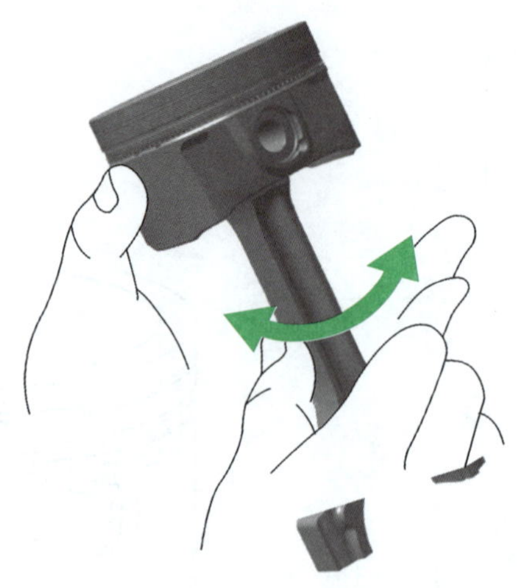

图 6.2-40　转动连杆

（4）安装活塞环

如果是旧活塞，要清理活塞环槽（图 6.2-41 和图 6.2-42）。用一个废旧的直角断裂的环，或一个合适的刮片来清理所有活塞环槽，清理完毕，用汽油清洗活塞。

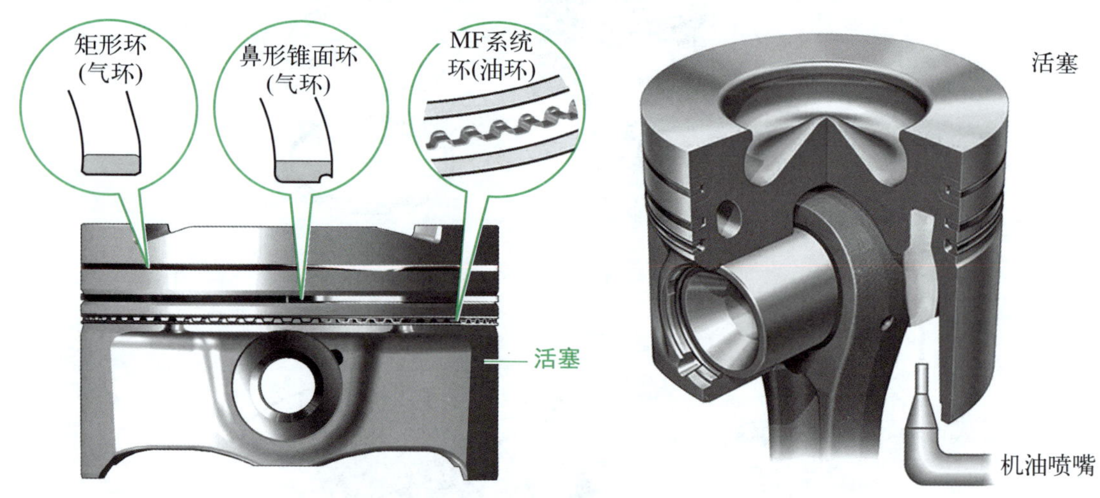

图 6.2-41　活塞及活塞环

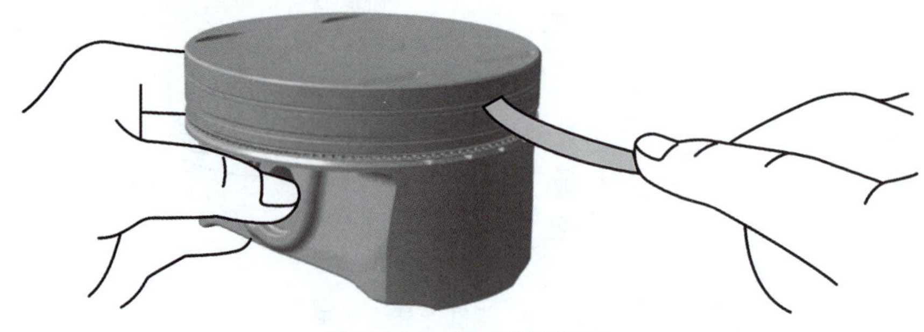

图 6.2-42　清理活塞环槽

按顺序安装刮油环、第二压缩环、第一压缩环（可使用专门的活塞环扩张器安装活塞环）。使“TOP”或识别标记朝向活塞的上部。在活塞环槽内旋转活塞环，确保活塞环不卡滞。

如图 6.2-43 所示，活塞环的第一道气环和第二道气环都有标记，制造标记必须朝上。活塞环的安装有位置要求（图 6.2-44）：第一道气环开口与活塞销轴向成约 45° 角；第二道气环开口与第一道气环成 180° 角；第三道气环开口与第二道环成 90° 角。

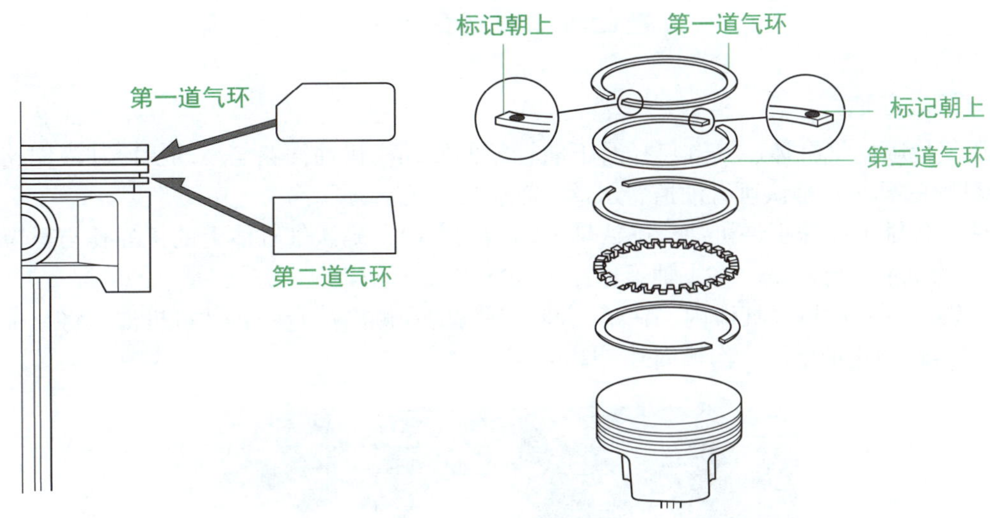

图 6.2-43　活塞环

安装前要检查标记方向。对于具有方向和组合的零件，应保证其安装正确。将活塞上的前部标记和连杆上的标记对齐；对于轴承盖，将前部标记和编号对齐（图 6.2-45 和图 6.2-46）。

图 6.2-44　安装活塞环位置示意

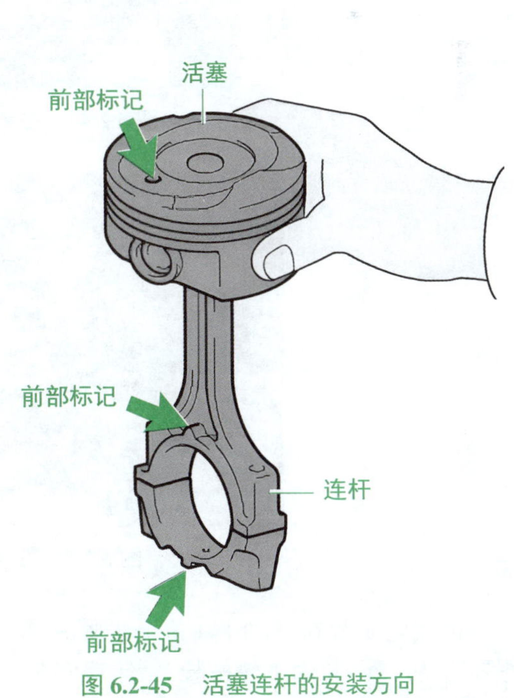

图 6.2-45　活塞连杆的安装方向

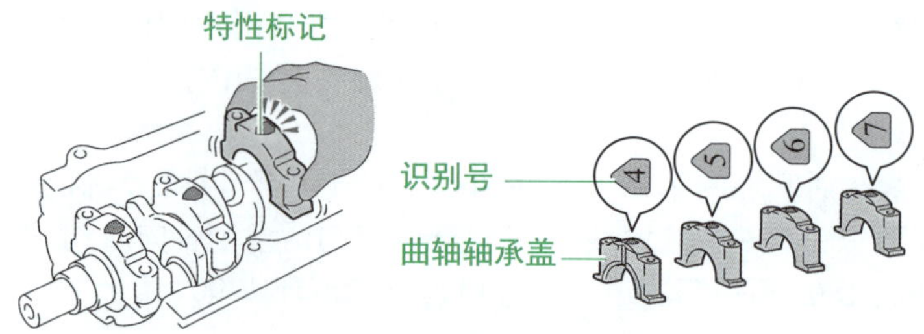

图 6.2-46　轴瓦的安装方向

（5）装配曲轴

使用气枪喷向气缸体、气缸口径及下曲轴箱的发动机机油回路与发动机冷却液回路，以除去所黏附的异物。确认所有油道、水道、轴瓦安装面必须干净。

在曲轴各轴上涂抹少许机油。确认轴瓦沟槽的方向。确认气缸体上的机油孔与对应主轴承轴瓦上的机油孔已对正。将主轴承轴瓦装入缸体主轴承座（图 6.2-47）。

将曲轴降到发动机气缸体内。在带止推垫圈槽的一侧涂抹新的发动机机油。将止推垫圈安装到第四轴颈止推槽内，沟槽向外（图 6.2-48）。

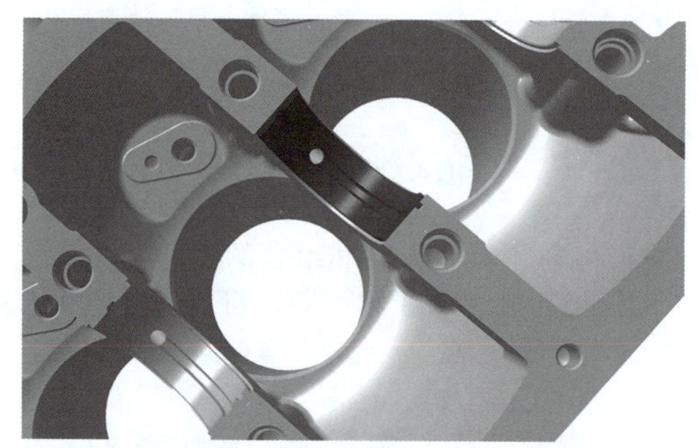

图 6.2-47　安装曲轴主轴承瓦（缸体上）

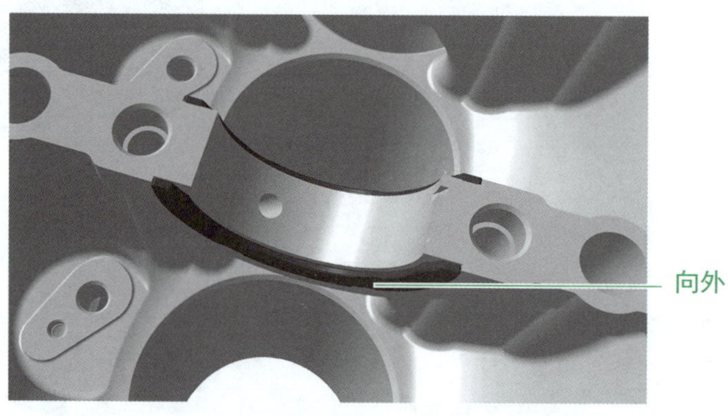

图 6.2-48　止推轴瓦（止推片）安装

把飞轮安装在曲轴上（这个步骤先不用紧固飞轮螺栓，待曲柄连杆机构和法兰油封都安装完毕后，再紧固飞轮螺栓），然后安装轴瓦和轴承盖。安装轴承盖螺栓。并按序用力矩扳手紧固曲轴瓦盖螺栓，并按顺序拧紧曲轴轴承盖的固定螺栓（图 6.2-49），紧固曲轴，所有四缸发动机均为此顺序。对于多缸机，也按照先紧固中间位置螺栓，后紧固两边螺栓的原则，分步骤依次紧固。紧固后，转动飞轮，曲轴转动应自如。

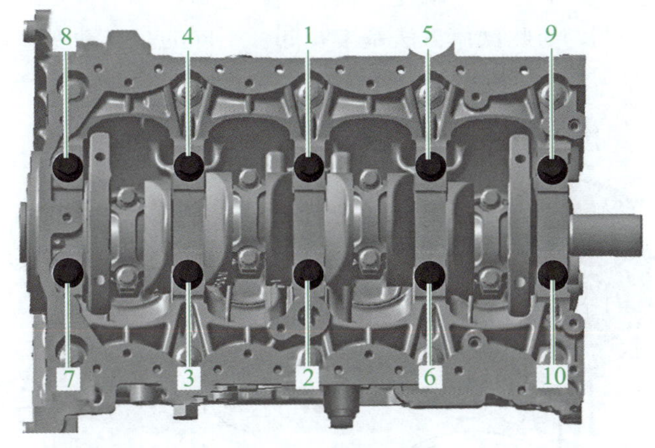

图 6.2-49　紧固曲轴

（6）安装活塞/连杆总成

将连杆轴瓦压入连杆大端及连杆大端盖轴承座中。安装时，将连杆轴承的凸出挡块对正连杆及连杆大端盖的凹口进行安装（图 6.2-50）。

将连杆及活塞裙部放入气缸，并注意活塞装配标记（指向前）和活塞端隙开口方向（图 6.2-51）；然后，将活塞环压紧器套在活塞环上收紧，使用活塞环压紧器将活塞与连杆总成安装到曲轴上。

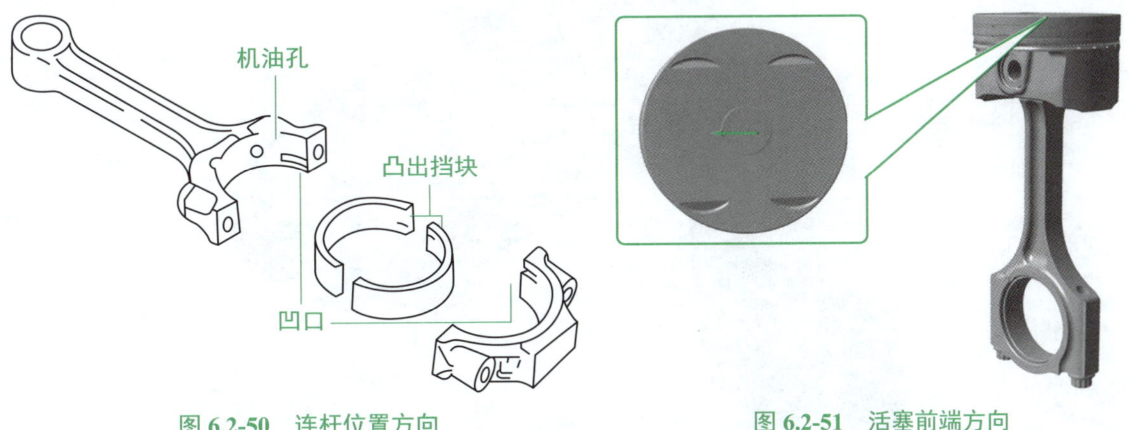

图 6.2-50　连杆位置方向

图 6.2-51　活塞前端方向

将活塞 / 连杆总成在气缸内定位，并用锤子的木柄将其敲入。在活塞环压紧器上，保持向下的压力，以防止活塞环在进入气缸前胀开（图 6.2-52）。

活塞环压紧器自由松开后，停止下压，在推活塞就位前，检查连杆与曲轴连杆轴颈是否对准。用力矩扳手按顺序锁紧连杆螺栓，按维修手册规定力矩拧紧螺栓。检查连杆侧间隙。确认曲轴是否可平顺旋转。

6.2.4　从车上拆下变速器

从车上拆下变速器总成是个比较复杂的作业工程，涉及很多附属零部件和底盘部件被拆卸。首先要拆卸相关电器连接件、机械连接件等，然后把发动机与变速器分离。曲轴后油封泄漏、更换离合器及相关部件（手动变速器）以及液力变矩器（自动变速器）等都需要把变速器总成拆下进行作业。以下是以手动变速器为例，拆卸过程中重要的一些操作事项。如果是自动变速器（图 6.2-53），与此操作方法基本相同，不同的是自动变速器增加冷却管路和电气插接的拆卸。

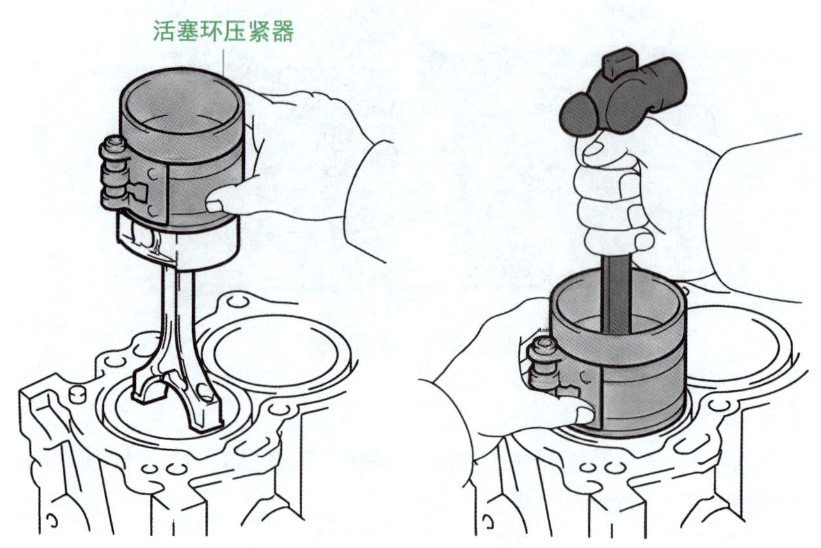

图 6.2-52　使用专用工具安装活塞

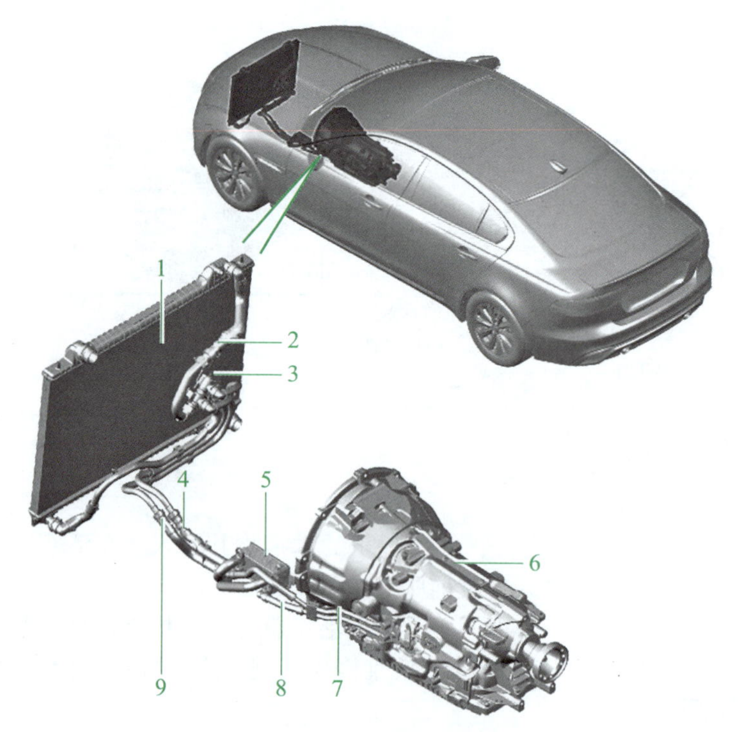

图 6.2-53　自动变速器

1—散热器；2—恒温阀；3—自动变速器油（ATF）加热阀；4—发动机冷却液出口管；5—ATF 冷却器；6—自动变速器；7—ATF 出口；8—ATF 进口；9—发动机冷却液进口管

❶ 拆卸相关附件。首先拆卸蓄电池。然后视情况拆卸发动机盖（如果需要拆卸发动机盖），按照如图 6.2-54 所示进行。拆卸发动机盖需要三位工作人员，一人在前面支撑发动机盖，其他两人在两边支撑，同时松开螺栓。在发动机盖上标记有机罩铰链位置（这个标记一般很明显，通常正好被铰链平面结合的部分没有表漆），可以在安装发动机盖时，方便地调整发动机盖位置。

仔细观察车内是否有连接件，如有，则拆卸车内总成或者连接件。拆卸发动机室内通往变速器的连接件、线路或固定件。然后举升车辆，从车辆下部拆卸相关部件。

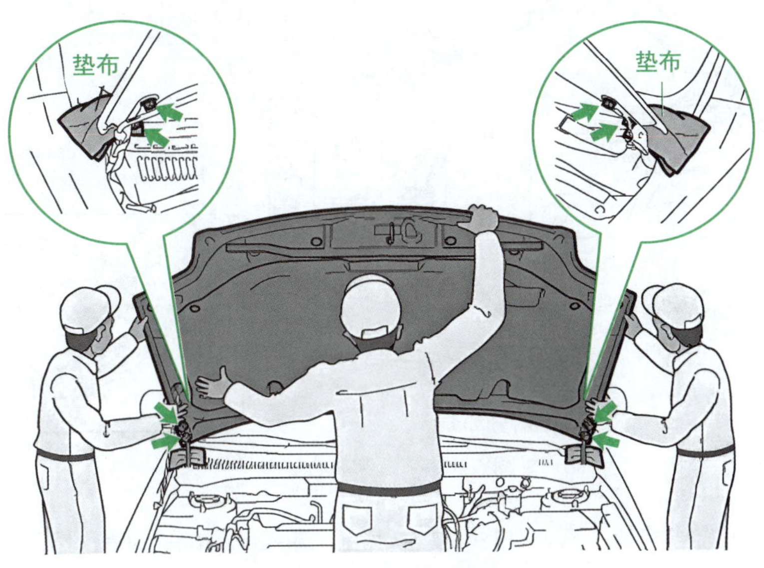

图 6.2-54　拆卸发动机盖

❷ 拆卸起动机。拆卸螺母，然后断开起动机电缆和连接器。拆卸起动机安装螺栓，然后拆卸起动机（图 6.2-55）。

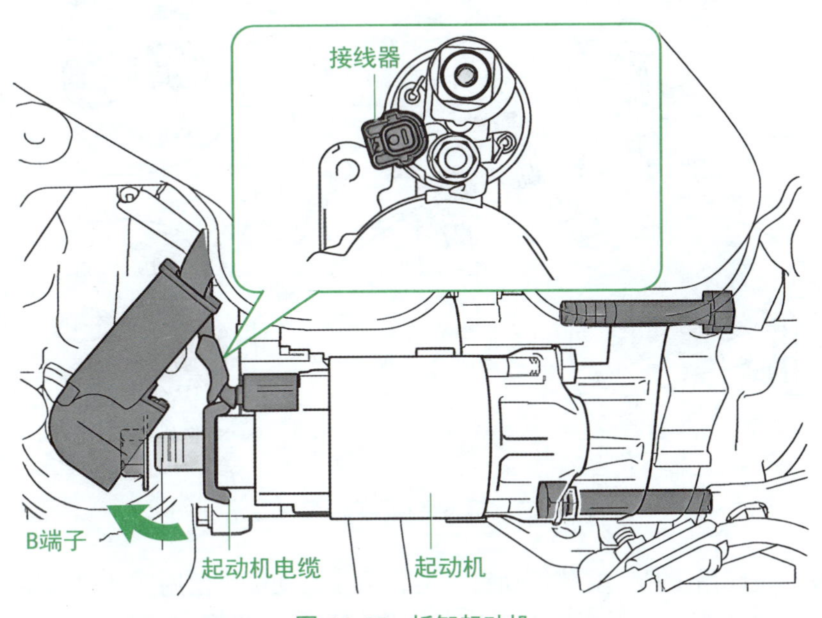

图 6.2-55　拆卸起动机

❸ 拆卸离合器泵。拆卸管路时，柔性软管管路不能从分离泵分离。如果将柔性软管管路从分离泵分离，将使空气进入离合器系统，导致离合器工作不正常。

如图 6.2-56 所示，拆卸柔性软管管路卡箍，然后将分离泵连同管路卡箍一起从传动桥上拆下。切勿使挠性软管管路变形。

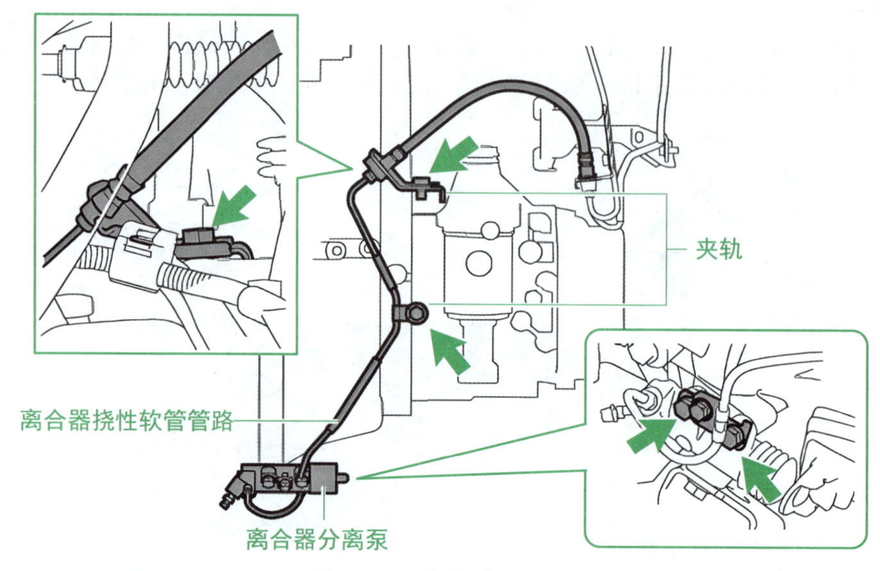

图 6.2-56　拆卸离合器泵

❹ 拆下换挡和选挡控制拉索。如图 6.2-57 所示，拆卸卡扣和垫圈，然后从传动桥断开换挡和选挡拉索。

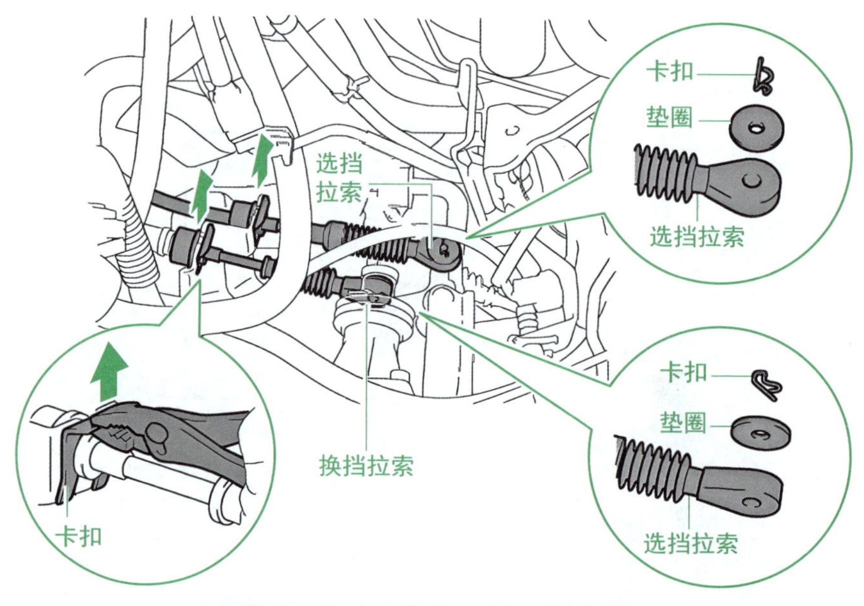

图 6.2-57　拆下换挡和选挡控制拉索

❺ 使用发动机起吊工具。安装发动机吊架，吊住发动机。使用发动机吊架（小吊车）吊住发动机，以便为从车上拆下变速器做准备工作，目的是稳定支撑发动机。如图 6.2-58 所

示，通过发动机吊索将它们连接到链动滑轮，利用吊链上的张紧力（两边吊链均匀张紧力），然后拆下变速器机座和发动机机座。

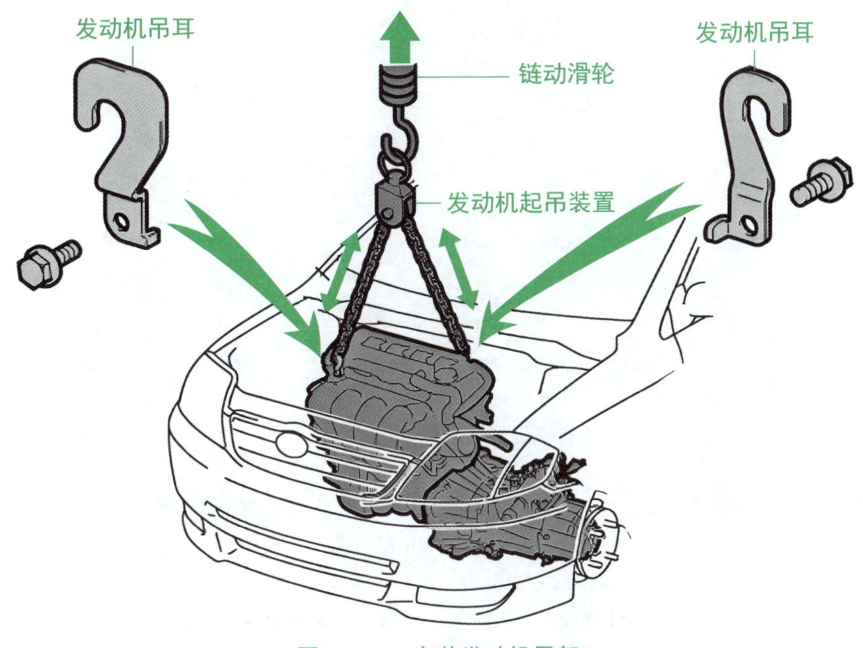

图 6.2-58　安装发动机吊架

❻ 升起车辆拆卸。升起车辆，拆下和断开半轴、拉杆球头等底盘零部件和连接件。如果拉杆球头比较容易拆下，用锤子敲击转向节（羊角）和拉杆球头安装连接处，使球头因敲击振动而松动，使其快速脱开拆下。如果球头很难脱开，使用如图 6.2-59 所示专用球头拉具 1，将拉杆球头 2 从转向节上脱离。

如图 6.2-60 所示，拆卸半轴。当将车桥轮毂轻轻拉离车辆时，用塑料锤轻轻敲端部，脱开半轴，从车桥轮毂上断开半轴。

图 6.2-59　借助专用工具拆下拉杆外球头

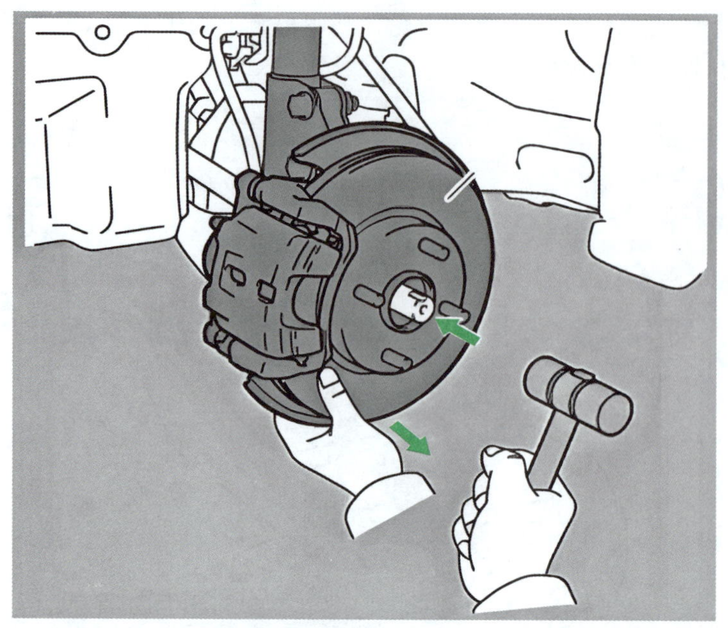

图 6.2-60　拆卸半轴

❼ 分离变速器。如图 6.2-61 所示，使用千斤顶支撑变速器，调整千斤顶角度和连接件，防止摇摆，确保安全稳定；拆下最后一个变速器与发动机安装螺栓，将平头螺丝刀插入发动机与变速器结合部位，用螺丝刀撬动，脱开变速器。慢慢放下千斤顶，同时确保变速器不妨碍车身，然后移除变速器（图 6.2-62）。

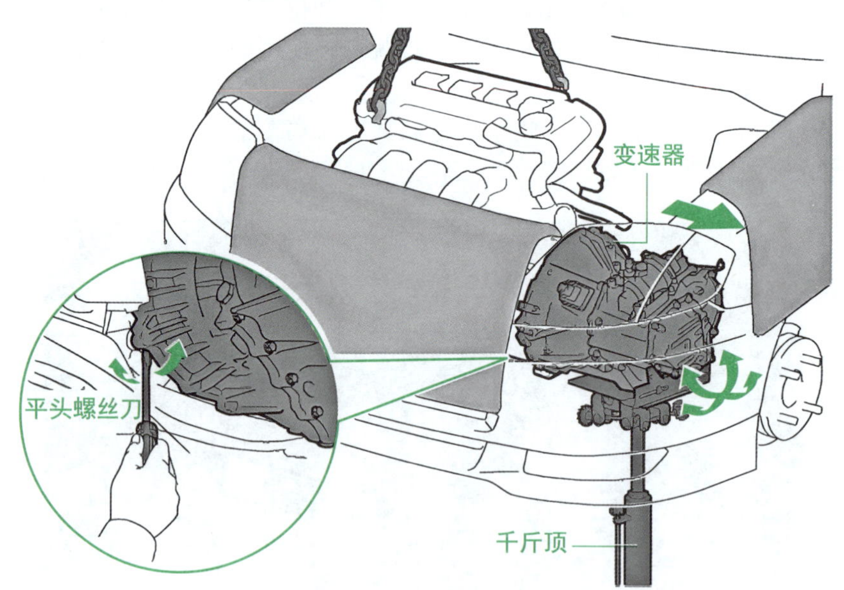

图 6.2-61　分离变速器

手动变速器的齿轮机构需要用专用拔轮器拆卸，例如拆卸同步器。用专用工具拆卸 5 挡从动齿轮同步器接合套和同步器环（图 6.2-63），拆卸主轴 5 挡从动齿轮总成（图 6.2-64）；然后拆卸铜质同步器锁环（图 6.2-65）；最后拆卸滚针轴承、挡圈和止推垫圈（图 6.2-66）。

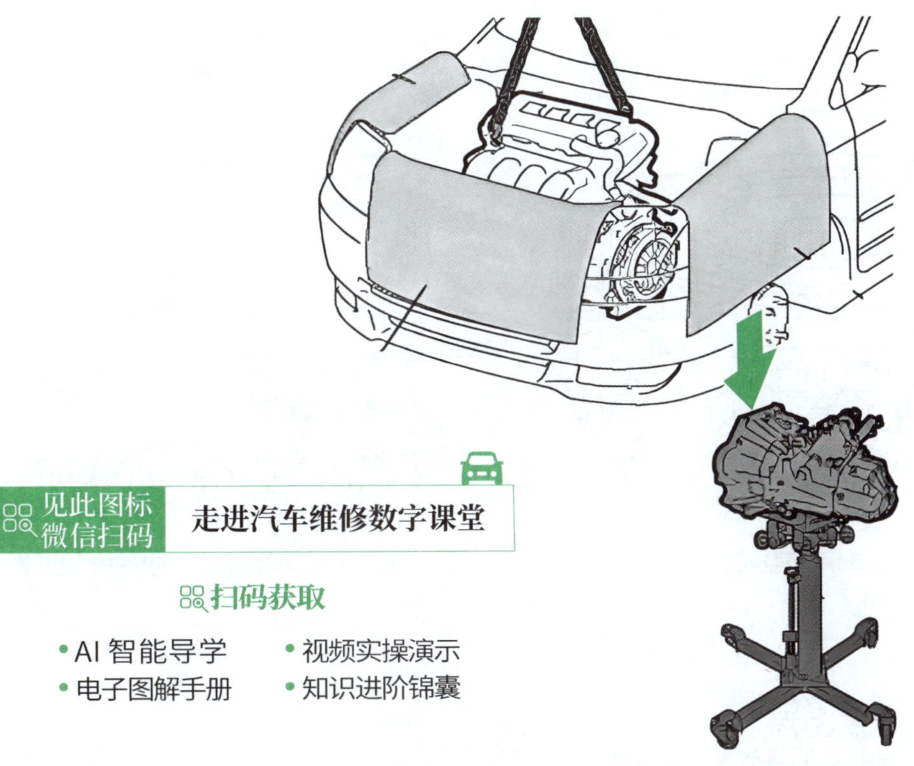

图 6.2-62　移出变速器

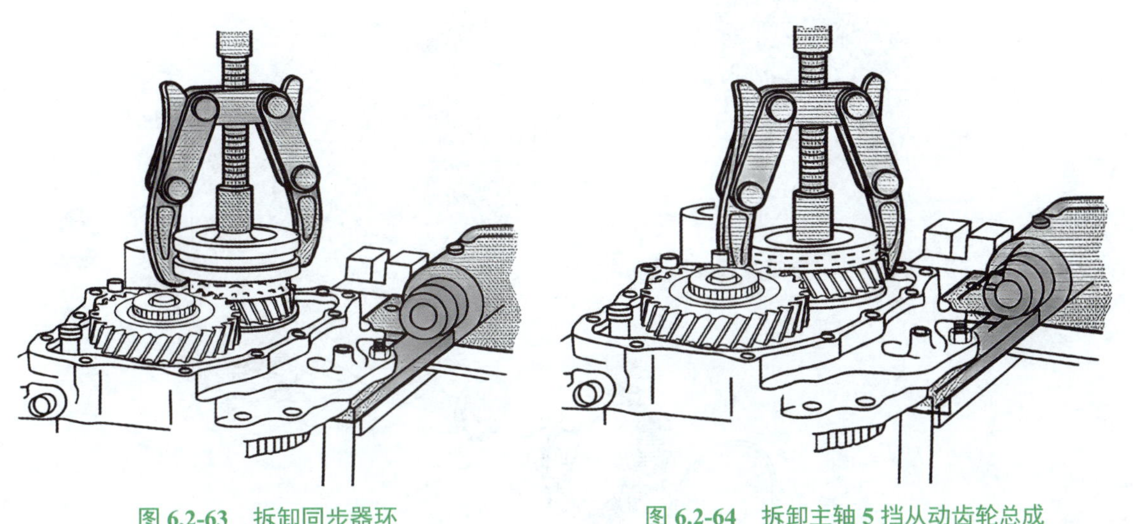

图 6.2-63　拆卸同步器环

图 6.2-64　拆卸主轴 5 挡从动齿轮总成

6.2.5　拆装自动变速器变矩器

变矩器包括一个泵、一个涡轮、一个用花键连接到涡轮上的压盘和一个导轮总成（图 6.2-67）。变矩器用作液体耦合器，将发动机功率平稳地传递到变速器。必要时，变矩器还通过液压方式提供附加的扭矩放大。当压盘接合时，提供发动机至变速器的机械直接驱动耦合器的作用。

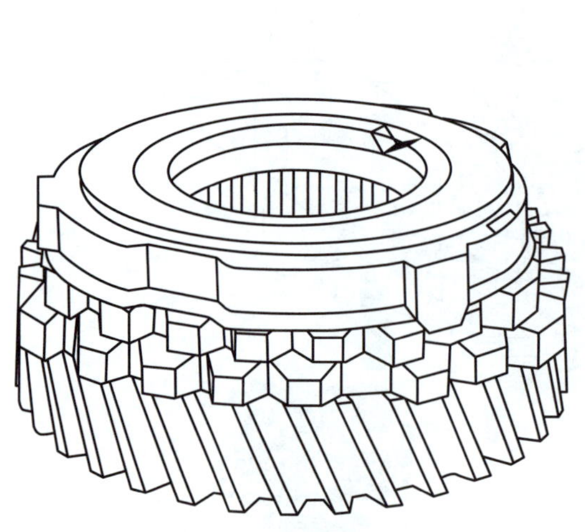

图 6.2-65　拆卸铜质同步器锁环

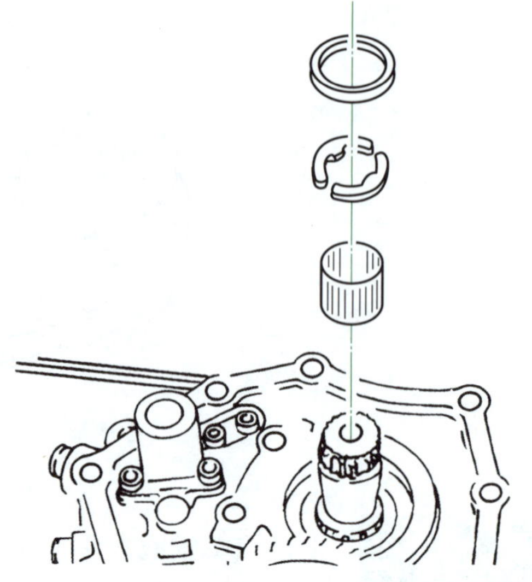

图 6.2-66　拆卸滚针轴承、挡圈和止推垫圈

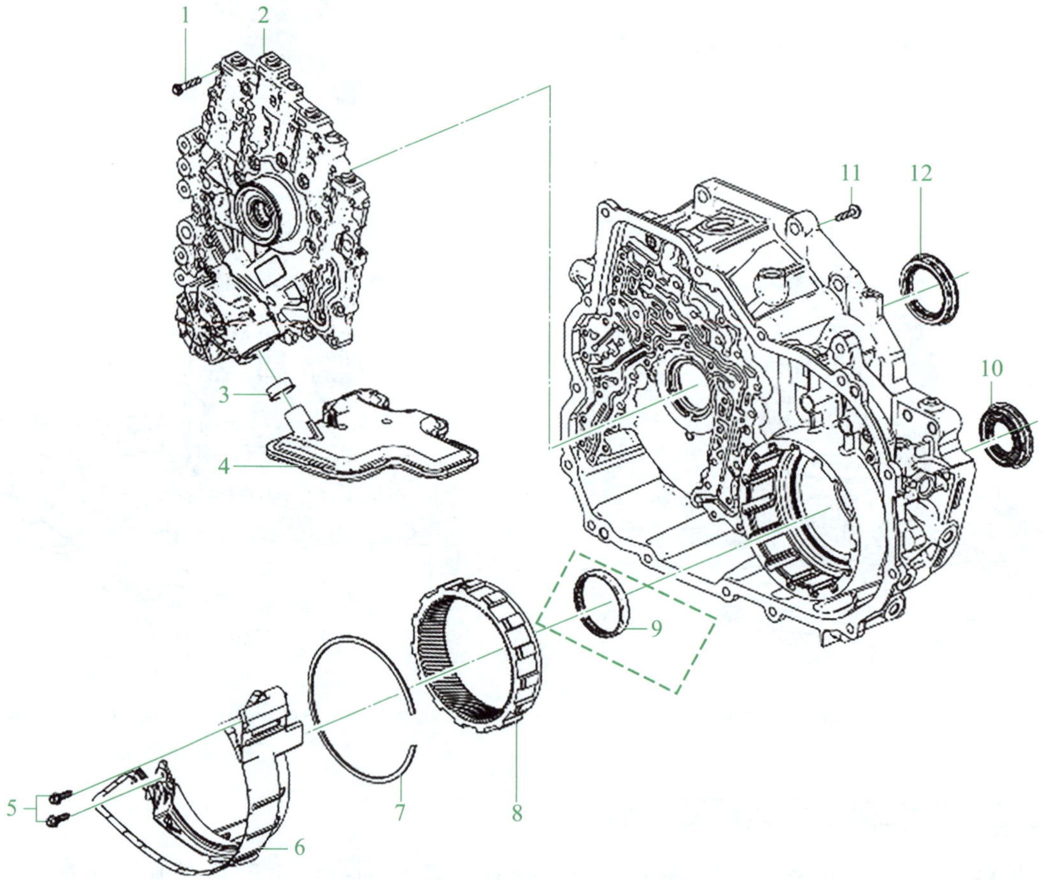

图 6.2-67　变矩器和差速器壳体总成

1—自动变速器油泵盖螺栓；2—自动变速器油泵总成；3—自动变速器油滤清器密封件；4—自动变速器油滤清器；5—前差速器外壳挡板螺栓；6—前差速器外壳挡板；7—前差速器后齿轮紧固卡环；8—前差速器齿圈；9—前轮驱动轴油封；10—变矩器油封；11—自动变速器油泵盖螺栓；12—前差速器轴承

（1）拆装变矩器

拆卸变矩器时需要把专用工具（升辅助把手）安装到变矩器上，然后提出变矩器（图 6.2-68）。注意，仅需安装上即可，切勿紧固。过度紧固提升辅助把手可能导致变矩器损坏。

安装时，依然使用专用工具，直接垂直地降下变矩器。未垂直降下很可能会损坏变矩器离合器唇形密封件。

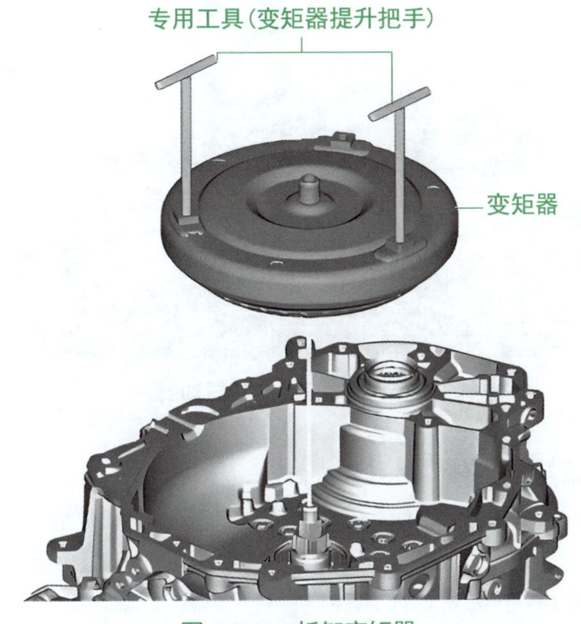

图 6.2-68　拆卸变矩器

（2）拆装变矩器油封

如图 6.2-69 所示，使用滑锤和油封专用拆卸工具，拆下并报废变矩器油封。

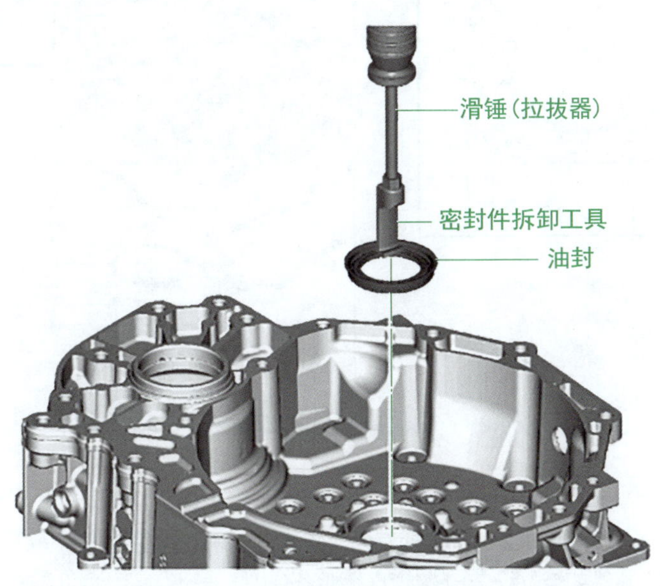

图 6.2-69　拆卸变矩器油封

安装新的油封时，首先用自动变速器油润滑变矩器油封；然后把密封件安装工具置于油封上，用塑料锤子轻轻敲击油封专用工具受力面，使变矩器安装油封到位（图 6.2-70）。

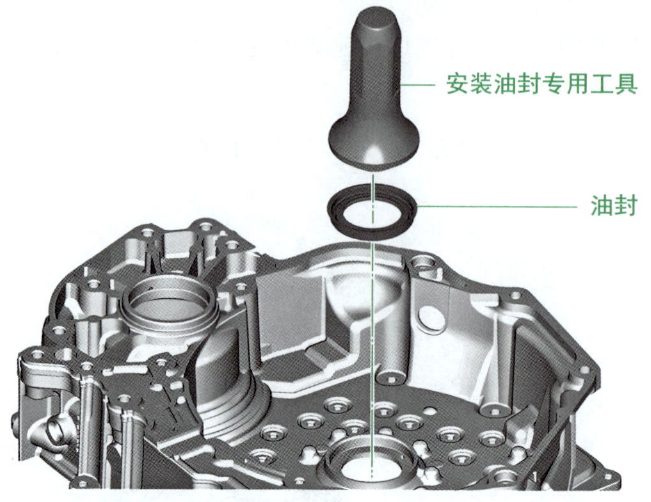

图 6.2-70　安装变矩器油封

（3）安装带油泵的变矩器壳体

安装带油泵的变矩器壳体时需要使用专用工具（图 6.2-71）。放置壳体后，需要用旋转工具向每个方向上轻轻地旋转差速器，从而将差速器小齿轮与变矩器壳体中的差速器齿圈对准。应按图 6.2-71 所示的顺序安装壳体螺栓。

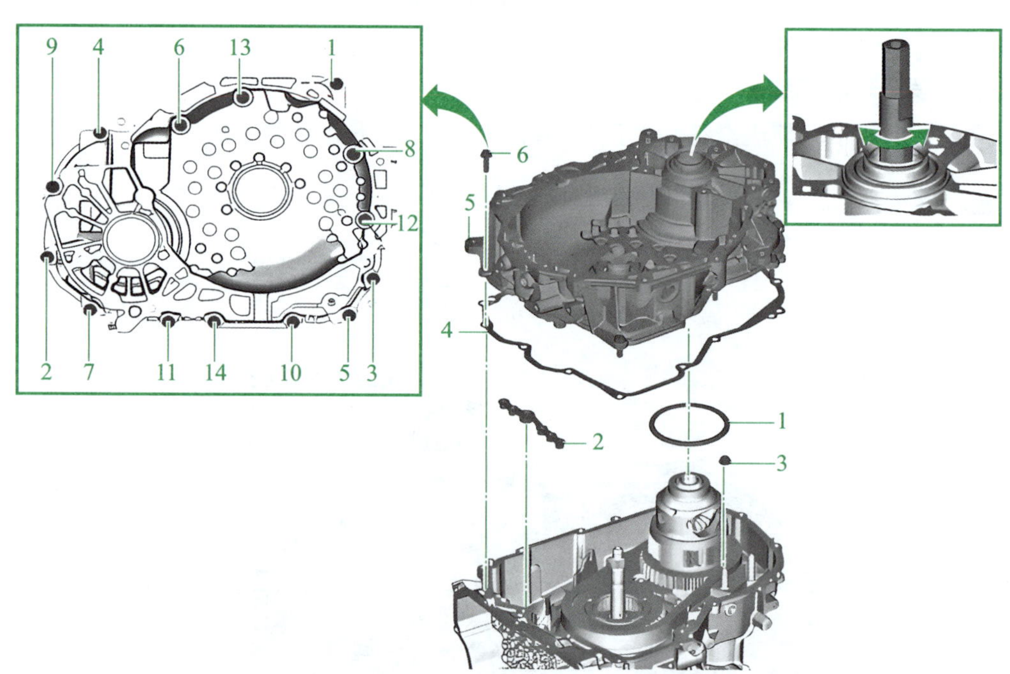

图 6.2-71　带油泵的变矩器壳体总成的安装

1—前差速器支座轴承；2—自动变速器油泵密封件；3—传动机构润滑剂密封件；4—变矩器壳体衬垫；5—变矩器壳体；6—变矩器和差速器壳体螺栓

6.2.6 拆装空调器

（1）拆卸空调器

拆卸空调器（图 6.2-72）的主要事项如下。

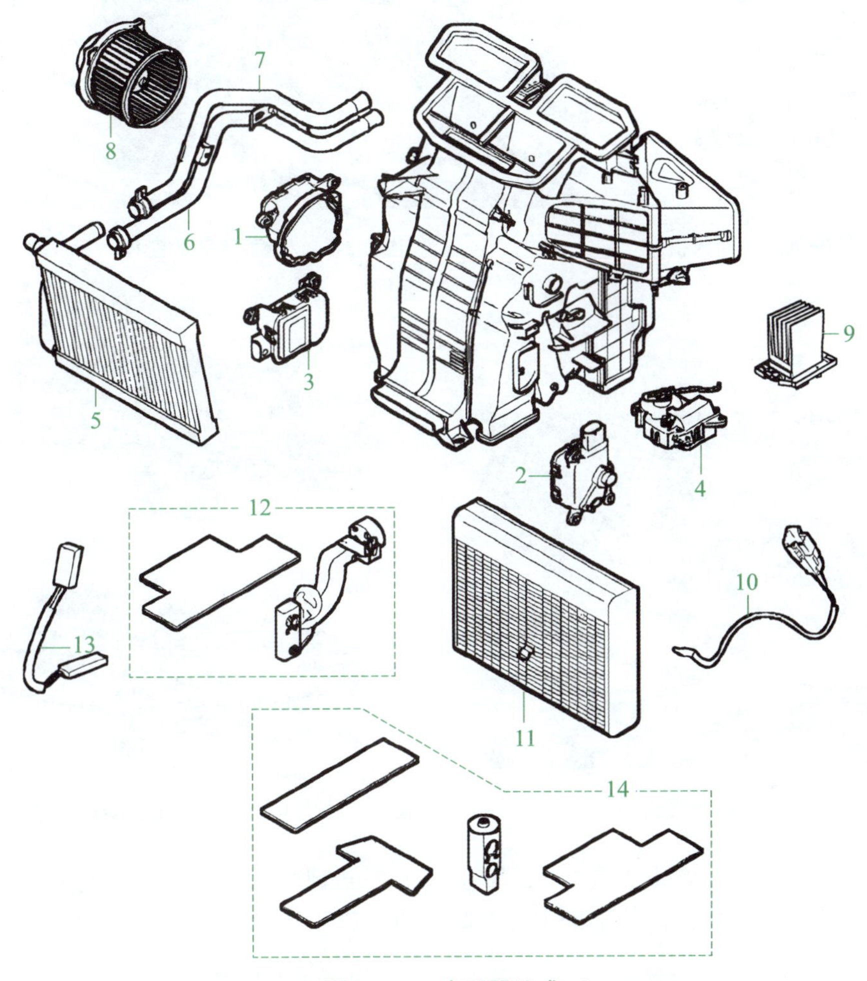

图 6.2-72 空调器总成

1—模式风门伺服电机总成；2—右混合风门伺服电机总成；3—左混合风门伺服电机总成；4—新鲜循环空气风门伺服电机总成；5—暖风芯体总成（小水箱）；6—进水管总成（暖风机芯体到发动机）；7—出水管总成（暖风机芯体到发动机）；8—鼓风机总成；9—功率管；10—蒸发器温度传感器；11—蒸发器总成；12—蒸发器连接管总成；13—暖风芯体温度传感器；14—蒸发器膨胀阀

❶ 拆下蓄电池负极接线；拆下空调进气格栅总成；拆下发动机舱隔板上绝热垫和发动机舱中间辅助隔板等相关附件。排空发动机的冷却系统，断开软管的连接。

❷ 使用如图 6.2-73 所示的制冷剂加注回收机，回收空调系统制冷剂。所有加注机都执行空调系统排放、制冷剂回收、系统排空、定量添加制冷剂和定量重新加注制冷剂等各种任务。

❸ 拆下将蒸发器连接管固定到蒸发器上的螺栓，拆下蒸发器连接管，从管子上拆下 O 形圈，应废弃不再用，拆下膨胀阀（图 6.2-74 和图 6.2-75）。

❹ 松开将暖风机左右两侧出风口固定到空调隔热板上的螺钉，拆下空调隔热板。检查所有与仪表板连接的管路和线路已经全部拆卸，然后拆下仪表板总成（图 6.2-76）。

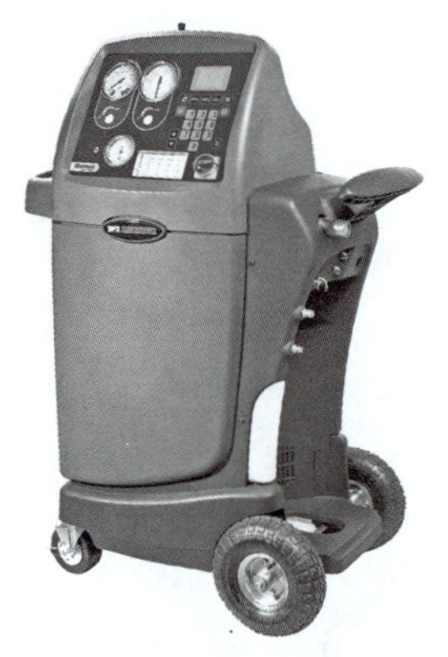

图 6.2-73　制冷剂加注回收机

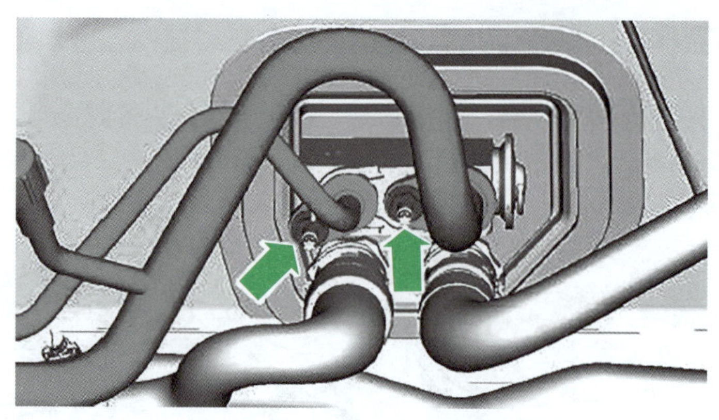

图 6.2-74　拆下膨胀阀螺栓

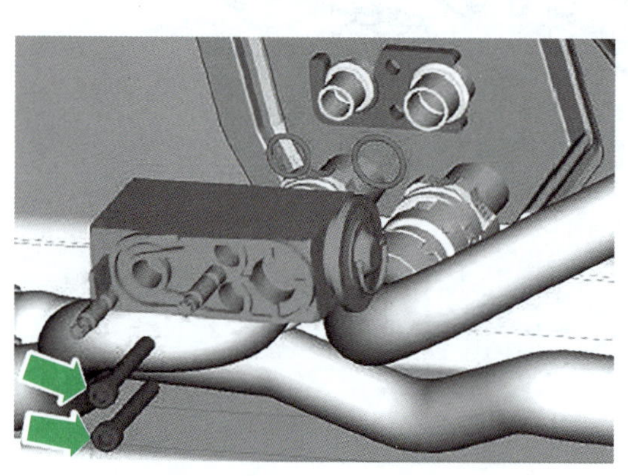

图 6.2-75　拆下膨胀阀

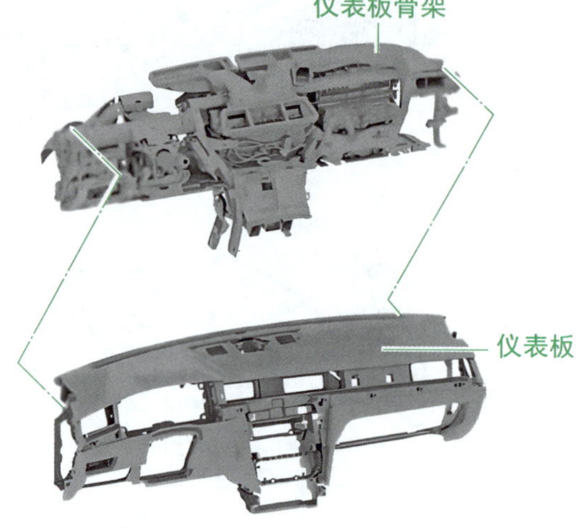

图 6.2-76　拆下仪表板总成

❺ 从空调器壳体的底部断开排空软管的连接；从进风口和中控台地板通风管上松开暖风机；断开暖风机线束连接器，从前围上移开暖风机总成。拆下空调器总成（图 6.2-77）。

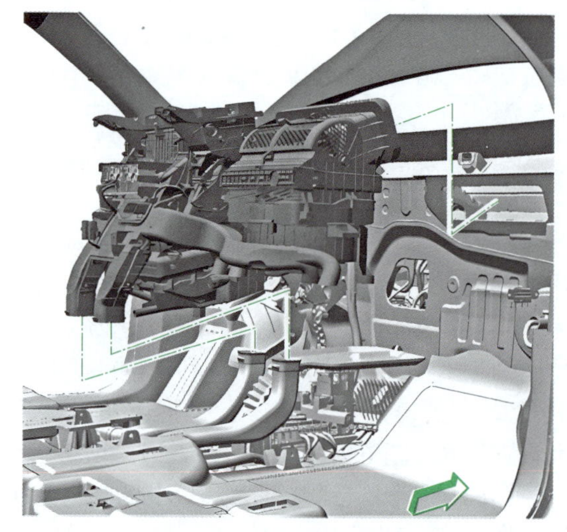

图 6.2-77　空调器总成（加热器、空调蒸发器、鼓风机）

（2）安装并加注制冷剂

安装空调器应按与拆卸相反的顺序进行。安装完毕，需要对空调系统进行制冷剂加注。

加注制冷剂使用自动加注机和歧管压力表都可以。高压端加注制冷剂方便快捷。高压端加注制冷剂适用于制冷系统的第一次加注，以及经过检漏、抽真空后的系统加注。注意，从高压侧向系统加注制冷剂时，发动机处于不启动状态（压缩机停转），不要打开歧管压力表上的低压手动阀，以防产生液压冲击。

歧管压力表加注制冷剂之前，需要抽真空（更换空调部件后），如图 6.2-78 所示。把绿色软管连接到歧管压力表中部，中间软管的另一端与真空泵连接，进行抽真空操作。关闭歧管压力表上的高、低压手动阀，观察压力表，几分钟后歧管压力表的读数应该不变。

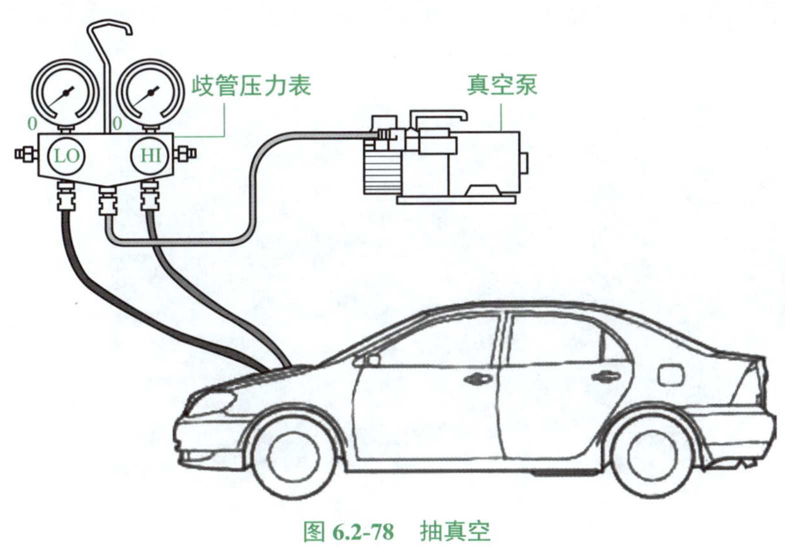

图 6.2-78　抽真空

如图 6.2-79 所示，将中间软管的一端与制冷剂瓶注入阀的接头连接。打开高压手动阀至全开位置。从高压侧注入规定量的制冷剂（各种车型制冷剂加注量有所差别，一般在水箱框架贴有制冷剂加注量的标签）。

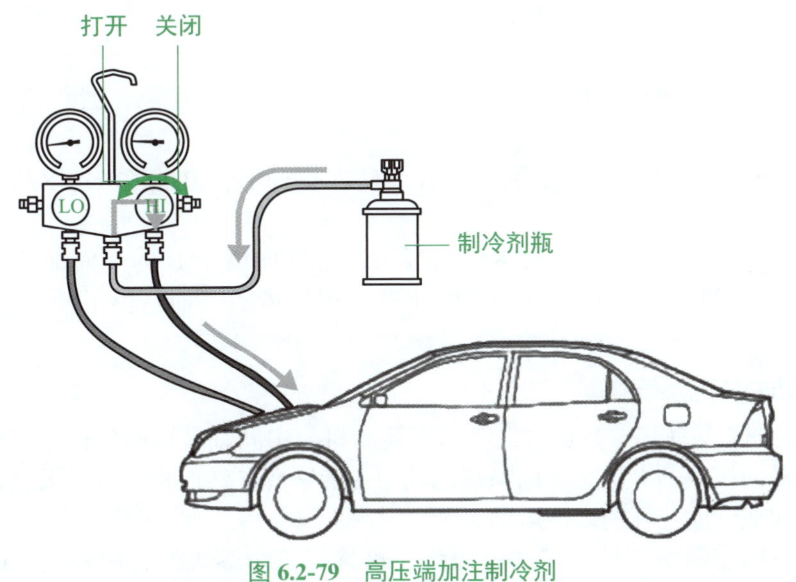

图 6.2-79　高压端加注制冷剂

通过歧管压力表上的低压手动阀，也可向制冷系统的低压侧加注制冷剂。

❶ 连接好歧管压力表，抽真空后加注制冷剂。接入制冷剂瓶，拧松中间注入软管与歧管压力表的连接螺母，直到听见有制冷剂流动声，然后拧紧螺母，从而排出注入软管中的空气。

❷ 关闭高压手动阀，将制冷剂瓶直立，启动发动机，使空调压缩机运转，打开低压手动阀，使制冷剂从低压侧注入，当系统的压力达到 0.4MPa 左右时，关闭低压手动阀和制冷剂瓶开关阀。

❸ 将鼓风机开关和温控开关都调至最大。再次打开歧管压力表上的低压手动阀，让制冷剂继续进入。

❹ 如图 6.2-80 所示，在向系统中加注规定量制冷剂之后，通过视液孔观察，确认系统内无气泡、无过量制冷剂。加注完毕后，关闭歧管压力表上的低压手动阀，关闭装在制冷剂瓶上的注入阀，使发动机停止运转，拆卸歧管压力表。

图 6.2-80 视液孔

6.2.7 拆卸转向机

（1）转向拉杆的拆卸

转向拉杆及其防尘罩对于整个转向机来讲，是拆装效率比较高的。转向拉杆的结构形式和拆装手法基本一样。

❶ 将转向拉杆接头从齿条接头上拆下。将接头螺塞从转向机壳体上拆下，然后将自锁螺母从齿轮轴端拆下。

❷ 如图 6.2-81 所示，拆下防尘罩箍带 A 和转向拉杆卡子 B，将防尘罩从转向器接头处拉下。

❸ 拆卸转向拉杆如图 6.2-82 所示。用扳手固定转向齿条 B 的平面部分 A，并用另一个扳手拧下齿条的两个接头 C。小心不要让扳手损坏齿条表面。拆下锁止垫圈 D 和橡胶挡块 E。

（2）电动助力转向系统

电动助力转向系统（EPS）包含电动助力转向机、中间轴、转向管柱、控制模块等主要零件，其中，转向机上的电机是转向系统的动力主要来源。转向机构的主要功能是把方向盘的转动运动转化成转向拉杆的线性运动。

EPS 根据不同道路响应性和转向灵敏度，可选择三个等级的转向模式，CCC（中央计算集群）或 CDC（多媒体系统主机）根据用户配置存储转向模式。三个等级的转向模式如下。

❶ 舒适模式。减少转动方向盘所需要的力。在城市中，车辆驾驶和停车更加方便。

❷ 标准模式。这项设置在所有条件下提供最好的操作和反应。

❸ 运动模式。增加转动方向盘所需要的力。高速行驶时，车辆响应性更强。

可变转向助力可根据驾驶情况，允许应用不同大小的辅助转向力，使车辆在高速时获得更沉稳的转向感，低速时获得轻盈的转向感，包括如表 6.2-1 所示的功能。

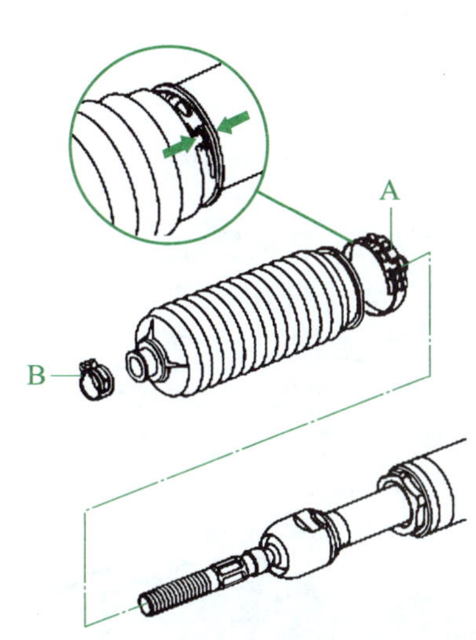

图 6.2-81　拆卸转向拉杆及其防尘罩

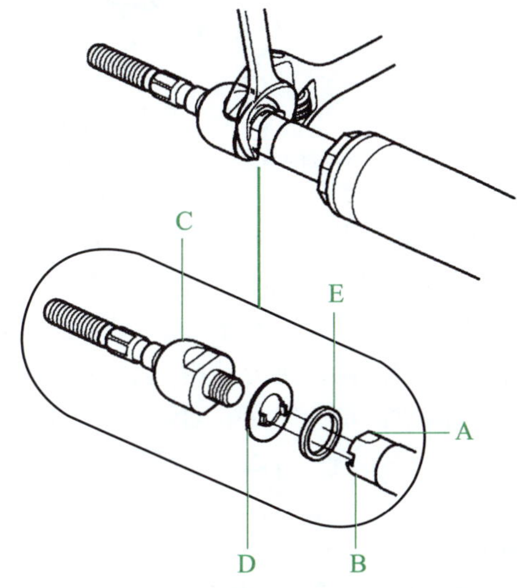

图 6.2-82　拆装转向拉杆

表 6.2-1　可变转向助力功能

功能	说明
基于车速的转向助力	转向助力功能提供转向扭矩的可调性
转向模式定制	根据不同道路响应性和转向灵敏度，可选择相应等级的转向力
主动回正	本功能可在低车速时改善回正能力，从而减少驾驶员回正车辆时的转向力
主动阻尼	主动阻尼使驾驶员转向感觉更平顺和稳定，即使在短暂放手时也能保持车辆稳定
振动补偿	对方向盘在不平道路上所受到高频励磁进行主动补偿
摩擦检测和补偿	摩擦管理功能的目的在于，通过提供摩擦识别和摩擦补偿，改善系统的转向感受
路缘检测和减少助力	避免转向系统的机械损伤。转向中，车轮被路缘阻挡时，保护转向装置不会过度负荷
跑偏漂移补偿	补偿由于连续侧风或倾斜道路引起的任何干扰负荷偏移
回正对中补偿	当车辆悬架和轮胎无法提供足够的回正对中能力时，提高回正对中操控感受

❶ 电动助力转向机见图 6.2-83。电动助力转向机通过螺栓固定至前副车架上，主要由转向外拉杆、转向内拉杆、防尘罩、电机、齿轮轴、丝杆齿条轴、卡箍等零件组成。转动方向盘时，与中间轴连接的齿轮轴将力矩传递至丝杆齿条轴，并将运动方向改变为齿条轴的左

右移动，从而拉动对应侧转向拉杆实现转向。同时，电机运转时，通过皮带将运动传递至丝杆，助力丝杆齿条轴左右移动，使得转向更省力。电机工作电压为 12.5V，工作电流比较大（例如有的 120A），通过线束接插件与底盘线束相连。

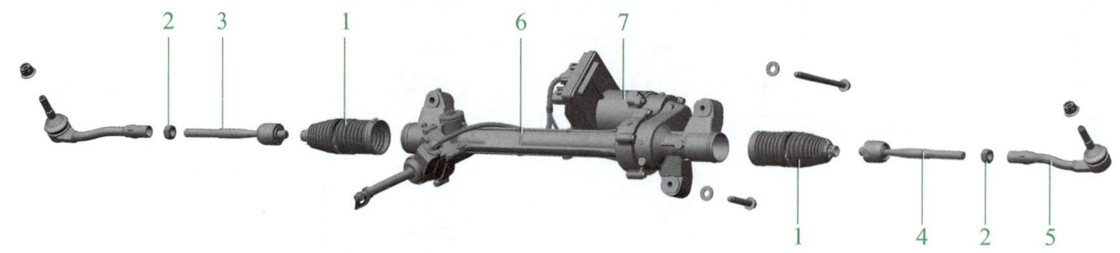

图 6.2-83　电子助力转向机

1—防尘罩；2—调节螺母；3—左转向拉杆；4—右转向拉杆；5—拉杆球头；6—转向机；7—电机

❷ 转向管柱见图 6.2-84。转向管柱采用可溃缩吸能式结构，转向管柱上具备溃缩标记线，当标记线被遮挡或压住后，表示转向管柱已溃缩，无法继续使用，须更换新的转向管柱。转向管柱通过 4 个螺柱和螺母安装到仪表板骨架上，转向管柱的上方花键具有标记点，与方向盘定位和连接，下方花键具有空白齿形，与中间轴定位和连接。转向管柱上的两个电机可实现方向盘高度 / 长度电动调节，转向管柱采用大量铝合金部件，提供高刚度的同时减轻产品重量，管柱调节可以与座椅联动。转向柱电气核心部件见表 6.2-2。

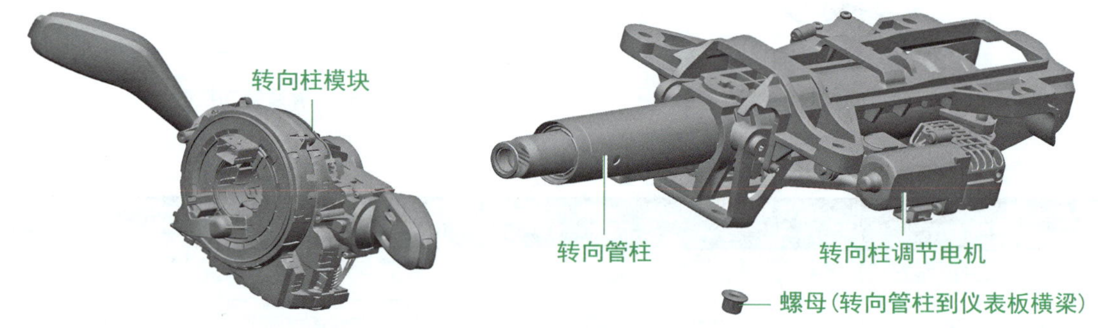

图 6.2-84　转向管柱

表 6.2-2　转向柱电气核心部件

部件	作用 / 说明
转向管柱上下调节电机	上下调节电机可调节转向管柱上下的位置，可调一定范围，车辆不同，可调范围也不一样（例如某车型调节范围是 ±25mm）
转向管柱伸缩调节电机	伸缩调节电机可调节转向管柱前后的位置，可调一定范围，车辆不同，可调范围也不一样（例如某车型调节范围是 -35 ～ +25）
转向柱模块	转向柱模块安装在转向管柱和方向盘之间，包含组合开关和时钟弹簧等主要零件，可实现方向盘转角测量、灯光 / 雨刮控制，多功能方向盘信号传递，以及安全辅助气囊信号传递等功能

转向管柱调节，又称方向盘调节，通常包含上下、前后四向调节，该调节具备物理的机械止点。在调节过程中，若运动到机械止点，会产生适当的机械冲击，长期冲击可能影

响整个转向系统的寿命。为了提升使用性能和系统耐久性，设置了转向管柱的软件止点位置，该软件止点位置通过程序设定，存储于座椅控制模块之中，其中，上下位置存储于SCU_D[座椅控制模块（驾驶座）]，前后伸缩量位置存储于SCU_P[座椅控制模块（乘客座）]。当更换SCU（座椅控制模块）或变更转向管柱调节电机位置后，须对转向管柱的止点位置进行学习。在进行位置学习时，须让电机持续运动直至堵转，此时位置将为被记录为转向管柱的机械止点位置，基于机械止点位置，模块通过预设的算法，设定软件止点的位置。当转向管柱位置学习完毕之后，常规的调节操作，转向管柱将会在软件止点位置范围之内进行运动。

当车辆处于车内有驾驶员状态（Driver Present）、驾驶状态（Driving）或驻车状态（Parked Vehicle）的舒适使能（Comfort Enable）阶段，且未检测到碰撞信号时，可对转向管柱的上下位置和伸缩量进行调节。在车辆的ICS（中央显示屏）上，具备方向盘调节的功能界面，该功能界面可能与外后视镜调节集成，当切换为方向盘调节功能时，可通过按压方向盘右侧的SWC（方向盘开关）对应区域，触发调节请求信号，SCU_D[座椅控制模块（驾驶座）]接收信号控制上下调节电机的动作，调节方向盘的上下位置，SCU_P[座椅控制模块（乘客座）]接收信号控制前后伸缩调节电机动作，调节方向盘的前后伸缩位置。若车辆接收到碰撞信号，SCU_D[座椅控制模块（驾驶座）]和SCU_P[座椅控制模块（乘客座）]将禁电方向盘调节功能5s。

❸ 中间轴见图6.2-85。中间轴通过螺母安装到车身前围板上，用于传递转向力矩。中间轴由内轴管和外套管两段组成，可拉伸和溃缩。中间轴的两端为十字轴式万向节，通过花键分别连接转向机和转向管柱。

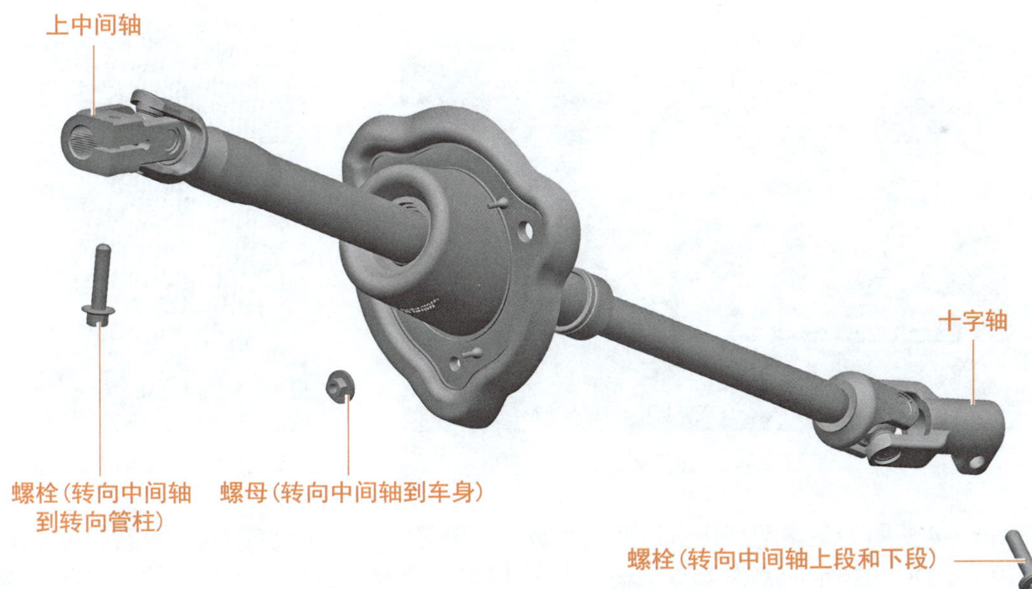

图6.2-85　中间轴

第 7 章 新能源汽车维修操作

见此图标 微信扫码
走进汽车维修数字课堂

扫码获取
• AI 智能导学 • 视频实操演示
• 电子图解手册 • 知识进阶锦囊

7.1 充配电系统拆装

7.1.1 拆装集成式电源控制器

这里所谓的集成式电源控制器也就是高压直流变换集成件。高压直流变换集成件安装在前舱内，主要功能是将动力电池的电量分配给动力系统及高压用电设备和高低压转换。

集成式电源控制器其实就是把独立的高压配电盒（PDU）（图 7.1-1）、DC/DC 转换器（图 7.1-2）、车载充电机（OBC）集成在一个壳体内的三合一控制器（图 7.1-3）（也有些车型是三个其中的两个集成在一起的二合一）。DC/DC 转换器可以把动力电池的高压直流电转换为低压直流电，供车辆低压电器使用，并为低压蓄电池充电。

图 7.1-1 高压配电盒

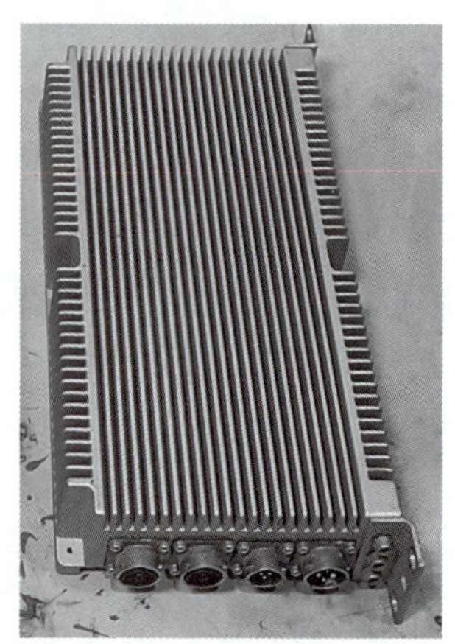

图 7.1-2 DC/DC 转换器

如图 7.1-4 所示为某车型高压直流变换集成件，它是高压配电盒与 DC/DC 转换器集成为一体，其 DC/DC 的额定功率为 4kW，输入电压（DC）范围为 200 ～ 480V，输出电压（DC）范围为 9 ～ 16V。DC/DC 输入欠压保护为 190V±5V ；DC/DC 输入过压保护为 490V±5V；DC/DC 输出欠压保护为 17.0V±0.2V；DC/DC 输出过压保护为 8.0V±0.2V。

（1）拆卸事项

❶ 整车下电操作。

❷ 拆下前舱盖板后总成。

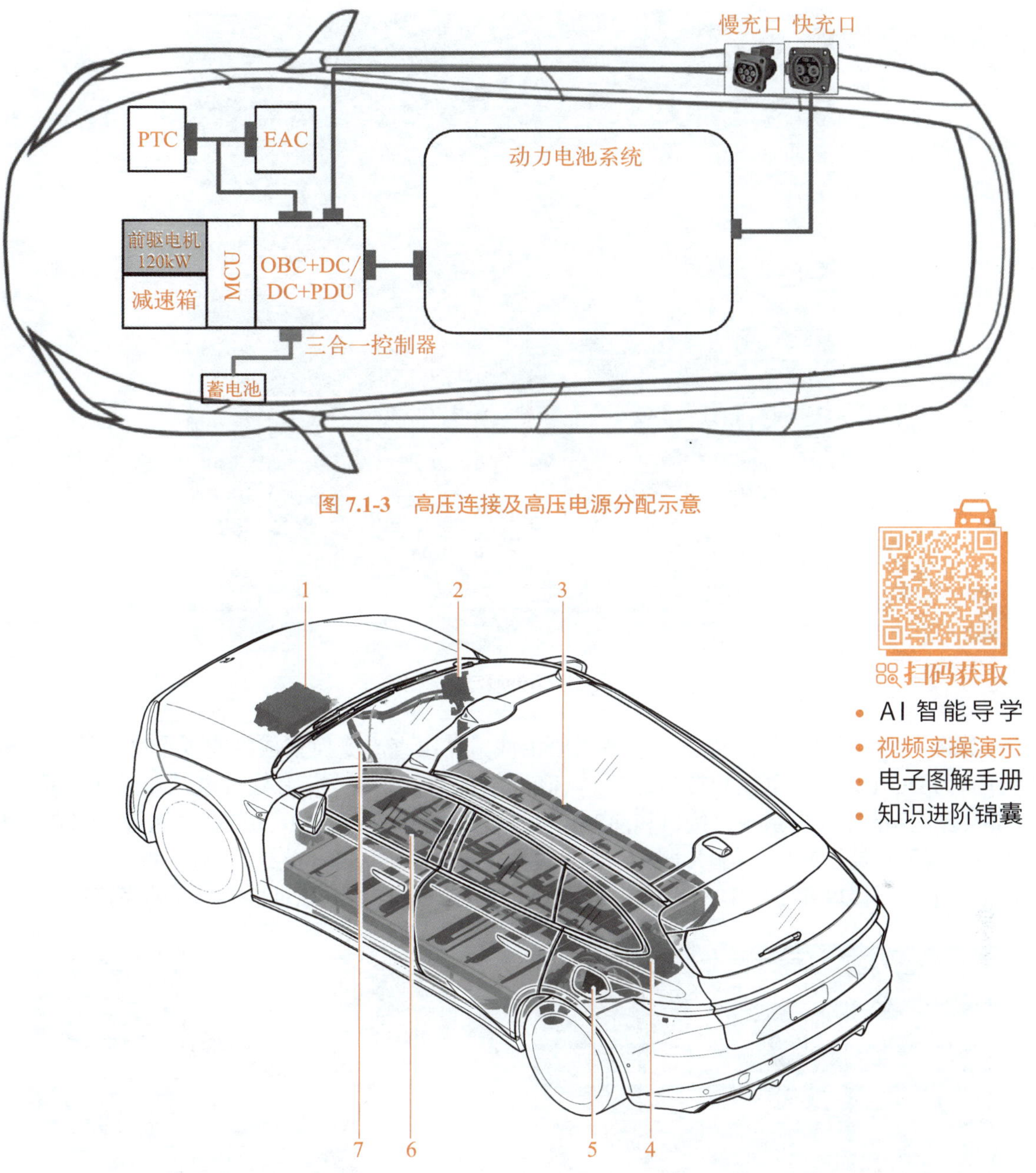

图 7.1-3　高压连接及高压电源分配示意

图 7.1-4　某车型高压直流变换集成件

1—高压直流变换集成件；2—车辆控制器（VCU）；3—高压线束总成（高压直流变换集成件至后高压配电盒）；4—后高压配电盒；5—直流充电插座总成；6—烟火式断电安全开关；7—高压线束总成（高压直流变换集成件至电池包）

❸ 拆下前舱盖板总成。

❹ 拆下前舱盖板中总成。

❺ 拆下前舱中部盖板总成。

❻ 拆卸相关水管。如图 7.1-5 所示，松开卡子，断开前驱动电机水管。

❼ 断开高压直流变换集成件高压接插件。

图 7.1-5　拆卸驱动电机水管

如图 7.1-6 所示，分别断开各个高压插接件。高压直流变换集成件有 5 个高压接口，分别是后 PDU（高压配电盒）接口、PTC（高压电加热器）接口、EAC（电动压缩机）接口、ESS（储能系统 / 充电系统）接口和前 PEU（逆变器 / 电机控制器）接口。高压接口都有高压互锁，高压互锁接通后，信号线的互锁检测接口处于导通状态。此外，高压直流变换集成件还有 1 个低压接口和 1 个 12V 电源正极接口，以及 1 个 12V 电源负极接口（外壳接地线）。

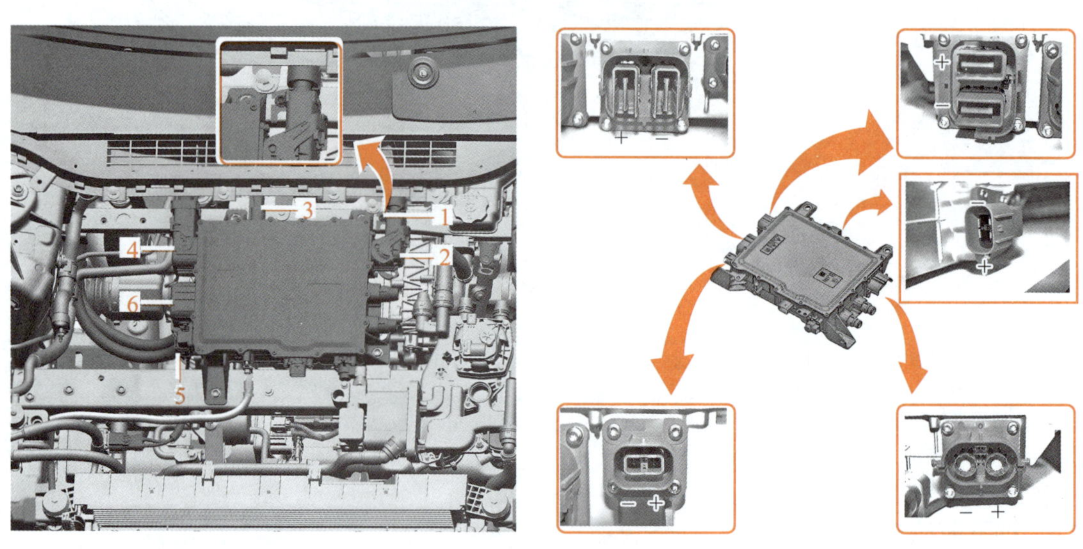

图 7.1-6　拆卸高压插接件

1—前电机高压线束总成支架螺栓；2—前驱动电机接插件；3—PTC 接插件；4—动力电池接插件；5—电动空调压缩机接插件；6—前后 PDU 接插件

拆卸步骤如下。

a. 拆下前电机高压线束总成支架螺栓 1。

b. 断开前驱动电机接插件 2。

c. 断开 PTC 接插件 3。

d. 断开动力电池接插件 4。

e. 断开电动空调压缩机接插件 5。

f. 断开前后 PDU 接插件 6。

8 如图 7.1-7 所示，断开高压直流变换集成件的低压接插件。

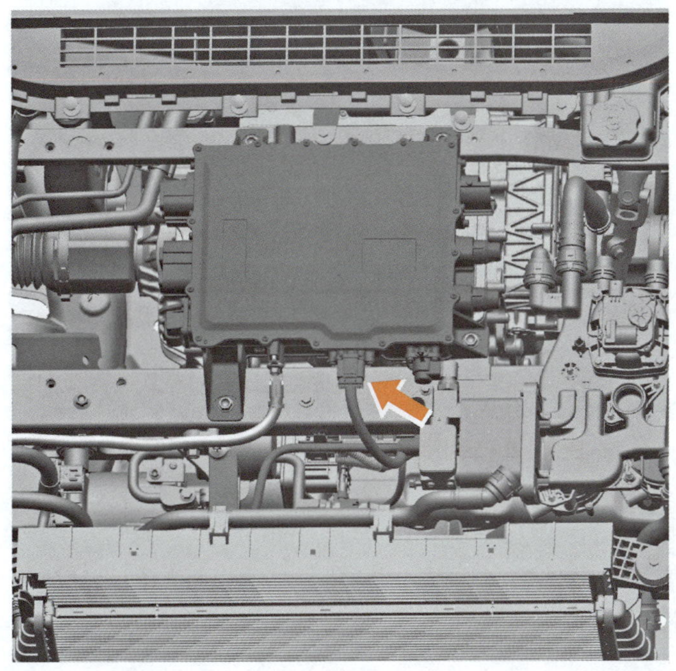

图 7.1-7　断开高压直流变换集成件的低压插接件

9 拆下直流充电线束的塑料保护罩，然后拆卸或移开相关线束。拆下直流充电线束的固定螺栓，移开直流充电线束，如图 7.1-8 所示。

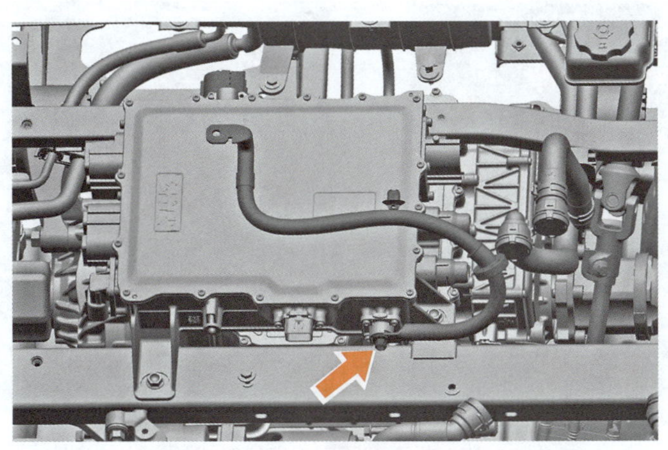

图 7.1-8　移开直流充电线束

⑩ 拆下螺栓，移开高压直流变换集成件的接地线。然后拆下高压直流变换集成件的 4 个螺母（图 7.1-9），并拆下高压直流变换集成件。

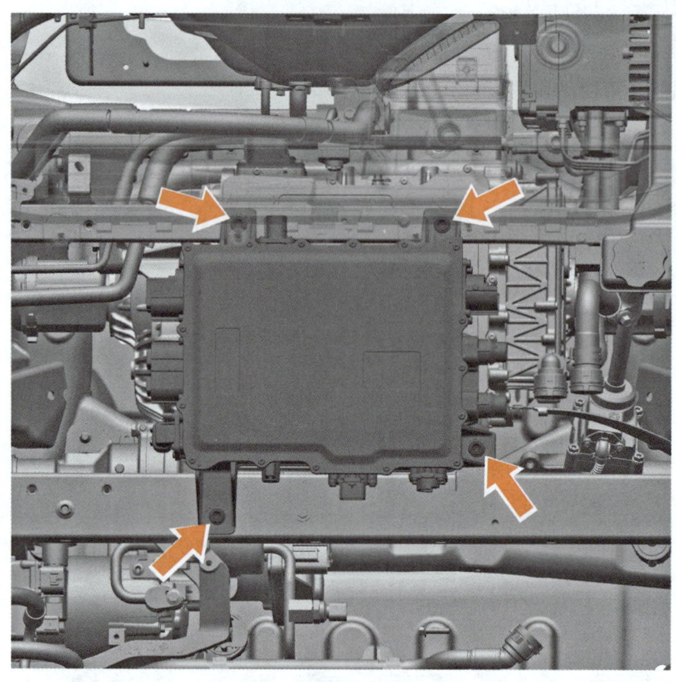

图 7.1-9 拆下高压直流变换集成件的 4 个螺母

（2）安装事项

安装高压直流变换集成件参考“拆卸事项”，基本以拆卸的倒序进行安装。安装时应注意复位插接件和管路的卡子。

7.1.2 更换高压保险

高压断电的情况下，拆下并清洁高压直流变换集成件上盖（图 7.1-10），防止异物落入高压直流变换集成件。

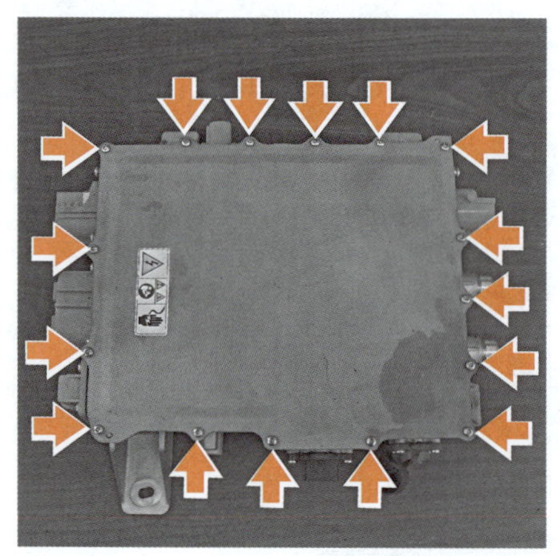

图 7.1-10 拆下高压直流变换集成件上盖

高压直流变换集成内部有不同的熔断器（保险），拆下保险两端的螺栓，取下保险（图 7.1-11）。拆下熔断器的同时，检查高压直流变换集成件内部是否有烧蚀、异物。

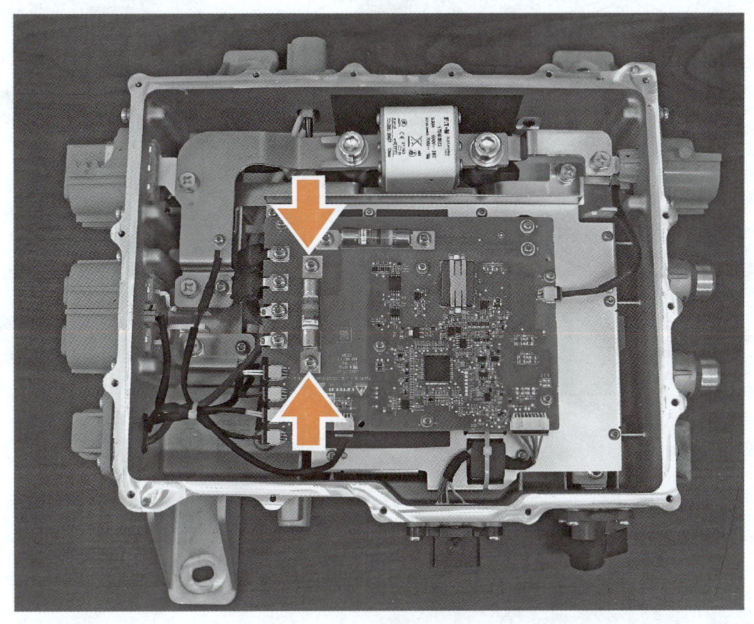

图 7.1-11　拆卸保险

7.1.3　拆卸直流充电线束

高压线束是高电压、大电流的电缆，是指整车橙色部分的线束，从整车底盘位置的动力电池开始，沿着地板加强件侧，延伸到动力机舱内，用于连接动力电池、电机控制器、PTC 加热器、车载充电机总成、电动空调压缩机等大功率电气设备。其中直流充电线束是直流充电经高压配电盒到动力电池。

如图 7.1-12 所示，该直流充电插座位于车辆右前翼子板上。直流充电线束一端可接直流充电枪，另一端通过高压线束连接至高压配电盒，并充电至动力电池包，通过高压导线上的支架固定到车身上，拆卸操作相对简单。

直流充电插座属于车辆高压元件，贴有高压警示标签，防护等级为 IP54，当直流充电插座与插头连接后，防护等级达到 IP55。

直流充电插座采用 GB/T 20234 标准插口，内部具有接地触头，当插座与插头连接时，触头最先接通，断开时，触头最后断开，以确保充电插拔过程中的高压安全。直流充电插座具备防触电保护措施，当充电插头插入充电插座时，控制导引端子晚于 DC+ 端子及 DC− 端子连接，当拔出充电插头时，控制导引端子早于 DC+ 端子及 DC− 端子断开。直流充电插座内部具备 NTC（负温度系数）传感器，用于侦测充电过程中的温度变化。图 7.1-12 中显示的 VCU（车辆控制器），用于判断是否需要结束充电，它控制 BMS（电池管理系统）打开继电器。

7.1.4　拆卸电源高压线束

动力电池的高压线束，由动力电池包到高压配电盒，见图 7.1-13。

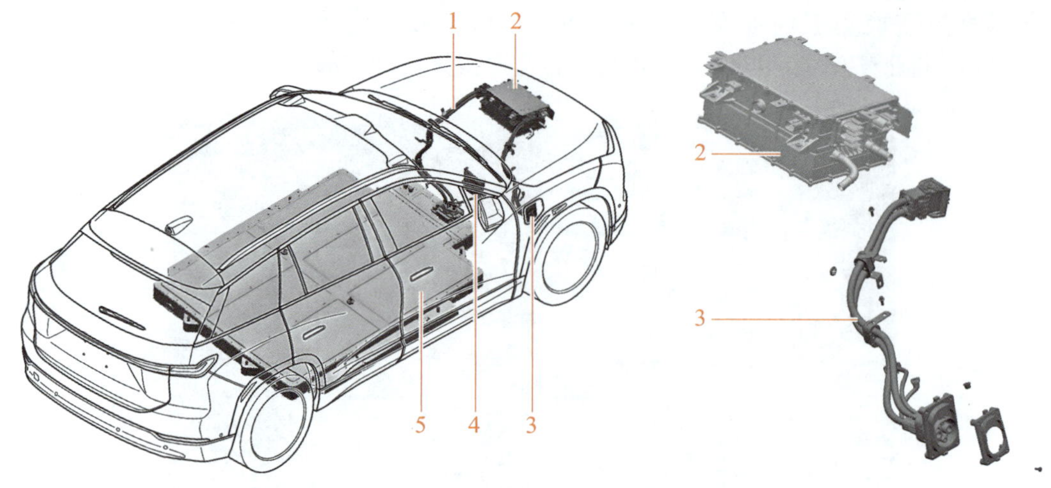

图 7.1-12　直流充电线束

1—电池包高压线束；2—高压配电盒；3—直流充电插座总成；4—VCU（车辆控制器）；5—动力电池包

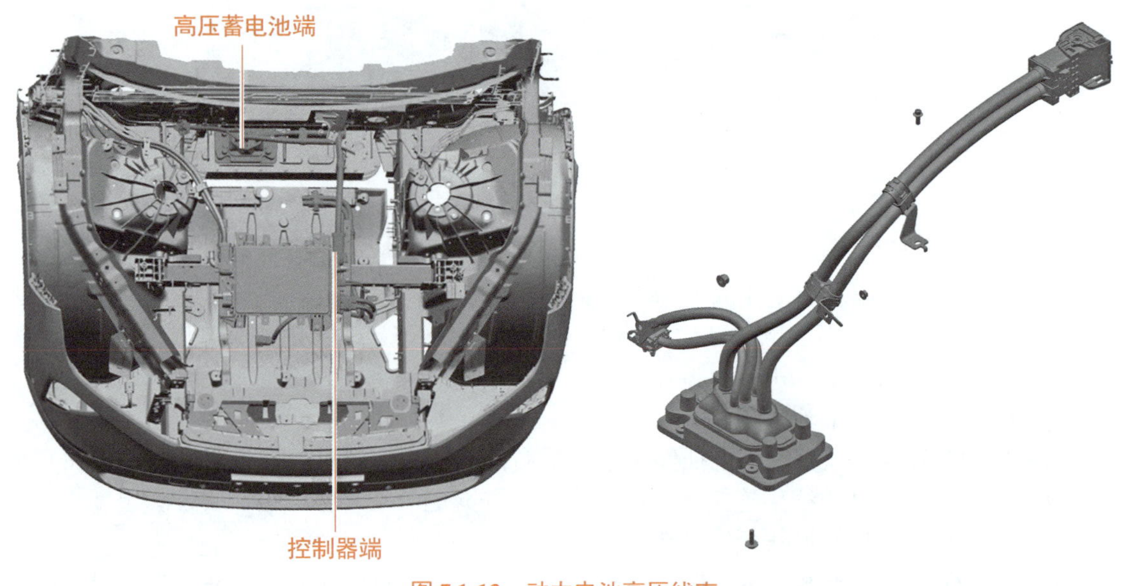

图 7.1-13　动力电池高压线束

整车下电操作，拆下舱盖板后总成，断开与高压配电盒的电池包高压线束总成接插件（图 7.1-14），拆下机舱内所有固定线束螺栓和卡扣（图 7.1-15）。然后举升车辆，拆下底护板总成，拆下车底所有固定线束螺母和卡扣；拆下电池包高压线束总成。

7.1.5　拆卸车载充电机

车载充电机（OBC）的主要作用是将 220V 交流电转换为高压直流电以给动力电池包进行充电。

OBC 是高压设备，具备高压互锁、过压保护、欠压保护、过温保护、过流保护、短路保护和通信中断保护等安全防护措施和功能，整体防护等级为 IP67。OBC 接口包含交流端子、低压端子和高压端子。如图 7.1-16 所示是某款集成式车载充电机（OBC+DC/DC 二合一），其高压输入电压范围为 85 ～ 265V，频率范围为 45 ～ 65Hz，输出电压范围为 240 ～ 430V，低压输入电压范围为 9 ～ 16V，最大交流输入电流不大于 32A。DC/DC 的高压输入电压范围是 240 ～ 430V，最大直流输入电流不大于 12A，输出电压范围是 9 ～ 16V，最大输出电流不小于 185A。车载充电机通过 CAN 网络或硬线信号进行唤醒，硬线唤醒信号的电压范围为直流 9 ～ 16V，支持通过 CAN 网络进行程序刷新。通常车载充电机具有冷却接口，使用冷却液进行冷却，早期的独立车载充电机也有风冷的（图 7.1-17）。

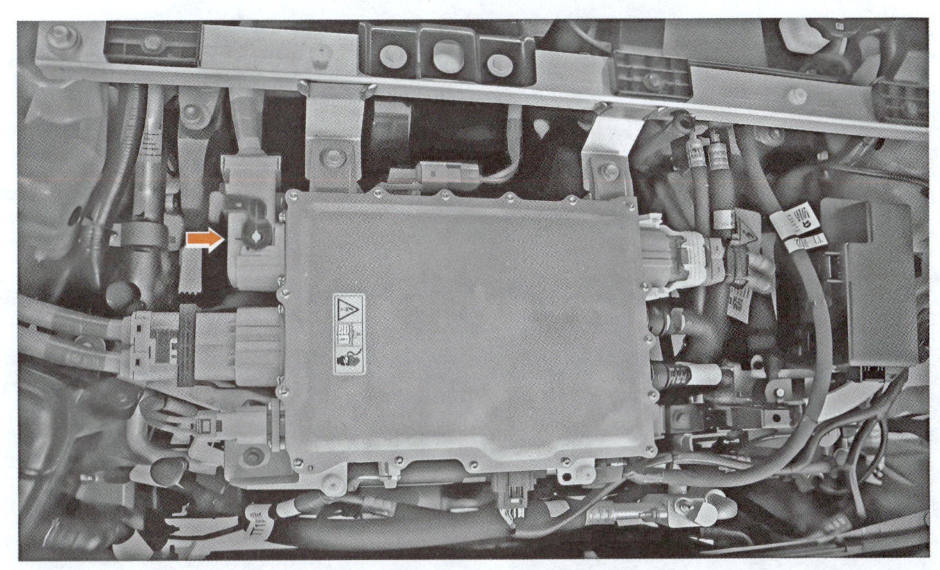

图 7.1-14　断开线束插件

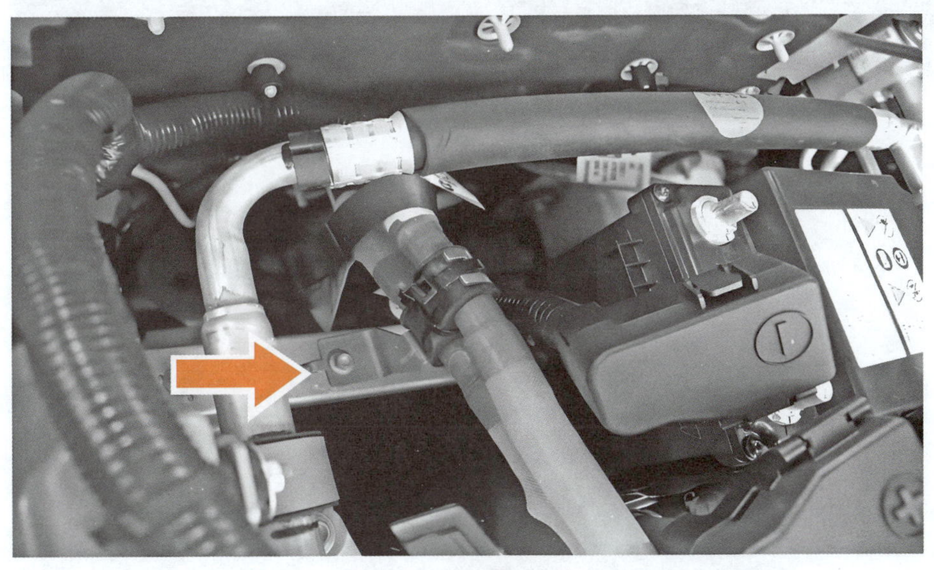

图 7.1-15　拆开固定螺栓

拆卸车载充电机时，首先断开交流充电插座总成高压线束接插件（图 7.1-18）；松开卡箍，断开水管的连接（图 7.1-19）；然后拆下固定螺栓 1 和 2（图 7.1-20），最后取下集成式车载充电机。

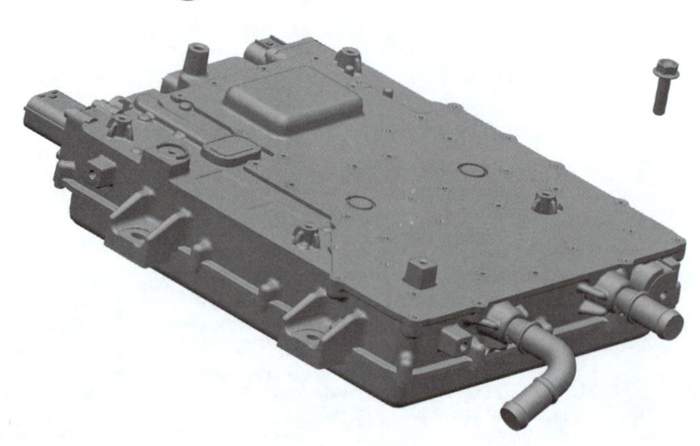

图 7.1-16　某款集成式车载充电机（OBC+DC/DC 二合一）

图 7.1-17　风冷的独立车载充电机

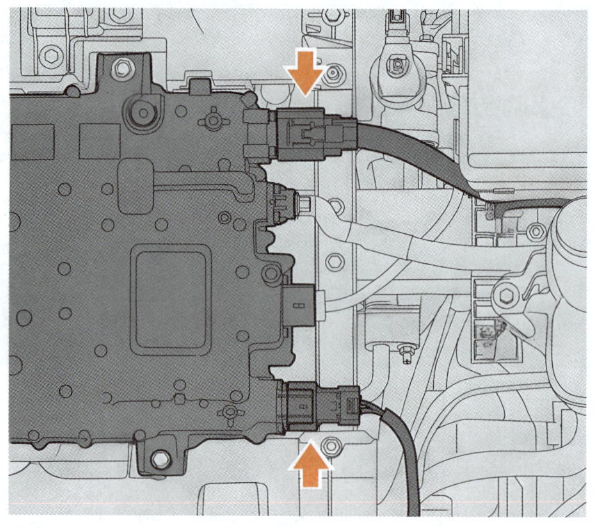

图 7.1-18　断开交流充电插座总成高压线束接插件

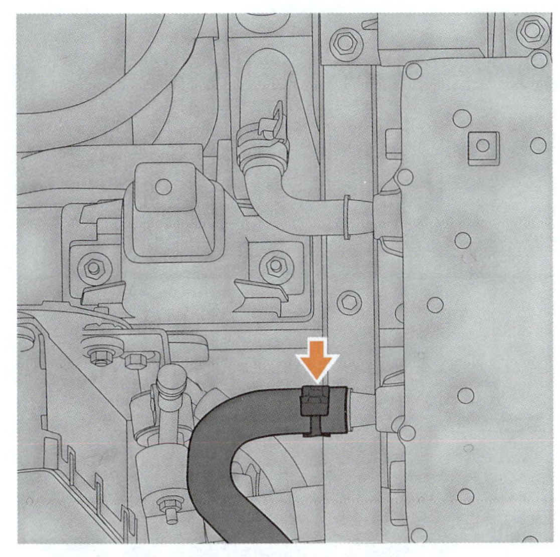

图 7.1-19　断开水管的连接

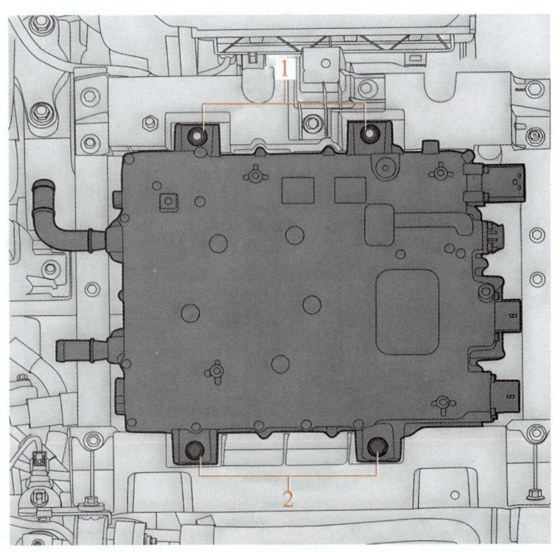

图 7.1-20　拆下固定螺栓 1 和 2

7.2　动力电池系统拆卸

7.2.1　拆卸维修开关

（1）直接拆卸高压开关

在新能源汽车高压系统维修之前，首先做的就是给高压系统断电，也就是需要断开维修开关（安全开关），各种车型维修开关的形式和安装位置有所不同。

如图 7.2-1 所示，这种维修开关是直接在动力电池上串联，安装在后座椅下方（A 处盖板），通过拆卸维修开关，从而切断高电压电路。

将点火开关转至 OFF 位置，并分离低压蓄电池负极端子；拆卸后座椅坐垫总成，拆下维修盖，然后按照图 7.2-2 所示的顺序拆卸维修开关（安全插头）：打开锁片→提起锁止机构→拔出维修开关。

（2）低压维修开关

低压维修开关与图 7.2-2 中维修开关的作用是一样的，之所以称它为低压维修开关，是因为这种维修开关并没有直接在动力电池上安装，这是一个互锁电路，断开这个开关，高压就会下电。这种维修开关操作相对比较方便快捷，通常在打开前机舱就能看到，现在应用也非常普遍。如图 7.2-3 所示，特斯拉汽车在高压下电时，需要先断开低压电，然后断开或者直接剪断维修开关线束（图 7.2-4）。

7.2.2　拆装动力电池

拆卸动力电池时需在车下作业，使用动力电池拆装工具支撑电池时，注意观察动力电池是否支撑稳定。动力电池比较重，移出整车时，严禁接近升降车，防止侧滑掉落伤人。

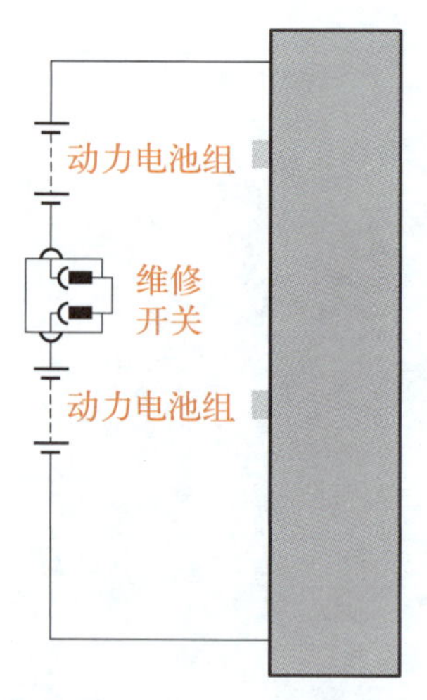

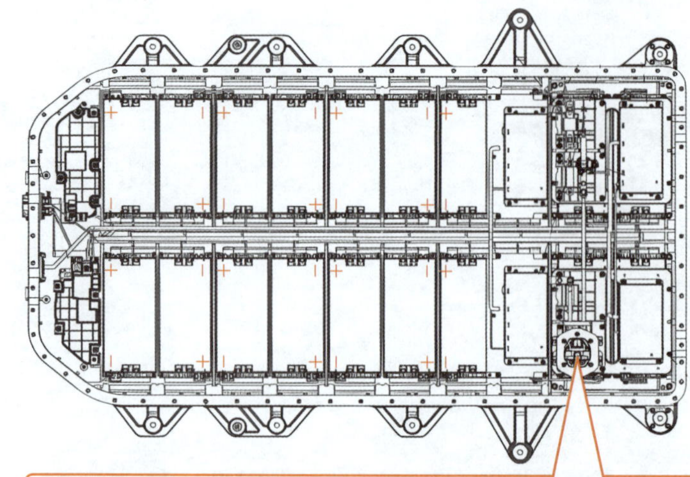
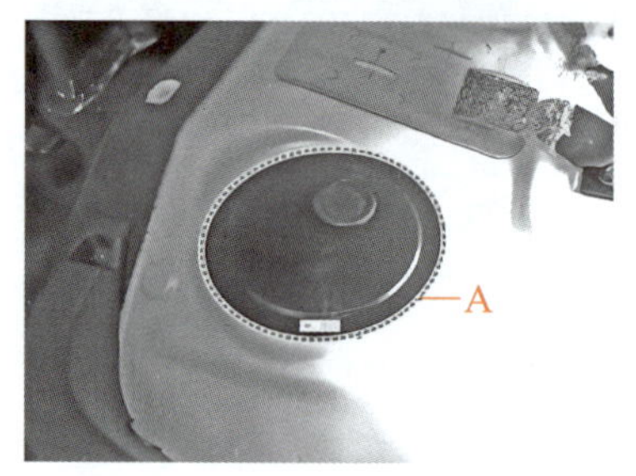

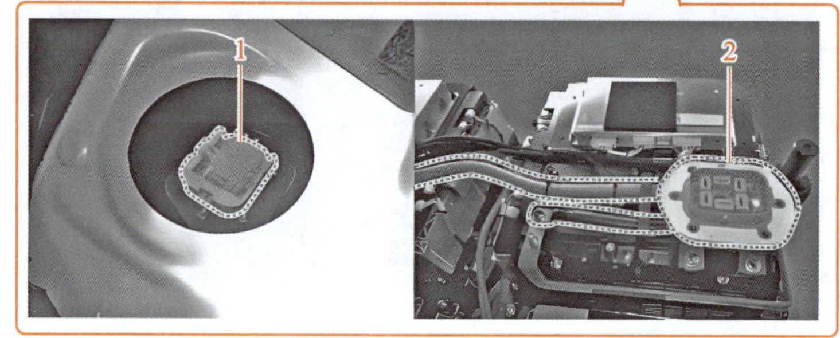

图 7.2-1　维修开关安装位置

A—维修开关盖板；1—维修开关；2—维修开关插座

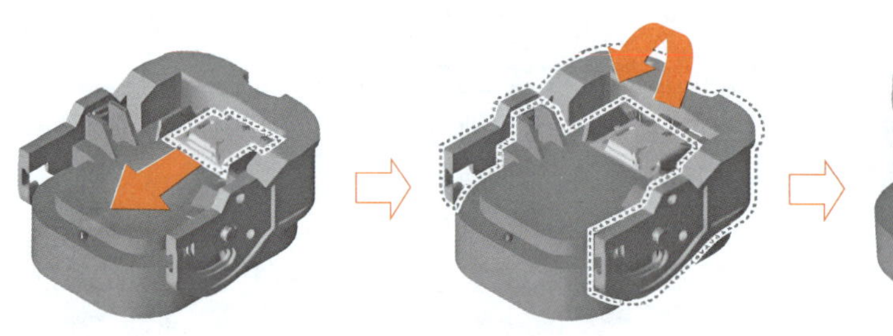

图 7.2-2　维修开关

（1）车辆下电

❶ 关闭所有用电器，车辆下电。

❷ 断开蓄电池负极极夹。

❸ 拆卸维修开关。

（2）排放冷却液

动力电池采用水冷系统，需要排放冷却液。

（3）拆卸地板及相关附近

❶ 拆卸前舱底部护板总成。

❷ 拆卸后轮导流板。

❸ 拆卸前舱底部护板电池安装支架总成。

❹ 拆卸后部电池安装支架总成。

图 7.2-3　断开低压电

图 7.2-4　断开维修开关

（4）拆卸电池

断开相关线束插接器和管路，断开并移开相关高压线束（图 7.2-5）。

❶ 断开机舱线束连接器，移开机舱线束。

❷ 断开动力电池至双电机控制器高压线束连接器，移开高压线束。

❸ 断开动力电池至压缩机和 PTC 高压线束连接器，移开高压线束。

拆下动力电池固定螺栓。

❶ 将动力电池维修台车移至动力电池总成正下方，锁定动力电池维修台车移动轮（图 7.2-6）。

❷ 旋转动力电池维修台车调节组件，将动力电池维修台车台面调至水平位置。

❸ 打开动力电池维修台车电源总开关，按压上升按钮，使台面接近动力电池总成。

❹ 使用动力电池维修台车固定臂，将动力电池固定在动力电池维修台车上。

❺ 拆卸动力电池包总成固定螺栓；移走动力电池。

图 7.2-5　拆卸电池

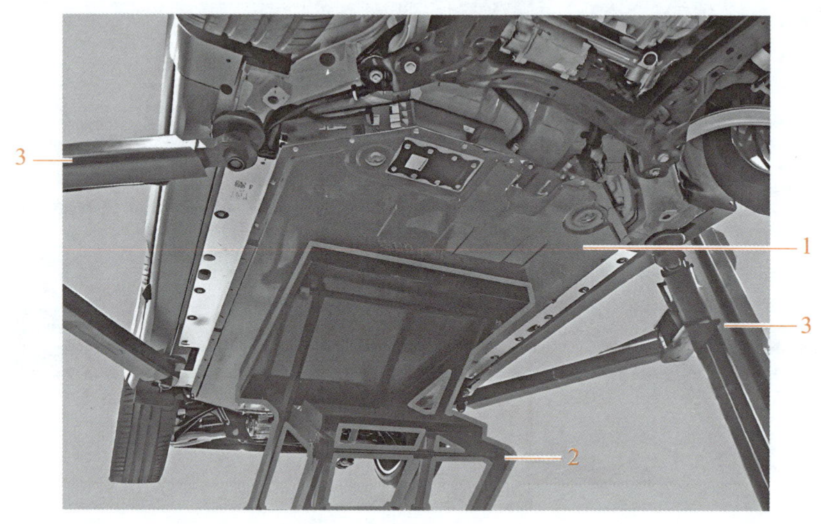

图 7.2-6　动力电池维修台车

1—动力电池；2—动力电池维修平台车（千斤顶或升降器）；3—车辆举升机

7.3　驱动电机系统拆装

7.3.1　拆装驱动电机

（1）交流电机

交流电动机主要有两大部件：定子和转子（图 7.3-1）。定子是电机最外面的圆筒，内侧缠绕很多绕组，这些绕组与外部交流电源接通，定子与机座连接在一起固定不动，故称为“定子”。对于电机的转子，一种是缠绕多绕组的圆柱体，另一种是笼型结构的圆柱体。转子与电机同轴连接输出旋转的动力，故称为“转子”。转子与定子之间没有任何物理连接，但是当定子上的绕组通交流电时，转子就会旋转并输出动力。交流电机内部结构见图 7.3-2。

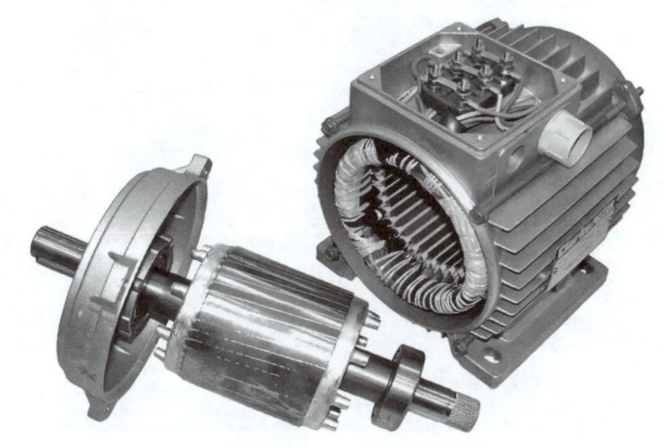

图 7.3-1　电机组成

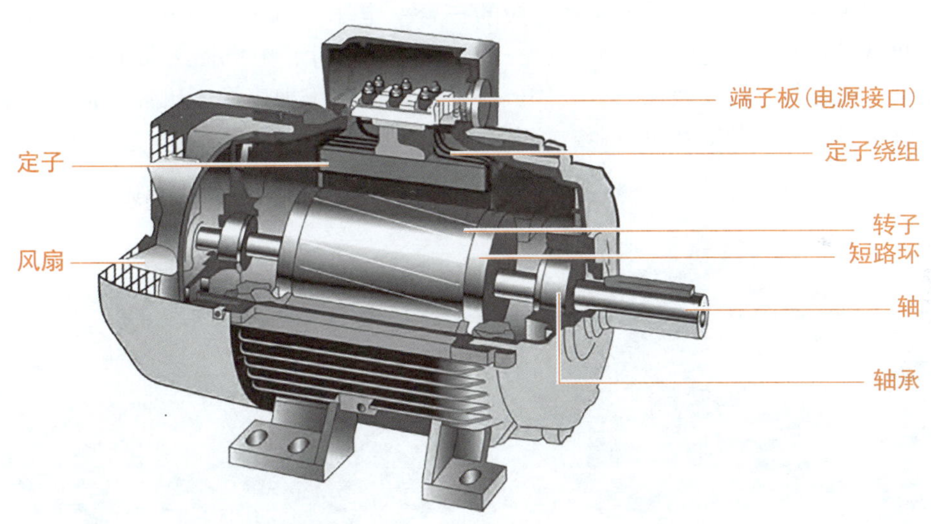

图 7.3-2　交流电机内部结构

(2) 驱动电机的拆装

把交流电机（驱动电机）、电机控制器（MCU）、减速器三个部件集成在一个整体总成系统可以称为电驱系统（图 7.3-3）。也有把电机、电机控制器集成在一起的二合一，还有把多个高压控制器集成在其中的，例如电机、减速器、MCU、DC/DC、OBC（车载充电机）、PDU（高压配电盒）等集成在一起的多合电驱系统。

电驱系统（EDS）负责车辆的动力输出，能够将高压电池包的直流能量用可控的方式转化为机械扭矩，传递给车轮以驱动车辆。另外，还可以在车辆制动状态下，回收制动能量向高压电池包充电，以及实现反转倒车等功能。

图 7.3-3　电驱总成内部结构

如图 7.3-4 所示的是不可独立拆解更换的三合一电驱。例如某款车型，前后电驱系统，分别为 150kW 和 210kW 电机采用了三合一的中间壳体设计，电机控制器（逆变器）、驱动电机和齿轮箱（减速器）均安装在三合一中间壳体上，无法单独更换电机控制器总成、驱动电机总成和齿轮总成，需开盖才可维修。

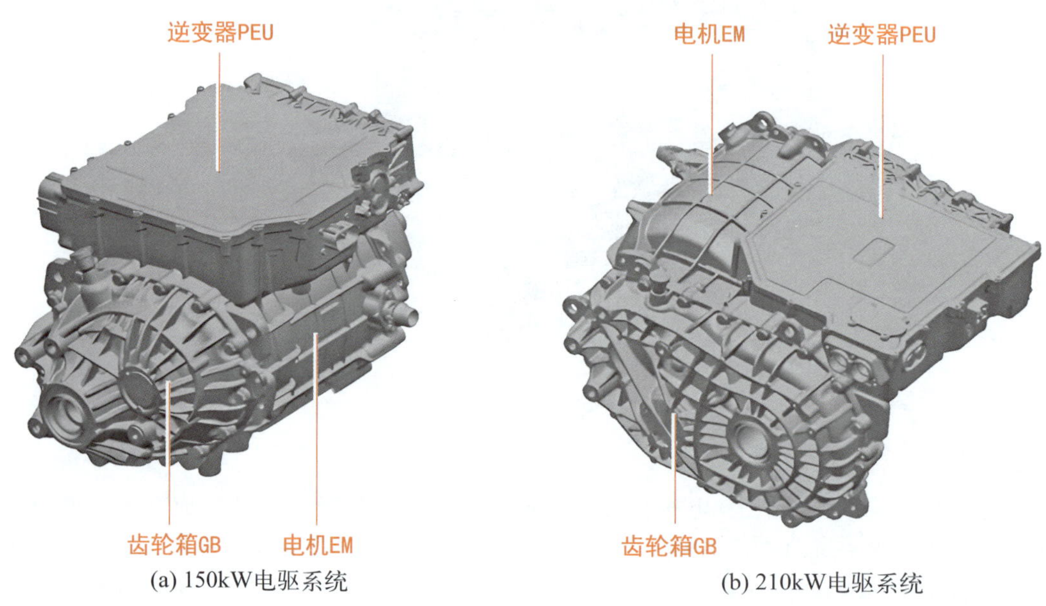

(a) 150kW电驱系统　　(b) 210kW电驱系统

图 7.3-4　不可独立拆解更换的三合一电驱

电驱系统由驱动电机、减速器（齿轮箱）和电机控制器组成，图 7.3-5 显示的是其内部结构，装车时驱动电机被隔音棉包裹（图 7.3-6）。电机控制器（逆变器）通过螺栓与齿轮箱连接，齿轮箱通过螺栓与驱动电机连接。电机和电机控制器需要从车辆热管理系统获取冷却液进行散热，电机控制器和电机在冷却回路上串联，冷却液先通过逆变器，然后通过电机。

图 7.3-5　电驱总成内部结构

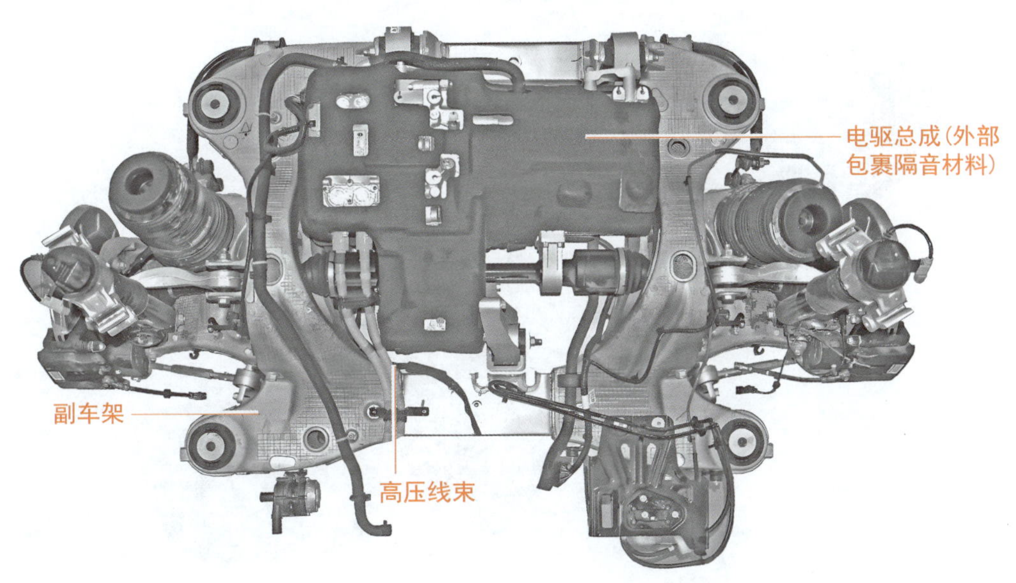

图 7.3-6　电驱总成（一）

如图 7.3-7 ～图 7.3-9 所示的电驱总成、电机控制器、减速器三个部分是可以单独更换的，其中油封和密封圈是一次性零部件，拆下后不可再次使用。

如图 7.3-10 所示是新能源汽车蔚来的驱动电机，这款电机的特点是双三相铜排，两两一组出线。驱动电机拆解后的零部件如图 7.3-11 所示。电机的轴承在前端和后盖，车辆行驶一定里程后，轴承可能会出现异响，因此需要进行更换。

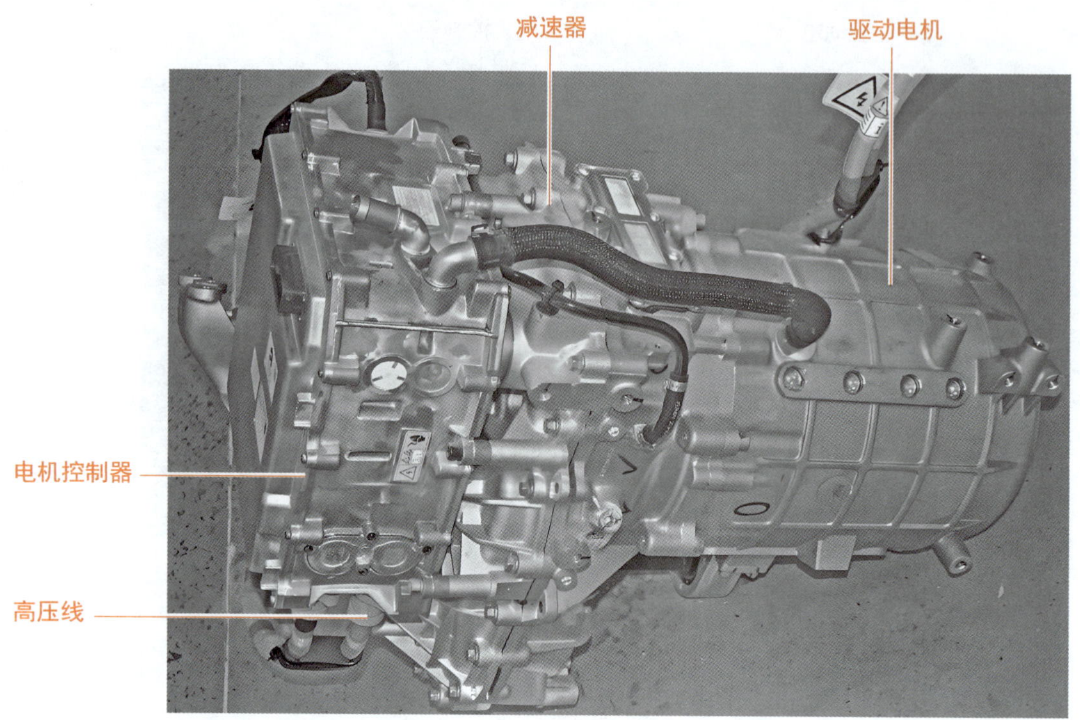

图 7.3-7 电驱总成（二）

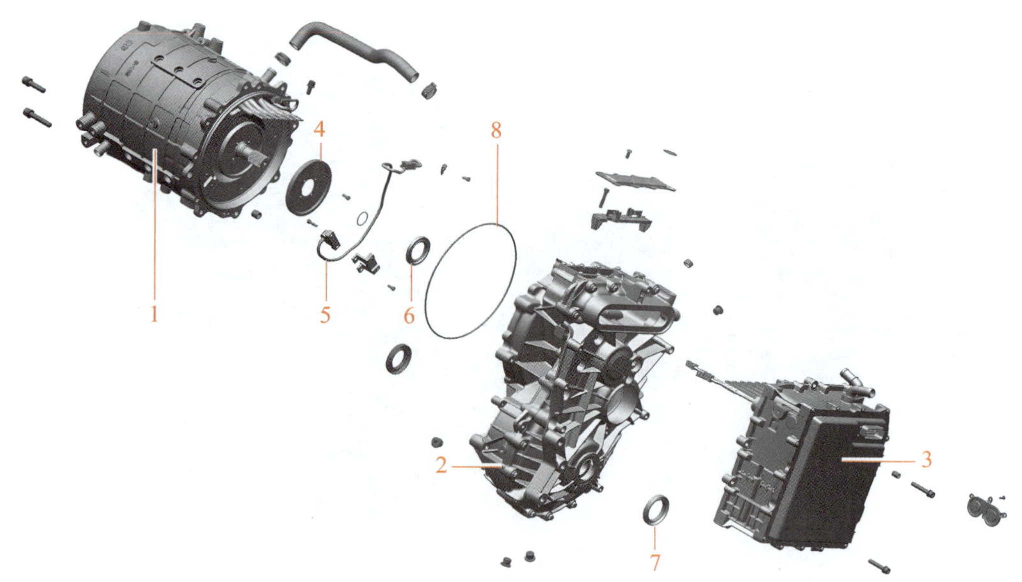

图 7.3-8 电机控制器分解

1—驱动电机；2—减速器；3—电机控制器；4—传感器信号盘；5—传感器；6—油封；7—差速器油封；8—密封圈

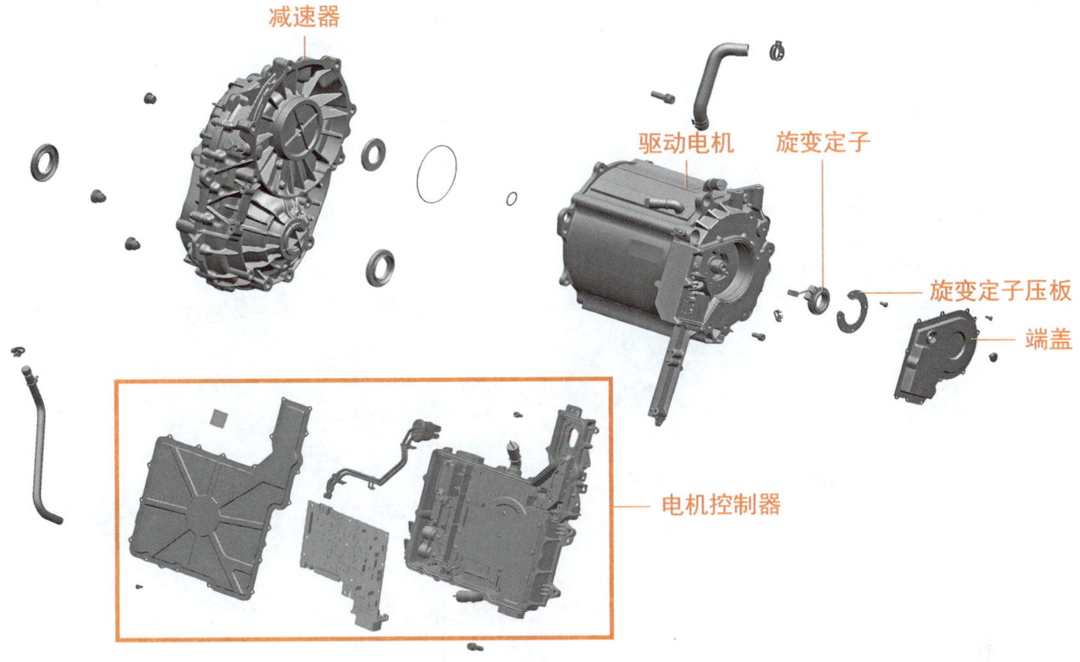

图 7.3-9　减速器分解

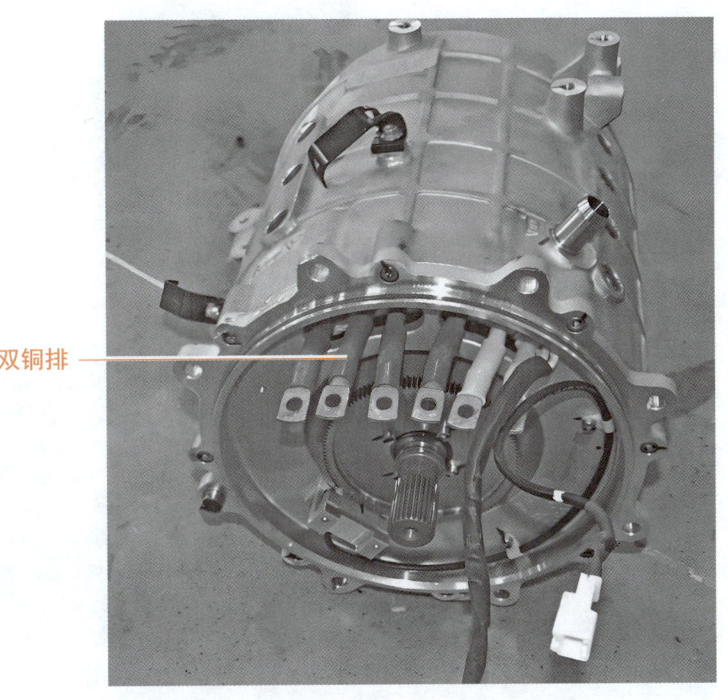

图 7.3-10　新能源汽车蔚来的驱动电机

（3）电机转子的拆装

驱动电机和减速器之间连接端，采用大外圆止口定位，O 形圈径向密封，驱动电机轴与减速器轴采用花键连接，电机轴为外花键，端部加有 O 形圈，密封润滑脂。电机零部件及电机转子端盖总成，以及拆解零部件见图 7.3-12 ～图 7.3-17。

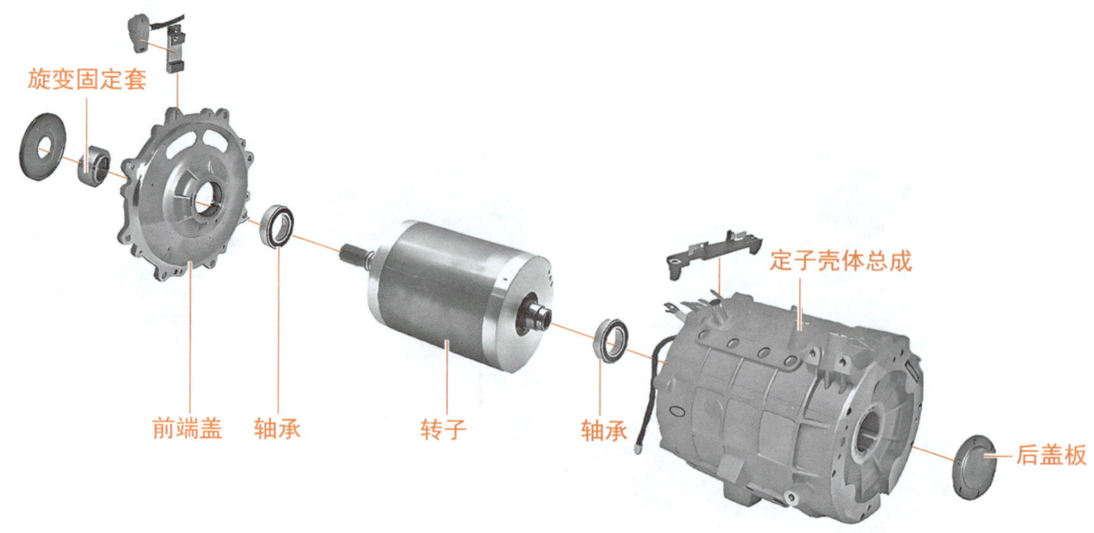

图 7.3-11　驱动电机拆解后的零部件

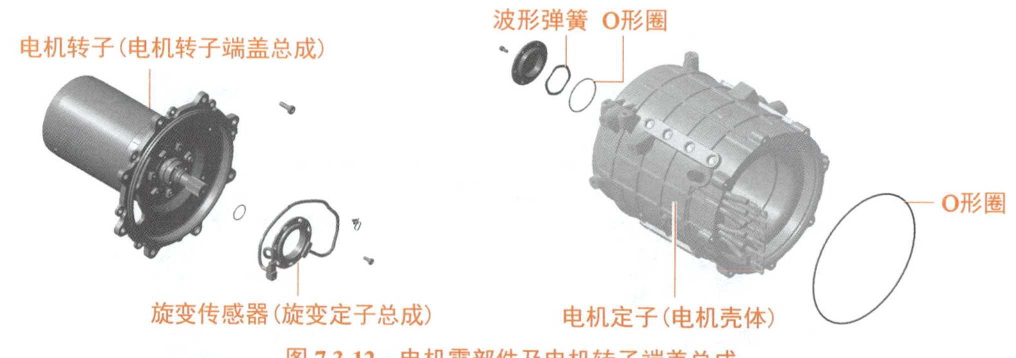

图 7.3-12　电机零部件及电机转子端盖总成

图 7.3-13　端盖总成

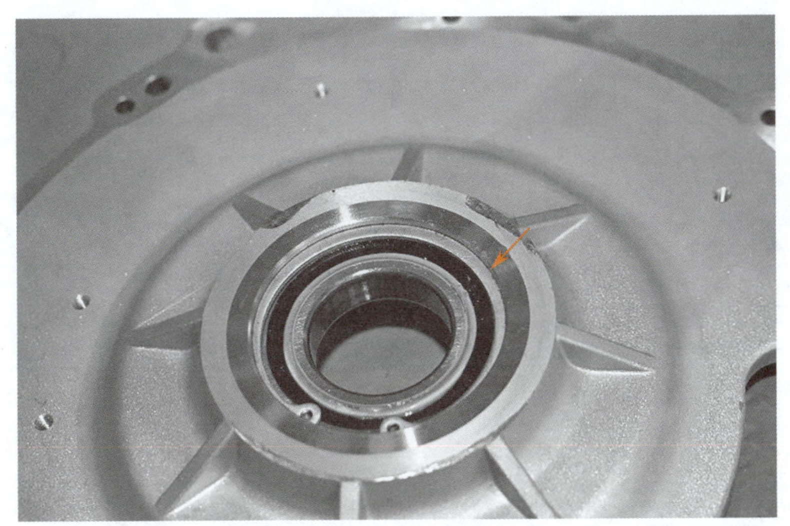

图 7.3-14　端盖

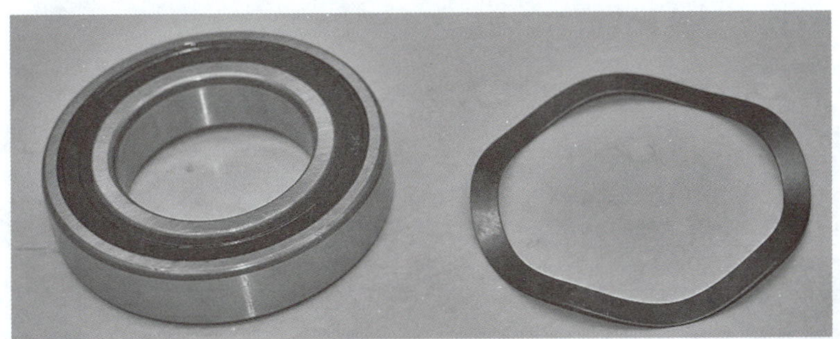

图 7.3-15　电机后轴承及波形弹簧

图 7.3-16　后轴承

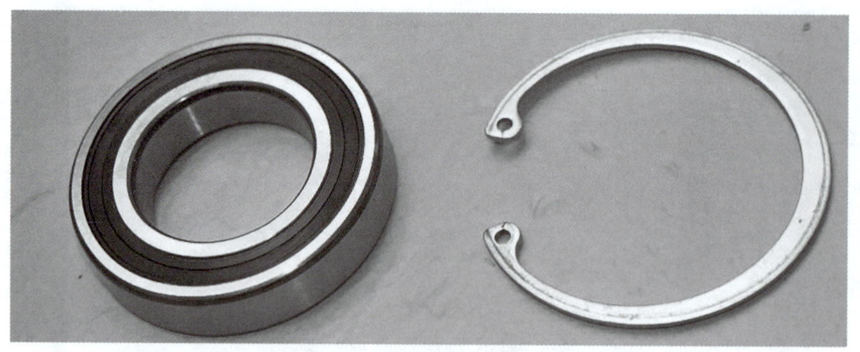

图 7.3-17　电机前轴承及卡簧

（4）拆装电机端盖总成

拆卸事项如下。

❶ 拆下速度传感器（图 7.3-18）。

❷ 对六相铜排和温度传感器线束进行防护保护。

❸ 如图 7.3-19 所示，拆下转子端盖总成 8 个固定螺栓。

图 7.3-18　拆下速度传感器

图 7.3-19　拆下转子端盖总成螺栓

❹ 使用长度 2m 左右的绳子，且如图 7.3-20 所示对称系牢。尤其对于永磁同步电机，其转子是永磁体，有很强大的吸力，如果不使用绳子拽很难拿出。

❺ 使用专用工具拔出转子端盖总成。（图 7.3-21）。

a. 松开端盖螺栓后，端盖较紧，需用橡胶锤敲打端盖下边缘。

b. 拔出转子时，手扶调整保护，防止转子与定子过度摩擦。

❻ 拆下波形弹簧（图 7.3-22）。该零件为一次性零件，不可重复使用，安装时须更新。

安装事项如下。

❶ 装上新的波形弹簧。

❷ 使用专用工具安装转子端盖总成。

图 7.3-20　拆卸转子前端盖总成

图 7.3-21　拔出转子端盖

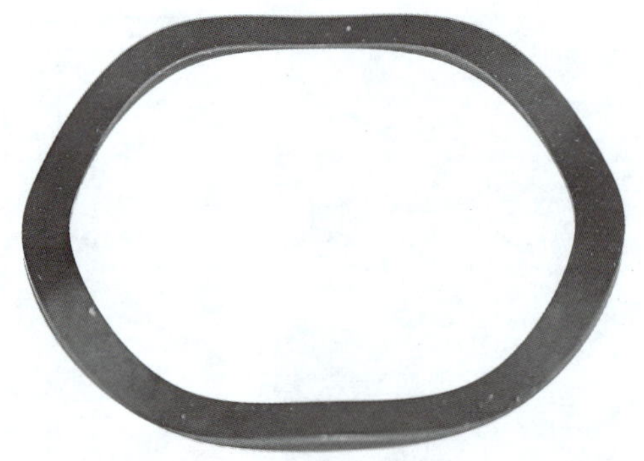

图 7.3-22　波形弹簧

a. 安装防护 PP 薄片。如图 7.3-23 所示，检查相关零部件；安装防护 PP 薄片。

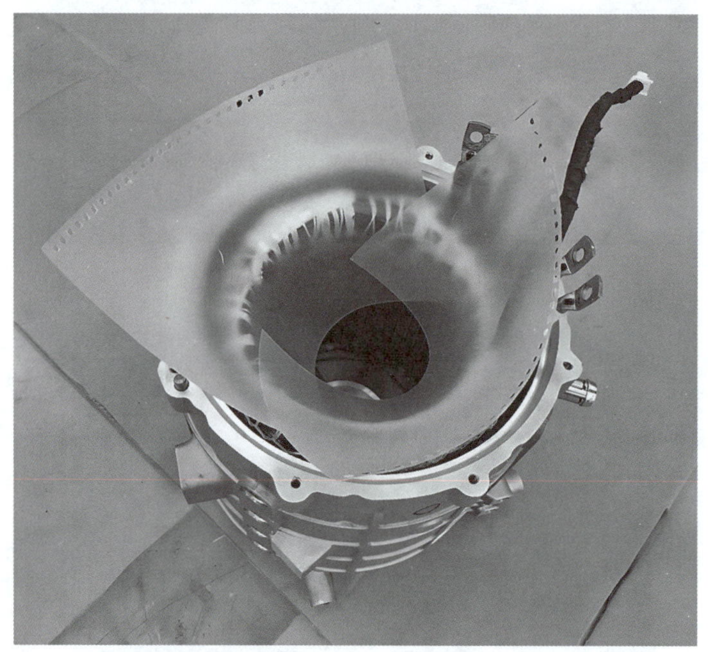

图 7.3-23　定子中放置 PP 薄片

安装前需检查壳体定位销是否缺失；然后将 PP 薄片对称放置定子端，推荐规格为 PP 硬质胶片，A4 尺寸 2 张，厚度 0.3 ～ 0.4mm。

b. 安装转子端盖总成于定子中。下落转子端盖总成，如图 7.3-24 所示，目视转子落入定子至 PP 薄片抱住转子且壳体上表面和端盖下表面间距约 16cm（具体到各款电机不一样），可取出 PP 薄片。

c. 调整和复位线束位置。如图 7.3-25 所示，调整六相铜排和温度传感器线束位置，并对准定位销，完全落下转子端盖总成。

❸ 安装 8 个螺栓，按规定拧紧。

❹ 转动转子轴验证转动是否顺畅，无阻尼卡滞；检测转子轴情况；然后复位速度传感器。

如图 7.3-26 所示，使用专用工具（指针式千分尺）检测转子轴跳动量，应≤ 0.035mm。

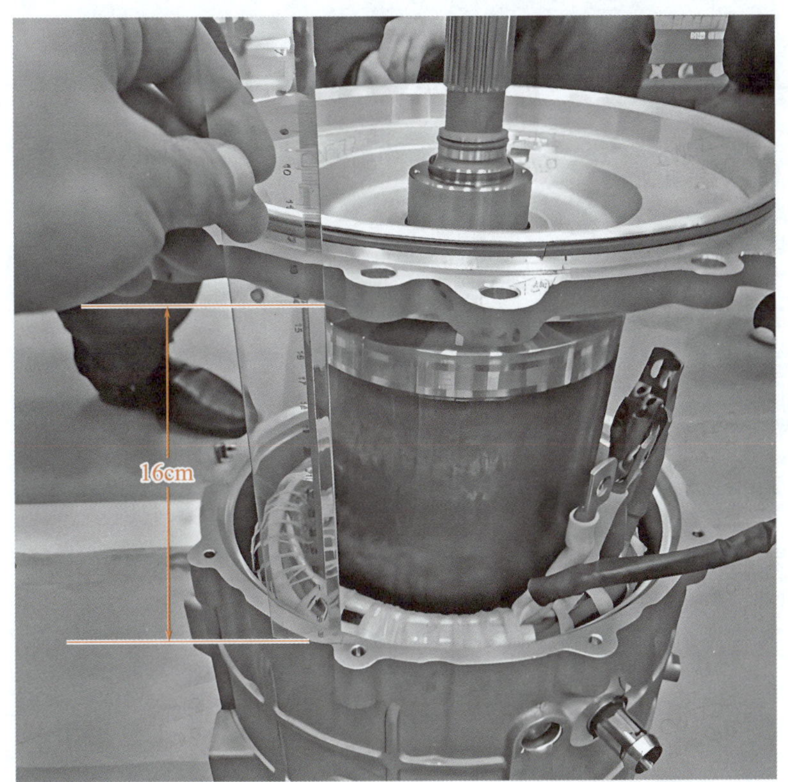

图 7.3-24　测量壳体上表面和端盖下表面间距

图 7.3-25　调整六相铜排和温度传感器线束位置

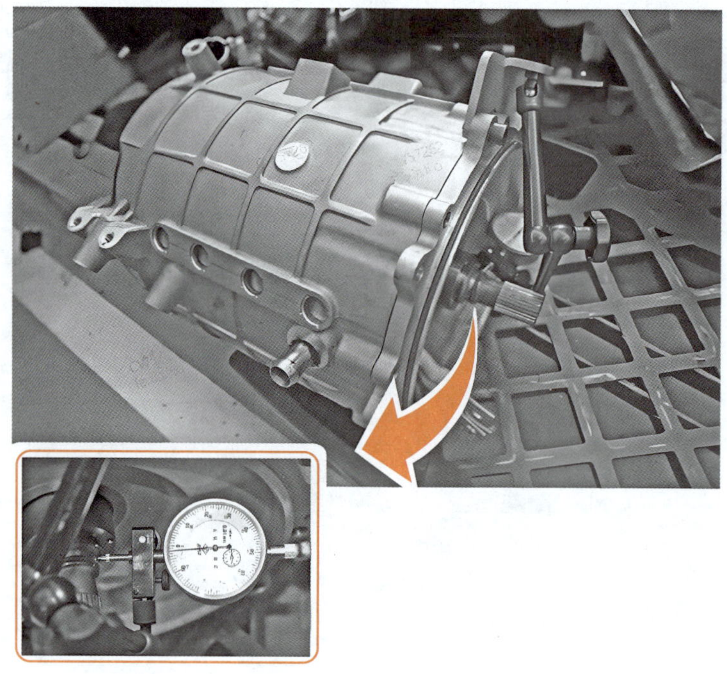

图 7.3-26　检测转子轴跳动量

7.3.2　拆装旋变传感器

电动汽车驱动电机的旋变传感器也就是旋转变压器，汽车维修中通常称为“旋变”，其实它就是个非常小型的交流电机，如图 7.3-27 所示，旋变传感器分为旋变定子和旋变转子两大部分。

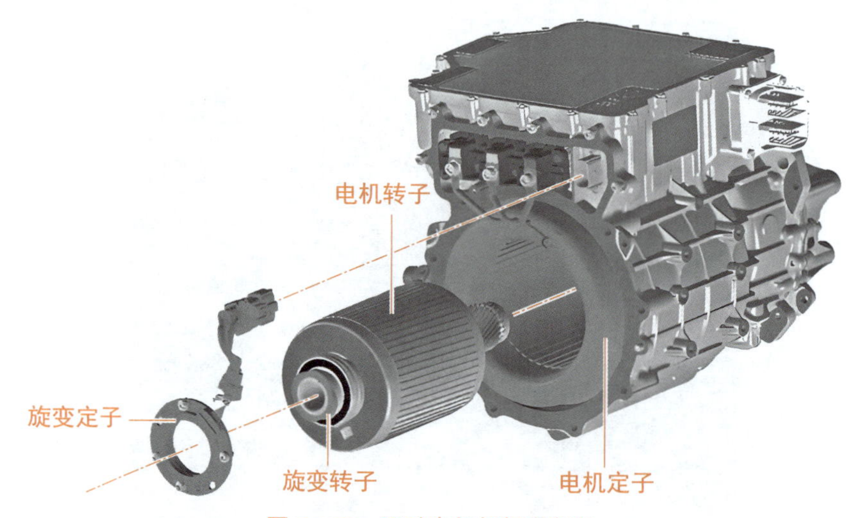

图 7.3-27　驱动电机拆解零部件

（1）拆下驱动电机后端盖板

旋变传感器安装在驱动电机的后端壳处，旋变传感器装配图见图 7.3-28 和图 7.3-29。

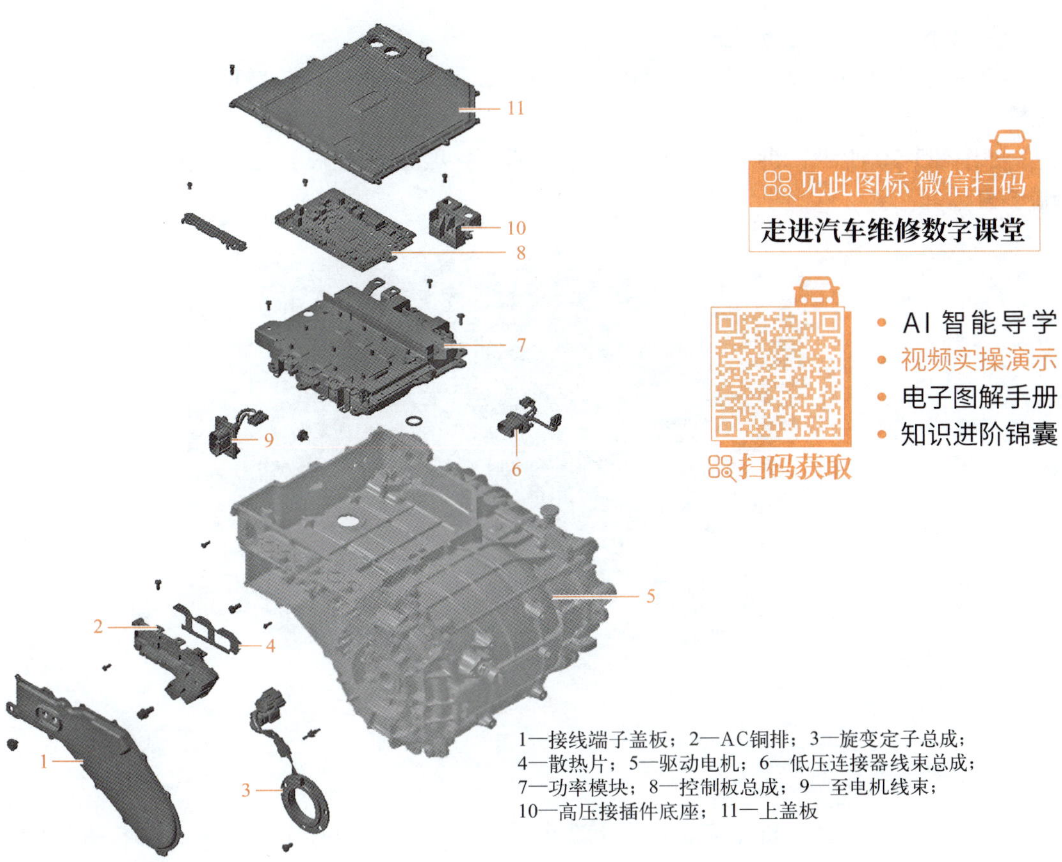

图 7.3-28　旋变传感器装配图

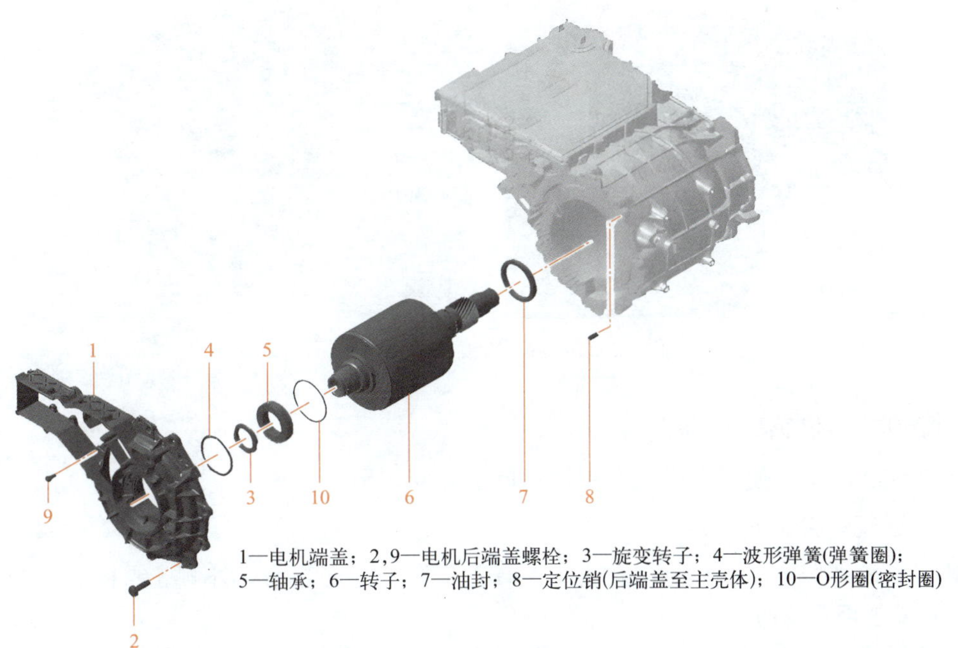

图 7.3-29　旋变传感器（旋变转子）装配图

❶ 拆下后电驱动系统机座。

❷ 用立式千斤顶（托架）支撑电驱动系统，使其作业空间位置便于下一步拆卸端子盖板螺栓。

如图 7.3-30 所示，拆下驱动电机后端盖板（接线端子盖板）12 个螺栓并废弃，取下接线端子盖板。

图 7.3-30　拆卸驱动电机后端盖板

（2）拆下旋变传感器（定子）

如图 7.3-31 所示，断开旋变定子上 2 个线束接插件，断开 1 个线束扎带；拆下旋变定子 4 个螺栓并废弃，取下旋变定子。

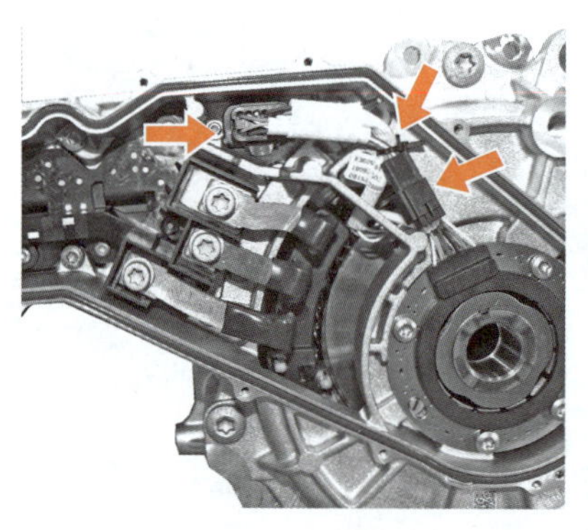

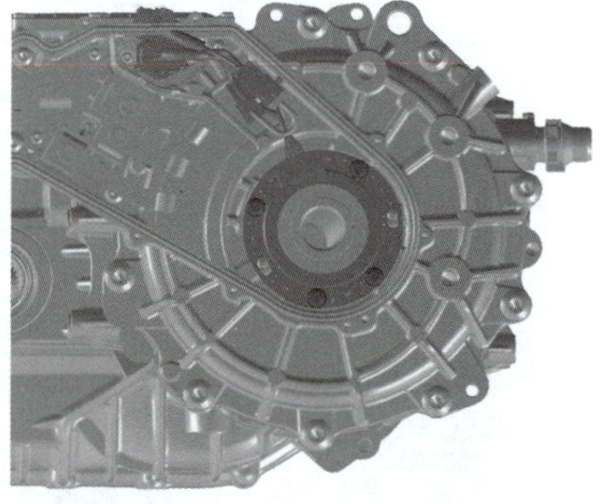

图 7.3-31　拆下旋变传感器（定子）

（3）拆卸旋变传感器（转子）

如图 7.3-32 所示，使用合适的专用拉具拆下旋变转子。

（4）安装旋变传感器（转子）

安装旋变传感器（转子）前，需注意带有三角符号的安装面朝外侧。需检查旋变传感器（转子）外观是否有撬边。

使用热风枪对旋变传感器（转子）进行加热（温度约为 120℃），使其热胀，便于放入转子轴上。

如图 7.3-33 所示，使用专用工具，把旋变传感器（转子）压装到底。压装时可使用橡胶锤敲击压装专用工具，力度不宜过大，避免损坏电机内部零件。

（5）安装旋变传感器（定子）

更换新的旋变传感 器（定子），需要使用故障诊断仪执行“永磁电机旋变初始角自学习”。

图 7.3-32　拆下旋变传感器（转子）

7.3.3　拆装驱动总成油封

使用合适工具拆下驱动总成上的半轴油封（图 7.3-34）。

使用油封安装专用工具安装半轴油封（图 7.3-35），更换完毕后，应检查确认无泄漏。

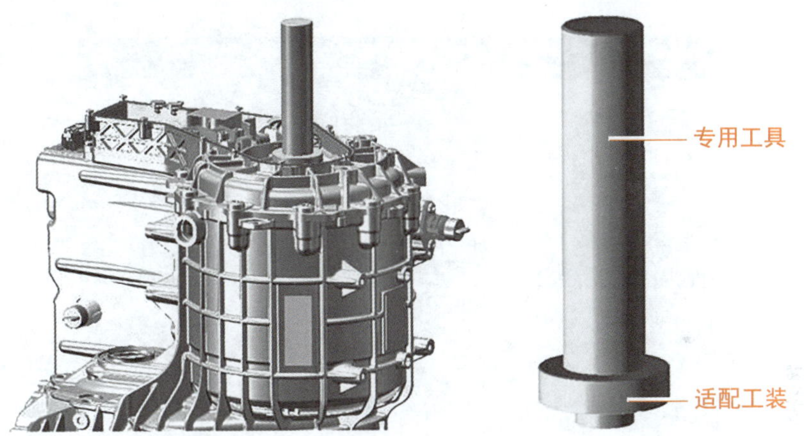

图 7.3-33　安装旋变传感器（转子）

图 7.3-34　拆卸半轴油封

图 7.3-35　安装半轴油封

7.3.4　拆卸电机控制器

电机控制器（图 7.3-36）的核心就是逆变器，它把动力电池的高压直流电转换为三相交流电供驱动电机使用。

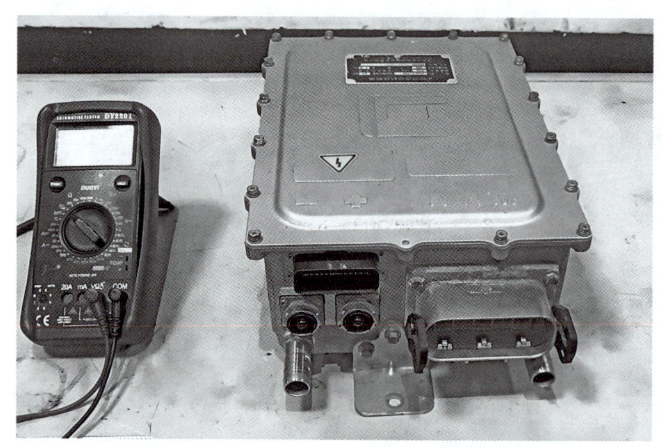

图 7.3-36　电机控制器

如图 7.3-37 所示的是理想增程式电动汽车搭载的双电机控制器，双电机即一个是发电机，一个是驱动电机。在电池电量充足时，不会启动增程发电系统，只在有较强动力需求时才会通过增程发电系统和电池组共同为电机供电。在电池组电量低于某一阈值时，增程发电系统开始工作并优先满足电驱系统的电力需求，在电量满足电机需求时将剩余电量储存到电池组中。另外，电池组可以进行外部充电，并且在制动时通过制动能量回收来储存电能。

(1) 车辆下电

断开蓄电池负极线束总成；高压断电、下电和验电流程。

(2) 拆卸外围关联部件及底盘护板

(3) 拆卸双电机控制器

❶ 拆卸线束及水管：如图 7.3-38 所示。

a. 断开双电机控制器线束连接器；

b. 使用水管钳拆卸固定卡箍，脱开发电机进水软管和前电子水泵出水软管。

② 拆卸上壳体盖板：如图 7.3-39 所示，拆卸双电机控制器上壳体盖板固定螺栓 1，取下双电机控制器上壳体盖板。

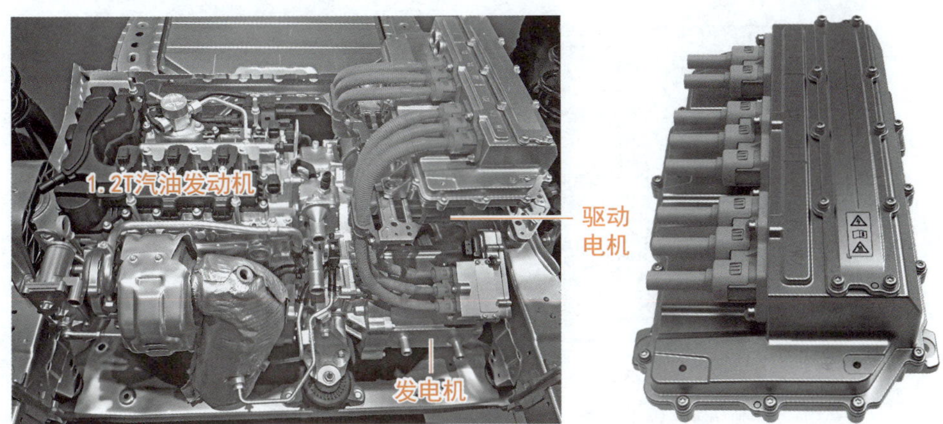

图 7.3-37 理想增程式电动汽车搭载的双电机控制器

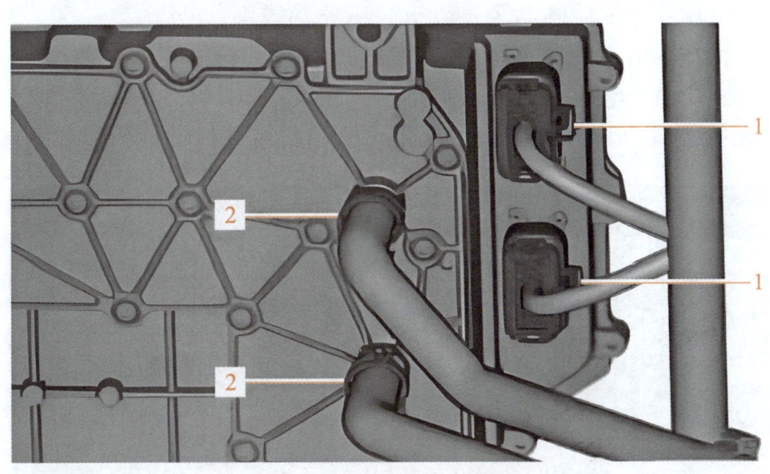

图 7.3-38 拆下双电机控制器水管

1—水管卡箍；2—线束连接器

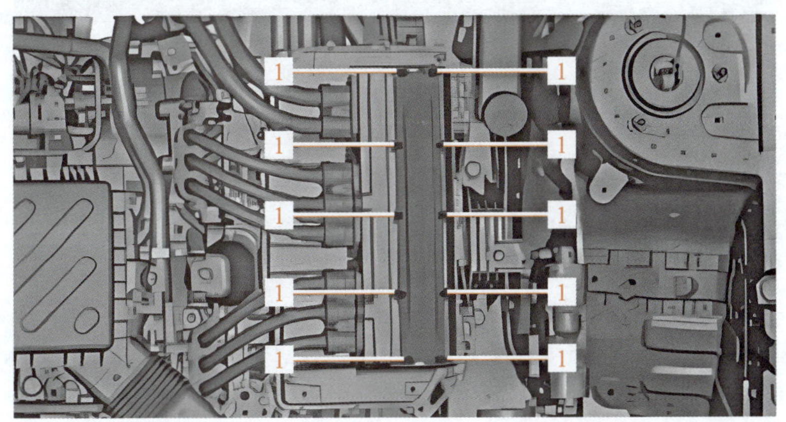

图 7.3-39 拆卸双电机控制器上壳体盖板固定螺栓

❸ 脱开双电机控制器高压线束：如图 7.3-40 所示，脱开高压线束。

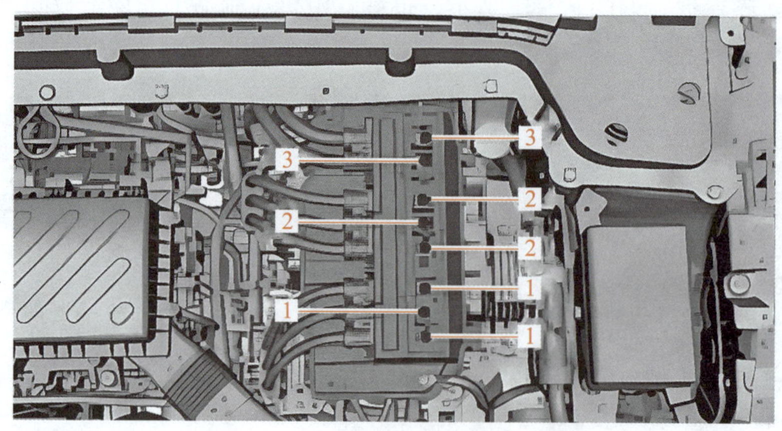

图 7.3-40　脱开双电机控制器高压线束

1—双电机控制器至发电机高压三相线束；2—双电机控制器至前电机高压三相线束；
3—动力电池至双电机控制器高压线束

a. 拆卸螺栓，脱开双电机控制器至发电机高压三相线束；

b. 拆卸螺栓，脱开双电机控制器至前电机高压三相线束；

c. 拆卸螺栓，脱开动力电池至双电机控制器高压线束。

❹ 拆卸双电机控制器高压线束：如图 7.3-41 所示，脱开搭铁线；拆卸高压线束。

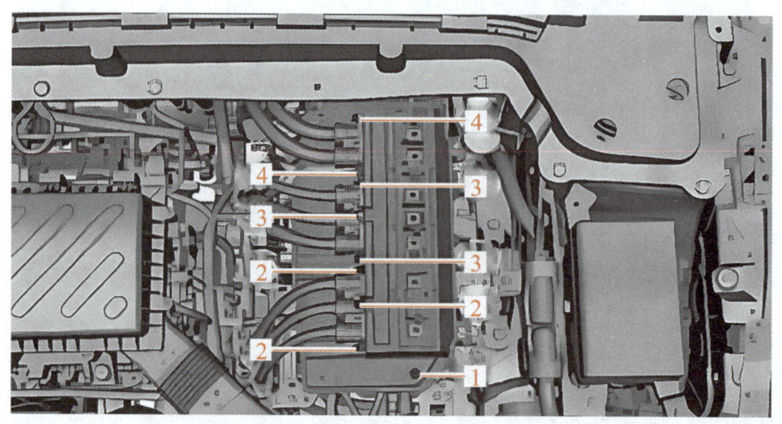

图 7.3-41　拆卸双电机控制器高压线束

1—双电机控制器搭铁线；2—双电机控制器至发电机高压三相线束；
3—双电机控制器至前电机高压三相线束；4—动力电池至双电机控制器高压线束

a. 拆卸螺栓，脱开双电机控制器搭铁线。

b. 拆卸双电机控制器至发电机高压三相线束。

c. 拆卸双电机控制器至前电机高压三相线束。

d. 拆卸动力电池至双电机控制器高压线束。

❺ 拆下双电机控制器：如图 7.3-42 所示，拆卸双电机控制器固定螺栓，取下双电机控制器 1。

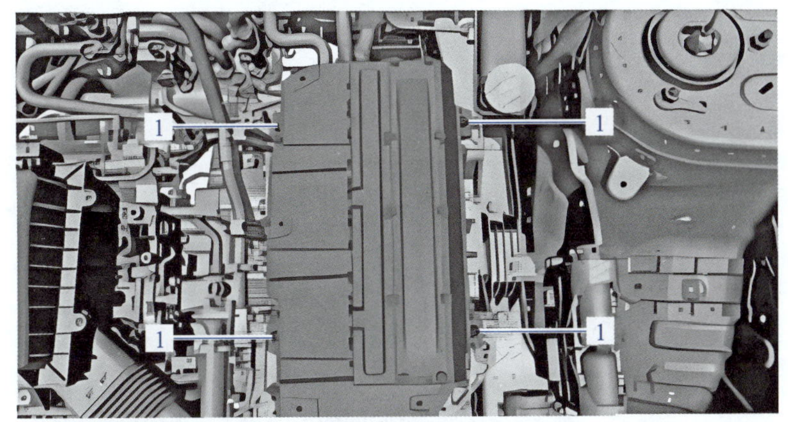

图 7.3-42　拆下双电机控制器

7.3.5　拆装驱动总成机油泵

（1）拆卸事项

❶ 拆卸护板；排放前驱动单元（即驱动总成或电驱总成）变速箱油。

❷ 断开电气连接件。如图 7.3-43 所示，断开驱动单元机油泵连接器。

图 7.3-43　断开驱动单元机油泵连接器

❸ 拆卸驱动单元机座螺栓。

a. 如图 7.3-44 所示，在托臂支架与前驱动单元之间放置一块毛巾或者其他软垫，使用托臂支架支撑前驱动单元合适的位置。

b. 如图 7.3-45 所示，拆卸驱动单元在车架上的固定机座螺栓。

❹ 拆卸机油泵螺栓。如图 7.3-46 所示，支撑托臂到合适位置，拆卸机油泵螺栓。

a. 小心地降下前托臂支架（千斤顶），直至能触及前驱动单元机油泵。

b. 拆卸将前驱动单元机油泵固定到前驱动单元的螺栓。

❺ 拆下机油泵。

a. 将前驱动单元作为支点，撬起机油泵。

b. 拆下前驱动单元机油泵。机油泵见图 7.3-47。

图 7.3-44　托臂支架支撑前驱动单元

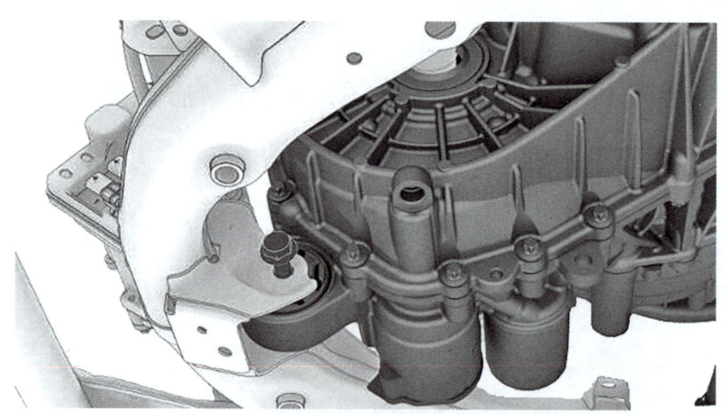

图 7.3-45　拆卸驱动单元在车架上的固定机座螺栓

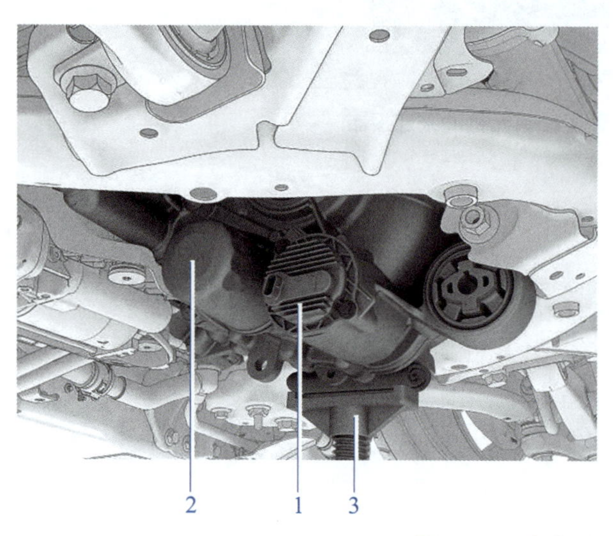

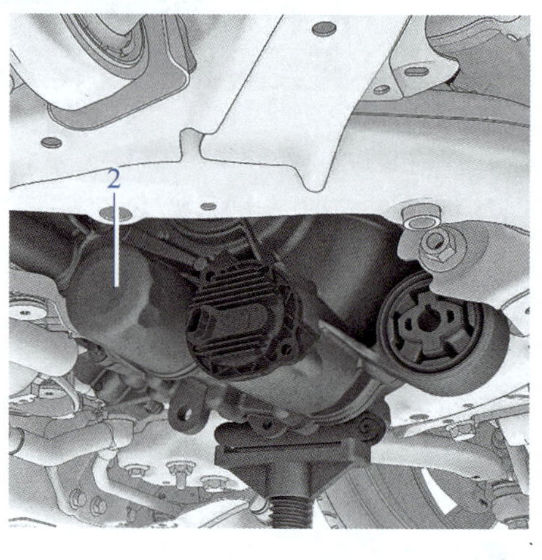

图 7.3-46　拆卸油泵螺栓

1—机油泵；2—机油滤清器；3—千斤顶

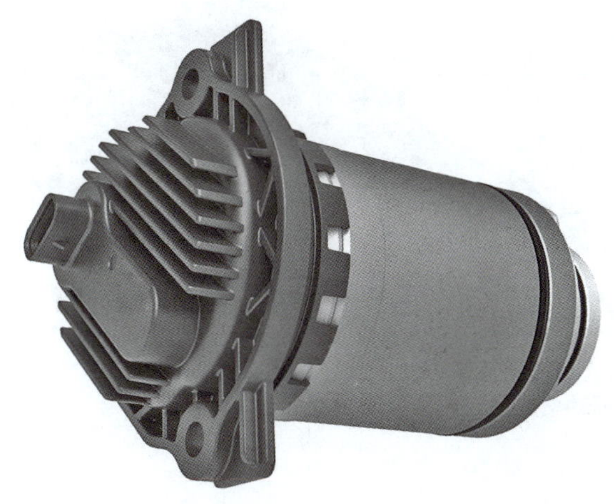

图 7.3-47 机油泵

（2）安装事项

安装驱动单元机油泵以其拆卸的倒序进行操作，需要注意的是，安装时应在机油泵的 3 个 O 形环上薄薄涂抹一层干净的变速箱油。

7.3.6 拆装驱动总成机油滤清器

驱动总成机油主要有两种作用，一种是给驱动电机降温，另一种是给变速器润滑。

机油滤清器（图 7.4-48）的更换和传统发动机汽车相同，使用机油滤清器扳手拆卸机油滤清器。在新机油滤清器的 O 形环密封件上薄薄涂抹一层新变速器油，然后将新滤清器安装到前驱动单元上。

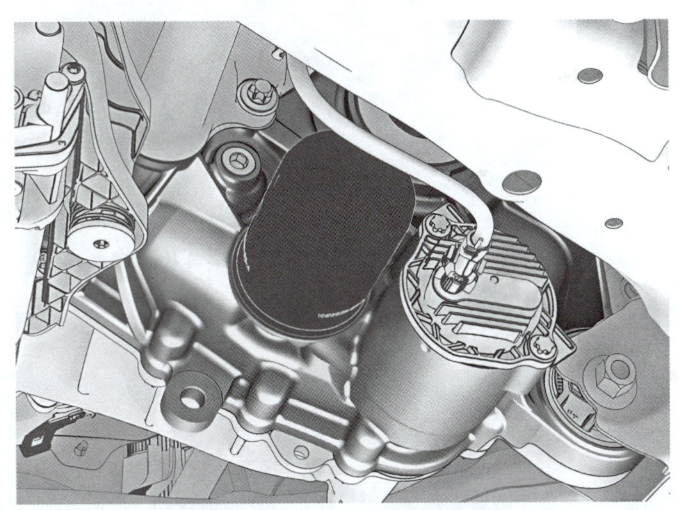

图 7.3-48 机油滤清器

7.3.7 拆装驱动总成热交换器

如图 7.3-49 所示为驱动总成热交换器及其安装位置。

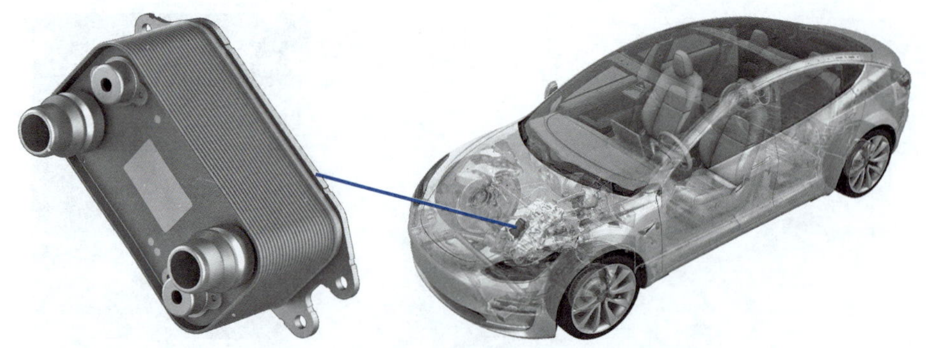

图 7.3-49　驱动总成热交换器及其安装位置

（1）拆卸事项

❶ 拆卸前储物单元。

❷ 断开 12V 电源。拆卸前流线型护板。

❸ 拆卸冷却液管。

如图 7.3-50 所示，松开锁片，断开热交换器上的冷却液管；松开冷却液软管固定卡子，将冷却液软管移至一旁（图 7.3-51）。

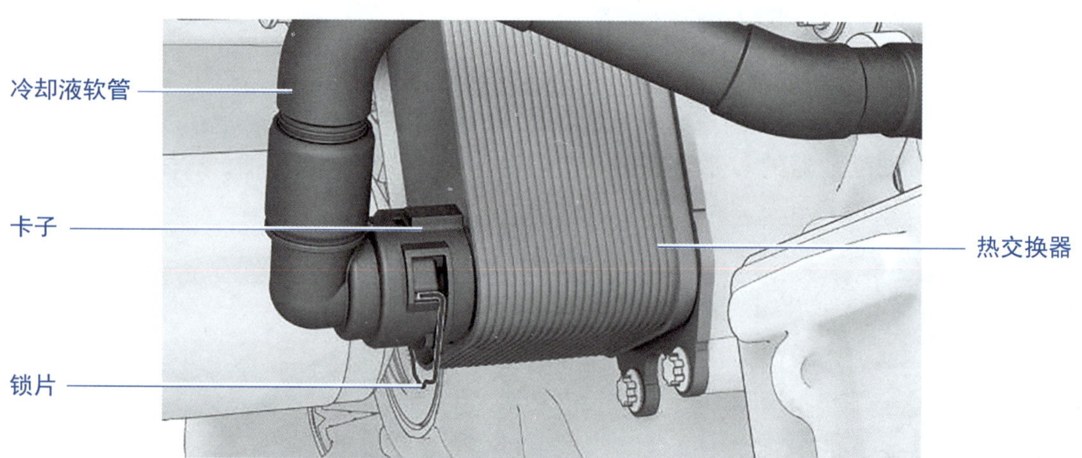

图 7.3-50　拆卸热交换器（一）

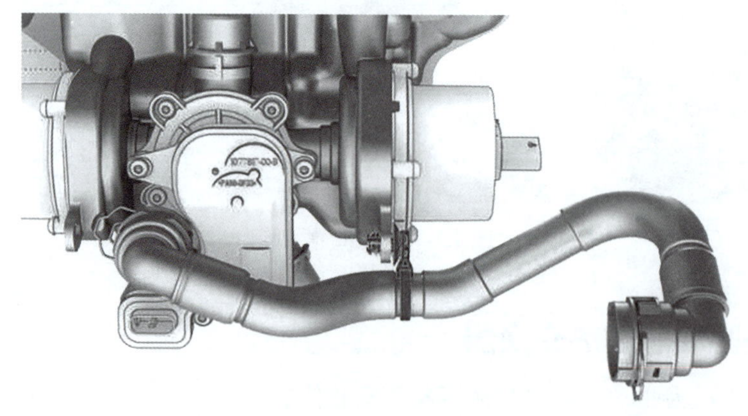

图 7.3-51　拆卸热交换器（二）

如图 7.3-52 所示，松开锁片，断开热交换器上冷却液软管的连接，然后立即堵住内外接头。

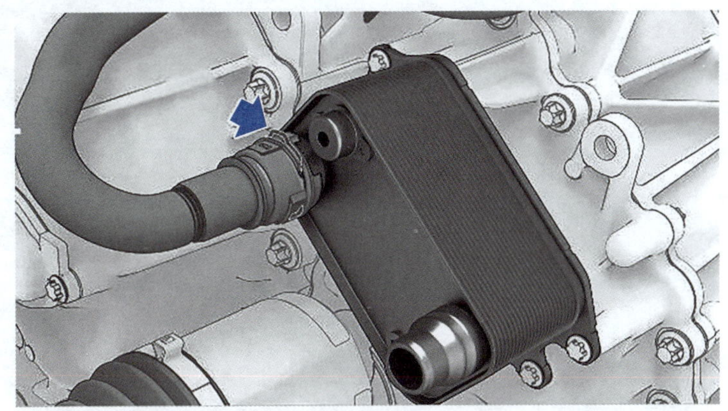

图 7.3-52　拆卸热交换器（三）

❹ 拆下热交换器。

如图 7.3-53 所示，拆卸热交换器上的螺栓，从前驱动总成上拆下热交换器。

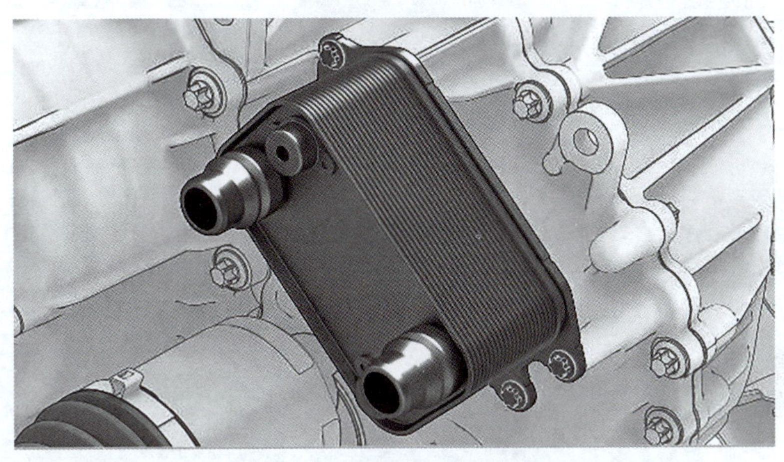

图 7.3-53　拆卸热交换器（四）

（2）安装事项

安装驱动总成热交换器按其拆卸的倒序进行操作。检查冷却液的液位，并按需补充添加。

下篇

汽车故障诊断与排除

• AI 智能导学
• 视频实操演示
• 电子图解手册
• 知识进阶锦囊

扫码获取

见此图标 微信扫码
走进汽车维修数字课堂

第 8 章

传统燃油汽车故障

见此图标 微信扫码
走进汽车维修数字课堂

扫码获取

• AI 智能导学 • 视频实操演示
• 电子图解手册 • 知识进阶锦囊

8.1 发动机控制系统

8.1.1 冷却液温度传感器

（1）热敏电阻特性

冷却液温度传感器由半导体材料制成，主要由热敏电阻元件、金属引线、连接器和外壳等组成（8.1-1）。热敏电阻内置于发动机冷却液温度传感器，其电阻值随着发动机冷却液温度的变化而变化，也就是说它是一个负温度系数热敏电阻的传感器（图 8.1-2 和图 8.1-3）。

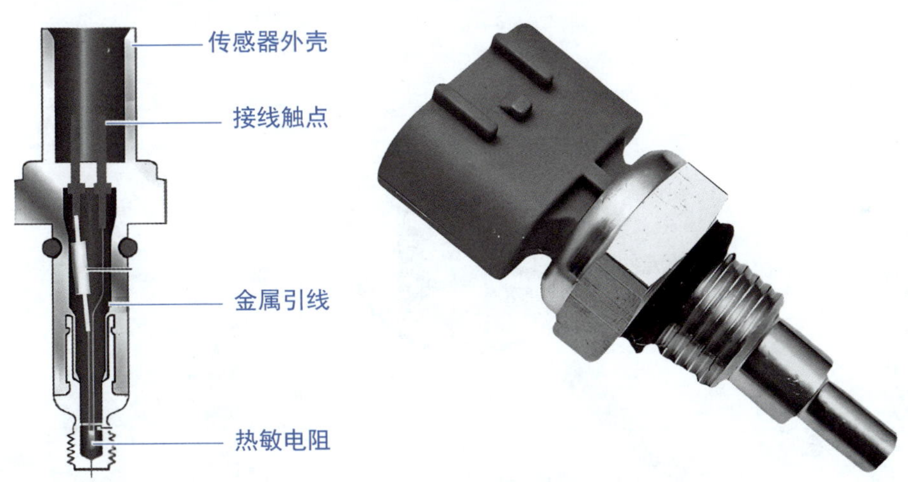

图 8.1-1 冷却液温度传感器

（2）识别修正作用

冷却液温度传感器（图 8.1-4）信号用于识别发动机温度、计算点火时间和喷油时间，是发动机工作核心的、重要的传感器。在发动机低温运转期间，ECM 根据水温传感器信号增加燃油喷射持续时间，并控制点火时期，防止发动机失速，增强驱动性能。

发动机冷却液温度传感器（ECT）是一个测量发动机冷却液温度的可变电阻。发动机控制模块（ECM）向发动机冷却液温度传感器信号电路提供 5V 电压，向低电平参考电压电路提供搭铁。此诊断可检查发动机控制模块和发动机冷却液温度传感器之间的开路、对搭铁短路或间歇性电路故障。

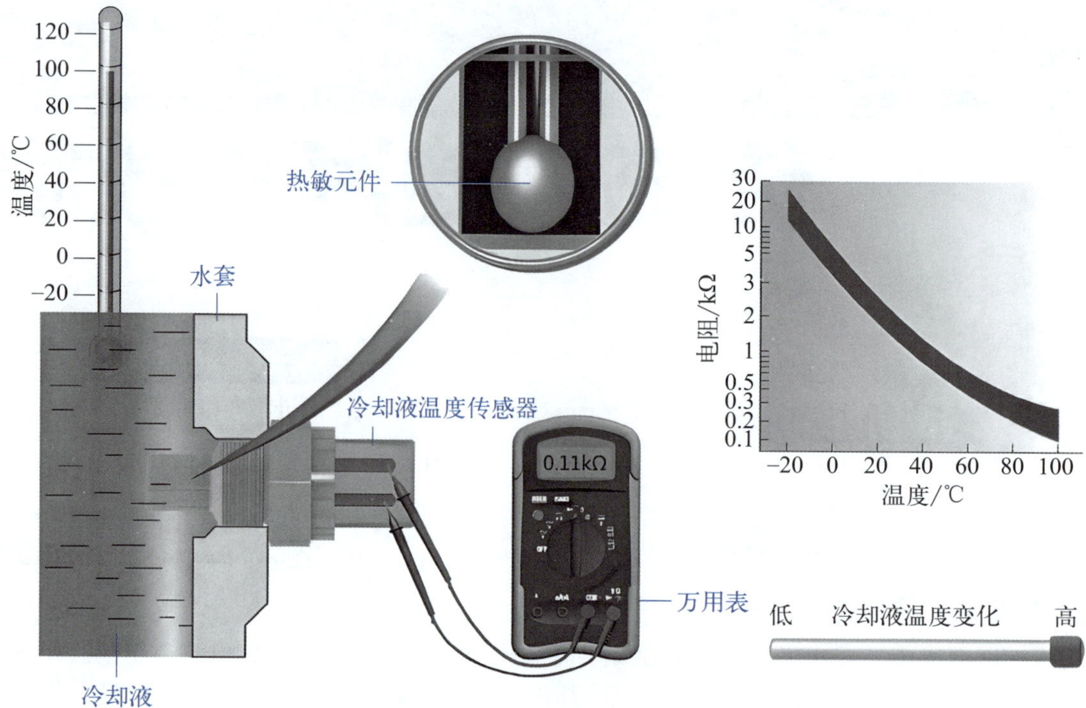

图 8.1-2　温度升高电阻增减小

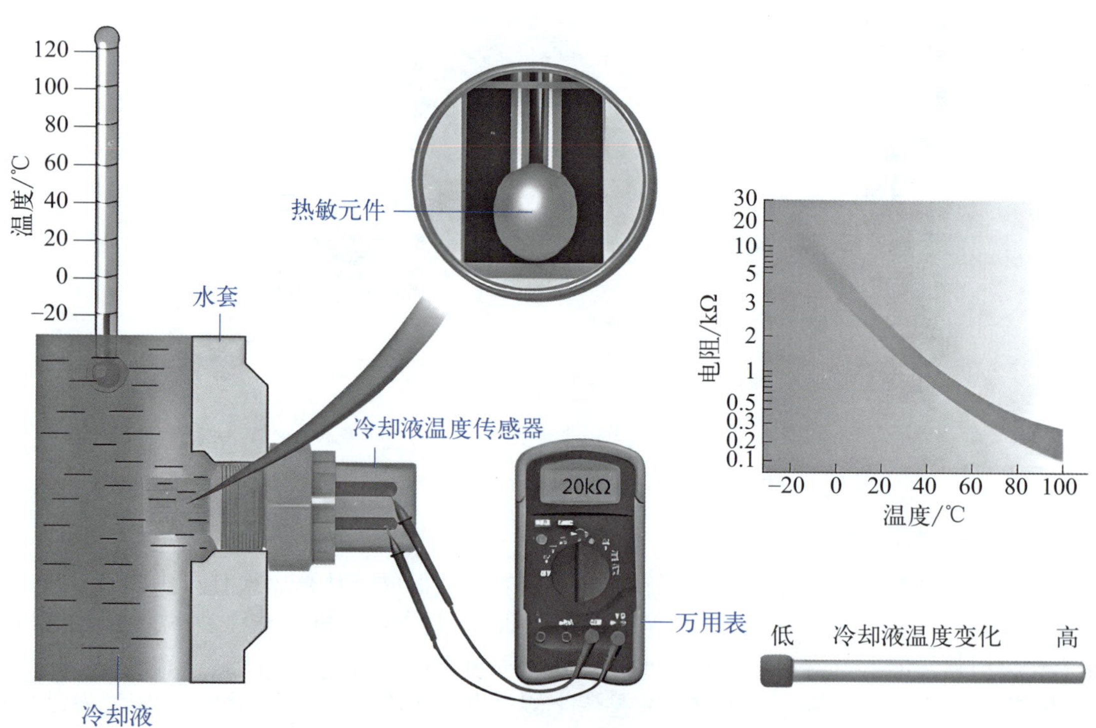

图 8.1-3　温度降低电阻增大

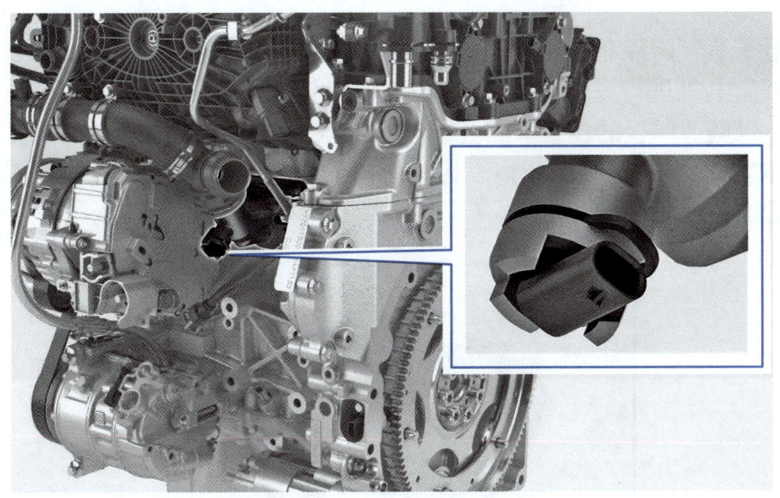

图 8.1-4　冷却液温度传感器

（3）电气连接

冷却液温度传感器的两根导线都和 ECM 相连接（图 8.1-5）。一根为搭铁，另一根的对地电压随热敏电阻阻值的变化而变化。ECM 根据这个电压的变化测得发动机冷却水的温度，和其他传感器产生的信号一起，用来确定喷油脉冲宽度、点火时刻等。

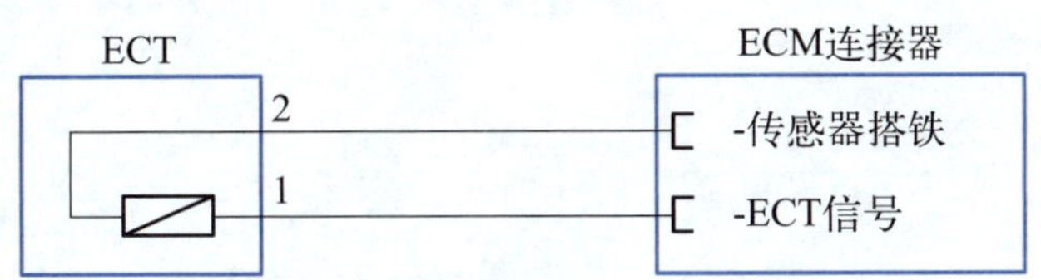

图 8.1-5　冷却液温度传感器电气连接示意

（4）导致的故障

冷却液温度传感器失效会导致以下故障。

❶ 电子节温器的操作将限制为标准节温器的操作。

❷ 温度计不起作用或读数不准确。

❸ 冷启动困难。

❹ 热启动困难。

❺ 发动机性能降低。

8.1.2　电子节气门

（1）安装位置

电子节气门位于增压空气冷却器连接管道与进气歧管之间（图 8.1-6）。系统不断改变电子节气门开度以维持所需的进气歧管压力，以便提供最佳的燃油效率设置并帮助气缸净化气流。

（2）节气门的作用

发动机控制模块（ECM）是节气门执行器控制（TAC）系统的控制中心（图 8.1-7）。加速器踏板与带电子节气门控制的阀板之间没有任何机械连接。阀板的位置由发动机控制模块（ECM）通过直流电机进行完全控制。 来自发动机控制模块（ECM）的脉宽调制（PWM）信号控制电机，以调节阀板的位置。将连续读取节气门位置传感器 （TPS）信息，然后发动机控制模块（ECM）将进行适当调整以达到所需的发动机功率。通过这种方法可以精确控制进入进气歧管的空气量。

图 8.1-6　节气门安装位置

1—来自增压空气冷却器的进气；2—阀板；3—电机；4—电气接头；5—空气出口；
6—冷却液管道连接（电子节气门至冷却液软管）

也就是说：发动机控制模块会根据节气门开度再结合当前的进气量来计算当前的发动机负荷；ECM 根据节气门位置计算当前的发动机负荷，进而控制喷油量。

（3）电子节气门的结构与原理

节气门电机是直流电机，可驱动齿轮（图 8.1-8）。该电机可驱动与阀板相连的芯轴。发动机控制模块（ECM）使用脉宽调制 （PWM） 信号来调节阀板的位置。进入进气歧管的空气量用于调节阀板的位置。阀板和电机具有 2 个最大位置。阀板闭合，可以让最少量的空气通过电子节气门进入进气歧管。阀板打开，可以让最大量的空气通过电子节气门进入进气歧管。

发动机控制模块（ECM）通过比较来自 TPS 的反馈信号计算阀板位置。在每个点火循环，发动机控制模块（ECM）都对阀板位置执行自检和校准例行程序。通过发动机控制模块（ECM）向直流电机供电，使阀板完全关闭，并视需要完全打开阀板。节气门控制示意见图 8.1-9。

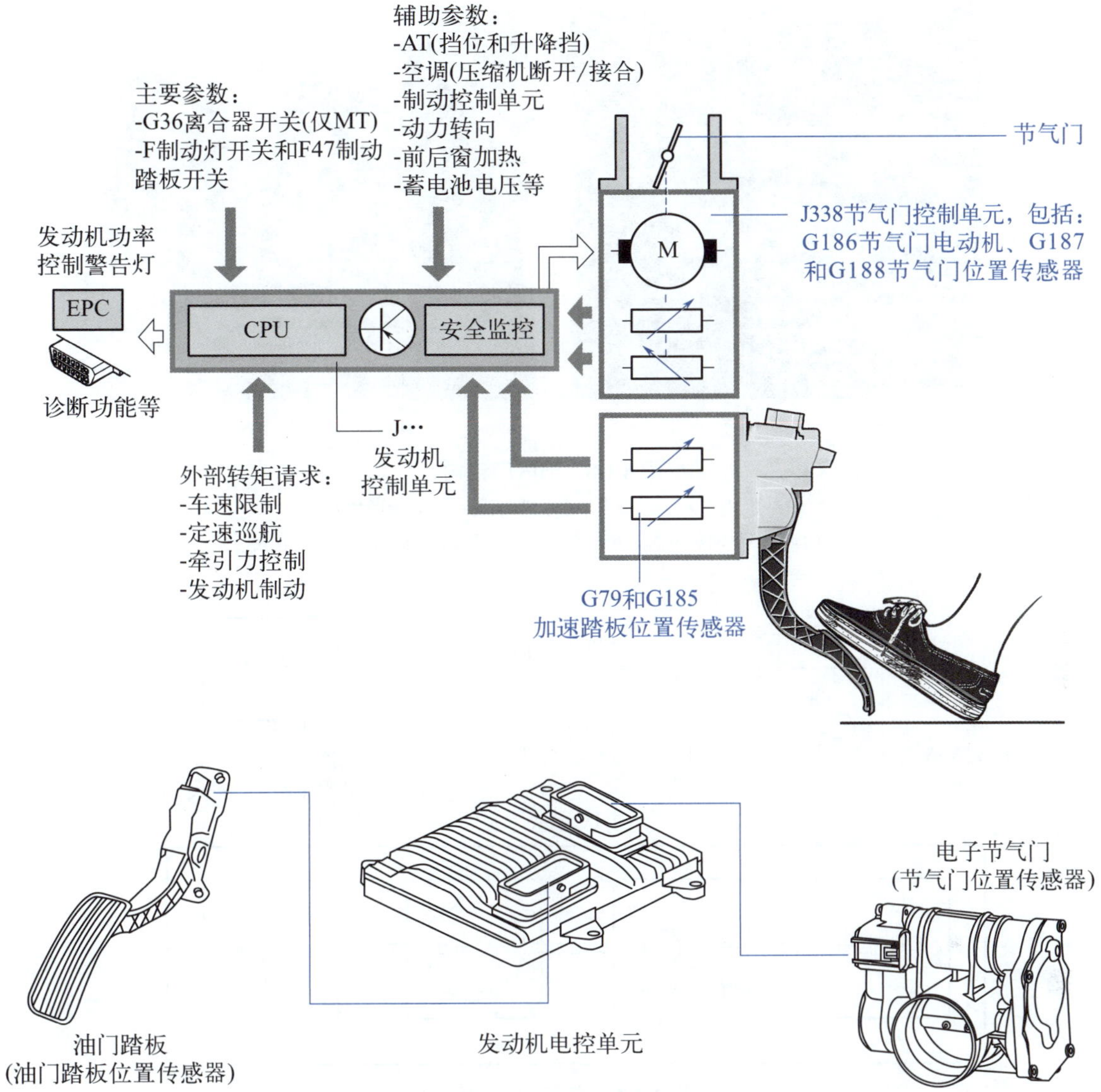

辅助参数：
-AT(挡位和升降挡)
-空调(压缩机断开/接合)
-制动控制单元
-动力转向
-前后窗加热
-蓄电池电压等

主要参数：
-G36离合器开关(仅MT)
-F制动灯开关和F47制动踏板开关

节气门

J338节气门控制单元，包括：G186节气门电动机、G187和G188节气门位置传感器

M

发动机功率控制警告灯

EPC

CPU

安全监控

诊断功能等

J…
发动机控制单元

外部转矩请求：
-车速限制
-定速巡航
-牵引力控制
-发动机制动

G79和G185
加速踏板位置传感器

电子节气门
(节气门位置传感器)

油门踏板
(油门踏板位置传感器)

发动机电控单元

图 8.1-7　电子节气门系统

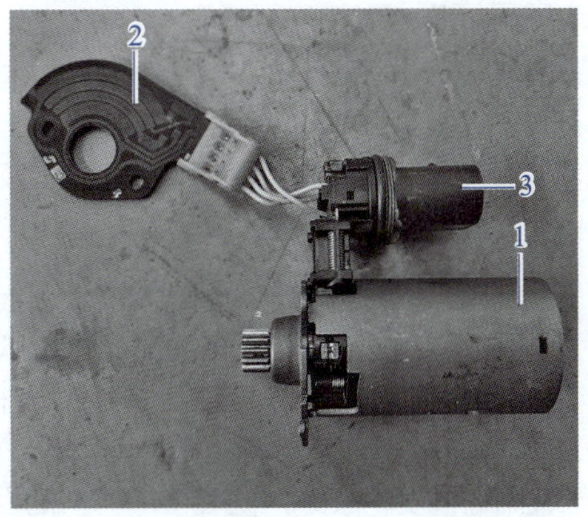

图 8.1-8

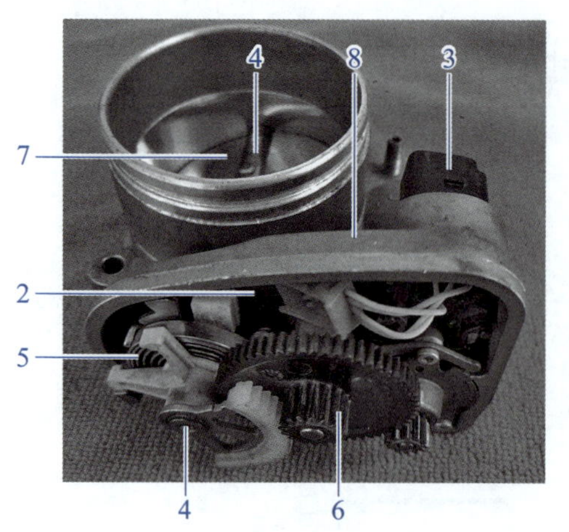

图 8.1-8　节气门结构

1—电机；2—节气门位置传感器；3—6 针脚插接器；
4—节气门轴；5—回位弹簧；6—传动齿轮；7—节气门阀板；8—节气门体

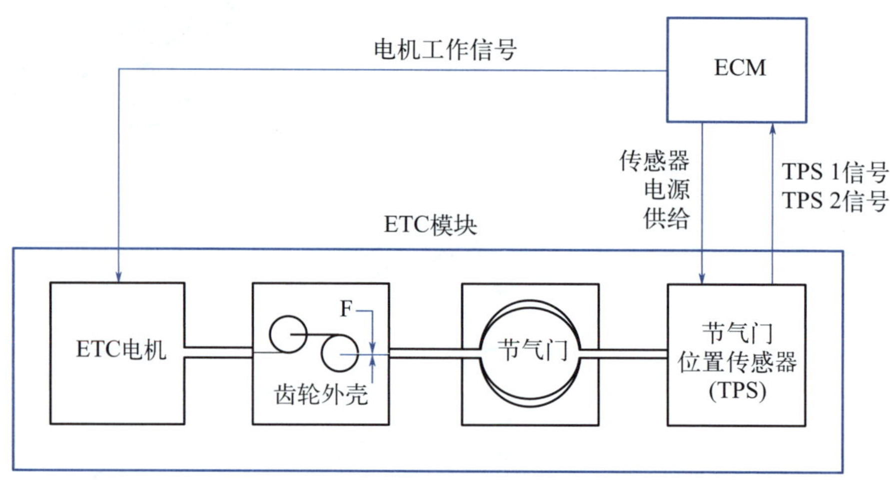

图 8.1-9　节气门控制示意

（4）电气连接

电子节气门有 6 根导线连接到发动机控制模块（ECM），如图 8.1-10 所示。其中 TPS 传感器有 4 条线路，分别为 TPS 的电源 5V 线参考电压，一根导线提供接地，TPS 信号 1 和信号 2 线；直流电机有 2 条控制线控制电机正反转。6 根导线均与 ECM 相连接。

（5）导致的故障

❶ 故障影响。节气门故障的最大表现就是加速迟缓，甚至不能加速，加速无力，严重影响动力，这是因为节气门故障而被发动机电脑限制。

发动机控制模块（ECM）监测节气门电机和 TPS 是否有故障，并能存储与故障相关的故障码（DTC）。

如果直流电机发生故障，仪表（IC）中的发动机故障指示灯（MIL）也会点亮。阀板将在弹簧的作用下返回紧急位置。阀板将保持部分打开状态，驾驶员只能以受限的发动机转速驾驶。

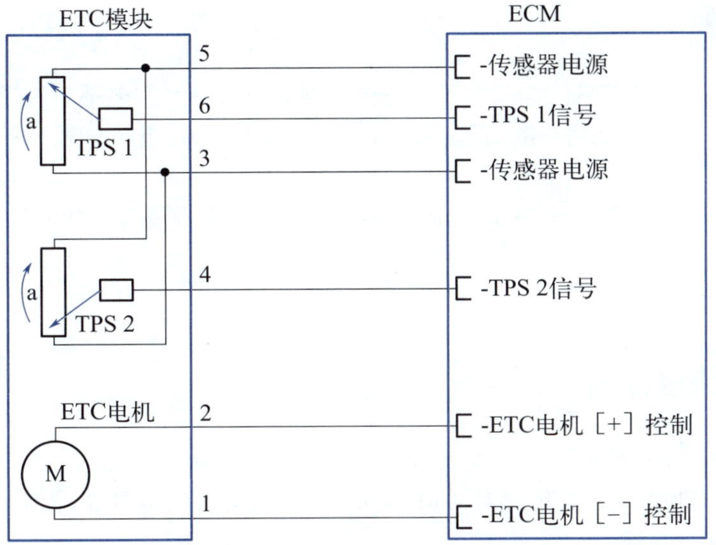

图 8.1-10　电子节气门电气连接示意

❷ 线路检测。检测发动机控制单元端供电，打开点火开关，万用表红表笔连接发动机控制单元 10 号脚（见图 8.1-11 中的 T60a/10），黑表笔连接搭铁，测量值为 5V，正常值为 5V 左右。

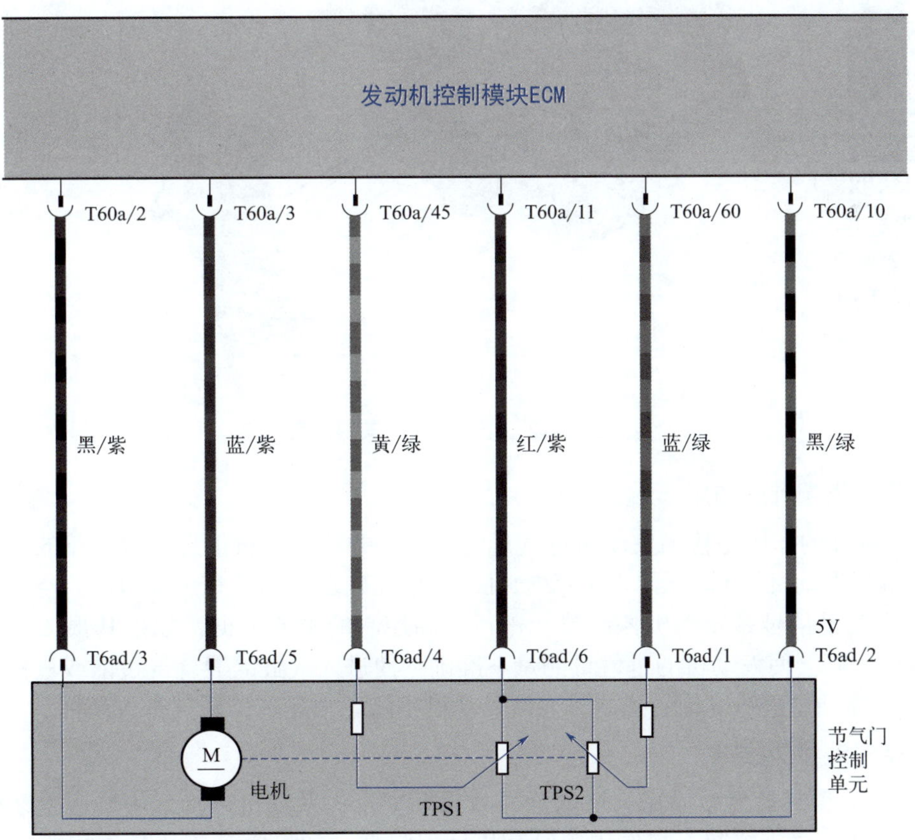

图 8.1-11　节气门电路

维修提示

① 检测原则：电子节气门信号为冗余设计，绝大部分车型的电子节气门位置信号 1 电压相加基本等于 5V。而且信号线的电压一般都在 0 ~ 5V 之间变化，随着节气门开度增大，信号电压也增大。

② 检测时，可以打开点火开关，踏踩油门踏板，来检测信号变化，进而判断节气门的好坏。

8.1.3 空气流量计

（1）空气流量计安装位置

空气流量计，即空气流量传感器（MAF），安装在发动机空气滤清器后端、进气歧管前的进气软管上（图 8.1-12）。

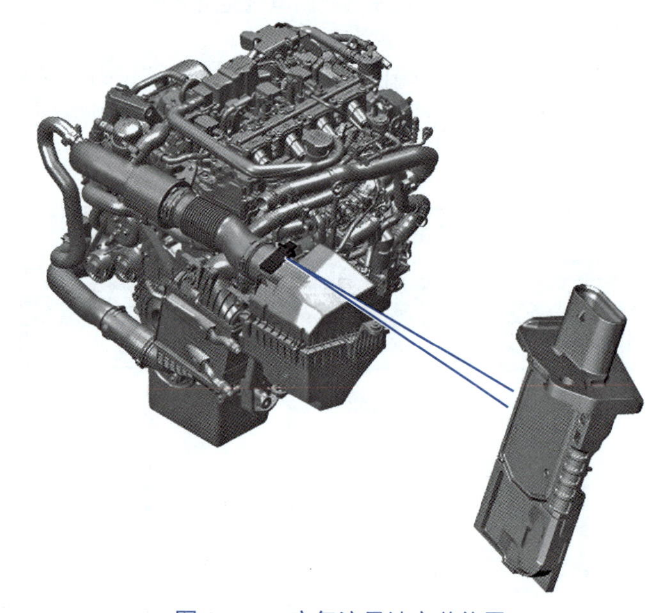

图 8.1-12　空气流量计安装位置

（2）空气流量计的作用

空气流量计的作用是检测发动机进气量的大小，并将进气量信息通过电路的连接转化为电信号，输入发动机控制单元，以供发动机控制单元确定喷油量和点火时间。空气流量传感器获得的进气量信号是发动机控制单元进行喷油控制的主要依据，如果其损坏或其电路连接出现故障，则会使发动机的进气量测量不准确，使进入气缸的混合气过浓或过稀，从而使 ECU 无法对喷油量进行准确的控制，导致发动机不能正常运转，尾气排放超标。

（3）空气流量计故障

如果 MAF 传感器发生故障，可能会导致启动困难；发动机启动后停转；发动机响应延迟，加速不良；怠速控制不起作用；发动机性能降低。如果空气流量计内集成了温度传感器，那么温度传感器信号发生故障，可能会导致燃油供给过量和怠速控制不稳定。

空气流量计的重要作用之一就是确定基本喷油量，ECM 根据空气流量计提供的进气量信号来确定喷油量是多少，进气量信号是燃油喷射控制的重要参考信号。那么这里就不得不说空燃比（图 8.1-13），准确测量吸入空气质量的目的在于，将空燃比控制在 $\lambda=1$ 的附近，并降低和清除废气中所含的有害物质。

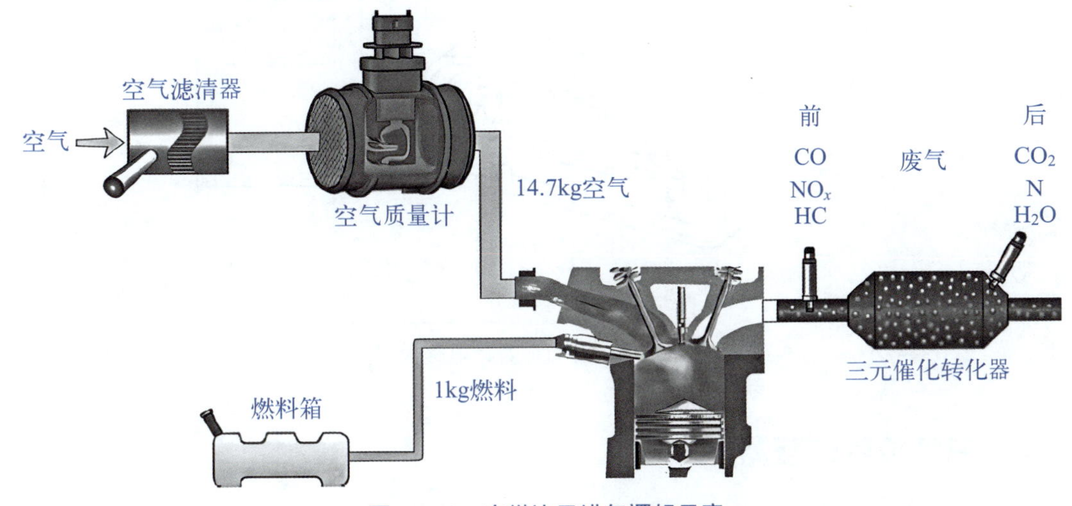

图 8.1-13　空燃比及进气逻辑示意

为了使 1kg 燃料充分燃烧，内燃机需要 14.7kg 的空气，这种燃料相对于空气的比例在技术上表示为理想空燃比。为了使发动机控制单元能够在各种运行状态下设定正确的空燃比，需要关于进气的准确信息。在理想状态时，空燃比的 λ 值为 1。只有在理想状态时，废气中的有害物质才可能被三元催化转化器几乎全部清除。

浓混合气：在浓混合气（$\lambda<1$）时，废气中含有过多一氧化碳（CO）和未燃烧的碳化氢化合物（HC）。例如，1.2kg 燃油：14.7kg 空气。稀混合气：在稀混合气（$\lambda>1$）时，废气中含有过多的氮氧化物（NO_x）。例如，0.8kg 燃油：14.7kg 空气。

这样就不难看出，空气流量计故障问题本质上是进气系统问题，进气系统泄漏导致发动机的空燃比失调，严重者会导致发动机工作不平稳；还有就是空气流量计本身故障，如果空气流量计中的热膜受到严重污染，相当于给热膜加了一个保温层。这样空气流量计测量到的数值就会小于实际值，从而导致混合气过稀。如果空气流量计本体内部电路短路和断路，在这些情况下，ECM 会储存相关的故障码，发动机也会亮故障灯。

（4）空气流量计电路检测

空气流量计电路检测见图 8.1-14。

❶ 电源：打开点火开关，用万用表黑表笔接车身搭铁，红表笔分别接传感器里面的几根线，测得电压最低的那根线，即是传感器的负极；万用表黑表笔接刚才找到的传感器负极线，红表笔分别接除传感器负极之外的线，找到一根电压为 5V 左右的线（有些车会是外部电源，就是 12V），这根线，就是传感器供电线。

❷ 信号：用万用表黑表笔连接上述找到的传感器负极线，红表笔分别接除传感器负极之外的线，测试过程中启动汽车，不断加速和减速；观察在此过程中哪根线的电压会发生变化，会随加减速而发生电压变化的这根线，就是传感器信号线。

如果用以上方法找不到信号线，那就用 LED 试灯，试灯负极接传感器负极线，试灯另外一端接传感器上除传感器负极以外的其他线，看试灯是否会闪烁，找到使试灯闪烁的这根线，就是信号线。

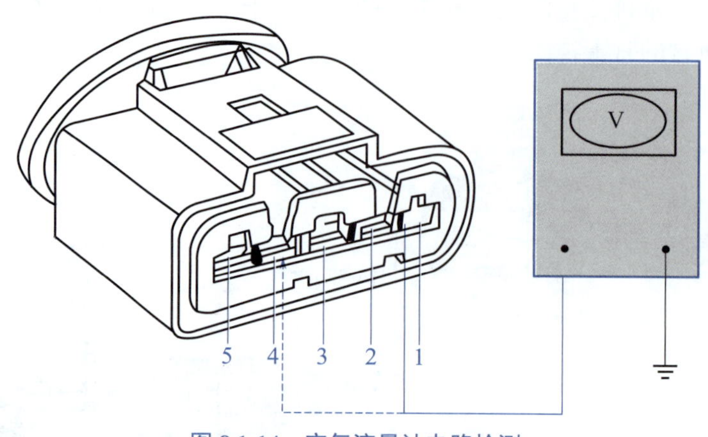

图 8.1-14　空气流量计电路检测

8.1.4　曲轴位置传感器

（1）曲轴位置传感器安装位置

曲轴位置传感器（CKP）位于发动机的左后侧曲轴附近，位于孔中并用一个螺钉固定（图 8.1-15）。

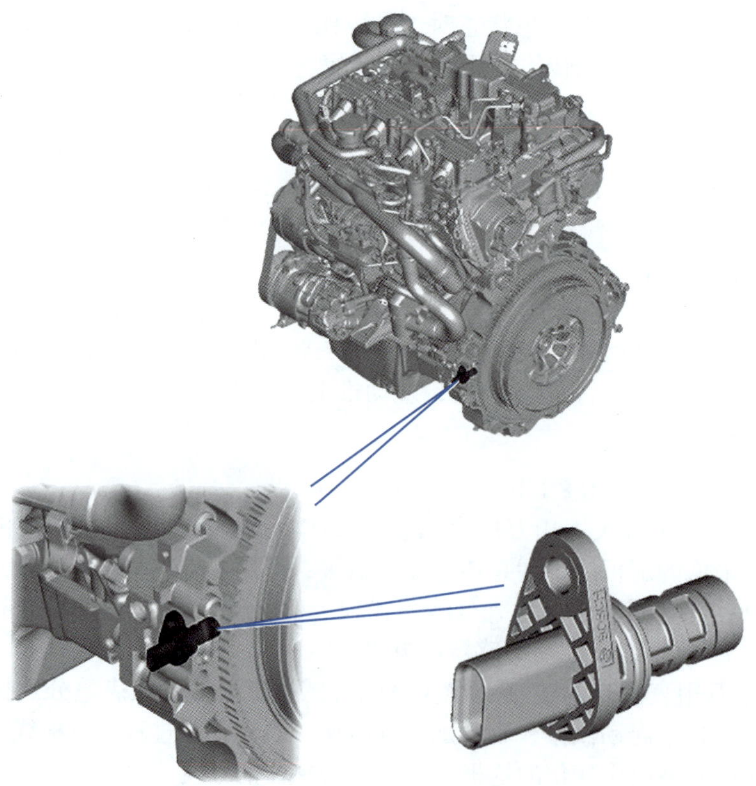

图 8.1-15　曲轴位置传感器安装位置

（2）曲轴位置传感器的作用

曲轴位置传感器的作用是检测发动机曲轴的转速与位置并传给发动机控制模块，作为发动机控制单元确定点火时刻和喷油时刻的基本信号。

（3）曲轴位置传感器的工作原理

曲轴位置传感器根据其工作原理不同，分为磁电式曲轴位置传感器与霍尔式曲轴位置传感器。

曲轴位置传感器从发动机控制模块（ECM）中接收 5V 参考电压。2 根到 ECM 的连接线，提供接地和信号输出。霍尔曲轴位置传感器磁阻环有 58 个齿和一个缺失 2 个齿的部分（图 8.1-16），利用霍尔效应，它用触发轮上的缺失齿来确定曲轴的位置和转速，从而判定曲轴旋转时发动机的转速和活塞的相对位置。发动机控制单元使用曲轴位置传感器提供的这些信息生成正时点火信号和喷射脉冲，然后分别发送给点火线圈和喷油器。

图 8.1-16　曲轴位置传感器

（4）曲轴位置传感器故障

曲轴位置传感器出现故障，会在发动机控制单元中记录故障码（DTC）。发动机利用来自凸轮轴位置（CMP）传感器的数据继续运转，直至故障得到排除为止。但是，一旦熄火，发动机因曲轴位置传感器故障而不能再次运转。曲轴位置传感器因损坏而无法输出缺齿齿位的信号，会使发动机控制模块（ECM）无法判断曲轴位置，这将导致燃油系统及主继电系统无法运作。

可能故障的主要原因有曲轴位置传感器本身故障；曲轴位置传感器至 ECM 之间电路短路或断路；曲轴上的正时盘损坏。

8.1.5　凸轮轴位置传感器

（1）凸轮轴位置传感器安装位置

凸轮轴位置（CMP）传感器位于发动机凸轮轴附近（图 8.1-17），安装在凸轮轴同步运转的位置，提供凸轮轴位置信息。

（2）凸轮轴故障

凸轮轴位置传感器（相位）感应凸轮轴凸起位置，以此识别工作气缸（图 8.1-18）。

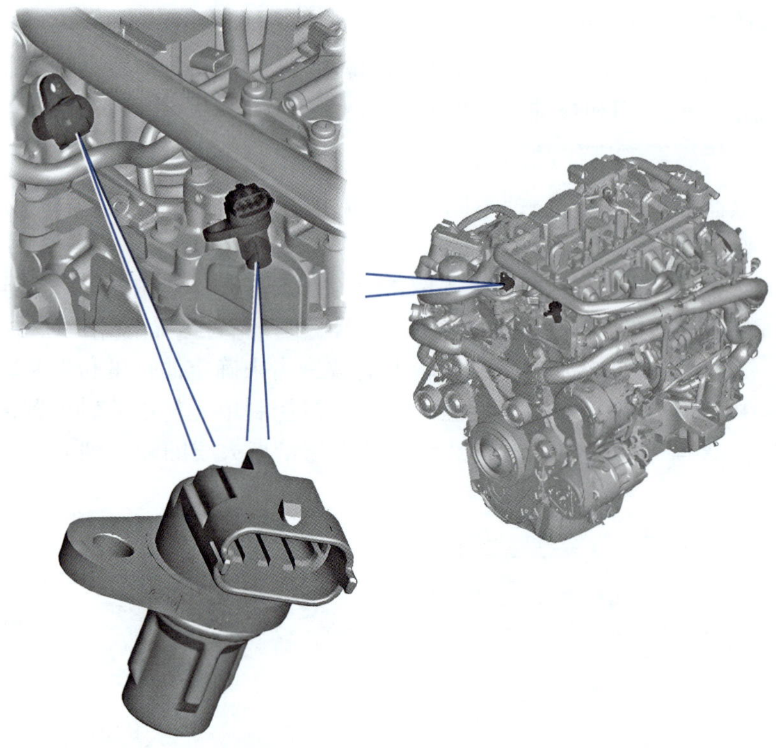

图 8.1-17　凸轮轴位置传感器

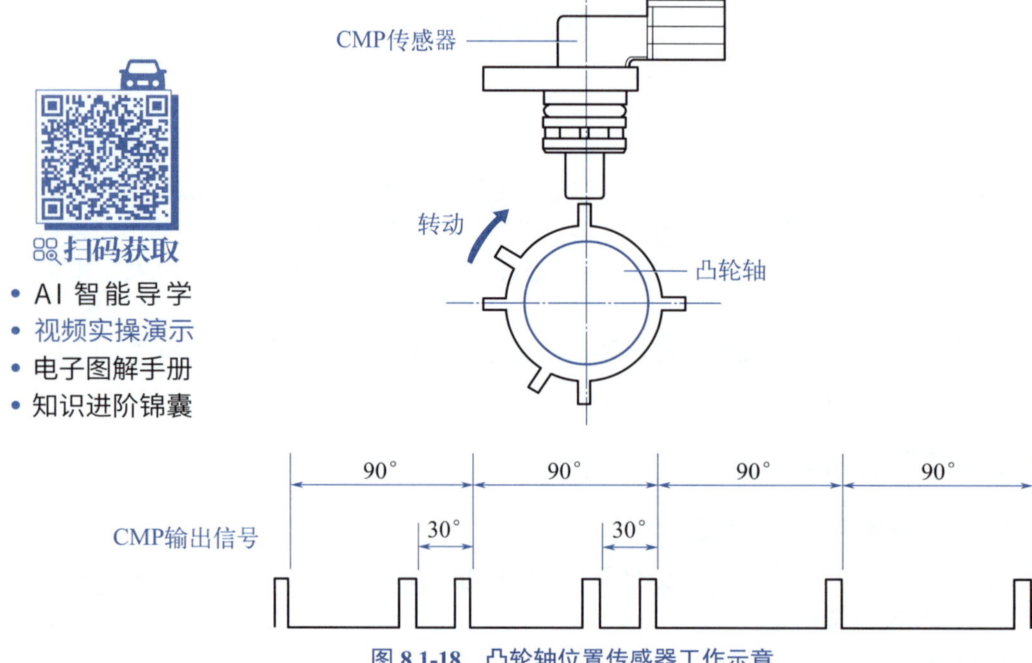

图 8.1-18　凸轮轴位置传感器工作示意

凸轮轴位置传感器对系统的排放影响很大，传感器出现问题的时候车辆启动困难，启动会出加速明显不良。

ECM 根据凸轮轴传感器信号以及曲轴位置传感器信号判断气缸位置，从而确定启动时第一次点火以及点火次序，同时也用于爆震控制。如果传感器出现故障，则发动机无爆震控制功能，同时各缸点火提前角均推迟。

8.1.6 爆震传感器

(1) 爆震传感器安装位置

就发动机内部爆震而言，是一种正常的现象。发动机在燃烧室内，在火花塞正常点火时没有点火，而是非正常时刻提前了很长时间点火，这样就会造成其不正常的燃烧，就会导致发动机出现爆震。爆震会使发动机性能下降，会影响发动机的平顺性。

爆震传感器（KS）安装在气缸体上，有前后两个传感器（图 8.1-19，每个爆震传感器都用一个螺钉固定。它是压电陶瓷传感器，它使发动机控制模块（ECM）能够进行主动爆震控制，并防止发动机受到提前点火或爆震的损坏。

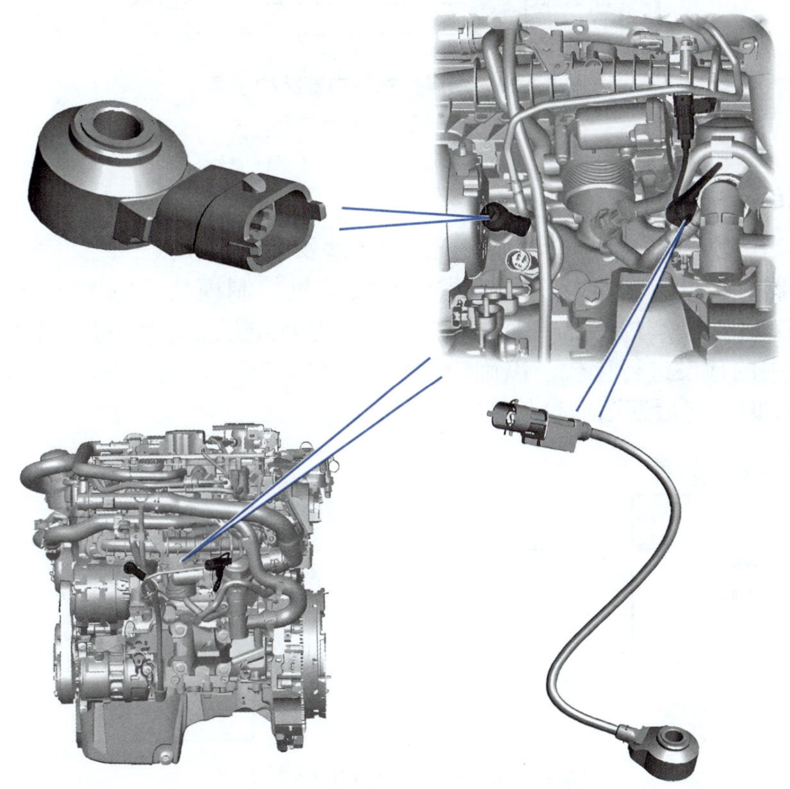

图 8.1-19 爆震传感器的安装位置

(2) 爆震传感器的工作原理

爆震传感器是一个（电压型）无源传感器，靠震动而发出电信号。爆震传感器内部结构示意见图 8.1-20。

爆震传感器利用半导体的压电特性把发动机中异常燃烧产生的震动转化为电压，并把电压输入发动机控制单元。发动机气缸内产生爆燃，气缸就会震动，爆震传感器就会随之震动。这时候，爆震传感器就会发电，而发电电压的高低就代表了爆震传感器震动力度的大小。

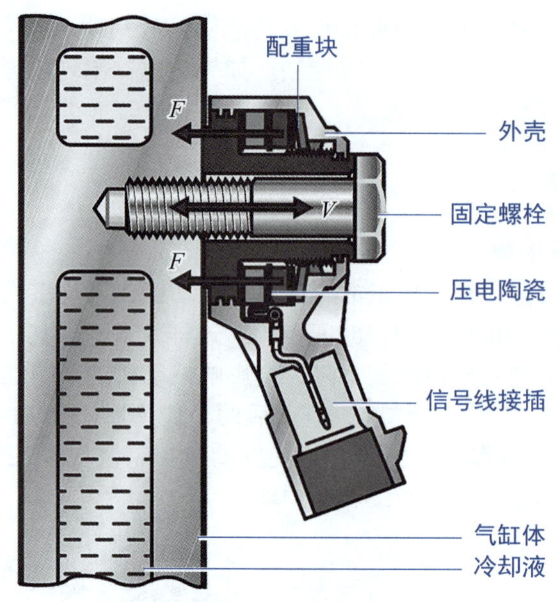

图 8.1-20　爆震传感器内部结构示意

F—预紧力；*V*—爆燃压力

（3）爆震传感器故障

爆震现象突出地表现为异常振动和噪声，可导致发动机损坏。

爆震传感器有 2 针脚电气接头，提供了与发动机控制模块（ECM）接线线束的接口（图 8.1-21），ECM 对爆震传感器的两根线都给一个基准电压。ECM 将来自爆震传感器的信号与其存储器中的预设进行比较，以确定发生爆震的时间。检测到爆震时，ECM 将延迟该气缸上的点火正时，然后逐渐地将其恢复初始设置。

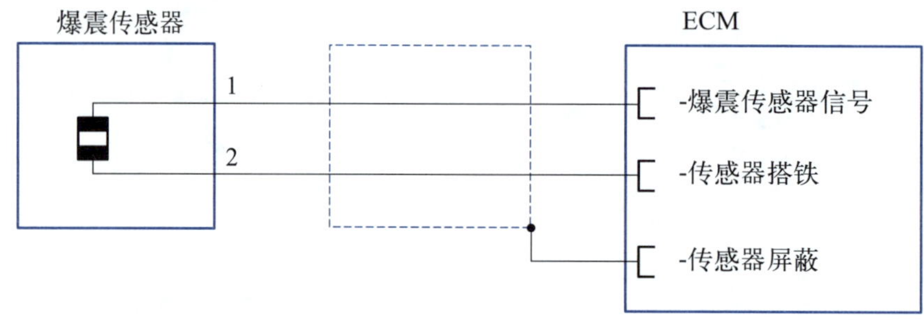

图 8.1-21　爆震传感器与 ECM 连接

爆震传感器（图 8.1-22）发生故障会导致发动机功率下降，尤其换挡会闯车，高速行驶时驾驶舒适性不良。如果从爆震传感器接收到的信号变得不合理，则 ECM 将取消点火系统的闭环控制。在这些情况下，ECM 将默认采用基本脉谱值来进行点火正时，以防止发动机因使用的燃油质量差而受损，故障指示灯（MIL）将不会点亮。

点火提前角过大会产生发动机爆燃（图 8.1-23）。其原因也很多，例如，空燃比不正确，喷油器故障，混合气过浓；经常使用劣质汽油；发动机燃烧室内积炭过多，增大了压缩比；发动机温度过高；爆震传感器安装不到位导致的信号失准，或者传感器螺栓安装力矩过大，没有按照规定力矩执行，这些都会导致发动机爆震。

图 8.1-22　爆震传感器故障

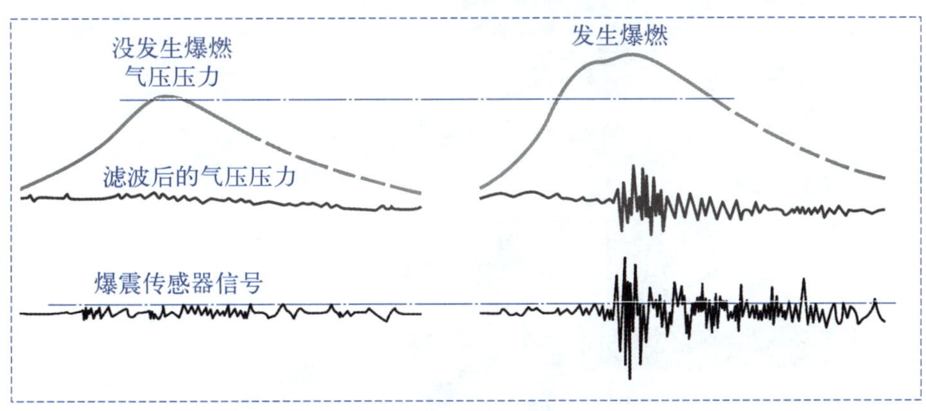

图 8.1-23　爆震传感器信号比较

8.1.7　氧传感器

（1）氧传感器安装位置和结构

氧传感器安装在排气管路上（图 8.1-24 和图 8.1-25），包括前氧传感器和后氧传感器。有些相对低端的车型只有一个氧传感器。

（2）氧传感器的结构

加热型氧传感器内部核心组件包括传感器和加热元件两大部分（图 8.1-26），最低工作温度为 300℃，最高温度一般不超过 850℃，600℃为理想工作温度。加热式氧传感器的内部设计有电加热组件，利用系统供电强制使氧传感器加速预热。

（3）氧传感器的作用

❶ 前氧传感器。发动机控制单元根据氧传感器把排气中的氧气含量信号转换成的电信号，可以计算获得上次喷油量的多少，空燃比是不是在 14.7 : 1 的附近，燃油混合气是浓了还是稀了。这样，发动机控制单元就在下一次喷油的时候修正喷油量，也就是说增加或者减

少喷油脉宽，并在大部分环境状况下使系统保持在理想空燃比，以获得更加优良的汽车排放控制特性和燃油经济性。

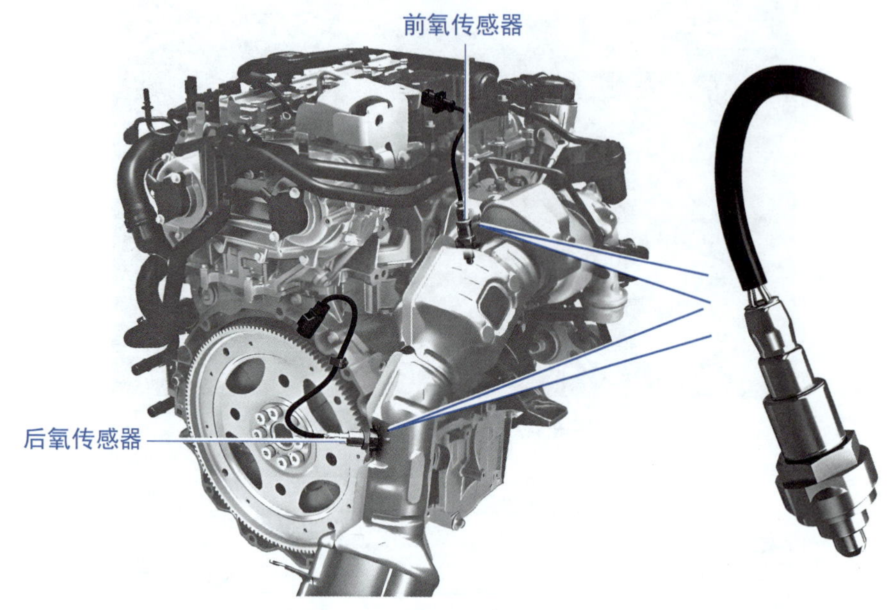

图 8.1-24　氧传感器安装位置

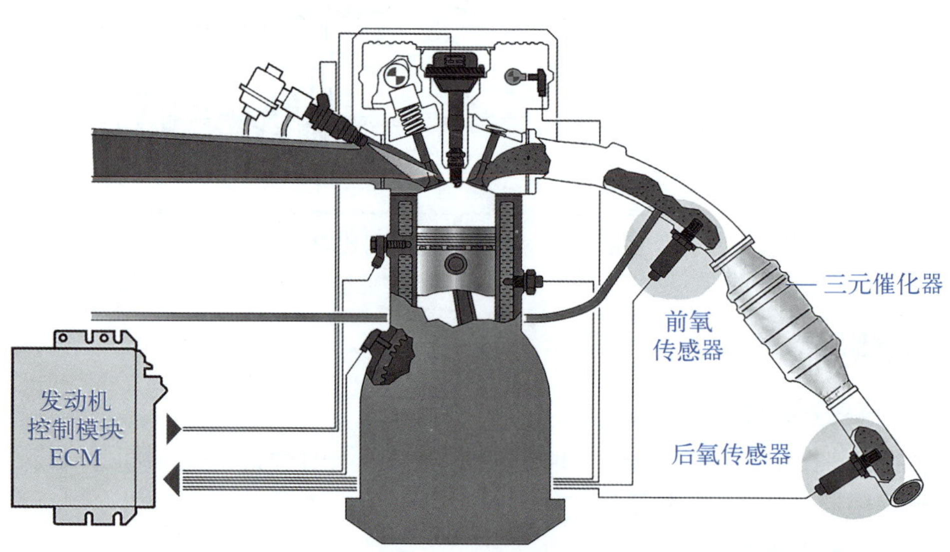

图 8.1-25　氧传感器安装位置示意

❷ 后氧传感器。后氧传感器的主要作用是监测三元催化器是否老化。当三元催化器已老化时，后氧传感器的输入信号会与前氧传感器的输入信号相近，但会有些时间差（延迟）。ECM 会利用后氧传感器的输入信号与前氧传感器的输入信号来计算出三元催化器的效率。

（4）氧传感器的工作原理

氧传感器传感元件是二氧化锆陶瓷管，外侧通排气，内侧通大气。陶瓷管的温度达到一定温度就会具有固态电解质的特性。氧传感器应用这种特性，将氧气的浓度差转化成电势差，从而形成电压信号输出。如果混合气偏浓，陶瓷管内外氧离子浓度差较高，电势差就偏高，大量的氧离子从内侧移到外侧，这样，输出电压较高（接近 1V）；如果混合气偏稀，则陶瓷管内外氧离子浓度差较低，电势差就较低，这时仅有少量的氧离子从内侧移动到外侧，输出电压较低（接近 0V）。加热型氧传感器工作原理示意见图 8.1-27。

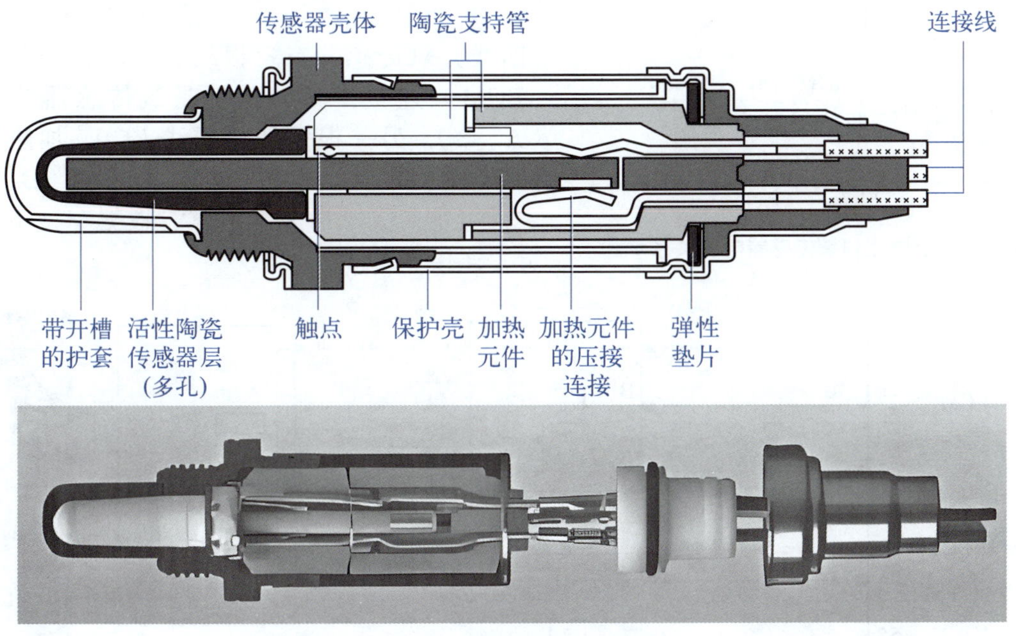

图 8.1-26　氧传感器内部结构

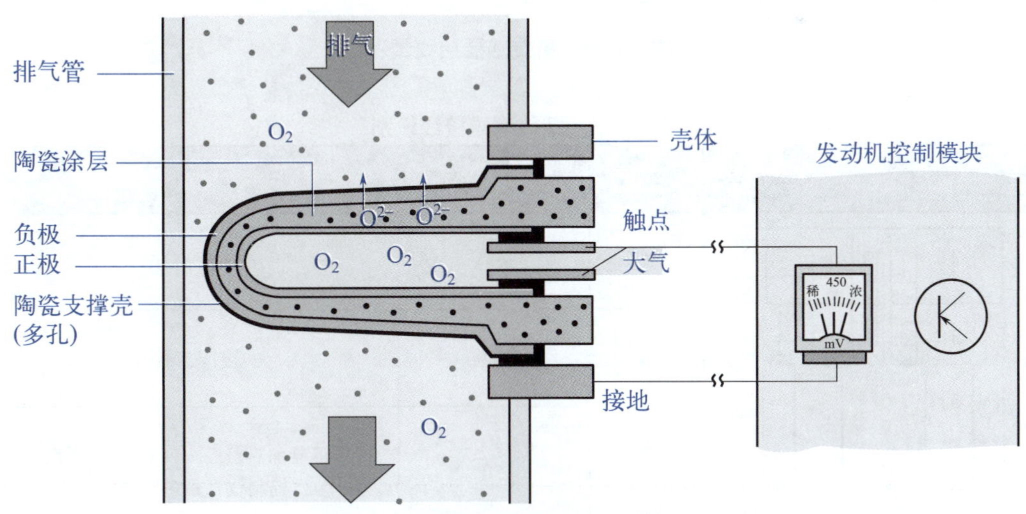

图 8.1-27　加热型氧传感器工作原理示意

（5）闭环控制

氧传感器是闭环燃油控制系统的一个重要标示性传感器，在“闭环”中，发动机控制模块根据氧传感器信号计算空燃比（即喷油器接通时间），从而使空燃比始终非常接近理论空燃比（14.7∶1，这时氧传感器信号电压为 0.45V）（图 8.1-28），使三元催化净化器达到最佳的转换效率。当参与发动机燃烧的空燃比变稀时，排气之中的氧聚集含量增加，氧传感器的输出电压降低，反之输出电压值则增高，由此向 ECM 反馈空燃比的状况。

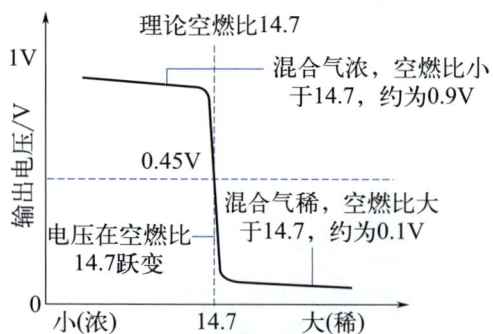

图 8.1-28 空燃比和氧传感器电压关系示意

（6）氧传感器检测

❶ 氧传感器接线见图 8.1-29 和表 8.1-1。（四线）氧传感器有三根线和发动机控制模块（ECM）连接，其中两根是氧传感器信号线（A、B），另一根是加热器线（C），加热器线受 ECM 控制。还剩下一根线是正极（D），与主继电器（或燃油泵继电器，根据车型不同而定）连接。

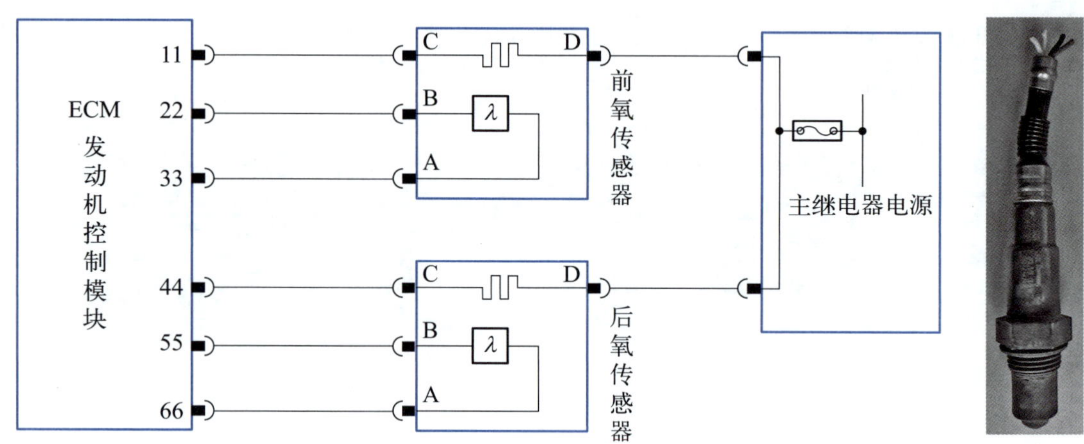

图 8.1-29 氧传感器接线情况

表 8.1-1 氧传感器接线识别

氧传感器插接器 / 线束	针脚	导线颜色	线别作用
A B C D	A	灰色	接传感器信号（地）
	B	黑色	接传感器信号
	C	白色	接传感器加热负极（ECM 内部搭铁，加热控制线，是占空比控制）
	B	白色	接传感器加热正极

❷ 找出氧传感器加热线见图 8.1-30、表 8.1-2。用万用表红黑表笔分别探接两根导线，检测其电阻，如果两根导线之间存在电阻，那么可以确定这两根导线是加热线。

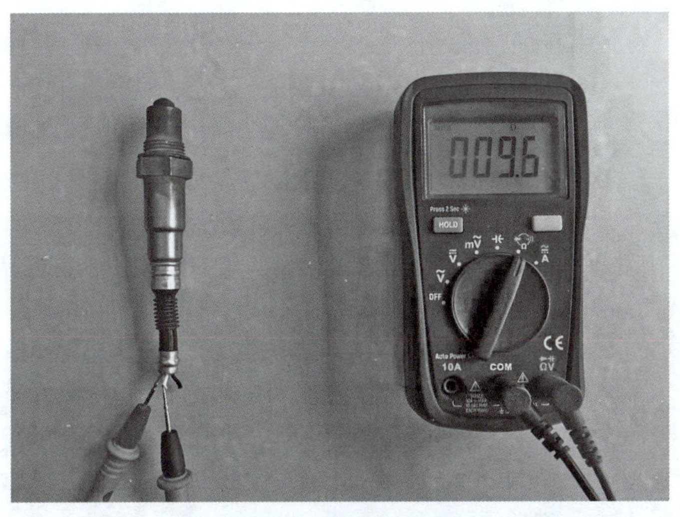

图 8.1-30　检测氧传感器两根线之间是否存在电阻

表 8.1-2　氧传感器电加热线检测识别

检查部件	万用表连接插件端子	条件 / 状态		应测得结果
前氧传感器接线端	探测某两根线（C-D）	独立氧传感器或就车拔开插接器	电阻挡	有电阻

❸ 找出氧传感器加热线的正负（见表 8.1-3）。在着车状态下，用万用表就车测量氧传感器加热线电压，如果有一根是蓄电池电压，那么这根导线就是加热线正极。自然另一根就是加热线负极，其电压小于蓄电池电压且大于 0V。

表 8.1-3　氧传感器电加热线正极检测识别

检查部件	万用表连接插件端子	条件 / 状态		应测得结果
前氧传感器接线端（接主继电器端）	接地 -D	着车	电压挡	蓄电池电压

❹ 找出氧传感器信号线（表 8.1-4）。已经找到两根加热线，那么（四线）氧传感器还有剩余两根信号线，用万用表测试即可识别判断，以下检测判断方法在实践中非常有用。

表 8.1-4　氧传感器信号线识别正负极

检查部件	万用表连接插件端子	条件 / 状态		应测得结果
氧传感器已知两根信号线	信号线两端（A-B）	着车	电压挡	最高 1V

a. 方法一：就车检测。

不拆下氧传感器，拔下氧传感器插接器。用万用表电压挡，红黑表笔分别接两根信号线，然后来回着车加油门，直到万用表电压显示到 1V 左右（基本在 1V 以下），如果万用表显示负数值，那么表示黑表笔接端为正极，另一端为负极。如果显示正的数值，那么红表笔接端为正极，另一端为负极。

b. 方法二：独立氧传感器检测。

拆下氧传感器，对其进行加热氧（图 8.1-31）。同样用万用表测其两根信号线之间电压，直到万用表电压显示到 1V 左右（这样烧很难到达 1V，但接近于 1V，不影响极性判断），与就车检测同样的方法判断正负极。图 8.1-31 中，红黑表笔接线极性相反，正负极自然分辨出来。

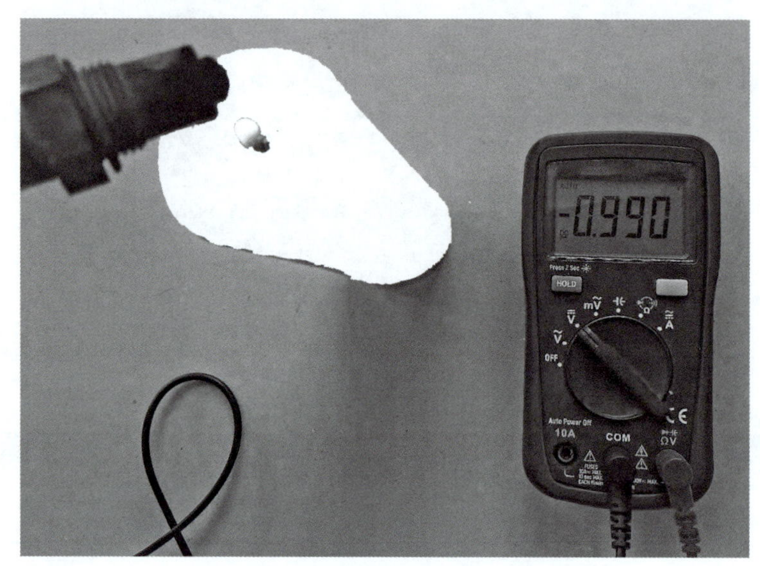

图 8.1-31　判断氧传感器信号线正负极

（7）氧传感器故障

氧传感器故障的表现就是油耗升高，甚至冒黑烟。同时伴有动力不足，怠速不稳，加速不良。

❶ 就车检测氧传感器（四线）见图 8.1-32。用故障诊断仪检测氧传感器，如显示故障为前氧传感器加热器短路到低电压、前氧传感器加热器短路到高电压、加热型氧传感器电路活性不足、加热型氧传感器响应过慢、混合气浓等氧传感器故障等，凡是显示氧传感器故障，其实都可以用万用表进行检测判断。

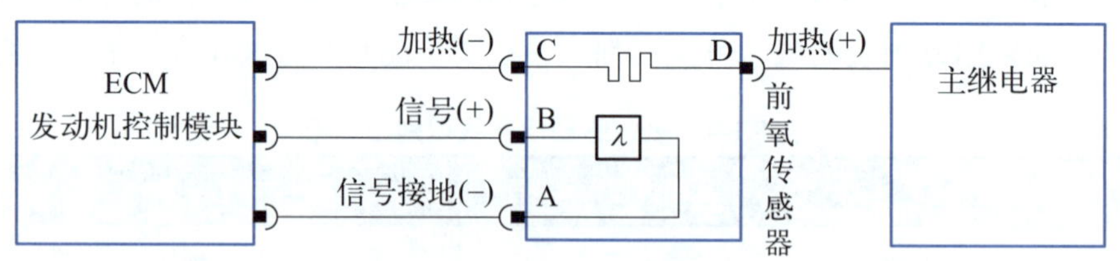

图 8.1-32　氧传感器电路

a. 如表 8.1-5 所示，就车检测氧传感器，着车，使用万用表黑表笔搭铁，红表笔测试加热正极。如果不符合表 8.1-5 中应测得结果，要么供电电路问题，要么 ECU 故障，需要进一步检修电路和 ECU。

表 8.1-5　检测氧传感器加热线正极

检查部件	万用表连接插件端子	条件 / 状态	应测得结果
氧传感器插接器上导线	搭铁 -D	着车	蓄电池电压

b. 如表 8.1-6 所示，就车检测氧传感器，着车，使用万用表黑表笔搭铁，红表笔连接测试加热线负极，应该小于蓄电池电压。

表 8.1-6　检测氧传感器加热线负极

检查部件	万用表连接插件端子	条件 / 状态	应测得结果
氧传感器插接器上导线	搭铁 -C	着车	＜蓄电池电压

c. 如表 8.1-7 所示，就车检测氧传感器，着车，使用万用表黑表笔搭铁，红表笔连接测试信号负极（该线进 ECU 搭铁），测得结果应该小于 0.2V。

表 8.1-7　检测氧传感器信号负极

检查部件	万用表连接插件端子	条件 / 状态	应测得结果
氧传感器插接器上导线	搭铁 -A	着车	＜ 0.2V

d. 如表 8.1-8 所示，就车检测氧传感器，着车，使用万用表黑表笔搭铁，红表笔测试信号正极电压。

表 8.1-8　检测氧传感器信号正极

检查部件	万用表连接插件端子	条件 / 状态	应测得结果
氧传感器插接器上导线	搭铁 -B	怠速着车	0.3 ～ 0.7V

怠速情况下，测得氧传感器信号结果应该在 0.3 ～ 0.7V 之间变化，而且每次跃变都通过 0.45V，且这种跃变每 10s 8 次，那么氧传感器为正常。

如果在接近上述数值范围的 0.1V 上下变化（比如 0.2 ～ 0.8V），那么勉强可用，但如果变化太大，表明氧传感器存在故障，应该更换。

❷ 用故障诊断仪检测氧传感器电压变化。观察氧传感器电压值，加油门至发动机转速在 2000r/min 以上，来回加油门，如果信号电压为 0 ～ 1V，表明氧传感器良好。如果在 0V 不跳变，则可以确定氧传感器已经存在故障，需更换。

（8）宽域氧传感器

宽域氧传感器（或者叫宽量程氧传感器）与阶跃氧传感器是相对的，宽域氧传感器不断（普通氧传感器是跃变）测量废气中的残余氧含量。残余氧含量的摆动值作为电压信号继续传送给发动机控制单元。发动机控制系统通过喷射修正混合气成分。

宽域氧传感器比普通氧传感器内部多了一个氧元泵（可以理解为水泵的道理），在氧元泵上施加电压，于是很多氧气被抽送到测量元件中，直到测量元件的电极之间出现一个可以建立理想空燃比的电压为止。

维修提示

一般的（四线）氧传感器只能监测出混合气是否浓或者稀，而随着混合气的控制范围加宽，对于这样的普通阶跃（窄域），氧传感器无法满足空燃比的控制要求。因此逐渐开始使用宽域氧传感器，宽域氧传感器不但能监控混合气是浓或者稀，还能精确监测具体浓多少或稀多少。

宽域氧传感器（图 8.1-33）的五根线分别是：两根加热线（加热正极、加热负极占空比控制），一根虚拟地线，一根氧信号线（参考电压），一根氧泵电流信号线。如果接线端有六个针脚，那么其中一个表示泵电流反馈（微调电阻）。

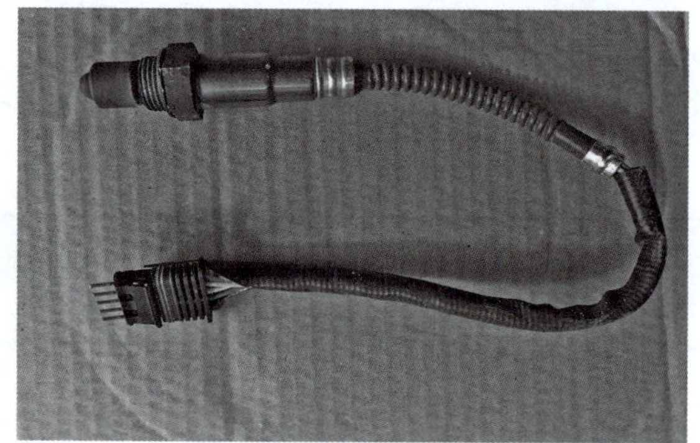

图 8.1-33　宽域氧传感器

8.1.8　点火线圈

（1）发动机点火系统

发动机的每个气缸上在进气门和排气门之间安装一个火花塞，每个火花塞上安装一个点火线圈（图 8.1-34）。点火线圈是发动机点火系统的感应线圈，它将蓄电池的低电压转换为高电压，并由火花塞产生电火花来点燃混合气。发动机点火系统运行部件见图 8.1-35。

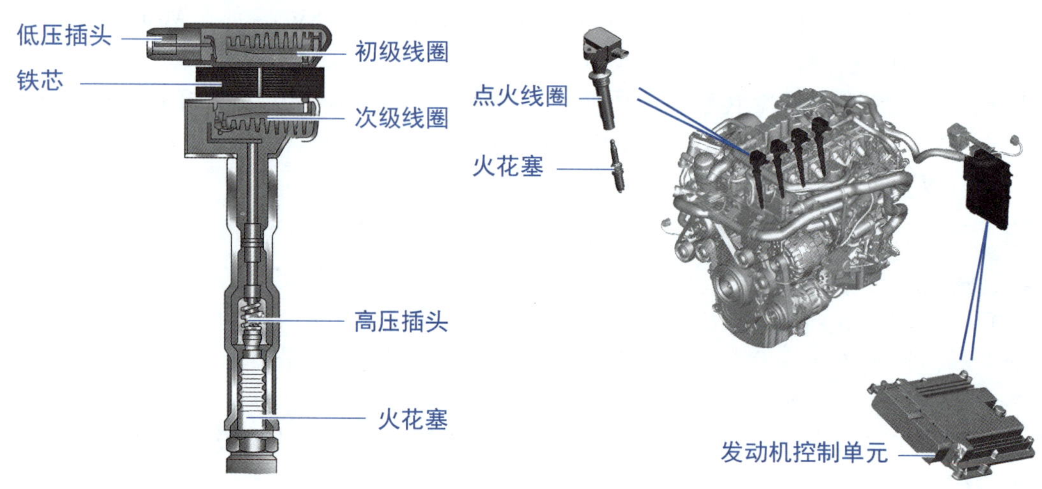

图 8.1-34　点火系统

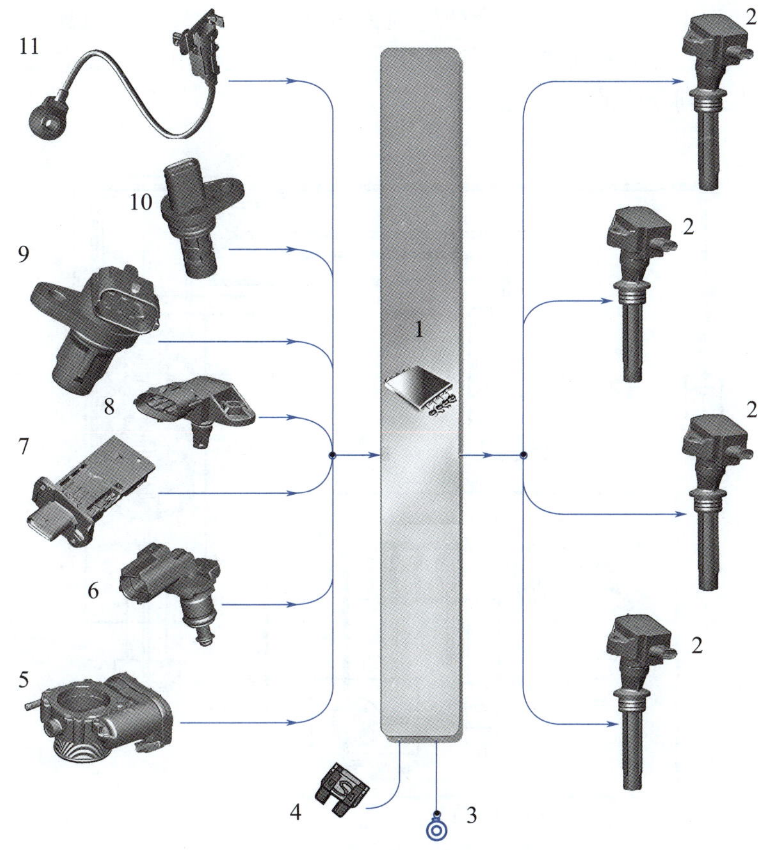

图 8.1-35　发动机点火系统运行部件

1—发动机控制模块（ECM）；2—点火线圈；3—接地；4—电源；5—节气门位置传感器；6—发动机冷却液温度传感器；7—空气质量流量传感器；8—歧管绝对压力传感器；9—凸轮轴位置传感器；10—曲轴位置传感器；11—爆震传感器

（2）点火线圈的工作原理

点火线圈可产生足以在火花塞电极间引燃火花的高电压。点火线圈次级绕组产生的高电压在火花塞的中心电极和接地电极之间产生火花，点燃气缸中已压缩的可燃混合气。

❶ 基本原理。点火线圈本质就是互感变压器的原理，点火线圈可看作是一个升压变压器，把低压 12V 直流电升压为脉动高压直流电，来供火花塞点燃。

点火线圈的初级线圈和次级线圈都环绕在铁芯上。次级线圈的匝数大约是初级线圈的 100 倍。初级线圈的一端连接在点火器上，次级线圈的一端连接在火花塞上。两个线圈各自的另一端连接在蓄电池上。当给初级线圈一个脉动的直流电时，在初级线圈周围就会产生一个脉动的磁场去磁化铁芯。在铁芯的另外一端绕制着次级线圈，在铁芯磁场变化的时候就能感应出感应电动势。

❷ 初级线圈工作见图 8.1-36。当发动机运转时，根据发动机 ECU 输出的点火正时信号（IGT），蓄电池的电流通过点火器流到初级线圈。结果，在线圈周围产生磁力线，此线圈在中心包含一个磁芯。

❸ 次级线圈工作（初级电流消失）见图 8.1-37。当发动机继续运转时，点火器按发动机电子控制模块（ECM）输出的点火正时信号快速地停止流往初级线圈的电流，其结果是初级线圈的磁通量开始减小。因此，通过初级线圈的自感和次级线圈的互感，在阻止现存磁通

量衰减的方向上产生电动势。自感效应产生约为 500V 的电动势，而与其相伴的次级线圈互感效应产生约为 30kV 高压电动势，这样火花塞就产生火花放电。初级电流切断越迅速，以及初级电流值越大，则相应的次级电压也越高。

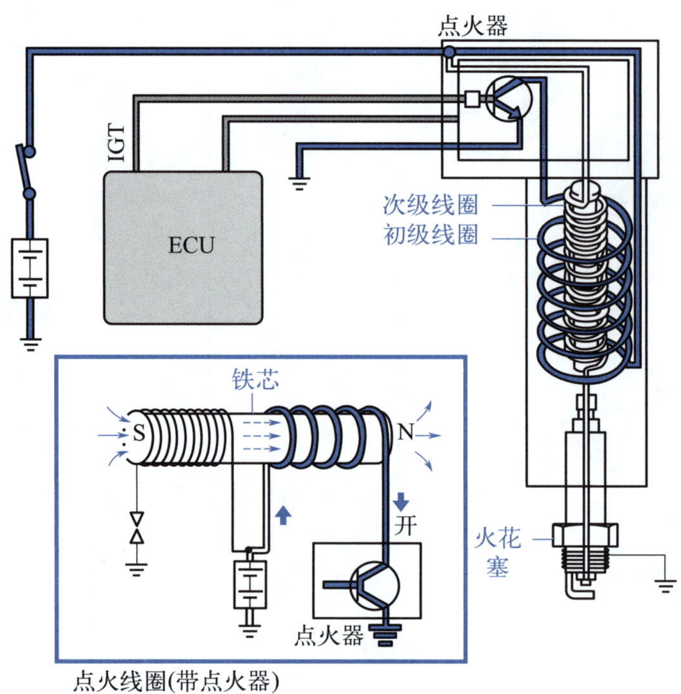

图 8.1-36　初级线圈工作原理示意

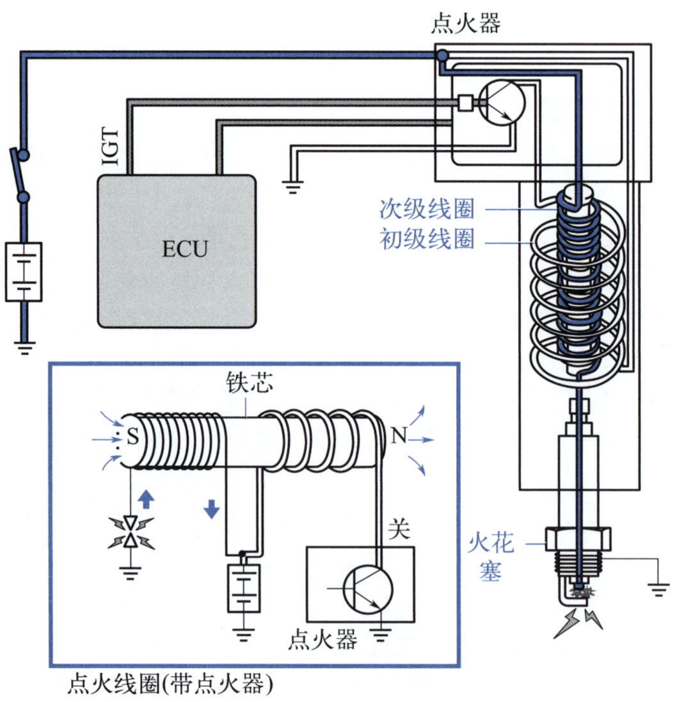

图 8.1-37　次级线圈工作原理示意

（3）点火线圈控制电路

如图 8.1-38 所示的是点火线圈控制电路，IC 功率管在点火线圈内部，ECM 控制点火线圈内部的功率管。点火线圈的三根线：4 号脚为初级点火线圈正极，由发动机主继电器供电，打开点火开关时接通；1 号脚为初级点火线圈负极；2 号脚为发动机控制单元的脉冲信号线。

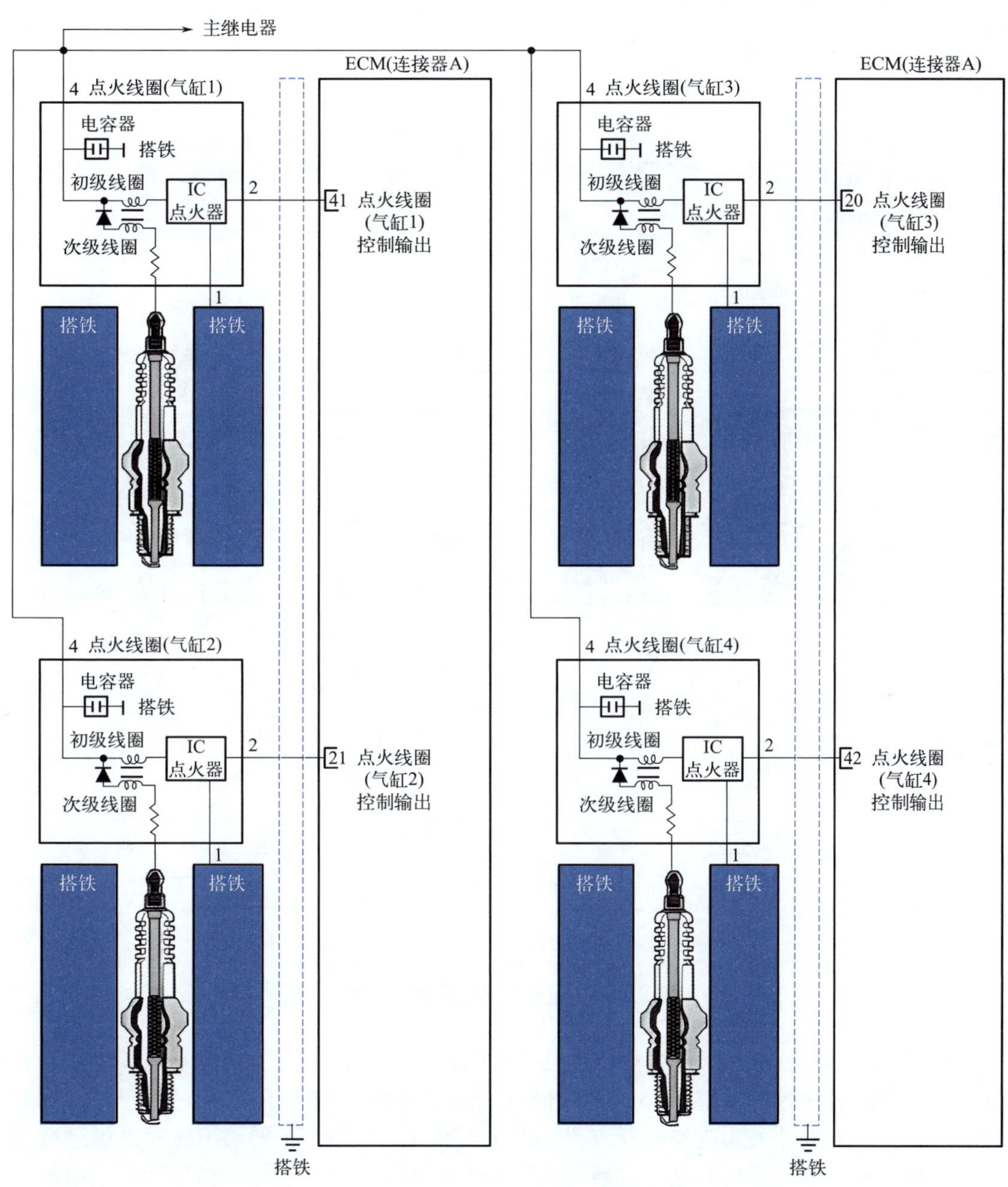

图 8.1-38　点火线圈控制电路

（4）点火线圈故障

维修中用故障诊断仪检测故障车，经常会显示某缸或多缸失火的故障信息。很多情况会导致失火故障，例如曲轴位置传感器及信号盘故障、正时故障、发动机电脑故障等，都会导致失火，但火花塞和点火线圈故障导致失火的情况会相对更多一些。

从发动机软件监测的功能上讲，发动机电脑会通过曲轴位置传感器（即发动机转速传感器）监测到来自曲轴飞轮信号盘的发动机转速波动，以判断是否出现失火。当失火发生时，发动机转矩会瞬间骤降，引起曲轴上信号盘“齿加速度”信号的变化，从而实现失火监测（图 8.1-39），这个逻辑让维修人员可以利用示波仪显示失火原因的各种波形，也可以使用故障诊断仪检测失火故障码和曲线图形，不限于点火系统的火花塞和点火线圈。

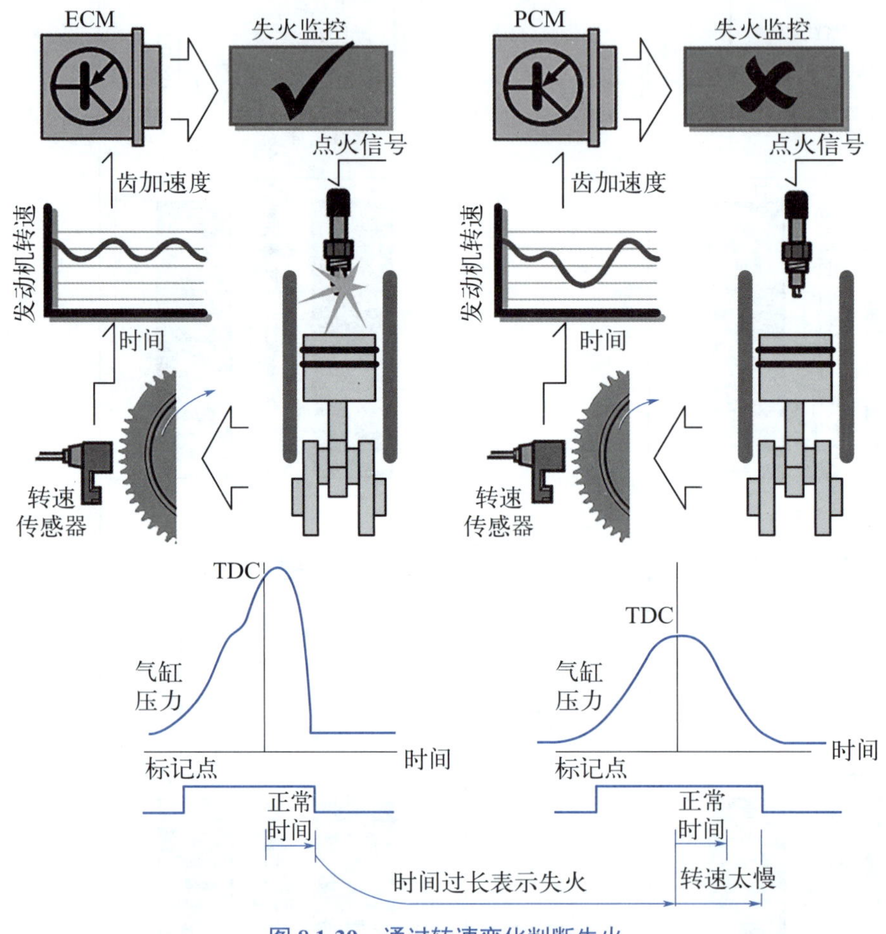

图 8.1-39　通过转速变化判断失火

点火线圈和火花塞失火严重的会导致发动机的缺缸、怠速平稳、动力不足。对于发动机缺缸（包括喷油器导致的缺缸），无论是技术上还是经验上其实都是比较好判断的，例如常用“断缸法”来检查。人为逐一断开点火线圈（或喷油器）插头，如果出现发动机运行与未断开时没有区别，那么就判断这个缸点火线圈或者火花塞（或喷油器）出现问题。但从技术上分析，无论点火线圈是轻微或严重的损坏，都从波形上明显展示，所以用示波仪也是判断和分析失火的很好的技术手段。这里简单举个例子，如图 8.1-40 所示，对于四缸发动机，多缸平列的波形显示中，1 ～ 4 缸次级击穿电压明显不均衡，2 缸明显没有次级高压跳火，肯定是严重缺缸，通常正常波形时各缸比较均衡，差异应不超过 2kV。

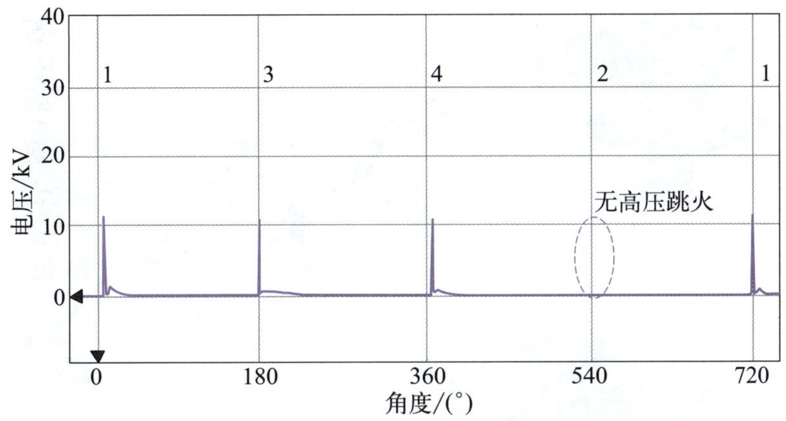

图 8.1-40　波形显示的点火线圈故障

8.1.9　高压供油系统

在缸内直接喷射发动机的燃油系统中，供油以高压油泵为界线，分为高压和低压两部分（高压为几十兆帕的压力，低压通常为 0.6MPa 的压力，各种车型不一样，具体要根据维修手册参数执行）。在低压油路中，燃油通过燃油箱的低压油泵输出，送到高压油泵。发动机控制单元（ECM）控制高压燃油泵的输出，使其在一定的最高压力下提供所需的燃油量。高压燃油喷射运行系统见图 8.1-41，高压直喷系统供油部件及其安装位置见图 8.1-42。

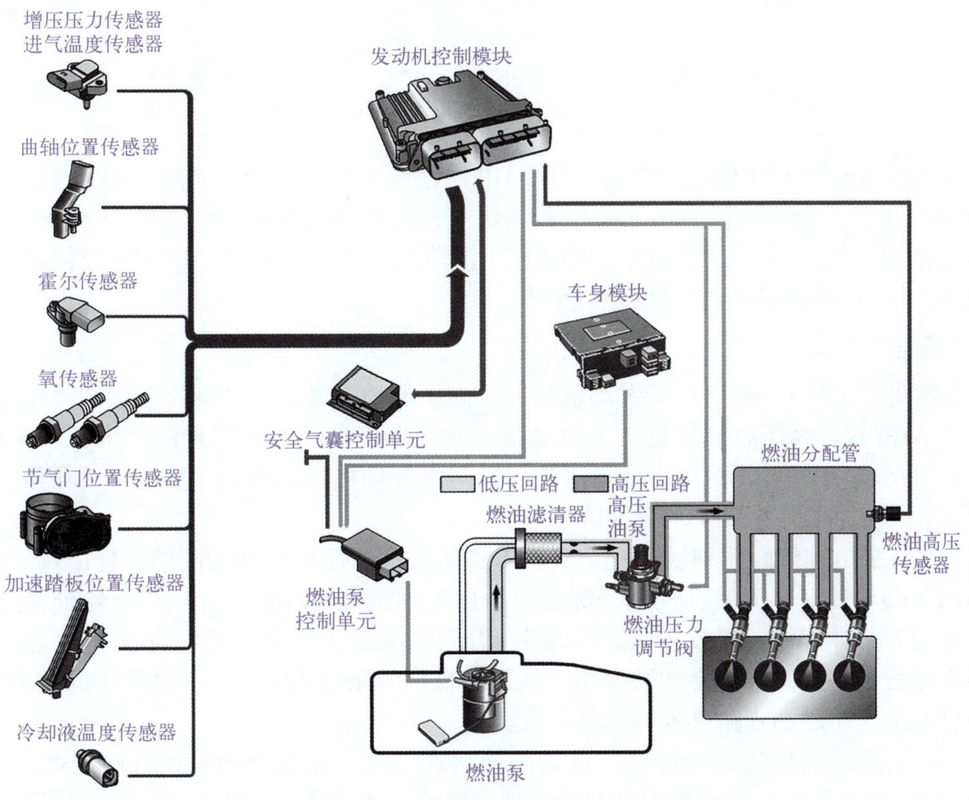

图 8.1-41　高压燃油喷射运行系统

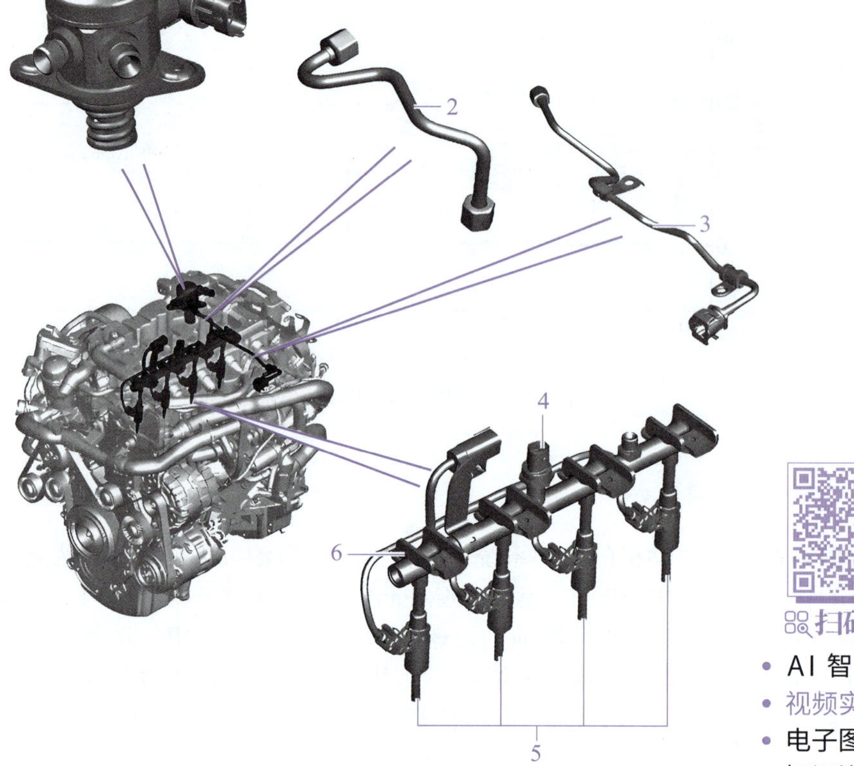

图 8.1-42 高压直喷系统供油部件及其安装位置

1—高压（HP）燃油泵；2—高压（HP）燃油管路；3—低压（LP）燃油管；
4—燃油分供管压力和温度传感器；5—高压喷油器；6—燃油分供管（油轨）

发动机控制模块（ECM）控制的高压（HP）直喷（DI）系统：高压（HP）燃油泵将均匀的压力传递至 4 个喷油器供油的共用燃油轨中，来自燃油箱中的泵的低压（LP）燃油经过高压燃油泵加压，并通过燃油分供管（高压油轨）提供给喷油器。ECM 控制高压燃油泵和喷油器，将所需的燃油量喷射到燃烧室中。

（1）高压燃油泵

高压燃油泵（图 8.1-43）位于发动机顶部。高压燃油泵通过 2 个螺栓连接到凸轮轴支座，并用 O 形圈密封。高压燃油泵是一个单缸泵，它根据正确燃油喷射量的需求，计量燃油压力。燃油泵的供油速率由燃油计量阀调节，该阀由发动机控制模块（ECM）利用脉宽调制（PWM）信号进行控制，进行按需调节。

高压燃油泵由排气凸轮轴通过一个柱塞以机械方式驱动。柱塞端部的挺杆由排气凸轮轴上的四凸角凸轮控制。安装在柱塞外部的弹簧用于固定柱塞和挺杆并且与凸轮轴保持接触。在泵活塞的下行冲程中，安装在燃油箱内的低压燃油泵提供压力，将燃油输送到气缸。在活塞的向上冲程中，气缸内的燃油被压缩。如果来自泵的压力大于燃油分供管中的压力，则燃油会通过单条高压燃油管路进入燃油分供管。

气缸和低压燃油输送管通过燃油计量阀连接在一起。如果燃油分供管中的燃油压力足够，则 ECM 在活塞的压缩冲程中打开计量阀。然后，燃油从气缸回流到低压输送管。

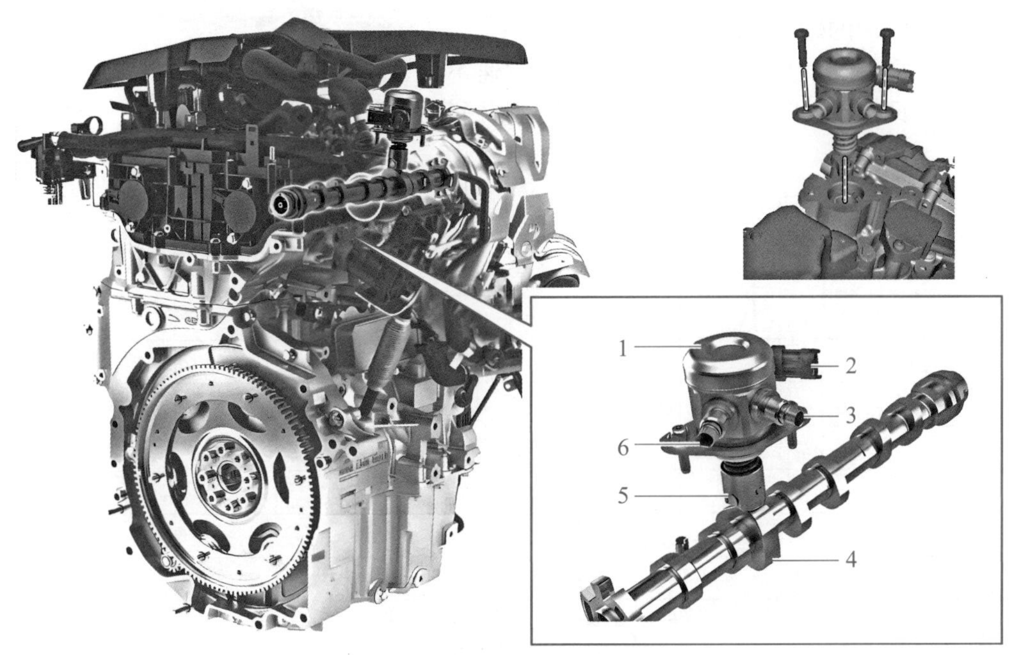

图 8.1-43　高压燃油泵

1—高压燃油泵；2—燃油计量阀接头；3—低压燃油进口；
4—排气凸轮轴（燃油泵凸轮）；5—驱动挺杆；6—至燃油分供管的高压燃油出口

高压燃油泵还包含一个止回阀，其位于泵柱塞和高压燃油泵出口连接之间。止回阀将所需的燃油压力保持在燃油系统的高压端。输送的燃油量取决于发动机需求，由燃油计量阀驱动控制。

（2）喷油器（喷油嘴）

喷油器（图 8.1-44）将燃油从燃油分供管直接喷射到燃烧室中。喷油器安装在燃烧室中心附近，位于进气阀之间、火花塞旁边。在每个喷油器上，通过一个 O 形圈和支承盘对燃油分供管中的喷油器头部进行密封。气缸盖中的喷油器喷嘴用一个特氟纶燃烧室密封圈进行密封。

每个喷油器包含一个由电磁阀控制的针阀，电磁阀线圈通电时，该针阀将打开。针阀打开后，燃油将喷射到燃烧室中。喷嘴顶端周围有六个用于喷射燃油的喷孔，其中两个喷孔将燃油喷向火花塞下面，其他四个孔围绕燃烧室的其余部分均匀地喷射燃油。

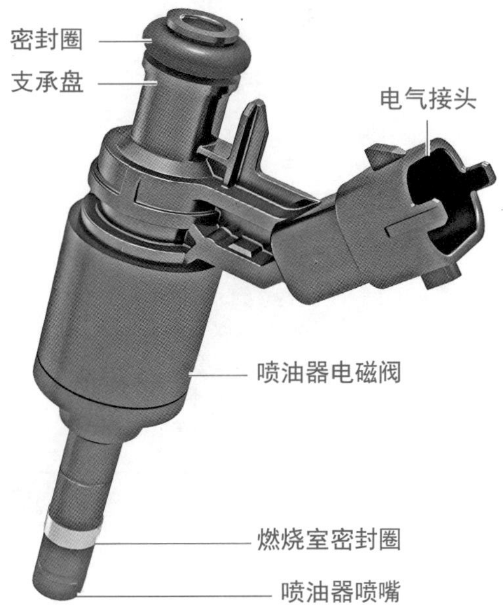

图 8.1-44　喷油器（喷油嘴）

发动机制模块（ECM）通过两级电源来控制喷油器电磁阀，从而控制喷油器工作。ECM 起初为喷油器提供约 60V 的初始电压，然后在提升电流达到 11.5A 时，将电源切换到蓄电池电压来保持 PWM（图 8.1-45）。喷油器打开时，ECM 将电流控制在大约 3A。ECM 通过调整电磁阀线圈通电的时间来计量喷射到燃烧室中的燃油量。

如果一个喷油器发生故障，则发动机将怠速不稳、产生不良的噪声、振动、不平顺性（NVH）和不良排放性能，仪表盘（IC）上的故障指示灯（MIL）也将点亮。

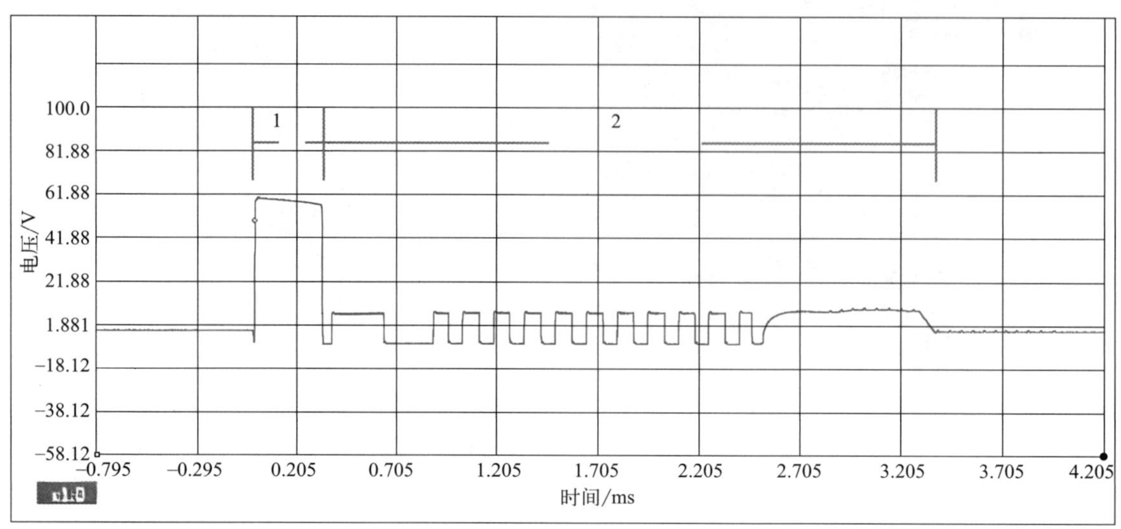

图 8.1-45　喷油器两级电源波形

1—初始电压（高于蓄电池电压）；2—蓄电池电压

（3）燃油分供管压力和温度传感器

燃油分供管压力和温度传感器（图 8.1-46）是高压系统传感器，位于燃油分供管的顶部，该传感器以拧入方式安装到一个螺纹端口中并由配合胶带进行密封。该传感器通过四根导线直接连接到发动机控制单元（ECM），分别是压力传感器的 5V 电源、温度信号、压力信号、共用接地。

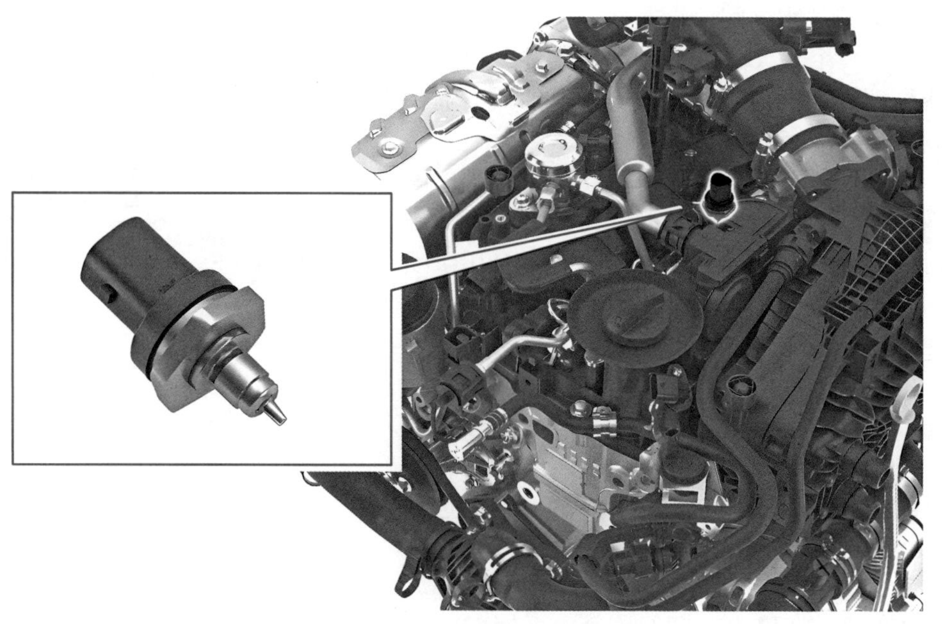

图 8.1-46　燃油分供管压力和温度传感器

燃油分供管压力和温度传感器中包括一个负温度系数（NTC）传感器，便于ECM确定燃油温度。该传感器利用金属薄膜技术，根据薄钢片的膨胀幅度确定燃油压力。膨胀幅度由ECM通过回路信号导线进行感测，膨胀幅度与燃油分供管中的燃油压力成比例。

ECM将传感器信号电压与存储器中存储的值进行比较，以计算燃油分供管中的实际燃油压力（图8.1-47）。然后，ECM使用燃油分供管压力信息来控制高压燃油泵上的燃油计量阀（图8.1-48）的工作位置。燃油计量阀是一个由ECM利用PWM信号进行控制的常开电磁阀（不通电时是打开的），在供油冲程中，通过改变燃油计量阀的关闭点，ECM可以调节燃油输出量，从而决定燃油分供管中的燃油压力。在供油冲程中，如果燃油计量阀发生故障，则吸入泵室的燃油将返回低压侧，发动机将仅以低压燃油泵供油压力运行，从而会导致发动机性能大幅下降。

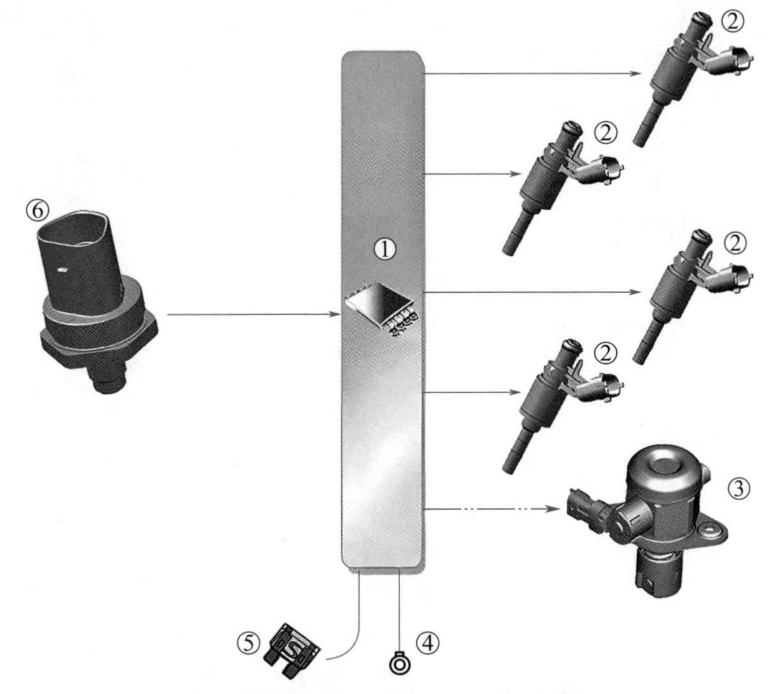

图 **8.1-47**　高压燃油系统控制示意

1—发动机控制单元；2—喷油器；3—燃油计量阀（在高压燃油泵内部）；4—接地；5—电源；6—燃油分供管压力和温度传感器

如果燃油分供管压力和温度传感器发生故障，其信号失准，则燃油计量阀也将会失控。发动机就会仅以低压燃油泵供油压力运行，从而会导致发动机性能大幅下降。

如果车辆加速无力，甚至熄火，无法启动，可用故障诊断仪读取故障码，如果故障码信息为燃油油轨 / 系统压力过低，或者燃油压力调节器电气故障 / 断路，那么大概率是高压燃油泵本身故障。燃油泵的燃油计量阀或者燃油泵柱塞密封圈损坏泄压都会导致这样的故障。

8.1.10　机油压力和温度传感器

机油压力和温度传感器位于机油滤清器及壳体总成中（图8.1-49、图8.1-50）。机油压力和温度传感器有一个3针脚接头：第一个是提供来自发动机控制模块（ECM）的5V参考电压；第二个是针脚为接地连接；第三个是针脚提供机油压力和温度信号至 ECM。

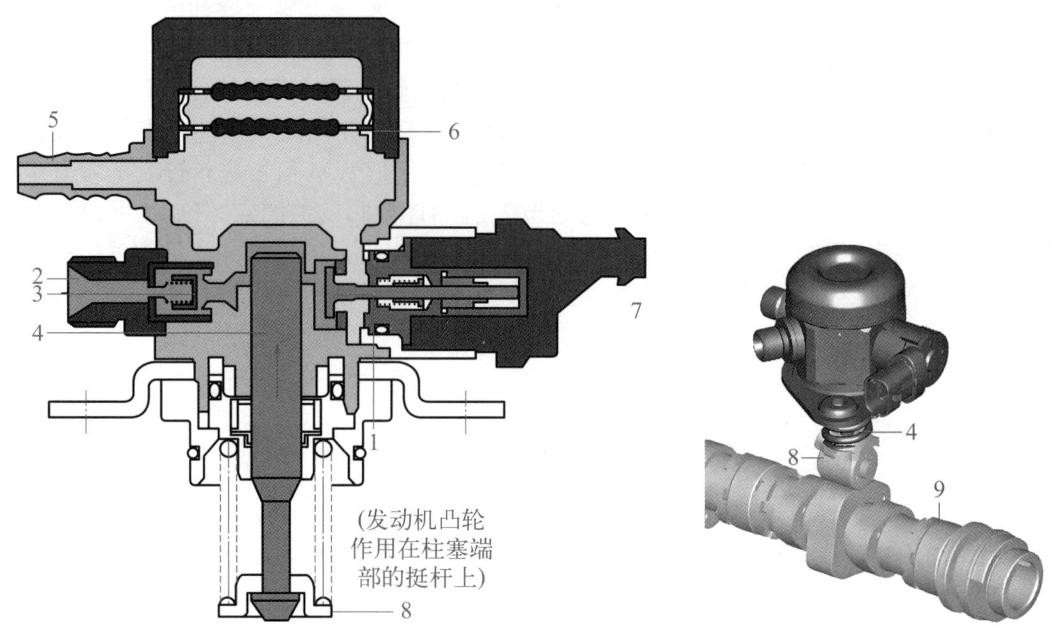

图 **8.1-48** 高压燃油泵示意

1—泄压阀；2—高压出油口连接；3—止回阀；4—泵柱塞；5—低压进油口连接；6—减振器室；7—燃油计量阀；8—驱动连杆；9—凸轮轴

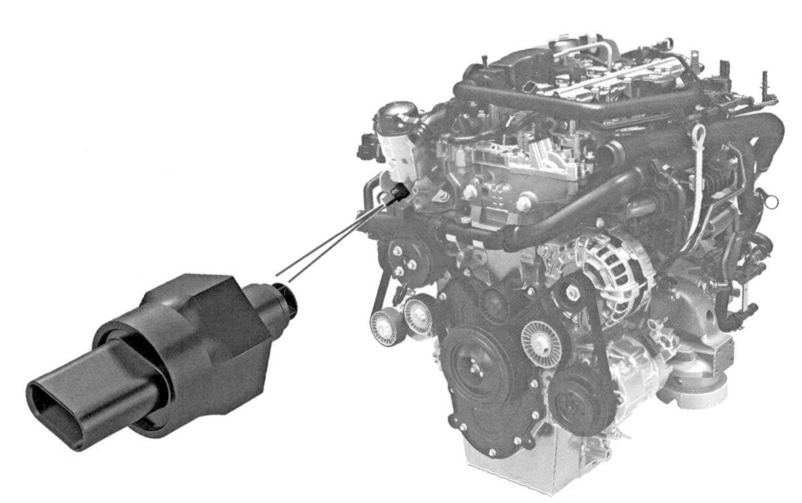

图 **8.1-49** 机油压力和温度传感器

机油压力和温度传感器提供脉宽调制（PWM）信号，其中包含有关传感器自诊断、压力和温度的信息。ECM 通过总线输出发动机机油压力状态，用于车身控制模块 / 网关模块，车身控制模块 / 网关模块通过 CAN 舒适系统总线（图 8.1-51）将机油压力值提供至仪表（IC）。

当机油压力降至低于传感器操作临界值时，ECM 发送消息，以在信息中心显示机油压力过低警告，仪表中的机油压力警告指示灯点亮。

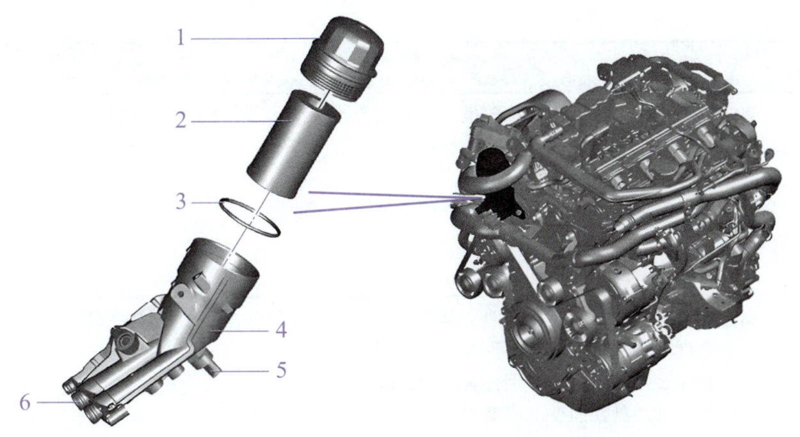

图 8.1-50　机油压力和温度传感器安装位置

1—机油滤清器盖；2—机油滤清器滤芯；3—密封圈；4—机油滤清器壳体；5—机油压力和温度传感器；6—缸体连接

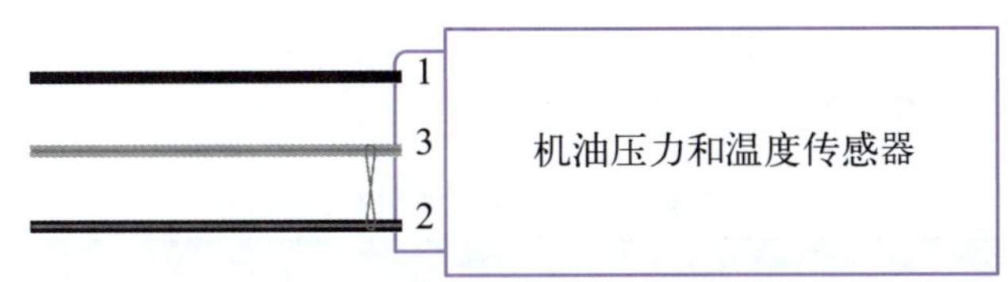

图 8.1-51　机油压力和温度传感器接线示意

出现机油压力报警，是由于发动机机械故障导致的润滑系统压力不足，例如使用劣质机油滤清器导致故障、机油泵故障、连杆瓦或者曲轴轴瓦泄压等，这些机械故障通常伴有发动机温度高。机油压力通常使用机油压力表进行测试。

如果故障诊断仪显示了机油温度传感器断路或对正极短路等信息，则表明线路出现问题，应检查机油压力传感器供电、接地和信号，一共就三根线，测量方法也很简单。如果信号线和电源线之间有电压，那么肯定是正极断路，即传感器内部本身故障，可以通过更换传感器的方式来解决。

8.2　底盘系统

8.2.1　变速器

（1）手动变速器

离合器故障见表 8.2-1。

表 8.2-1　离合器故障

故障现象	可能的故障原因 / 说明
离合器分离不彻底故障	故障主要表现在汽车起步时将离合器踩到底仍挂挡困难。离合器自由行程很大，即使勉强挂上挡，挂挡时变速器内发出齿轮撞击声，且踏板没有完全放开前汽车就行驶，或发动机立即熄火 检查离合器片和离合器压盘，对于上述故障现象，更换离合器压盘和离合器片会彻底解决

续表

故障现象	可能的故障原因 / 说明
离合器打滑故障	离合器打滑有以下原因，一般也是更换离合器压盘和离合器片会彻底解决 ①离合器踏板无自由行程或自由行程过小 ②压盘弹簧过软或折断 ③摩擦片磨损过薄、硬化，铆钉外露或表面沾有油污 ④离合器盖与飞轮连接螺栓松动 ⑤分离轴承套筒轴向移动不自如
离合器发抖故障	离合器发抖有以下原因，一般也是更换离合器压盘和离合器片会彻底解决，飞轮故障概率相对小 ①分离杠杆内端高度不一，不在同一平面 ②压紧弹簧弹力不均，个别弹簧折断，高低不等 ③压盘或从动盘翘曲变形或磨损不均 ④从动盘摩擦片油污、破裂、凹凸不平或铆钉外露、铆钉松动，从动盘减振弹簧松弛或折断 ⑤发动机固定螺栓、飞轮固定螺栓、变速器与飞轮壳之间的紧固螺栓松动 ⑥分离叉轴及衬套磨损过甚。双片式离合器中间主动盘传动销孔与传动销间隙不当，移动时阻滞

（2）自动变速器

自动变速器故障见表 8.2-2。

表 8.2-2　自动变速器故障

故障现象		可能的故障原因 / 说明
汽车不能行驶故障	无论操纵手柄位于倒挡、前进挡或前进低挡，汽车都不能行驶；冷车启动后汽车能行驶一小段路程，但热车状态下汽车不能行驶	①自动变速器油底壳渗漏 ②换挡机构故障 ③油泵进油滤网堵塞 ④主油路严重泄漏 ⑤油泵损坏
自动变速器打滑故障	起步时踩下油门踏板，发动机转速很快升高但车速升高缓慢；行驶中踩下油门踏板加速时，发动机转速升高但车速没有很快提高；平路行驶基本正常，但上坡无力，且发动机转速很高	①液压油油面太低；液压油油面太高，运转中被行星排剧烈搅动后产生大量气泡 ②离合器或制动器摩擦片、制动带磨损过甚或烧焦 ③油泵磨损过甚或主油路泄漏，造成油路油压过低 ④单向超越离合器打滑 ⑤离合器或制动器活塞密封圈损坏，导致漏油 ⑥减振器活塞密封圈损坏，导致漏油
换挡冲击过大故障	在起步时，由停车挡或空挡挂入倒挡或前进挡时，汽车震动较严重；行驶中，在自动变速器升挡的瞬间汽车有较明显的闯动	①升挡过迟。真空式节气门阀的真空软管破裂或松脱 ②主油路调压阀有故障，使主油路油压过高 ③单向阀钢球漏装，换挡执行元件（离合器或制动器）接合过快 ④换挡执行元件打滑。油压电磁阀不工作。电子控制单元故障
升挡过迟故障	在汽车行驶中，升挡车速明显高于标准值，升挡前发动机转速偏高；必须采用松油门提前升挡的操作方法，才能使自动变速器升入高挡或超速挡	①节气门故障 ②主油路油压或节气门油压太高 ③强制降挡开关短路 ④控制单元或传感器有故障
自动变速器异响故障	汽车行驶中自动变速器有异响，停车挂空挡后异响消失	①油泵因磨损过甚或液压油油面高度过低、过高而产生异响 ②变矩器因锁止离合器、导轮单向超越离合器等损坏而产生异响 ③行星齿轮机构异响及换挡执行元件异响

8.2.2 制动系统

（1）ABS防抱死系统的基本作用

在 ABS 防抱死系统中，每个车轮转向节中都安装了一个主动式车轮转速传感器。车轮的转速是控制系统的一个重要输入变量，车轮转速传感器检测车轮转速，并将电气信号传输给控制单元。转速信号用于计算车轮与路面之间的打滑程度。当车辆直线行驶且未制动时，轮速应与车速相等。当汽车转弯及制动而 ABS 未起作用时，轮速就会发生变化；当 ABS 起作用时，四个车轮的轮速应保持接近或相等，防止车轮在制动过程中抱死。

（2）集成动力制动系统

集成动力制动系统（图 8.2-1）应用防抱死控制，是一个包含启动和调节功能的机电制动系统，也是一个机电单元，可将驾驶员施加的制动需求转换为放大的制动压力。

通过集成动力制动系统控制模块为车轮转速传感器提供电源和信号连接。当点火开关打开时，集成动力制动系统控制模块向车轮转速传感器供电。同时，集成动力制动系统控制模块监测返回信号。集成动力制动系统控制模块会将返回的信号转换为各车轮速度和总车速。

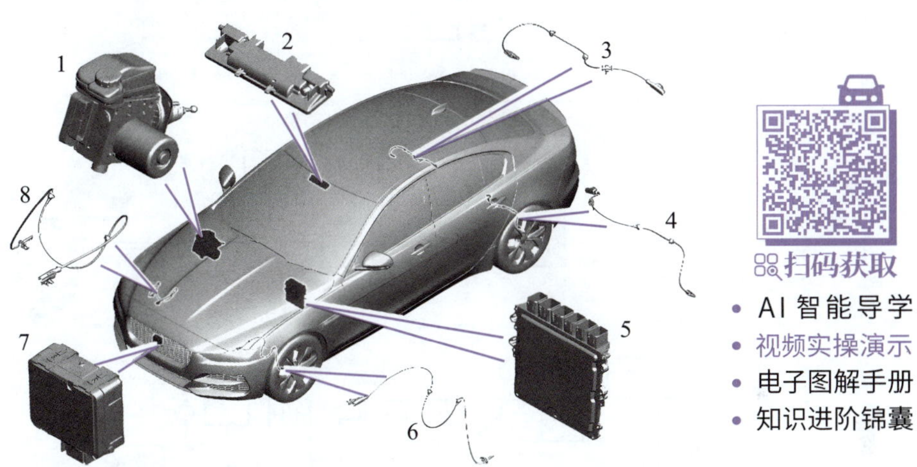

图 8.2-1　集成动力制动系统

1—集成动力制动系统；2—图像处理模块；3—右后车轮转速传感器；4—左后车轮转速传感器；5—发动机控制模块（ECM）；6—左前车轮转速传感器；7—定速巡航系统模块（CCM）；8—右前车轮转速传感器

集成动力制动系统控制模块输出各个车轮转速和总车速。输出信号通过 CAN 底盘系统总线和 FlexRay 进行传输，以供其他系统使用。如果所有车轮转速信号都可用来计算车速，则信号品质被设置为“规定精度内计算的数据”。如果有一个或多个车轮转速传感器出现故障，则车速信号的品质被设置为“规定以外的精度”。

集成动力制动系统控制模块监测车轮转速传感器电路是否发生故障。检测到故障时，集成动力制动系统控制模块存储故障码。集成动力制动系统控制模块根据受影响的系统功能点亮相应的警告指示灯。

（3）防抱死制动系统

集成动力制动系统控制所有车轮的速度，以提供在极限附着条件下制动时的最佳车轮牵引。此功能可防止车轮锁死，以便保持有效的车辆转向控制。当集成动力制动系统确定需要进行防抱死制动时，集成动力制动系统会从受影响的制动器释放压力，减小压力可使车轮旋转。然后，集成动力制动系统会调节制动器内的压力，以在不锁死车轮的情况下施加最大的制动力，可为每个车轮单独调节制动压力以保持车辆稳定性。

在集成动力制动系统控制中，制动液不会循环流回到驾驶员施压侧，而是直接流回储液罐。这意味着在使用此系统时，驾驶员不会感觉到通常与防抱死功能相关的踏板抖动。柱塞可在车轮上产生制动压力，当油液从每个车轮流回时，柱塞会继续启动。在极少数情况下，当在抓地性极低的路面上长距离停止时，在扩展的防抱死功能作用下，即使未从车轮释放制动力，执行器也能返回到其起始位置。

（4）使用防抱死制动系统控制的驱动制动

在某些操控期间，集成动力制动系统控制模块可能会将系统制动压力降到低于驾驶员要求的压力水平。在特定驾驶条件下（例如，在雪地或冰面上行驶时），驾驶员可能会过度踩下制动踏板，导致产生很大的制动压力。在此类路况下，如果车轮打滑，防抱死制动系统控制算法将干预并降低高制动压力。由制动系统控制模块进行控制，可能发生以下操作：1 个或多个进气阀关闭，以防止制动压力增加；1 个或多个出口阀打开，使制动液从制动器流至储液罐，这会降低制动压力，使车轮再次开始自由转动。使用防抱死制动系统控制的驱动制动示意见图 8.2-2。

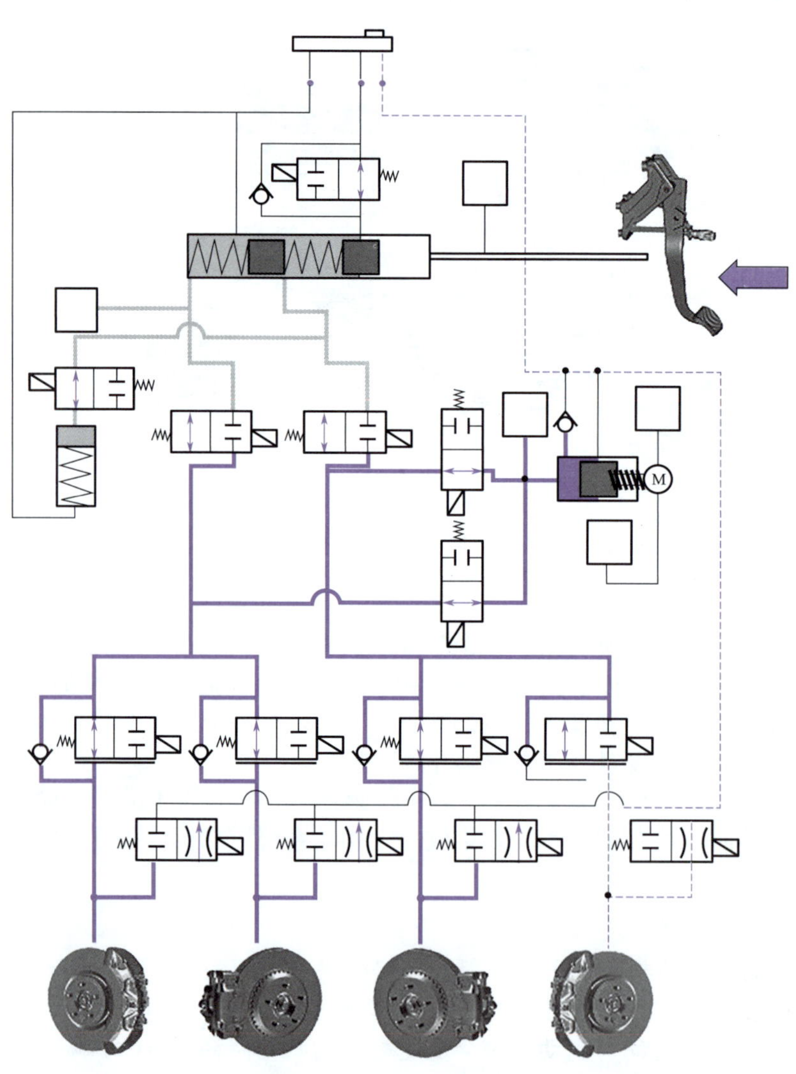

图 8.2-2　使用防抱死制动系统控制的驱动制动

8.3 空调系统

8.3.1 制冷系统

（1）空调制冷系统部件

空调系统是一个密封的闭环系统，该系统注有制冷剂作为热传递介质。空调制冷循环系统及其控制系统部件见图 8.3-1 和图 8.3-2。

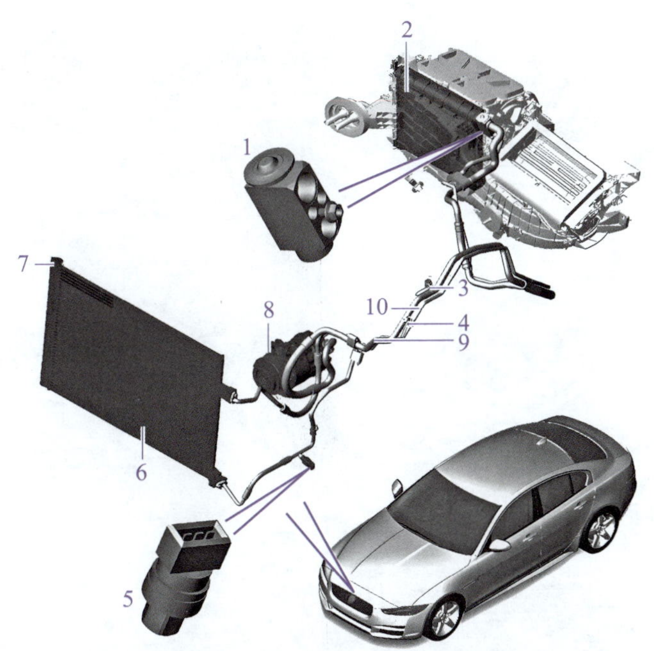

图 8.3-1　空调制冷系统部件

1—节温器膨胀阀（TXV）；2—蒸发器；3—低压维修歧管接口；4—高压维修歧管接口；5—制冷剂压力传感器；6—冷凝器；7—储液器 / 干燥器；8—空调（A/C）压缩机；9—低压线路；10—高压管路

❶ 空调压缩机见图 8.3-3，空调压缩机结构示意见图 8.3-4 和图 8.3-5。

燃油汽车常用的可变排量斜盘式空调压缩机，由发动机传动带驱动，空调开启以后，压缩机离合器吸合，然后驱动压缩机轴旋转，带动斜盘旋转，与斜盘连接的几个活塞上下往复运动，进行压缩气体。

空调压缩机使空调制冷系统的制冷剂保持一直循环。压缩机的吸气侧抽吸制冷剂蒸气，然后制冷剂流经压缩机的出口对其进行加压，高温高压的制冷剂被排出压缩机而流入冷凝器。调节控制阀可测量制冷剂进出压缩机时的输入和输出压力，并相应地控制内部旋转斜盘的角度。

❷ 制冷剂压力传感器（图 8.3-6）安装在冷凝器和节温器膨胀阀（TXV）之间的制冷剂管路中。如图 8.3-7 所示，压力测量传感器元件根据电容原理进行工作。

制冷剂压力传感器为控制模块（HVAC）提供来自制冷剂系统高压侧的压力输入。制冷剂压力传感器通过硬接线连接至 HVAC，后者使用此信号通过蓄电池接线盒内的空调压缩机离合器继电器来控制空调压缩机的运行。HVAC 通过中速控制器局域网（CAN）舒适总线经由车身控制模块 / 网关模块总成（BCM/GWM）将制冷剂高压值传输至发动机控制模块（ECM）。ECM 可计算 A/C 压缩机工作时发动机上的其他负荷。例如，此信号将用作控制怠速的输入。

HVAC 为制冷剂压力传感器提供 5V 的参考电压，并接收与系统压力有关的反馈信号电压（介于 0 ～ 5V 之间）。HVAC 还使用来自制冷剂压力传感器的信号，利用 CAN 总线，通过 BCM/GWM 总成从 ECM 请求发动机冷却风扇占空比。此外，HVAC 还使用来自制冷剂压力传感器和环境气温（AAT）传感器的输入来计算用于驱动空调压缩机的扭矩量。此信息还会通过 CAN 网络传输至 ECM。

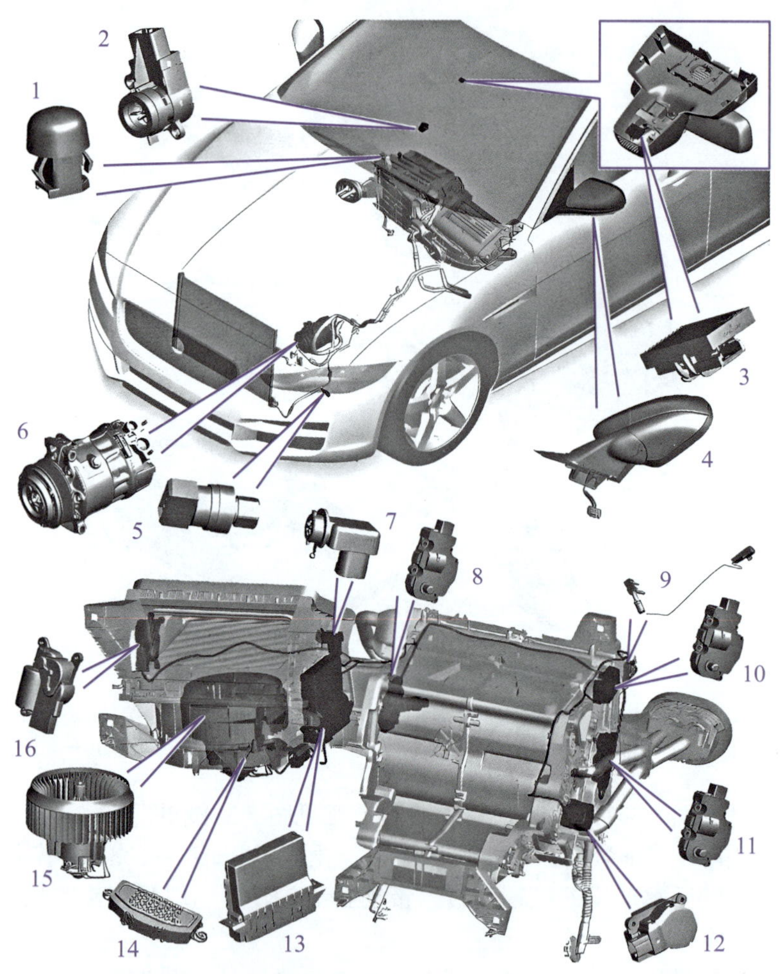

图 8.3-2　空调制冷系统控制部件

1—阳光传感器；2—车内温度传感器；3—湿度传感器；4—环境空气温度（AAT）传感器；5—制冷剂压力传感器；6—空调压缩机；7—污染物传感器；8，10 ～ 12—空气分配与温度混合电机；9—蒸发器温度传感器；13—HVAC 控制模块；14—鼓风机控制模块；15—鼓风机；16—再循环电机

❸ 膨胀阀见图 8.3-8。节温器膨胀阀（TXV）计量进入蒸发器的制冷剂的流量，以便使制冷剂流量与经过蒸发器的空气的热负荷相匹配。TXV 是隔断型阀，位于蒸发器前（图 8.3-9），膨胀阀调节制冷剂的压力和温度（图 8.3-10），连接至蒸发器的进气口和排气口。TXV 由一个含有进口和出口通道的铝质壳体构成。球形弹簧调节阀安装在进气口通道处，

温度传感器安装在排气口通道处。温度传感器由连接到隔板的感温管组成。感温管底端作用于调节阀球体上。膜片顶部的压力由通过感温管显示的蒸发器排气口温度控制。隔板底部可感知蒸发器排气口的压力。

液体制冷剂通过调节阀流到蒸发器中。限制调节阀可减小制冷剂的压力和温度。此限制还可将制冷剂液体流变为细雾滴喷以改进蒸发过程。制冷剂流经蒸发器时，可吸收流经蒸发器的空气中的热量。温度的增加会导致制冷剂蒸发和压力的增加。

离开蒸发器的制冷剂的温度和压力将作用于隔板及感温管，这将使调节计量阀呈打开状态，因而控制流经蒸发器的制冷剂的流量。流经蒸发器的空气越热，用于蒸发制冷剂的热量就越多，因此允许经过调节阀的制冷剂的量就越大。

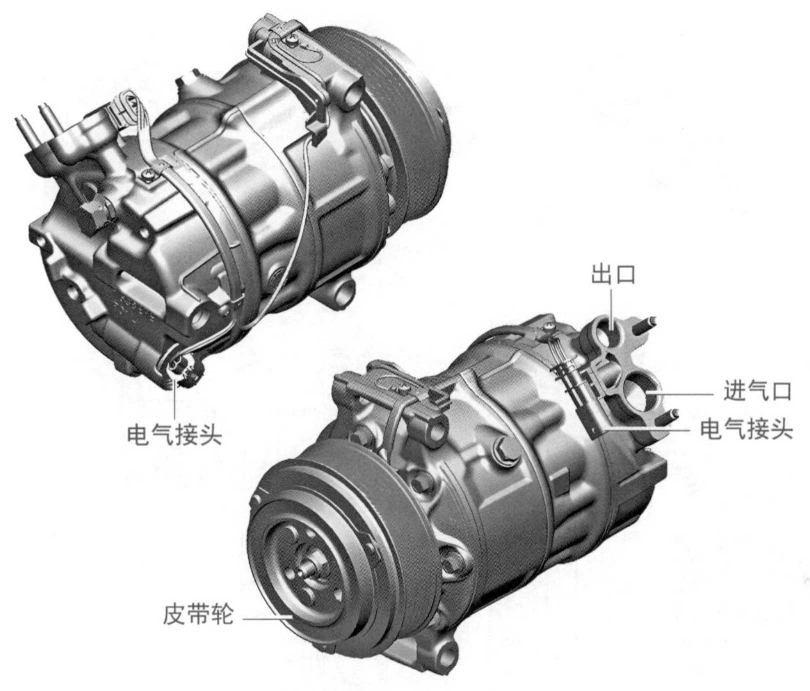

图 8.3-3　空调压缩机

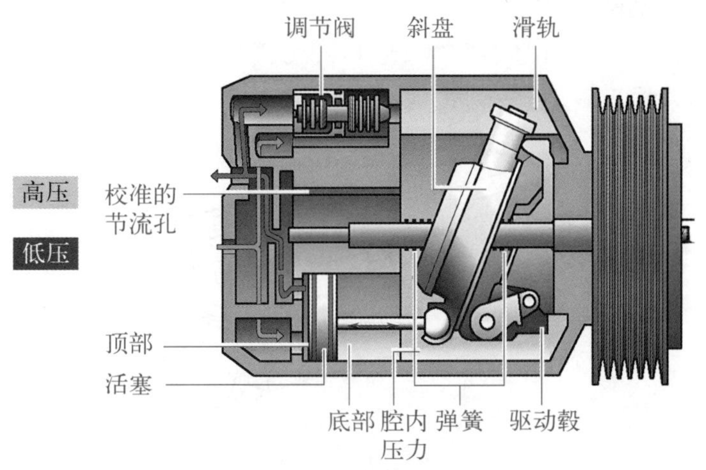

图 8.3-4　压缩机结构示意（一）

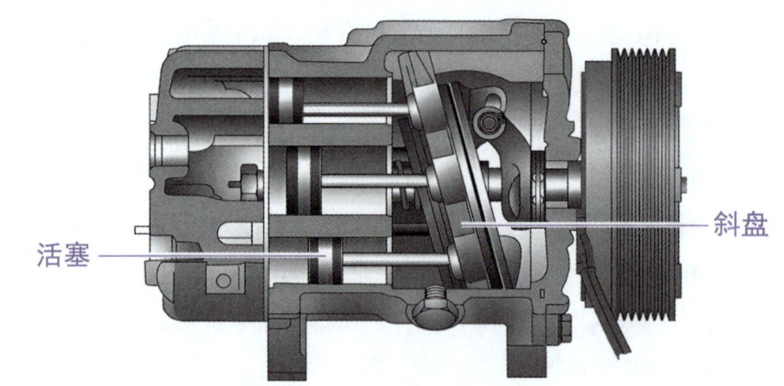

图 8.3-5　压缩机结构示意（二）

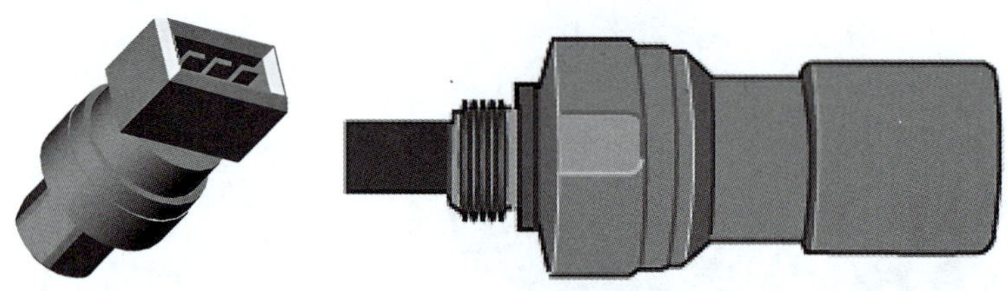

图 8.3-6　制冷剂压力传感器

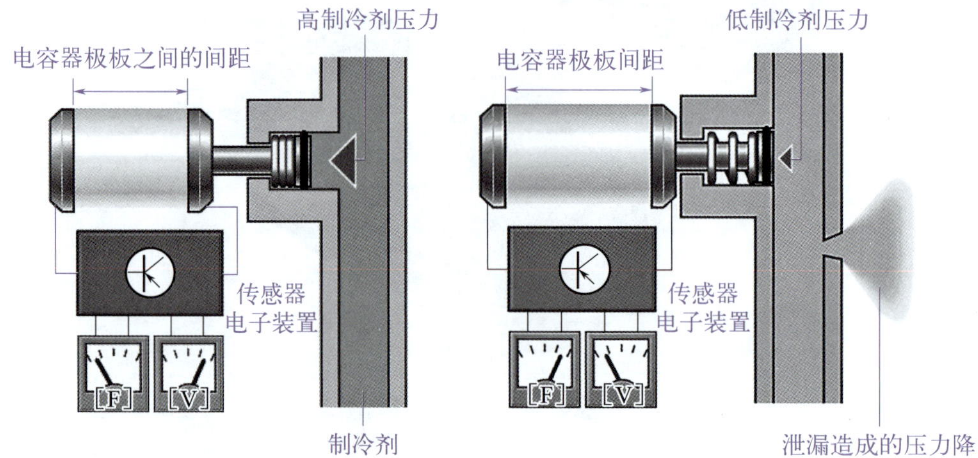

(a) 制冷剂正常时压力信号示意　　(b) 制冷剂泄漏时的压力信号示意

图 8.3-7　制冷剂压力传感器工作示意

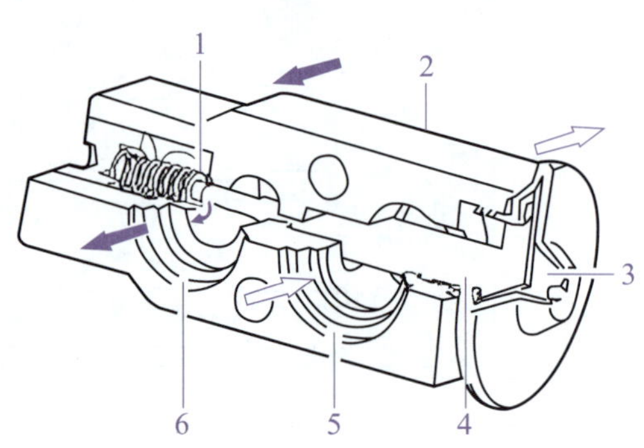

图 8.3-8　膨胀阀

1—调节阀；2—壳体；3—隔板；4—温度传感器；5—蒸发器的排气通道；6—至蒸发器的进口通道

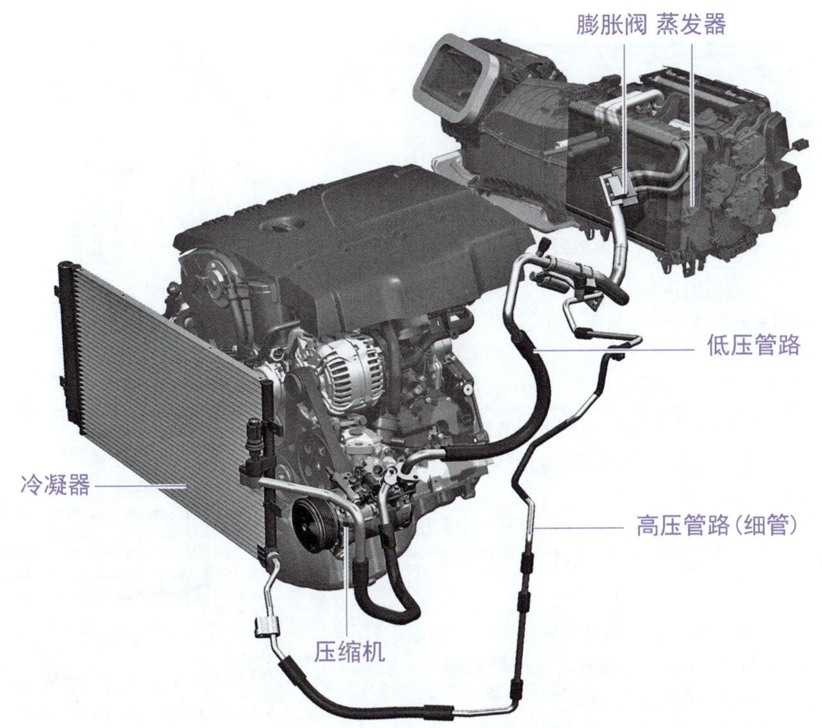

图 8.3-9　空调制冷系统及膨胀阀安装位置

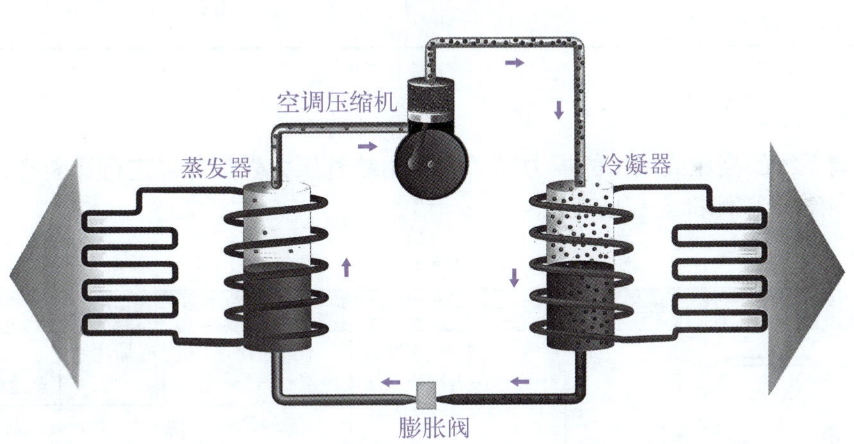

图 8.3-10　膨胀阀作用和安装位置示意

（2）空调制冷循环

空调系统的基本原理就是利用制冷剂由液态转变为气态或气态转变为液态的过程，吸收或释放热量。

空调制冷剂的沸点很低，空调制冷剂经过膨胀阀后在蒸发器内膨胀，气化吸热，蒸发器温度降低。鼓风机将空气从蒸发器表面吹过，蒸发器吸收空气的热量，空气温度降低后吹入驾驶室。在这个工作过程中，制冷剂由低压 - 气态形式→高压 - 气态形式→高压 - 液态形式→低压 - 液态，以这样的形态在空调系统循环，见表 8.3-1。

表 8.3-1　制冷循环过程

工作过程	说明	图示
压缩过程	低温低压的气态制冷剂被压缩机吸入，并压缩成高温高压的制冷剂气体。该过程的主要作用是压缩增压，这个过程以消耗机械功作为补偿。在压缩过程中，制冷剂状态不发生变化，而温度、压力不断上升，形成过热气体	A—制冷剂液体；B—制冷剂蒸气；C—气流 1—蒸发器；2—膨胀阀；3—高压维修歧管接口；4—制冷剂压力传感器；5—电动冷却风扇；6—冷凝器；7—储液器 / 干燥器；8—A/C 压缩机；9—低压维修歧管接口；10—鼓风机
冷凝过程	制冷剂气体由压缩机排出后进入冷凝器。此过程的特点是制冷剂的状态发生改变，即在压力和温度不变的情况下，由气态逐渐向液态转变。冷凝后的制冷剂液体呈高温高压状态	
膨胀过程	高温高压的制冷剂液体经膨胀阀节流降压后进入蒸发器。该过程的作用是制冷剂降温降压、调节流量、控制制冷能力 膨胀过程中，制冷剂经过膨胀阀时，压力、温度急剧下降，由高温高压液体变成低温低压液体	
蒸发过程	制冷剂液体经过膨胀阀降温降压后进入蒸发器，吸热制冷后从蒸发器出口被压缩机吸入。此过程的特点是制冷剂状态由液态变化成气态，此时压力不变。节流后，低温低压液态制冷剂在蒸发器中不断吸收气化潜热，即吸收车内的热量又变成低温低压的气体，该气体又被压缩机吸入再进行压缩	

（3）空调系统异常压力诊断

无论空调系统的高压或低压的压力异常，使用歧管压力表都可以进行诊断排查。

❶ 高压侧与低压侧都太高见表 8.3-2。

表 8.3-2　高压侧与低压侧都太高

歧管压力表表现	制冷剂循环	可能原因	排除措施
R134A　R134A　LO　HI 高压侧与低压侧都太高	在泼水到冷凝器上之后压力很快下降	制冷剂回路中过度加注制冷剂	减少制冷剂量直至达到规定的压力
	冷却风扇吸气不足	冷凝器冷却性能不足 冷凝器和散热器鳍片阻塞 冷却风扇转动不正常	清洁冷凝器和散热器 检查冷却风扇
	低压管不冷 压缩机停止后，高压值快速下降，之后接着再缓缓下降	冷凝器热交换不良（在压缩机停止运转后，高压下降太慢） 制冷剂循环回路中有空气	重复抽真空并重新加注制冷剂
	发动机容易过热	发动机冷却系统发生故障	检查发动机冷却系统
	低压管部分会比靠近蒸发器出口还要冷。管面有时会结霜	低压侧有过多的液体制冷剂 制冷剂输出量过大 膨胀阀调整不当，开度比大	更换膨胀阀

❷ 高压侧太高而低压侧太低见表 8.3-3。

表 8.3-3　高压侧太高而低压侧太低

歧管压力表表现		制冷剂循环	可能原因	排除措施
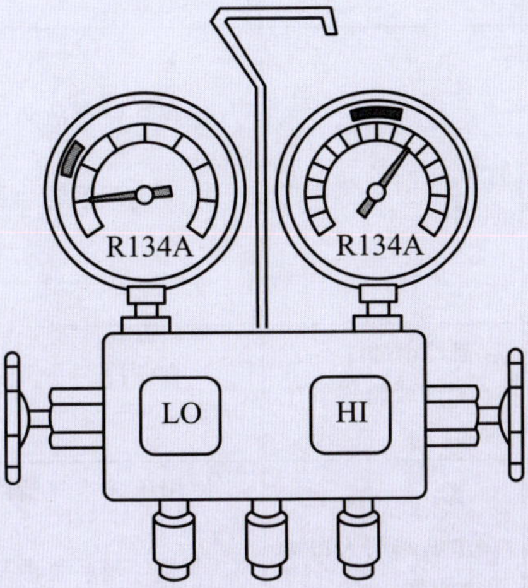	高压侧太高而低压侧太低	冷凝器上侧与高压侧极热，但储液罐没那么热	高压管或位于压缩机与冷凝器之间的零件阻塞或压扁	检修或更换故障的零件 检查空调系统油是否污染

❸ 高压侧太低而低压侧太高见表 8.3-4。

表 8.3-4　高压侧太低而低压侧太高

歧管压力表表现		制冷剂循环	可能原因	排除措施
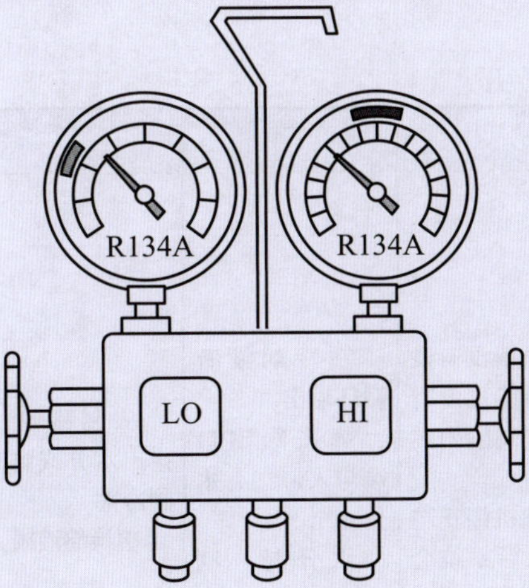	高压侧太低而低压侧太高	高压侧与低压侧在压缩机停止作用后太快均压	压缩机故障	更换压缩机
		高压侧与低压侧之间没有温度差	压缩机故障	更换压缩机

❹ 高压侧与低压侧都太低见表 8.3-5。

表 8.3-5　高压侧与低压侧都太低

歧管压力表表现	制冷剂循环	可能原因	排除措施
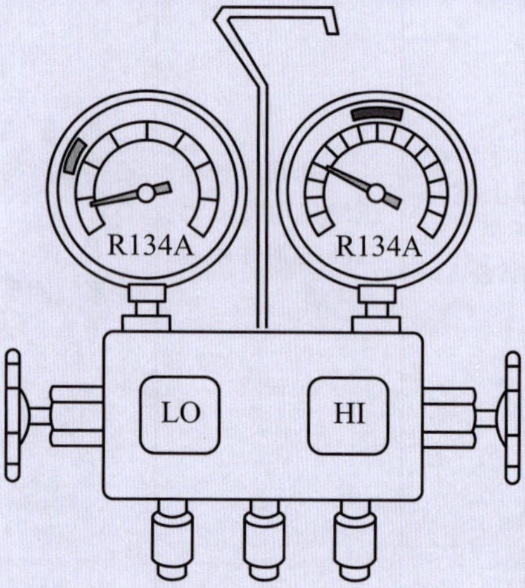 高压侧与低压侧都太低	干燥器出口与入口端之间的温差太大。出口端温度极低 储液罐入口端与膨胀阀结霜	储液罐内部稍微阻塞	更换储液罐 检查空调系统油是否污染
	膨胀阀入口端的温度相较于靠近储液罐的部位极度过低 膨胀阀入口端可能结霜 高压侧有些地方有温度差	储存干燥器与膨胀阀之间的高压管阻塞	检查并修理故障的零件 检查空调系统油是否污染
	膨胀阀与储液罐温热或只有在碰触时才感觉冰凉	制冷剂加注不足 配件或组件发生泄漏	检查制冷剂系统是否泄漏
	阀本身结霜时，膨胀阀入口端与出口端之间的温差极大	膨胀阀故障 出口端与入口端可能阻塞	使用压缩空气清除异物 检查空调系统油是否污染
	低压管部分会比靠近蒸发器出口还要冷	低压管阻塞或压扁	检查并修理故障的零件 检查空调系统油是否污染
	气流量太低	蒸发器结冰	检查前进气温度传感器电路 更换压缩机

❺ 低压侧有时变成负压见表 8.3-6。

表 8.3-6　低压侧有时变成负压

歧管压力表表现		制冷剂循环	可能原因	排除措施
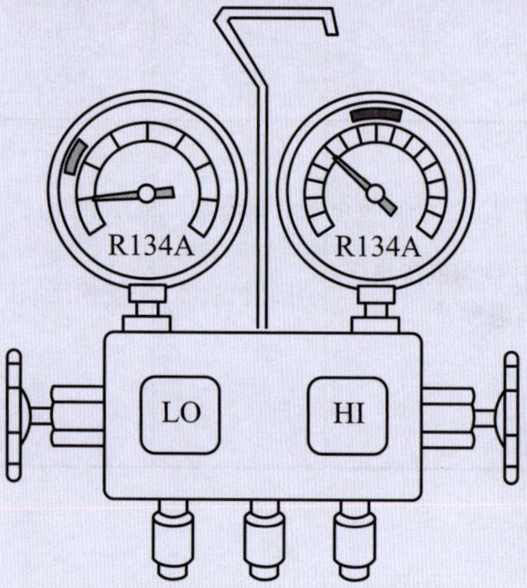	低压侧有时变成负压	空调系统没有发挥正常功能且没有循环冷却坐舱内的空气 在压缩机停止与重新启动后系统会稳定作用一段时间	制冷剂没有循环输出 膨胀阀出口端与入口端有水分冻结 水分混入制冷剂中	从制冷剂中排出水分或更换制冷剂 更换储液罐

❻ 低压侧变成负压见表 8.3-7。

表 8.3-7　低压侧变成负压

歧管压力表表现		制冷剂循环	可能原因	排除措施
	低压侧变成负压	储液罐或膨胀阀管的前后侧结霜或有凝结水	高压侧堵死，制冷剂无法流通 膨胀阀或储液罐结霜	更换膨胀阀 更换储液罐 检查空调系统油是否污染

（4）空调系统噪声和异响见表8.3-8。

表 8.3-8　空调系统噪声和异响

症状 / 故障现象	可能的故障部件	可能的原因	维修方案 / 措施
空调打开时，压缩机噪声异常	压缩机内部	内部零件磨损、断裂或异物堵塞	检查压缩机油
	电磁离合器	离合器盘与皮带轮接触	检查离合器盘和皮带轮之间的空隙
	压缩机机身	压缩机装配螺栓松动	检查螺栓有无松动
冷却器管路噪声异常	冷却器管路（管道和软管）	夹子和支架安装不当	检查冷却器管路安装状况
空调打开时，膨胀阀噪声异常	膨胀阀	制冷剂不足	（1）检查是否有泄漏 （2）收集所有制冷剂，再次排空制冷循环，然后重新注入规定量的制冷剂
		内部零件磨损、断裂或异物堵塞	清除膨胀阀中的异物，或者进行更换
皮带噪声异常	—	皮带松动	检查皮带的张紧度
		内部压缩机部件锁定	更换压缩机

8.3.2 暖风系统

（1）供热系统部件

双区自动空调控制系统可为乘客舱左右两侧提供不同的温度设置，供热系统部件见图 8.3-11 和图 8.3-12。在 HVAC 的控制下，气候控制总成可控制输送到空气分配管道中的空气温度。气候控制总成主要部件包括鼓风机、加热器芯（暖风水箱）、蒸发器、进气口步进电机、两个分配电机、两个温度混合电机。

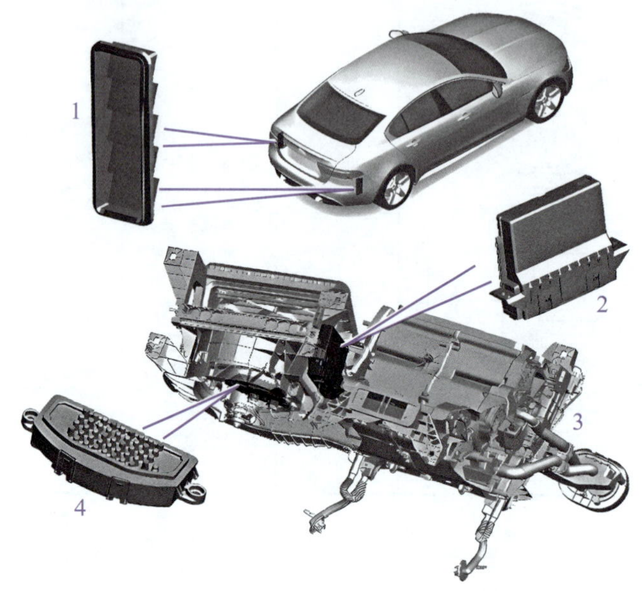

图 8.3-11　供热系统部件（一）

1—通风出口；2—HVAC 控制模块；3—气候控制总成（暖风总成）；4—鼓风机控制模块

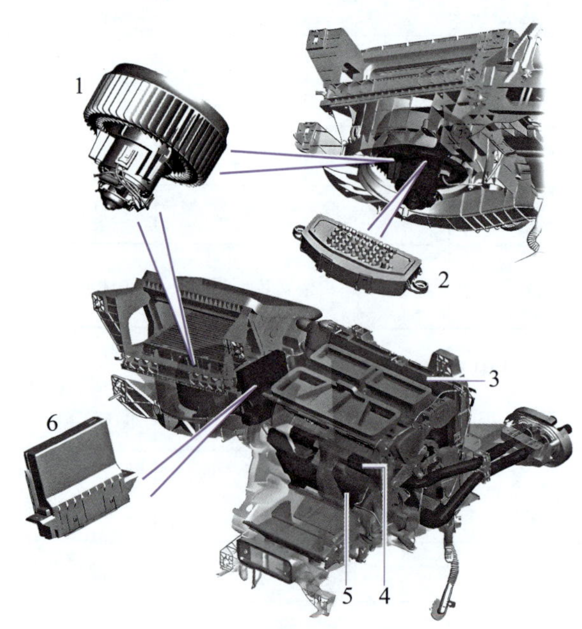

图 8.3-12　供热系统部件（二）

1—鼓风机；2—鼓风机控制模块；3—空调（A/C）蒸发器；4—加热器芯；5—电动辅助加热器；6—HVAC 控制模块

鼓风机的操作由 HVAC 和鼓风机控制模块共同控制。HVAC 根据所需鼓风机转速向鼓风机控制模块提供脉宽调制（PWM）信号。

（2）暖风系统故障

空调系统制暖不足故障见表 8.3-9。

表 8.3-9　空调系统制暖气不足故障

症状 / 故障现象	可能的故障部位 / 原因	维修方案 / 措施
发动机冷却液温度未达到	（1）节温器故障 （2）发动机运行时间不足 （3）冷却系统中有空气 （4）发动机工作不良	（1）延长发动机的运行时间 （2）排空冷却系统的空气 （3）更换节温器 （4）检修发动机工况
冷暖风门漏风	（1）冷暖风门机构机械故障 （2）冷暖风门电机故障 （3）出风风道漏风 （4）空调控制模块故障	（1）调整冷暖风门机构 （2）更换冷暖调节电机 （3）更换冷暖风门机械机构 （4）修复漏风风道 （5）更换漏风风道 （6）更换空调控制模块
内外循环风门漏风	（1）被切换到外循环 （2）外循环风门卡滞，关闭不严 （3）内外循环电机故障 （4）空调控制模块故障	（1）切换到内循环 （2）调整外循环风门机构 （3）更换内外循环调节电机 （4）更换内外循环风门机械机构 （5）更换空调控制模块

8.4　电气系统

8.4.1　起动机

（1）起动机拆解零部件

起动机通常可以进行拆解，视实际情况对其进行保养和维修。起动机分解零部件见图 8.4-1 ～图 8.4-3。

分解零部件后可以检查转子是否磨镗，如果磨损严重，则更换轴承；用砂纸打磨换线器，检查轴承铜套磨损情况，对轴承和铜套进行润滑；检查电机碳刷磨损情况，保证电刷和集电极之间接触良好，碳刷可单独更换。

（2）检查电磁开关

❶ 检查电磁起动机开关柱塞回位情况。用手指按住柱塞，松开手指后，检查柱塞是否很顺畅地返回其原来位置（图 8.4-4）。如果柱塞的运行不正常，应更换起动机电磁开关总成。

由于电磁开关在柱塞中，如果柱塞无法顺畅地返回其原始位置，开关的接触情况将变差，可能导致无法启动或停止起动机。

图 8.4-1 起动机分解零部件

1—驱动端盖；2—起动机拉杆（也称拨叉）；3—离合器总成（离合器传动装置）；4—励磁线圈及壳体（定子）；5—转子（电枢）；6—碳刷；7—电磁开关（电磁线圈 / 俗称吸力包）；8—弹簧；9—铁芯

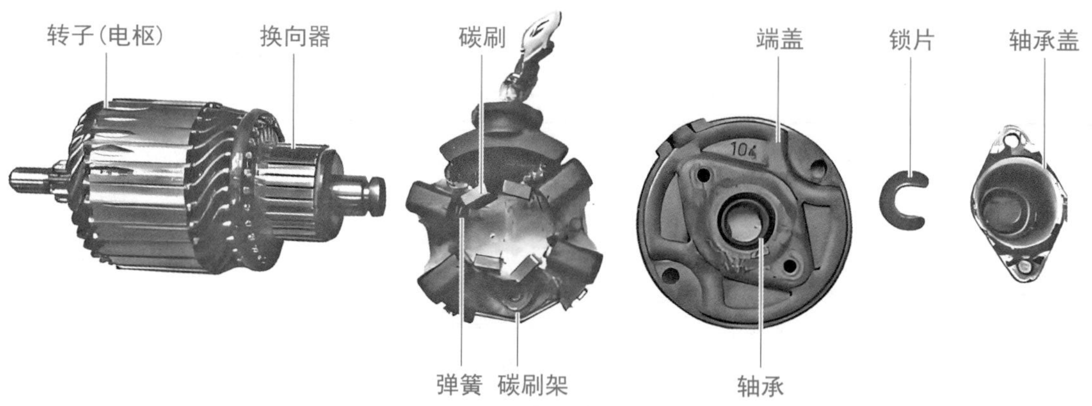

图 8.4-2 起动机分解零部件（电驱及碳刷）

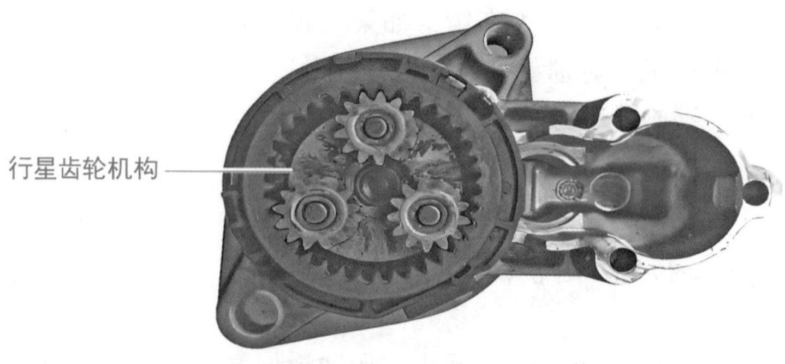

图 8.4-3 起动机分解零部件（齿轮机构）

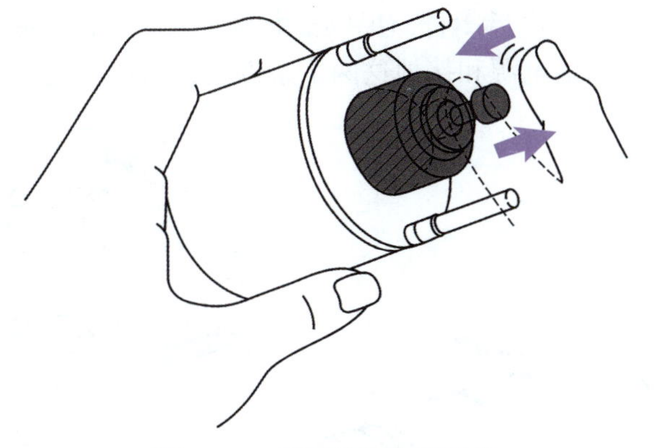

图 8.4-4　直观检查电磁开关

❷ 检查电磁起动机开关的导通情况。用万用表检查端子 50 和端子 C 之间的导通情况（牵引线圈中的导通检查）：如果牵引线圈正常，则两个端子之间为导通（图 8.4-5）；如果牵引线圈断开，则柱塞无法被引入。检查端子 50 和开关体之间的导通情况（保持线圈中的导通检查）：如果保持线圈正常，则端子 50 和开关体之间为导通（图 8.4-6）；如果保持线圈断开，可牵引柱塞，但是无法保持，因此小齿轮反复伸出和返回。

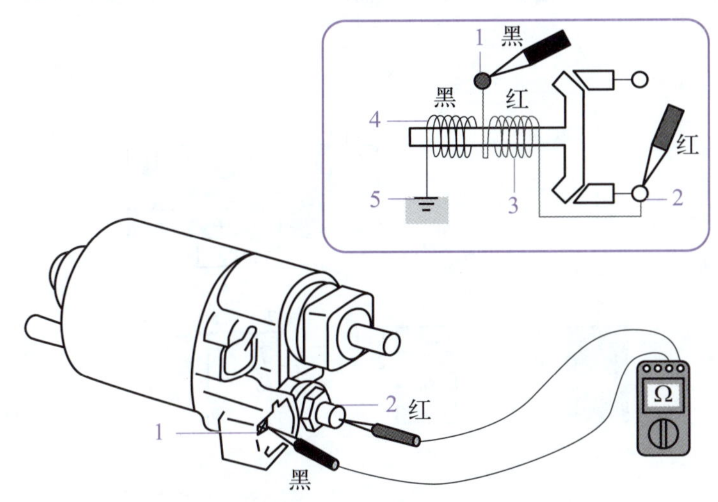

图 8.4-5　检查端子 50 和端子 C 之间的导通性

1—端子 50；2—端子 C；3—牵引线圈；4—保持线圈；5—开关体（接地）

（3）起动机电路

如图 8.4-7 所示，当点火开关处于“ST”位置时：

❶ 电源通过机舱 EF19 熔丝至启动继电器 87 号端子；

❷ 电源通过机舱 EF03、EF18 熔丝至点火开关线束连接器 IP07 的 3 号、4 号端子；

❸ 点火开关置于“ST”位置时，电源通过点火开关线束连接器 IP07 的 6 号端子输出至启动继电器 85 号端子；

❹ 启动继电器 86 号端子接地，在发动机防盗锁止系统及车身防盗警报系统未激活的情况下，继电器线圈通电后工作，使继电器吸合；

❺ 启动继电器吸合后通过 30 号端子输出电源至启动电机线束连接器 EN18；

❻ 启动电机的电磁开关通电后闭合，提供蓄电池与启动电机之间的闭合回路，启动电机通过发动机缸体接地，当满足电源和接地这两个条件后，启动电机运转并且发动机启动。

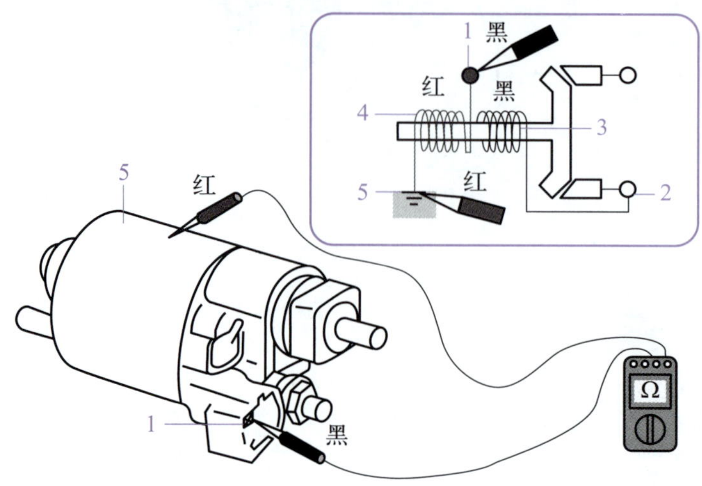

图 8.4-6　端子 50 和开关体之间的导通性

1—端子 50；2—端子 C；3—牵引线圈；4—保持线圈；5—开关体（接地）

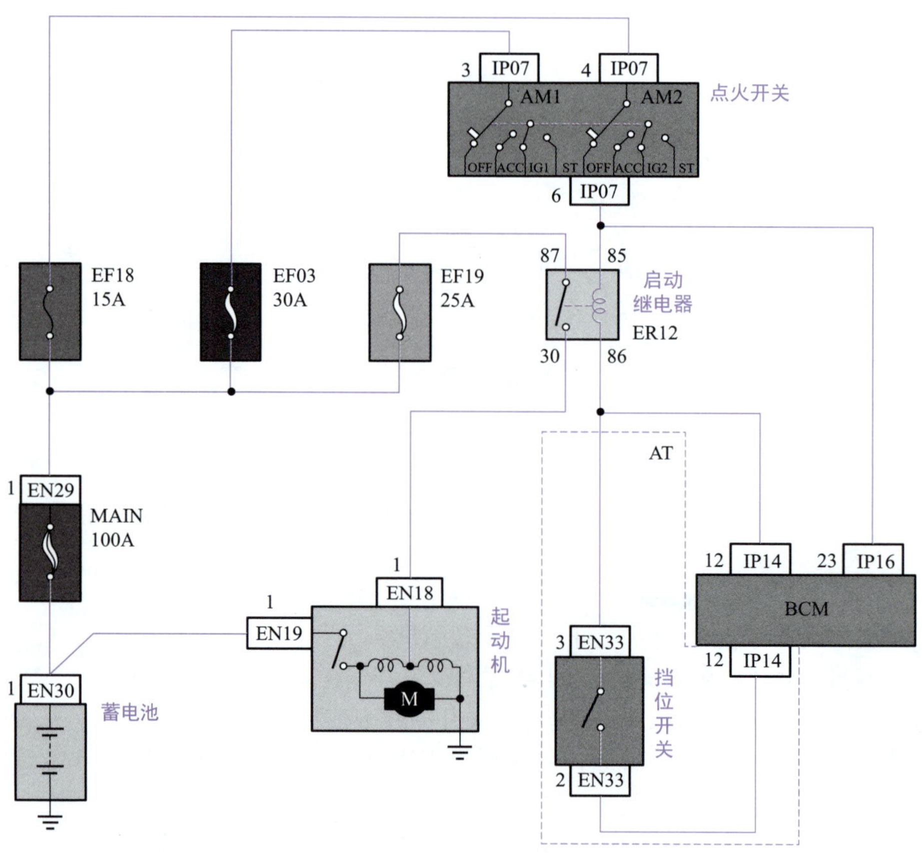

图 8.4-7　启动电路

8.4.2 发电机

(1) 发电机拆解零部件

当发动机转动时通过传动带带动发电机转动（图 8.4-8 和图 8.4-9），它产生的交流电通过二极管整流转变为直流电输送到充电系统。

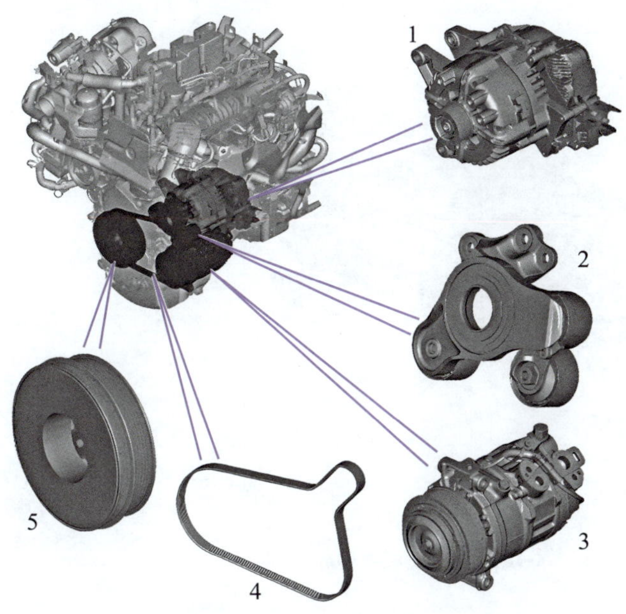

图 8.4-8 带起动机的集成式发电机（启停发电机）

1—皮带驱动的集成式发电机（BISG）；2—BISG 传动带张紧器；
3—空调压缩机；4—BISG 传动带；5—曲轴皮带轮

• AI 智能导学
• 视频实操演示
• 电子图解手册
• 知识进阶锦囊

扫码获取

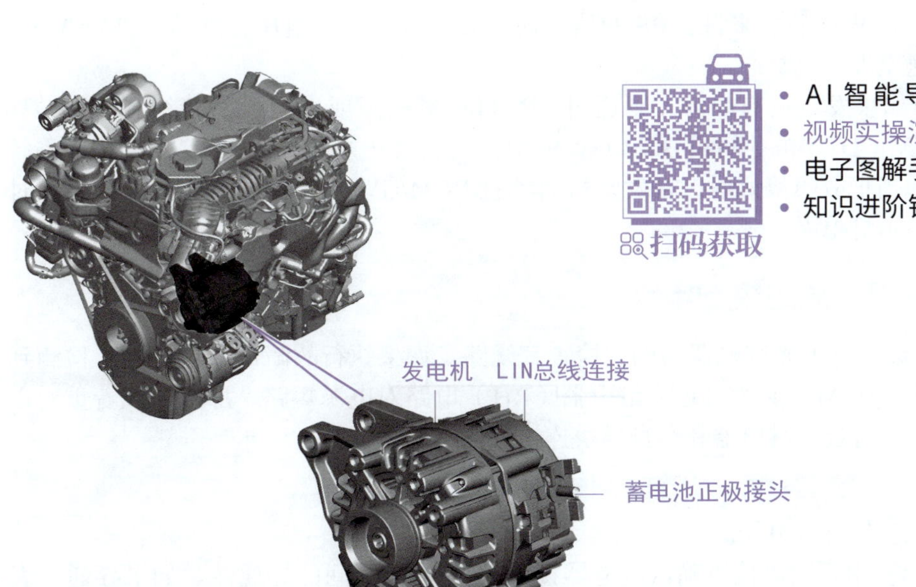

图 8.4-9 普通发电机

普通交流发电机一般由转子、罩盖、调节器、滑环等组成（图 8.4-10）。发电机是汽车的主要电源，由汽车发动机驱动，在发动机正常工作时，发电机对除起动机以外所有用电设备供电，并向蓄电池充电以补充蓄电池在使用中所消耗的电能。

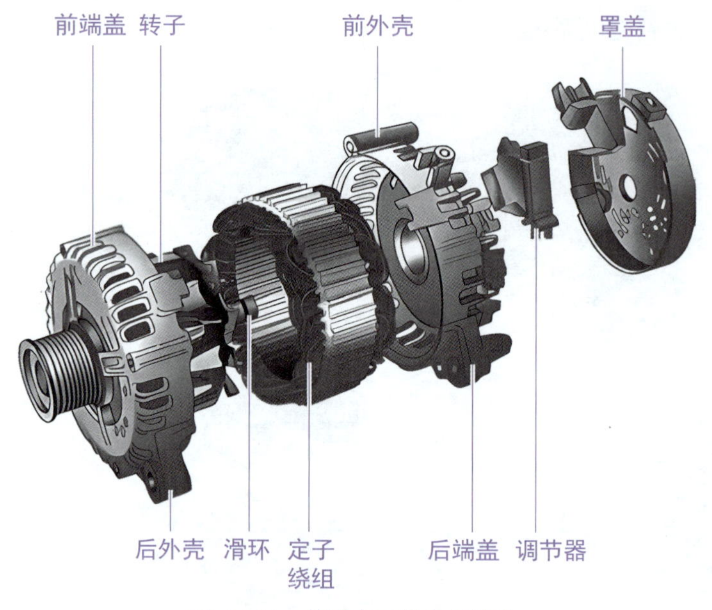

图 8.4-10　普通交流发电机结构

（2）发电机调节器

发电机和调节器总成为车辆电气系统提供电源。调节器通过 LIN 连接到 BCM/GWM，BMS 也通过 LIN 连接到 BCM/GWM。BCM/GWM 从 BMS 接收关于蓄电池状况的信息。BCM/GWM 使用来自 BMS 的信息通过 LIN 设置目标电压，然后 BCM/GWM 通过 LIN 将其发送至发电机。

如果发电机有故障，则通过 LIN 将机械故障或发电机的接线和连接故障发送至 BCM/GWM。DTC 被存储到 BCM/GWM 中，当点火开关打开时，IPC 中的充电系统警告指示灯点亮。当把故障修好时，在发动机启动且 BCM/GWM 检测到发电机输出电压时，充电系统警告指示灯熄灭。

8.4.3 照明控制电路

以大灯近光继电器为例，检查其线路。如果执行故障诊断仪检测，检测到的是车身控制模块（BCM）到大灯近光继电器（RH）电路对电源短路。那么应该着重对以下几点进行检查。大灯近光继电器和车身模块连接线路见图 8.4-11。

（1）检查大灯近光继电器本身故障

❶ 拆下继电器。

❷ 用万用表检测确认继电器接线端 C 和 D 之间的导通性。如果导通，表明继电器有故障，则应更换。

❸ 用万用表检测确认继电器接线端 E 和 A 之间的导通性。正常应该是导通的，如果不能导通，则应更换继电器。

❹ 对继电器接线端 E 施加电池电压，并把接线端 A 接地。

❺ 确认继电器接线端 C 和 D 之间的导通性。如果不能确认，则应更换继电器。

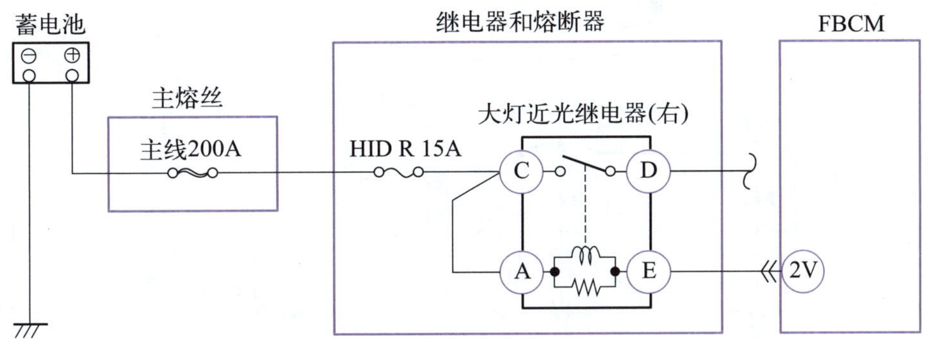

图 8.4-11　大灯近光继电器和车身模块连接线路

（2）车身控制模块连接器或接线端故障

检查连接器是否正常，要断开车身控制模块连接器，检查连接器的接合与连接情况以及接线端的损坏、变形、腐蚀或断开情况。

（3）大灯近光继电器接线端 E 和车身控制模块接线端 2V 之间的线束对电源短路

❶ 确认大灯近光继电器已拆下。

❷ 确认车身控制模块（BCM）连接器已断开。

❸ 将点火开关转至 ON 位置（发动机关闭或启动）。

❹ 测量前车身控制模块（FBCM）接线端 2V（线束侧）的电压。电压无对电源短路，应该为 0。

如果有短路情况，要参考电路图并确认大灯近光继电器接线端 E 和车身控制模块（BCM）接线端 2V 之间是否有共用的连接器。如果存在共用的连接器，那么通过检查共用的连接器和接线端有无腐蚀、损坏和针脚断开现象，并检查共用线束是否有电源短路，确定存在故障的部件。

如果不存在共用连接器的情况，那么应该维修或更换存在电源短路的线束。

8.4.4 电动车窗

（1）玻璃升降的基本控制

简单地讲，玻璃升降器电机利用两个开关来实现电机的正转和反转，如图 8.4-12 所示。

升降器上升，电机正传：正极→ 1 → 2 → 3 → 4 → 5 → 6 → 7 → 8 → 9 → 10 → 11 →搭铁。

升降器下升，电机反传：正极→ 1 → 12 → 8 → 7 → 6 → 5 → 4 → 3 → 13 → 10 → 11 →搭铁。

在升降器上升和下降的路径中可发现，通过玻璃升降器电机的路径是相反的两个方向，正转为 5 → 6；反转为 6 → 5，这样就实现了对车窗升降的控制。

（2）车窗升降器电路

主驾驶侧上升和下降玻璃升降器在执行快速上升功能时，驾驶员车门包含的智能玻璃升降器电机将检测是否电阻过大并自动反转方向，以避免乘客夹在正在关闭的车窗和门框之间造成伤害。通过拉起和按住车窗开关可以超控自动反向安全功能。

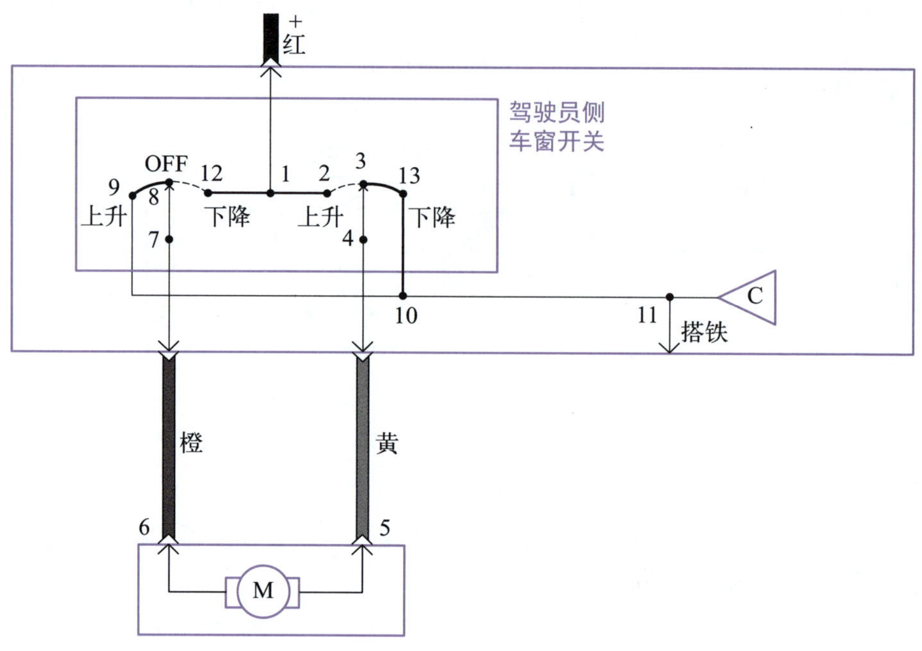

图 8.4-12 玻璃升降器电机升降控制

玻璃升降器电机内的逻辑电路监测通常等于 B+ 电压的上升、下降和快速信号电路。使用驾驶员车窗开关的一个开关时，触点闭合导致相应信号电路内的电压下降。驾驶员玻璃升降器电机将检测该压降并指令车窗玻璃按要求的方向移动。

电动车窗升降（玻璃升降器升降）分为上升、快速上升、下降、快速下降四种状态。图 8.4-13 ～图 8.4-15 列举出大众车窗升降系统电路图，对应该电路图说明车窗升降器动作电路。

打开点火开关后，舒适便捷系统的中央控制单元工作，通过 CAN 总线向车门控制单元发送信息，给接通的车门控制单元供电，将驾驶员侧左前车窗开关提升（下降也如此）。车窗开关将来自驾驶员侧车门控制单元的信号经过电阻接地，驾驶员侧车门控制单元通过舒适 CAN 总线向舒适便捷系统的中央控制单元传送请求信号。中央控制单元经计算后，通过 CAN 总线向驾驶员侧车门控制单元传输信号，驾驶员侧车门控制单元控制内部电路工作，实施车窗电机动作。

❶ 玻璃升降器上升。以左前玻璃升降器为例：驾驶员侧左前电动车窗升降器开关内部有三个不同的电阻和一根导线，来自驾驶员侧车门控制单元的信号送到车窗开关处，图 8.4-13 中开关向右移动与第 1 个电阻接触，电阻接地后，信号产生变化，驾驶员侧车门控制单元获取信号，左前车窗升降器上升。

❷ 玻璃升降器快速上升。驾驶员侧左前电动车窗开关全部提升时，图 8.4-13 中开关向右移动，与第 2 个电阻接触，电阻接地，信号产生变化，传输给驾驶员侧车门控制单元升降器上升信号，左前车窗升降器快速上升。

❸ 左前玻璃升降器下降和快速下降。与上升和快速上升的道理一样，下降也如此。左前车窗下降是图 8.4-15 中开关与第 4 个电阻接触，来控制升降器下降。

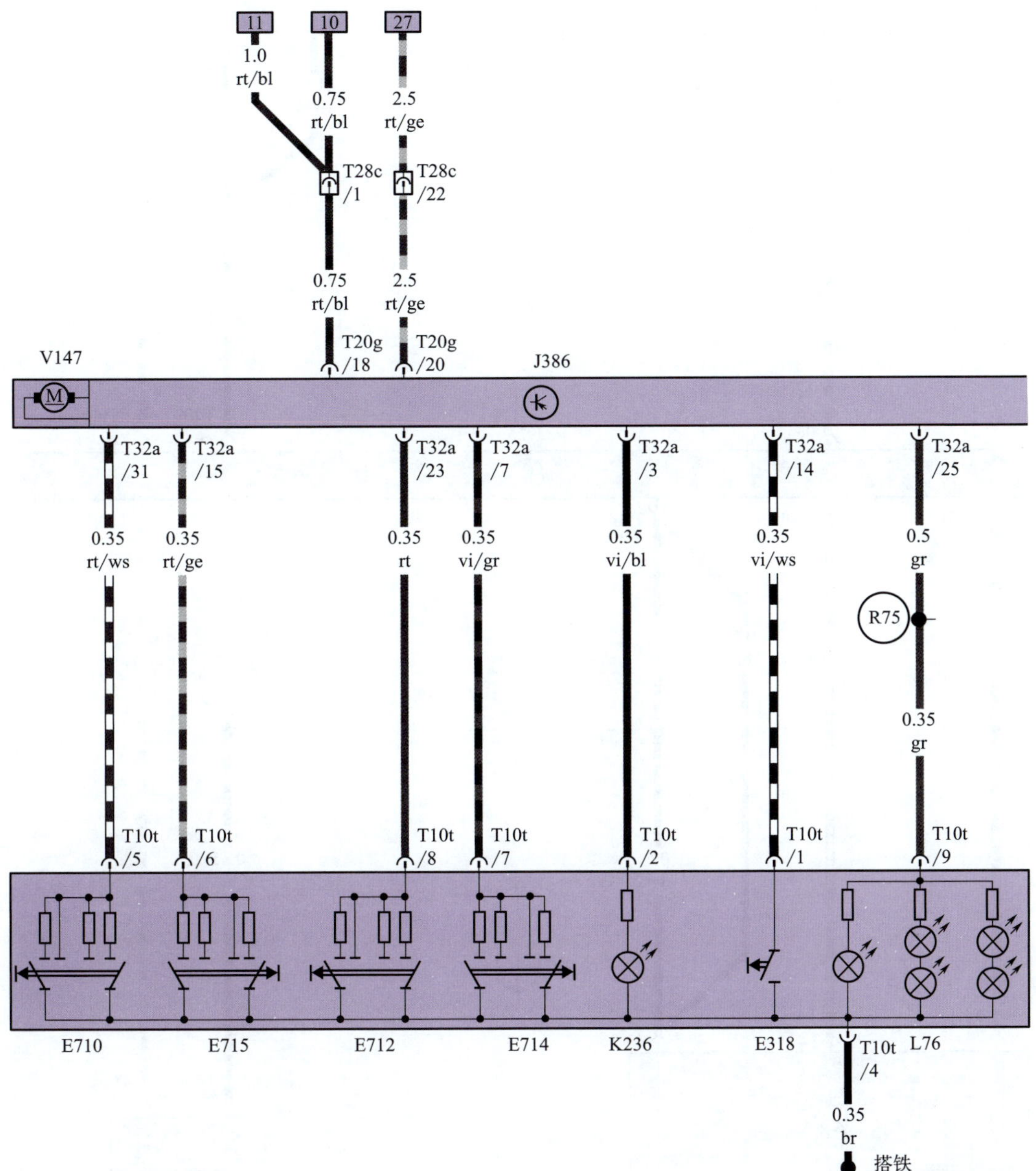

图 8.4-13 电动车窗升降电路（一）

E710—驾驶员侧前部车窗升降器按钮；E712—驾驶员侧后部车窗升降器按钮；E714—副驾驶员侧后部车窗升降器按钮；E715—副驾驶员侧车窗升降器按钮；J386—驾驶员侧车门控制单元；V147—车窗升降器电机

图 8.4-13 中开关与第 3 个导线接触，无电阻，信号产生变化，传输给驾驶员侧车门控制单元升降器下降信号，左前车窗升降器快速下降。

8.4.5 雨刮器

雨刮器电路如图 8.4-16 所示，控制模式：雨刮器开关→车身控制模块 BCM →继电器→刮水器电机动作。

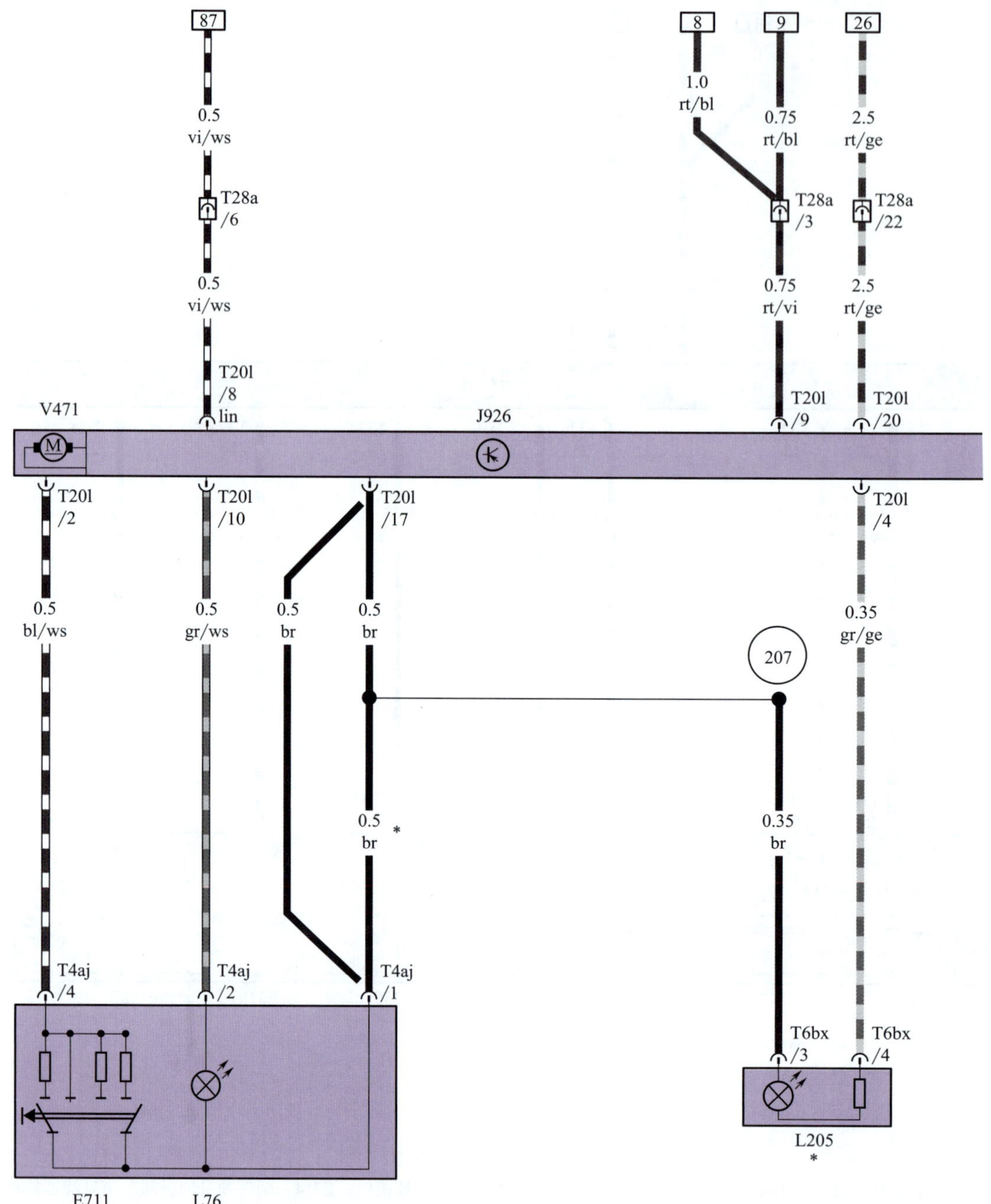

图 8.4-14　电动车窗升降电路（二）

E711—左后车窗升降器按钮；J926—左后车门控制单元；V471—左后车窗升降器电机

打开雨刮器开关，当车身控制模块 BCM 接收雨刮器开关的 MIST 信号时，J2-13 针脚接地，前雨刮继电器吸合；J2-14 针脚不接地，前雨刮器高速继电器不吸合，前雨刮器电机通过其 4 号针脚供电低速运转。

❶ 点动模式。当前雨刮器运转重新回到底部初始位置后，雨刮器电机内的 2 号针脚（复位）重新接地，车身控制模块 BCM 上的 J2-64 号针脚收到此接地信号后，J2-13 针脚不接地，

前雨刮器继电器不吸合，前雨刮器停止工作并停留在最底部的初始位置，完成一次 MIST 刮水循环。

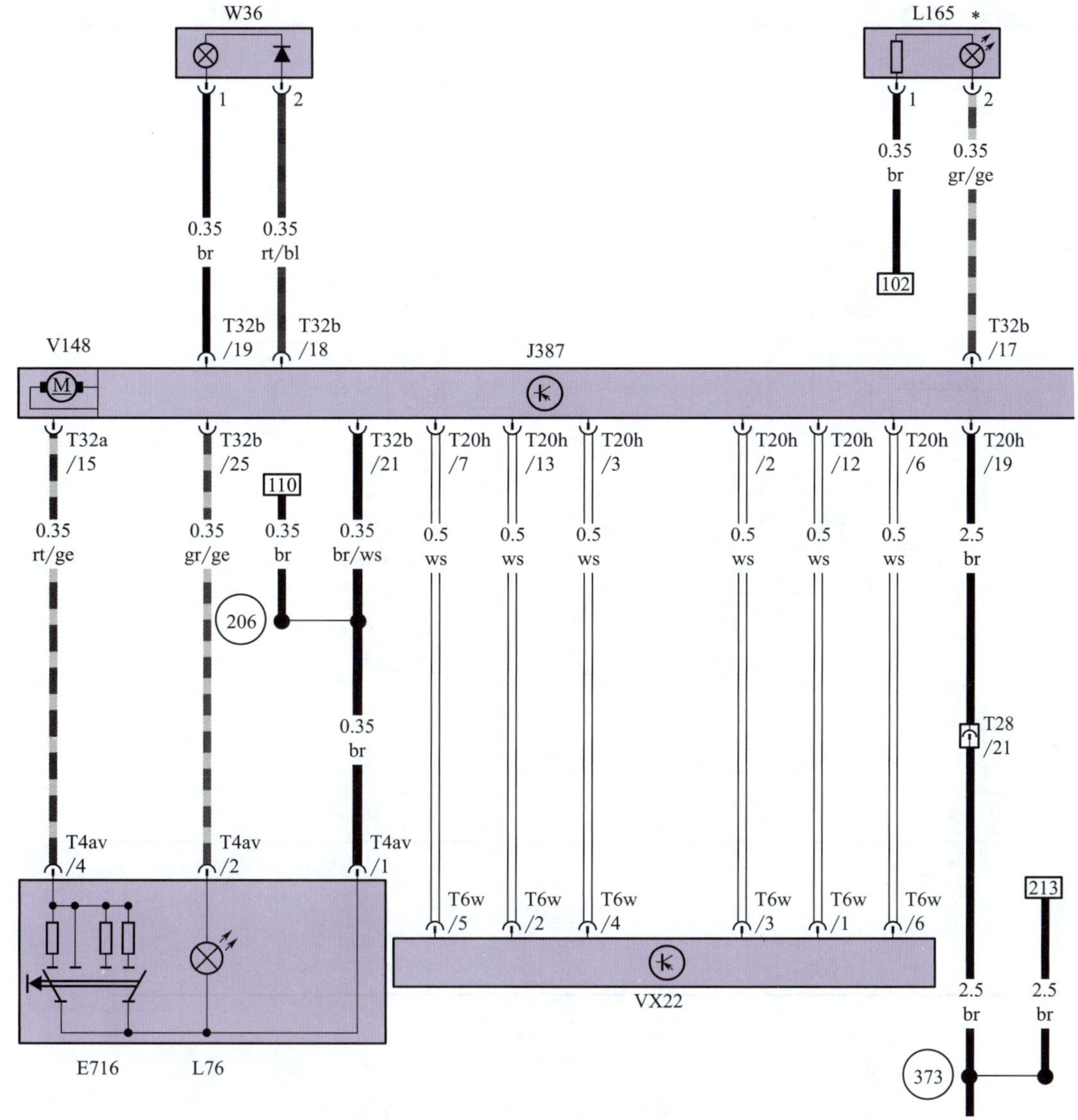

图 8.4-15 电动车窗升降电路（三）

E716—副驾驶员侧前部车升降器按钮；J387—副驾驶员侧车门控制单元；
VX22—副驾驶员侧车门关闭单元；V148—副驾驶员侧车窗升降器电机

❷ 低速模式。当车身控制模块 BCM 收到雨刮器开关的 LOW 信号时，J2-13 针脚接地，前雨刮器继电器吸合，J2-14 针脚不接地，前雨刮器高速继电器不吸合，前雨刮器电机通过 4 号针脚供电开始低速运转。

❸ 高速模式。当车身控制模块 BCM 收到雨刮器开关的 HI 信号时，J2-13 针脚接地，前雨刮器继电器吸合；J2-14 针脚接地，前雨刮器高速继电器吸合，前雨刮器电机通过 5 号针脚供电开始高速运转。

❹ 自动模式。当车身控制模块 BCM 收到雨刮器开关的 AUTO 信号时，J2-13 针脚接地，

前雨刮器继电器吸合；J2-14 针脚不接地，前雨刮器高速继电器不吸合，前雨刮器电机通过 4 号针脚供电开始低速运转。

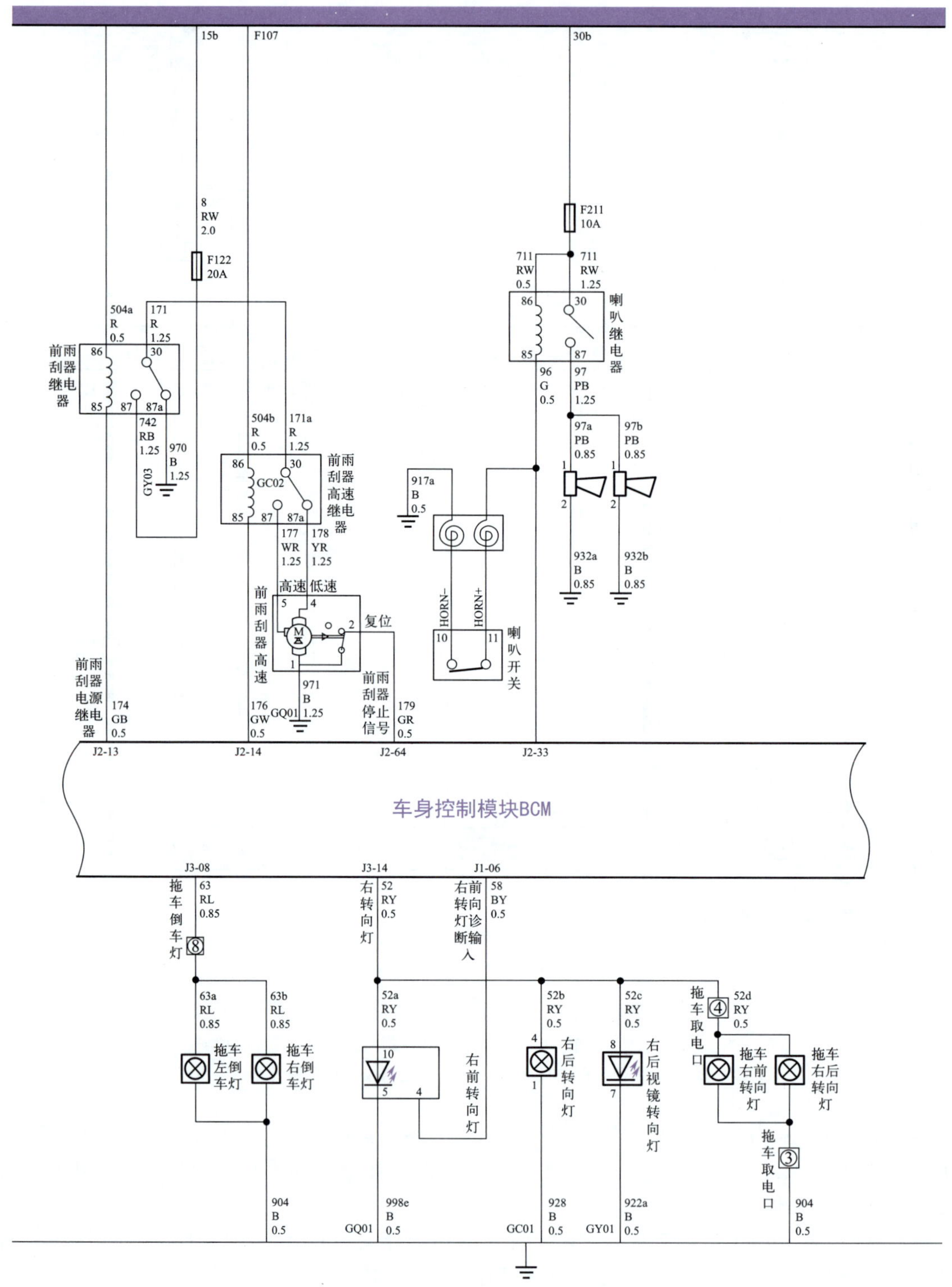

图 8.4-16　雨刮器电路

当前雨刮器运转完成一个刮水循环，重新回到挡风玻璃底部的初始位置后，雨刮器电机通过 2 号针脚（复位）重新接地，车身控制模块 BCMJ2-64 号针脚收到该接地信号后，J2-13 针脚呈断开状态不接地，前雨刮器继电器不吸合，雨刮器停止运转在挡风玻璃最底部初始位置，这样完成一次 AUTO 挡自检刮水循环。

维修提示

自测功能用于系统出现故障时的故障保护功能。车身控制模块（BCM）检测挡风玻璃雨刮器开关是处于 LO 还是 HI 位置，并对其实行监控。

前雨刮器继电器的 87a 针脚为继电器断开后搭铁，目的是使雨刮器在停止供电后能停留在挡风玻璃最底部初始位置。如果前刮水器（雨刮器）处于自动挡时无法工作，同时伴有点触不能正常工作，雨刷不能正常归位，那么判断是前雨刮器继电器问题，其故障点在 87a 针脚接地。更换新的继电器后雨刮系统才正常运转。

第9章 新能源汽车故障

9.1 动力电池系统

9.1.1 高压上电逻辑

如图 9.1-1 所示，动力电池主正继电器和主负继电器在电源继电器总成（PRA）内。

主继电器根据电池管理系统（BMS）控制信号，将高电压接线盒与高电压蓄电池组之间的高电压电源电路和高电压搭铁电路连接起来（图 9.1-2）。

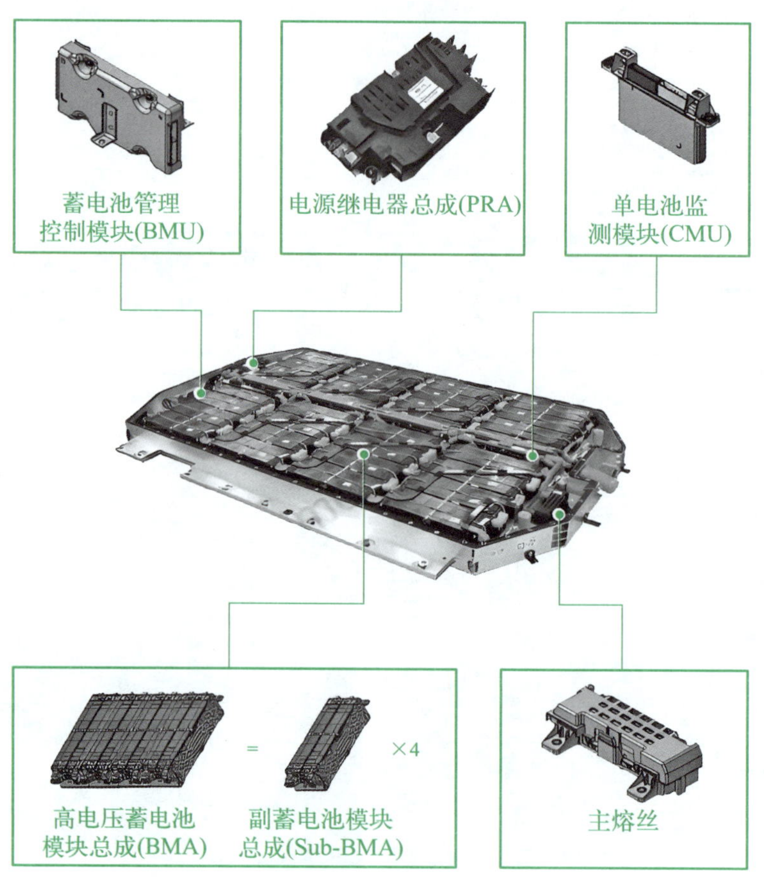

图 9.1-1 动力电池总成

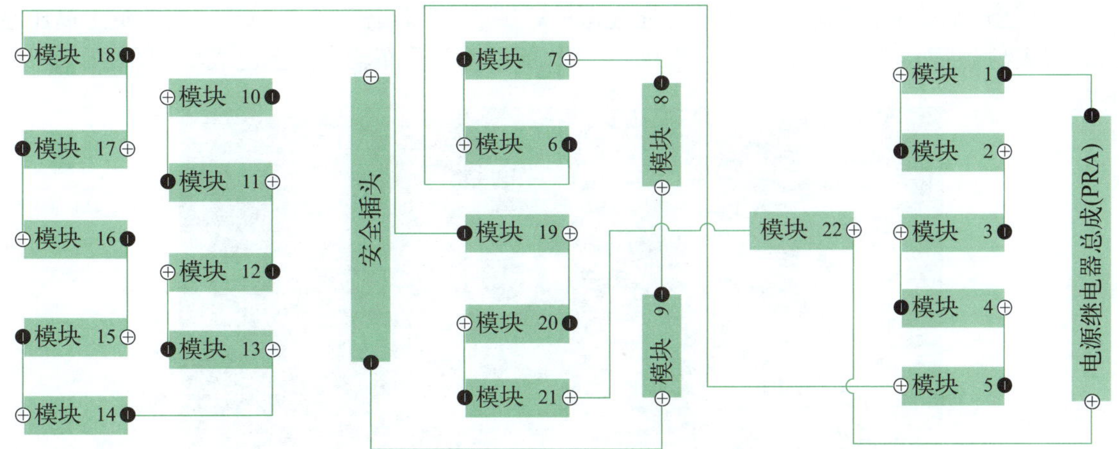

图 9.1-2　动力电池内部模组

高压上电路径见图 9.1-3：启动车辆，闭合预充继电器，闭合主负继电器，电信号就会经过预充继电器，然后经过预充电阻来降低电流，保护高压电路，然后流进电机控制器内部的电容器，完成对电容的预充，充电完成时，预充电继电器 OFF，电容充满电之后电压提升，这时，主正继电器闭合，车辆高压上电。

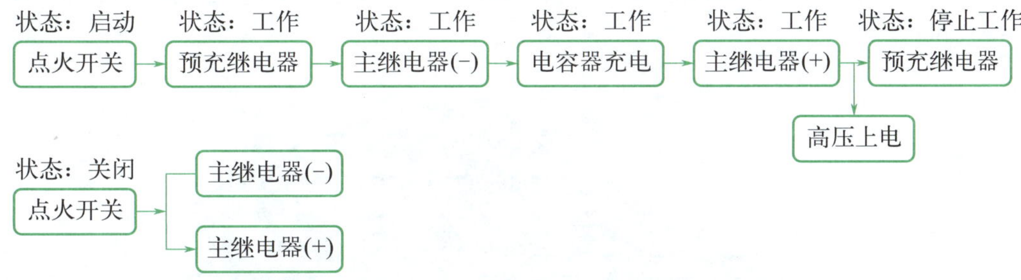

图 9.1-3　高压上电路径

这里必须弄清楚一个问题："预充"是给谁充电？预充并非是给动力电池预充电，而是给电机控制器内的超级电容器充电。在动力电池上电之前，先是给这个电容器预充电，目的是防止直接闭合主正继电器瞬间导致的大电流对电路和电机的冲击。

高压上电需要具备必要的条件，当按下车辆一键启动按键或者旋动点火开关钥匙时，车辆就准备开始上电。通常需要满足以下条件才能成功上电。

1. 钥匙合法，也就是防盗通过；
2. 动力电池状态正常；
3. 整车高压绝缘正常；
4. 整车高压互锁正常。

如果任何条件之一出现异常，那么车辆上电就会失败。如果车辆没有上高压电，高压系统就不能工作。无法上电的故障比较常见，其中动力电池状态异常、整车高压绝缘故障、整车高压互锁故障都是高频故障。

车辆上电后，通常车辆在仪表上会通过指示灯显示车辆高压系统的状态，当车辆上高压电时，仪表盘会显示“READY”或者“OK”，用以提醒驾驶员车辆高压上电成功（图 9.1-4）。

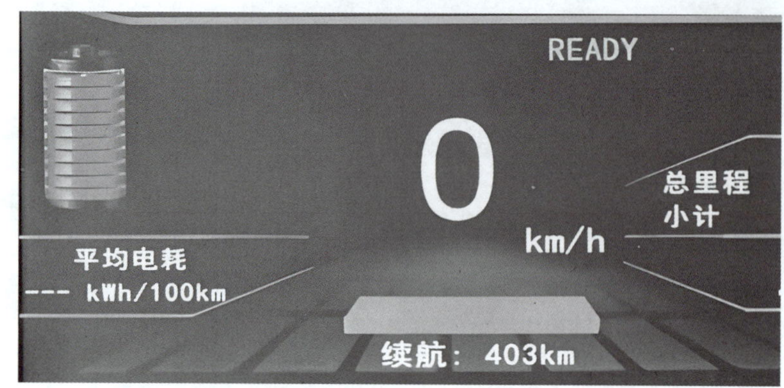

图 9.1-4　高压上电正常

9.1.2　高压主继电器检测

如图 9.1-5 和图 9.1-6 所示的电池管理系统包括模组及电源继电器总成等控制模块。系统控制高压蓄电池的 SOC（充电状态）、输出、故障诊断、蓄电池单电池平衡、系统冷却、电能供给和切断。

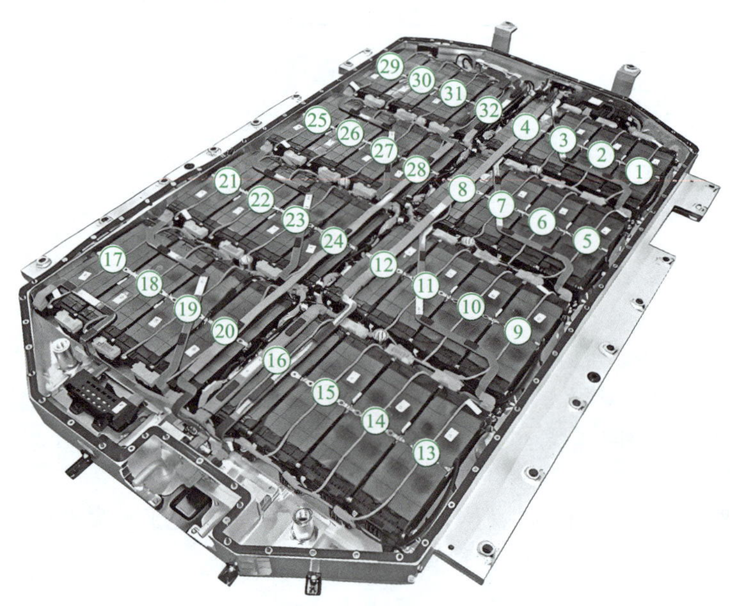

图 9.1-5　动力电池（一）

电源继电器总成由主继电器、预充电继电器、预充电电阻器、蓄电池电流传感器和高电压蓄电池加热器继电器组成，通过汇流条连接到蓄电池组。

动力电池通过主正继电器和主负继电器（图 9.1-7）控制对车辆高压部件供电，即车辆高压系统有两个状态：一是继电器断开，整车高压系统下电；二是继电器闭合，高压系统上电。

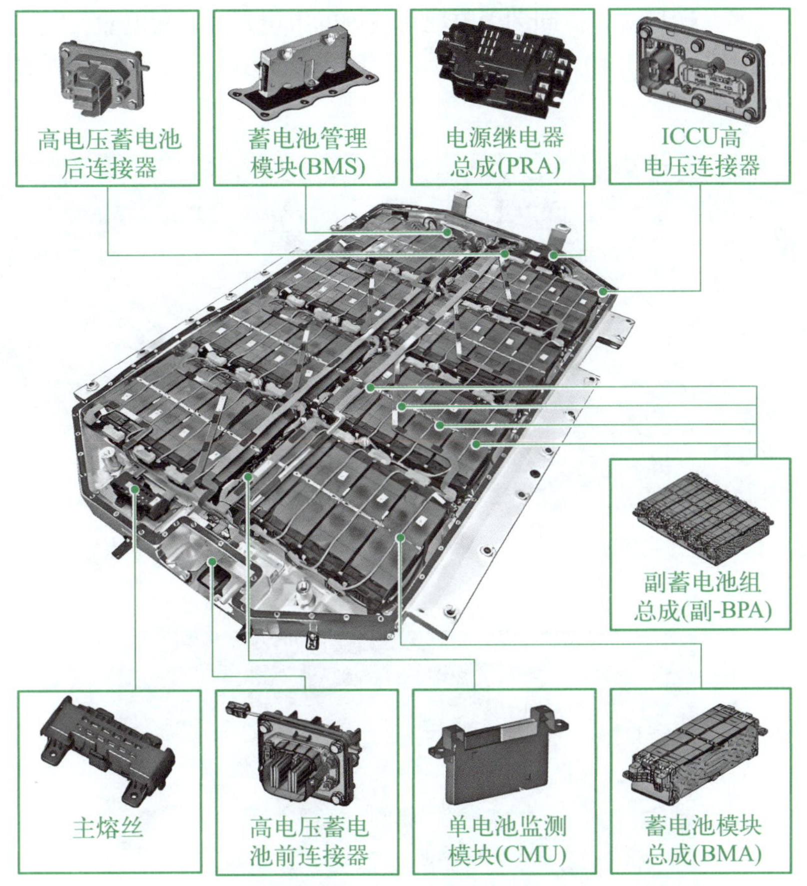

图 9.1-6　动力电池（二）

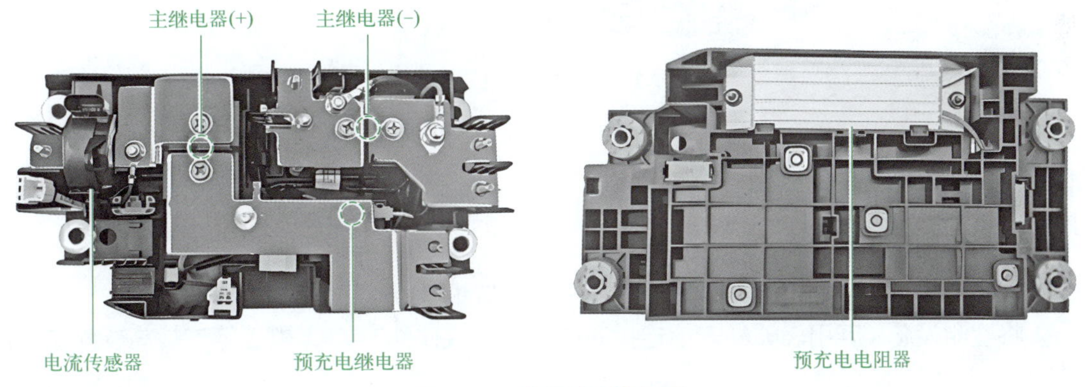

图 9.1-7　电源继电器总成

主正继电器和主负继电器黏附故障也时有发生，断开高压电后，可以使用万用表对继电器进行检测。

❶ 切断高电压电路。

❷ 拆卸动力电池总成盖。

❸ 分离高电压正极（+）连接器 B 和高电压负极（-）连接器 A，见图 9.1-8。

❹ 拧下固定螺栓 / 螺母，并拆卸动力电池总成内的继电器盒（配电盒）盖 A，见图 9.1-9。

检测继电器电阻见图 9.1-10。检测高电压主继电器的电阻，并检查是否有黏附迹象，正常阻值应该无穷大。

图 9.1-8　断开高压线

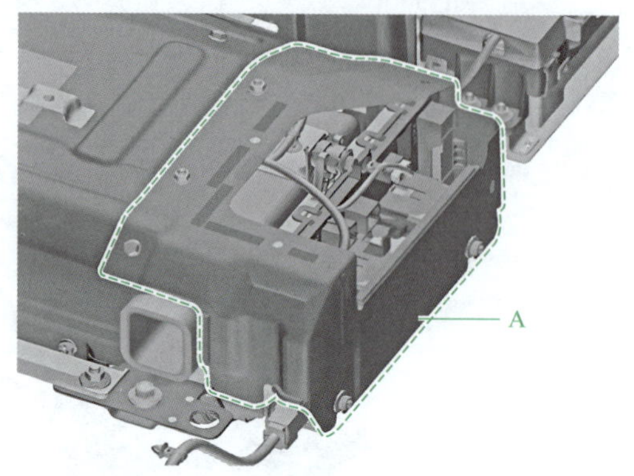

图 9.1-9　取下盖板

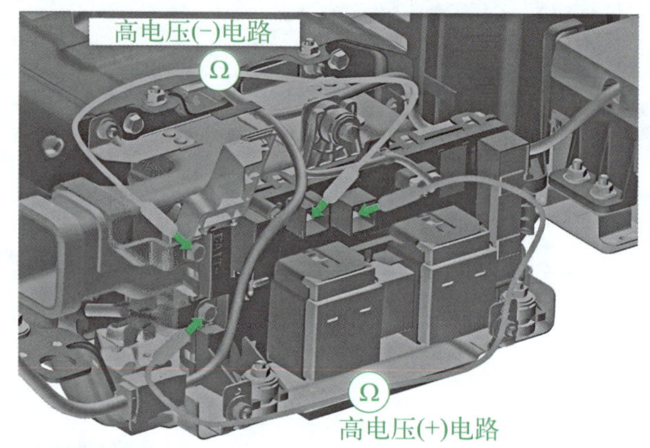

图 9.1-10　检测继电器电阻

9.1.3　高压电绝缘检测

（1）残留电压检测

❶ 按照检测设备（万用表）指示操作，电压设置为 500V。

❷ 将检测设备（万用表）红表笔连接高压配电盒接插件 HV+，黑表笔连接高压配电盒接插件 HV−。

❸ 测量残留电压，如果残留电压小于 60V，为合格；如果残留电压大于 60V，排查绝缘故障。

（2）绝缘电阻检测

如果残留电压检测不合格，则使用兆欧表执行绝缘电阻检测。

❶ 将检测设备（兆欧表）红表笔连接高压配电盒动力电池包线束的接插件 HV+，黑表笔连接前减振器上端紧固件螺栓（图 9.1-11）。

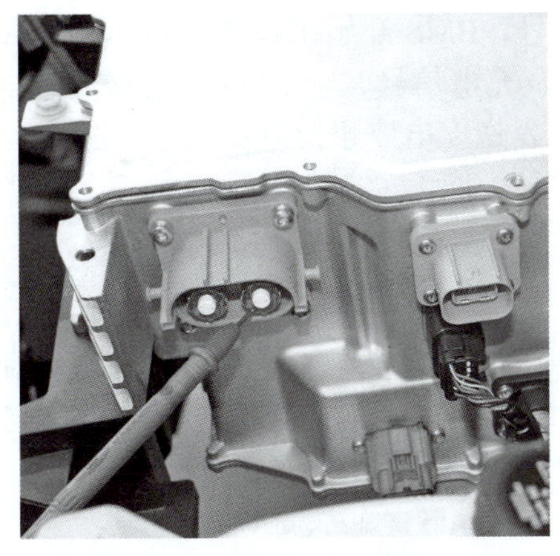
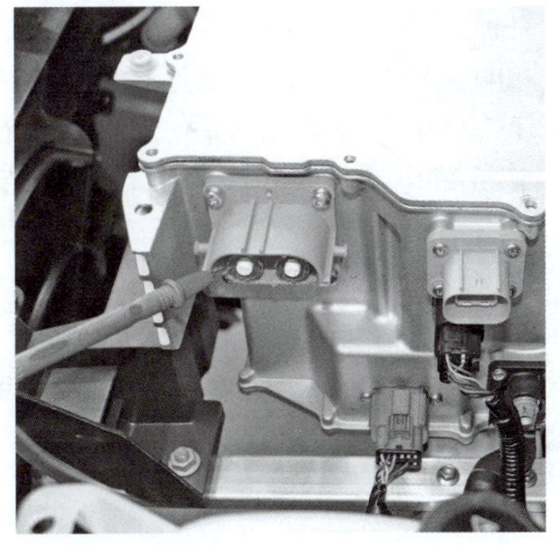

图 9.1-11　检测绝缘电阻（一）

❷ 将检测设备（兆欧表）红表笔连接高压配电盒动力电池包线束的接插件 HV−，黑表笔连接前减振器上端紧固件螺栓（图 9.1-12）。

❸ 将检测设备（兆欧表）红表笔分别连接直流充电插座接插件 DC+ 和 DC−，黑表笔连接直流充电插座 PE 接地点。

❹ 记录数据，上述测量数据分别都大于 5MΩ 为合格。

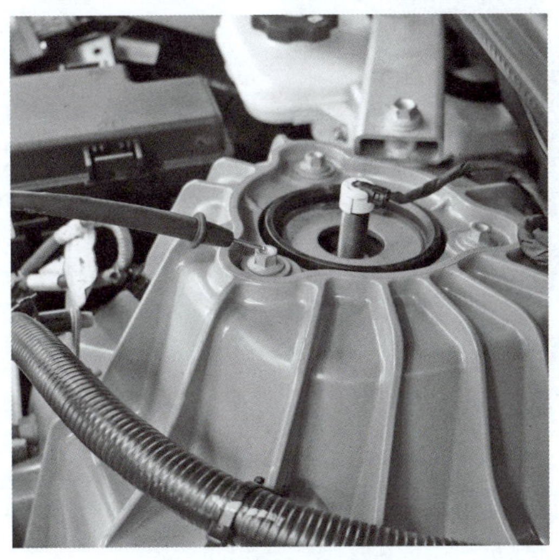

图 9.1-12　检测绝缘电阻（二）

9.2　充电系统

9.2.1　直流充电座检测

（1）直流快充逻辑

直流快充系统输入的是直流电，不需要通过车载充电机。当充电枪连接到整车直流充电插座时，直流充电设备向 BMS 发送充电唤醒信号，BMS 开始工作并进行自检，如果自检无异常，同时 BMS 接收到充电连接确认信号以及充电信号，则 BMS 闭合快充继电器，主负继电器开始充电。充电完成后，BMS 向充电桩发送充电停止指令，待充电桩停止充电后，BMS 切断快充继电器、主负继电器，充电结束（图 9.2-1）。

- AI 智能导学
- 视频实操演示
- 电子图解手册
- 知识进阶锦囊

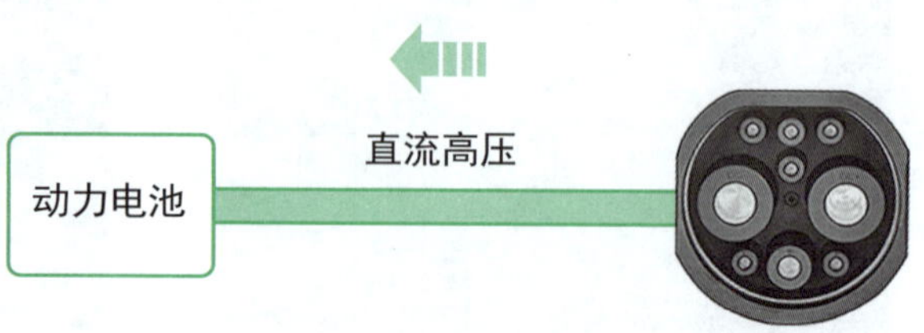

图 9.2-1　直流充电示意

（2）国标直流充电插口

如图 9.2-2 所示，直流充电插座采用国标 9 端孔插口，内部具有接地触头，当插座与插头连接时，触头最先接通，断开时，触头最后断开，以确保充电插拔过程中的高压安全。直流充电插座具备防触电保护措施，当充电插头插入充电插座时，控制端子晚于 DC+ 端子及 DC− 端子连接；当拔出充电插头时，控制端子早于 DC+ 端子及 DC− 端子断开。

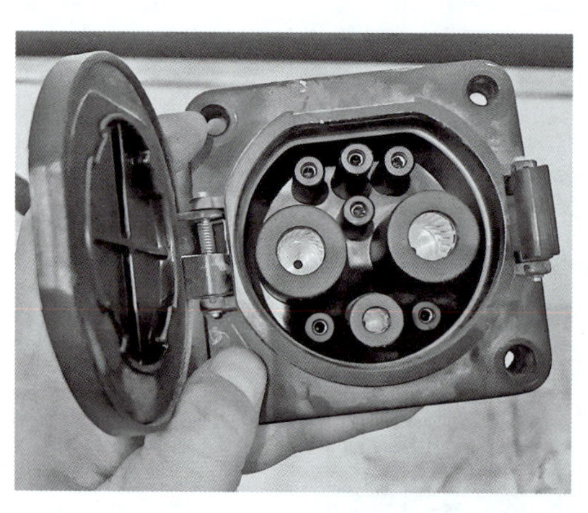

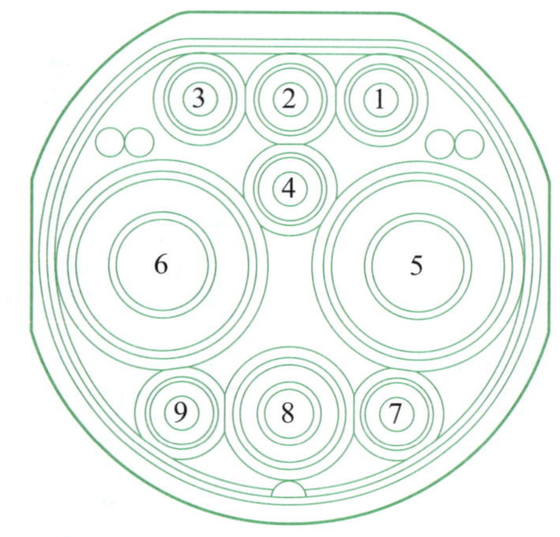

图 9.2-2　国标直流充电插口

1—S+；2—CC2；3—S−；4—CC1；5—DC+；6—DC−；7—A+；8—PE；9—A−

❶ DC+ 和 DC−：这两个端子分别表示高压直流的正极和负极，提供电流，用于给动力电池充电。

❷ CC1 和 CC2：这两个端子用于充电连接确认，以及检测充电枪是否插好，确保充电桩和车辆之间的连接正确无误。其中，CC2 为车辆端，CC1 为充电桩端。

❸ S+ 和 S−：这两个端子用于 CAN 通信，供车辆与充电桩通信使用，实现充电桩和车辆之间的信息交换，包括安全检测和充电参数的设置。其中，S− 为 CAN-L，S+ 为 CAN-H。

❹ A+ 和 A−：这两个端子提供低压 12V 辅助电源，用于唤醒车辆的电池管理系统。其中，A+ 为充电桩输出 12V 正极，A− 为充电桩输出 12V 负极。

❺ PE：这个端子接地，同时也是车辆端的负极，确保充电过程中的电气安全。

（3）等电势检测

如图 9.2-3 所示，将检测设备（毫欧表）红表笔连接充电插座总成 PE 接地点。将检测设备黑表笔连接车身搭铁端。测试结果不大于 100MΩ 为合格。

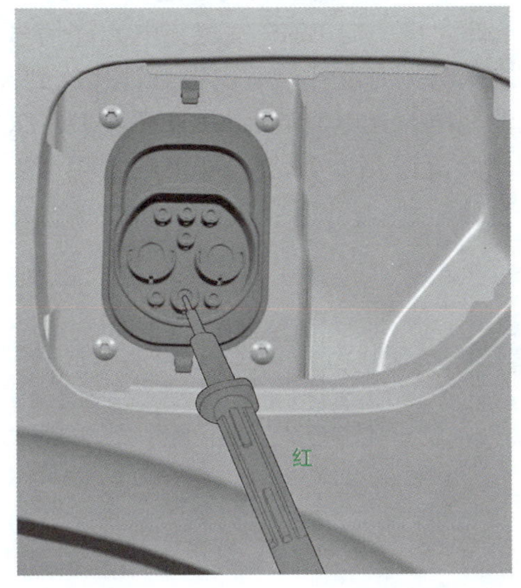

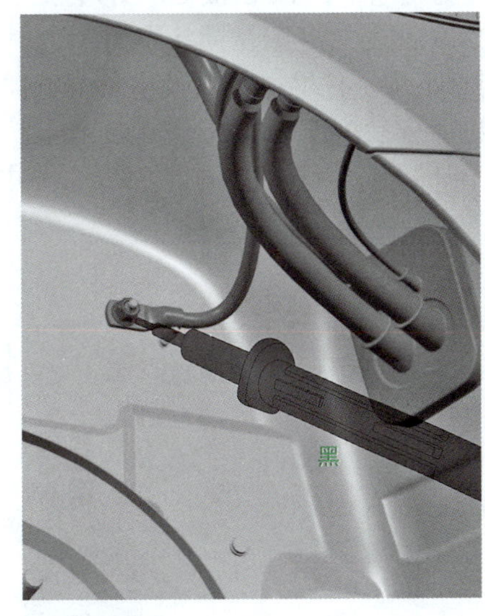

图 9.2-3　直流充电座等电势检测

（4）直流充电座绝缘检测

车辆下电，然后进行充电座总成绝缘检测。如图 9.2-4 所示，进行充电座总成绝缘检测。

❶ 按照检测设备指示操作，电压设置为 500V。

❷ 将检测设备（兆欧表）红表笔连接直流充电插座接插件 DC−，黑表笔连接直流充电插座 PE 接地点。

❸ 将检测设备（兆欧表）红表笔连接直流充电插座接插件 DC+，黑表笔连接直流充电插座 PE 接地点。

❹ 记录数据，数据分别都大于 5MΩ 合格。

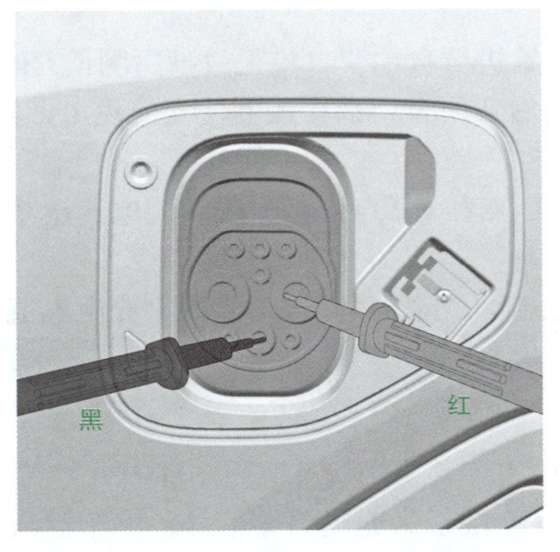

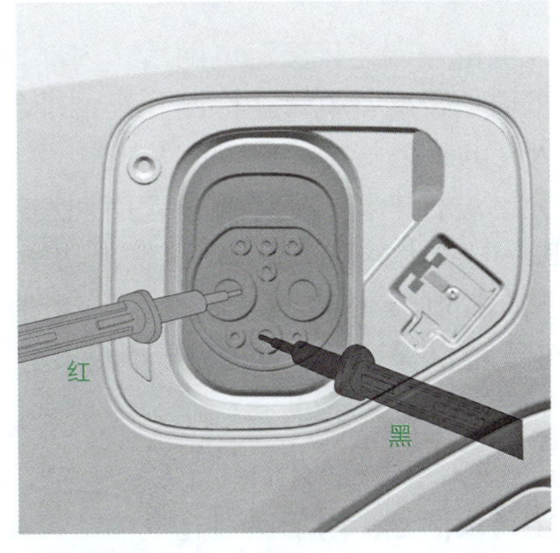

图 9.2-4　直流充电座绝缘检测

9.2.2 交流充电座检测

（1）交流慢充基本控制逻辑

在交流充电中，VCU 被 OBC 唤醒，当接收到 OBC 发出的交流充电连接确认信号（CC、CP）、BMS 发出的高压互锁状态为闭合时，若条件允许，向 BMS 发送充电允许信号，然后 BMS 同时闭合主正继电器以及主负继电器，开始充电。充电开始后，当 IPU 接收到 VCU 的交流充电命令后内部 DC/DC 开始工作，为蓄电池充电。充电完成后 VCU 停止 DC/DC 工作，然后向 BMS 发送断开主继电器命令，充电结束。交流慢充示意见图 9.2-5。

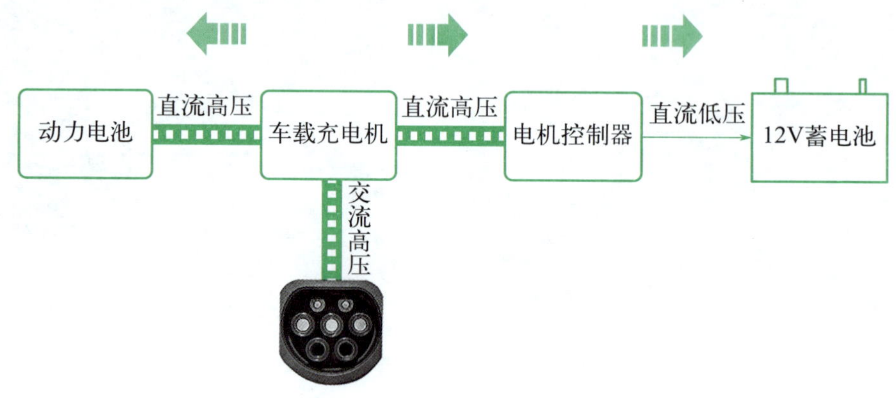

图 9.2-5 交流慢充示意

（2）交流慢充充电流程

如图 9.2-6 和图 9.2-7 所示，交流充电枪充电流程如下。

❶ 连接交流充电枪到交流充电插座，集成电源系统通过测量 CC 点与 PE 点之间的电阻值来判断交流充电插头与插座是否完全连接。整车控制器接收到完全连接的信号后，控制电子锁闭合，锁定车辆充电插头并在整个充电过程中保持。

❷ 集成电源系统检测到交流充电插头与插座已完全连接，开始自检，在自检完成且没有故障的情况下，并且电池组箱处于可充电状态时，集成电源系统闭合内部开关 S2，车辆准备就绪。

❸ 充电枪一端连接交流电网后，内部控制装置进行自检，自检无故障后测量 CP 点电压值判断车辆是否准备就绪。检测到车辆准备就绪后，闭合内部接触器使交流供电回路导通。车辆进入充电状态。

❹ 充电过程中，集成电源系统周期性检测 CC 点和 CP 点信号，确认充电连接状态，并根据 CP 点占空比实时调整直流电输出功率。

❺ 整车控制器在充电过程中检测充电连接处温度，当温度过高时，限制充电电流，严重时，停止充电以保证充电过程的安全。

（3）交流充电插座绝缘检测

交流慢充口上分别有 CP、CC、N、PE、L、L1、L2 共计 7 个端子，其中 CC 端子为充电枪连接确认信号，用于识别充电枪是否插好；CP 端子为充电引导信号，供车辆与充电桩通信用；PE 端子在车辆端连接着 12V 电源负极，在充电桩端连接着保护接地；L 为交流电的火线；N 为交流电的零线；L1、L2 为三相交流电充电时的火线。

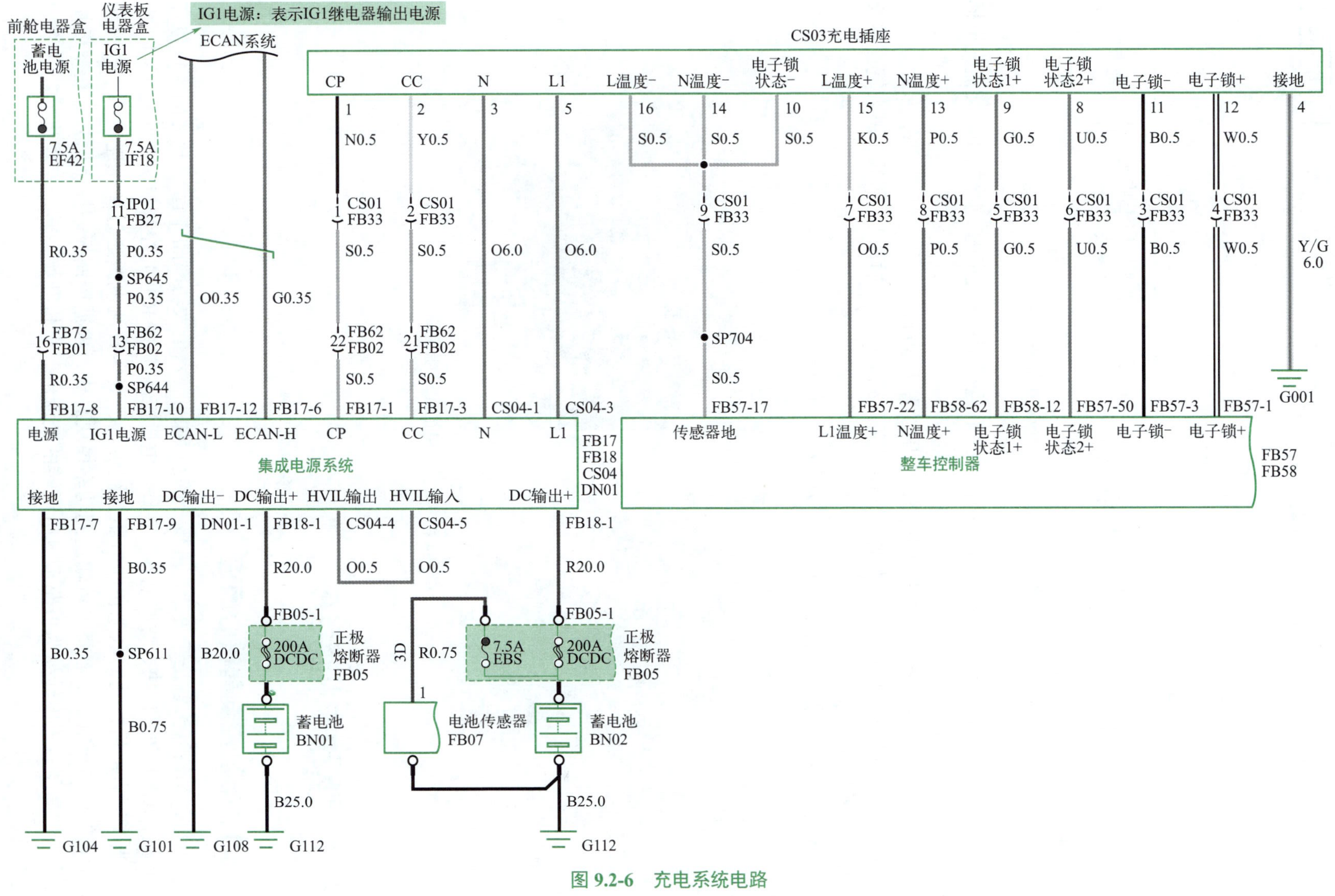

前舱电器盒
蓄电池电源
7.5A EF42
仪表板电器盒
IG1电源
7.5A IF18
IG1电源：表示IG1继电器输出电源
ECAN系统
CS03充电插座
CP
CC
N
L1
L温度−
N温度−
电子锁状态−
L温度+
N温度+
电子锁状态1+
电子锁状态2+
电子锁−
电子锁+
接地
Y/G 6.0
G001
电源
IG1电源
ECAN-L
ECAN-H
集成电源系统
接地
DC输出−
DC输出+
HVIL输出
HVIL输入
FB17 FB18 CS04 DN01
传感器地
L1温度+
整车控制器
FB57 FB58
正极熔断器 FB05
200A DCDC
7.5A EBS
蓄电池 BN01
蓄电池 BN02
电池传感器 FB07
G104
G101
G108
G112

图 9.2-6　充电系统电路

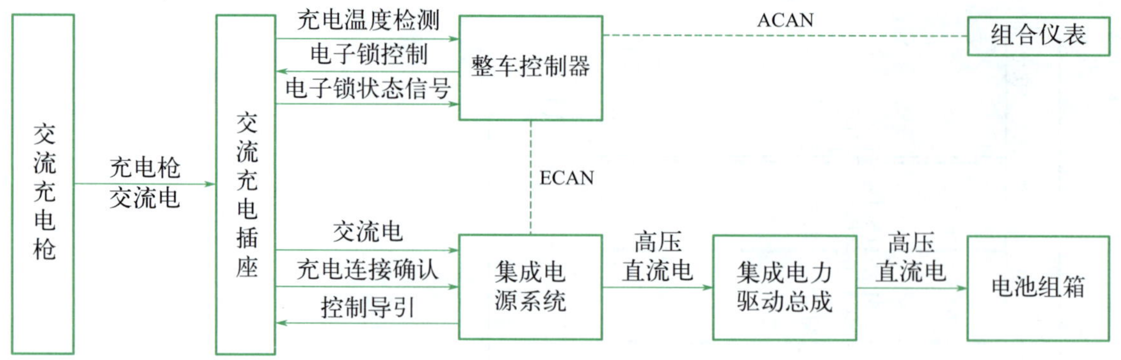

图 9.2-7　交流充电枪充电流程示意

断开车载充电机端交流充电线束接插件，然后进行交流充电插座绝缘检测，交流充电插座绝缘检测见图 9.2-8。

❶ 按照检测设备（兆欧表）指示操作，电压设置为 500V。

❷ 将检测设备（兆欧表）红表笔分别连接交流充电插座接插件 L1 和 N，黑表笔连接交流充电插座 PE 接地点。

❸ 记录数据，数据分别都大于 5MΩ 为合格 。

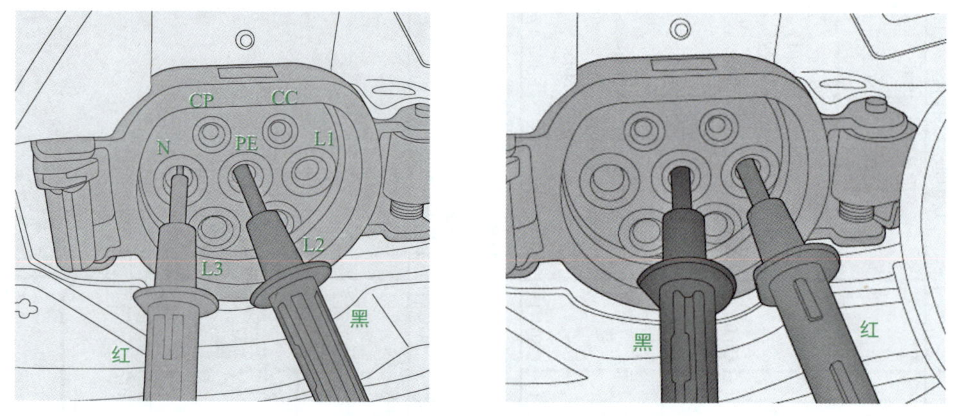

图 9.2-8　交流充电插座绝缘检测

9.3　驱动电机系统

9.3.1　电机控制器核心原理

电机控制器其实就是逆变器，最核心的是 IGBT（六个大功率晶体管）。核心的零件包含控制板、IGBT 功率模块、滤波电容等零件。电机控制器（MCU）控制与功能见表 9.3-1。

当车辆启动后，动力电池包向电驱系统供电，高压直流电源通过高压连接器，经过滤波给母线电容充电，电容将电流输送到功率模块总成，根据控制板的控制信号，功率模块将输入的高压直流电转换为可驱动电机运转的交流电，电机开始运转，实现将电能转换为机械能。

当车辆减速并进行能量回收时，三相电机将发出相交流电，经 IGBT（功率模块）中的二极管进行整流，再通过母线电容滤波，转换为直流电并给电池包充电。电机控制器控制原理示意见图 9.3-1。

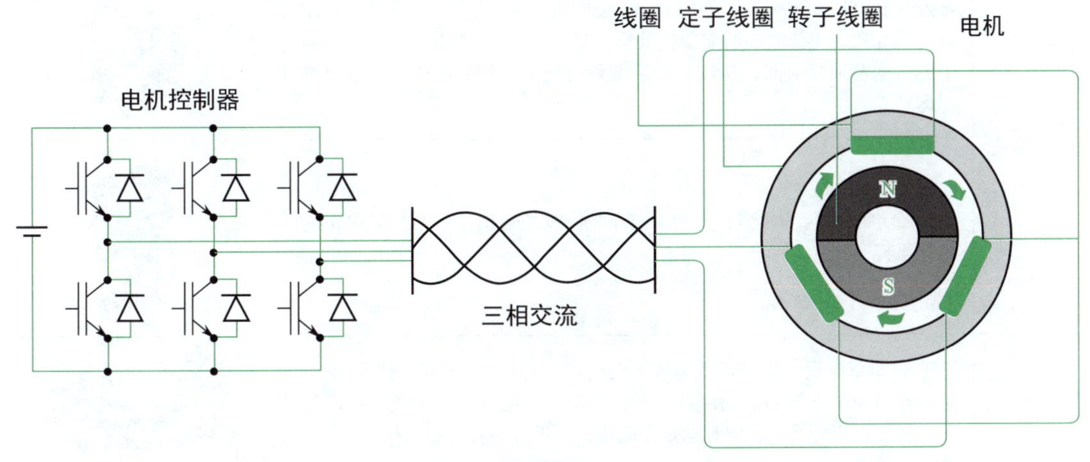

图 9.3-1　电机控制器控制原理示意

在车辆行驶中，驱动电机电源（放电）通过蓄电池内储存的电能产生驱动力（图 9.3-2）；在制动时，可再生制动（充电），利用驱动电机作为发电机，将减速期间生成的动能转换为电能，并且利用转换的能量为蓄电池充电（9.3-3）。

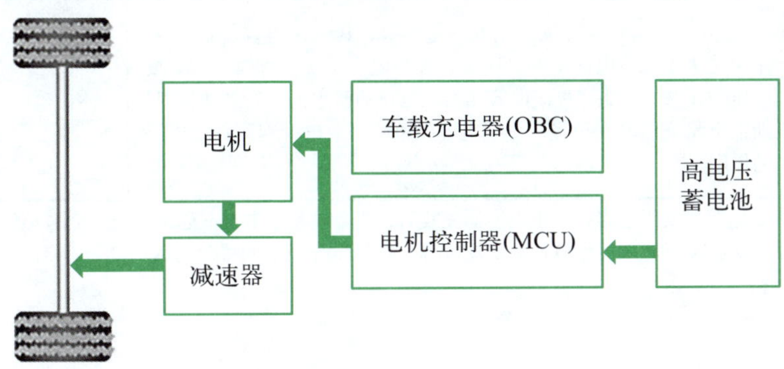

图 9.3-2　车辆行驶

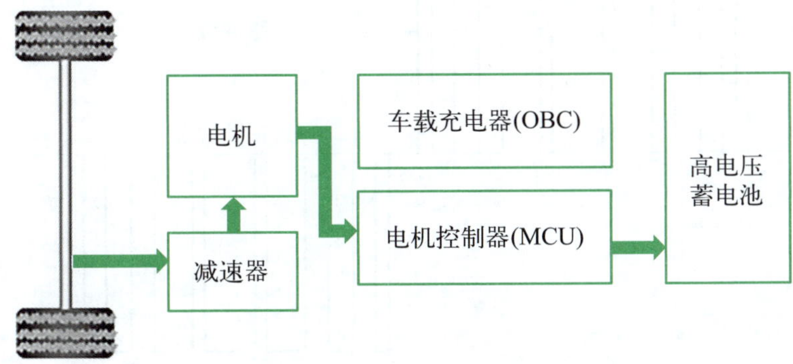

图 9.3-3　再生制动系统工作

表 9.3-1　电机控制器（MCU）控制与功能

零部件	内容 / 说明	图示
功率模块	电机控制器的功率模块采用 IGBT 功率模块，通过控制板发出的信号控制 IGBT 工作，通过 IGBT 的高频通断，使其输出一系列脉冲，用以得到等效的正弦波或所需要的波形（图 9.3-4），控制电流在三个电路中的方向及通断时间，从而将直流电源转化为三相交流电，使电机进行运转	
控制板	整个电驱系统的大脑，负责与整车控制模块通信，同时控制电机的正常运转	
放电电阻	在整车下电后，泄放母线电容中的电量，防止在检修控制器内部产生触电风险。在控制器内部检修时，为防止放电电阻的失效，都需先确认滤波直流母线电容中有无残余电压，再进行相关维修操作	
冷却器总成	冷却器总成主要用于冷却功率模块在工作过程中产生的热量	
滤波直流母线电容	包括 X 电容、Y 电容①、磁环、母线电容等，其中 X 电容、Y 电容、磁环主要是为了滤除电路中的高频波，抑制电磁干扰；母线电容主要起到稳压和放电的功能，母线电容相当于电量的蓄水池，如急加速时，电机所需电量突然增加很多，母线电容就可临时放电，起到稳定电路电压的作用	

① 一种耐直流高压电容。安规电容，是指电容器失效后，不会导致电击，不危及人身安全的安全电容，它包括 X 电容和 Y 电容。X 系列安规电容即是金属化薄膜型安规电容，按耐压等级不同可分为 X1、X2、X3；Y 系列安规电容即连接火线与地线间的电容，分为 Y1、Y2。

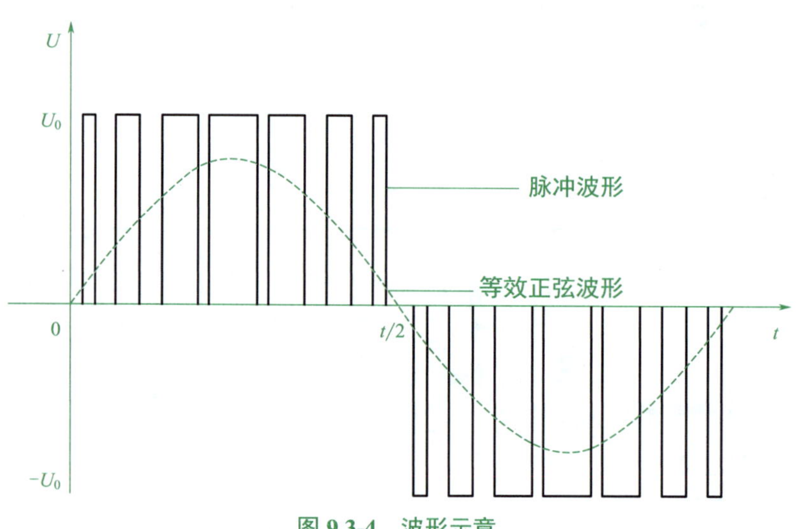

图 9.3-4　波形示意

9.3.2 电机控制器的检测

（1）检查电池管理系统与电机控制器之间的高压线路开路故障

断开电池管理系统接插件 H12；断开前电机控制器接插件 H13，然后检测电阻情况。

如图 9.3-5 所示，使用万用表测量 H12 端子 1 与 H13 端子 1 之间的电阻值；测量 H12 端子 2 与 H13 端子 2 之间的电阻值，正常电阻值应小于 1Ω。

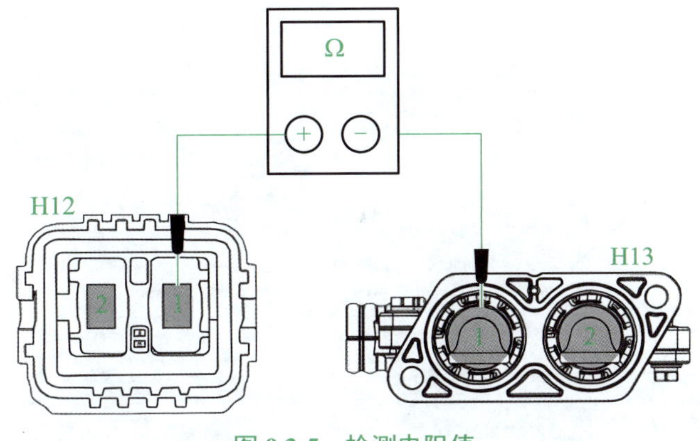

图 9.3-5 检测电阻值

（2）检查前电机控制器电源

断开前电机控制器接插件 BFC03、BFC04；然后整车上电，进行电源检查。

如图 9.3-6 所示，万用表测量 BFC03 端子 1 对地之间的电压值；测量 BFC04 端子 10、11 对地之间的电压值。电机控制器电源为低压电源。正常应为低压蓄电池电压范围。

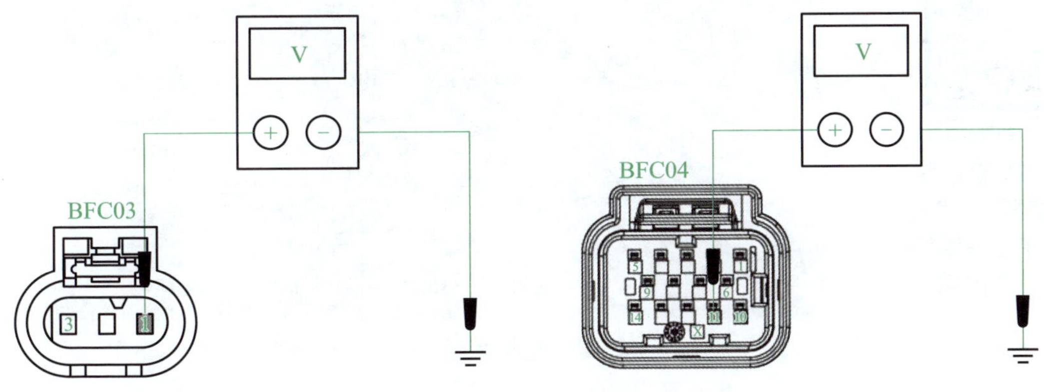

图 9.3-6 检测电压

9.3.3 电机的检测

根据现行的国家标准《电动汽车安全要求》（GB 18384—2020）中规定：在最大工作电压下，直流电路绝缘电阻应不小于 100Ω/V，交流电路应不小于 500Ω/V。直流和交流的 B 级电压电路应满足绝缘电阻不小于 500Ω/V 的要求。所以，在测量绝缘电阻时，其电路中电位电压 1V 的绝缘电阻值应大于 500Ω。

检测绝缘电阻需要用绝缘表或者机械摇表等设备，以下介绍用电阻绝缘表检测驱动电机的绝缘电阻值。首先绝缘表归零，将黑色测试探头（表笔）插入COM（公共）端孔，红色测试探头插入绝缘V端；然后把绝缘表旋转开关拧到大于被检测车辆的工作电压挡位，例如该车的工作电压为330V，那么拧到500V挡位即可；然后把将探头连接到待测的驱动电机上，黑色测试探头夹子接入电机壳体，用红色测试探头分别接入U、V、W三相线端（图9.3-7～图9.3-9），测试时按红表笔上的“TEST”测试键（图9.3-7），或者按绝缘表上的“测试”键，这样就测得一个绝缘电阻值，待测得绝缘电阻值稳定后读取电阻值，为550MΩ，说明该电机绝缘良好。

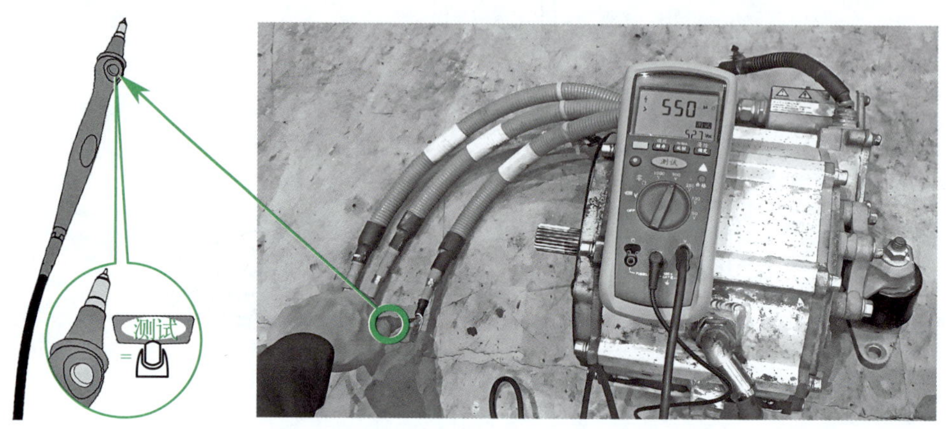

图9.3-7　绝缘电阻检测（三相线的U相）

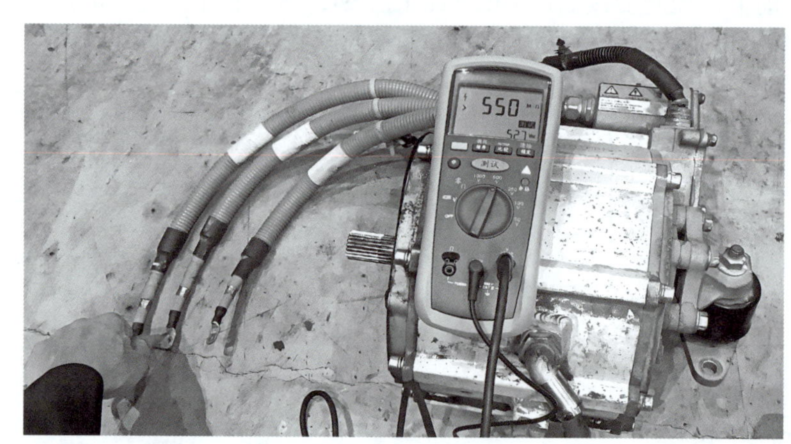

图9.3-8　绝缘电阻检测（三相线的V相）

9.3.4　电机控制器的检测

根据电机控制器的核心原理，其核心的IGBT二极管可以用电压降和单向导通性来检测。

使用万用表，旋转开关到二极管挡位，红表笔接电机控制器的动力电池母线输入负极端，黑表笔分别探测电机控制器电机三相线U、V、W端，会显示一个0.368V左右的电压降（图9.3-10）；黑表笔接电机控制器的动力电池母线输入正极端，红表笔分别探测电机控制器电机三相线，也会同样有电压降（图9.3-11），说明IGBT正常。

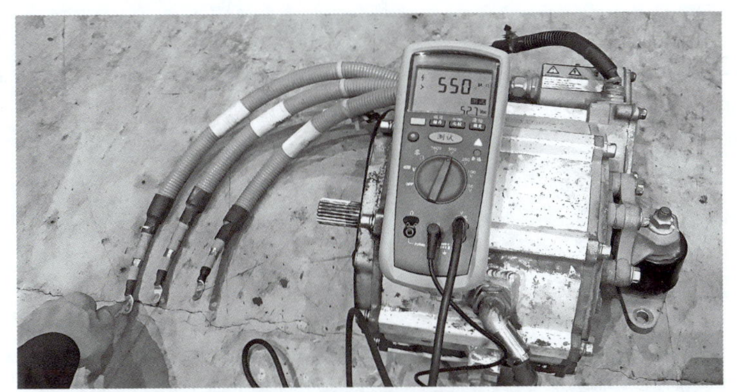

图 9.3-9　绝缘电阻检测（三相线的 W 相）

图 9.3-10　电机控制器的检测（一）

图 9.3-11　电机控制器的检测（二）

如果使用万用表的红表笔接电机控制器母线正极，黑表笔测量三相线，那么这时候是不导通的（图 9.3-12）；同样，如果使万用表的黑表笔接电机控制器母线负极，红表笔测量三相线，也是不导通的（图 9.3-13），说明 IGBT 正常。

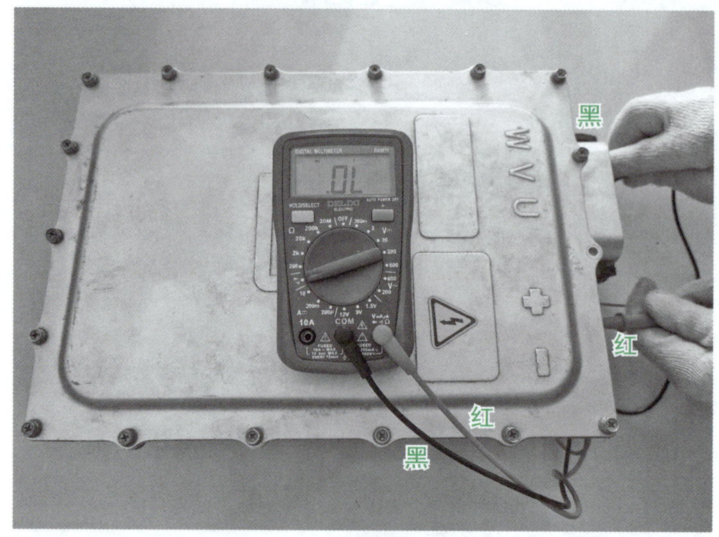

图 9.3-12　电机控制器的检测（三）

扫码获取

- AI 智能导学
- 视频实操演示
- 电子图解手册
- 知识进阶锦囊

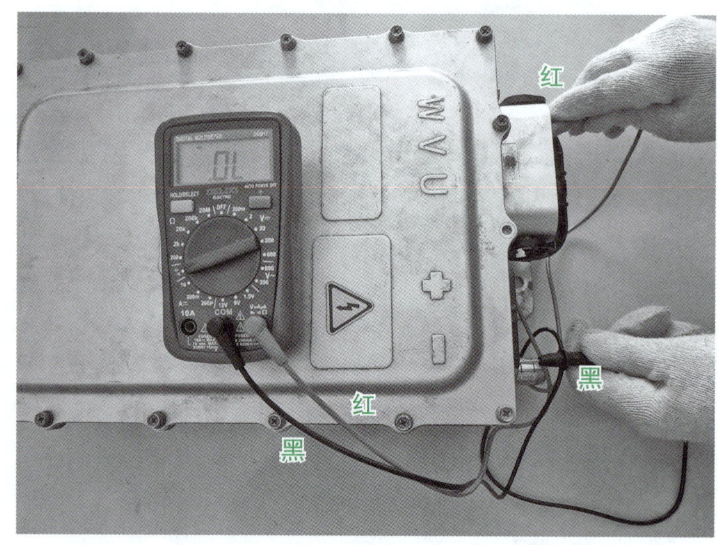

图 9.3-13　电机控制器的检测（四）

9.4　高压配电系统

9.4.1　高压线束故障

对于高压部件和线束，应检查外壳是否有明显碰撞痕迹，高压线束是否有明显弯折痕迹；检查高压部件之间连接的导线。确保无破损，无碰擦，高低压接线端子连接牢靠，无松动；断开高压线束接插件，检查端子无锈蚀，无腐蚀；检查高压部件表面和周围的状态，保证散热通风通畅，必要时去除杂物，清洁外表面；检查高压系统冷却管路是否出现液体泄漏及渗出，检查管路密封连接处有无渗漏现象。及时维修车辆冷却系统；检查紧固件扭矩信息。高压线束故障检查见表 9.4-1。

表 9.4-1　高压线束故障检查

故障现象	故障后果	正常图示	故障件图示
飞丝	失效后果：高压回路和屏蔽回路短路造成绝缘故障 处理方式：更换线束	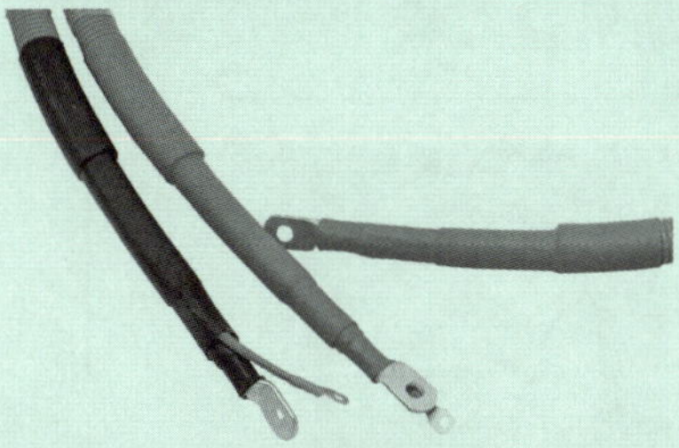	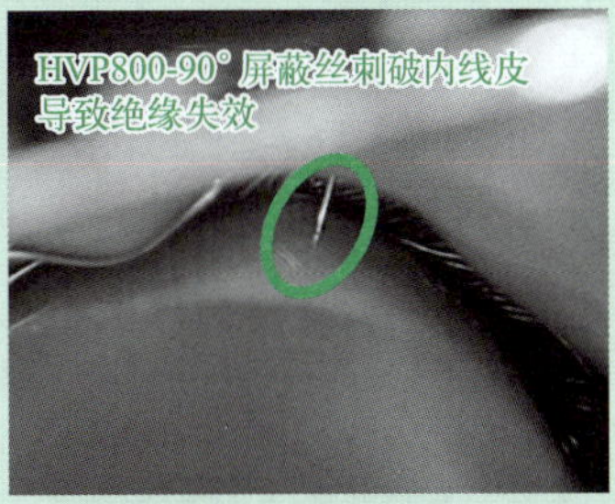 HVP800-90° 屏蔽丝刺破内线皮导致绝缘失效
导线损伤	失效后果：绝缘电阻降低报绝缘故障 处理方式：更换线束	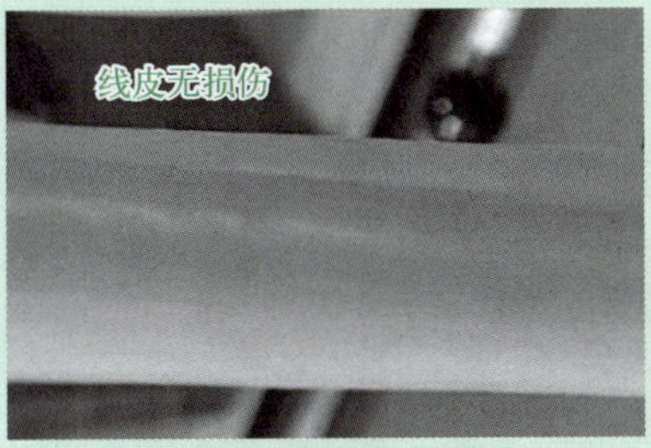 线皮无损伤	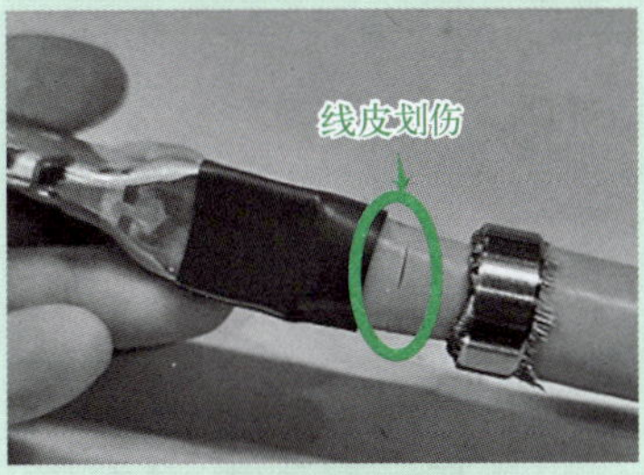 线皮划伤
护套本体损坏	失效后果：端子接触不良导致烧蚀 处理方式：更换线束	 护套完整无损坏	 PCON21-90° 护套损坏
护套拉杆、CPA 损坏	失效后果：端子接触不良导致烧蚀 处理方式：更换拉杆、CPA	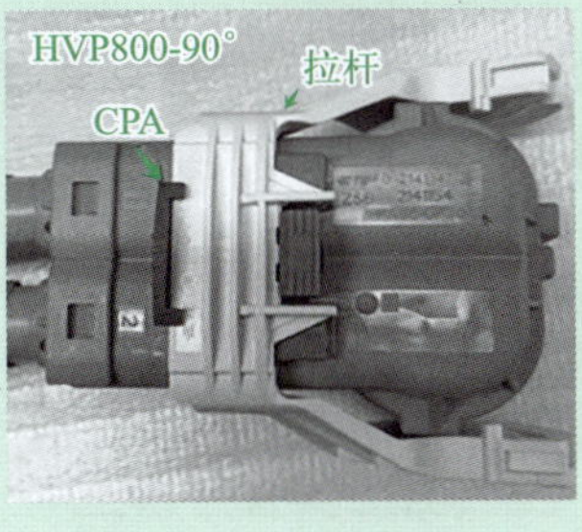 HVP800-90° 拉杆 CPA	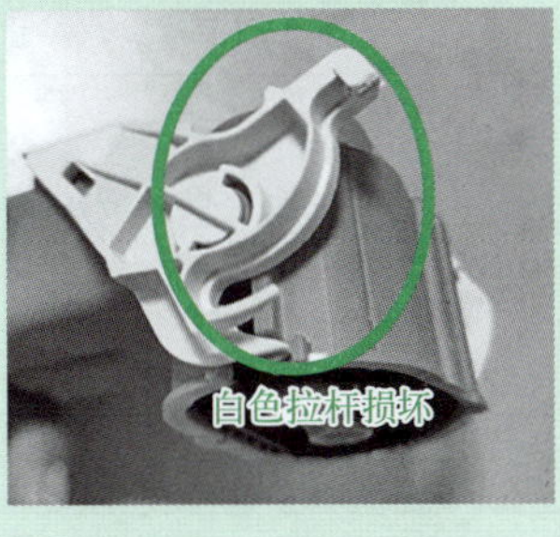 白色拉杆损坏

续表

故障现象	故障后果	正常图示	故障件图示
密封圈损坏	失效后果：连接器进水腐蚀 处理方式：更换密封圈	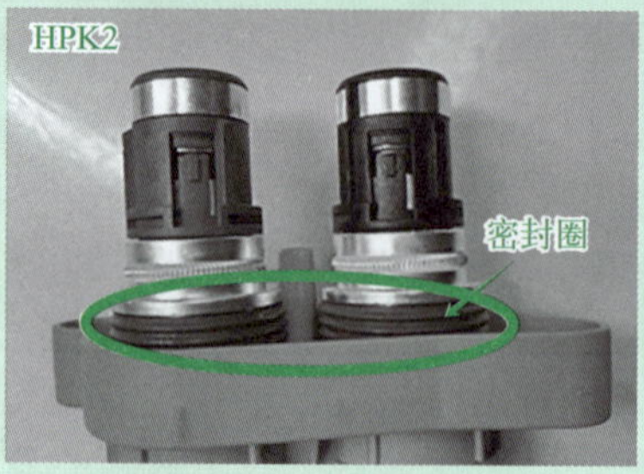 HPK2 密封圈	 HPK2连接器上密封圈损坏
簧片缺失	失效后果：端子接触不良导致烧蚀 处理方式：更换簧片 / 更换线束	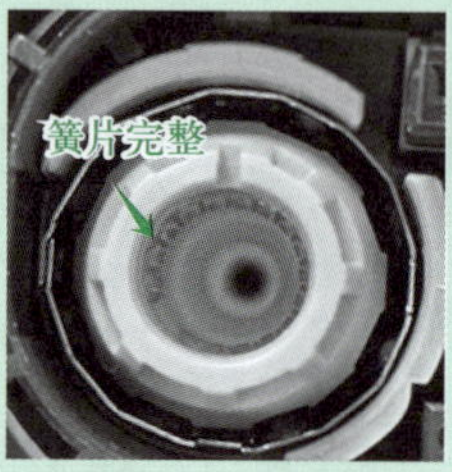 簧片完整	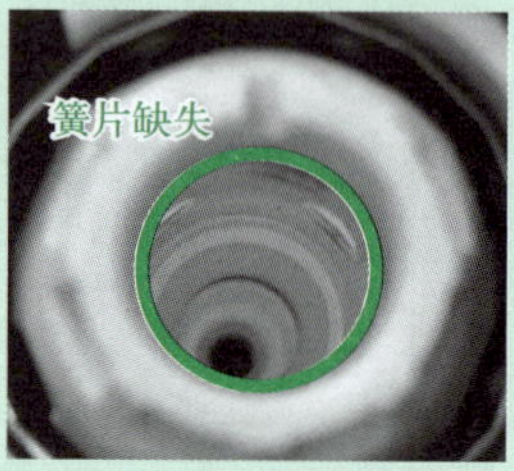 簧片缺失
端子变形	失效后果：端子接触不良导致烧蚀 处理方式：更换线束		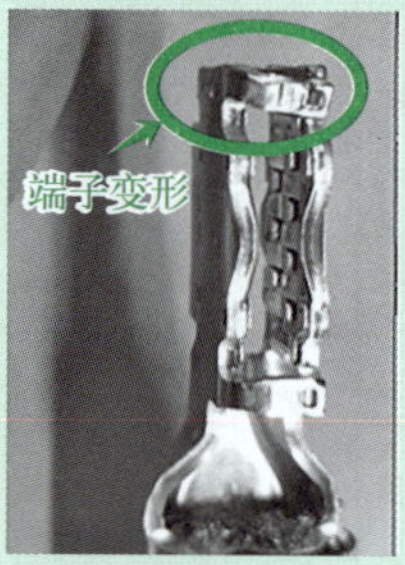 端子变形
端子退位	失效后果：端子接触不良导致烧蚀 处理方式：更换线束	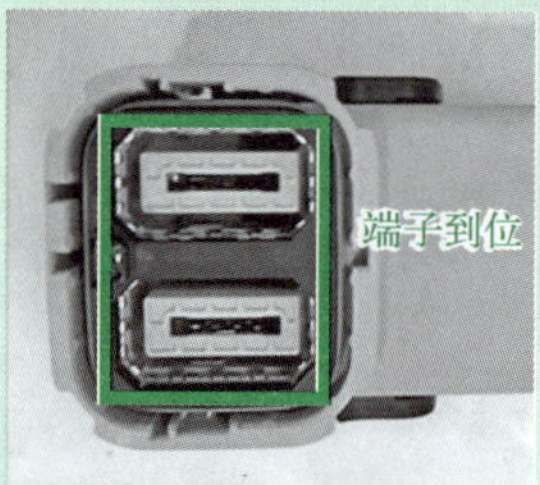 端子到位	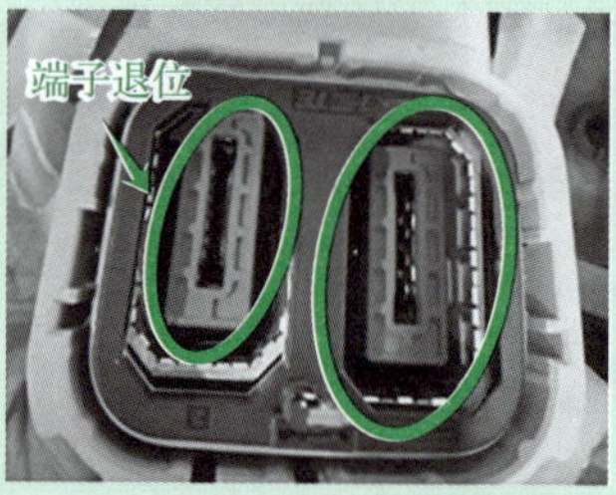 端子退位
互锁回路端子异常	失效后果：报整车互锁故障 处理方式：更换线束	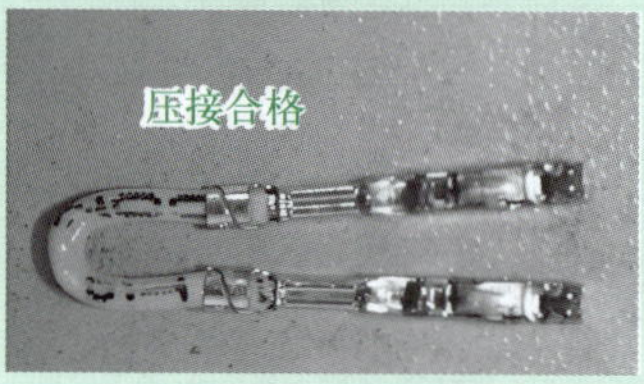 压接合格	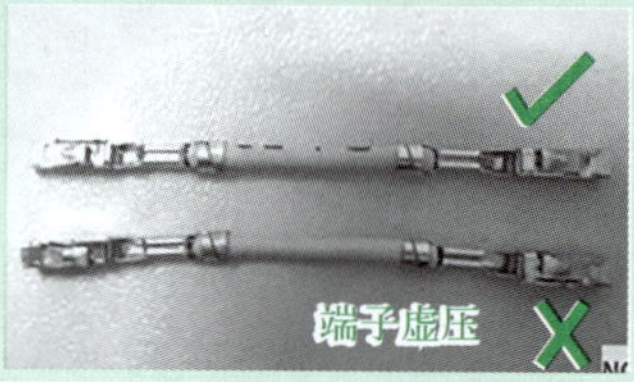 端子虚压

9.4.2 高压互锁

（1）高压互锁结构

设计高压互锁的目的是防止车辆高压插接件被拔下后高压系统仍旧带电，导致的触电风险。高压互锁又称高压电压互锁回路，是利用低压电源通过控制器发出和接收相应信号，来判断被监测高压回路是否安全。高压互锁电路本身是低压电路。高压互锁插接件见图 9.4-1。加热器高压互锁接插件见图 9.4-2。

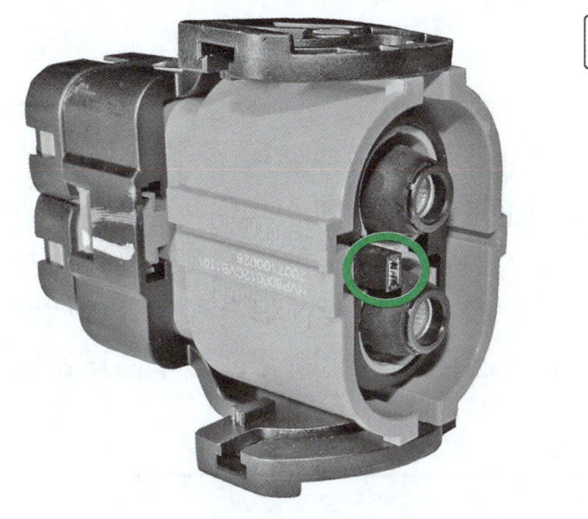

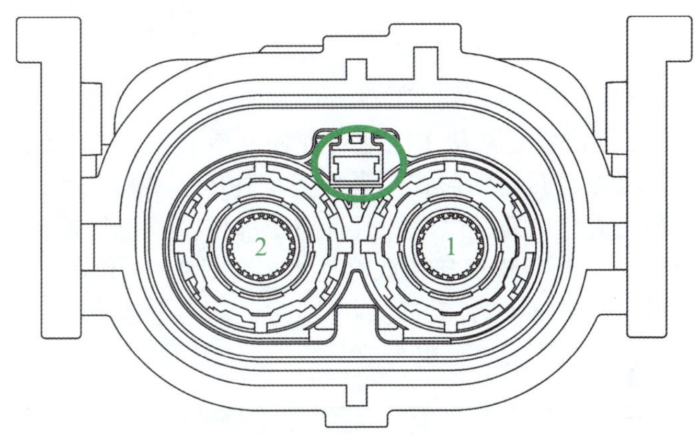

图 9.4-1 高压互锁接插件

1—快充（-）；2—快充（+）

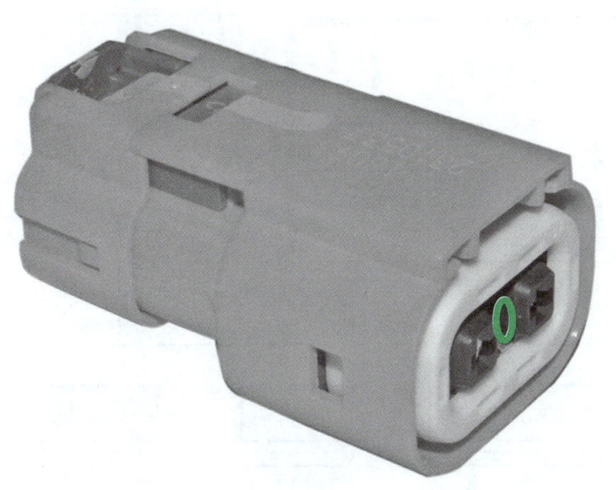

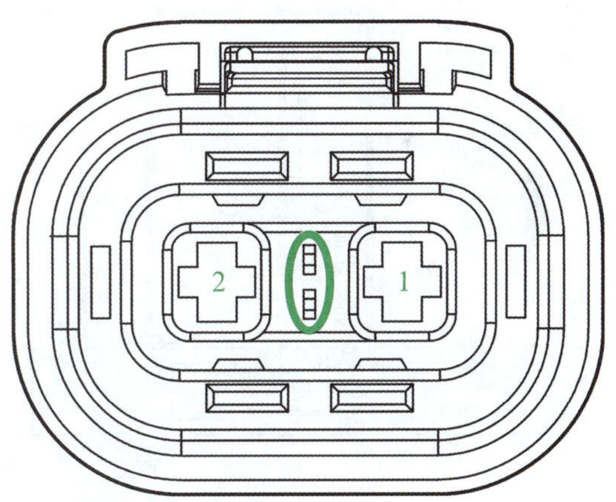

图 9.4-2 加热器高压互锁接插件

1—PTC（+）；2—PTC（-）

这里讲的高压互锁插接件的结构，指的是有型的结构互锁，其控制机理如图 9.4-3 所示。

高压断开时，低压回路被切断。也就是说，当高压接插件插座和插头处于断开的状态下，中间的互锁端子也断开；高压连接时，低压回路端子被短接。也就是说，当高压插接件的插座和插头在连接的状态下，中间的互锁端子也处于一个连接的状态，这样形成了完整的回路。

+B
插座
插头
电源正极
中间互锁端子
电源负极
互锁连接
+B
插座
插头
电源正极
中间互锁端子
电源负极
互锁断开

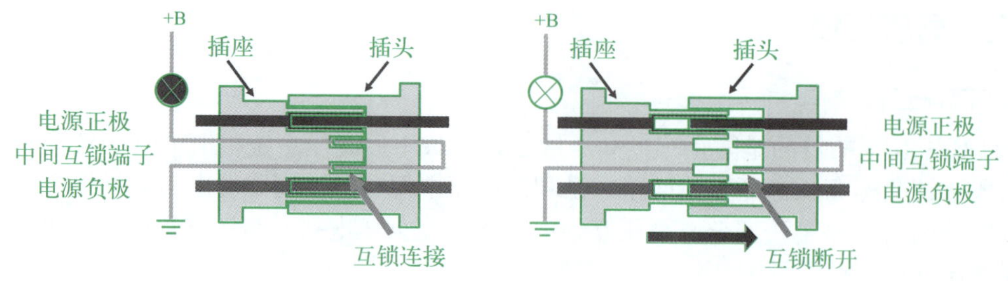

图 9.4-3　高压插接件结构互锁示意

（2）高压互锁控制逻辑

互锁信号通常从由电池管理控制单元发出并监测。互锁信号是一种低压（0 ～ 12V）信号，以导线回路的形式，沿着整个高压车载电气系统导线回路排布（图 9.4-4），经过除了直流和交流充电插座以外的所有高压部件及其电气接头，以及高压电气保护盖板（受跳线保护的盖板）。拆下电气接头或电气盖板（图 9.4-5 和图 9.4-6）以及异常打开，都会导致互锁回路中断。当回路中的信号传输中断时，动力电池内部的高压电接触器就会断开，整车高压系统关闭，以防止发生触电事故。

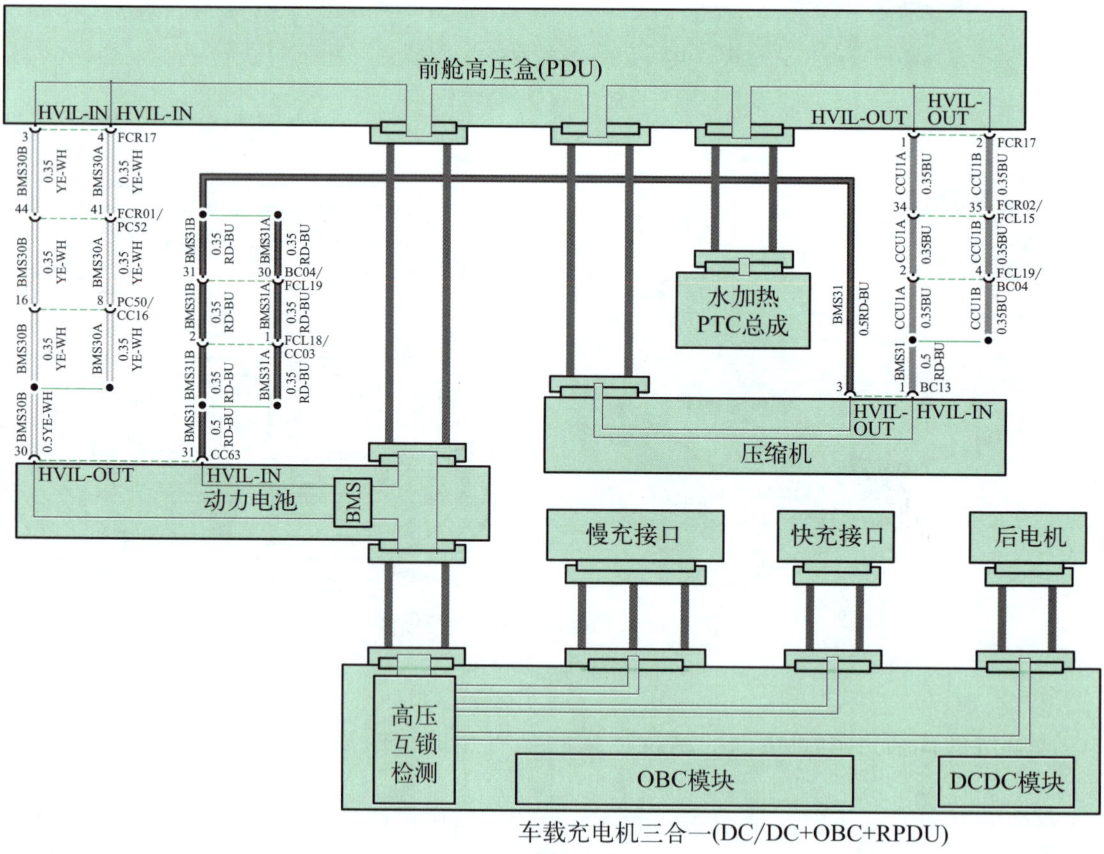

前舱高压盒(PDU)
HVIL-IN
HVIL-IN
HVIL-OUT
HVIL-OUT
FCR17
FCR01/PC52
PC50/CC16
FCR02/FCL15
FCL19/BC04
BC04/FCL19
FCL18/CC03
CC63
BC13
水加热PTC总成
HVIL-OUT
HVIL-IN
压缩机
HVIL-OUT
HVIL-IN
动力电池
BMS
慢充接口
快充接口
后电机
高压互锁检测
OBC模块
DCDC模块
车载充电机三合一(DC/DC+OBC+RPDU)

图 9.4-4　高压互锁电路

如图 9.4-4 所示，BMS 监测动力电池、PDU 和空调压缩机高压互锁回路，车载充电机三合一控制监测后电机、快充和慢充电高压系统互锁回路，而水加热 PTC 总成为单独的高压互锁回路。

维修提示     

高压互锁回路是根据自身车辆的具体控制来分段设计的，通常高压互锁的控制大概会分成几个回路，有的是独立的，有的则是几个高压部件构成一个互锁回路

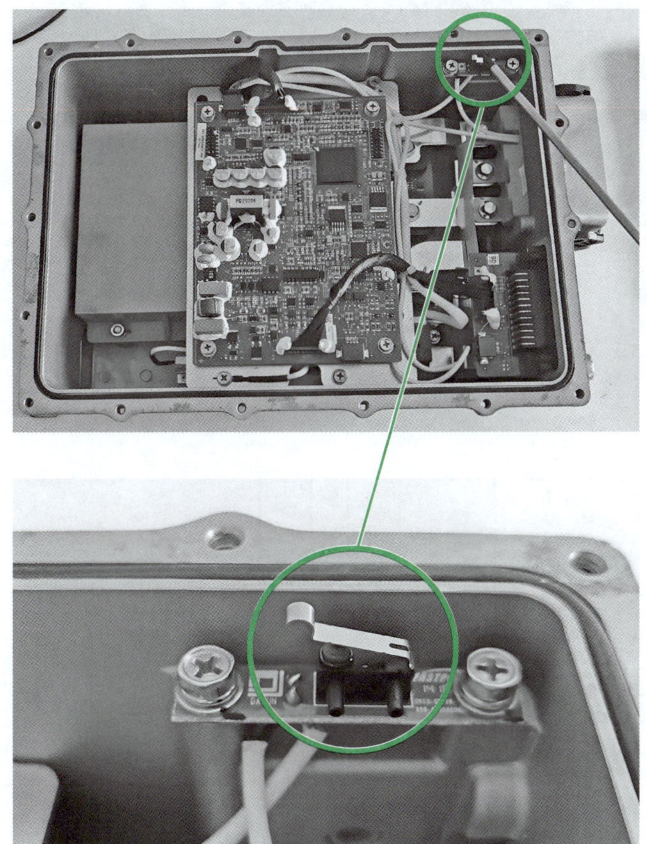

图 9.4-5　开盖互锁（一）

（3）高压互锁断开

高压互锁在以下工况下会断开，切断高压电。

❶ 正常上电行驶过程中，如果高压互锁发生故障，则互锁电路断开，这种情况下不会导致车辆失去动力，但仪表会出现红色故障报警。一旦停车，高压系统将关闭，再次无法启动。

❷ 当换挡杆位于 D 位时，如果打开机舱盖，高压互锁电路会自动关闭高压系统。

❸ 当充电时，如果互锁电路发生故障，则接触器立即断开，并切断高压系统。

（4）软件互锁

相对于结构互锁，软件互锁会省去硬线连接，而是由电池管理系统（BMS）或整车控制器（VCU）监测高压元件的电压值，以判断是否需要执行互锁功能。

如图 9.4-7 所示，比亚迪 D1 车型，其结构互锁只有 DC 配电二合一总成。而软件互锁包括 PTC、压缩机、前电动总成和动力电池包。点火开关在 OK 挡，BMC 实时巡检，电压欠压 BMC 软件互锁会执行相应的功能，报互锁故障。

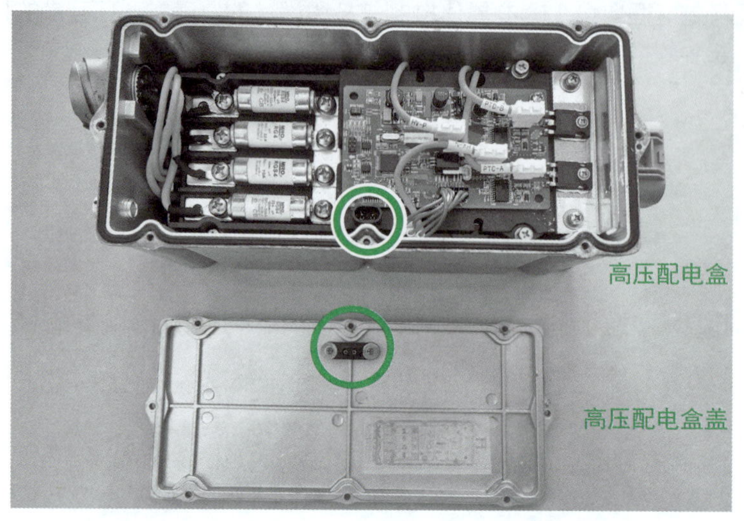

图 9.4-6 开盖互锁（二）

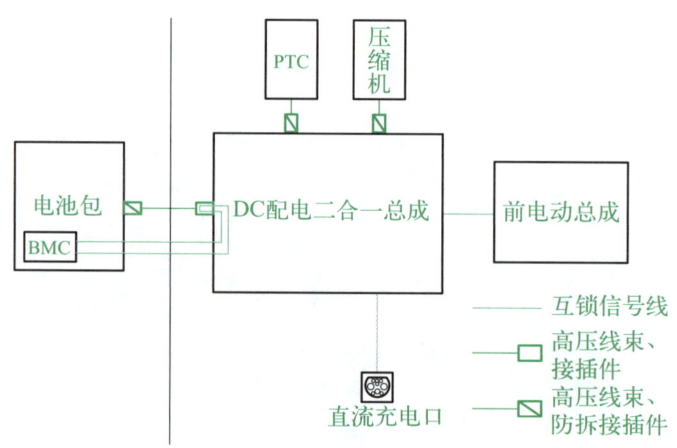

图 9.4-7 高压互锁

9.5 空调和热管理系统

扫码获取

- AI 智能导学
- 视频实操演示
- 电子图解手册
- 知识进阶锦囊

9.5.1 电动压缩机

（1）电动压缩机零部件

新能源汽车电动压缩机由前后涡旋盘组件、三相永磁同步电机（压缩机转子、定子）、变频器（控制器）总成、压缩机缸体、高传动轴、泄压阀等部件组成（图 9.5-1）。

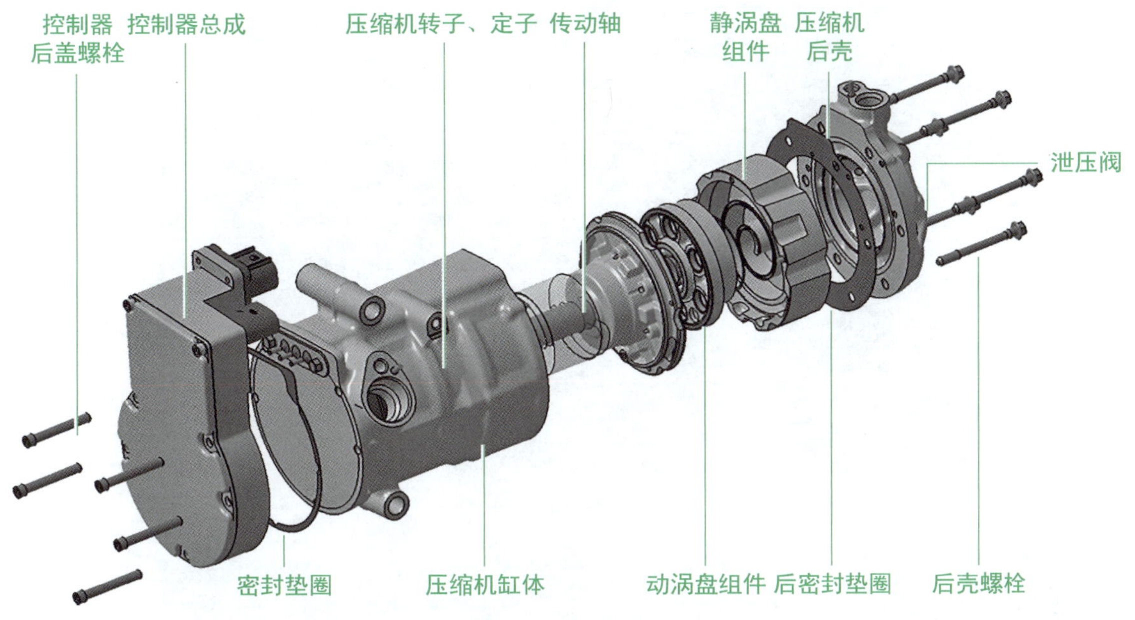

图 9.5-1　电动压缩机构造

电动压缩机上的铭牌标明制冷剂类型、冷冻油型号及用量、压缩机型号、工作电压等（图 9.5-2）。

图 9.5-2　压缩机铭牌信息

动力电池向压缩机变频器供电，变频器将直流电转化为交流电，向三相永磁同步电机输出交流电，三相永磁同步电机（图 9.5-3 和图 9.5-4）带动涡旋式压缩机运转，将低压气体制冷剂压缩成高压气体。

新能源汽车空调的工作原理与传统汽车一样，不同的是新能源汽车使用的是涡旋式压缩机，其工作原理：静涡盘固定在外壳不动，电机偏心轴驱动动涡盘（图 9.5-5）。动涡盘不旋转，而是进行小范围位移，静涡盘与动涡盘之间的相对位置不断变化，压缩制冷剂，形成高压，从压缩机输出口排出（图 9.5-6）。

图 9.5-3　三相永磁同步电机（一）

图 9.5-4　三相永磁同步电机（二）

图 9.5-5　动涡盘和静涡盘

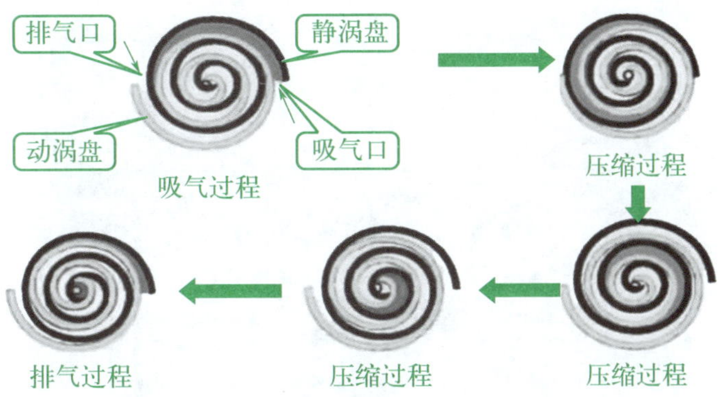

图 9.5-6　涡旋式压缩机工作原理示意

从电动空调压缩机上拆卸低压管，可观察到壳体内部的电机。目视检查压缩机内部的铜线和白色绑线是否受到污染（图 9.5-7）。

图 9.5-7　观察电动压缩机电机线圈

（2）电动空调压缩机管压降检测

用万用表检测压缩机逆变器管压降，其实这个就与上述测电机控制器电路一样。红表笔连接高压插头 1，黑表笔连接高压插头 2，如果测得有管压降；再更换表笔交替测量（黑表笔连接高压插头 2，红表笔连接高压插头 1）则不导通，为正常（图 9.5-8）。

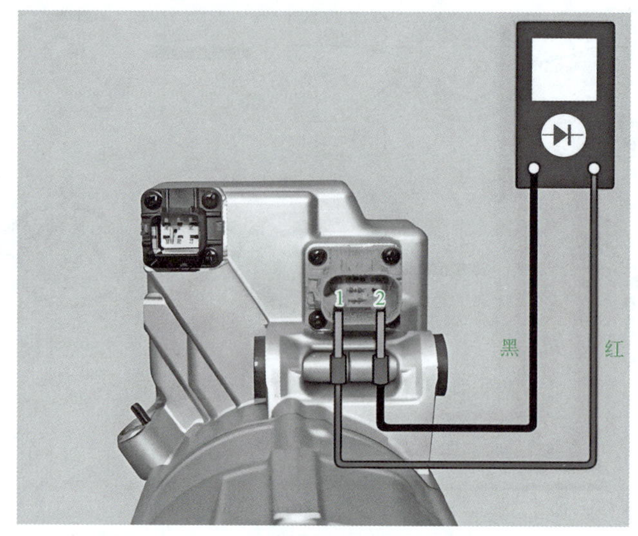

图 9.5-8 电动空调压缩机（逆变器）管压降

（3）电动空调压缩机线圈检测

❶ 线圈电阻检测。拆下电动压缩机逆变器，用万用表检查压缩机电机线圈，两两交替测量三相 U、V、W 端子之间的电阻（图 9.5-9、图 9.5-10、表 9.5-1）。如果三相电阻值不符合规格，说明电机线圈存在故障，通常需要更换压缩机总成或壳体来解决，如果想试着维修电机线圈，则需要加热压缩机壳体，然后取出电机线圈，视情况确定更换总成还是专门维修电机线圈。

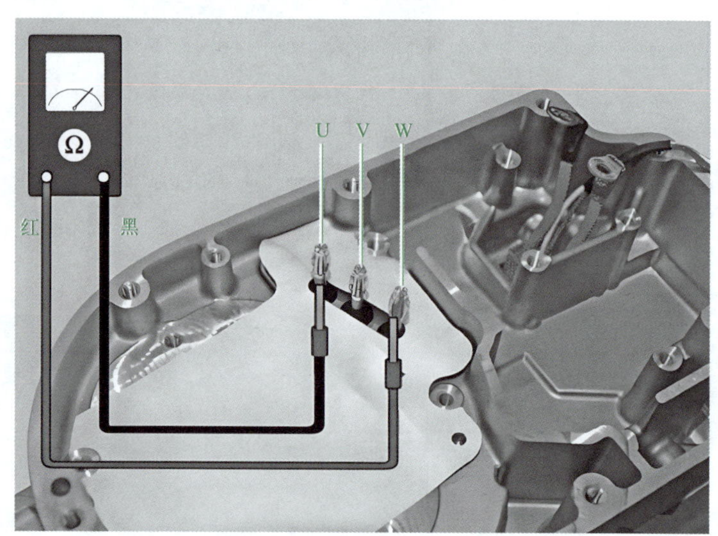

图 9.5-9 电动空调压缩机线圈检测

表 9.5-1 检测电动压缩机线圈

检测端子	U-V	V-W	W-U	备注
正常阻值	0.5Ω 上下	0.5Ω 上下	0.5Ω 上下	根据车辆而定

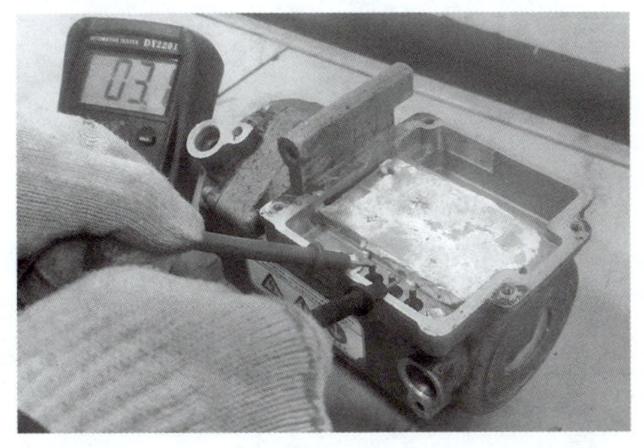

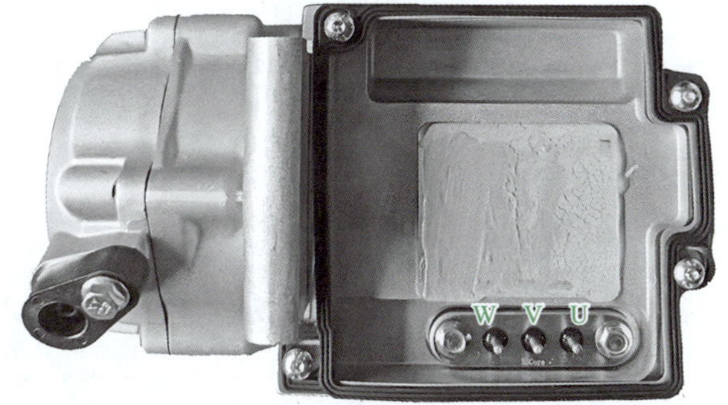

图 9.5-10　电动空调压缩机线圈检测

❷ 线圈绝缘电阻检测。使用兆欧表，检测线圈绝缘电阻。三相 U、V、W 端子分别与电动压缩机壳体接地检测，来测得绝缘电阻值。

9.5.2　热泵空调系统

（1）热泵系统主要零部件

现在有些电动汽车使用热泵空调系统。所谓热泵，其实就是指空调压缩机，但这个循环系统相对比较复杂，管路和电磁阀很多（图 9.5-11），通过电磁阀改变制冷剂的流向，从而使车内的蒸发箱与车外发动机舱的冷凝器可以实现功能切换；热泵空调系统的压缩机功率较大，因为空调制冷和暖风制热都需要压缩机工作；热泵空调系统有内外两个冷凝器。

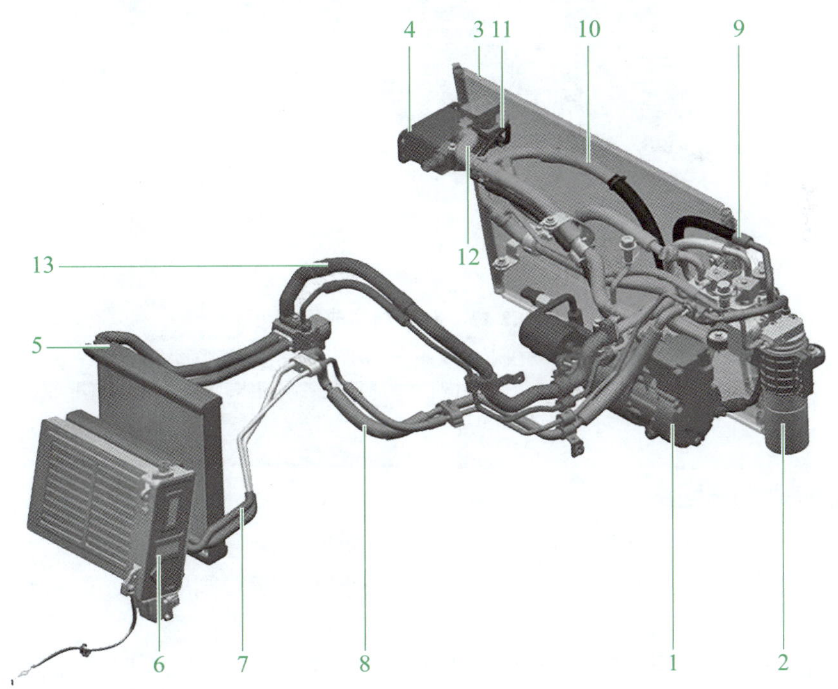

图 9.5-11　热泵空调系统

1—电动压缩机；2—智能集成阀模块；3—外部冷凝器；4—电池冷却器总成；5—蒸发箱；6—PTC 加热器（非制冷剂管路部件）；7—内部冷凝器；8—空调管总成内部冷凝器进出管；9—空调管总成（冷凝器出口）；10—空调管总成（冷凝器进口）；11—空调管总成（压缩机吸气管组件 1）；12—空调管总成（压缩机吸气管组件 2）；13—空调管总成（压缩机吸气管组件 3）

制冷剂集成模块总成（图 9.5-12）安装于前舱右侧前部，由控制电磁阀、电子膨胀阀、主阀体、干燥储液罐、支架等组成，主要用于热泵控制制冷剂走向。

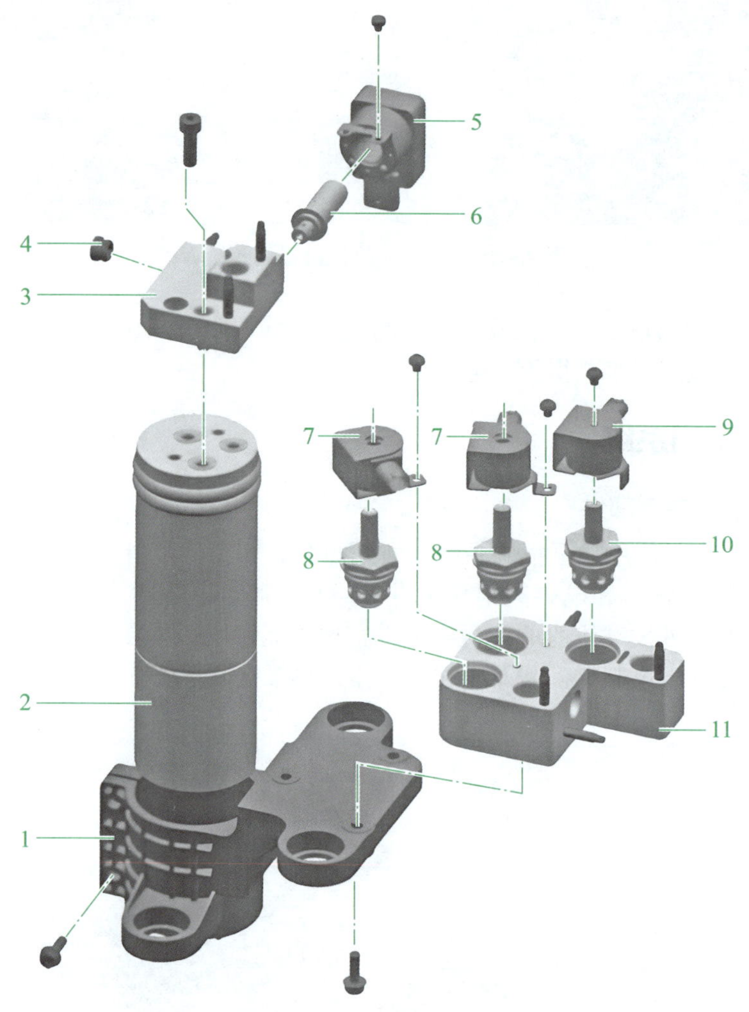

图 9.5-12　制冷剂集成模块

1—支架；2—干燥储液罐；3—主阀体 2；4—调节座；5—电子膨胀阀线圈总成；6—电子膨胀阀阀座总成；7—常开电磁阀线圈；8—常开电磁阀阀体；9—常闭电磁阀线圈；10—常闭电磁阀阀体；11—主阀体 1

（2）热泵空调循环回路

空调制冷就是在车外环境温度较高时降低车内温度，使乘驾人员感到凉爽、舒适。冷却系统主要由电动压缩机、冷凝器、制冷剂集成模块总成、膨胀阀、蒸发箱、高低压管路、电池冷却器等组成。

暖风制热就是在车外环境温度较低时增加车内温度，使乘驾人员感到温暖。暖风系统主要由电动压缩机、内部冷凝器、冷凝器、制冷剂集成模块总成、膨胀阀、高低压管路、高压加热器（PTC）等组成。

空调制冷剂循环回路见图 9.5-13。在制冷模式下，压缩机将来自蒸发器的低压、低温蒸气压缩为高压、高温蒸气，输送到冷凝器。在制热模式下，压缩机将来自外部冷凝器的低压、低温蒸气压缩为高压、高温蒸气，输送到内部冷凝器。

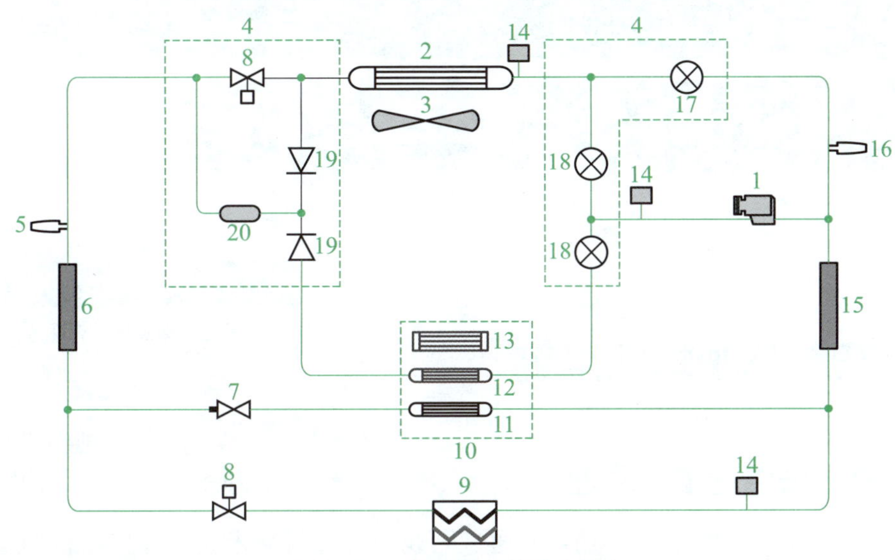

图 9.5-13　空调制冷剂循环回路

1—压缩机；2—冷凝器；3—冷却风扇；4—制冷剂集成模块（虚线内）；5—高压加注口；6—同轴管（高压）；7—热力膨胀阀；8—电子膨胀阀；9—低压换热器；10—空调箱（虚线内）；11—蒸发箱；12—内部冷凝器；13—PTC；14—温度/压力传感器；15—同轴管（低压）；16—低压加注口；17—截止电磁阀（常闭）；18—截止电磁阀（常开）；19—单向阀；20—储液干燥器

第 10 章

智能网联汽车故障

见此图标 微信扫码
走进汽车维修数字课堂

扫码获取

• AI 智能导学 • 视频实操演示
• 电子图解手册 • 知识进阶锦囊

10.1 智能驾驶辅助系统

10.1.1 毫米波雷达工作原理

毫米波雷达（图 10.1-1、图 10.1-2）通过天线向外发射毫米波，并接收目标反射信号，通过对信号进行对比和处理，最终完成对目标的分类识别。毫米波雷达具有同时探测距离、水平角度及速度的能力。在智能网联汽车上前雷达用于自适应巡航控制（ACC）、自动紧急制动（AEB）、前向碰撞预警（FCW）；后雷达用于盲区监测（BSD）、车道变道辅助（LCA）、后向碰撞预警（RCW）、车门开启预警（DOW）（图 10.1-3）、后方交通穿行提示（RCTA）等。

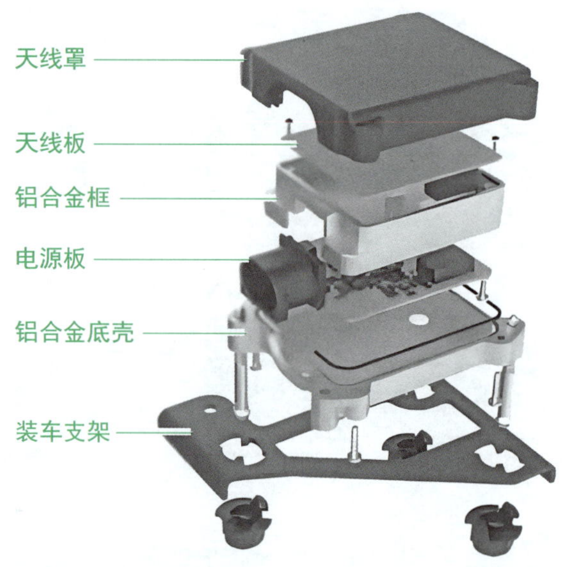

图 10.1-1　毫米波雷达结构

在智能网联汽车中，智能辅助驾驶雷达系统中采用毫米波雷达，在系统层面，基于雷达的驾驶员辅助系统分为 10 个子系统（图 10.1-4）：雷达硬件子系统（HW）、数字信号处理（DSP）、环境预测（EHY）、形势分析（SIT）、驾驶员辅助系统功能实现（FCT）、反应模式管理（RPM）、系统输入输出（SIO），系统自诊断单元（SDU）、 系统管理单元（SMU）和系统资源管理单元（SRU），每个子系统均包含一大部分功能以支持整套系统的正常工作。

图 10.1-2　雷达系统

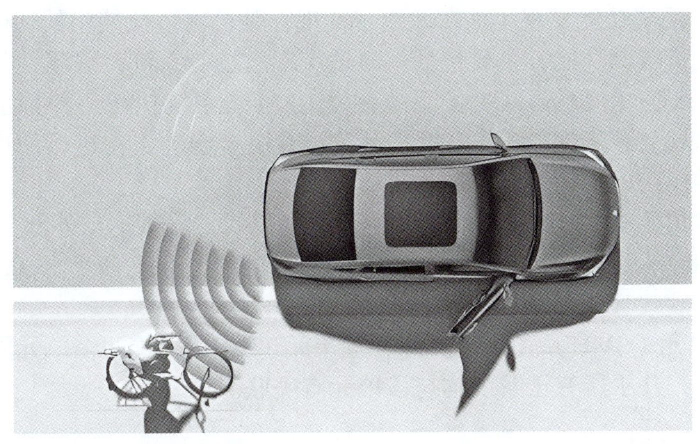

图 10.1-3　开门预警

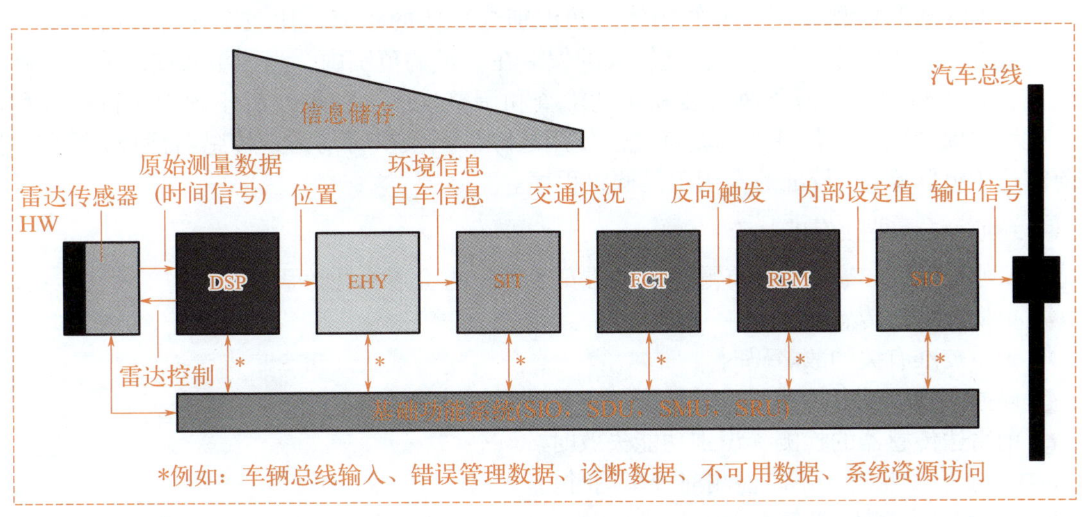

图 10.1-4　毫米波雷达工作示意

❶ 雷达硬件子系统（HW）代表了所有与硬件相关的方面，包括机械部件（如外壳、雷达天线罩、螺栓等）和电子部件（如高频部件、电源管理部件、微处理器等）。所有的驾驶员辅助系统软件均在微处理器上运行与实现，雷达硬件是与车辆电子电气直接连接的部分。

❷ 数字信号处理（DSP）系统是与雷达硬件子系统直接连接的，主要功能在于直接控制雷达高频部分的雷达波调制及接收高频部分得到的原始信号并将其处理为若干“原始位置点”。

❸ 环境预测（EHY）系统是支持 FCT 子系统的重要部分，并为 SIT 子系统进行形势分析提供基本信息。EHY 分析并合并所有从雷达测量得到的环境信息及从车身传感器得到的自车信息，并将这些信息处理为一个基于本车与前方交通状况的目标模型（即本车模型与前方环境模型）。EHY 可支持 SDU 子系统进行雷达失明及雷达角度偏差（失调角）状态的检测，通过评价前方目标追踪的历史轨迹将其作为一种特征模型来推断雷达是否失明或者失调。

❹ 形势分析（SIT）的主要职责是通过一些预先定义好的场景筛选出相关目标并估算当前行驶状况。当前行驶状况的估算结果是通过一组描述可能性、可靠性的属性来表示的，这些信息将会被提供给 FCT 子系统使用。

❺ 驾驶员辅助系统功能实现（FCT）用于实现驾驶员可直接使用的功能，该子系统可实现不同类型的驾驶员辅助功能，主要包括：自适应巡航控制系统；预测性紧急制动系统。

❻ 反应模式管理（RPM）。FCT 子系统触发 RPM 子系统执行一种特定的反应模式，然后 RPM 子系统来决定是否允许该反应模式触发，并决定当前正在进行的反应模式是否应结束，或是否由一种反应模式切换到另一种反应模式。

❼ 系统输入输出（SIO）的主要职责是通过车身总线传输雷达与外部其他 ECU 的信号。

❽ 系统自诊断单元（SDU）与所有子系统相联系（几乎所有子系统均与该单元有关联）。

❾ 系统管理单元（SMU）和系统资源管理单元（SRU）。这两个单元同样是为不同子系统提供服务的单元，几乎所有子系统均与该单元有关联。

10.1.2 前雷达校准

前雷达传感器检测车辆前方的物体，并识别与物体的距离，比较车速等。由于这些原因，安装方向必须使行驶轴线与雷达轴线的偏差在一定的范围内。当因事故或故障而维修或更换前雷达传感器时，需要执行装配角度检查和调整程序。如果没有正确地执行检查和调整，就无法保证前雷达传感器的精确度。使用故障诊断仪执行前雷达传感器检查 / 校准。执行前雷达传感器检查 / 校准的专用工具调整程序。

（1）前雷达需要校准的状态

在下列条件下，需要执行前雷达传感器安装角度的检查 / 调整程序。

❶ 更换前雷达传感器。

❷ 记录校准有关的故障码时。

❸ 碰撞事故，或者传感器或其装配部位受到强烈冲击时。

❹ 前雷达传感器的检测、识别功能失效时。

a 在功能启动状态，不能检测前方车辆时。

b. 经常错误检测相邻车道时。

c. 经常在无前方目标状态，错误检测为前方有目标。

（2）停止模式校准

停止模式下检查 / 调整前雷达传感器安装角度，该校准表达的是一种方法和流程，具体涉及的一些参数，各车型以厂家的为准。

校准条件如下。

❶ 检查车轮定位、轮胎气压，以确保精确校准雷达传感器。

❷ 将车辆停在平地上。

❸ 检查前雷达传感器的前表面是否干净。

❹ 作业区域必须满足最低车辆周围空间标准：前方 8m、侧面 4m、顶部 2m（图 10.1-5）。

❺ 校准反射器必须与前雷达传感器中心相同高度和角度进行设置（图 10.1-5），如果高度和角度不同，则不能正确校准。

❻ 从执行前雷达传感器校准的区域移除会引起电信号干扰的物体（金属板、树脂材料等）。

❼ 在执行前雷达传感器校准程序时，确保车辆不会移动和振动（进出车辆或开门 / 关门等）。

❽ 当执行前雷达传感器校准程序时，点火开关必须在“ON”位置（非准备就绪状态）。

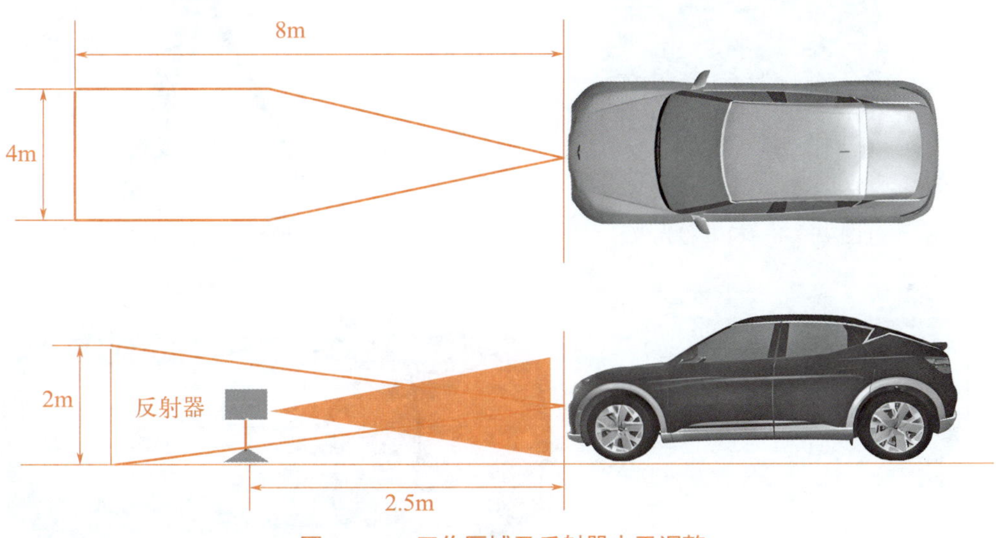

图 10.1-5　工作区域及反射器水平调整

校准流程如下。

❶ 将车辆停放在平坦地面上，作为工作区域。

❷ 在挡风玻璃顶部测量中心位置，并标记中心点 *A*（图 10.1-6）。

❸ 在车辆机舱盖车标位置，标记中心点 *B*（图 10.1-7）。

❹ 将校准激光仪（图 10.1-8）安装在前雷达传感器设置三脚架上（图 10.1-9）。

❺ 将校准激光仪设置在距离车辆前方 2.5m 处（图 10.1-10）。

❻ 使用校准激光仪，将激光束垂直线对准 *A* 和 *B* 点（图 10.1-11）。

❼ 在距离车辆前方 *A* 点 2.4 ～ 2.6m 的位置上做好标记点 *C*（图 10.1-12）。

❽ 在 *C* 点的左侧（副驾驶侧）距离 *C* 点 6mm 的位置上做好标记点 *D*（图 10.1-13）。

图 10.1-6　顶部中心点

图 10.1-7　前中心点

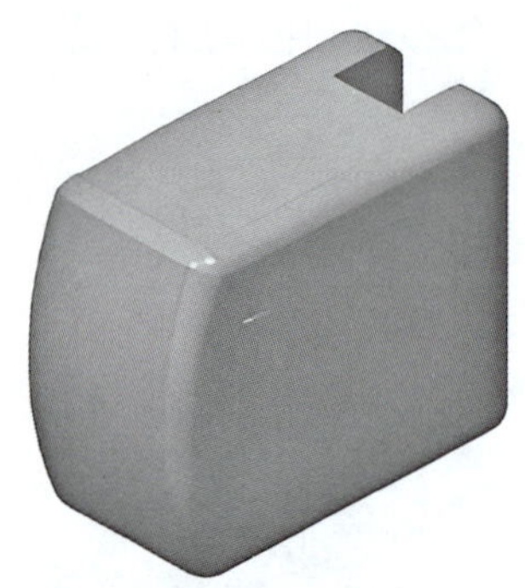

图 10.1-8　校准激光仪

图 10.1-9　前雷达传感器设置三脚架上

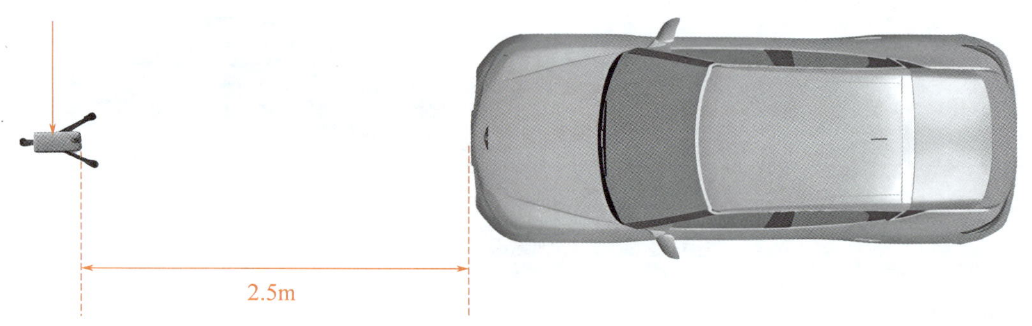

图 10.1-10　校准激光仪设置在距离车辆前方 2.5 米

⑨ 从前雷达传感器设置三脚架上拆卸校准激光仪。
⑩ 将前雷达传感器设置反射器安装在三脚架上（图 10.1-14）。
⑪ 将适配器安装在前雷达传感器设置反射器上（图 10.1-15）。
⑫ 使用前雷达传感器设置三脚架上的水平仪调整反射器至水平状态（图 10.1-16）。
⑬ 将前雷达传感器设置反射器的铅锤点 *A* 与 *D* 对正（图 10.1-17）。
⑭ 将校准反射镜的高度设置为 337mm（图 10.1-18）。

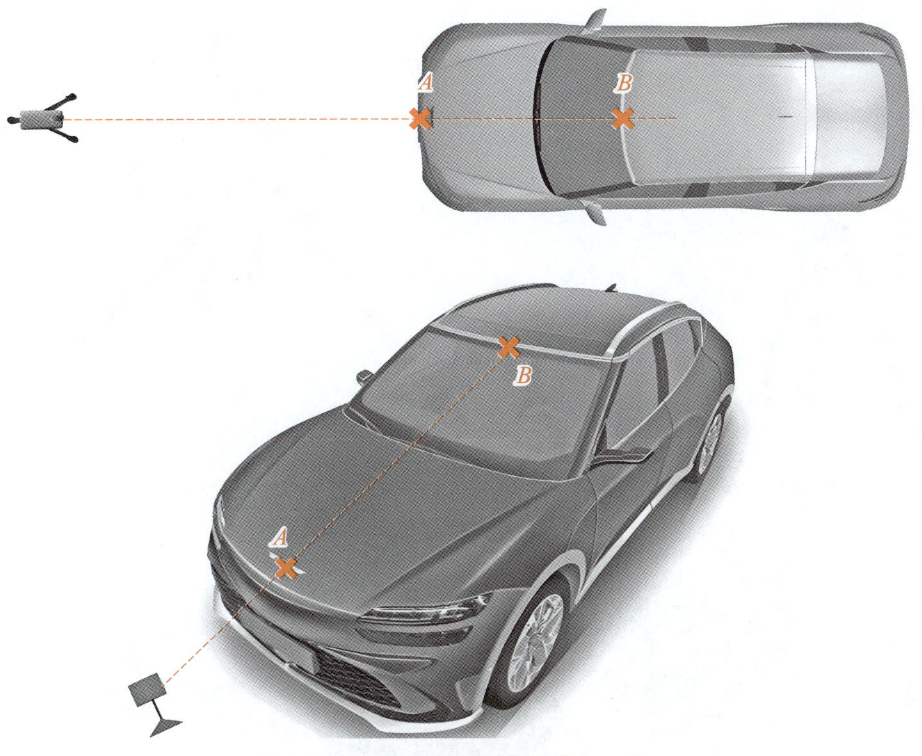

图 10.1-11　激光束垂直线对准点 *A* 和 *B*

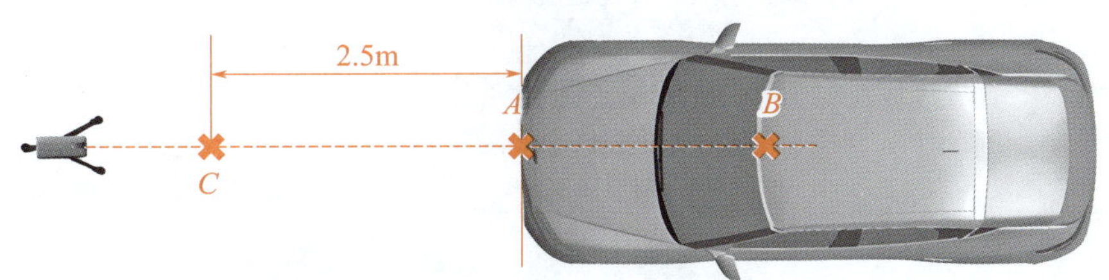

图 10.1-12　做好标记点 *C* 位置

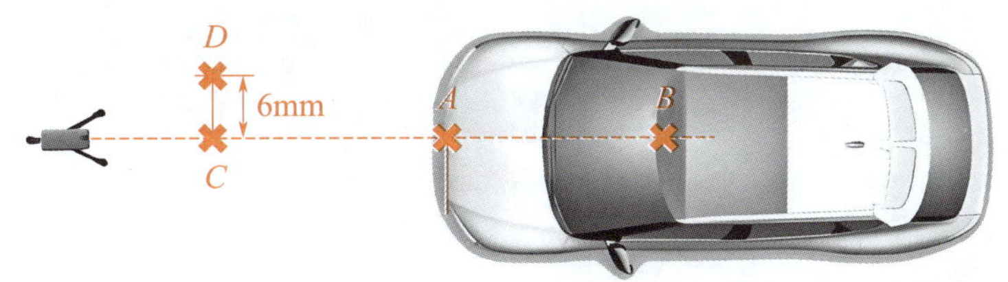

图 10.1-13　好标记点 *D* 位置

⑮ 从前雷达传感器设置反射器上拆卸铅锤。如果不拆卸铅锤，可能会影响调整准度。

⑯ 再次直观检查前雷达传感器和前保险杠的表面，确保雷达传感器表面没有杂质或反射物，确保散热器格栅上没有杂质或反射物。

⑰ 选择停车模式，按照故障诊断仪上提示的步骤检查和调整前雷达安装角度（图 10.1-19～图 10.1-21）。

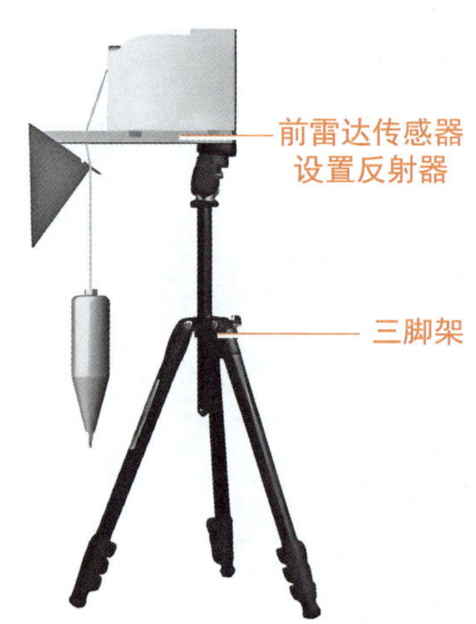

图 10.1-14　反射器安装在三脚架上

图 10.1-15　安装适配器

图 10.1-16　调至水平状态

（3）行驶模式校准

如果无法执行停车模式校准程序，需执行前雷达传感器的行驶模式校准程序。

选择行驶模式，按照故障诊断仪上提示的步骤检查和调整前雷达安装角度，直至调整完成后退出（图 10.1-22）。根据使用诊断仪的不同，诊断界面提示也不一样（图 10.2-23），但操作都比较简单，根据提示执行。如果前雷达传感器检查 / 校准失败，需再次核对检查 / 校准条件。很可能因为：①驾驶条件始终不满足要求（周边参照物，道路条件）；②校准过程中诊断仪与车身通信中断；③雷达安装偏差过大。

图 10.1-17　铅锤点 *A* 与 *D* 对正

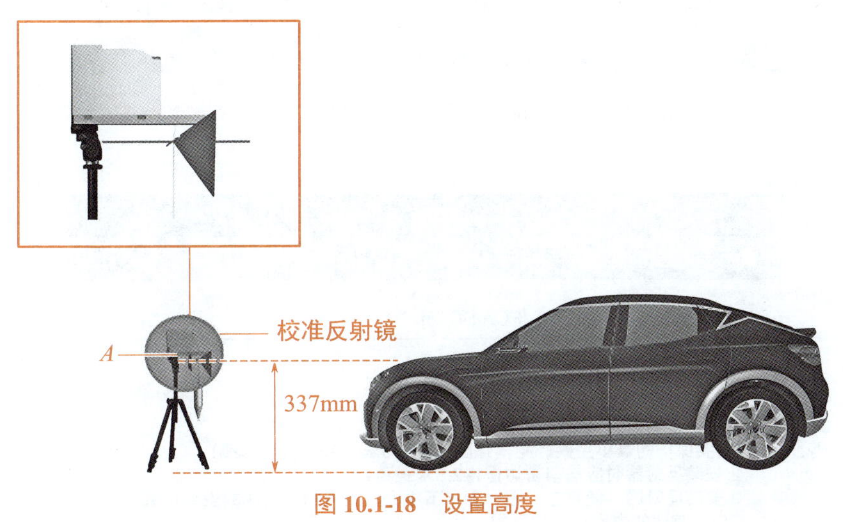

图 10.1-18　设置高度

10.1.3　前雷达故障

如果前雷达系统工作异常，通常出现 4 个方面的故障，应维修或更换相关的零部件，或进行调整。

❶ 前雷达被干扰。

❷ 前雷达未校准。

❸ 前雷达模块过温或失效。需要更换模块：断开前雷达模块的连接器（图 10.1-24）；拆下前雷达模块支架的固定螺栓（图 10.1-25），取下前雷达模块总成；旋转拆下前雷达模块支架上的螺母，取下前雷达模块（图 10.1-26）。

❹ CAN 总线故障。前雷达电路见图 10.1-27。

软件管理

■检查/修正前雷达传感器安装角度(FCA/SCC)

●[检查/修正前雷达传感器安装角度(FCA/SCC)]

此功能用于检查和修正车辆前雷达传感器的安装角度。

[停止模式和驾驶模式]
1.停止模式：需要一个直线目标板或专用校正反射器工具总成。
(专用反射器工具编号：0K964-J5100)
2.驾驶模式：需要在实际道路上行驶。(带有连续金属反射装置(如：护栏等)的直线道路)

[设置模式]
[C1]：停止模式
[C2]：驾驶模式

*建议首先执行停止模式。
在执行停止模式操作后，车辆以不低于40英里/小时的车速行驶一定时间(至少10分钟)后，前雷达传感器的校准精确度将得到提高。

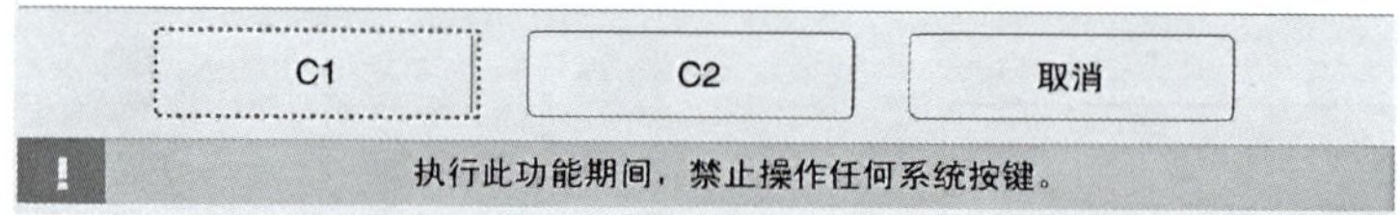

C1
C2
取消
!
执行此功能期间，禁止操作任何系统按键。

图 10.1-19　故障诊断仪执行检查和调整——选择调整模式

软件管理

■ 检查/修正前雷达安装角(FCA/SCC)

● [检查/修正前雷达安装角(FCA/SCC)]

[停止模式]

1.确保车辆前面有空地。
(需要保护的最小空间：距前保险杠前方8米，4米宽，2米高)
2.安装反射器时应与前雷达保持2.5米距离。
3.安装反射器，使其左、右、上、下中心位置根据前雷达的安装位置与前雷达的中心位置相匹配。
4.在进行检查/修正之前，重新安装前保险杠。
- 紧固五金件，将保险杠固定在正确的位置。

⚠
* 在安装反射器时，请务必参考有关注意事项和安装方法的维护说明。
如果反射器的位置不正确，或者没有使用专用反射器(0K964-J5100)，即使在修正完成后，也可能由于修正不当而导致严重的功能问题。

当你准备就绪，点击[确认]键。

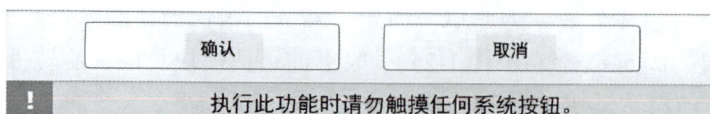

确认　　取消

! 执行此功能时请勿触摸任何系统按钮。

图 10.1-20　故障诊断仪执行检查和调整——检查确认

软件管理

■ 检查/修正前雷达安装角(FCA/SCC)

● [检查/修正前雷达安装角(FCA/SCC)]

校准完成！

测量垂直角度：0.10 DEG
测量水平角度：0.20 DEG

1. 正常条件的标准
- 垂直角度范围：-2~0(DEG)
- 水平角度范围：-2~+2(DEG)

2. 操作程序
- 当满足正常条件的标准时，点击[确认]键。
- 当不能满足正常条件的标准时，点击[重试]键。

* 当满足正常条件的标准时，建议以不低于40英里/小时的速度驾驶车辆至少10分钟，以提高雷达精度。

确认
重试
执行此功能时请勿触摸任何系统按钮。

图 10.1-21　故障诊断仪执行检查和调整——调整完成

软件管理

■ 检查/修正前雷达安装角(FCA/SCC)

● [检查/修正前雷达安装角(FCA/SCC)]

⚠ [注意]
驾驶时注意安全。

以不低于40英里/小时的速度驾驶车辆，直到驾驶模式校准进到达到100%。

驾驶模式校准进度：99%

退出

执行此功能时请勿触摸任何系统按钮。

图 10.1-22　行驶模式校准

菜单显示

V10.01 > TX/TXL > 系统选择

FRM (前雷达模块)	IHU (多媒体主机模块)
IPC (组合仪表模块)	PDC_APA (倒车距离辅助系统/自动泊车辅助模块)
PEPS (无钥匙进入启动模块)	PLG (电动尾门模块)
SCM (转向管柱模块)	SCU (座椅控制模块)
TCU (变速箱控制单元)	TGW (远程通信网关)
VGW (车身网关模块)	RLS (阳光雨量传感器)
FPC (燃油泵控制器)	

图 10.2-23　选择前雷达的故障诊断仪界面

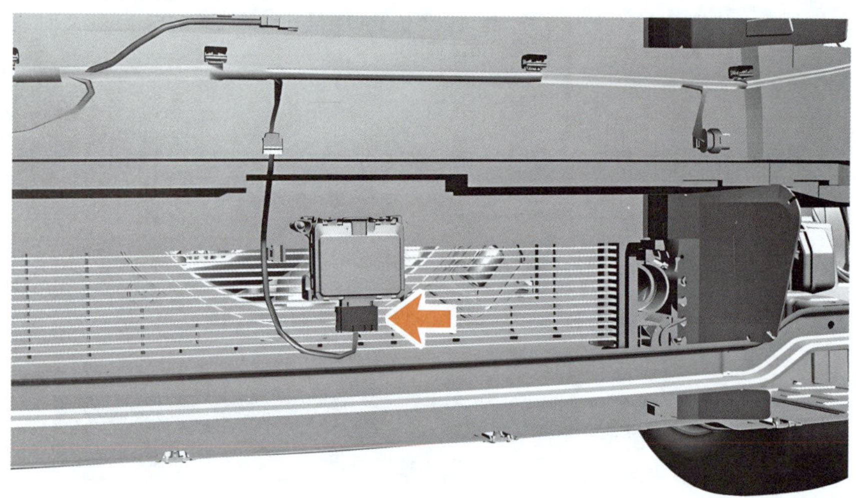

图 10.1-24　断开前雷达模块的连接器

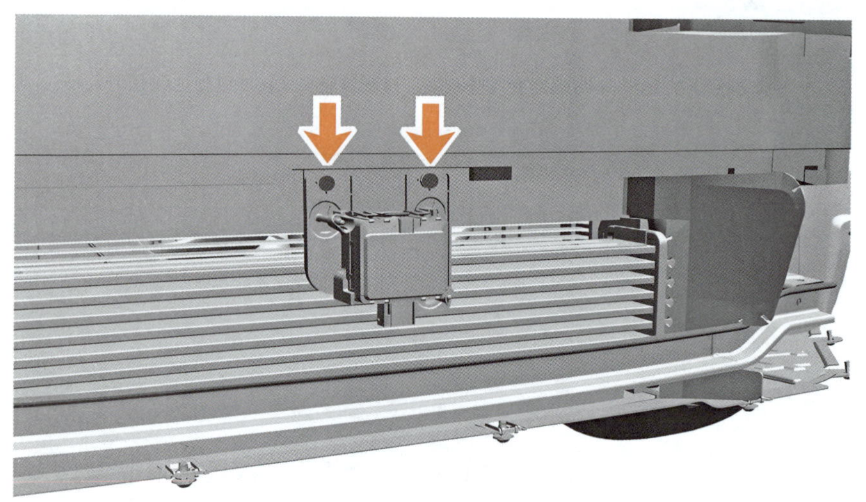

图 10.1-25　拆下前雷达模块支架的固定螺栓

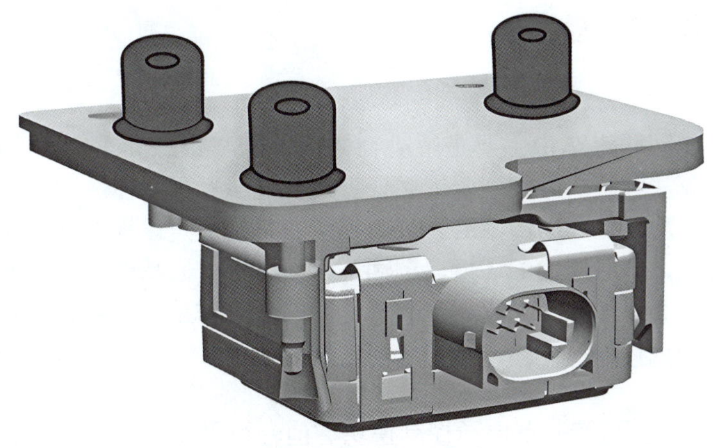

图 10.1-26　取下前雷达模块

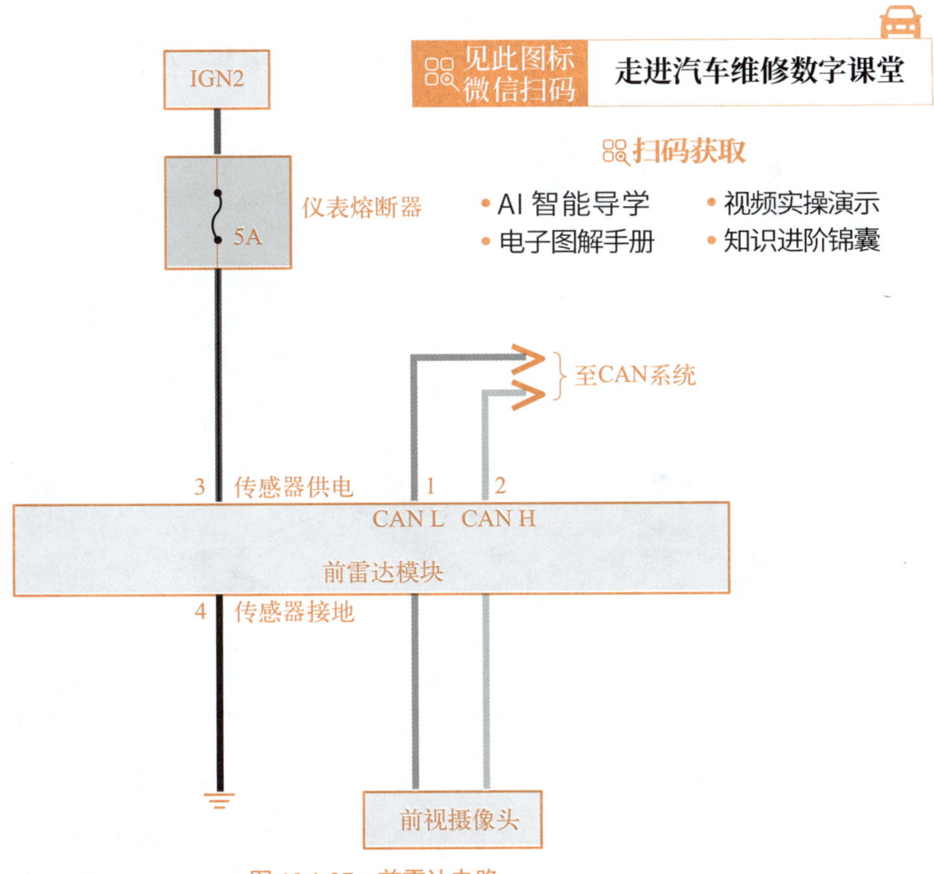

图 10.1-27　前雷达电路

a. 检查电源：将点火按钮至于 ON 挡位置，使用万用表，检查仪表熔断器的端子和车身搭铁之间的电压，应为蓄电池电压。

b. 检查断路：断开前雷达模块连接器和仪表熔断器连接器，使用数字式万用表欧姆挡分别探测连接器 3 和仪表相关端子，测量电阻值，正常应该小于 1Ω，这样可以判断线束是否断路。

c. CAN 总线检查：分别检测 CAN1、CAN2 的电压，其电压之和正常应该大约等于 5V。

10.1.4 前视摄像头系统

（1）视觉系统

视觉系统在智能网联汽车中主要是解决物体的识别与跟踪和车辆本身的定位这两种情况。车载摄像头的算法和解决方案主要依靠计算机视觉与机器学习。车载摄像头在图像采集之后，经过图像预处理，将数据传输给 ADAS 系统，系统通过以深度学习为核心的计算机视觉技术进行目标检测，即对周围的环境、车辆、行人以及交通基础设施做出精准的分割和目标分类。在图像分割和目标分类完成后，对于不同的分类对象的特点，智能网联汽车 ADAS 感知系统还需要分别进行针对性的探测和认知，从而通过有效的图像识别指导汽车对周围的环境做出反应。

视觉系统由智能驾驶域控制器电子控制模块、前环视摄像头、后环视摄像头、左外后视镜总成、右外后视镜总成、前视摄像头总成、后视摄像头总成、左翼子板侧后视摄像头总成、右翼子板侧后视摄像头总成、左 B 柱侧前视摄像头总成、右 B 柱侧前视摄像头总成等组成（图 10.1-28）。智能驾驶域控制器电子控制模块接收和处理摄像头信号，形成车辆周围的图像，并将形成的图像传递给中央显示屏来显示。

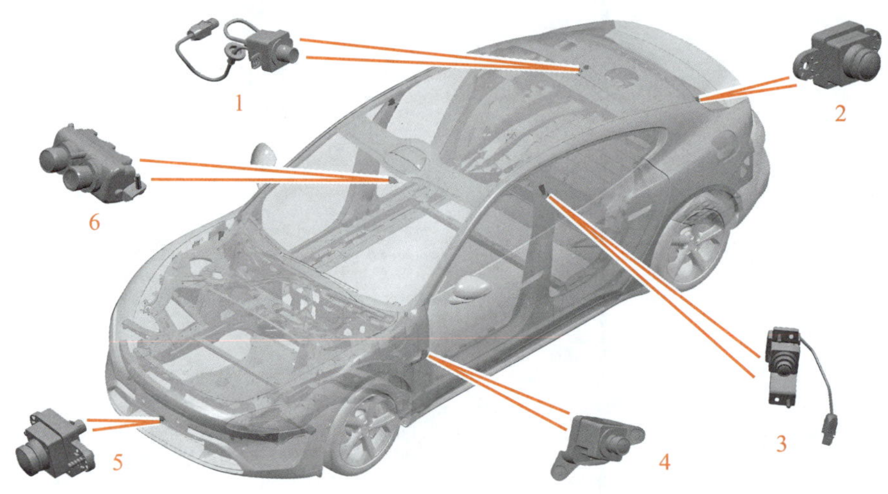

图 10.1-28　ADAS 视觉系统

1—后视摄像头总成；2—后环视摄像头；3—B 柱侧前视摄像头总成；
4—翼子板侧后视摄像头总成；5—前环视摄像头；6—前视摄像头总成（双目摄像头）

（2）前视摄像头系统

前视摄像头系统在目前的 ADAS 系统中配置比较普遍。当车辆更换前挡风玻璃或者摄像头后，需对摄像头进行校准。校准的目的是确定摄像头与车身的相对安装误差，并通过软件来补偿此安装误差。因此，对摄像头进行初始校准是实现摄像头功能的必要步骤。

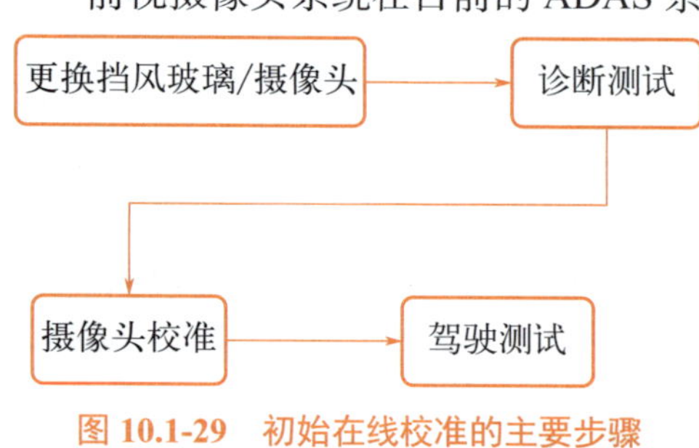

图 10.1-29　初始在线校准的主要步骤

❶ 初始在线校准通常用于更换了挡风玻璃、摄像头支架或者摄像头后，对摄像头重新进行校准。初始在线校准的主要步骤如图 10.1-29 所示。

初始在线校准必须顺利完成，其过程中不允许报任何错误。校准结果在定义的公差范围之内，初始在线校准才能成功。成功校准之后，摄像头需要重新启动。

初始在线校准作为一种可以替代静态校准的方法，可以用于在没有校准板的情况下对摄像头进行校准。区别于静态校准，初始在线校准是在车辆行驶过程中进行的，因此需在开始校准前准确测量轮罩高度，并通过诊断指令写入摄像头。

❷ 校准的要求。初始在线校准摄像头，需满足以下条件。

a. 行驶道路状况较好，道路应尽量多直道，少较长的弯道。

b. 道路需平整，无颠簸。

c. 行驶道路车流量较少。避免紧跟另一辆车行驶，不要连续通过停靠的车辆或防护栏。

d. 车上没有驾驶员以外的乘客或及其他载荷。

e. 不能在晚上进行初始在线校准。

f. 车辆行驶速度高于初始在线校准速度（30km/h）。

g. 正常行驶，车身各方向均有轻微的运动（侧倾角、俯仰角、横摆角、横向加速度、纵向加速度均有轻微变化）。

h. 天气及可见度良好，摄像头确保不被遮挡。

i. 摄像头正确安装。安装前视摄像头总成时，要确保连接前视摄像头总成线束的连接器插到位（图 10.1-30）；然后安装内后视镜底座装饰罩。安装更新后根据诊断仪操作提示匹配校准。

图 10.1-30　安装前摄像头

10.1.5 激光系统

激光雷达系统也属于智能驾驶系统中的感知子系统。车载激光雷达以避障应用为主，将走向 3D 点云识别及定位。车载激光雷达（图 10.1-31）是目前车载环境感知精度最高的感知方式，探测距离长，精度高。

激光雷达直接与智能驾驶控制单元相连（图 10.1-32），由于激光雷达数据传输量巨大，所以采用网线传输数据。长距激光雷达总成网线最高传输速率可达到 1000MHz。

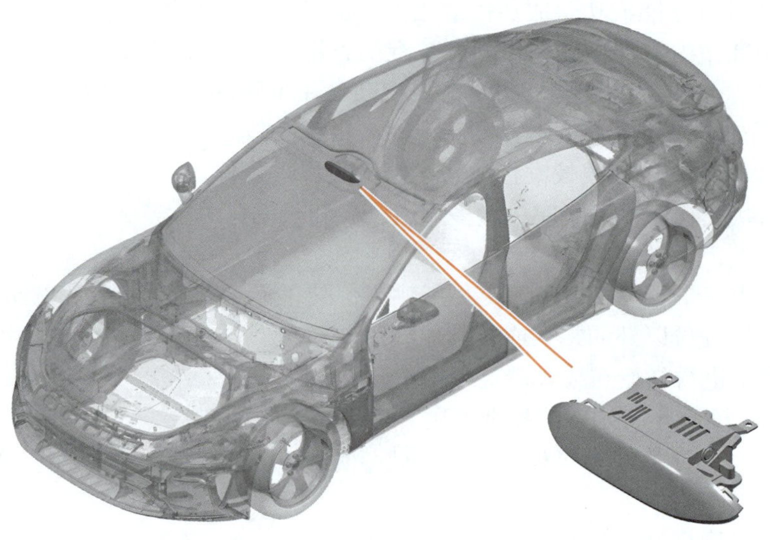

图 10.1-31　车载激光雷达

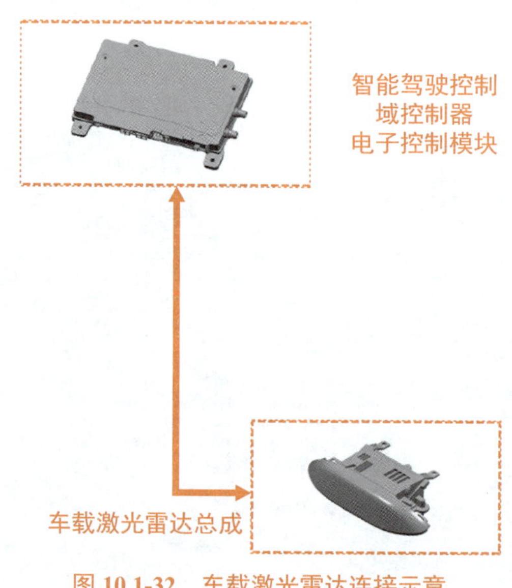

图 10.1-32　车载激光雷达连接示意

10.1.6　智能驾驶定位系统

智能驾驶定位系统可分为绝对定位和相对定位两个部分，都是利用某些传感器的信号，以及当前的定位信息制定导航的轨迹以及路径的规划。

智能驾驶定位系统主要需要卫星定位信号、轮速信号、惯性测量信号、高精地图方案（图 10.1-33）来参与工作。

惯性测量单元（图 10.1-34 和图 10.1-35）通过三轴陀螺仪及三轴加速度计，测量物体三轴姿态角及加速度。卫星定位系统负责为车辆提供定位、测速、授时等功能。高精度地图除了能提供道路级别的导航信息外，还能够提供车道级别的导航信息。这些都有助于辅助自动驾驶，进行更高精度的规划控制。系统融合这些参数判断出目前车辆所处的状态，最终确定车辆目前的位置、运动轨迹、路面坡度这些信息。

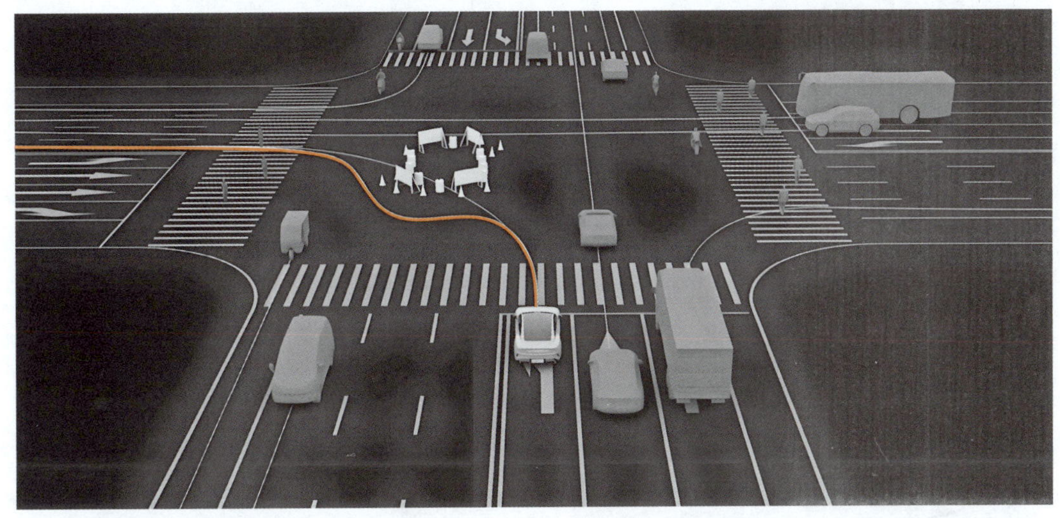

图 10.1-33 高精地图方案

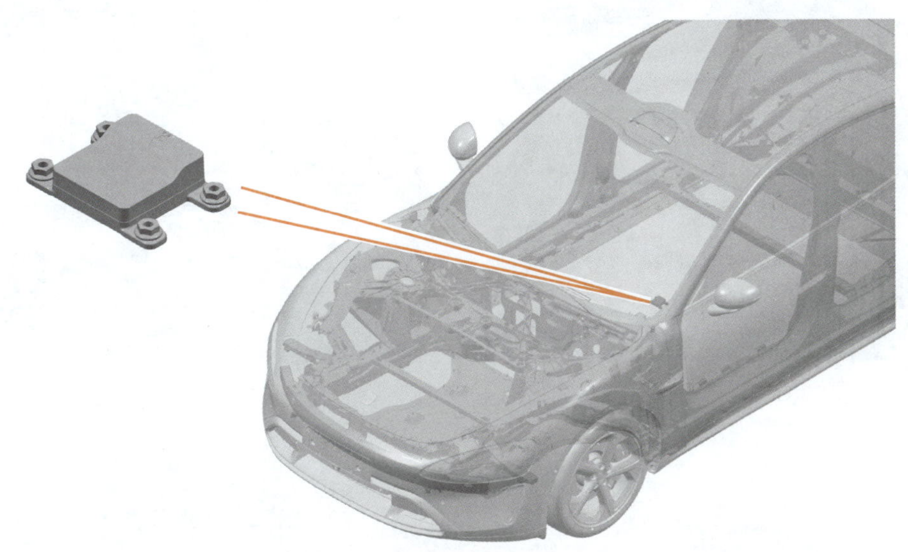

图 10.1-34 智能驾驶定位系统（惯性测量单元总成）

如果已安装了新惯性测量单元总成模块，需要使用诊断设备进行相关匹配 / 刷写 / 标定。如图 10.1-36 和图 10.1-37 所示，断开惯性测量单元总成线束连接器，拆下惯性测量单元总成 4 个固定螺栓，便可拆下惯性测量单元总成。

10.1.7 智能驾驶域控制系统

（1）核心部件

智能驾驶域控制系统是得以实现 ADSA 智能驾驶的核心部件（图 10.1-38 和图 10.1-39），有高算力自动驾驶域控制器和低算力自动驾驶域控制器。

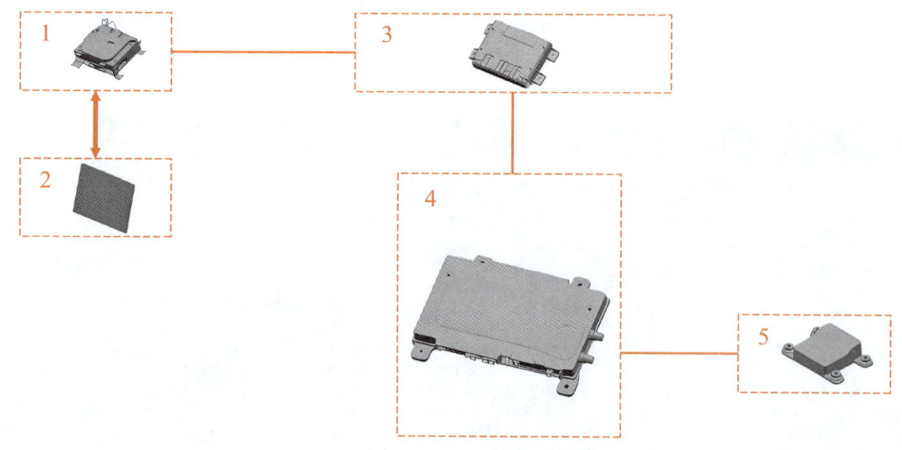

图 10.1-35　智能驾驶定位系统

1—智能座舱域控制器；2—中控显示屏；3—整车中央域控制器；4—智能驾驶域控制器电子控制模块；5—惯性测量单元总成

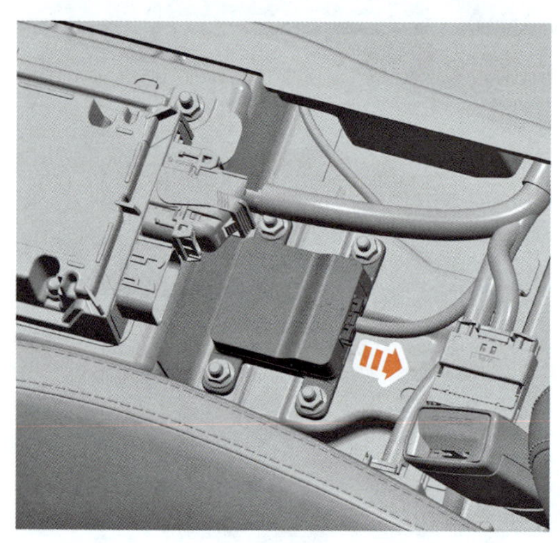

图 10.1-36　拔下插头

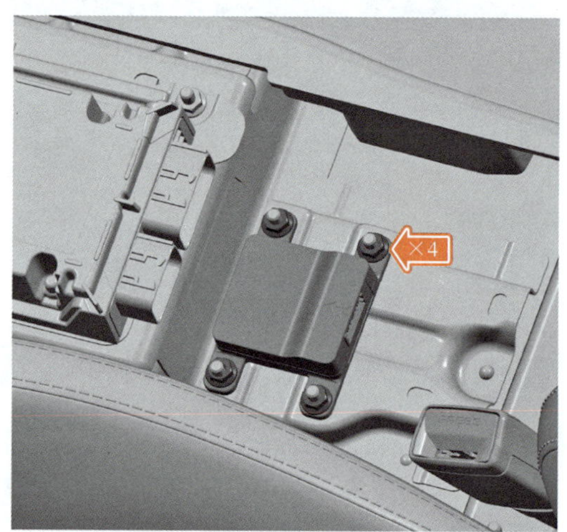

图 10.1-37　拆下螺栓

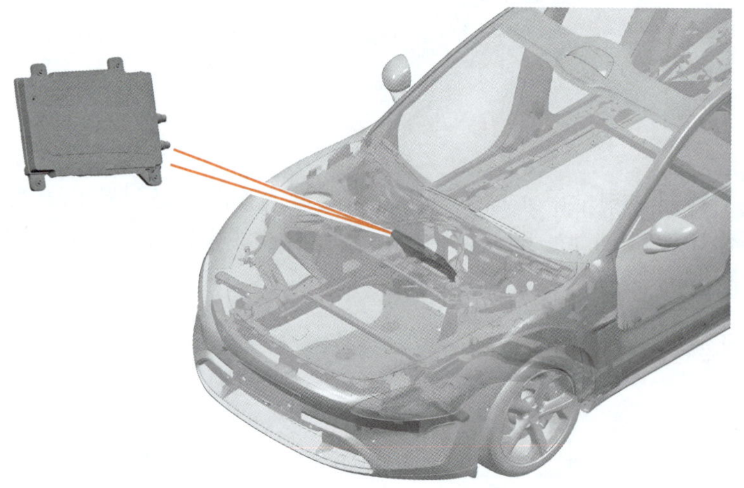

图 10.1-38　智能驾驶域控制器（一）

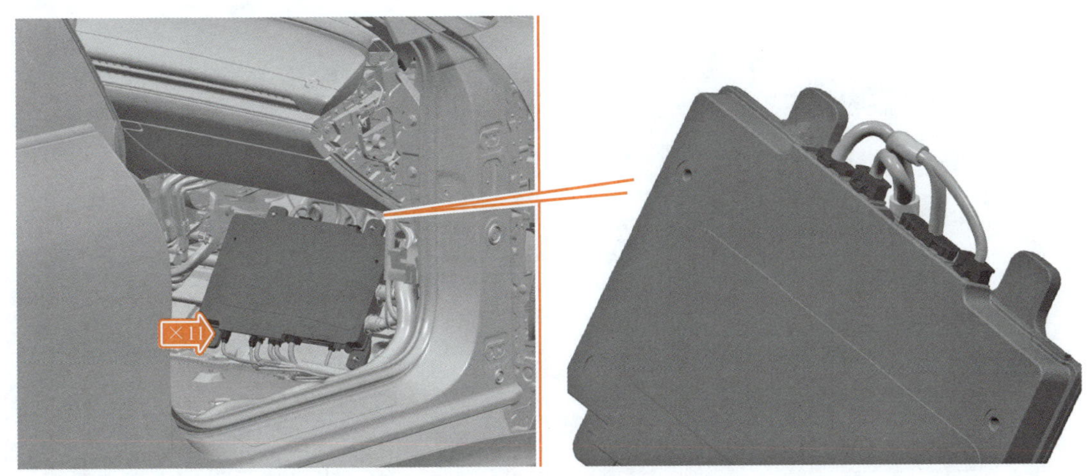

图 10.1-39 智能驾驶域控制器（二）

❶ 高算力自动驾驶域控制器。由于高算力自动驾驶域控制器配备了双芯，所以具备更多的驾驶辅助功能。除了传统的一些驾驶辅助功能外，系统还具备高速按导航辅助驾驶（NOP）、城市按导航辅助驾驶、点到点上下班通勤的高级辅助驾驶等一系列复杂智能驾驶控制。

❷ 低算力自动驾驶域控制器。自动驾驶域控制器接收来自各个传感器的信号，包括视频信号以及雷达模块的反馈信号，同时结合定位信息，实现前向碰撞预警、自动紧急制动、紧急转向辅助、泊车辅助、自动泊车、遥控泊车等功能。

（2）控制功能

如图 10.1-40 所示是 ADAS 域控制系统控制架构示意，控制功能如下。

❶ 区域控制器左（VIU1）：控制左前和左侧近光灯、转向灯等灯光的点亮和熄灭。

❷ 区域控制器右（VIU2）：控制右前和右侧近光灯、转向灯等灯光的点亮和熄灭。

❸ 区域控制器后（VIU3）：控制左后和右后转向灯、制动灯等灯光的点亮和熄灭。

❹ 整车域控制器（VDC）：接受 MDC 纵向驱动控制指令，发送车辆挡位、驱动状态信息。

❺ 影音娱乐系统主机（CDC）：显示预警提示、巡航状态显示、障碍物显示等。

❻ 组合开关（CS）：发送 ICA/NCA 变道控制指令。

❼ 多功能方向盘（MFW）：向 MDC 发送激活控制指令以及设置巡航车速和巡航时距控制指令。

❽ 电子助力转向（EPS）：接受 MDC 转向转角 / 转矩控制相关信号。

❾ 集成电动制动（IPB）：接受 MDC 纵向制动控制指令，发送车速等相关信息。

❿ 制动冗余模块（RBU）：接受 MDC 纵向制动控制指令，发送车速等相关信息。

（3）行车辅助系统功能概述

❶ 前碰撞预警（FCW）。指车辆在 0 ～ 150km/h 前进时，实时监测车辆前方行驶环境，识别到与前方目标物（车辆和 VRU）有碰撞危险时，发出碰撞预警，提醒驾驶员。

❷ 后碰撞预警（RCW）。指车辆在 0 ～ 150km/h 前进时，实时监测车辆后方环境，并在可能发生后方追尾碰撞危险时发出预警信息，包括车内预警和车外预警，及时提醒驾驶员。

❸ 前方穿行预警（FCTA）。自车车速在 0 ～ 60km/h 范围内前进时，实时监测前方横穿

车辆，并在可能发生碰撞危险时，发出碰撞预警，提醒驾驶员。

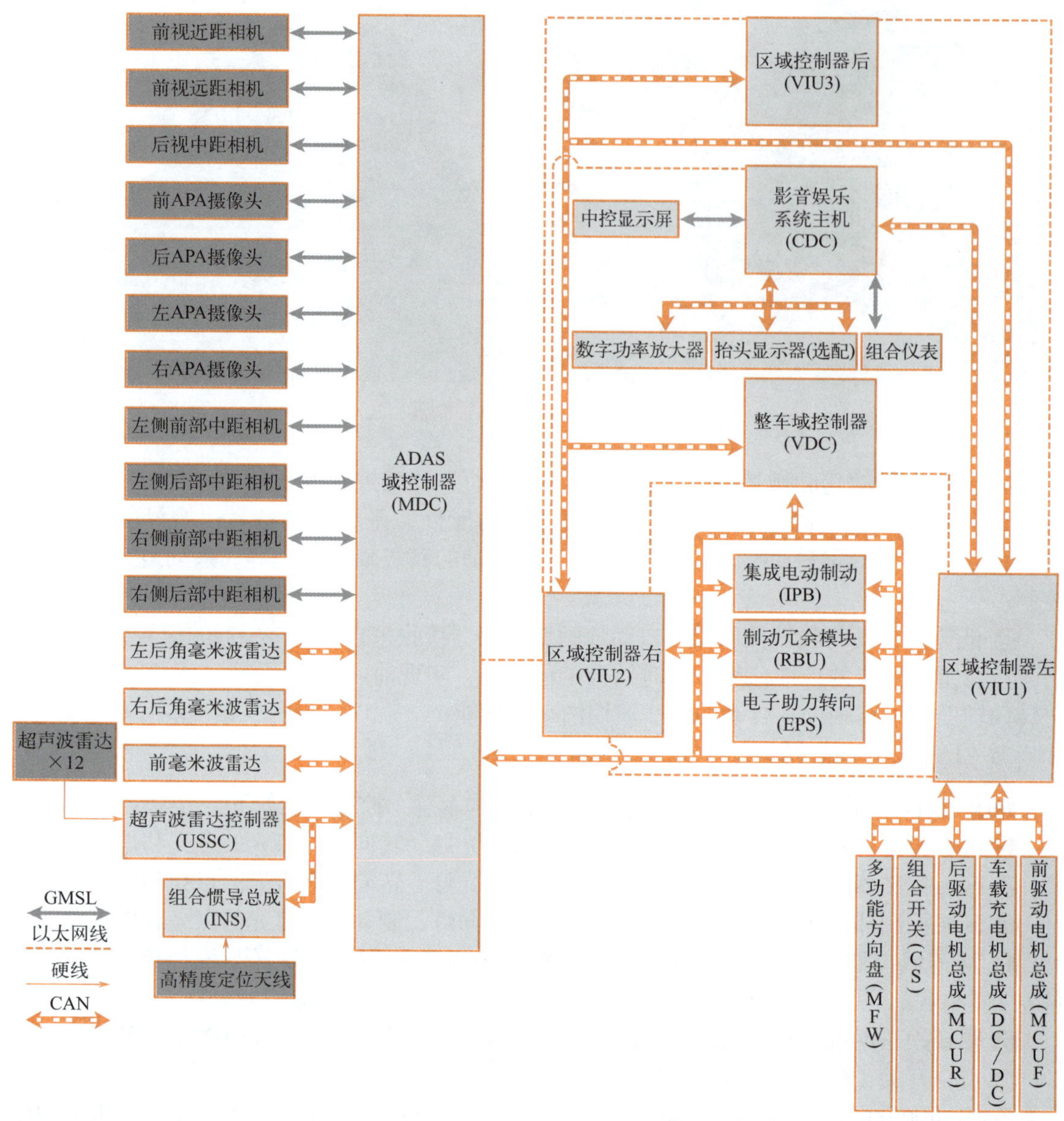

图 10.1-40　ADAS 域控制系统控制架构示意

❹ 前方穿行制动（FCTB）。自车车速在 4 ～ 60km/h 范围内时，当前方侧向有目标车辆横穿，本车的碰撞风险进一步加深时，驾驶员无主动制动操作或制动能力不足时，具备紧急辅助制动能力。

❺ 自动紧急制动（AEB）。自车车速在 4 ～ 130km/h 范围内时，通过环境感知传感器探测前方目标物，识别到与前方目标物（车辆和行人）有碰撞危险，当危险程度增加，而驾驶员没有采取措施或采取措施后存在碰撞危险时，系统将自动刹车，最大限度避免或减缓碰撞伤害。系统能实现对静止或运动车辆、行人的 AEB 控制，最大减速度可达 1g。

❻ 开门预警系统（DOW）。自车车速在 0 ～ 5km/h 范围内时，系统检测自车侧后方报警区域存在的运动障碍物信息，当自车停车时，系统判断障碍物和车门发生碰撞的可能性，根

据碰撞可能性与开门意图，对驾驶员进行预警提示。

❼ 后方自动紧急制动（RAEB）。指车辆倒车时（自车车速为 2 ～ 12km/h），实时监测车辆正后方行驶环境，并在可能发生碰撞危险时自动紧急刹车，以避免或减轻碰撞。

❽ 后方穿行预警（RCTA）。指车辆倒车时（自车车速为 0 ～ 15km/h），实时监测后方横穿车辆，并在可能发生碰撞危险时，发出碰撞预警，提醒驾驶员。

❾ 后方穿行制动（RCTB）。指车辆倒车时（自车车速为 4 ～ 15km/h），实时监测后方横穿车辆，当危险程度增加，而驾驶员没有采取措施或采取措施后仍存在碰撞危险时，系统将自动紧急刹车，最大限度避免或减缓碰撞。

❿ 自适应巡航控制（ACC）。指自车车速在 0 ～ 135km/h 范围内时，系统实时监控车辆前方行驶环境，通过控制油门和制动，自动调整行驶速度并具有减速至停止及从停止状态自动起步的功能，以适应前方交通参与者等引起的驾驶环境变化。ACC 通过控制油门和制动，保持与前车的安全时距，减轻了驾驶员的驾驶负担，同时提高了驾驶汽车的舒适性和安全性。ACC 支持定速巡航、跟车等多个辅助驾驶功能。自适应巡航控制功能激活后，驾驶员可随时接管纵向控制，系统将优先响应驾驶员的控制。

⓫ 交通标志识别（TSR）。指系统通过融合视觉感知、高精 / 标精地图、GPS 定位等信息，识别道路两侧及道路上方出现的交通标志，并通过图标 / 声音提示驾驶员。

⓬ 交通信号灯识别（TLR）。指系统通过视觉感知识别车辆前方红绿灯，并通过图标提示驾驶员。

⓭ 车道偏离预警（LDW）。主要指自车车速在 60 ～ 150km/h 范围内时，利用摄像头等传感器获取车辆前方车道线，并基于感知得到的自车处于车道中的位置；当车辆即将偏离车道时，系统能通过显示、声音和方向盘震动提醒驾驶员及时控制车辆，在一定车速范围内提高了行车安全性。此功能为驾驶员的提醒功能，不对车辆进行操纵。驾驶员全程需自行控制车辆方向盘。

⓮ 车道保持辅助系统（LKA）。主要指自车车速在 60 ～ 150km/h 范围内时，利用摄像头等传感器获取车辆前方车道线，并基于感知得到的自车处于车道中的位置；然后通过控制转向系统，实现车道偏离抑制功能。车道保持辅助系统在一定车速范围内辅助驾驶员对方向盘的操纵控制，在一定程度上减轻了驾驶员的驾驶负担，提高了行车舒适性，同时 LKA 可以避免无意识的车道偏离，提高了行车安全性。此功能为驾驶员的辅助功能，不能完全代替驾驶员，驾驶员需使手保持在方向盘上，并在必要的情况下操纵车辆。

⓯ 盲点监测预警系统（BSD）。指自车车速在 10 ～ 150km/h 范围，系统利用雷达和摄像头检测车辆侧后方及侧前方的目标信息，判断是否有目标在盲区内和是否有碰撞风险，并对驾驶员进行报警。

⓰ 智能远近光（HMA）。系统通过对目标物的感知，来实现远近光灯控制。可在对向来车或前方有车时，自动切换远近光灯。

⓱ 紧急车道保持（ELK）。主要指车速在 40 ～ 120km/h 时利用摄像头等传感器获取车辆前方车道线，当本车无意地出现向左车道或右车道偏离的迹象，同时检测到对向或后向来车时，此时 ELK 就会触发 EPS 工作，实现自动及时纠正，如果纠正失败，则会进行报警，以便驾驶员能及时预知碰撞风险。

⓲ 集成式巡航辅助功能（ICA）。指车速在 0 ～ 135km/h 时，主要基于道路结构认知及定位进行的巡航辅助功能。功能激活后，系统可同时接管车辆横纵向控制权限，控制转向、油门和制动，实现车道保持、跟车，车道内主动偏移避障、驾驶员指令换道等自动驾驶辅助

功能。当 ICA 系统激活时，驾驶员可随时干预车辆横、纵向控制，系统将优先响应驾驶员的控制。

⑲ 导航式巡航辅助功能（NCA）。指车速在 0 ～ 135km/h 时驾驶员通过导航地图设定目的地，选择并确定导航路径后，在有高精度地图与定位信息准确的区域，基于导航信息，控制车辆横纵向，实现从出发地到目的地的“点到点”自动驾驶辅助功能。NCA 可以支持高速路 / 快速路 / 城区道路的巡航、拥堵跟车、道内主动偏移避障、自动上下匝道、导航换道、超车换道等功能。满足 NCA 激活条件时，驾驶员可以手动激活 NCA 或者由 ICA 自动升级至 NCA 功能，驾驶员可随时干预车辆控制，系统将优先响应驾驶员的控制，当自车驶出高精地图区域或定位失效时，系统自动退出 NCA。

⑳ 智驾系统制冷。整车液冷控制系统（TMS）是对整车各 ECU 提供散热功能，包括对 MDC 等部件进行散热。其中，MDC 与 TMS 之间通过 CANFD 交互，进行状态信息的获取和散热控制，涉及 EV 车型。EV 有单独 TMS 控制器（TDU）。MDC 与 TMS 之间 CANFD 交互信号通过 VIU1 路由进行。EVR 方案中 TMS 控制器没有单独外挂（集中在 VDC 内进行热管理），为统一 MDC 在 EV/EVR 两个车型的通信接口，统一采用 VIU1 转发 TMS 控制器信号的方式。

㉑ 前视加热。VIU 通过 HSD 类型硬线接入前视摄像头 FOV 区域的加热膜（加热丝），MDC 检测摄像头需加热后向 VIU 发送开启加热请求，VIU 通过电流通断实现开启 / 关闭加热膜（加热丝）加热功能，同时 VIU 需反馈加热膜（加热丝）工作状态（工作 / 非工作 / 故障状态）。

10.2 智能座舱和人机交互系统

10.2.1 智能座舱系统

汽车智能座舱（图 10.2-1 ～图 10.2-3）是指搭载先进的软硬件系统，具备人机交互、网联服务、场景拓展的人 - 机 - 环（环境）融合能力，为驾乘人员提供安全、智能、高效、愉悦等综合体验的移动空间，其包含人机交互、网联服务和场景拓展三个维度。

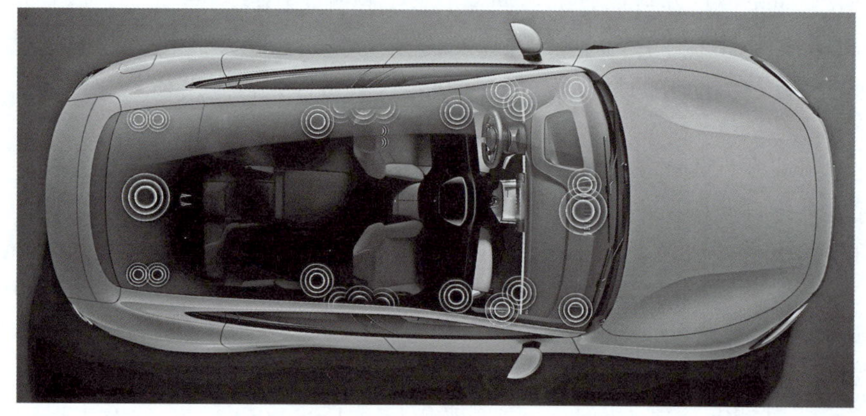

图 10.2-1 智能座舱（一）

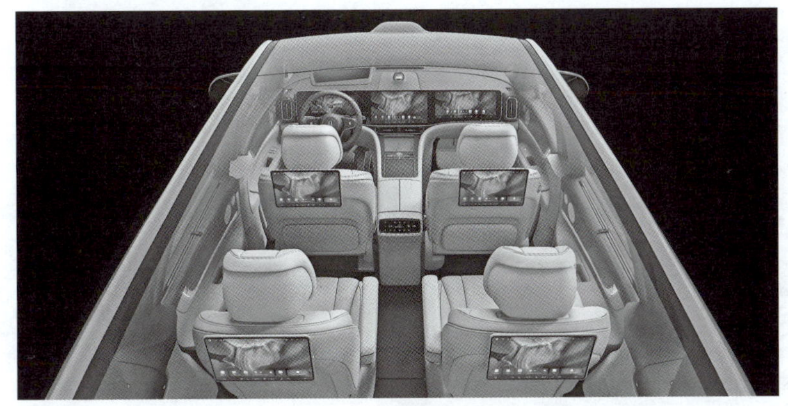

图 10.2-2　智能座舱（二）

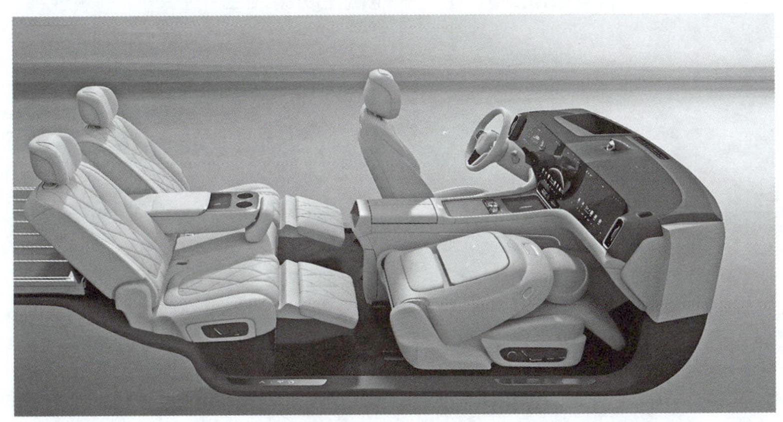

图 10.2-3　智能座舱（三）

智能座舱域控制器（图 10.2-4 和图 10.2-5）主要负责座舱音视频控制以及一些常规的设置，当然它还存储导航地图，负责蓝牙连接等功能。智能座舱系统部件见图 10.2-6。

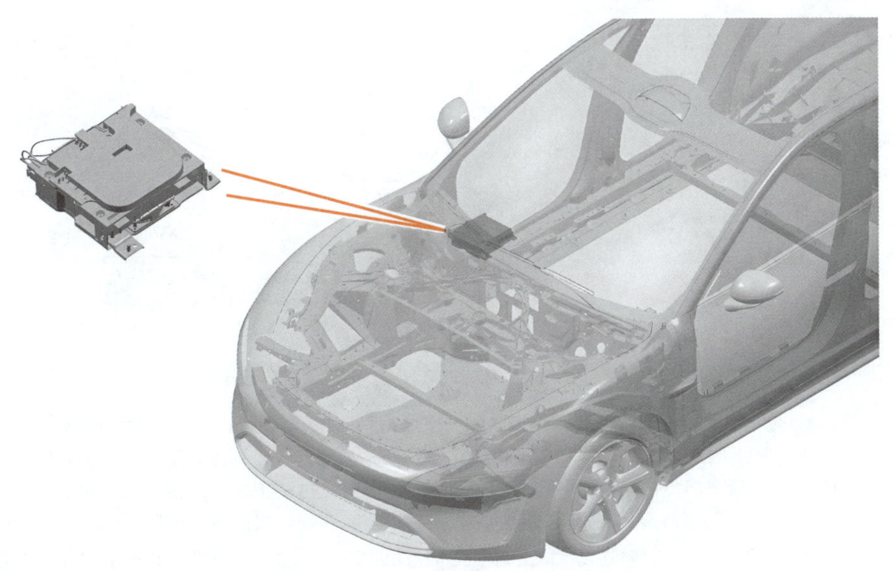

图 10.2-4　智能座舱域控制器（一）

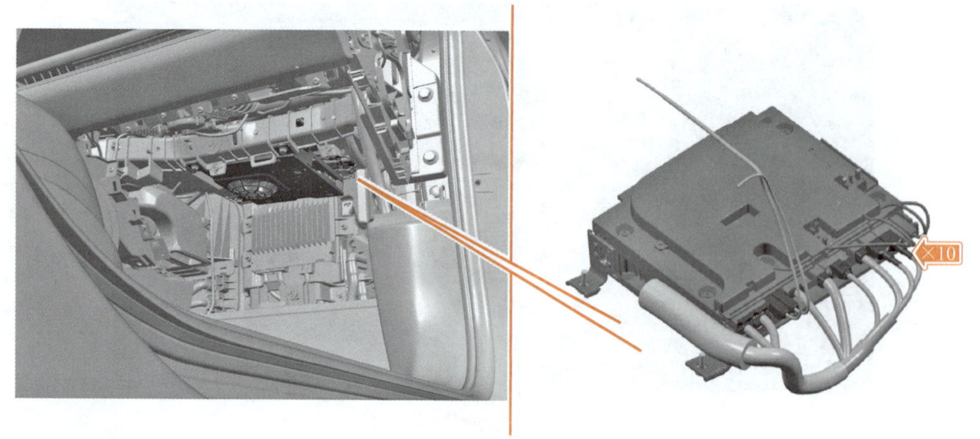

图 10.2-5　智能座舱域控制器（二）

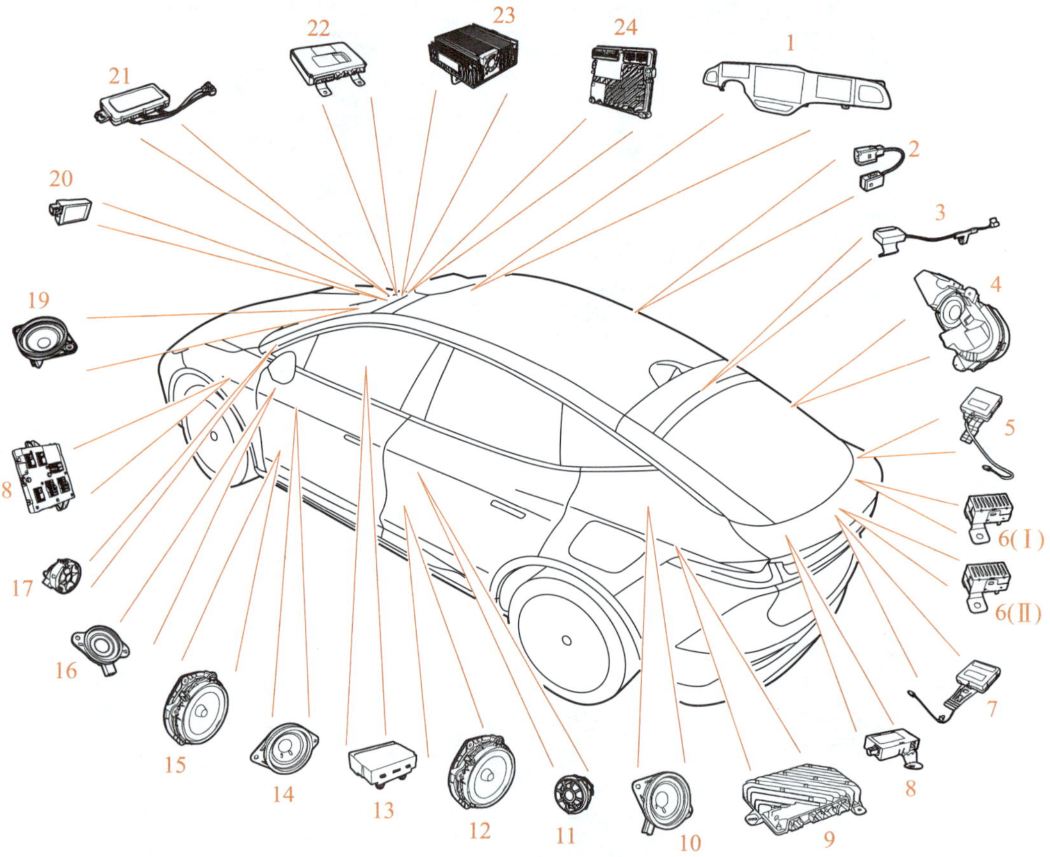

图 10.2-6　智能座舱系统部件

1—显示屏；2—麦克风；3-V2X2 天线；4—后备厢扬声器；5—导航天线；6—（Ⅰ）右侧收音机天线线圈，（Ⅱ）左侧收音机天线线圈；7—高精度地图天线；8—天线放大器；9—音响系统功率放大器；10—后外侧扬声器；11—后车门高音扬声器；12—后车门低音扬声器；13—USB 集线器；14—前车门中音扬声器；15—前车门低音扬声器；16—紧急呼叫扬声器；17—前高音扬声器；18—车身控制模块；19—中置扬声器；20—V2X 天线；21—通信天线；22—通信模块；23—智能座舱主机；24—智算域控制器座舱域控制器分为几大块功能，系统设置与基础服务主要包括里程、室外温度等车辆自身的一些基本参数。娱乐生态与场景服务主要包括音视频服务。音频板块主要负责对扬声器声场的设置。HMI 人机交互设置主要负责车窗、座椅、加热、灯光、语音控制等功能。驾驶信息人机交互主要负责车速、续航里程、充电、驾驶警告信息显示等。互联互通则负责蓝牙连接、充电桩连接显示这些信息。

10.2.2 人机交互系统

汽车人机交互（human-machine interface，HMI）指的是人类驾驶员与汽车之间进行的视觉、听觉、触觉、嗅觉等不同维度的信息交流和互动的界面及方式。

通过仪表盘显示屏、中控大屏等各种物理按键、语音指令等技术和方法，使驾驶员能够方便地控制和访问汽车的各种功能，以及进行互动（最典型例如车载机器人，见图 10.2-7），从而提升驾驶体验和安全性。

图 10.2-7　面朝驾驶员的车载机器人

10.3 电气控制和数字化调节系统

10.3.1 座椅和车窗数字化控制

（1）座椅系统

为了能向驾乘人员提供一个舒适的乘坐环境，座椅系统（图 10.3-1）可根据客户的需求在多个方向进行自由调节，座椅调节电机分布见图 10.3-2。根据车型不同，主副驾驶座椅可配备或不配备气囊、扬声器。

根据车型的配置不同，具体调节因车而异（主要差异在是否有远程调节），下述是智能网联小米汽车的座椅调节。

❶ 主驾副驾座椅位置调节　通过硬线开关或者中控屏，控制座椅电机，以达到座椅位置调整的目的。

❷ 主驾 / 副驾座椅腰托调节　通过硬线开关或者中控屏，控制腰托气囊，以达到腰托调整的目的。

❸ 主驾 / 副驾 / 后排座椅加热调节　通过中控屏或者手机 APP 远程控制座椅加热。

❹ 主驾副驾座椅通风调节　通过中控屏或者手机 APP 远程控制座椅通风。

❺ 主驾 / 副驾 / 后排座椅占位　采集座椅占位传感器（图 10.3-3）信号。

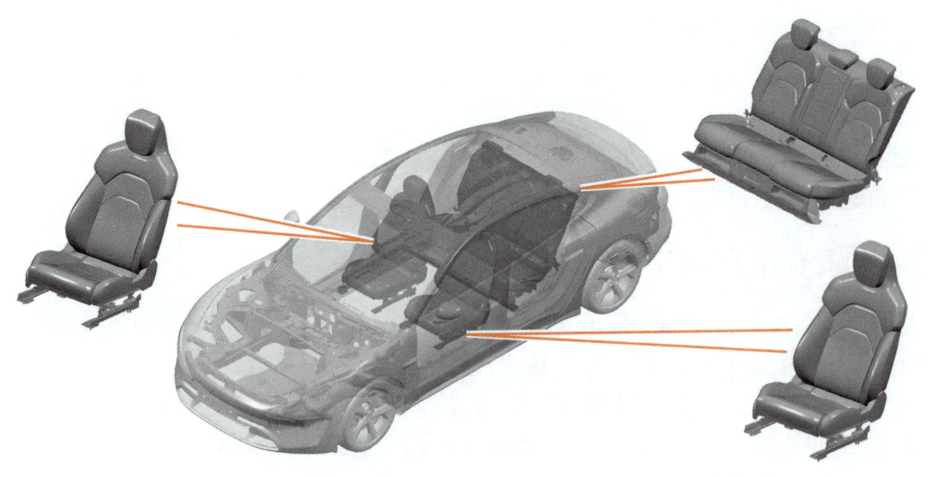

图 10.3-1　座椅系统

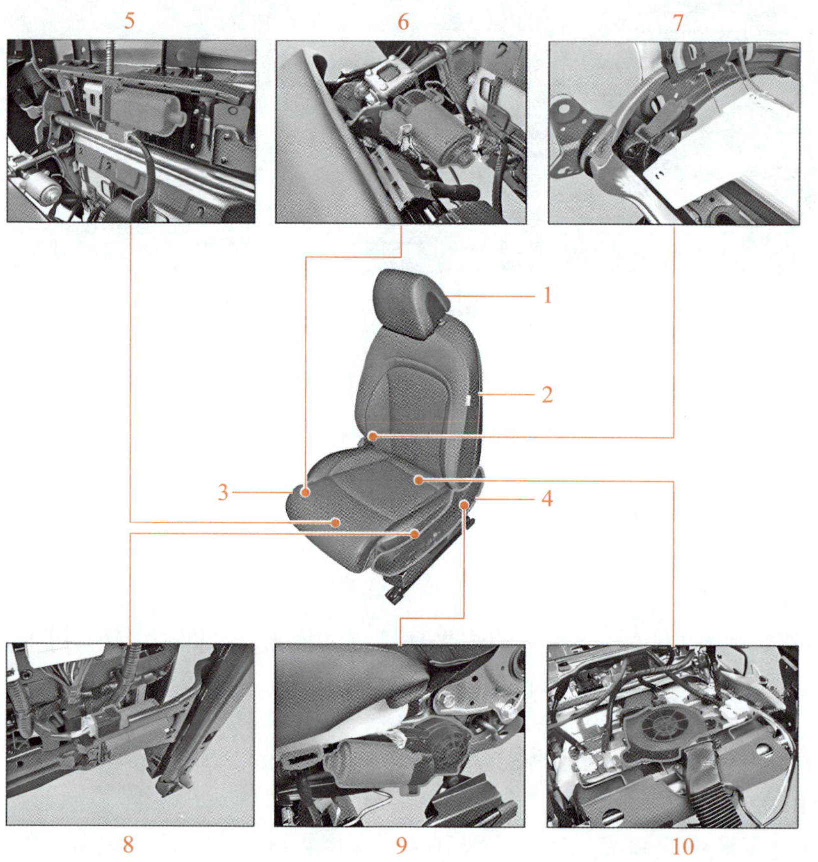

图 10.3-2　座椅调节电机分布

1—头枕；2—前座椅靠背盖总成；3—前座椅座垫盖总成；4—前座椅外侧保护盖；5—座垫延伸电机；6—前高度电机；7—靠垫电机；8—滑动电机；9—后高度电机；10—通风座椅鼓风机（坐垫）

❻ 主驾 / 副驾座椅侧翼调节　通过硬线开关或者中控屏，控制侧翼气囊，以达到侧翼调整的目的。如果已在中控屏中开启主动侧翼功能，在激烈驾驶过程中对乘驾人员提供座椅的随动支撑。

（2）车窗控制

可在中控屏上进入应用程序中心，点击设置→窗，进入车窗控制界面，实现所有车窗的控制。

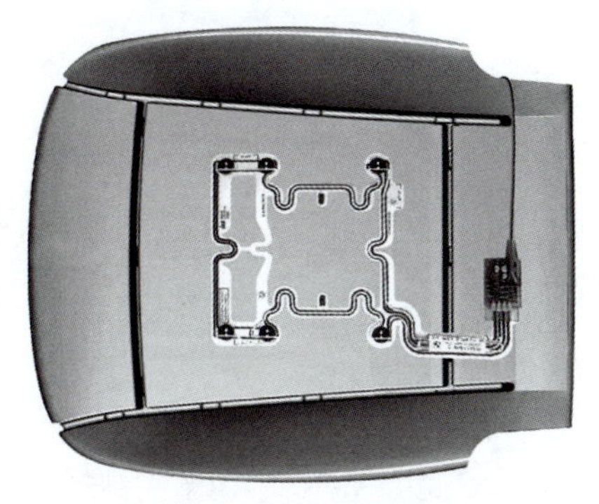

图 10.3-3 座椅占位传感器

10.3.2 方向盘加热与温度调节

方向盘除了实现转向功能外，上面还布置很多开关方便驾驶员操控车辆的各个系统，实现人机交互。方向盘主要由方向盘管柱调节、方向盘加热元件、方向盘人机交互开关、方向盘组合开关组成。

方向盘组合开关主要用于控制雨刮、远近灯光、挡位等功能。控制模块一方面通过 LIN 总线与左区域控制相连，传递信息，另一方面通过 CAN 与其他模块通信（图 10.3-4）。方向盘人机交互开关，主要负责对中控屏的操作以及驾驶模式的切换。加热丝由左区域控制模块驱动，负责对方向盘的加热。方向盘管柱调节电机也由左区域控制模块驱动。

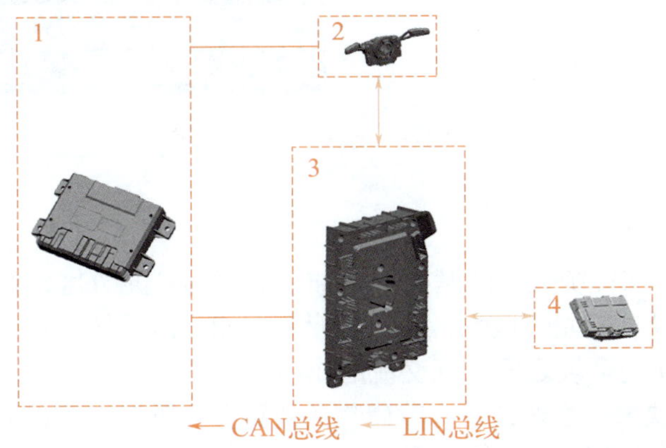

图 10.3-4 方向盘控制连接示意

1—整车中央域控制器；2—方向盘组合开关控制器总成；3—左区域控制器；4—方向盘开关控制器

10.3.3 智能远光控制系统

（1）智能车外灯照明

在夜间或光线不足时，远近光灯为车辆行驶提供照明。

❶ 随动转向大灯（AFS）。随动转向大灯可通过车辆所配置的摄像头、传感器等来检测前方道路信息，自动改变前照明系统的工作模式，调整照射光线的光形，消除因为夜间或者能见度低时转弯或者其他特殊行驶条件下带来的视野暗区，能够提供更宽范围、更为可靠的照明视野，提高行车安全。

❷ 自适应远光灯（ADB）。自适应远光灯可通过车辆所配置的摄像头、传感器等来检测前方道路信息，在检测到自车前方范围内有其他道路参与者时（如跟车、会车或路上有行人时），自适应远光灯系统会自动确定其他道路参与者的位置，将相应位置的灯光调暗或者关闭，其余位置的灯光保持点亮，在保证行车过程拥有足够的道路照明的情况下，又能避免对其他道路参与者造成眩目，提高驾驶的安全性，减少事故的发生（图 10.3-5）。

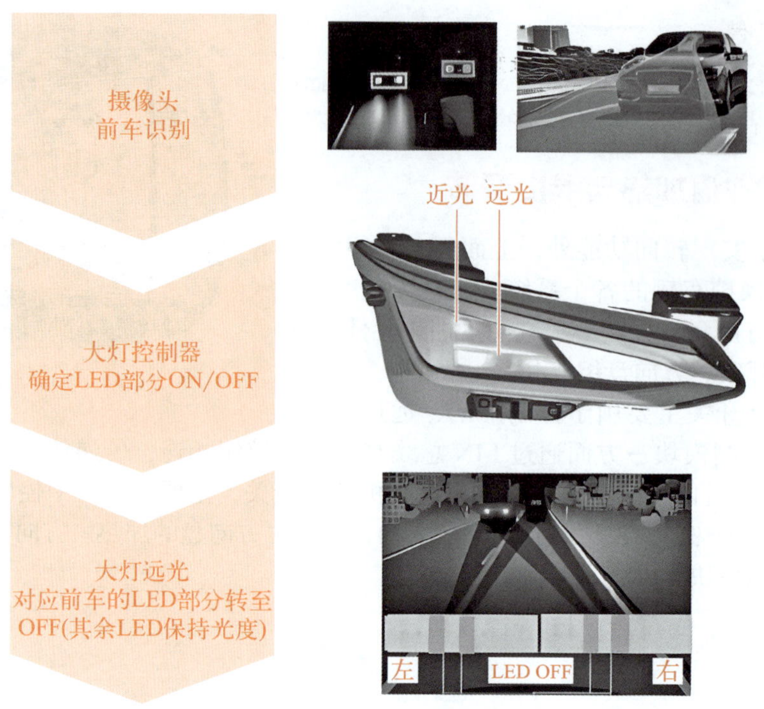

图 10.3-5 自适应远光灯示意

（2）智能车外灯投影

数字投影大灯系统在传统大灯的基础上增加了更多的灯光分区，使其更智能化，拥有更多的功能，如示宽引导、近光灯增强、车外投影等功能。该系统不仅仅是照明功能，还能实现车与人、车与车、车与环境之间相互交流的作用。

❶ 示宽引导。在狭窄、多弯道、有障碍物的道路上行驶时，可以开启示宽引导功能，数字投影大灯会在车辆前方投影出与车辆等宽的光毯，且光毯可以随车辆的转向而变化。

❷ 近光灯增强。在市区小路、乡村路这类路况和照明情况较差的道路上行驶时，可以开启近光灯增强功能，视野更明亮，更早发现障碍物，给驾驶员更多反应时间。

❸ 车外投影。在行车期间驾驶员可以在车外投影出示宽线提高行车安全，在驻车期间也可以通过中控屏投影出想要的画面。

10.4 智能数据通信系统

10.4.1 CAN 总线

智能网联汽车中所谓“域控制器”就是控制汽车的某一大功能模块电子电气架构的集合，每一个域由一个域控制器（domain control unit，DCU）进行统一的控制。采用域控制器后，可以大量减少控制单元数量，从而使车辆更集中、更优化地实现控制。域控制器之间通过 CAN 或者车载以太网等高速率总线进行通信，如此可以降低整车网络拓扑的复杂性，同时也能减少整车线束数量。

（1）CAN总线的作用

CAN 总线，即控制器局域网络（controller area network，CAN），是一种用于道路车辆的网络通信技术。

CAN 总线采用多路，例如，如果传感器的信号能够先传输到一个控制模块，接着通过车辆上各个控制模块之间所连接的数据传输电路，而将此传感器的信号与其他有需要的控制模块共享，如此便可节省传感器与电路的使用，而达到降低车重与成本等效果。另外，除了传感器的信号可共享之外，执行器的工作要求信号也能够通过数据传输电路进行传递。如图 10.4-1 所示，CAN 数据总线可以比作公共汽车。公共汽车可以运输大量乘客，CAN 数据总线包含大量的数据信息。

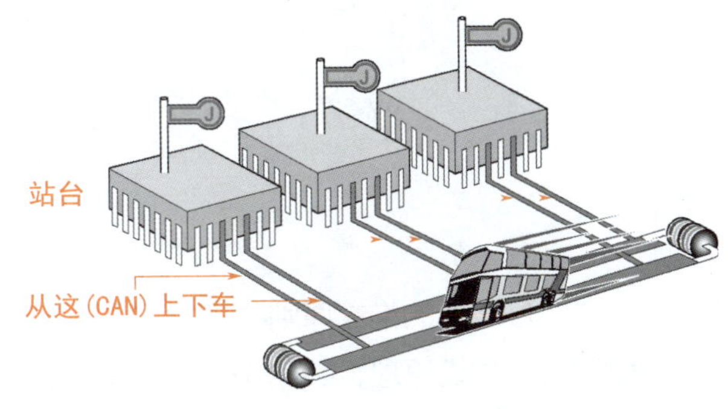

图 10.4-1　CAN 通信示意

（2）CAN总线的原理

CAN 总线为双绞线（图 10.4-2）形式制成线路。CAN 总线所有节点以双向传输的方式接入网络的网络通信拓扑，终端包括终端 A 和终端 B，分别设置终端电阻，其标称阻值为 120Ω（因为是并联在末端，所以维修测量应以 60Ω 为正确），用于抑制信号反射（图 10.4-3）。总线状态：两个相反的逻辑状态之一，即显性或者隐性。CAN 驱动总线在显性状态时，CAN-H 线上的电压约为 3.5V；在显性状态时，CAN-L 线上的电压降至约 1.5V；在隐性状态时，两条线上的电压均约为 2.5V（静电平）（图 10.4-4）。CAN-H 和 CAN-L 电压相加约等于 5V。

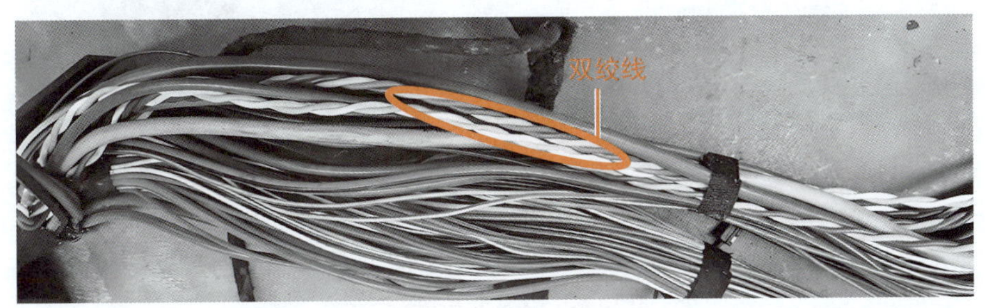

图 10.4-2　双绞线

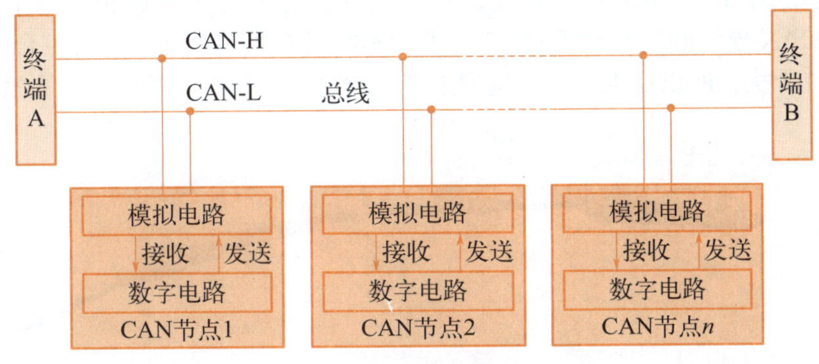

图 10.4-3　电气连接示意

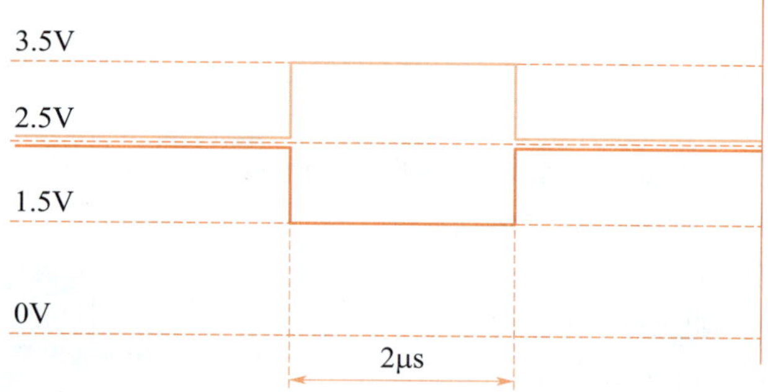

图 10.4-4　CAN 总线的信号逻辑

（3）CAN总线的维修原则

根据 CAN 总线原理，CAN-H 和 CAN-L 的电压相加始终是 5V，这也是维修中检测总线故障的一个重要依据。

对 CAN 总线不正确的维修，会产生干扰或信号的丢失，导致这些数据不能传输，所以在维修时一定要遵守以下规定。

❶ 在 CAN 总线维修时，要求断开线点距离导线节点至少 100mm，导线节点绝对不能打开和维修更新（图 10.4-5）。

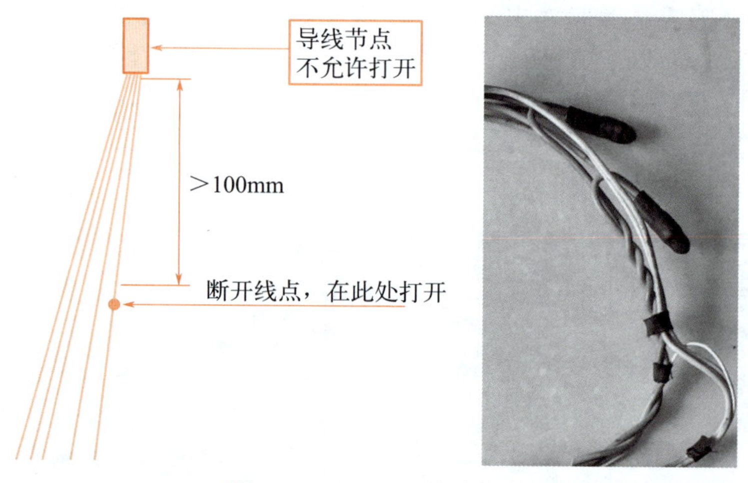

图 10.4-5　CAN 总线绞节点

❷ 如果是必须脱开 CAN 总线导线，则只允许在与下个压节点相距≥ 100mm 处进行（图 10.4-6）；CAN 导线的绞合对于 CAN 的干扰影响具有决定意义。只有绞合不受损坏，才能保证 CAN 抗干扰，所以在维修时尽量少干涉该绞合，不易维修的就直接更换成套线束。

图 10.4-6　CAN 总线维修节点距离

（4）CAN总线故障

万用表、试灯、示波器、故障诊断仪均是检测 CAN 总线故障的有效工具。

❶ 故障码分析。当一个模块或几个模块需要接收另外一个模块发送的某个数据来完成相应的功能时，一旦收不到这个数据，那么接收数据的模块中就会产生故障码，用诊断仪可能会看到这样的故障码："与 ×× 模块失去通信" "与 ×× 模块通信不正常"，例如 "与 EMS 模块失去通信、与 BCM 模块失去通信"。当总线不能使用时报 CAN 总线关闭的故障码。

CAN 网络故障，主要有以下几种。

a. 接收连续的无效信号：此类故障用于控制模块收到信号后进行处理，确定为无效信号的故障。

b. 信号丢失：此类故障用于未收到指定的信息。

c. 总线关闭：此类故障用于总线不可使用的故障。

d. 信号不稳定：此类故障用于总线信号短暂的失真或中断。

❷ 波形分析。这是判断 CAN 总线系统硬件故障的主要手段，通过示波器，以波形图的形式检查 CAN 总线的工作情况，通过观察示波器可以判断大部分 CAN 网络硬件故障。CAN 总线的正常波形应该是 CAN-H 与 CAN-L 波形一致，但极性相反（图 10.4-7），休眠状态时，CAN-H 和 CAN-L 分别为两条直线。

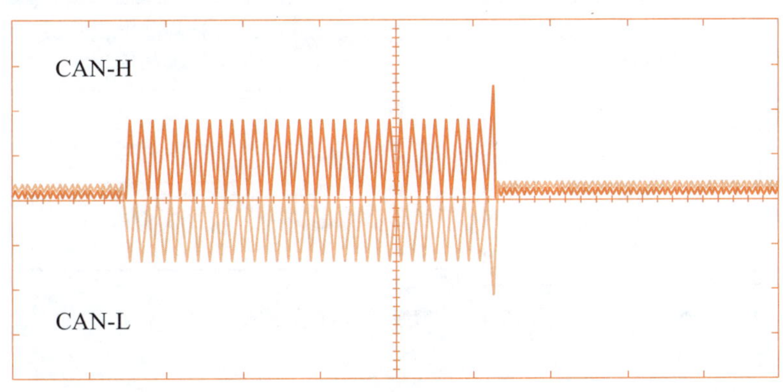

图 10.4-7　CAN 总线正常波形示意

如图 10.4-8 所示的是总线 CAN-H 和 CAN-L 之间短路。这种故障情况，如果控制单元存在故障，断开控制单元的话，则会改变波形。如果波形不改变，通常就是线束存在故障。

例如，总线波形异常，可以用 "拔插各个节点，同时观察示波器波形" 的方法来判断，如拔下某个节点后，总线波形正常，故障点就是该模块或者是连接这个模块的总线，这种方法尤其是适合针对没有故障码自诊断的模块。

10.4.2　LIN 总线

（1）LIN总线的作用

LIN 总线可以说是局域网的子系统。车上各个 LIN 总线系统之间的数据交换都是由控制单元通过 CAN 数据总线实现的。LIN 总线系统是单线式总线，底色是紫色，有标志色，无须屏蔽。

LIN 是现有 CAN 网络的扩充，通常用于不需要 CAN 的性能、带宽及复杂性的低端系统，如车门控制模块座椅调节系统等，它也可以应用于不是特别复杂的车身控制网络中。

如图 10.4-9 所示，LIN 通信系统用于车身模块、电动升降器电机总成、滑动天窗 ECU 组件之间的通信。如果因为通信线路开路或其他原因而无法通过 LIN 进行通信，系统将存储故障码。

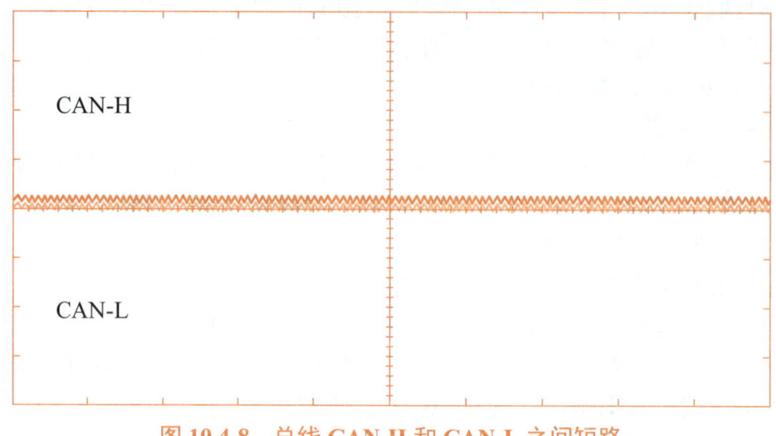

图 10.4-8 总线 CAN-H 和 CAN-L 之间短路

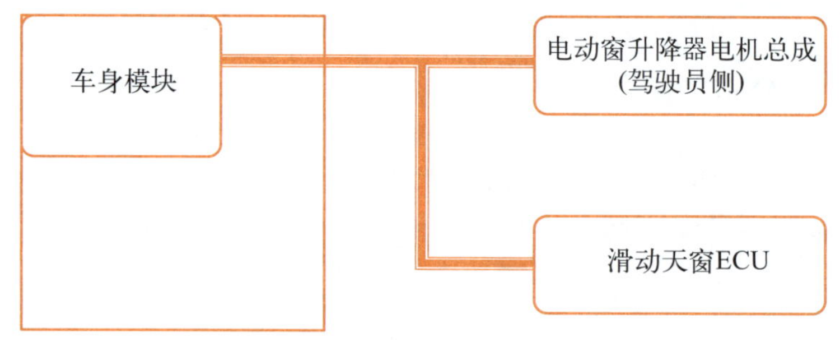

图 10.4-9 LIN 总线连接示意

（2）LIN总线故障

LIN 总线以单线为通信介质。传输信号时其电压在0～12V之间切换，12V代表逻辑“1”；0V 代表逻辑“0”。LIN 总线在休眠状态（关闭点火开关）时为 12V；唤醒（数据通信）时为 9V。如果 LIN 总线一直处于极电压（0V 或 12V），则表明存在故障。

❶ LIN 总线一直为 0V 时，应该是对地短路了，需要对线路问题和制系统模块（控制器）进行检查。

❷ LIN 总线一直为 12V 时，则说明是对正极短路，需要对线路和控制系统模块进行检查。

10.4.3 车载以太网

以太网（ethernet）是一种计算机网络技术应用，它采用双绞线或光纤将计算机和其他设备连接起来。分别以快速以太网（100Mbit/s）、千兆以太网（1000Mbit/s）和万兆以太网（10Gbit/s）的形式呈现。

在智能网联汽车上，车载以太网（图 10.4-10）通常用于智能座舱域、智能驾驶域、动力系统等需要大数据量通信的地方。例如，动力域控制器 VDC 通过以太网或 CAN 总线 HMI 点亮故障指示灯或文字弹窗提醒。

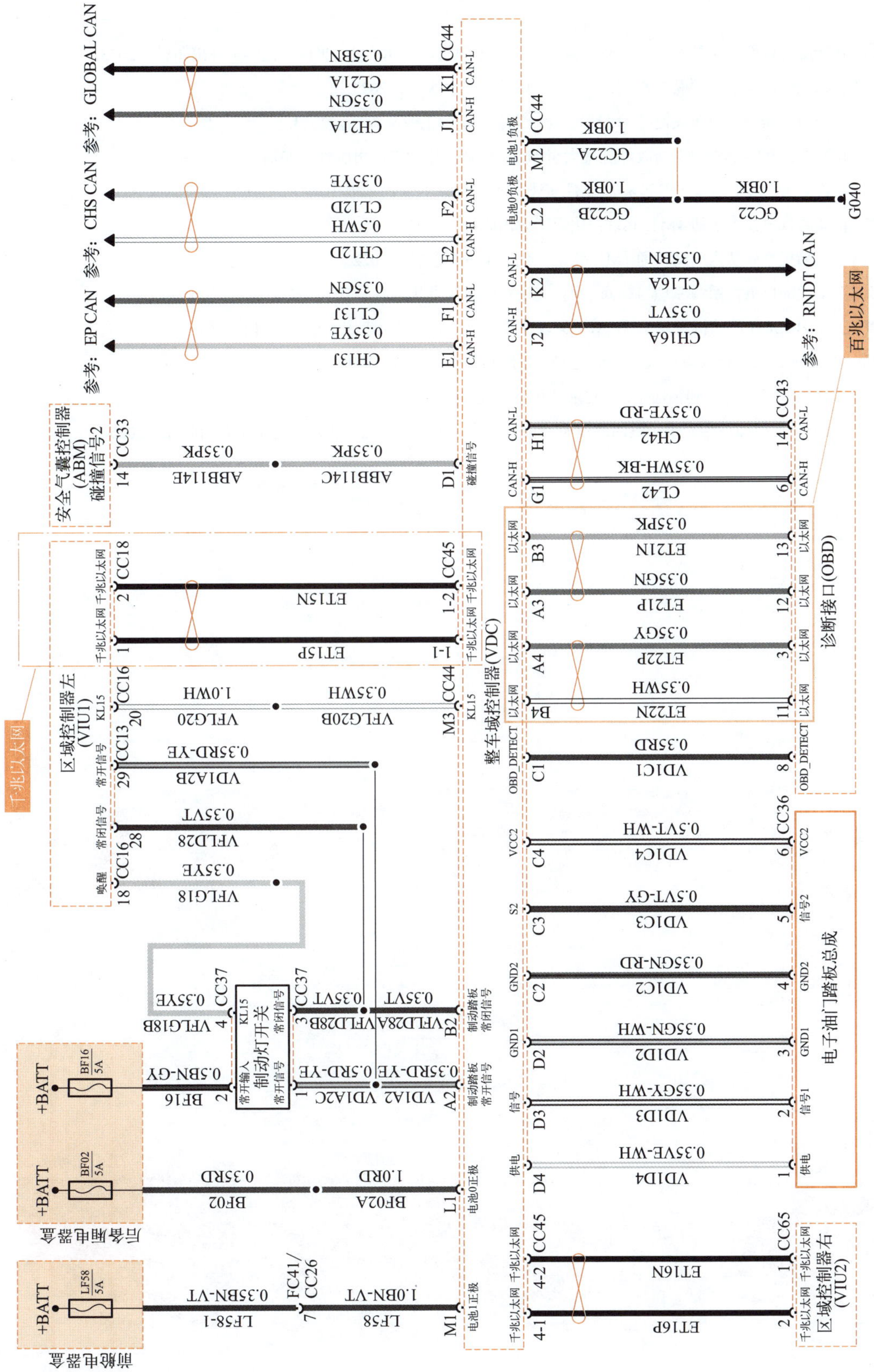

图 10.4-10 智能网联汽车电路中的以太网

参考文献

[1] 常凌燕．新能源与智能汽车技术丛书：新能源汽车动力电池管理技术 [M]. 北京：化学工业出版社，2023.

[2] 曹晶．新能源汽车整车故障诊断教程 [M]. 北京：化学工业出版社，2023.

[3] 曾小华，王庆年．新能源汽车关键技术 [M].2 版．北京：化学工业出版社，2023.

[4] 郭建英．新能源汽车零部件识别与故障处理大全 [M]. 北京：化学工业出版社，2024.

[5] [日] 御崛直嗣著．汽车是怎样跑起来的 [M]. 卢杨，译．北京：人民邮电出版社，2013.

[6] 曾小华．新能源汽车技术手册 [M]. 北京：化学工业出版社，2025.

[7] 李彦．汽车电脑板维修从入门到精通 [M]. 北京：化学工业出版社，2022.

[8] 李玉茂．汽车发动机电控系统原理与维修 [M]. 北京：机械工业出版社，2010.

[9] BOSCH 公司 .BOSCH 汽油机管理系统 [M]. 吴森，等译．北京：北京理工大学出版社，2002.

[10] 罗健章．汽车诊断仪检测故障从入门到精通 [M]. 北京：化学工业出版社，2024.

[11] 邵健萍．汽车发动机从入门到精通 [M]. 北京：化学工业出版社，2022.

[12] 顾惠烽．汽车常见故障诊断全书（燃油汽车 + 新能源汽车：2 合 1）[M]. 北京：化学工业出版社，2025.